차동원

오염시키긴 쉬워도 원상회복은 불가능한

다양한 환경문제들

박영사

계절에 따라 황사가 기승을 부릴 땐 황사에 대해 알고 싶고, 미세먼지 때문에 마스크를 써야하면 미세먼지가 궁금하고, 아파트 안의 건축자재에서 라돈이 기준이상 방출되어 문제가 될 때는 라돈이 뭔가 궁금해지게 마련이다. 새 집에서 유기화합물 때문에 알레르기가 발생하면 새집증후군은 또 무슨 말이고 휘발성유기화합물이란 게 뭔가 궁금하고, 공기 중에 중금속이 많아 해롭다고 하는데, 종합비타민 구성성분에는 중금속이 포함되어 있으니 이건 또 무슨 조환가 알고 싶어지는 건 어찌 보면 당연한 일이지만, 이런 오염문제를 체계적으로 다루어 알고 싶어 하는 사람이 만족할 만한 수준으로 설명된 책이 없어 이 책을 집필하게 되었다.

대기오염뿐만 아니라 실내공기 오염문제도 신문이나 TV에서 크게 또는 심각하게 다루어지고 있으나 오염물질 하나하나에 대해서는 나름대로 신중하게 다루면서 오염물질을 체계적으로 다루어 서로의 연관성이나 발생원인, 사람에 미치는 영향, 제거방법 등은 단편적으로 설명하여 문제점이 있다는 것만 알 수 있지 체계적으로 파악하기는 쉽지 않다. 인터넷에서 찾아봐도 어떤 것은 설명이 너무 학술적이거나 전문적이어서 문장 자체를 이해하기 어려운 경우가 적지 않아 일반인들도 체계적이면서 쉽게 풀어 쓴 오염문제에 관한 책이 필요한 것을 통감하여 이 책은 가능한 한 알기 쉽게 그리고 체계적으로 서술하려고 노력하였다.

대기오염만 문제가 되고 실내공기오염은 그다지 심각하지 않은 문제인가? 지구온난화와 기후변화는 무슨 소린가? 플라스틱 공해란 것이 그렇게 심각한 문제인가? 오염물질에는 어떤 것이 있고, 사람의 몸에는 얼마나 해롭기에 이렇게 요란스럽게 떠들고, 심지어 일기예보에까지 미세먼지농도, 자외선지수, 오존지수 등을 예보해야 할 정도로 중요한 문제인가? 우리 일상생활 주변에서 일어나는 환경문제는 참으로 다양하고, 특성도 다르며, 때로는 해결책이 있기도 하고, 어떤 문제는 뚜렷한 대안이 없는 경우도 적지 않다.

이런 궁금증을 풀어주려고 그 많고도 많은 환경문제를 체계적으로 간추려 설명하고, 해결책을 알려주기 위해 이 책을 쓰기 시작하였다. 그런데 오염물질의 명칭이 대부분 화학적 용어이고, 건강에 미치는 영향이나 병명이나 증상에는 의학적 용어가 많은데다, 관련 외국기관과 사용용어에 영어식 표기가 많아 독자들이 읽고 이해하는데 어려움이 있을 것 같아, 어느 정도까지 이야기를 풀어가야 할지 결정하는데 애를 많이 먹었다. 그래서 화학용어나 의학용어 또는 특이한 용어는 새로 나타날 때마다 깊은 지식이 없는 필자가 알아들을 수 있을 정도로 풀어 설명을 달아두었다.

필자의 전공이 건축공학에서 도시계획으로 이어지기 때문에 화학과 의학에 대한 지식은 고등학교 졸업수준을 결코 벗어나지 못한다. 따라서 책의 내용은 필자가 이해할 수 있을 정도, 다시 말해 고등학교 졸업 수준이다. 우리말에 없는 화학용어나 의학용어의 영어식 표현에 거부반응을 갖지 말고 읽어 가면 상당히 넓은 상식을 갖출 수 있을 것으로 기대한다. 그리고 이 분야에 관심을 가지고 공부하는 학생들에게 도움을 주기 위해 가능한 한 원어를 괄호 속에 밝혀두었다.

책에 제시된 오염문제에 대한 정책, 자료, 통계들은 우리나라 환경부, 국립환경과학원과 환경관련 기관의 자료는 물론, 세계보건기구(WHO), 미국 환경보호청(EPA), EU국가들의 가장 최근 자료들에다 Wikipedia에서 뽑아낸 것에다, 필자의 저서인 건축환경－실내공기오염(기문당, 2007)을 기반으로 작성되었다. 우리나라의 네이버와 다음을 통한 검색정보는 특히 우리나라의 최근

환경관련 뉴스와 우리말 용어를 찾는데 많은 도움이 되었다.

　오염문제의 해결책은 대부분 발생원에서 찾을 수 있다. 대기오염은 집밖에서 해결책을 찾지만, 실내공기 오염문제의 해결책은 실내 발생원 즉, 실내 마감자재에 그 해결책이 있다. 합판이나 MDF 같은 합성목재, 방부제, 접착제, 페인트, 시너, 라커, 실링제, 코킹제 등의 마감재에 문제가 있어, 실내공기가 오염되는 것이 건축전공인 필자를 환경문제로 끌어들인 결정적인 계기가 되어, 10여년이 넘게 환경공부를 하게 되었고, 정년퇴임 후에도 계속 공부를 이어왔다.

　정년퇴임 후 여러 해에 걸쳐 개발도상국(베트남, DR콩고, 스리랑카)의 정부기관에서 자문관으로 근무하면서 느낀 그 나라의 발전상태와 그에 따른 환경문제의 심각성과 공무원들 인식의 차이는 필자에게 우리나라의 발전과정에 따라 변화해왔던 환경문제 중요성에 대한 인식과 대처방안의 마련을 되돌아보게 만드는 좋은 기회였다.

　나이가 들어가면서 심각성을 더해가는 환경문제를 결코 가볍게 볼 수 없고, 후손들에게 환경의 틀을 제대로 갖춘 나라를 물려주고 싶은 일념에서 필생의 마지막 작업으로 뭔가를 해야 되겠다는 생각으로 책으로나마 기여하고 싶어 상당한 노력을 기울여 이 책을 썼다. 그래서 이 책을 미래의 이 나라 주인이 될 젊은이들과 나의 손주들(여강, 카노아, 범수)에게 바친다.

2020년 7월

저 자　차 동 원

차례 CONTENTS

x

미리
알아두어야 할
것들

이 책을 읽기 위해서 미리 알아두어야 할 것들을 먼저 설명하고 본문으로 들어가겠다. 제일 먼저 환경문제를 이해하는데 필요한 단위를 설명하고, 다음으로 발암물질의 분류에 관해 설명하겠다. 발암물질, 발암가능물질, 발암위험물질 등 표현이 다양한데, 중요기관들이 어떻게 표시하고 있는지를 설명하겠다.

마지막으로 세계보건기구(WHO), 미국 환경보호청(EPA), 유엔환경계획(UNEP) 같은 국제적인 기구가 본문에 자주 등장하는데, 나올 때마다 반복하여 풀어쓰기가 어려워, 본문에 자주 등장하는 환경관련 기구, 병명과 용어 등에 관한 설명은 책 뒤에 붙여놓은 '찾아보기'에 영어 알파벳순으로 나열해 두었으니 필요할 때 확인할 수 있다. 본문에서는 우리말 표기 뒤에 영어 약칭만을 대문자로 표기하고, 따로 설명이 필요한 용어는 본문 중에 용어가 나오면 바로 이어 설명을 첨부하겠다. 반복하여 나올 때는 영어 약칭만을 사용하겠다.

제일 먼저 설명할 것은 환경과 관련되는 단위이다. 오염물질은 일반적으로 크기가 너무 작아 마이크로(micro = μ), 즉 $1/1,000,000 = 1 \times 10^{-6}$ 크기의 단위를 많이 사용한다. 이 마이크로를 길이 단위 앞에 붙이면 아주 짧은 길이 단위가 되는데, 1마이크로미터는 1백만분의 1m가 된다. 이를 수식으로 나타내면 $1\mu m = 1/1,000,000 m = 10^{-6} m$가 되므로 $1\mu m = 1/10,000 cm = 10^{-4} cm = 1/1,000 mm = 10^{-3} mm$이다. 따라서 1마이크로미터는 1천분의 1mm밖에 되지 않는 엄청나게 짧은 길이이다. **1마이크로미터(μm)를 1미크론(micron)**이라고도 한다.

간혹 마이크로보다 더 작은 크기의 단위로 나노(n)와 피코(p)를 사용하기도 하는데, 나노는 마이크로의 1/1,000밖에 되지 않는 단위이고, 피코는 또 나노의 1/1,000로 더 작은 단위이다. 그래서 $1 nm = 1/1,000 \mu m =$

1/1,000,000,000m＝1×10^{-9}m, 즉 **1나노미터**(㎚)는 1천분의 1마이크로미터로, 10억분의 1미터밖에 되지 않는 매우 짧은 길이인 한편, 1피코미터는 가늠이 가지 않을 정도로 짧은 길이이다. **1피코미터**(pm)는 1천분의 1나노미터이고, 1조분의 1미터이다. 이를 수식으로 나타내면, 1pm＝1/1,000㎚＝1/1,000,000㎛＝1/1,000,000,000,000m＝1×10^{-12}m로 된다. 이런 크기는 상상조차 되지 않은 크기로 현미경, 그것도 전자현미경으로나 볼 수 있는 길이이다. 그러나 오염물질 중에는 이런 크기의 물질들이 사람이나 동물에게 더 해로운 것들이 있으며 심각한 문제를 일으킨다.

무게의 단위로도 **마이크로그램**(micro gram), 즉 $1 \mu g$＝1/1,000,000g＝1×10^{-6}g으로 1마이크로그램은 1백만의 1그램으로 엄청나게 적은 무게 단위지만 오염물질의 무게는 이 단위로밖에 표시할 수 없는 것들이 대부분이어서 너무 가벼워 대기 중에 떠다니다 사람이 호흡할 때 기관지나 폐 속으로 빨려 들어오는 것이 많아 문제를 일으킨다. 이를 이용하여 농도를 나타내는 단위로 $\mu g/m^3$을 많이 사용한다.

이것 이외에 농도표시 단위로 ppm이라는 단위도 흔히 사용하는데, 이는 parts per million의 약자로 1ppm은 1백만 개 중의 1개란 뜻으로 1/1,000,000($=10^{-6}$)과 같은 뜻이다. 예를 들어 대기 $1m^3$($=1,000,000㎤$) 중에 기체상 오염물질 1㎤ 존재한다면 이 오염물질의 농도는 1ppm이 된다. 다른 예를 하나 더 들면, 물 1㎏ 중에 오염물질이 3㎎ 함유되어 있다면 3㎎＝3/1,000g이고, 1㎏＝1,000g이므로, 이 물의 오염농도는 3㎎/1㎏＝3/1,000÷1,000g＝3/1,000,000이 되므로 3ppm이 된다.

ppm보다 더 작은 단위로 **ppb**라는 단위를 사용하는데, 이는 parts per billion의 약자로 1ppb는 10억 개 중의 1개라는 뜻으로 수식으로 나타내면 1ppb＝1/1,000,000,000＝1×10^{-9}, 즉 1ppb＝1/1,000ppm이 된다. 따라서 1ppb는 1ppm의 1/1,000과 같은 뜻이므로 엄청나게 희박한 농도이지만, 이렇게 희박한 농도의 오염물질이 문제가 되는 경우가 적지 않으니, 환경문제 해결이 그렇게 간단하지만은 않다는 사실을 미루어 짐작할 수 있을 것이다.

부피단위로 ㎤, cc 및 ㎖라는 단위를 많이 사용하는데, 이를 혼동하는 경우가 많아 자세히 설명하겠다. 1㎤는 가로, 세로, 높이가 모두 1㎝인 정육방체 크기로 부피의 기본단위이고, cc는 cubic centimeter의 약자로 $(cm)^3$을 뜻하므로 1cc=1㎤, 다시 말해 cc와 ㎤는 같은 말이다. 그리고 ㎖는 milli-liter의 약자로 1㎖=1/1,000ℓ이 성립된다. 그런데 1ℓ=1,000㎤이므로 결국 1㎖=1/1,000ℓ=1,000㎤/1,000=1㎤이다. 따라서 ㎤, cc 및 ㎖는 모두 같은 부피가 되므로 1㎤=1cc=1㎖가 성립되어, 세 가지 단위가 모두 같은 부피이면서 표시기호만 다른 것이다. 사용자의 선호나 편이에 따라 사용함으로써 혼동을 일으키는 경우가 많으나 이 세 단위가 같다는 것만 알면 이 책을 읽기 위해서 뿐만 아니라 일상생활에도 도움이 될 것이다.

그리고 또 하나 짚고 넘어가야 할 것으로, 오염물질의 발암성에 대한 분류가 나라마다 기관마다, 심지어 같은 나라에서도 기관에 따라 약간씩의 차이가 있어, 독자들의 이해를 돕기 위해 설명하고 넘어가겠다. 제일 먼저 가장 신뢰할 수 있는 유엔의 세계보건기구(WHO) 산하 국제암연구소(IARC)에서는 발암성물질을 다음 표와 같이 4등급으로 분류하고 있으며, 2등급은 2A와 2B로 다시 세분하고 있다. 이 등급분류에서 1등급과 2등급(2A와 2B 모두)은 발암위험물질이지만 3등급 이하는 발암위험물질이 아니다.

미국 정부기관인 환경보호청(EPA)에서는 1986년부터 여러 번의 분류기준이 바뀌다 2005년에 개정된 분류기준에 따라, 인간에게 발암물질표(Carcinogenic to Humans), 인간에게 발암 가능물질(Likely to be Carcinogenic to Humans), 발암가능성 암시물질(Suggestive Evidence of Carcinogenic Potential), 발암가능성 평가하기에 정보가 부적절한 물질(Inadequate

1 등급	발암물질 (carcinogenic)	동물실험과 사람을 대상으로 한 역학조사 결과 암을 유발한다는 과학적 근거가 충분하다고 판단되는 경우
2A 등급	발암추정물질 (probably carcinogenic)	동물실험 자료는 충분히 확보되지만, 사람에게 암을 유발한다는 근거가 제한적인 경우
2B 등급	발암가능물질 (possibly carcinogenic)	동물실험 자료도 충분하지 않고, 사람에게 암을 유발한다는 근거도 제한적인 경우
3 등급	발암미분류물질 (not classifiable as to its carcinogenicity)	동물실험 자료에서 발암근거가 제한적이고 부적합하며, 사람에 대한 근거도 부적합한 경우
4 등급	비발암성물질 (probably not carcinogenic)	동물과 사람 공통적으로 발암성이 없는 경우

Information to Assess Carcinogenic Potential) 및 인간에게 발암성 없는 물질 (Not Likely to be Carcinogenic to Humans)의 다섯 가지로 분류하고 있다.

그리고 미국의 산업위생전문가협의회(ACGIH)의 발암물질 분류는 환경보호청과는 약간 다르게, A1: 인체발암성 확인물질, A2: 인체발암성 의심물질, A3: 동물발암성 확인물질, 인체 미확인 물질, A4: 인체발암성 미분류물질 그리고 A5: 인체발암 미의심물질의 다섯 등급으로 나눈다. 반면 EU에서는 Cat.1은 인체발암성이 알려진 물질, Cat.2는 인체에 발암성이 있는 것으로 간주되는 물질, 그리고 Cat.3은 만족할 만한 평가를 하기에 정보가 충분하지 않지만 발암성이 우려되는 물질 등 세 가지 카테고리로 분류하고 있다.

발암물질에 대한 등급분류가 앞에서 설명한 것처럼 다양해서, 이 책에서는 별도의 설명이 없으면, 세계적으로 가장 많이 통용되는 것이 세계보건기구(WHO) 산하 국제암연구소(IARC)의 분류방법이고 신뢰성이 높으므로, 특별한 경우는 발표기관과 그 발표기관의 분류등급을 밝히겠지만, 일반적으로는 IARC의 분류에 따르겠다.

01

환경이야기는
이렇게
시작되었다

집 안팎(실내외)의 환경은 사람이 살아가는 데 없어서는 안 되는 숨 쉬는 공기, 마시는 물 그리고 먹는 음식을 얻고 보관하는 곳이므로, 일상생활과 건강에 아주 중요한 영향을 미치는 요인이다. 그러나 사람들은 지구 전체를 산업화시키고 현대화시키면서 지속적으로 자신이 살아가고 있는 환경을 오염시켜 왔다. 환경오염은 지상의 동물과 식물 그리고 사람의 생활의 질에 심각한 악영향을 미치고 있다. 환경오염은 지상의 생물을 병들게 하고 살아가기 어렵게 만드는 결과를 초래하였다. 그래서 환경오염이란 '환경의 정상적인 기능에 영향을 미치는 물리적, 화학적 그리고 생물학적 환경본성을 악화시키는 것'이라고 정의할 수 있다.

환경을 더럽히는 물질을 오염물질이라 하는데, 이 오염물질은 자연에 존재하는 물질의 과용과 남용 및 오용에서 비롯된다. 우리는 이런 잘못된 자연물질을 사용한 후 뒤처리를 게을리 하거나 잘못된 처리를 '오염물질을 배출한다'고 표현한다. 오염물질이 기체상태로 배출되면 대기 중에서는 대기오염을 일으키고, 실내에서는 실내공기오염을 일으키며, 고체나 액체상태로 폐수와 함께 흘러나가면 단순한 수질오염에서 시작하여 해양오염으로 이어진다. 흙을 더럽히면 토양오염이 되고, 시끄러운 소리는 소음공해가 되어 이웃 간에 분쟁이 생기기도 한다. 오염물질 배출량이 적어도 독성물질은 심각한 문제를 일으키고, 많으면 많아서 처리에 경제적 비용은 물론 육체적이고 정신적 피해를 일으킨다.

환경이 일단 오염되면 오염상태가 심각하지 않은 초기에는 원상회복이 가능한 경우도 있지만, 일정수준 이상 지나치게 되면 원상회복은 불가능하게 되고, 처리하기도 녹녹치 않게 된다. 대기오염은 지상에서는 사람의 건강에 유해하기도 하지만 하늘 높은 곳에서는 오존층을 파괴할 수도 있다. 수질오염은 수중생물을 죽이기도 하고, 수질의 산성화를 초래하기도 한다. 토양오염은 흙의 수소이온지수(pH)에 불균형을 초래해 식물의 성장에 해를 끼치기도 한다.

세계보건기구(WHO)의 자료에 따르면, 환경이 가장 심각한 나라로 인도를 꼽는데, 환경오염의 처리비용이 엄청나게 들어서 공해문제 처리에 매우 고심하고 있는 나라이다. 우리나라도 환경문제 대처에 만족스러운 수준은 아니지만, 인도와 같은 처지가 되기 전에 주도면밀한 조사연구와 대비가 필요하다.

환경오염은 이제 특정 국가에 한정된 문제가 아니고, 우리가 살아가고 있는 지구를 구해야 하는 지대한 인류공통의 관심사이다. 그러나 이를 위해 필요한 것은 슈퍼히어로가 아니라, 한 그루의 나무라도 심고, 재생 불가능한 자원의 낭비를 줄이고, 폐기물의 적절한 처리 등과 같은 작은 일에서부터 제대로 된 정책의 수립과 이행 그리고 환경적인 배려가 뒤따라야 한다. 이를 위해 집 안팎에서 생기는 환경문제의 원인은 무엇이고, 오염물질에는 어떤 것이 있고, 대안이나 해결책은 무엇이 있는지 하나씩 살펴보기 위해 이 책을 썼다.

우리나라의 환경정책기본법에 환경을 자연환경과 생활환경으로 나누고, **자연환경**이란 지하, 지표(바다 포함)와 지상의 모든 생물과 이들을 둘러싸고 있는 비생물적인 것을 포함한 자연의 상태(생태계와 자연경관 포함)로 정의하고, **생활환경**이란 대기, 물, 토양, 폐기물, 소음과 진동, 악취, 일조, 인공조명, 화학물질 등 사람의 일상생활과 관계되는 환경으로 정의하고 있다. 이어서 환경오염을 산업활동과 인간활동으로 생기는 자연환경과 생활환경의 오염이나 교란으로 사람의 건강이나 환경에 피해를 주는 상태라고 정의하고 있다.

이 법에서 말하는 산업활동과 인간활동은 둘 다 결국 사람이 저지르는 활동이므로, 사람들이 자기들을 둘러싸고 있는 자연환경을 스스로 해치고 생활환경을 스스로 더럽히는 것이 환경오염이라는 말이 성립된다. 환경오염의 시작도 사람이 시작했고 환경오염의 원흉도 사람이다. 환경문제는 사람의 활동으로 인해 생기는 문제로 사람들 자신이 저질러 놓은 문제 때문에 자신이 당하는 자가당착적인 난처한 문제를 원활하게

해결하지 못하고 쩔쩔매는 것이다. '어리석은 자여 그대가 사람이니라.'

1972년 6월 5일, 스웨덴의 수도 스톡홀름에서 '하나뿐인 지구(Only One Earth)'를 주제로 최초의 세계적인 환경회의가 열려 'UN 인간환경선언'을 채택한 뒤, 제27차 UN총회에서 이 날을 '세계환경의 날(WED: World Environment Day)'로 지정하였다. 특히 이 회의에서 UN환경계획(UNEP)을 창설하고 UN환경기금(GEF) 설치를 합의하여 환경관련 국제기구가 처음으로 탄생하였다. 우리나라에서도 1996년 이날을 법정기념일로 정하였다.

● 2019 세계환경의 날 슬로건- S. Pattnaik

세계환경의 날을 일명 Eco Day 라고도 하는데, 환경보호의 인식과 행동을 진작시키기 위한 목적으로 제정되었다. 1974년 첫 세계환경의 날 주력 캠페인 에는 해양오염, 인구과잉, 지구 온난화, 지속적인 소비에 따른 환경문제 및 야생동물보호 같은 환경문제에 대한 인식을 높이기 위한 이슈들이 주를 이루었다. 가장 최근인 2019년 세계환경의 날 주제는 해마다 약 7백만 명이 대기오염으로 죽어가고 있다는 WHO의 추정치에 따라 '대기오염퇴치(Beat Air Pollution)'를 주제로 중국에서 개최되었다.

유엔환경계획(UNEP)은 1987년부터 매년 세계환경의 날을 맞아 그 해의 주제를 선정 발표하며, 대륙별로 돌아가며 나라를 정해 행사를 개최하고 있다. 1987년부터 환경보호분야에서 개인과 지역사회의 활동을 장려하기 위해 제정한 '글로벌 500상' 시상식을 하기도 한다. 1997년 서울에서 UNEP주최의 '세계환경의 날' 행사를 개최하기도 하였다. 해마다 143개국 이상이 참석하는 국제적 기념일로 점점 환경봉사 플랫폼으로 성장하고 있다.

환경문제는 인위적 활동에 의해 환경이 받는 생태물리적인 악영향을 말한다. 사람과 자연의 양쪽의 이익을 위해 이런 해로운 악영향으로부터 자연환경을 개인적, 조직적, 또는 범정부적으로 지켜내는 것이 환경보호다. 사회적이고 환경적인 노력인 환경보호주의(Environmentalism) 운동은 환경문제 해결을 위한 문제점과 해결방안을 홍보하고 교육하고 또 행동으로 보여주는 운동을 말한다.

환경문제 중 최근 가장 뜨거운 이슈로 예를 들면 지구온난화로, 대기 중의 모든 온실가스를 이산화탄소로 환산한 양은 미국 국립해양대기청(NOAA)의 추정치로 이미 400ppm을 초과했고, 기후변화에 관한 정부간 패널(IPCC)의 장기적 추정치는 455ppm을 초과하였다. 이 농도는 기후변화를 일으킬 가능성이 있는 한계치를 이미 초과한 것으로 보고 있다. UN인도주의업무조정국(OCHA)에서 '기후변화는 그다지 먼 미래의 위협이 아니다'라고 한 것에서도 알 수 있다.

곧 들이닥칠 문제이면서 이미 그 피해에 직면하고 있어, 지구상 재난의 약 70%는 기후문제와 관련된 것이고, 그중 50%는 벌써 20년 전부터 일어나고 있다. 이런 재난의 해결을 위해 인류의 부담은 점점 가중되고, 엄청난 경제적 손실을 가져다준다. 최근 10년간 약 2.4백만 명이 기후관련 재난의 피해를 보았고, 그 이전 10년간은 약 1.7백만 명이 피해를 보았다. 재난에 따른 피해비용은 1992년에서 2008년 사이 두 배로 증가하였다.

감당하기 불가능한 갑작스러운 폭우, 강력한 열대성 태풍, 반복되는 홍수와 가뭄 발생의 빈도수는 점점 늘어나 대처능력이 부족하거나 거의 없는 지역이나 국가에는 재앙으로 밀려오고 있다. 환경파괴는 인간이 만드는 범지구적인 문제임을 알면서도 지구상에는 환경파괴가 매일매일 지속해서 발생하고 있다. 2050년이 되면 지구상의 인구는 20억에 이를 것으로 전망되는데, 지구온난화에 관한 '우리들의 변하고 있는 기후(Our Changing Climate)'라는 보고서에서 인구증가는 인간의 활동량을 증가시켜 지구의 온도를 더 상승시킬 것이라고 엄중히 경고하고 있다. 이런 측면에서 인구가 감소하고 있는 우리나라는 이 경고에 해당하지 않는다고 기뻐해야 할까?

오늘날 가장 뜨거운 환경문제로는 지구온난화에 따른 기후변화, 늘어만 가는 대기오염, 단기적인 경제적 이익 때문에 자행되고 있는 환경파괴, 무분별한 자원고갈 등에 초점이 맞춰져 있다. 환경보호운동은 동식물의 멸종위기종 보호, 생태적으로 보호할 가치가 있는 지역의 보존, 점점 늘어나고 있는 유전자변형식품 그리고 어떤 형태의 재난이 더 일어날지 예상하기 어려운 지구온난화에 초점이 맞춰져 있다.

사람들이 스스로 저질러놓은 환경문제와 씨름하면서 문제점 파악과 해결책 모색을 위해 과학적 방법들이 도입됨으로써 최근 지구에 대한 이해 수준이 많이 높아졌다. 그래서 환경과학이란 학문도 점점 더 다분야에 걸친 학문으로 다루어지고 있다. 그래서 환경문제는 여러 분야의 학문전공자들이 도전하고, 해석하여 문제 분석에서부터 여러 방향에서 접근하고, 해결방안 모색도 여러 측면에 걸친 대안이 제시되어 종합적인 해결책이 마련되고 있다.

환경에 관한 가장 큰 국제적인 조직은 1972년 설립된 UN환경계획(UNEP)으로 환경보존을 위한 국제연맹이다. 121개 국가, 766개 비정부조직(NGO) 및 81개 국제적 조직에다 세계 각국으로부터 모은 10,000명이 넘는 전문가와 과학자들이 환경문제를 다루고 있다. 국제적인 NGO로는 그린피스(Greenpeace), 지구의 벗(FOE: Friends of the Earth) 그리고 세계자연기금(WWF: World Wide Fund for Nature)의 세계 3대 환경보호단체가 협조하고 있다.

02

대기와 공기는
다른가

우리가 일상생활에서 대기와 공기라는 용어에 별다른 차이를 두지 않고 혼용하여 사용하는 경우가 많다. 그럴 수밖에 없는 것이 대기나 공기나 구성성분이 같기 때문이다. 그러나 일반적으로 집이나 학교 그리고 근무처인 상가, 사무실 또는 공장 같은 건물의 실내에 있는 것을 대기라 하지 않고 공기라 부르는 반면, 건물의 바깥, 즉 실외에 있는 것을 많은 공기 그것도 엄청나게 많은 공기라는 뜻의 대기라고 부르고 있는 것은 뭔가 차이가 있다고 생각하기 때문이다.

그러면 왜 실외공기를 대기라 하는가? 그것은 지구를 둘러싸고 있는 공기의 층이 워낙 높고 그 양이 엄청나게 많아 큰 대(大)자를 써서 큰 공기라는 뜻으로 대기라고 한다. 지구를 둘러싸고 있는 공기층을 대기권이라 한다. 이 대기권을 공기층의 온도, 이 공기층을 이루고 있는 구성성분과 구성성분의 안정상태에 따라 대체로 여러 가지 권역으로 구분한다. 둥근 지구를 기체가 거의 같은 높이로 둥근 층을 이루어 둘러싸고 있어 이를 '대기권(Atmosphere)' 또는 그냥 '기권'이라고도 하고, 대기권을 구성하고 있는 기체를 통틀어 대기라고 한다.

대기는 여러 가지 기체의 혼합물이다. 대기의 하층부에서는 공기의 운동, 즉 바람에 의해 아래위 공기가 잘 혼합되어 있어 상당한 높이까지 구성비가 일정하다. 그러나 부피백분율은 장소에 따라 값이 변하는데, 일례로 이산화탄소는 식물의 호흡으로 소비되지만, 동물의 호흡으로 배출되기도 하고, 연소나 화학작용으로 새로 만들어지기도 하므로 양은 위치와 계절에 따라서 변한다. 특히 산업의 발달과 자동차의 증가로 대기 중의 이산화탄소는 엄청나게 증가하여 지구온난화를 가져오는 온실가스의 대부분은 이산화탄소이다.

14

대기권의 구조를 살펴보면, 옆 그림에서 보듯이 지구의 표면에서 약 12km(10~15km로, 평균 12km) 높이까지를 **대류권**(Troposphere)이라 하는데, 대기권의 가장 아래층으로 공기가 활발한 대류현상을 일으키는 기상변화가 일어나는 층이다. 그 위층인 12km에서 50km까지를 **성층권**(Stratosphere)이라

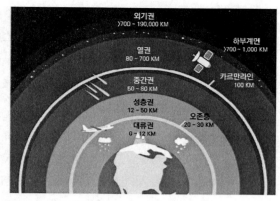

● 대기권의 구조

하는데, 이 중 20~30km 사이에 오존이 산재하여 자외선을 흡수하는 층이 있으므로 일명 **오존층**이라고도 하는데, 실제 오존층은 성층권을 다 차지하고 있는 것이 아니고 거의 성층권의 중간에 약 10km의 두께로 위치한다.

다음은 **중간권**(Mesosphere)으로 고도 50~80km에 걸쳐 높이가 올라갈수록 태양에 가까워지는 데도 불구하고 기온이 내려가는 층이며, 그 위에 위치하는 **열권**(Thermosphere)은 대기권에서 가장 높은 층으로 지표면에서 80~700km 사이이다. 지표에서 700km 높이에 해당하는 외기권의 **하부계면**(Exobase)은 열권과 외기권의 경계이고, 지표에서 700km 높이 이상의 대기층은 **외기권**(Exosphere)으로 극외권이라고도 한다. 약 800~1,000km의 범위를 대기권의 한계라고 생각하며 이 이상의 높이에는 공기가 거의 없어 우주선은 날개가 없어도 비행에 지장이 없다.

카르만라인(Karman Line)은 미국의 항공물리학자인 카르만(Theodore von Karman)이 정의한 대기권과 우주의 경계선으로, 고도 100km를 기준으로 하고 있어 국제항공연맹(FAI)은 이 라인을 넘어야 우주라고 정의한다. 그래서 미국 우주탐사기업인 버진 갤럭틱(Virgin Galactic)이 2018년 12월 역사상 가장 비싼 돈을 받고 최초로 민간인이 탑승한 우주비행선 스페이스쉽(Spaceship) 2호를 지구상공 82.7km까지 쏘아 올린 것은 카르만 라인을 넘지 못해 '우주여행'이라고 할 수 없다는 주장도 있다. 대기

권이라고 해도 대류권만 벗어나도 공기는 희박하기 짝이 없다. 성층권 이상에는 실제 공기가 거의 없다고 봐도 무난하나, 대기권 안쪽에는 희박하지만 그래도 아주 작은 양의 공기가 존재하므로 대기권이라 부른다.

그래서 우리는 대기권의 공기를 대기라 부르고, 실내공기는 대기권과는 비교가 되지 않을 정도로 엄청나게 작은 공간 즉, 바닥, 벽, 천장이라는 건축물의 구조체가 한정 짓는 공간에 존재하기 때문에 그냥 '**공기**'라 하여 구분하고 있다. 실내공기에는 압력이랄 것도 없이 무시할 수 있는 공기의 무게(압력)가 작용하는 반면, 실외공기 즉, 대기는 엄청난 높이까지 공기가 쌓여 있어 쌓인 공기가 누르는 압력이 실내공기의 압력과는 상대적으로 비교할 수 없을 만큼 어마어마하게 크다. 이 어마어마한 공기의 무게를 대기의 압력, 즉 **대기압**(Atmospheric Pressure)이라고 한다.

대기압 때문에 실외공기의 압력은 언제나 실내공기의 압력보다 높다. 따라서 창문만 열면 바깥공기, 즉 대기가 실내로 밀려들어 올 수밖에 없어 자연적으로 실내공기와 실외공기의 교환이 이루어지는데, 이를 **환기** 그것도 기계의 힘을 빌리지 않고 자연적으로 이루어진다고 해서 자연환기라고 한다.

실외공기의 질 즉, 대기의 질이 좋지 않은 도시지역, 공업지역, 도로변 등에서는 대기오염이 실내공기오염으로 이어진다. 그래서 실외공기를 대기라고 하는 반면, 실내공기는 대기라 하지 않고 단순히 공기라고만 하여 구분한다. 대기가 오염되면 대기오염이라 하는데, 대기오염은 건축물의 바깥에서만 문제가 되는 것이 아니고, 실내로 밀려들어오기 때문에 실내공기오염에도 대단히 많은 영향을 미치게 마련이다.

대기권은 단순히 공기만으로 이루어진 것 같지만, 여러 가지 물질이 섞여 있어 실제로는 매우 많은 역할을 하고 있다. 한 가지 예를 들면 태양이나 다른 외계로부터 지구로 들어오는 여러 가지 광선 중에서 유해광선을 흡수하는 역할을 하기도 한다. 만약, 대기권이 없다면 여러 파장의 자외선이나 방사선에 쉽게 노출되어 지구에는 사람이나 다른 생물이 존재하기 어려운 상태로 변질되어, 모든 물체는 지금 갖고 있는 성능과 기능이 떨어지고 퇴색되는 환경으로 변하고 말았을 것이다.

대기권은 또한 운석이 지구와 충돌하는 것을 막는 완충지대로 보호막 역할도 한다. 지구로 떨어지는 운석을 대기 구성성분 중의 하나인 산소가 태워버리기 때문에 웬만한 운석은 대기권을 통과하지 못하고 타버리는 것이 보통이다. 이런 이유에서 구성성분 때문에 대기권의 대기와 공기가 같은 뜻으로 쓰일 때가 자주 있다. 이와 같은 대기권의 방해에도 불구하고 지표면에 도달한 운석은 대단히 단단하고 귀중한 물질이고 보물로도 여겨진다.

대기는 지구표면에서 발산되는 열의 일부를 흡수하여 품고 있다가 대류현상으로 전 지구에 열을 고르게 퍼뜨려서 지구 곳곳의 온도 차이를 줄여주는 역할도 하는데, 이 역할이 지나쳐 지구온난화가 이루어지고 있다. 지구온난화 문제는 따로 자세히 설명하겠다.

공기의 온도는 공기가 압축되면 올라가고 공기가 팽창되면 내려간다. 이 때문에 위로 올라간 공기는 차가워지고, 아래로 내려온 공기는 따뜻해진다. 이러한 공기의 성질은 일기변화의 중요한 원인이 된다. 또 공기는 소리를 전달하는 매개체 역할을 한다. 공기가 없는 진공상태에서는 소리가 전달되지 않아서 아무런 소리도 들을 수 없다.

대기는 여러 가지 기체의 혼합물로 구성되어 있는데, 질소(N_2) 78.084%, 산소(O_2) 20.946%, 아르곤(Ar) 0.934%, 네온(Ne) 0.0018%와 아주 작은 양의 헬륨(He), 메탄(CH_4), 크립톤(Kr), 수소(H_2), 산화질소(NO), 크세논(Xe) 등으로 이루어져 있다. 수증기를 제외한 공기의 성분은 지상 약 70~80km까지 분포되어 있다. 이러한 대기의 역할 중 가장 중요한 것은 사람을 포함한 모든 동물이 호흡하는 데 필요한 산소를 제공한다는 점이다. 그러므로 대기야말로 지구의 생명을 유지시켜 주는 막중한 역할을 지니고 있다.

아기가 미숙아로 태어나면 산소의 농도가 대기 중의 농도보다 훨씬 높은 30~40%가 되도록 조절된 인큐베이터라는 기구 속에 넣어 보호한다. 말하자면 산소가 그만큼 사람에게 중요한 것으로 산소가 없거나 부족하면 인간들은 단 5분도 살아갈 수 없다. 지구인은 처음부터 그렇게 길들여 있어 그런지, 공기 중의 산소는 너무 많아도 좋지 않고, 적어도 좋지 않으며, 지금과 같이 21% 정도가 적당하다.

　만일 산소가 너무 많으면 화재가 났을 때 너무 불이 잘 타올라서 끌 수 없게 되고, 쇠붙이는 금방 녹슬게 될 것이다. 공기 중의 산소 농도가 21% 이하로 낮아지면 산소부족으로 인해 인체기능에 변화가 나타나는데, 일반적으로 산소농도 18%를 한계농도로 보고, 18% 미만인 상태를 산소가 부족한 '산소결핍(Oxygen Deficiency)'이라고 한다.

　산소는 색깔도 냄새도 맛도 없으므로 사람이 눈으로 확인할 수는 없고, 잘 알고 있듯이 상온에서 두 개의 산소원자가 결합한 분자(O_2)상태로 존재한다. 지각의 49.2%, 바다의 88.9%를 구성하는 요소로, 산소 자체는 타지 않지만 다른 물질이 타는 것을 도우며, 화학적 반응성이 매우 높아 할로겐 이외의 거의 모든 원소와 반응하여 산화물을 만든다. 금속이 습기가 있을 때 부식(산화)하는 현상은 느린 산화에 속한다.

　산소와 동소체인 오존(O_3)은 산소와 전혀 다른 성질을 지닌 물질로, 성층권의 오존은 자외선을 흡수하여 지구를 보호하는 역할을 하지만, 지표면 오존은 오염물질로 사람에 해를 끼친다. 오존에 대해서는 따로 자세히 설명하겠다.

　동소체(Allotrope)란 같은 원소이지만 서로 다른 구조적인 형태로 구성되어 있어 아주 다른 물리적 특성 및 화학적 반응을 나타낼 수 있는 물질을 말한다. 앞에서 말한 산소와 오존은 대표적인 동소체이고, 흑연과 다이아몬드도 같은 탄소원자로 이루어졌지만 성질이 전혀 다른 동소체이다.

　히말라야를 등정하는 산악인들이 8,000m가 넘는 고봉을 오를 때 '무산소 등정'이라는 말을 가끔 쓴다. 고도가 높을수록 산소가 희박해지는데, 산소탱크 없이 자연상태로 존재하는 공기 중의 희박한 산소만으로 숨을 쉬면서 등정한다는 말이다. 앞에서 설명했듯이 산소가 부족하면 사람이 호흡하기가 어려운데도 불구하고 부족한 산소만으로 등정을 마친 산악인의 폐기와 어려움 극복능력에 찬사를 보낼 수밖에 없다. 공기는 산소와 같은 의미로도 사용될 때가 많은데, 공기 속에는 산소가 함유되어 있으므로 '사람이 공기로 숨을 쉰다'라는 의미로 쓰일 때 '공기'와 '산소'는 같은 의미이다.

그러면 대기와 공기의 차이는 무엇인가? 앞에서 설명했듯이 대기든 공기든 오염되지 않으면, 다시 말해 이물질이 섞이지 않으면, 구성성분이 같기 때문에 동일하게 봐야 한다. 그러나 대기와 공기를 환경측면에서 보면 다르게 해석해야 한다. 대기는 오염되더라도 스스로 깨끗해질 수 있는 능력(자정능력)을 지녔지만, 실내공기는 한정된 작은 공간 안에서 재실자에 의해 오염되기만 하지 인위적으로 깨끗하게 하지 않으면(환기를 시키거나 공기정화기를 사용하지 않으면), 자체적으로 오염농도가 희석되거나 깨끗해지는 자정능력이 없다.

좀 더 자세히 설명하면, 대기는 엄청나게 많은 양이어서 오염물질이 섞이더라도 오염농도가 옅어질 수밖에 없는데, 이를 대기의 **희석작용**(Dilution)이라 하고, 대기의 압력 차에 의해 생기는 대기의 흐름(기류), 즉 바람은 오염물질을 다른 곳으로 이동시켜 발생원 근처에서는 희석되거나 없어지는데, 이를 이동희석(Migrated Dilution)이라 하여 구분하여 말하기도 한다. 또 햇볕은 대기 중의 오염물질과 작용하여 광화학반응을 일으켜 산화시킴으로써 산화물로도 만드는데, 이를 대기의 **산화작용**(Oxidation)이라 한다. 광화학반응(Photochemical Reaction)이란 오염물질이 대기 중에서 햇빛을 받아 다른 물질과 일으키는 화학반응이나 식물이 햇빛을 받아 탄산가스를 탄수화물로 만드는 광합성과 같이 태양광(적외선, 가시광선, 자외선)의 에너지로 인해 일어나는 모든 종류의 화학반응을 일컫는 말이다.

태양광선(적외선과 자외선)은 오염물질을 소독하고 세균성 오염물질을 없애기도 하여 대기의 질을 깨끗하게 하는데, 이를 대기의 **소독작용**(Sterilization)이라고 한다. 그리고 비와 눈으로 대기 중에 떠다니는 오염물질을 씻어 내리기도 하는데, 이를 대기의 **세정작용**(Purification)이라 한다. 대기가 지니고 있는 이 네 가지 작용을 대기의 4대 **자정작용**(Self-cleaning)이라 하는데, 대기 중으로 오염물질이 배출되더라도 대기는 스스로 깨끗해질 수 있는 자정능력을 가지고 있다는 것이다.

그러나 실내공기는 이 네 가지 작용 중 어느 작용도 일어나지 않고, 오히려 실내 재실자의 호흡으로 이산화탄소의 농도는 계속 증가하고, 어린이의 장난으로 부유먼지는 더 많이 떠오르게 되고, 부엌에서 조리활동으로 미세먼지의 농도도 더 짙어지며, 카피머신이나 프린터 같은 전자기기의 사용 등으로 휘발성유기화합물은 더 증가하고, 건축자재에서 라돈이 방출되는 등 더 더럽혀지기만 하는 실내공기는 환경적 측면에서 대기와는 엄연히 다른 특성을 보인 것으로 해석할 수밖에 없다.

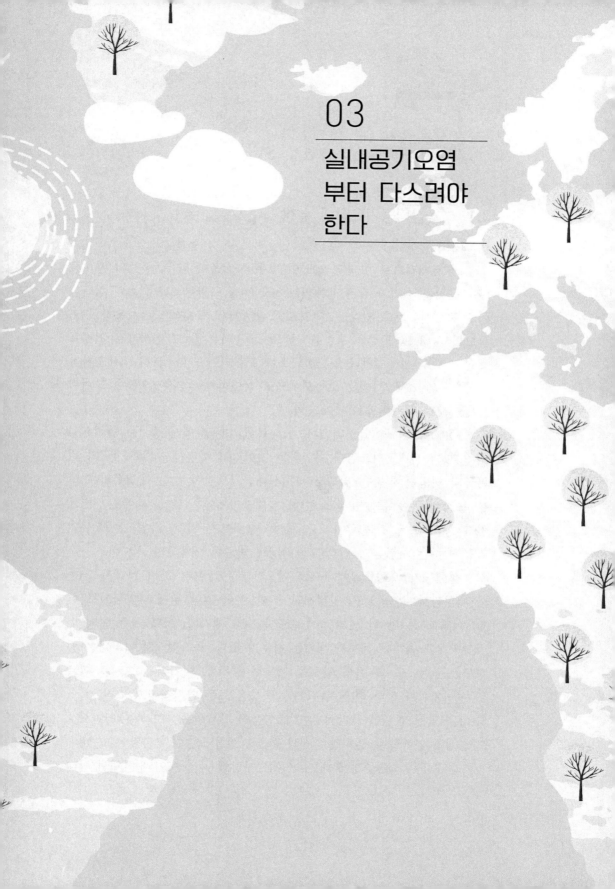

03

실내공기오염 부터 다스려야 한다

3.1   실내공기오염의 실상

전 세계적으로 아직도 20억이 넘는 사람들이 나무, 동물의 분비물(똥), 농작물 찌꺼기 같은 생체연료(Biofuel)를 포함한 고체연료와 석탄을 이용하며 살아가고 있다. 고체연료를 실내에서 개방적으로 사용하면 고농도의 실내오염물질을 포함한 연기를 배출하는데, 그 연기에는 건강을 해칠 수준의 미세입자나 일산화탄소가 포함되어 있다. 특히 미세입자는 정상수준의 20배가 넘는 고농도이므로 상당한 주의가 필요한데도 이런 생활습관은 지속해서 이어지고 있다.

세계보건기구(WHO)의 발표에 따르면, 지구상에서 생기는 발병원인의 2.7%가 실내공기오염에 기인하는 것이라고 하면서, 개발도상국과 빈곤국의 사망률 저감을 위해서라도 실내공기오염에 대한 대책수립에 많은 노력을 기울이고 있다고 한다. 실내공기오염은 주택, 사무실, 학교, 공장 등의 모든 건축물이나 구조물의 실내에서 거주, 작업, 운동 등의 활동을 하는 사람들의 건강과 쾌적성에 막중한 영향을 미친다.

실내공기 오염물질에 노출되면, 건강상에 여러 가지 문제가 노출 즉시 나타날 수도 있고, 일정시간(잠복기간)이 지난 뒤에 나타나기도 한다. 어떨 때는 단 한 번의 노출로도 문제가 생기고, 어떨 때는 여러 번 반복하여 노출해야 문제가 생기는 경우가 있다. 즉각적으로 나타나는 증상으로는 눈, 코 및 목의 자극을 비롯하여 두통, 어지러움 그리고 피로로 이어지기도 한다. 이런 즉각적인 증상은 보통 단기적이고 고칠 수 있다. 문제발생의 원인이 밝혀지면, 오염물질 발생원을 제거하는 것만으로도 증상이 없어질 수 있지만 천식과 같은 만성질병은 더 악화될 수도 있다.

실내공기 오염물질에 대한 반응은 사람에 따라 나이와 신체적 상태

22

를 포함한 여러 가지 요인에 의해 다르게 나타난다. 특히 개인적인 오염물질에 대한 민감도가 달라 반응의 정도가 다르게 나타나기도 하고, 멀쩡하던 사람이 특정 생물적 오염물질이나 화학적 오염물질에 반복적으로 또는 단한 번 고농도에 노출됨으로써 민감해지거나 건강상의 문제가 시작되는 경우도 적지 않다.

🔴 취사과정에 나오는 실내공기 오염물질에 엄마와 아기가 무방비로 노출되는 상태

집안에서의 재래식 연료사용법을 개선하는 것만으로도 공기오염을 상당량 줄일 수 있다. 후진국에서는 수십억의 사람들이 이런 단순한 가사행위로 집안(실내)을 위험한 장소로 만들고 있어, 취사용이든 난방용이든 오염물질이 가득한 매연에 노출된 사람 중 4.3백만 명이 해마다 죽어가고 있다. 지구상에는 아직도 30억 이상의 사람이 나무나 석탄같이 오염물질을 배출하는 연료를 취사용으로나 난방용으로 배기팬도 없이 칸막이도 제대로 갖추지 않은 집안에서 사용하고 있다. 이 생존을 위한 가사행위는 세계에서 가장 위험한 환경적 행위 중의 하나로 건강을 심각하게 해치는 행위이다. 선진국의 경우는 대기오염물질이 실내환경에 영향을 미치는데 반해, 후진국에서는 실내공기 오염물질의 배출이 대기오염을 부추기는 결과를 초래한다.

오염물질에 노출로 감기나 다른 바이러스성 질병과 같은 증상을 보이는 경우가 있어, 오염물질 때문에 생긴 증상인지 아니면 단순 질병인지 구분하기 힘든 때도 있다. 그래서 그런 증상이 생기기 시작한 장소와 때가 중요한데, 그런 증상을 보이는 사람이 문제의 장소를 벗어나니 증상이 없어졌다면, 오염물질에 의한 문제인 것을 알 수 있다. 어떤 경우에는 환기가 잘 안 되거나 냉난방이나 습도가 맞지 않아 문제가 생길 수도 있어 실내기후를 중요한 환경문제로 다루고 있다.

오염물질에 장기적으로 또는 반복적으로 노출된 후에야 건강에 문제가 생기는 경우도 있다. 이처럼 시간을 두고 나타나는 호흡기계통의 질병, 심장병 및 암 같은 심각한 질병을 가져오면 몸과 마음을 훼손시키거나 사망에 이르기도 하는 장기적 악영향을 미치기도 한다. 그래서 당장은 문제가 없다고 하더라도 실내공기의 질을 개선하는 노력을 게을리해서는 안 된다.

사람은 하루하루를 건강에 영향을 미치는 여러 가지 문제점에 직면하면서 살아간다. 집안에서는 물론이고, 자동차를 타고 가면서도, 해외여행을 즐기는 비행기 안에서도, 실내운동을 하는 헬스센터에서도, 여러 가지 놀이를 하는 실내 어린이 놀이터에서도, 심지어 직장이나 학교에서조차도 그 정도와 특성만 다를 뿐 항상 건강에 영향을 미치는 문제들과 봉착하고 있다. 다시 말해, 우리는 언제나 실내 환경문제와 맞닥뜨리면서 살아간다.

이 환경문제가 집안이나 건물 안처럼 폐쇄된 공간 안에서 생기는 것이면, 실내환경 문제이고, 바깥에서 생기는 문제이면 실외환경 문제이다. 그런데 이 두 가지 문제에는 유사한 것도 있지만 특성을 달리하는 것이 훨씬 많아 실내환경 문제만 다루어도 그 범위가 아주 넓다. 실내환경 문제도 실내공기오염, 오폐수, 쓰레기, 소음과 진동 등 문제의 범위가 넓고 다양하다.

실내환경 문제 중 어떤 문제는 불가항력적이어서 피할 방법이 없어 그대로 직면해야 하는 것도 있지만, 약간의 위험만 감수하면 피할 방법이 있어 생활하기에 어려움이 없이 그냥 넘어갈 수도 있고, 이미 대처방법이 개발되어 해결된 것도 있으며, 아직은 뾰족한 방법이 없어 피할 수 없어 위험을 감수하면서 그냥 살아가는 경우도 있다.

그러나 무엇보다 중요한 경우는 우리가 살아가고 있는 실내환경에 어떤 위험이 도사리고 있는지조차 모르고 살아가다, 몸에 이상이 생겨서야 후회하게 되는 경우이다. 위험을 어떻게 넘겨야 하는가도 중요하지만, 그 위험에 뒤따르는 문제가 사람에게 얼마나 해로운지, 두고두고 어떤 영향을 미치는지 미리 알고 있었더라면, 감수하지 않고 어떻게 해서라도 피했을지 모른다. 실내공기 오염문제 중에는 그냥 감수하기에는 너무나 어려움이 많은 난제 중의 난제가 많다.

현대인은 하루 중 80% 이상 심지어 90%까지의 시간을 집안이든, 상가 안이든, 자동차 안이든, 사무실 안이든, 공장 안이든, 학교 안이든 실내공간에서 보내고 있다고 해도 과언이 아니다. 따라서 실내공기오염이 사람의 건강에 미치는 문제의 중요성은 점점 더 커지고 있는 실정이다. 거기에다 실내공기의 오염정도는 해가 갈수록 점점 더 악화되어 실외공기오염이 대기오염보다 더 심각하게 악화되고 있다는 환경적인 증거들이 속속 드러나고 있다. 특히 인구가 밀집되고 자동차가 도로를 메우고 있는 대도시와 공장이 들어찬 공업도시에서는 그 정도가 더 심해지면 심해지지 나아지는 기미는 보이지 않고 있다.

새집에 살면 새집이어서, 또 헌집에 살면 헌집이어서 실내공기는 오염되기 마련이어서 사람은 누구나 항상 실내공기 오염문제에 맞닥뜨리고 있다. 어린이나 노약자 그리고 만성병질환자들은 특히 더 건강에 영향을 많이 받는 그룹에 속하는 취약계층이다. 특히 실내공기를 숨으로 몸속으로 끌어들이는 호흡기계통이나 심장혈관계통 질병을 앓고 있는 사람은 그 피해가 더 크게 마련이다.

독성이 강한 실내공기 오염물질에 노출되는 사람은 급성으로 증상이 나타나고, 낮은 농도에 오랜 시간동안 노출되는 사람은 실내환경에 의한 만성적인 영향으로 건강에 문제가 많을 수밖에 없는 그룹에 속하지만, 이런 경우가 일반적이어서 사람들이 실내공기 오염문제에 의한 영향과 그 중요성을 인식하지 못하고 있는 것이 현실이다.

오염물질 발생원 하나하나에서 나오는 오염물질의 농도는 건강에 영향을 미칠 정도로 심각하지 않는 경우가 대부분이지만, 집안에는 오염물질이 발생하는 발생원이 한 곳뿐인 경우는 없다. 여러 발생원에서 나오는 오염물질이 축적되고 누적되면서 그 문제의 심각성은 점점 더 악화될 수밖에 없다. 특히 여러 가지 오염물질이 혼합되거나 화학반응에 의해 제2의 오염물질로 변해 사람의 건강에 미치는 영향이 더 심각해질 수도 있다. 다행인 것은 예전부터 있었던 오염물질 발생원에 의한 위험은 경감시킬 수 있는 방법이 마련되어 있고, 새로운 발생원은 그 문제를 줄일 수 있는 해법이 알려진 것이 많다는 사실이다.

우리나라도 소득수준이 높아지고, 건축공법이 기술적으로 비약적인 발전을 하면서 건축설비의 중요성에 대한 인식이 높아짐에 따라 대부분의 신축건물은 기계식 냉난방과 환기시스템을 갖추고 있어, 사람들은 실내환경의 질이 한결 좋아진 건물의 실내에서 시간을 보내게 되었다. 그러나 좀 역설적이지만, 냉난방시스템이 잘 갖추어질수록 실내공기 오염물질의 발생 가능성은 더 커지기 때문에 실내공기오염에 따르는 문제의 정도가 더 심각해질 수 있다는 사실이다.

물과 공기와 같이 흐르는 물체를 유체라 하는데, 흘러야 할 물이 흐르지 않고 한곳에 오래 머물러 있으면 '고인 물'이 되어 썩게 마련이듯이, 공기도 흘러가거나 빠져나가지 않고 집안에 오래 머물러 '묵은 공기(Old Air)'가 되면 변질되어 자연히 오염물질이 꼬이기 마련이다. 여기에다 집안의 온도와 습도가 건강한 환경을 만들기에 부적합하면 실내공기의 질을 악화시키는 가중요인이 된다. 실내공기질에 영향을 미치는 요인으로는 앞에서 말한 실외공기의 질과 입지적 조건, 온도와 습도 같은 실내기후적 조건, 냉난방환기의 설비시스템, 집을 어떻게 지었나를 나타내는 시공정도, 실내 마감자재, 집안에 존재하는 오염물질 발생원 그리고 거주자의 생활패턴 등이 있다.

3.2   실내공기 오염물질 발생원

실내공기 오염물질 발생은 크게 바깥에서 생긴 오염물질이 건물 안으로 들어오는 **실외발생원**과 건물 안에서 직접 발생하는 **실내발생원**의 두 가지로 구분한다.

실외발생원으로는;

1) 실외공기오염(대기오염) 물질이 실내로 유입 되는 것,
2) 인접한 오염발생원으로부터의 배출가스,
3) 건물 바로 아래나 주변의 토양으로부터의 토양가스,
4) 습도가 높은 곳이나 고인 물에서 발생하는 미생물

등의 네 가지를 들 수 있다.

실내발생원으로는;

1) 건축시스템,
2) 거주자의 생활패턴,
3) 건축자재와 마감재같은 건축물 구성재와 가구,
4) 특별한 발생원 등 네 가지를 들 수 있다.

동일한 연립주택이나

실내공기오염의 위험성

아파트단지라도 도로, 공원, 공장, 강변, 바닷가 등의 입지조건, 건물이 자리 잡은 향, 인동간격, 층수 그리고 주변 환경에 따라 외부요인이 다르고, 외부요인에 따라 바깥공기(대기)의 질도 다르기 때문이다. 이 바깥공기는 환기로 실내에 유입되어 실내공기와 섞이며, 내부요인과 함께 실내공기의 질을 결정하는 요인이 된다. 그럼 실외발생원부터 한 가지씩 살펴보기로 하자.

첫째, 실외공기 오염물질의 실내유입으로 바람을 타고 이동되어 온 오염된 대기는 물론, 제일 주범인 인근 도로상의 자동차의 배기가스를 비롯하여 공장, 발전소, 소각로 등과 같은 산업시설의 배출가스도 이에 못지않고, 언제라도 기생하려 여건만 맞길 기다리는 곰팡이 포자, 알레르기의 원인물질인 꽃가루, 황사와 산불 등은 실외공기를 오염시키는 주요원인이고, 이런 오염물질로 더럽혀진 실외공기가 실내로 유입되는 것이 가장 두려운 실내공기오염의 원인 중 가장 큰 원인이다.

둘째, 인접한 오염발생원으로는 근처의 주차장이나 차고에서 나오는 배기가스, 쓰레기집하장이나 처리장에서 나오는 오염된 배출가스, 배출경로 설계가 잘못된 인접건물의 배출가스의 유입, 심지어 자체 건물에서 나간 배출가스가 역류하여 재유입되는 경우, 실내환기를 위해 끌어들이는 바깥공기 유입구 근처에 비위생적인 상태가 문제를 일으키는 경우도 있다. 주차장이나 버스 차고에서 주의해야 할 것은, 특히 겨울철에, 정지상태에서 시동을 걸어놓을 경우(Idling)가 불완전연소로 인해 감속이나 가속 시보다 훨씬 더 많은 오염된 배기가스를 내보낸다는 것에 유의해야 한다.

셋째, 건물 바로 아래나 주변 토양에서 나오는 오염물질은 허술한 지하 연료탱크(일례로 용산 미군기지)에서 누출되는 석유제품은 토양오염의 원인이 되기도 하지만, 거기서부터 나오는 배출가스도 실내공기오염의 원인이 될 수 있고, 지하 쓰레기매립지나 유기물폐기장에서 나오는 배출가스, 농약, 비료, 화공약품 등으로 오염된 토양에서 나오는 배출가스 등이 있다. 이외에 또 하나 아주 중요한 오염물질이 방사성 오염물질인 라돈(Radon)이다. 라돈은 비흡연자에게 폐암을 일으키게 하는 발암물질로 세계보건기구(WHO)의 자료에 의하면 폐암의 약 3~14%가 라돈이 발병원인이라고 한다. 라돈오염은 따로 자세히 다루겠다.

마지막으로, 건물 인접지에 막힌 하수구나 고인물이 있으면, 모기나 파리 등 해충의 서식지가 되기도 하지만, 특히 미생물의 증식지가 될 수 있고, 이 미생물은 바람을 타고 실내로 유입되어 두통, 감기, 독감, 천식 등 여러 가지 질병의 원인이 된다. 이런 현상은 청소가 잘 안 되어 막힌 하수구나 배수구, 비 온 후 패인 곳이나 지붕 위에 고인 물, 집수정 그리고 습도가 높은 마루 밑이나 슬래브 밑에서 많이 발생한다.

바깥에서 발생한 실외공기 오염물질(대기오염물질)의 실내유입도 문제이지만, 실내발생원으로부터의 오염물질 발생량, 발생빈도, 인체영향 및 처리방법은 실내에 상존하는 오염문제이므로 더 중요하게 다루어야 한다. 첫째 집고 넘어가야 할 건축시스템에 의한 실내공기오염은 설계와 시공을 포함하여 건축구조, 방의 배치와 동선의 흐름에 따라 달라지는 평면구성, 건축설비를 통틀어 건축물 전체의 체계에 의해 발생하는 오염물질 발생을 말하는 것으로 이에 의해 발생하는 오염문제는 실내에 상존하므로 유의하지 않으면 안 되는 문제이다.

건축설계의 다른 측면은 다 제쳐두고 단순히 환경적인 측면만 살펴보면, 외장재와 외벽과 슬래브의 재료, 두께, 인슐레이션 등에 의한 단열의 정도에 따라 실내온도와 습도가 좌우되고, 실내 평면구성은 실내공기의 흐름을 위한 통로를 형성하고, 창문의 위치와 크기는 일조와 일사를 조절함과 동시에 자연환기에 필요한 공기량을 결정하고, 건축설비는 인위적인 실내기후 조성에 절대적 영향을 미치는 등 설계는 건축물의 기능, 형태, 구조 등의 물리적 과정과 미학적 아름다움뿐만 아니라 재료의 선택과 설치, 평면의 효용성에 따른 거주자의 생활 패턴에도 영향을 미친다.

건축설비란 건축물에 설치된 냉방, 난방, 환기 등의 기계설비, 화장실과 욕실 등의 위생설비, 부엌에 설치하는 조리용과 상하수도를 포함한 주방설비, 스프링클러나 소화전 또는 소화기 같은 화재방지용 소화설비, 고층건물의 피난설비 등에 필요한 설비시스템의 시설과 장비를 모두 아우르는 말이다.

건축설비에 발생할 수 있는 오염물질로는;
1) 냉난방과 환기설비용 파이프나 닥트 속에 쌓이는 먼지, 곤충의 사체, 쥐똥 같은 분비물과 악취,
2) 가습기, 파이프, 코일 등의 내부에서 발생하는 미생물,
3) 세척제나 살충제의 사용으로 인한 화학물질과 악취,
4) 연소기기의 불완전 연소에 의한 배출가스,
5) 냉각제 유출에 의한 오염물질 등이 있다.

요즘은 사무실뿐만 아니라 일반 가정에서도 사용하는 복사기, 팩스, 프린터 등의 전자기기에서 휘발성유기화합물(VOC)이나 오존 같은 오염가스가 배출되고, 비품에 사용되는 용제나 토너에서도 암모니아를 포함한 벤젠, 톨루엔 같은 유기화합물이 그리고 청소용제에서까지도 오염물질이 배출된다. 백화점, 마트, 지하철 등에서 사용되는 엘리베이터나 에스컬레이터 같은 승강설비의 모터에서 나오는 배출가스도 실내공기를 더럽히는 오염물질의 하나이다.

둘째, 거주자의 생활패턴 때문에 발생하는 실내공기오염으로 제일 문제가 되는 것이 실내흡연이고 요리, 취사, 체취, 비듬, 화장품 냄새, 취미활

동(납땜이나 접착제 사용), 어린이들의 실내 뛰어놀기, 애완동물의 털, 비듬 및 분비물 등이 뒤를 잇는다. 쌓아둔 가사용품이나 쓰레기로부터 배출되는 가스, 탈취제나 방향제 등의 사용으로 발생하는 가스, 부유분진이나 비산먼지 등을 일으키는 가사활동도 주의해야 한다. 특히 방향제에는 천연향을 섞어서 만든 것보다, 구하기 쉽고, 값싸고, 여러 가지 향기를 인위적으로 조제할 수 있는 방향족 탄화수소(Aromatic Hydrocarbon)가 주원료인 제품이 많으므로 사용에 주의가 필요하다.

건물의 유지관리가 적절하게 이루어지지 않은 냉각탑에서 발생한 미생물(병균)에 의한 세균성 급성 호흡기감염인 레지오넬라 병(Legionella Fever)은 미국 필라델피아 재향군인회에서 발생한 병(그래서 일명 재향군인병)으로 건물 유지관리의 중요성을 일깨웠다. 이와 같이 냉각탑이나 수조에서 나오는 수증기, 휘발성유기화합물(페인트, 실링제, 접착제 등 사용 시 발생), 해충방제용 살충제에서 나오는 가스, 유지관리용품 저장 시 생기는 배출가스, 청소나 관리 시 생기는 부유분진과 비산먼지도 주의를 기울여야 하는 오염물질이다.

셋째, 건물을 구성하는 골조와 마감재 그리고 실내가구와 비품에서 발생하는 오염물질이다. 입자상 오염물질, 즉 미세먼지와 섬유상 오염물질이 발생하거나 모이는 곳, 비위생적인 곳의 습기에 의한 오염 그리고 건축자재나 가구로부터 배출되는 휘발성유기화합물을 들 수 있다. 입자상 오염물질이 발생하는 곳은 뭐니 뭐니 해도 튀김이나 볶음요리 과정에 발생하는 식용유나 수증기 입자와 실내공기 중의 미세먼지의 결합이 주원인이고, 섬유상 분진이 발생하는 곳은 카펫이나 커튼과 같은 직물의 표면과 노출형 선반, 오래되거나 손상된 가구, 석면으로 마감된 표면의 손상부위 그리고 암면이나 유리섬유를 보온재로 사용한 부분의 노출부위를 들 수 있다.

비위생적인 곳의 습기에 의한 오염물질로는 곰팡이나 박테리아 같은 미생물을 들 수 있다. 낡거나 습도가 높은 곳에 있는 가구의 표면, 결로 발생부위, 막히거나 불완전하게 설계된 배수관에 고인 물, 하수 트랩이나 집수정 등이 대표적인 미생물 발생원이다. 이런 미생물이 여러 가지 호흡기계통의 질병을 일으키는 원인물질로 병원성이라는 것은 두 번 강조할 필요가 없다.

마감재와 가구로부터 배출되는 대표적인 오염물질의 하나인 석면은 학생들이 공부하는 교실의 천장이 석면으로 마감된 곳이 많아, 석면이 있는 그대로 공부를 계속하기도 문제고, 철거 시 발생하는 석면먼지 때문에 철거공사에도 어려움을 겪는다는 사실은 매스컴에 이미 많이 오르내리고 있다. 마감공사와 가구에는 여러 가지 유기화합물과 무기화합물을 포함한 페인트, 접착제, 실링제가 사용되기 때문에 문제가 발생하는 것이다. 다행히도 이 문제 해결을 위한 친환경 건축자재의 개발에 대한 법적인 뒷받침이 마련되어 연구와 실험이 활발히 진행되고 있다.

집안에서 일상생활에 사용되는 옷장, 침대, 책상, 찬장 등의 가구와 TV, 청소기, 컴퓨터, 프린터 등의 가전제품에서도 오염물질이 발생할 수 있다. 가구의 재료와 마감재로부터는 방부제, 접착제, 바니시 등의 재료에서 폼알데하이드를 포함한 휘발성유기화합물이 발생하고, 전자제품으로부터는 오존이나 휘발성유기화합물 발생 위험성이 있고, 소파나 카펫도 청결유지가 잘 안될 경우 집먼지진드기나 곰팡이의 온상이 될 수 있다.

다양하고 아름다운 형태의 아파트나 고층 건물 같은 대형건축물이 많이 지어짐에 따라 건축자재의 생산량 증가와 함께 기능성, 효용성 및 가성비를 높이기 위해 복합화학물질로 만들어진 자재의 생산이 점점 더 많아지게 되었다. 소재의 설계나 가공법에 따라 포함되는 화학물질이 다르기 때문에 일률적으로 말하기는 어렵지만 벽지, 바닥재, 단열재, 접착제, 페인트, 외장재, 장식재, 배관재 등의 자재에서 대표적인 유해화학물질인 폼알데하이드를 비롯한 휘발성유기화합물의 배출은 실내공기질을 더 나쁘게 하는 원인이 될 수밖에 없다.

마지막으로 다루어야 할 것은 실내공기 오염물질의 특별 발생원으로, 우연한 결과로 발생하는 경우, 특정한 구역이나 복합건물에서 발생하는 경우 그리고 개보수, 리모델링, 증개축공사 때 발생하는 경우 등을 들 수 있다. 먼저 우연한 결과로 오염물질이 발생하는 경우는 사고 또는 실수로 물이나 액체가 유출되는 경우, 지붕에 물이 고이거나 배관에 물이 넘치거나 역류로 인해 미생물이 발생하는 경우, 전기설비의 누전이나 부주의로 인해 실내에 소형화재가 발생하여 매연이나 냄새가 생기는 경우 등을 들 수 있다.

특정구역이나 복합용도의 건물에서 오염물질이 발생하는 경우는 제일 먼저 공공장소의 흡연구역을 들 수 있는데, 여기에서는 담배연기로 인해 당연히 오염문제가 심각할 것이고, 대학이나 연구소의 실험실도 사용하는 물질의 종류와 성질에 따라 오염물질의 발생 우려가 다양한 곳이고, 용제와 토너를 많이 사용하는 인쇄소와 탈염색재료를 많이 사용하는 이·미용실도 실내공기 오염문제가 심각할 것이고, 튀김, 볶음, 삶기가 항상 이루어지는 대형주방과 주택의 소형주방도 중요한 오염물질 발생원이다.

건축물의 개보수, 리모델링 또는 증·개축 공사 시에 발생하는 오염물질과 공사 완료시 신축공사에서 겪는 새집증후군과 같은 실내공기 오염문제와 새로 들여놓는 새 가구로부터 배출되는 여러 가지 오염물질, 해체공사 때 발생하는 비산먼지와 부유분진, 여러 번 반복해서 지적한 페인트, 마감재, 접착제, 실링제 등에서 배출되는 오염물질과 구조체 내부 표면에 서식하는 미생물의 노출 등은 사람의 몸에 영향을 미치는 원인이 된다.

거주자의 생활패턴도 실내공기질에 영향을 미치는 중요한 요인이다. 예를 들어, 집안에 침, 털, 배설물 등의 문제를 일으킬 수 있는 애완동물을 키우는 경우, 중금속인 납을 이용하는 납땜이나 화학물질이나 접착제의 사용으로 오염물질 발생 우려가 높은 취미생활을 하는 경우, 집안에서 장난치고 뛰어다니는 분잡한 어린이가 있어 층간소음이나 비산먼지를 발생시키는 경우가 대표적인 예이다.

양탄자나 천으로 된 소파가 있는 집안에는 곰팡이나 박테리아 같은 미생물은 물론 집먼지진드기의 번식도 우려되며, 집안에서 담배를 피우는 '무지막지한' 흡연자가 있는 경우는 간접흡연(2차 흡연)의 피해뿐만 아니라 옷이나 몸에 밴 담배냄새(3차 흡연)는 혐오감을 느끼게 하고, 조리

방식이 미세먼지나 증기를 많이 발생시켜 실내공기 속에 이물질을 많이 섞이게 하면 실내공기의 질은 더 악화할 수밖에 없다.

실내에서 키우는 애완동물의 털, 분뇨, 침 등은 알레르기와 천식의 원인물질이고, 음식물 쓰레기는 악취뿐만 아니라 박테리아, 곰팡이, 세균 등 미생물 발생의 원인물질이다. 흡연에 대해서는 별도로 설명하겠지만, 담배의 연소과정에서 나오는 타르, 니코틴, 일산화탄소, 폼알데하이드, 유기화합물 등과 같은 수천여 종의 오염물질을 발생시켜 천식, 알레르기 및 여러 가지 암 등 여러 가지 질병을 발생시키고, 환경흡연이라 일컫는 간접흡연의 피해는 이미 널리 알려진 심각하기 짝이 없는 환경문제이다.

실내공기질의 개선은 실내공기 오염물질 발생원을 없애던가 아니면 실내공기를 신선한 실외공기와 교환하는 방법 두 가지로 이루어낼 수 있다. 그런데 오염물질 발생원을 완전히 없애는 것은 근본적으로 불가능하다. 그러면 두 번째 방법인 실외공기와 교환 즉, 환기가 원활해야 하는데, 이를 위해서는 방 배치를 포함한 설계가 복도와 계단으로 공기의 흐름이 원활히 이루어지도록 평면이 구성되어야 한다. 막다른 복도 끝에 창문이 없거나 개구부(창과 문)와 연결되지 않는 계단은 공기를 따라 빠져나가야 할 오염물질이 빠져나가지 못하고 실내에 고여 있게 만든다.

일반적으로 사용하는 용어 중에 **데드스페이스**(Dead Space)라는 말이 있는데, 우리는 단순히 용도가 없어 쓸데없는 공간 즉, 무용공간으로 이해하고 있다. 구체적으로 방의 구석진 곳, 수납장의 귀퉁이, 계단 밑, 문 뒤쪽 등과 같은 거의 쓸 수 없는 건물의 공간을 의미한다. 그런데 실내 환경적 측면에서 보면, 실내공기가 정체되어 썩어버리는 공간, 즉 공기가 죽는(dead) 부분을 말한다. 공간적 의미에서 말하는 데드스페이스는 대부분 공기가 잘 흐르지 않은 곳이기 때문에 이런 곳으로 포함되지만, 환경적 의미에서는 환기를 시켜도 공기가 소용돌이치면서 제자리에 머물게 되어 공기의 교환이 잘 이뤄지지 않아 묵은 공기가 고이는 곳을 말한다. 이런 곳에서는 냄새가 나고, 곰팡이나 박테리아 같은 미생물이 서식하게 마련이다.

환기하는 이유는 오염된 실내공기를 내보내고 신선한 실외공기를 끌어들이기 위해서이다. 그런데 실외공기가 과연 실내공기보다 신선한가? 신선도를 따지는 방법에는 여러 가지가 있지만, 산소의 농도와 오염물질의 농도로 따지는 것이 보통이다. 산소농도가 높은 공기를 신선한 공기라 하면 산소농도가 낮은 히말라야 산꼭대기의 공기는 신선하지 않다고 하고, 반대로 산소농도가 높은 대로변의 오염된 공기가 신선하다고 하는 것은 모순이다. 주변 환경이 나쁜 쓰레기장, 버스종점, 공장, 대로변에 가까운 곳처럼 특별하게 오염된 실외공기(대기)를 예외로 하면, 대체로 실외공기는 실내공기보다 2~5배 신선하다. 즉, 실외공기가 실내공기보다 산소농도도 높고 오염된 정도가 낮아 더 신선하다는 뜻이다.

한 대학병원에서 미세먼지에 의한 알레르기 원인을 조사하는 과정에서 일반 아파트의 실내공기 오염농도를 측정한 결과 백화점이나 대형마트와 같이 사람이 많이 모이지만 환기설비가 잘 갖추어진 실내공기보다 아파트의 집안공기 오염농도가 2.8배나 더 높게 나타났다고 한다. 이것은 실내공기질 개선에 환기가 얼마나 중요한 역할을 하는지를 단적으로 보여주고 있다.

오염물질 발생원(오염원)이란 실내공기 중으로 사람의 몸에 해로운 기체나 입자를 배출하는 곳으로, 오염원에서 발생하는 오염물질이 집안의 공기질을 좌우하는 일차적인 요인이 되는 물질이다. 환기로 오염된 실내공기는 내보내고 신선한 실외공기는 끌어들임으로써 실내공기의 신선도를 높이기도 하고, 교환되지 않고 그대로 머물러 있는 묵은 실내공기의 오염농도를 희석시켜, 전체적으로는 오염농도를 낮추게 된다. 실내온도가 높거나 습도가 높아도 농도가 높아지는 오염물질이 있으므로, 환기뿐만 아니라 냉난방과 습도조절도 실내공기 오염물질의 농도를 낮추는 중요한 요소이다.

공기교환율, 즉 환기율은 환기의 정도를 나타내는 수치로, 실내공기 오염정도를 파악하는데 중요한 지수이다. 환기율이 충분하지 못하면 창과 벽은 물론 가구나 벽에 걸린 그림이나 액자에도 물방울이 맺히는 현상 즉, 가구의 표면이나 벽면에 **결로**(Condensation)가 발생하여 케케묵은 냄새가 나게 된다. 온수 또는 스팀으로 가동되는 냉난방시스템에서 발생하는 습기는 책장, 신발장, 찬장 옷장 등 가구에도 곰팡이를 피게 하고, 방수가 잘 안 되어 물이 스며드는 곳에서도 미생물을 번식하게 만든다. 미생물의 번식은 서서히 이루어지기 때문에 초기에는 그 집안에 사는 사람은 잘 못 느끼지만 외부 사람이나 오랫동안 집안을 비웠다가 돌아오면 냄새로 인식할 수 있다.

성능이 좋고 용량이 충분한 공기정화기의 사용도 실내공기질을 높이는 방법이지만 오염물질에는 미세먼지나 꽃가루처럼 알갱이(입자) 모양으로 생긴 물리적 오염물질이 있는가 하면, 일산화탄소, 오존, 벤젠과 같이 알갱이는 없고 기체모양으로 된 화학적 오염물질도 있어 필터로 거르는 공기정화기로는 화학적 오염물질 모두를 없애기는 근본적으로 불가능하다. 그리고 특정 화학물질에 효과가 있는 정화기라도 특성과 반응물질이 다른 모든 화학물질에 효과가 있는 만능정화기는 있을 수 없다.

공기정화기 이외에 공기정화식물도 집안의 공기질을 높이는데 효과가 있다. 녹색식물은 사람이 내뿜는 이산화탄소를 잎으로 받아들여 녹말과 같은 복잡한 분자를 합성하는 광합성 즉, 탄소동화작용을 하면서 산소를 내보내므로 실내공기 속의 산소농도를 높인다. 식물은 뿌리로 토양의 영양과 수분을 빨아들이는데, 이때 함께 빨려 들어간 공기에 포함된 오염물질들은 뿌리 주변에 있는 미생물에 의해 분해된다.

식물은 기공을 통해 수증기를 집안으로 내보내는 증산작용도 하므로 실내 습도조절에도 유용하다. 날씨가 추운 겨울철에는 창문을 활짝 열어, 그것도 통풍환기가 되게 마주보는 창문을 열어 실내공기 오염농도를 적정 수준으로 희석할 만큼 오래 지탱하기가 쉽지 않다. 이때 집안 공기를 맑게 하는데 도움이 되는 것이 공기정화식물이다.

공기정화식물은 높이 1m 이상의 관엽식물이 대부분인데, 종류에 따라 악취를 제거하는 식물, 휘발성유기화합물을 제거하는 식물, 음이온을 발생시키는 식물, 전자파 차단에 도움이 되는 식물, 소음제거에 도움이 되는 식물, 심지어 심신 안정용으로 이용되는 식물도 있다고 한다. 미 항공우주국(NASA)에서 우주에 체류하는 인공위성의 실내공간에서만 생활하는 우주인이 귀환할 때까지 맑은 공기 속에서 생활할 수 있도록 공기정화식물을 이용한다. NASA에서 선정한 식물은 그야말로 밀폐된 실내의 공기를 정화하는데 효과가 높은 식물로, 장기간에 걸친 연구결과이기 때문에 인공위성의 실내뿐만 아니고 집안에서도 공기정화 효과가 높다.

미 항공우주국은 외부 공기와 에너지가 완전히 차단되는 구조로 겉모양도 우주과학에 어울리는 형태로 바이오 홈(Bio-home)이라 불리는 밀폐된 시설을 만들어, 관엽식물을 실내에 들여놓고, 일정 기간이 지난 뒤 실내공기의 샘플을 채취해 조사한 결과 휘발성유기화합물의 농도에 실질적인 감소 효과가 나타나는 것을 확인하였다. 덧붙여 식물을 들여놓은 뒤에는 그 밀실 안에서 새집증후군을 경험하지 않았다고 한다. 공기정화식물도 따로 설명하겠다.

여기서 현실적인 사실 한 가지를 짚고 넘어가자. 우리나라의 집값은 교통이 편리한 곳 즉, 지하철역이 가깝고 대중버스와의 연결성이 좋아 대중교통 이용이 편리한 대로변에 있는 아파트나 주택이 시내에서 좀 떨어져 강가나 산기슭에 있는 집보다 비싸다. 그것도 훨씬 비싸다. 이 현상은 선진외국과는 다른 차이를 보인다. 물론 상업용 빌딩이나 상가가 그렇다는 것은 업무효율이나 접근성 때문이라서 이해가 가지만, 일반 가정집(아파트)으로 오염물질의 배출량이 엄청나게 많은 대로변에 위치한 집이 비싸다는 것은 아직 환경의 중요성에 대한 인식의 수준이 선진국보다 낮아서 생기는 이상 현상이라고 밖에 설명할 수가 없다. 집값이 오염농도와 정비례하다니, 이거야 정말로 기가 찰 노릇이다.

집안의 공기오염, 즉 실내공기오염 이야기를 하려면 우리나라 환경관련 법규 중 '실내공기질 관리법'이란 법부터 먼저 짚고 넘어가는 것이 맞다. 이 법은 '다중이용시설, 신축되는 공동주택 및 대중교통차량의 실내공기질을 알맞게 유지하고 관리함으로써 국민의 건강을 보호하고 환경상의 위해를 예방함을 목적'으로 하는 법인데도 불구하고 기존의 공동주택, 독립주택, 학교 그리고 개인차량 등은 이 법의 보호를 받지 못하는 사각지대에 놓여 있다.

더군다나 다중이용시설도 의료기관은 병상 100개 이상, 지하상가는 2,000㎡(약 600평) 이상, 도서관은 3,000㎡(약 900평) 이상, 학원은 1,000 ㎡(약 300평) 이상 등으로 다중이용시설 중 일정규모 이상의 시설만, 또 공동주택도 100세대 이상만 이 법의 보호대상으로 삼고 있어, 그 이하의 중소규모 시설의 실내공기질은 문젯거리가 아니라는 뜻인지 이해하기 힘들다. 실제로는 중소규모의 시설이 더 문제 소지가 많을 수 있고, 100 세대 이하의 아파트나 연립주택 등 공동주택 개발업자는 중소규모의 사업자여서 문제발생 시 해결에 경제적 어려움을 받기 어려운 경우가 많다.

실내공기질 관리법에는 실내공기질 유지기준과 권고기준을 따로 설정하여 규정하고 있다. 유지기준은 강제규정이어서 지키지 않으면 과태료를 부과할 수 있으나, 권고기준은 단순히 쾌적한 공기질을 유지하기 위한 권고에 그치는 기준이어서 강제성이 없는 기준이다. 무엇 때문에 이렇게 구분하는지도 잘 이해가 되지 않는 부분이다.

유지기준 대상이 되는 오염물질은 미세먼지(PM−10), 초미세먼지 (PM−2.5), 일산화탄소, 이산화탄소, 폼알데하이드, 그리고 총부유세균 6 가지이고, 권고기준의 대상은 이산화질소, 라돈, 총 휘발성유기화합물 (TVOC), 곰팡이 4가지이다. 여기서 총 휘발성유기화합물이란 벤젠을 비롯하여 톨루엔, 에틸벤젠, 자이렌 그리고 스티렌을 한 가지씩 별도의 기준을 정하지 않고, 5가지 모두를 포함한 휘발성유기화합물의 총량으로 기준을 삼겠다는 뜻이다. 그러나 오존은 실내공기 오염물질로 지정되어 있지만 유지기준과 권고기준 어느 기준의 대상도 아니어서, 왜 실내공기 오염물질로 지정했는지 이해할 수 없다.

신축 공동주택의 실내공기질 권고기준은 폼알데하이드를 비롯한 휘발성유기화합물과 라돈을 대상으로 하고 있는데, 폼알데하이드 210㎍/ ㎥, 벤젠 30㎍/㎥, 톨루엔 1,000㎍/㎥, 에틸벤젠 360㎍/㎥, 자이렌 700 ㎍/㎥ 이하 그리고 스티렌 300㎍/㎥ 이하로 정하고 있으며, 라돈은 만 국 공동 기준인 200Bq/㎥에서 2018년부터 세계보건기구(WHO)의 기준 인 148Bq/㎥로 강화했다. 실내공기 오염물질의 주 발생원 중의 하나인 건축자재에 대해서도 폼알데하이드와 톨루엔은 별도로 또 다른 휘발성유기화합물은 총체로 오염물질 방출기준을 정하고 있는데, 대상이 되는 건축자재는 접착제, 페인트, 실란트, 퍼티, 벽지, 바닥재 그리고 목질판상제품이다.

폼알데하이드는 모든 건축자재에서 $0.02\mu g/\text{m}^3$ 이하여야 하고 목질상판제품에서는 $0.12\mu g/\text{m}^3$(2022년부터는 $0.05\mu g/\text{m}^3$) 이하, 톨루엔은 모든 건축자재에서 $0.08\mu g/\text{m}^3$ 이하여야 한다. 총 휘발성유기화합물은 접착제에서 $2\mu g/\text{m}^3$, 페인트에서 $2.5\mu g/\text{m}^3$, 실란트에서 $1.5\mu g/\text{m}^3$, 퍼티에서 $20\mu g/\text{m}^3$, 벽지에서 $4\mu g/\text{m}^3$, 바닥재에서도 $4\mu g/\text{m}^3$ 그리고 목질상판제품에서는 $0.8\mu g/\text{m}^3$(2022년부터는 $0.4\mu g/\text{m}^3$) 이하로 방출되어야 하는 것으로 규정되어 있다.

여기서 **목질상판제품**이란 목재로 된 얇은 판이나 작은 조각(칩)을 접착제로 성형한 합판, 파티클보드(Particle Board) 및 MDF(중밀도 섬유판) 등을 말하는데, 이 제품은 실내마감이나 가구제작에 많이 사용되는 자재이다. 그런데 이런 제품을 성형하기 위해서 사용되는 접착제는 요소수지, 멜라민수지, 페놀수지 등의 합성수지가 주성분이므로 벤젠을 비롯한 톨루엔, 에틸벤젠, 자이렌, 스티렌 등의 휘발성유기화합물이 함유되어 있어, 구성성분 하나하나를 검사하지 않고 총량으로 규제하는 방출기준의 대상이 되는 건축자재가 된 것으로 보인다.

신축 아파트의 입구바닥, 부엌, 또는 벽면의 마감재로 사용된 대리석이나 화강석에서 라돈이 권고기준 이상으로 검출되어 말썽이다. 대리석이나 화강석은 아파트 마감재로서 뿐만 아니라, 오피스텔, 업무용 빌딩, 상가건물 등에도 외관이 미려하고 내구성이 좋으며, 질감이 좋아 많이 사용되는 건축자재 중의 하나이다. 더구나 석재를 사용하지 않은 방에서도 라돈이 검출되어 콘크리트나 벽돌과 블록에 사용된 골재도 라돈의 발생원일 수 있다는 우려가 있으므로, 오염물질 방출기준 대상 건축자재에 골재도 포함하는 것이 바람직한 것으로 보인다.

우리나라 주거형태의 태반이 넘는 아파트에서도 가구는 필요하고, 실내 가사활동은 독립주택과 크게 다르지 않으니, 집안 환경문제는 근본적으로 동일하게 다루어야 하나, 실내환경에 영향을 미치는 실외환경이 달라 주상복합 아파트나 오피스텔과 같이 저층이 상업용이거나, 고층이 업무용과 상업용이 공존하는 형태로 이루어진 경우에는 주거전용 아파트와 약간의 차이가 있을 수 있다. 기계식 환기와 냉난방시스템에서 생길 수 있는 문제로 실외공기의 취입구와 배기구의 위치, 운영방식, 유지관리상의 부주의 등으로 생길 수 있는 오염문제는 오피스전용 빌딩과 같이 다루어지는 것이 좋다.

얼마 전까지만 하더라도 독립주택의 시공정도는 그다지 기밀하지도 않고 보온성도 아파트보다는 떨어지게 시공되어 저절로 이루어지는 환기(자연환기율)가 상대적으로 높았으나, 최근에 짓는 독립주택은 창호시스템의 발달과 두꺼워진 외벽으로 보온성도 좋고 단열성도 높아지고, 건축자재의 품질이 상당히 개선되어 아파트에 못지않게 기밀시공 되어 틈새바람에 의한 자연환기율은 예전만 못하다. 반면에 냉난방과 환기설비가 잘 갖추어진 독립주택은 공기청정설비까지 추가하여 집안의 공기질을 훨씬 개선하고 있다. 한 가지 우려되는 것은 실내 마감재로 사용되는 건축자재와 가구제품 선정 시 폼알데하이드를 포함한 휘발성유기화합물 발생이 없거나 적은 자재를 선정해야 한다는 것이다.

주상복합아파트나 오피스텔은 단위평면에 약간의 차이가 있을 뿐, 건축자재의 선정이나 건물 운영관리방식이 오피스빌딩과 거의 마찬가지이므로 실내공기 오염문제에 대한 가장 좋은 해결책은 오염발생원을 근본적으로 제거하는 것이다. 그렇지만 완전한 제거는 거의 불가능하므로 오염물질 발생량을 저감시키는 방법이나 환기량을 증가시켜 오염농도를 희석시키거나 공기정화장치를 설치하는 것이 제일 좋은 오염문제 해결책이다.

건물관리비의 가장 큰 비중을 차지하는 냉난방설비의 운영비 절감을 위해 건물구조를 내후구조로 설계하고 시공하여 계절이 바뀌고 기상조건이 변하더라도, 실외조건에 영향을 받지 않는 실내기후를 일정하게 지키는 전천후 건물이 되도록 구조를 보강하고, 보온성과 단열성을 높여 열손실을 줄이고, 냉난방설비와 환기설비를 완비하여 기후변화와 관계없이 실내환경을 쾌적하게 조성하려는 것이 현대건축의 추세이다. 그런데 이런 내후구조에도 실내공기오염을 최소화하기 위한 조치가 필요한 곳이 있다.

내후구조(Weatherproof Structure)란 실내환경이 계절이 바뀌거나 기상조건이 변하더라도 실외환경에 영향을 받지 않는 전천후 건물이 될 수 있도록 구조를 보강하고, 건물의 보온성과 단열성을 높여 열손실을 줄이고, 냉난방설비와 환기설비를 완비하여 기후변화에 영향을 받지 않고 실내생활을 건강하고 쾌적하게 유지할 수 있는 구조를 말한다.

냉난방비용을 줄이는 것도 중요하지만, 집안 한구석에 환기되지 않고 오랫동안 머무는 묵은 공기(정체된 공기), 벽체나 가구표면에 물방울이 맺히는 결로현상 또는 박테리아나 곰팡이 같은 미생물의 발생 등과 같이 환기불충분으로 생기는 오염물질로 인한 청결한 집안환경을 해치는 문제가 생기지 않도록 하는 것이 내후구조 설계 시 유의해야 할 중요한 사항이다. 따라서 집안을 내후구조로 할 때는 설계단계에서부터 시공단계도 물론 유지관리단계에 이르기까지 건축물 생애전반(Life Cycle)에 걸친 고려가 있어야 한다. 어떤 경우에도 건물을 기밀하게 시공하여 실내외 공기의 누기가 없도록 하는 것은 집 안팎의 환경유지에 도움이 된다.

여태까지는 실내공기 오염물질의 종류와 발생원인 그리고 인체의 유해성에 관해서 설명했는데, 이제부터 오염문제 해결방안이 무엇인지 살펴보자. 첫째, 오염물질 발생원을 제어하여 발생자체를 억제하는 방안이 중요하고, 둘째, 그러나 오염물질이 전혀 발생하지 않도록 완벽하게 제어 할 방안은 없으니, 오염된 실내공기를 신선한(상대적으로 오염농도 낮은) 실외공기로 교환하는 대안이며, 셋째, 앞의 두 가지 방안이 만족스럽지 못하면 오염된 실내공기를 정화하는 방안이 마지막 대안이다.

여기서 발생원 '제어'라는 말은 제거하거나 완전히 제거되지 않으면 조절한다는 뜻을 동시에 나타내기 위해 사용한 말이다. 오염물질 발생원을 근원적으로 없애버리든가 그럴 수 없으면 오염물질 배출량을 감소시키는 것이 효율적이기 때문이다. 예를 들어, 오래된 학교교실에 석면발생원이 있는 경우, 학생들이 공부하는 동안은 철거공사를 할 수 없으므로 위험부위를 에워싸 덮어 두었다가 방학 때 철거하는 것이 좋은 방법이고, 가스로 요리하는 집안에 가스의 불완전 연소로 인해 배출되는 오염물질의 양을 줄이기 위해 공급가능한 산소량에 맞게 불꽃의 세기를 조절하는 것도 한 가지 방법이라는 뜻이다.

발생원 제어 다음으로 좋은 대안은 환기에 의한 실내공기질 개선(=환기개선)이다. 그러나 도시지역의 대기오염은 심각하여(바깥공기가 더러워) 환기가 오히려 실내공기를 더럽힐 우려가 높으므로, 실외공기의 오염도가 기준 이상으로 높은 경우는 실외공기를 끌어들이는 대신 배출하려던 실내공기를 정화해 재유입하는 방식을 사용하는 경우가 더 유용할 수 있다.

옆의 인포그래픽(WHO)은 실내공기오염이 우리가 생각하는 것보다 훨씬 더 나쁘다는 것을 강조하고 있다. 해마다 전 세계에서 7백만 명의 사람이 대기오염으로 사망하고, 집안에서 일하는 가정주부의 사망률이 집밖에서 일하는 여성

실내공기오염은 생각보다 훨씬 더 해롭다

보다 54% 더 높으며, 5세 이하의 어린이 6십만 명이 해마다 실내외공기 오염으로 인한 질병 때문에 사망하고, 실내공기가 실외공기보다 2~5배 더 오염되어 있다. 그리고 대부분의 사람은 90% 이상의 시간을 집안이든, 사무실이든, 공장이든, 자동차 안이든 실내에서 보내고, 96% 이상의 주택이 한 가지 이상의 실내공기질 문제를 안고 있으며, 실내공기질은 공중보건을 위한 5대 환경위험 중 하나임을 지적하고 있다.

앞에서 지적한 것처럼 대개 실외공기가 실내공기보다 2~5배 맑으므로, 날씨가 좋은 날 창문을 열거나 배기팬 또는 환기장치를 가동해 실내외의 공기교환율 즉 환기율을 높이는 것이 바람직하다. 실내공기를 바

깥으로 내보낸 만큼 실외공기가 실내로 들어오므로, 실내에서 오염도가 높은 곳인 화장실과 부엌의 배기팬을 먼저 가동하면 다른 실내보다 오염물질 배출량이 상대적으로 많다. 실내에서 부분적으로 페인트칠을 하거나, 난로를 켜거나, 요리를 하거나 또는 취미활동으로 용접이나 납땜과 같은 작업으로 인하여 짧은 시간에 많은 오염물질을 발생시키는 실내활동을 할 경우에는 반드시 환기를 충분히 시켜 오염농도가 낮은 신선한 실내공기로 바꿔야 한다.

요즘 한 단계 업그레이드된 건축설계에서는 위생설비, 소방설비, 통신설비, 냉난방설비 등의 기계설비와 전기설비가 디지털화되어 한 층 더 보강되고 개선되어 가고 있다. 환기설비도 오염농도를 자동측정하여 가동하는 자동식 환기시스템으로 구축되어 있을 뿐만 아니라, 공기정화능력까지 갖추어 필요한 양의 실외공기를 정화해 실내로 끌어들이고, 그만큼의 실내공기를 배출하도록 설계되어 있어 많은 건축물이 실내공기질의 개선이 상당 수준 이상으로 보완되고 있는 추세이다.

3.3   실내기후도 중요한 환경문제

그럼 이제부터 90% 이상의 시간을 보내는 건축물 실내거주자의 건강에 영향을 미치는 실내공기 오염물질 이외에 오염요인(물리적 오염물질이라고도 한다)인 **실내기후**(Indoor Climate) 형성에 절대적인 영향을 미치는 환경요인인 온도, 습도, 환기, 기류, 냄새, 소음 및 정전기에 대하여 하나씩 짚어보기로 하자. 건축물의 실내에서만 생기는 기후로서 인공적으로 형성되는 기후를 실내기후라 하는데, 실내기후는 외벽에 의해 열적으로 실외와 차단되어 있지만, 외기상태변화가 실내기후 형성에 상당한 영향을 미친다. 실내기후를 옥내기후라고도 하며, 영어로는 House Climate 또는 Room Climate라고도 한다.

실내온도(Indoor Temperature)는 실외온도와 난방에 의해 결정된다.

사람이 가장 쾌적하게 느끼는 온도는 15~20℃ 사이의 범위여서 이보다 10℃가 높은 30℃를 넘으면 더위를 심하게 느낀다. 또 이보다 10℃가 낮은 5℃ 이하에서는 추위를 심하게 느껴 작업능률이 떨어진다. 사람은 신체의 **열수지차**(Heat Budget Discrepancy: 들어온 열과 빠져나간 열의 차이)에 의해 추위와 더위의 정도를 느끼게 된다.

열수지는 온도, 습도, 기류 및 복사열의 네 가지 물리적 요소와 활동량, 착의량, 나이, 성별 등의 개인적 요소에 따라 달라진다. 다시 말해 물리적 요소는 외적인 것으로 주어지는 환경이지만, 활동량이 적은지 많은지, 옷을 많이 입었는지 적게 입었는지, 또 추위에 강한 젊은 나이인지 추위에 약한 늙은 나이인지 그리고 남자인지 여자인지에 따라서 온도에 대한 감응도가 다르다는 뜻이다. 표면적이 넓은지(뚱뚱한지) 좁은지(야위었는지)도 문제가 될 수 있지 않을까?

지구온난화에 의한 기후변화는 지표면의 온도를 높여 열대지방이나 여름철에 이상고온현상을 초래하고 있다. 이상고온은 자연환경에 미치는 영향도 대단하지만, 사람의 몸에 미치는 영향도 엄청나다. 이상고온에 의한 대표적인 병증인 **열중증**(Heat Stroke)은 비정상적인 고온상태에서 체온조절이 흐트러져 열의 발산이 제대로 되지 않아 일어나는 병인데, 습도가 높으면 더 많이 발생한다.

열중증(열사병)은 고열작업을 하는 근로자의 직업병이며, 무더위에 운동을 할 경우에도 발생할 수 있는 병으로 발열 후 집에 돌아가서도 증세를 보일 수 있으므로 주의해야 한다. 급성 열중증은 땀이 많이 나고, 수분과 염분의 소실에 의한 열경련, 급격한 피부확장, 혈압저하, 심장쇠약에 따른 열허약, 발열부족에 의한 울열성 발열증세를 보이며, 만성인 경우는 울열에 의한 소모가 나타나기도 한다. 울열이란 열이 몹시 심하게 높아 속이 답답하고 괴로운 증상을 말한다.

사람은 이상고온에서도 영향을 받지만, 이상저온에서도 특히 극저온에서 더 많은 영향을 받는데, 보통 0℃ 이하의 저온에 있을 때부터 생물은 상온에서와는 다른 생리상태가 나타난다. 그러나 저온에 대한 적응력이 강해 영하 40℃ 이하의 혹한지에서도 생육하는 생물이 있는가 하면, 조금만 기온이 내려가 0℃ 이하만 되어도 얼어 죽는 동해현상이 생기는 생물도 있다. 사람은 일반적으로 고온보다 저온에 대한 저항력이 강하다. 신체의 일부가 저온에 노출되거나 직업적으로 항상 저온상태에 노출될 경우 류머티즘성 신경통, 말초신경마비 등이 발생할 수 있으며, 심하면 동사할 수도 있다.

2019년 연말에 '영국 냉동컨테이너 전원 베트남인 추정에 가족들 망연자실'이라는 제목의 신문기사에서 런던 외곽에서 냉동컨테이너에 몸을 싣고 밀입국하려다 컨테이너 안에서 숨진 채 발견된 39명이 모두 베트남 국적자로 추정된다고 발표한 사건이 세계적 토픽이 된 적이 있었다. 경찰은 이들이 영하 25도까지 내려가는 컨테이너 안에서 동사했거나 질식사했을 가능성에 무게를 두고 있다고 브리핑을 했는데, 이 사건이 저온에서 사람이 죽는 실례를 보여주는 사건이었다.

체감온도(Sensible Temperature)란 같은 온도에서도 사람에 따라 실제 온도보다 더 덥게 또는 더 춥게 느낄 수 있어, 신체적 감각정도를 나타낸 온도로 일명 '느낌온도'라고도 한다. 신체적 감각, 즉 체감은 신체 표면의 열교환 상태에 따라 좌우되는데, 온도뿐만 아니라 풍속, 습도, 일사량과 같은 기상요인에 따라 종합적으로 결정된다.

체감온도는 몸에 미치는 일사량과 바람이 피부에 열을 주거나 피부로부터 열을 빼앗길 때 느끼는 더위와 추위의 정도를 나타내는 지수로도 볼 수 있다. 예를 들어 −10℃에서 다른 조건은 변화 없이 풍속만 5km/h로 바람이 불 때 체감온도는 −13℃이지만, 풍속이 30km/h로 거세지면, 체감온도는 −20℃까지 떨어져 훨씬 더 강한 추위를 느끼게 된다. 체감온도는 풍속만을 고려하여 계산하지만, 같은 온도라도 습한 날은 더 춥게 느낀다. 그래서 여름에는 **불쾌지수**(Discomfort Index)를 더 많이 사용하는데, 이는 온도와 습도를 동시에 고려한 일종의 체감지수이다.

습도(Humidity)는 대기 중에 수증기가 포함된 정도를 나타내는 비율로 공기의 습한 정도를 나타내는 수치이다. 일반적으로 습도라 할 때는 상대습도를 말한다. **상대습도**(Relative Humidity)는 대기 중에 포함된 수증기의 양과 그 온도에서 대기가 포함할 수 있는 최대 증기의 양, 즉 포화수증기의 비를 백분율로 나타낸 것이기 때문에, 수증기의 양은 변하지 않아도 온도가 변하면 상대습도는 달라진다.

　　예를 들어 새벽에 그날의 최저기온을 보일 무렵 하루 중의 최고습도가 되기 쉬운 것으로 이해하면 된다. 다음 그림에서 보듯이 같은 수증기의 양이라도 10℃에서는 상대습도가 100%이지만, 온도가 20℃로 올라가면 포화수증기의 양이 증가하므로 상대습도는 52%로 내려가고, 온도가 30℃로 올라가면 상대습도는 28%밖에 되지 않아 오히려 건조한 환경이 된다.

　　절대습도(Absolute Humidity)는 대기 중에 포함된 수증기의 양을 단순히 나타내는 방법으로, 대기 1㎥에 포함된 수증기의 양을 무게(G)로 나타낸다. 그래서 절대습도를 **수증기밀도**(Vapor Density) 또는 **수증기농도**(Vapor Concentration)라고도 하

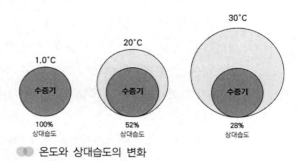

　　온도와 상대습도의 변화

는데, 앞에서 설명한 상대습도와는 개념 자체부터 다르다. 온도에 따라 수증기가 공기에 포함될 수 있는 최대량(포화수증기량)이 정해져 있으므로, 온도가 올라가면 절대습도는 더 커질 수 있고, 낮아지면 더 작아질 수 있다.

　　일반적으로 절대습도는 기온이 높은 여름철에는 올라가고, 기온이 낮은 겨울철에는 내려간다. 상대습도의 하루 동안의 일변화는 기온의 일변화와 정반대이다. 즉, 대기 중에 같은 양의 습기(수증기)가 포함되어 그 양이 변하지 않는다면, 온도가 낮은 새벽에는 상대습도가 가장 높아지고, 오후 2~3시경 최고기온이 될 무렵에 상대습도는 가장 낮다. 상대습도로 나타내면, 우리나라에서는 대부분의 지역이 비가 많고 더운 7월에 80% 이상의 최고습도가 나타나지만, 반면 건기이고 추운 1월에 50~60% 정도의 최저습도를 나타낸다.

　　봄철에 날씨가 따뜻해지기 시작하면서 대기는 점점 더 건조해진다.

봄철 이후 건기가 계속되면 감기를 비롯한 호흡기질환이 늘어난다. 건조한 공기 탓에 기관지점막의 섬모운동이 둔해지면서 바이러스에 쉽게 감염되기 때문이다. 공기가 건조하면 눈의 점막이 마르는 안구건조증도 심해지고 피부도 거칠어지기 쉽다. 이런 질환에 걸리지 않으려면 실내습도를 높여야 한다.

실내습도를 높이기 위해 가장 손쉽게 사용하는 방법은 가습기의 사용이다. 가습기에는 끓여서 식힌 물을 사용해야 한다. 가습기의 물탱크는 자주 청소하되 비누나 세제가 가습기의 내부표면에 남지 않도록 꼼꼼하게 헹구어야 물의 질 때문에 생길 수 있는 실내공기 오염문제를 예방할 수 있다. 가습기는 분무된 수증기를 직접 들이마시지 않게 2~3m쯤 떨어진 곳에 배치하는 것이 좋다. 가습기의 적정용량은 방의 크기, 거주자의 수, 흡습성재료(의복, 가구, 실내마감재 등)의 재질, 실내온도 등에 따라 차이가 있다.

여기서 짚고 넘어가야 할 것이 **가습기살균제사건**으로 가습기살균제를 사용한 사람들이 기도손상, 기침, 호흡곤란 등으로 호흡기관 손상을 보여 영유아를 포함한 임산부와 노인이 사망한 사건이다. 2011년부터 가습기살균제 사용자들의 발병 및 사망 사실이 알려지기 시작했다. 의료기관의 신고로 역학조사를 실시한 결과 보건복지부와 질병관리청은 폐를 포함한 호흡기손상 원인이 가습기살균제로 추정된다는 중간조사 결과를 발표하고 살균제 판매중단 및 수거명령을 내렸고, 2012년에는 인체 독성을 최종 확인했다.

질병관리청은 1차 조사에서 168명이 가습기살균제로 인한 피해자로 인정되었고, 2015년 환경부가 2차 조사결과를 발표하면서 사건이 재조명되었다. 2차 조사는 1차 조사 때 신청하지 못한 폐질환자들을 대상으로 했으며, 53명을 추가 피해자로 확정하여, 정부가 인정한 가습기살균제 피해자수는 총 221명이었으며 그중 사망자가 92명이나 되었던 큰 사건이다. 이 사건에서 보듯이 가습기가 습도를 높이는 효과는 크지만 사용수의 질을 지키지 못하면 위험을 가져올 수 있다는 점을 명심해야 한다.

냉난방기와 가습기를 동시에 사용하면서 **환기**를 게을리하면 실내공기가 탁해져 기관지감염이나 천식 같은 호흡기질환에 걸릴 우려가 있다. 겨울철 실내는 적정습도인 50~60%로 유지하는 것이 좋다. 습도가 높아지면 곰팡이, 박테리아 및 집먼지진드기의 증식이 우려되고, 반대로 실내가 건조해지면 세균에 대한 저항력이 떨어져 감기에 걸릴 확률이 높아진다. 그래서 적정습도 유지와 정기적인 환기는 무엇보다도 중요하므로 다음과 같은 방법을 이용할 것을 추천한다.

1) **적정 환기**(Proper Ventilation): 추운 겨울에 창문을 여는 것은 여간 번거로운 일이 아니다. 전문가들은 하루에 3~4회 환기하라고 하지만, 하루에 1회라도 5~10분 정도 통풍환기(마주보는 창을 열어 바람이 통하게 하는 환기)를 할 것을 권장한다. 특히 난방기를 틀때는 꼭 지켜야 하는 것이 환기다.

2) **공기 중의 살수**(Vapor Spray): 가습기를 사용하지 않더라도 실내가 건조하다고 생각되면 분무기로 공기 중이나 흡습성이 높은 커튼, 소파 등에 뿌리는 것도 대안이 될 수 있다.

3) **녹색식물**(Green Plants): 식물은 호흡작용 시 증산작용을 같이 하기 때문에 수분을 발산하므로 실내습도를 높이는데 상당한 도움이 된다. 실내공기 정화식물이면 더 말할 것도 없고 무슨 식물이든지 식물은 없는 것보다 있는 것이 훨씬 가습효과가 좋다.

4) **젖은 숯**(Wet Charcoal): 숯에 있는 미세한 기공은 습도가 높아지면 공기 중의 습기를 빨아들이고, 반대로 습도가 낮아지면 다시 배출하여 습도를 조절하는 효과가 있다. 또한 숯은 기공에 음이온까지 발생하므로, 숯을 물에 적셔 실내에 놓아두면 가습효과는 물론 공기정화효과까지 얻는 일석이조의 도움이 된다.

5) **젖은 빨래**(Wet Wash): 실내에서 젖은 빨래를 말리는 것은 간편하면서도 효과적인 습도유지법이다. 겨울밤에 빨래를 널어놓을 때는 마지막 헹굼을 따뜻한 물로 하는 것이 실내공기를 차가워지지 않게 하는 방법이다. 빨래 대신 그릇에 물을 떠놓는 것도 대안이나 아이들의 손에 닿지 않는 곳에 두어야 한다.

6) **과일껍질**(Fruit Skin): 겨울철에 흔히 먹는 사과나 귤 등 과일의 껍

질을 버리지 않고 넓은 그릇에 펴놓아두게 되면 껍질에 함유된 수분이 증발하면서 실내습도 조절에 도움이 될 뿐만 아니라 향긋한 과일 향이 실내공기의 향취를 조절하므로 쾌적한 분위기를 만들 수 있다.

7) **주방, 욕실, 화장실 문 개방**(Wet Rooms' Door Opening): 주방, 욕실 그리고 화장실은 물을 사용하기 때문에 항상 습기가 많다. 목욕을 하고 난 뒤 욕실 문을, 설거지를 하고난 뒤 주방문을 열어두면 습기가 실내로 번져서 집안이 건조해지는 것을 막을 수 있다. 겨울철에는 외출 시 이런 식으로 방의 문을 열어두는 습관을 들이면 집안 습도조절에 도움이 된다.

8) **배기 팬**(Exhaust Fan): 가습효과는 없고 오히려 수증기를 바깥으로 배출해버리기 때문에 제습효과가 필요할 때 사용한다. 음식물 조리 시 나오는 냄새, 가스레인지에 불을 켤 때 불완전연소로 인해 발생하는 탄화수소, 이산화질소, 일산화탄소 등 실내공기 오염물질을 배출시켜 실내공기오염도를 상당히 낮출 수 있다.

실내기류(Indoor Air Stream)란 실내공기의 흐름, 즉 실내바람을 말한다. 실외기류, 즉 대기의 흐름은 대기의 온도가 올라가면 밀도가 감소하여 가벼워지는 반면, 온도가 내려가면 밀도가 증가하여 무거워지므로, 무거워진 공기가 가벼운 쪽으로 흘러가는 현상이 공기의 흐름이고 이를 바람 또는 기류라고 한다. 실외기류는 대기의 무게 차이, 즉 기압차에 의해 생기지만, 실내기류는 주로 온도차에 의해서만 발생한다.

실내거주자에게는 활동 정도에 따라 쾌적한 기류의 속도(풍속)가 다른데, 활동 정도가 많으면 많을수록 기류의 속도가 높은 것이 좋다. 일반적으로 생산직 근로자가 사무직 근로자보다 활동량이 많으므로 상대적으로 실내풍속이 빠른 것이 좋다. 물론 사무직 근로자 중에서도 업무 특성상 아주 활동적인 경우도 있고, 생산직 근로자 중에서도 비활동적인 경우도 있을 수 있다. 다음 페이지의 표를 보면 이해가 빠를 것이다. 미국의 난방냉동공조협회인 ASHRAE에서는 앉아서 근무하는 사무직 근로자에 대한 실내기류의 표준 풍속으로 0.075~0.02m/초를 권장하고 있다.

계절이 바뀔 때쯤(환절기) 되면, 노약자들이 병에 걸리거나 환자의 병이 악화되는 경우가 많은데, 요통 환자가 심한 통증을 느껴 비가 올 것을 예측하는 경우는 흔히 볼 수 있는 일이다. 이처럼 기온, 습도, 기압, 풍속 등의 기상조건변화로 병세가 악화되거나 새로운 병이 생기는 것을 **기상병**(Meteorotropic Disease)이

실내기류에 대한 반응

기류속도 (m/초)	반 응	적 응
0.0008 이하	기류의 침체로 불쾌	-
0.13	이상적인 상태(쾌적)	업무적 쾌적 공조
0.13~0.25	약간 불만족	업무적 쾌적 공조
0.33	불만족(종이가 날림)	음식점
0.38	보행자에게 만족	소매점, 백화점
0.38~1.5	공장용 공조에 적합	국부공조에 적합

라 한다. 추운 겨울철로 넘어가는 환절기에 노인층 사망률이 일반계절보다 높은 것도 같은 이유에서 일 것으로 본다.

사람의 몸은 기상변화에 저절로 적응하는 조절기능이 있으나, 이 조절기능에 이상이 생기면 심신부조화가 일어나 문제가 생기는 것이 기상병이다. 심신부조화가 생기는 기상조건의 변화로는 기상전선의 통과를 들 수 있다. 일기가 정상적인 상태에서 다른 상태로 바뀔 때 기상병이 생기므로 풍향이 갑자기 바뀌든가, 비가 오기 전, 저기압이 나타나기 전, 습도가 갑자기 바뀔 때 등 기상전선이 통과하는 당일이나 하루 전에 가장 많이 발생하는 특성을 보이고 있다.

정전기(Static Electricity)는 '정지된 또는 흐르지 않는 전기'로 물체의 내부나 표면에 대전된 전기의 불균형으로 발생한다. 정전기는 전선이나 다른 전도체를 통해 흘러 에너지를 전달하는 일반 전류와는 대조되는 전기이다. 정전기는 두 개의 표면이 접촉했다 떨어질 때마다 생기는 전기로 한쪽이 높은 전기저항을 가진 표면(전기절연체)이어야 발생한다. 일반전기가 흐르는 강물이라면 정전기는 높은 연못에 고여 있는 물이어서, 보가 터져야 흐른다.

대형 전도체나 반대 전극(+와 −)에 가까워져서 과부하가 중화될 때 나는 스파크를 느끼고, 듣고 심지어 보기까지 하므로 대부분의 사람이 다 같이 느낀다. 정전기충격, 다시 말해 정전기의 방전은 전하의 중성화 때문에 생기는 현상이다. 정전기는 기원전 600년경에 밀레투스의

탈레스(Thales)가 호박을 마찰시켜 먼지와 부스러기를 주워 올리면서 발견했다는 기록이 있다.

정전기로 고양이 털에 붙은 스티로폼의 조각들

물체를 구성하는 원자는 같은 수의 양전기(원자핵 속의 양자가 지닌 +전기)와 음전기(핵 주변을 도는 전자가 지닌 −전기)를 지니고 있어 전기적으로 중성이다. 정전기현상은 양전기와 음전기가 분리되면서 일어난다. 두 개의 물체가 접촉하면 전자가 다른 물체 쪽으로 이동하기도 하는데, 전자가 떠난 쪽은 양전기가 많아지고, 전자가 넘어온 쪽은 음전기가 많아진다. 그런데 접촉했던 물체가 떨어지면 두 물체 간에는 전하의 불균형상태가 되어 언제라도 정전기를 일으킬 준비가 된 상태이다. 이렇게 해서 생긴 전기를 정전기 즉, **마찰전기**(Triboelectricity)라 한다.

마찰전기(정전기)의 극성과 강도는 마찰이 생길 때의 상대적 위치에 따라 결정된다. 마찰전기는 사람의 머리카락을 곤두서게 하고 정전기에 의해 달라붙는 현상(Static Cling)을 일으키기도 한다. 물체의 원자나 분자에 열을 가하거나 압력을 가하면 전하가 분리되어 발생하는 **초전효과**(Pyroelectric Effect)도 정전기의 일종이다.

번개는 정전기 방전의 대표적이고 자연적인 현상이다. 구름과 구름, 구름과 대지 사이에서 일어나는 방전현상인데, 구름을 형성하는 물방울이 상승기류로 인해 파열되면서 물방울이 양전기로 대전되는 반면 주변 공기는 음전기로 대전된다. 양전하를 띤 물방울은 구름 위쪽으로 올라가고 음전하를 띤 구름 아래쪽에 머무르다 음전하가 점점 많아지면서 지표면의 양전하가 있는 곳으로 떨어지려는 성향을 가지고 있다가 서로의 인력이 많아지면 순간적으로 내려치면서(방전되면서) 만들어지는 빛에너지를 번개라 한다. 주로 키 큰 나무나 높은 빌딩의 뾰족한 곳은 음전하가 떨어지기 좋은 장소이다. 이 때 지상으로 방전되는 정전기의 규모는 대단히 크고, 방전시간(번개 치는 시간)은 대개 2초 내로 이루어진다.

정전기에 영향을 받는 정도는 사람마다 다르게 나타난다. 어떤 사람은 만져도 괜찮은데 어떤 사람은 손만 대면 어김없이 튀기는 것이 정전기도 사람을 차별하는 것처럼 보인다. 정전기는 건조한 상태에서 잘 발생한다. 수증기가 있으면(습도가 높으면) 전기는 수증기를 통해 흘러버려 공기 중에 전하를 띠는 입자들을 전기적 중성상태로 만들기 때문에 습도가 높으면 정전기도 잘 발생하지 않아 여름보다 겨울에 정전기가 기승을 부린다.

따라서 땀이 많은 사람보다는 적은 사람에게, 피부가 지성인 사람보다는 건성인 사람에게 정전기가 많이 발생할 수밖에 없다. 정전기는 주로 물체의 표면에 머무르기 때문에 피부상태가 정전기의 발생 여부를 결정하게 된다. 앞에서 설명했듯이 정전기는 전자를 쉽게 주고받을 수 있는 물체 간의 마찰에 의해 발생하므로 마찰전기이다. 예를 들면 플라스틱류는 전자를 쉽게 얻고, 모피류는 전자를 쉽게 잃는다.

사람의 몸은 전자를 잘 잃는 편에 가까우므로 합성섬유(나일론, 아크릴, 폴리에스테르 등)를 자주 입으면 정전기가 더 잘 발생한다. 그래서 정전기 때문에 고생하는 사람은 천연섬유(털가죽, 명주, 면)를 입는 것이 좋다. 정전기에 대한 민감도는 사람마다 다르다. 보통 남자보다 여자가, 어린이보다 노인이, 뚱뚱한 사람보다 마른 사람이 정전기에 민감하다.

산업분야에도 정전기에 민감한 분야가 많다. 발화점이 낮은 휘발유, 디젤, LPG 같은 석유제품 운반차량은 조그마한 스파크에도 치명적일 수 있어, 운반용 탱크로리 뒤에 땅바닥으로 늘어뜨린 접지장치를 반드시 달아 정전기 위험을 방지한다. 반도체 사업장은 정전기와의 전쟁터라고 불려도 손색이 없다. 전자제품에 적용된 반도체소자는 정전기에 특히 약해 **정전기방지용 백**(Antistatic Bag)을 사용하고 반도체회로 제조업 종사자는 작업 중에 신체를 지하와 접지시켜 위험을 방지한다. 의료업무 종사자는 정전기방지용 구두를 신기도 하는데, 절연구두를 신어야 하는 곳과 구분하여 사용한다.

정전기를 제거하거나 발생을 방지하는 가장 쉬운 방법이 가습기를 이용하는 것으로 실내공기의 습도를 높여 공기 중으로 전기가 잘 흐르게 하면 해결된다. 공기 이온화기(Air Ionizer)로도 같은 효과를 얻을 수 있다. 정전기에 특히 민감한 재질은 표면에 정전기방지제로 표면을 처리하면 되고, 섬유유연제와 건조기시트(Dryer Sheet)의 사용은 섬유에서 정전기를 제거하는 좋은 방법이다.

그러나 정전기가 마냥 해로운 것만은 아니다. 복사기는 정전기를 이용한 대표적인 제품으로 정전기를 이용해 토너의 잉크가루를 종이에 붙게 하고, 먼지를 제거하는 집진기도 실내공기 중의 정전기로 먼지를 붙여 제거한다. 식품포장용 랩도 접착제로 그릇에 붙는 것이 아니고 정전기로 그릇에 달라붙기 때문에 접착력이 시원치 않으면 랩을 더 힘차게 떼면 순간 발생하는 마찰력이 많아져 정전기가 더 많이 발생하므로 더 잘 붙일 수 있다.

정전기쇼크가 심하면 심장마비를 일으키는 경우도 있다고 하니, 평소에 정전기를 중화시키는 습관을 들이는 것이 매우 중요하다. 자동차문고리를 잡기 전에 손에 입김을 한번 불어 습도를 높이면 정전기가 방전되어버려 정전기쇼크를 예방할 수 있다. 정전기가 잘 발생하는 물건일 경우 덥석 잡지 말고, 손톱으로 살짝 건드렸다가 잡으면 손톱을 통해 전기가 방전돼 정전기를 예방할 수 있다.

냄새(Smell)는 낮은 농도에서도 사람과 동물이 후각기관으로 지각할 수 있는 것으로 한 가지 이상의 휘발성화학물질이 독립적으로 또는 복합적으로 배출되어 발생한다. 좋은 냄새는 향기(유쾌한 냄새)라 하고 나쁜 냄새는 악취(불쾌한 냄새)라 한다. 냄새는 아황산가스나 암모니아 같이 탄소를 포함하지 않은 냄새유발물질도 있지만 대부분의 냄새유발물질은 유기화합물이다.

냄새의 지각은 두 단계로 이루어진다. 첫 단계는 생리적인 단계로 코안의 수용체가 냄새자극을 검사하는 단계이고, 다음은 이 자극을 후각담당 뇌에서 인지하는 단계로 이루어진다. 냄새에 대한 느낌은 성별, 연령, 건강상태 및 개인적인 이력에 따라 지각능력과 반응이 다르기 때문에 사람마다 차이가 난다.

후각은 5감 중의 하나이다. 동물은 냄새만으로도 즐거워질 수 있고,

잠재적 위험을 느끼고, 동료인지 적인지의 구별이 가능하고, 음식을 찾을 수도 있으며, 포식자를 감지할 수도 있다. 냄새의 느낌과 자극은 건강상태와 과거의 노출경험에 따라 사람마다 다르게 나타난다. 같은 냄새라도 악취인가 아닌가 하는 구분은 사람마다 노출빈도, 농도 및 노출시간에 따라 달라질 수 있다.

예를 들어 삭힌 홍어냄새는 삭힌 홍어를 좋아하지 않는 사람에게는 아주 악취지만 좋아하는 사람에게는 침을 흘릴 정도로 좋은 냄새이다. 악취는 일반적으로 눈, 코 및 목구멍을 자극하거나 기침, 가슴통증, 졸림, 기분 나쁨 같은 증상을 보일 수 있으며, 노출농도가 높거나 노출시간이 길면 천식, 우울증, 스트레스 관련 질병 및 과민성 반응 같은 질환의 원인이 될 수 있다.

좋은 냄새라고 하더라도 값싼 향수나 방향제는 방향족탄화수소를 원료로 사용했을 가능성이 있으니 주의해야 한다. **방향족탄화수소**(Aromatic Hydrocarbon)는 석탄이나 석유에서 나오는 콜타르를 증류하면 성분물질의 끓는점에 따라 벤젠, 톨루엔, 크실렌, 나프탈렌, 석탄산, 크레졸, 안트라센 등이 생성되는데, 이들 화합물은 벤젠고리(탄소원자 6개로 이루어진 6각형의 고리)를 가지고, 강한 냄새를 내기 때문에 '방향족'이라고 불리며, 대부분이 위험한 휘발성유기화합물(VOC)로 오염물질이며 그중에는 심지어 발암물질도 포함되어 있다. 이 방향족탄화수소에 대해서는 별도로 설명하겠다.

향수, 샴푸, 방향제 및 기타 냄새를 유발하는 제품의 냄새 좋은 향기도 성분에 따라 알레르기반응을 일으키는 사람도 있다. 식물의 꽃, 잎 또는 뿌리 등에서 나오는 천연재료는 대부분이 문제가 없다고 하지만, 향기제품에 의한 알레르기반응은 다른 화학적 알레르기물질에서 나타나는 반응과 같이, 가벼운 두통에서부터 아나필락시스까지의 반응이 생기기도 하고, 심하면 죽음에 이르기도 한다.

아나필락시스(Anaphylaxis)란 사람의 몸에서 알레르기 유발물질(Allergen)을 인식하여 면역반응이 일어나면, 이 유발물질에 항체를 만들고 이를 기억하여 유발물질이 몸속에 들어오면 다양한 염증매개 화학물질이 분비된다. 이 화학물질의 분비로 급성호흡곤란, 혈압저하, 의식불명 등 쇼크증상으로 심한 전신반응이 일어나는 증상을 말하는데, 아나필락시스 쇼크(Anaphylactic Shock)라고도 한다.

불쾌한 냄새는 산업공정에서도 배출되어 작업자와 인근 주민들에게 악영향을 미친다. 폐수처리장, 정유공장, 가축도살장 및 냄새나는 화학물질 취급 화학공장 등에서 배출되는 냄새가 가장 대표적인 불쾌한 냄새로 지역사회의 문젯거리이고 과학적 분석이 필요한 대상이다. 사람이나 동물은 모두 체취와 구취(입에서 나는 냄새)를 가지고 있는데, 체취의 강도는 행동패턴(땀 흘리기, 흡연, 향수뿌리기 등)과 종사업무(사무직, 운동선수, 농업, 어업 등)과 같은 여러 요인에 의해 다르다. 체취는 유전적 요인에다 질병과 생리적 상태가 겹쳐서 나타나므로 많이 달라진다.

3.4   실내공기의 질은 아주 중요한 문제

먼저 실내공기질(IAQ; Indoor Air Quality)부터 따져보면, 건축물의 실내에 있는 공기의 질은 실내재실자의 건강과 쾌적성에 엄청난 영향을 미친다. 그래서 실내공기 오염물질을 제거하거나 제거하기 불가능하면 농도를 낮게 조절하는 것이 실내재실자의 건강위험을 감소시키고 생활의 쾌적성을 높이는 지름길이다. 실내공기 오염물질이 건강에 미치는 영향은 오염물질의 특성에 따라 즉시 나타나는 경우도 있고, 오염물질에 노출된 후 상당기간(잠복기간)이 지나서 나타나는 경우도 있다.

유독성 오염물질에는 단 한 번의 노출로도 사람의 몸에 심한 영향을 미칠 수도 있어 이를 급성증상이라 하고, 라돈이나 석면 같은 오염물질에 반복적으로 노출되면 건강이상이 시간을 두고 나타나 폐암으로까지 이어지는데 이를 만성증상이라 한다. 급성증상은 오염물질의 종류와 농도에 따라 차이를 보이지만, 대개 눈이나 코 또는 목구멍의 자극에서부터 시작하여 두통, 어지러움, 메스꺼움 등으로 이어지고 다음은 피로한 느낌으로 나타난다.

급성증상은 오염물질을 제거하든가 증상을 보이는 사람이 오염원에서 벗어나는 것만으로도 증상이 없어지는 경우가 있으며, 대체로 짧은 기간만 나타났다 없어지거나 대처가 가능한 경우가 대부분이다. 그러나 노약자나 어린이 또는 천식과 같이 실내공기오염에 취약한 병을 지닌 질환자는 특정 오염물질에는 노출되는 즉시 증세가 더 악화되거나, 심하면 다른 장기에 추가적 손상을 일으킬 수 있으므로 상당한 주의가 필요하다. 오염물질에 의한 영향은 노출되는 사람의 나이와 건강상태에 따라 달라질 수도 있다. 같은 오염물질에 대해서도 개개인이 가진 오염물질에 대한 민감도에 따라 반응이 천차만별이다.

급성영향 중에는 증상이 감기나 바이러스성 질병과 비슷한 경우도 있어, 실내공기 오염물질에 노출된 결과로 나타나는 증상인지 아닌지 구분하기가 어려운 경우가 많으므로 증상이 보이기 시작한 시기와 장소를 확인하는 것이 아주 중요하다. 예를 들어, 특정 장소를 벗어났을 때 증세가 약해지거나 없어지게 되면, 이는 실내공기 오염물질에 의한 영향이므로 오염물질 발생원을 없애버릴 방법을 마련해야 한다. 실외공기를 충분하게 유입시키지 못하거나, 실내의 냉난방 또는 습도조절의 잘못으로 실내공기 오염에 의한 영향을 악화시키는 경우도 있으므로 상당한 주의가 필요하다.

실내공기 오염물질에 장기적으로 오랜 시간에 걸쳐 지속해서 노출되거나 짧은 시간이지만 반복적으로 노출되는 경우 만성적인 건강이상 증상을 보이는 경우는 허다하다. 만성적 증상은 대개 초기에는 별다른 증상을 보이지 않기 때문에 깊은 관심을 두지 않고 넘어가지만, 시간이 지나면서 호흡기계 질환, 심혈관계 질환에 이어서 심하면 종양이나 암으로 발전하거나, 심신을 심각하게 훼손하여 회복이 어려운 치명적인 질환으로 발전하는 경우도 있다. 그래서 별다른 증상을 보이지 않더라도 집(건물)안의 실내공기질을 깨끗하게 유지해야 하는 것은 두 번 다시 강조할 필요가 없다.

실내공기 오염물질이 사람의 건강에 미치는 영향은 노출농도와 노출시간에 따라 다르게 나타나는 것이 당연하지만, 사람에 따라서는 그 영향의 정도가 산술적으로 비례하지 않고 개인적인 민감도에 따라 다르게 나타나므로, 평소에 예민한 체질 소유자, 특히 알레르기성 체질의 소유자는 조심해야 한다. 집안에서 일상적인 상태에서 보통 수준의 오염물질농도에만 노출되어도 심한 이상증상을 보이는 사람도 있는가 하면, 단기적으로 나타날 수 있는 고농도의 실내공기 오염물질에도 별다른 이상증상을 보이지 않는 사람도 있다. 그래서 오염물질에 대한 위험정도를 일률적으로 설명하기 어려워, 오염물질의 특성, 인체에 미치는 영향 그리고 대처방안에 대한 연구는 지속해서 이루어지고 있다.

대기오염이든 실내공기 오염이든, 사람이 숨을 쉬면서 흡입해야 하는 공기가 오염되면 얼마나 위험한지를 세계보건기구(WHO)의 보고서에서 한 번 살펴보고 넘어가기로 하자. WHO가 최근(2018년)에 가진 '대기오염과 건강'에 관한 국제회의(스위스 제네바)에서 '대기오염으로 전 세계에서 해마다 7백만 명 이상의 사람이 죽어가고 있다'는 다소 강한 표현을 사용했다. WHO의 자료에 따르면 세계인구 대부분인 10명 중 9명이 폐와 심혈관 깊숙이 침투하는 블랙카본(black carbon) 같은 고농도 오염물질을 함유한 공기로 숨을 쉰다고 한다.

환경문제로 인한 10대 사망 질환

옆의 인포그래픽은 환경문제 때문에 사람이 사망하는 원인 질환을 사망수자에 따라 도식화한 WHO의 홍보물 중의 하나이다. 부제를 환경문제로 인한 사망자 12.6백만 명 중 8.2백만 명(65%)은 비전염성질환에 의해 사망한다고 하면서, 1위는 뇌졸중으로 2.5백만 명, 2위는 허혈성심장질환으로 2.3백만 명, 3위는 비고의적 사고사로 1.7백만 명, 4위는 암으로 1.7백만 명 그리고 5위는 만성호흡기질환으로 1.4백만 명이 사망한다고 한다. 다음 6위는 설사성 질환으로 846,000명, 7위는 호흡기감염으로 567,000명, 8위는 신생아질환으로 270,000명, 9위는 말라리아로 259,000명 그리고 10위는 고의사로 246,000명이 해마다 사망한다는 설명을 간단하게 보여주는 것이다.

　대기오염에 의한 사망 대부분은 병균감염에 의한 질환이 아니고 만성 비전염성질환(NCD: Non－communicable Disease)에 의해 사망한다는 것이 위의 인포그래픽으로도 설명된다. 전 세계의 질병사망자 중 뇌졸중, 폐암 그리고 1/3이 넘는 호흡기질환 사망자의 사망원인이 대기오염에 있고, 심장근육의 일부에 혈액공급이 부족해져서 생기는 허혈성심장질환 사망자의 1/4 이상의 원인이 또한 대기오염이라고 하며, 폐암을 포함한 전 세계 폐질환 환자의 43%인 1.8백만 명이 해마다 대기오염으로 인하여 사망한다고 하니, 대기오염이야말로 정말 무서운 발병원인이자 사망원인이다.

　개발도상국에서는 해마다 4.2백만 명이 대기오염에 노출되어 사망하고, 3.8백만 명은 해마다 저질연료와 요리기구 및 난로에서 배출되는 실내공기 오염물질 때문에 사망하고 있다는 것이다. 그리고 세계인구의 91%가 WHO의 기준을 넘는 오염된 공기 속에서 살아간다고 강조하고 있다. 오염된 공기는 뇌졸중, 폐암, 만성폐쇄성 폐질환, 폐렴을 포함한 호흡기질환 같은 질병의 발병원인이다.

　2019년 2월 12~14일 사이에 WHO 본부가 있는 제네바에서 열린 전문가협의회에서 대기오염을 사람들의 주변에 도사리고 있으면서 젊은이건 늙은이건 가리지 않고 죽이는 '눈에 보이지 않는 살인마'라고 하면서 회의가 시작되었다. 위의 인포그래픽에서 보듯이

THE INVISIBLE KILLER

대기오염은 항상 눈에 보이는 것은 아니지만, 치명적일 수 있다.

29%	24%	25%	43%
폐암으로 인한 사망자	뇌졸중으로 인한 사망자	심장병으로 인한 사망자	폐질환으로 인한 사망자

보이지 않는 살인마 – WHO

WHO의 통계에 따르면, 폐암환자의 29%, 뇌졸중환자의 24%, 심장병환자의 25% 그리고 폐질환환자의 43%가 대기오염에 의한 발병으로 죽어가고 있다고 한다. 평균 사망자 4명 중 1명꼴로 병균에 의한 발병이 아니고 오염된 공기 때문에 죽어간다는 뜻이다. 그리고 그 밑에 달아놓은

부제는 '대기오염은 항상 눈으로 볼 수 있는 건 아니지만 치명적일 수 있다'고 강조하고 있다.

실내외를 막론하고 공기의 질이 WHO 기준인 $10\mu g/m^3$을 넘는 높은 농도의 도시(특히 중·저소득국)에 사는 사람의 수가 전 세계적으로 80%를 넘는다. 이런 도시를 뒤덮는 스모그는 집안이나 건물의 실내로 밀려들어와 건강에 큰 위협이 되고 기후변화를 일으키고 있다. 실내외공기의 오염으로 인한 복합영향은 해마다 약 7백만 명의 미숙아 사망을 가져오는데, 이는 대개 대기오염에 의한 뇌졸중, 심장병, 만성폐질환, 폐암 그리고 급성호흡기 감염에 의한 사망이다.

대기오염물질의 주 발생원으로는 자동차, 화력발전소, 건물의 난방시스템, 농업소각, 쓰레기소각장 및 산업시설 등을 들 수 있다. 이외에도 전 세계적으로 개발도상국 이하의 나라에서 약 30억 이상의 사람들이 집안 요리, 난방 및 조명용으로 오염물질을 발생시키는 연료(바이오매스, 석탄 및 등유)에 의지하면서 살아가고 있기 때문에, 집안에서 발생하는 매연이 실내공기를 오염시킬 뿐만 아니라 오히려 집 밖으로 빠져나가 실외공기, 즉 대기를 오염시키는 역현상이 일어나고 있다. 여기서 말하는 바이오매스(Biomass)란 동물의 배설물, 마른 풀, 나뭇조각 등 동식물과 미생물에서 생기는 생물적 자원으로 바이오연료(Biofuel)과 같은 말이다.

대기의 질은 기후와 지구상의 생태시스템과 밀접하게 연관되어 있다. 현재 사람들이 가장 많이 사용하는 화석연료의 연소는 이산화탄소(CO_2)를 발생시켜 기후변화의 중요한 요인이 된다. 대기오염물질 중에는 오존이나 블랙카본(검댕) 같이 수명은 짧지만 기후변화에 상당한 영향을 미쳐 농산물의 생산량을 감소시키는 물질도 있다. 그래서 대기오염 저감 정책은 기후변화와 사람의 건강 두 가지를 동시에 윈윈할 수 있는 전략으로 수립하여, 대기오염에 기인한 질병을 줄이는 한편 장단기적인 기후변화 저감효과도 있도록 마련되어야 한다.

화석연료(Fossil Fuel)란 동식물이 오랜 시간 땅속에 묻혀 지열과 토압의 영향으로 탄화, 즉 화석화되어 만들어진 석탄, 석유, 천연가스 등 연료를 통틀어 일컫는 말로 지하매장 연료가 여기에 속하며 화석에너지라고도 하는데, 탄화수소가 주성분이기 때문에 연소하면 이산화탄소를 비롯한 여러 가지 오염물질이 배출된다. 현재 인류가 이용하고 있는 에너지의 대부분이 화석연료이다.

옛날에 지은 토막 집이나 움집과 같이 나무와 풀로 엮거나 흙으로 이은 집에 살지 않는 이상, 옆의 그림에서 보듯이 우리가 사는 집안에도 수많은 오염물질 발생원이 산재해 있다. 집안에서 공기오염을 일으키는 원인으로는, 지하에서 스며들거나 석재에서 나오는 라돈, 접착제와 합성재료로 만든 건축자재에서 배출되는 휘발성유기화합물 같은 독성오염물질에다 압축목재, 바닥재, 카펫에서 나오는 폼알데하이드, 페인트나 파이프에서 나오는 납, 지붕이나 칸막이 패널에서 나오는 석면, 습기가 많은 곳에 생기는 곰팡이 등 수없이 많다. 실내공기오염으로 인한 사망률이 전 세계 사망률의 7.7%를 차지하고, 그 대부분은 중·저소득국에서 발생한다. 실내공기오염은 뇌졸중 사망의 25%, 심장병 사망의 15%, 폐암 사망의 17% 그리고 만성폐쇄성폐질환 사망의 33%를 차지할 만큼 비전염성질환에 의한 사망률의 원인이 되고 있다. 이런 엄청난 사망자 중 실내공기오염에 노출빈도가 높은 부녀자와 어린이의 사망위험이 훨씬 높은 것은 정말 그냥 듣고 넘기기 어려운 비극이다.

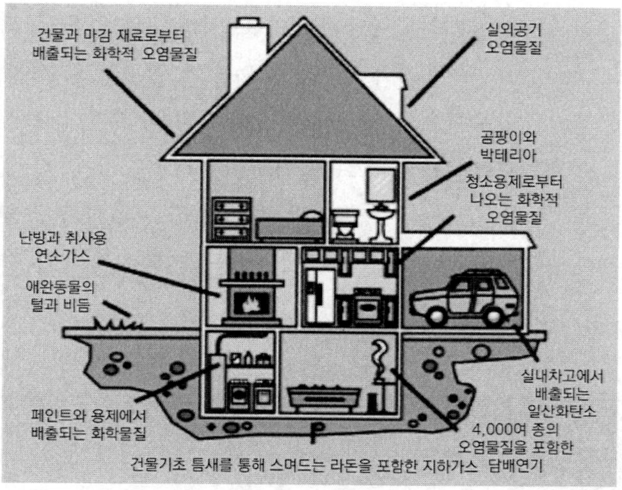

집안 공기오염물질 발생원

후진국에서의 실내공기오염은 에너지빈곤이 가장 큰 원인이다. 태양에너지, 전기, 천연가스 및 바이오가스(메탄) 같은 깨끗한 에너지를 이용하지 못하고, 오염물질 발생률이 높은 화석연료나 바이오매스 같은 에너지를 요리와 난방용으로 사용하는 개발도상국의 농촌지역에서 문제는 특히 더 심각하다. 그리고 전기가 없어 조명용으로 등유를 재래식 등잔에 사용하는 13억 명의 사람들 대부분도 이런 위험에 노출되어 있다.

다음 그림은 환경이 사람의 건강에 미치는 영향을 간략하게 보여주는 WHO의 인포그래픽으로, 사람들은 집에서, 직장에서 또 지역사회에서 여러 가지 위험요인에 노출되어 있다고 부제를 달았다. 위험요인으로 실내외공기오염, 부적당한 물과 위생, 화학적 오염물질과 생물학적 오염물질, 자외선과 이온화 방사선, 이웃소음, 직업적 위험, 농약사용과 폐수 재이용을 포함한 농사관리, 주택과 도로건설을 포함한 건설공사 그리고 기후변화를 들고 있다. 위험요인을 아홉 가지로 간추리다 보니 모든 요인들을 전부 포함시킨 것으로 보기는 어려우나, 사람의 건강에 영향을 미치는 요인이 무수히 많다는 것을 그림으로 강조한 것으로 해석해줘야 할 것 같다.

환경과 사람의 건강-WHO의 인포그래픽

유엔은 WHO를 통해 실내공기오염의 위험성에 대한 이해를 높이고 집안에서 클린에너지의 중요성을 일깨우기 위해 해당 정부와 협력단체들과 힘을 합쳐 큰 노력을 기울이고 있다. 좀 더 효율적이고 더 깨끗한 부엌과 난로 그리고 환기시설의 개선은 집안을 더 건강하게 만들고, 실내환경의 질을 높이게 되며, 이산화탄소의 배출을 줄여 결과적으로는 기후변화에도 기여하게 될 것이다. WHO의 실내공기오염 프로그램에는 오염물질을 배출하는 연료와 연소기구의 사용과 건강위험에 대한 이해도를 높이고, 주택용 에너지에 관한 정보를 제공하며, 클린에너지 개발을 증진하는데 목표를 두고 있다.

실외공기오염(=대기오염)에 의한 뇌졸중, 심장병, 폐암 및 만성폐쇄성폐질환 사망자수는 해마다 4.2백만 명에 이를 정도로 엄청나게 많은 것으로 WHO는 추산하고 있다. 사망자수가 가장 많은 지역은 인구가 밀집되고 생활수준이 미개한 서태평양과 동남아시아의 후진국이다. 중·저소득국에서는 실내공기오염이 건강에 미치는 영향이 큰 반면, 고소득국에서는 대기오염이 기세를 떨치고 있다.

대기오염에 장기적으로 노출되면 어린이든 어른이든 폐기능이 떨어지고, 호흡기계통이 감염되며, 천식을 악화시킨다. 임신한 모체가 대기오염에 노출되면 저체중아 출산, 조기 출산 및 저성장아 출산과 같은 임신위험을 가져올 수도 있다. 대기오염은 어린이의 당뇨와 신경발달에도 악영향을 미치는 것으로 밝혀졌다. 대기오염에 의한 사망이나 신체장애에 대한 수치적인 결과는 아직 규명되어 있지 않지만 질병위험이 높아 사망자 수를 증가시키는 증거들이 속속 밝혀지고 있다.

04

실내공기
오염물질은
참으로 다양하다

실내공기질을 떨어트리는 오염물질은 실내외 요인들 즉 입지, 주변
환경, 기후조건, 건물구조, 설비시스템, 생활기기, 건축자재(구조재도 중요
하지만 특히 실내에 노출되는 마감재), 가구, 생활용품, 실외 공기질, 거주자
의 생활형태 등 여러 가지 요인에 따라 다양한 종류의 오염물질이 방출
된다. 오염물질의 농도는 단일물질로서의 농도보다 서로 중첩되어 가중
되는 경우가 대부분이며, 때에 따라서는 서로 화학반응을 일으켜 더 악
화되거나 성질이 전혀 다른 새로운 다른 오염물질을 만들어 내는 경우
도 있다.

대부분의 사람은 일반적으로 오염물질이라 하면 제일 먼저 무기화
합물이나 유기화합물과 같은 화학적 오염물질부터 개념상 먼저 떠오르
게 마련이다. 그런데 실제로는 생물적 오염물질 중에도 위험성이 높고
처리하기 어려운 오염물질이 적지 않다. 이 말은 생물적 오염물질의 종
류를 살펴보면 쉽게 알 수 있다. 곰팡이, 박테리아, 바이러스 같은 미생
물뿐만 아니라 애완동물의 털이나 침, 비듬, 배설물 그리고 바퀴벌레, 모
기, 파리 같은 해충의 사체와 배설물도 해롭고, 전염병까지 옮기기도 하
며, 봄날에 날리는 송홧가루, 여름철의 아카시아 꽃가루도 알레르기 환
자나 천식환자에게는 지독한 오염물질이다.

이외에도 집안에는 담배 다음으로 폐암을 많이 일으키는 제2의 폐
암 발암물질인 라돈(Radon)과 같은 무서운 방사성 오염물질도 존재한
다. 또 한 가지 더 첨언해야 할 것은 오염물질이라고 부르기는 부적합
하지만 온도, 습도, 공기의 흐름(=바람), 정전기와 같이 집안에서 실내
환경의 쾌적성에 중대한 영향을 미치는 물리적 요인들이 있다. 이런 것
들은 모양을 갖추고 있지 않아 물질이라 부르기 어렵지만, 실내공기의
성질을 결정짓는 요인이기 때문에 실내공기 오염에 많은 영향을 미친

다. 그래서 다른 오염물질과 같이 취급하여 물리적 오염물질(요인)로 분류하기도 한다.

　요약하면 오염물질의 성상에 따라 크게 다음 네 가지로 구분한다는 뜻이다;

　　1) 화학적 오염물질
　　2) 생물적 오염물질(동물성, 식물성 및 미생물성 오염물질로 세분하기도 한다.)
　　3) 방사성 오염물질
　　4) 물리적 오염요인(다른 오염물질에 상응하는 용어로 오염물질이라고도 한다.)

　미세먼지나 중금속 또는 석면과 같이 알갱이(입자) 모양으로 형태를 갖추고 있는 것은 입자상 오염물질이라 하지만, 오존이나 일산화탄소 또는 휘발성유기화합물과 같은 오염물질은 형태를 갖추지 않고 기체상태로 존재하기 때문에 기체상 오염물질 또는 가스상 오염물질이라 한다. 그리고 오염물질 발생원에서 처음 발생하여 집안의 공기 중으로 방출된 오염물질을 1차 오염물질이라 하고, 1차 오염물질이 온도나 습도 같은 외적인 영향, 특히 실외에서는 햇빛의 영향에 의해 물리적 또는 화학적으로 변질(광화학반응)되거나 다른 오염물질과 화합하여 생기는 오염물질을 2차 오염물질이라 한다. 1차 오염물질은 유해성이 약한 것도 많지만, 2차 오염물질로 변환되면 유해성이 더 강하고 더 위험한 물질로 바뀌는 것이 대부분이다.

　화학적 오염물질 중 일산화탄소(CO), 이산화탄소(CO_2), 일산화질소(NO) 이산화질소(NO_2), 아황산가스(SO_2), 폼알데하이드, 오존(O_3) 등은 기체상태로 형태가 없는 즉, 알갱이가 아닌 물질로 대표적인 기체상 오염물질이다. 라돈(Rn)도 기체상태로 존재하기 때문에 기체상 오염물질로 분류해야 하겠지만, 일반 기체와는 성질이 너무 다른 방사성 오염물질이기 때문에 별도로 다룬다. 입자상 오염물질에는 중금속이나 광물로 형성된 미세먼지, 1급 발암물질로 악명 높은 석면, 곰팡이나 박테리아, 바이러스 같은 미생물, 대표적 알레르기 원인물질인 꽃가루 등이 있다.

오염물질 중에는 일산화탄소, 일산화질소, 오존 등과 같이 **단일오염물질**도 많지만, 담배연기와 냄새 그리고 연소기구로부터 나오는 배기가스는 한 가지 화학물질로만 구성된 것이 아니고, 여러 가지 화학물질이 혼합된 물질이어서 입자상과 기체상 오염물질이 혼합되어 있으므로 **복합오염물질**로 분류한다.

유기화합물에는 새집증후군을 일으키는 실내공기 오염물질의 대표 격인 폼알데하이드와 휘발성유기화합물 그리고 잔류성 유기오염물질 등이 포함된다. 그런데 폼알데하이드도 휘발성유기화합물의 한 종류이지만, 인체에 미치는 영향도 크고, 발생빈도도 다른 휘발성유기화합물보다 훨씬 높아 실내공기 오염물질로서의 중요성이 대단히 크므로 일반적으로 보통 휘발성유기화합물과 따로 떼어서 다룬다. 그래서 이 책에서도 분리해서 설명도 따로 하겠다.

실내 분위기를 부드럽게 하고 꽃과 잎은 물론 나무 생김새도 즐거움의 대상이 되고 향기가 나기도 하는 식물에 물을 주어야 하는데, 이 물이 곰팡이나 박테리아 같은 미생물의 번식에 필요한 영양분이 되기도 한다. 집안에서 키우는 개나 고양이 같은 애완동물도 알레르기의 원인물질을 배출한다. 이와 같은 종류의 오염물질을 통틀어 생물적 오염물질이라 하고, 이를 다시 세분하여 보면 크게 미생물성 오염물질, 식물성 오염물질 그리고 동물성 오염물질로 나누어 볼 수 있다.

가장 큰 걱정거리로 실내공기 오염물질 중의 하나인 미생물성 오염물질에는 박테리아, 바이러스, 곰팡이, 원충 등 이름만 들어도 유해물질임을 알 수 있는 것들이 있는데, 이들은 주로 단일세포로 몸을 이루며, 생물로서 최소 생활단위를 지니고 있다. 이들은 지구상 어디에서나 습기가 있는 곳이면 웬만한 온도에서는 서식할 수 있으며, 인간생활과 밀접한 관계가 있는 생물이다. 2019년부터 중국에서 시작하여 지구 전체를 떠들썩하게 만든 코로나바이러스(COVID 19)가 대표적인 예이다.

사람과 동식물에 질병을 일으키는 병원성미생물, 독소를 지녀 식중독을 일으키는 독성미생물, 의식주에 관계되는 각종 물질을 변질시키거나 부패시키는 원인이 되는 유해미생물 등 특성도 다양하다. 반대로 미생물의 특유한 성질을 이용하여 식품이나 의약품은 물론 공산품 생산에도 많이 이용되는 유산균이나 효모 같은 유익한 미생물도 있어, 간편한 시설로도 배양시킬 수 있으며, 생물자원으로도 각광받고 있다.

박테리아를 세균이라고도 하며, 곰팡이를 진균이라고도 한다. 원충(Protozoa)은 운동성을 지닌 단세포생물로 대부분 자유생활을 하지만 일부는 동물이나 사람 몸속에 기생생활을 하는 것도 있어, 증상을 일으키지 않는 것부터 치명적인 증상을 일으키는 병원성까지 다양한 종류의 미생물이다. 대부분의 원충은 현미경으로만 확인되는 크기($3 \sim 300 \mu m$)이지만 육안으로 볼 수 있는 것도 있다. 몸은 1개의 세포로 되어 있으나 세포질이 분화하여 여러 가지 세포기관을 이루고 있어 생육기능이 이루어진다.

대부분의 원충은 건강에 해를 끼치지 않지만, 병원성 원충으로 제1군 법정 전염병인 이질을 옮기는 이질아메바와 모기가 옮기는 전염병인 말라리아의 병원체인 말라리아원충은 악명 높은 원충이다. 이외에도 아프리카 수면병, 샤가스병, 람블편모충증 등도 원충에 의한 질병이다. 이런 병원성 원충은 사람과 가축 공통전염병의 병원체로서 아주 위험한 원충이다. 원충을 기생충이라고는 하나 회충이나 편충과 같이 사람의 눈에 보이는 기생충과는 근본적으로 다른 단세포생물이다. 오염된 상수돗물을 마시거나 해외여행에서 원충의 감염은 흔히 있을 수 있는 일로 감염 초기에는 설사와 복통 같은 장 관계 질병으로 나타나므로 유의해야 한다.

식물성 오염물질로는 앞에서도 말했듯이 꽃가루가 대표적인 물질이다. 봄철에 송홧가루는 약용으로 이용되기도 하고 차로도 마시지만, 사람에 따라서는 알레르기를 일으키는 오염물질로도 악명이 높다. 여름철의 아카시아 꽃가루는 꿀벌이 찾는 단골 방문처이기도 하지만 알레르기의 원인물질이며, 야생화의 꽃가루도 마찬가지이다. 집안에서 기르는 다른 식물 꽃가루도 실내공기에 떠오르면 알레르기를 일으킬 수 있으므로 어린이나 노약자, 특히 기침이나 천식과 같은 호흡기계통의 질병을 앓고 있는 사람은 주의해야 한다.

동물성 오염물질에는 모기, 파리, 개미, 바퀴벌레를 포함해서 집먼지진드기와 같은 해충은 물론 쥐(벌레는 아니지만 유해성 때문에 해충에 뭉뚱그려 포함시킨다)가 대표적으로 집안의 공기질을 더럽히는 유해동물이다. 또 개나 고양이와 같은 애완동물의 털은 호흡 시 기도로 빨려 들어가며, 흘린 침이 말라서 나르는 가루나 비듬 또한 실내공기 오염물질이며, 분비물은 모양이나 냄새에서 뿐만 아니라 병원성 미생물의 전달체로서 역할을 할 수 있기 때문에 집안에서 기르기 위해서는 사람과 같이 예방주사를 맞혀야 한다. 쥐의 해로움은 여기서 새삼스럽게 강조할 필요도 없을 만큼 익히 알려져 있다. 집먼지진드기에 대해서는 뒤에 자세하게 따로 다루겠다.

실내에서 대부분의 시간을 보내는 현대인에게 생활환경의 쾌적성은 일의 효율성을 높이고 건강을 유지하는데 매우 중요한 요소이다. 정보화 시대로의 급격한 변화에 따라 사무기기는 자동화되고 지가상승과 유지관리비의 증가는 사무실의 사용면적을 절약하게 만들어 근무자와 사무기기가 매우 조밀하게 배치되는 추세이다. 이런 사무실에서 근무하는 사람에게 쾌적한 환경을 제공하기 위해 실내의 기온과 습도 그리고 환기를 조절할 수 있는 기계설비(HVAC)의 적절한 운용이 절실히 요구되고 있다. HVAC는 Heating, Ventilating and Air-Conditioning의 약자로 냉난방환기 기계설비를 통칭하는 용어이다.

사람은 주위 환경 요인에서 상당히 복잡한 메커니즘을 거쳐 쾌적한 상태를 느끼게 되므로, 냉난방시스템으로 쾌적한 실내환경을 만들기 위해서는, 우선 사람이 가장 직접적으로 느끼는 실내의 온도나 습도가 만드는 물리적 환경과 그 환경 속에서 생활하는 사람이 느끼는 쾌적감 사이의 상관성을 호전시키기 위해 온습도를 조절하고 환기로 신선한 공기를 공급해야 한다.

이처럼 실내환경 조성에 영향을 미치는 물리적 환경요인을 단순한 요인으로만 보지 않고 실내에 존재하고 있는 물질과 같은 개념으로 해석하여 물리적 오염물질로 분류하기도 한다. 이런 요인을 크게 두 가지로 나누는데, 하나는 실내온도, 습도, 밝기, 음, 기류와 같이 조절할 수 있는 가변적 요인이 있으며, 다른 하나는 전자파, 정전기, 이온 등과 같이 특별한 원인이 없으면 변하지 않는 불변적 요인이 있다. 이런 물리적 요인이 실내환경에 미치는 영향에 대한 인식은 최근 들어 많이 달라지고 있는데, 온습도조건이 공기질에 대한 지각만족도에 상당한 영향을 미치는 것으로 나타남으로써 실내 환경기준에 필수고려 사항이 되었다.

집안에는 여러 가지 자연방사선이 존재한다. 천연적인 방사성원소가 방출하는 방사선, 소위 α선, β선, γ선으로 불리는 방사선과 지구 바깥에서 오는 우주선, 땅 표면과 건축자재 속에 포함된 방사성 물질이 내보내는 방사선, 공기와 음식물 속에 들어 있는 방사성 물질에 의한 방사선 방출 등 다양한 종류가 있다. 반면에 TV나 전자레인지 같은 가전제품, 공항의 보안검색장치, 병원에서 사용하는 X−ray, 암치료장치, 그리고 원자력발전소 등에서 나오는 방사선은 인공방사선이다.

집안에서 사람이 받는 자연방사선을 전부 합쳐도 허용수치의 반 정도밖에 안 되기 때문에 보통 실내공기 중의 방사성 오염물질이라 할 때는 라돈(Radon)만을 뜻하게 된다. 일본 대지진으로 일반인들에게도 원자력발전소에서 방출되는 방사선에 대한 위험도가 상당히 많이 인식되었지만, 방사선량이 허용기준 이하가 되면 위험하지 않으므로 두려워할 필요는 없다.

사람이 숨을 쉴 때 흡입하는 라돈은 기체상태로 존재하기 때문에 기체상 오염물질로도 구분할 수 있지만, 라돈이 사람 몸에 미치는 위험성이 방사선에 의한 것이므로 방사성 오염물질로 다룬다. 라돈은 색깔도 없고, 냄새도 없고, 맛도 없는 기체로 농도에 차이가 있을 뿐 지구상 어디에나 존재하는 그야말로 요즘 한창 유행하는 단어인 유비쿼터스(ubiquitous)한 방사성 오염물질이다. 라돈은 세계보건기구(WHO) 산하 국제암연구소(IARC)에서 우리나라에서 여름올림픽이 한창이던 1988년에 발암물질로 분류한 실내공기 오염물질이다. 라돈은 우라늄으로 시작된 방사성 붕괴계열의 자손으로 사람의 몸속에서 붕괴하면서 생기는 방사성 붕괴산물이 방출하는 방사선이 DNA를 파괴함으로써 발병하는 폐암은 담배 다음으로 그 발병률이 높아 제2의 폐암 발암물질로 밝혀져 있으니 주의가 필요하다.

한 번 더 강조하는데, 집안의 공기질 문제를 해결하기 위해서는 발생원을 없애버리거나 억제시키는 발생원컨트롤이 가장 효과적이다. 발생원을 컨트롤하기 위해서 가장 먼저 실내공기 오염물질이 어디서 발생하는지를 알아야 하지만, 어떤 특성과 문제점을 가지고 있는지, 사람에게 미치는 영향은 무엇인지도 알아야 발생원을 컨트롤할 수 있는 적절한 대책을 수립할 수 있다.

우리나라는 처음에 지하 거주시설의 실내공기질부터 관심을 두어 '지하생활공간 공기질 관리법'을 1997년부터 시행해오다 '다중이용시설 등의 실내공기질 관리법'으로 바꿔 2004년부터 시행했다. 2016년부터는 이법을 다중이용시설은 물론 신축 공동주택 및 대중교통차량의 실내공기질에까지 적용 범위를 넓혀 '실내공기질 관리법'으로 시행하고 있는데, 이 법에서 실내공기 오염물질을 미세먼지(PM$-$10), 이산화탄소(CO_2), 폼알데하이드(HCHO), 총부유세균, 일산화탄소(CO), 이산화질소(NO_2), 라돈(Rn), 휘발성유기화합물(VOC), 석면, 오존(O_3), 초미세먼지(PM$-$2.5), 곰팡이, 벤젠, 톨루엔, 에틸벤젠, 자일렌 및 스티렌의 17가지로 지정하고 있다.

그럼 이제부터 이 17가지 오염물질을 하나씩 따로 설명하겠다. 설명의 편이를 위해 미세먼지(PM$-$10)와 초미세먼지(PM$-$2.5)는 같이 묶어서 설명하고, 휘발성유기화합물(VOC)와 폼알데하이드 그리고 벤젠, 톨루엔, 에틸벤젠, 자일렌 및 스티렌도 다 같은 VOC이므로 한 묶음으로 차례대로 설명하겠다.

4.1 누구나 아는 오염물질 이산화탄소

이산화탄소(Carbon Dioxide)는 화학식이 CO_2로 탄산가스로도 불리는 공기보다 60% 정도 더 무거운 무색의 기체이다. 이산화탄소는 화학식에서 보듯이 탄소원자 한 개와 산소원자 두 개로 이루어진 미량가스로 대기 중에 부피비로 약 0.04%(410ppm) 존재하는데, 산업혁명 이전에는 대기 중에 차지하는 양이 280ppm에 지나지 않았다. 화산이나 온천에서 자연적으로 발생하기도 하고, 탄산염암에서 물이나 산에 용해되어 빠져나오기도 하며, 지하수, 강물, 호수, 빙산, 빙하 및 바닷물에서도 생성되기도 하고, 석유나 천연가스에도 섞여 있다. 정상적인 농도에서 이산화탄소는 냄새가 없지만 고농도에서 코를 찌르는 산성냄새가 난다.

산업분야에서 이산화탄소는 용접용과 소화용 불활성가스, 에어건과 기름회수용 가압가스, 화학공정의 원료, 커피 디카페인 용매 및 액체건조제 등으로 용도가 무척 다양하다. 음료수 그리고 맥주와 스파클링 와인을 포함한 탄산음료의 발포제로도 잘 알려져 있다. 이산화탄소의 얼린 고체형태인 드라이아이스(Dry Ice)는 냉동제로도 연마제로도 사용되며 연료와 화합물의 합성재료로도 사용된다.

이산화탄소는 대기 중에서 가장 중요하고 또 가장 오래된 온실가스 중의 하나이다. 산업혁명 이후 지속적인 화석연료의 사용과 산림벌채로 인한 인위적인 탄산가스의 배출은 대기 중에 이산화탄소의 농도를 급격하게 증가시켜 왔고, 결국에는 지구온난화로 이어졌다. 또 이산화탄소는 탄산으로 바뀌어 물속에 녹아들어서 바닷물을 산성화시키는 원인물질이기도 하다. 메탄(천연가스), 석유정제산품(휘발유, 디젤, 경유, 프로판 등), 석탄, 나무 및 유기물 같은 모든 탄소함유 연료를 태우면 이산화탄소를 배출한다.

밀가루반죽에 팽창제(효모)를 넣으면 이산화탄소를 생성시켜 부풀어 오르게 한다. 베이킹파우더나 베이킹소다 같은 화학적 팽창제는 가열되거나 산에 노출되면 이산화탄소를 풀어놓는 반면, 효모는 밀가루반죽 속의 설탕을 발효시켜 이산화탄소를 만들어내는 것이다. 이산화탄소는 탄산음료와 소다수에도 이용되었다. 전통적으로 맥주와 스파클링와인의 탄산화는 자연적인 발효로 된 것이나 제조업자 중에는 발효과정에 생기는 이산화탄소를 섞어 인위적으로 탄산화 시키기도 한다.

식물이 광합성을 하기 위해서 이산화탄소가 필요하다. 온실의 공기 중에는 식물의 성장을 돕기 위해 이산화탄소가 풍부해야 한다. 이산화탄소의 농도가 대기 중의 자연적인 농도보다 100배 이상으로 매우 높아지면 동물의 생명이 위독해지기 때문에, 10,000ppm(1%) 이상의 농도를 여러 시간 동안 유지하게 되면 가루이과 곤충과 응애 같은 해충을 없앨 수 있다. 가루이과 곤충(Whitefly)이란 식물의 즙을 빨아 먹고 사는 동체와 날개가 하얀 분말로 덮인 식물해충을 통틀어 부르는 말인데, 온실 가루이는 숙주식물을 시들게 하여 죽게 만드는 해충으로 수가 많고 심각한 해충이다.

지구 대기 중의 이산화탄소는 미량기체로 현재(2018년 중반) 농도가 부피비로 409ppm(중량비로 622ppm)이다. 대기 중의 농도는 계절에 따라 약간의 증감이 있는데, 북반부에서는 식물이 이산화탄소를 소비하는 봄과 여름에 농도가 떨어지고, 식물의 휴면기인 가을과 겨울에는 올라간다. 지역에 따라서도 변화가 있으며, 지표면에서는 농도가 짙은 반면 높이 올라갈수록 이산화탄소가 공기보다 무거우므로 농도가 옅어진다. 자동차매연이 많은 도시지역의 농도가 농촌지역보다 높다. 실내농도는 때에 따라 실외농도보다 10배 이상 높을 수도 있다.

1960년대 대기 중 이산화탄소의 증가는 최근 20년간(2009~2018년) 연평균증가율의 35%에 지나지 않았다. 산업화 초기보다 이산화탄소 농도가 약 43% 증가한 원인을 화석연료의 연소와 산림벌채에서 찾을 수 있다. 이외에도 산불, 화전 또는 토지개간에 따른 바이오매스연소(Biomass Burning), 시멘트제조, 제철 등의 산업도 무시할 수 없는 이산화탄소 배출원이다. 이와 같은 인위적 이산화탄소 배출량은 약 290억 톤이나 되지만, 화산폭발로 배출되는 양은 그 백분의 일에 해당하는 2~3억 톤에 지나지 않는다. 이렇게 배출되는 이산화탄소는 식물과 바다가 흡수할 수 있는 양의 두 배나 되어 배출량의 반은 대기 중에 잔류하여 온실가스로서의 악역을 맡게 된다.

태양 광선에는 가시광선의 강도가 가장 센 반면, 지표면에서 방출되는 빛은 파장이 긴 적외선의 강도가 가장 세다. 대기 중의 이산화탄소에 적외선이 흡수되어 지표면에 열에너지를 붙잡아 두기 때문에 지표면은 데워지고 대기는 차가워진다. 다시 말해, 이산화탄소의 적외선흡수로 정상상태보다 대기상층부에 도달하는 열에너지가 더 적어져 대기상층부는 덜 데워진다는 뜻이다.

20세기 중반 이후 대기 중의 이산화탄소 농도증가와 메탄, 아산화질소 및 오존같이 오래된 온실가스는 적외선을 더 많이 흡수하여 지구의 평균온도를 상승시키고 있다. 이산화탄소는 다른 어느 온실가스보다 지구온난화 영향을 가장 많이 끼치는 온실가스이다. '이산화탄소가 지구의 온도를 높이지만, 지구 온도상승은 반대로 이산화탄소의 농도를 높이는 원인이 되기도 한다.'

대기 중의 증가한 이산화탄소는 바닷물에 흡수되어 바닷물의 산성도를 높이는 결과를 초래하여 바다를 산성화시킨다. 이 **해양산성화**(Ocean Acidification)는 바다 식물체계에 영향을 미쳐 바닷 속 유기물을 석회화시키고 있다. 정상상태에서 탄산칼슘은 안정적인 물질이지만 물에는 잘 녹(용해)는 성질을 지니고 있다. 물의 온도가 올라가면 기체의 용해도는 감소하기 때문에 바닷물의 온도가 올라가면 대기 중의 이산화탄소 흡수량은 저절로 감소한다. **탄산칼슘**(Calcium Carbonate)은 화학식 $CaCO_3$인 칼슘의 탄산염으로 조개껍데기, 달걀껍데기, 산호 등의 주원료이며 대리석과 석회석 같은 암석에도 많이 포함된 물질이다.

대기 중으로 배출되는 이산화탄소의 약 30%는 바닷물에 흡수되어 탄산(H_2CO_3)이 된다. 광합성을 하는 유기체가 이 탄산을 광합성으로 소비시키므로 대기 중의 탄소를 제거하는 역할을 한다. 해양산성화로 바닷물의 알칼리성이 약해지면 조개껍질의 형성과 산호에 필요한 탄산염(카보네이트)의 양을 줄이기 때문에 바다 생태계에 미치는 영향이 적지 않다.

신진대사의 일부로 산소를 이용해 당분, 지방 및 아미노산을 분해하여 에너지를 얻는 유기체가 세포호흡으로 만들어내는 최종산물이 이산화탄소이다. 모든 식물, 말(조류), 동물, 호기성 곰팡이와 박테리아가 이런 유기체에 속한다. 척추동물의 몸속에서는 이산화탄소가 장기조직에서 피부(양서류의 경우) 또는 아가미(물고기의 경우)까지 핏속을 흘러 다니다 수분에 용해되거나 숨을 내쉴 때 폐에서 빠져나간다.

우리가 잘 알고 있듯이 식물은 광합성을 할 때 이산화탄소가 필요하다. 식물은 이산화탄소 농도가 1,000ppm으로 지속되면 성장 속도가 50%까지 빨라질 수 있다. 고농도 이산화탄소는 밀, 쌀 및 콩 같은 곡물의 수확량을 12~14%까지 증가시킨다. 대기 중에 이산화탄소의 농도가 높아지면 나뭇잎에 공기구멍 수가 줄어 식물이 물을 적게 빨아들여도 되어 물 공급량을 줄여도 된다.

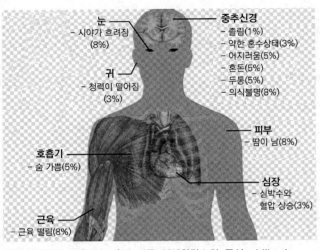

눈
- 시야가 흐려짐 (8%)

귀
- 청력이 떨어짐 (3%)

중추신경
- 졸림(1%)
- 약한 혼수상태(3%)
- 어지러움(5%)
- 혼돈(5%)
- 두통(5%)
- 의식불명(8%)

피부
- 땀이 남(8%)

호흡기
- 숨 가쁨(5%)

심장
- 심박수와 혈압 상승(3%)

근육
- 근육 떨림(8%)

공기중 농도(부피 %)에 따른 이산화탄소의 독성 - Mikael Häggström

이산화탄소는 질식성 기체다. 이산화탄소의 농도가 1% (10,000 ppm)에 이르면, 나른하게 졸리고 가슴에 답답한 느낌이 온다. 7~10% (70,000~100,000ppm)의 농도에서는 몇 분, 길게는 1시간 안에 산소가 충분히 있어도 질식할 수 있고 어지러움, 두통, 시각과 청각장애 및 의식불명 상태가 된다. 이산화탄소에 급성 노출되면 과탄산혈증에 의한 질식으로 이어진다. 과탄산혈증(Hypercapnia)이란 핏속에 이산화탄소가 급격히 많아지면 생기는 증상으로 두통, 혼돈, 졸음에 이어 심하면 발작과 혼수상태에 이르게 되고, 더 악화되면 심혈관 허탈도 발생할 수 있다.

공기보다 무거운 이산화탄소는 바람에 잘 흩어지지 않고, 지하 화산활동이나 지열작용에 의해 땅속으로 스며드는 양이 많아 상당히 높은 농도를 보인다. 지표면 아래에 있는 구멍이나 움퍽 파인 곳에는 이산화탄소가 집결되어 있을 수 있어, 그런 곳을 들락거리는 동물을 질식시키기도 하고, 짐승의 사체에 이끌려 그런 곳으로 들어오는 썩은 짐승고기를 먹는 하이에나 같은 동물이 질병 없이 죽는 원인이 되기도 한다. 아프리카 콩고의 고마(Goma)시 근교의 니라공고(Nyiragongo)산 화산폭발

(2002년)로 생긴 이산화탄소 집결지에서 어린이들이 사망한 사건은 무척 유명하다. 이 사건에서 현지인들이 스와힐리어로 악마의 바람(공기)이란 뜻의 '마주쿠(Mazuku)'라는 말을 사용했는데, 이 마주쿠를 지리학용어로 이산화탄소가 많은 독성주머니(Toxic Pocket)란 뜻으로 사용하고 있다.

지속적인 1% 이하의 이산화탄소 노출에 의한 사람과 동물에 대한 장기적 건강영향에 연구는 그다지 많지 않다. 우주정거장의 승무원들이 0.5%(5,000ppm)의 농도에서 두통, 무기력, 정신기능저하, 정서적 불안 및 수면장애를 경험한 적이 있다고 한다. 0.05%의 이산화탄소에 의한 동물영향 연구에서 8주간 장기적 노출로 콩팥의 석회화와 골격상실이 확인되었다. 사람이 0.1%의 이산화탄소에 2.5시간 동안 노출된 뒤, 뇌혈류(뇌에 흐르는 피)에 이산화탄소가 증가하여 인지능력이 떨어지는 것으로 나타났다. 0.05%와 비교하여 2배인 0.1%의 이산화탄소에 노출되면 기본활동수준과 정보이용능력이 저하되는 것으로 관찰되었다.

실외공기, 즉 대기 중의 이산화탄소 농도는 특별한 외적 변화가 없으면, 정상상태에서는 상당히 안정적이기 때문에 실내에 이산화탄소 농도를 낮추기 위해서는 무엇보다 실내외공기를 교환시키는 환기가 중요하다. 미세먼지가 극성을 부리기 전에는 신선한 공기란 이산화탄소의 농도가 낮은 공기를 뜻했으나 요즈음은 미세먼지의 농도가 낮은 공기로 변했다. 실내공기 중의 이산화탄소 농도가 높으면 거주자의 건강, 쾌적성 및 실내활동에 당연히 영향을 받게 된다.

광부는 불충분한 환기 때문에 이산화탄소뿐만 아니라 질소와 혼합물 즉, 질식성가스에 취약할 수밖에 없다. 현대적 기술이 개발되기 이전에 광부들은 질식성가스에 의한 위험을 미리 알기 위해 카나리아를 새장에 넣어 갱 안으로 데리고 들어갔다고 한다. 카나리아는 사람보다 질식성가스에 더 민감하여 일정수준 이상 농도가 되면 노래를 멈추고 횃대에서 바닥으로 떨어진다. **광부용 안전등**(Davy Lamp)은 질식성가스가 많아지면 불꽃이 줄어들고, 메탄이나 폭발성가스가 많아지면 반대로 불꽃이 커져 광부의 안전에 필수품이었다고 한다.

사람의 몸은 하루에 약 1kg의 이산화탄소(탄소함량은 290g)를 만들어내고, 이산화탄소는 몸속에서 정맥을 통해 운반되어 숨쉴 때 폐에서 배출되므로 동맥에는 훨씬 낮은 농도를 유지할 수 있다. 혈액 속의 이산화탄소는 3가지 방법으로 운반되는데, 방법마다 정확한 운반배분율은 동맥이냐 정맥이냐에 따라 달라진다. 첫째, 적혈구 속의 탄산무수화 효소에 의해 중탄산염 이온(HCO_3^-)으로 바뀌어 운반되는 양이 약 70~80%이고, 둘째, 15~20%는 혈장에 용해되어 운반되며, 셋째, 나머지 5~10%는 카르바미노(Carbamino)화합물로 헤모글로빈에 묶여 운반된다.

사람마다 호흡률에 따라 혈액 중의 이산화탄소 농도가 달라지므로 중탄산염 이온은 혈액의 산성도를 조절하는 아주 중요한 역할을 한다. 느린 숨이나 얕은 숨은 호흡성 산혈증을 초래하고, 반면에 너무 빠르면 호흡과다증으로 이어져 호흡성 알카리혈증을 일으킬 수 있다. 몸은 신진대사를 위해 산소가 필요하지만, 산소농도가 낮으면 호흡이 원활하지 못하게 된다. 따라서 저압공기나 산소가 전혀 없는 공기(순수 질소공기)를 호흡하면 의식불명상태에 빠지는데, 이는 고도비행을 하는 전투기 파일럿을 특히 위험하게 만드는 원인이 되고, 항공기 승무원이 기내압력이 낮아지면 산소마스크를 쓰라고 권하는 이유이기도 하다.

호흡중추는 동맥 속의 이산화탄소 압력을 호흡에 가장 적합한 40mmHg로 유지하려고 한다. 의도적으로 과잉호흡(환기항진)을 하면 동맥피 속의 이산화탄소 압력이 10~20mmHg로 낮아져 핏속의 산소를 충분히 공급할 수 없게 되므로 호흡하기 어려워진다. 그래서 과잉호흡을 한 후에는 과잉호흡을 하지 않았을 때보다 더 긴 숨을 쉬어야 한다. 이렇게 하다 잘못되면 의식불명이 생길 수 있어 다이빙하는 사람에게 과잉호흡이 매우 위험하다.

4.2   일산화탄소는 정말 무서운 기체

훌륭한 철학자였던 아리스토텔레스(BC 384~322년)가 석탄을 태우면 독가스(일산화탄소라는 것은 규명하지 못했지만)가 나온다는 것을 이미 알

았었다니 훌륭한 과학자이기도 했다. 일산화탄소의 독성을 알았던 옛날 사람들은 사형수를 욕실에 가둬놓고 그 안에 석탄을 태우는 방법을 사용하기도 했다고 한다. 유태인 대학살(Holocaust)을 자행한 나치독일의 아우슈비츠 강제수용소에서도 일산화탄소가 사용되었다는 것은 역사적인 사실이다. 우리나라에서도 1960년대 가장 많은 사망사고 중의 하나가 연탄가스에 의한 사망이었는데, 이 악명 높은 연탄가스가 바로 일산화탄소이다. 요즈음도 캠핑카나 텐트에서의 사고사 원인이 연탄이나 번개탄에서 발생하는 일산화탄소이고, 자살 방법으로도 이용되곤 한다.

분자식을 봐서도 알 수 있듯이, 일산화탄소(Carbon Monoxide)는 탄소함유 화합물의 산화로 만들어진다. 다시 말해, 일산화탄소는 무엇이든 불에 타면 발생한다. 왜냐하면 연소 시 산소가 부족하거나 연소온도가 낮으면 완전하게 연소(완전연소)가 이루어지지 못하는 불완전연소로 이산화탄소(CO_2)가 되지 못하고 일산화탄소(CO)가 되기 때문이다. 큰 산불이 날 때도 산소가 부족하여 많은 양의 일산화탄소가 발생하고, 담배를 피울 때도 담배연기 속에 일산화탄소가 들어 있는 이유가 불완전연소 때문이다.

분자식이 탄소(C)원자 한 개와 산소(O)원자 한 개가 결합하여 만들어진 일산화탄소(CO)는 색깔도 없고, 냄새도 없고, 맛도 없는 무색무취무미의 기체인데, 일정량 이상 들이마시면 몸에 해로울 뿐만 아니라 사망에 이르기도 하는 무서운 기체이다. 일산화탄소는 무색 무취 무미하고 주변에 깔려 있어도 눈에 보이지도 않기 때문에 이를 인지할 수 없어 더 위험한 물질이다.

일산화탄소의 제일 발생원은 화석연료의 연소로 가동되는 승용차, 트럭, 중장비 등의 차량, 기계류 그리고 화력발전소로 대기오염의 제일 원인물질 중의 하나이다. 석유(휘발유, 경유 등), 석탄, 액화석유가스(LPG) 또는 도시가스의 원료인 액화천연가스(LNG)를 사용하는 난로, 벽난로, 보일러, 가스레인지 등은 집안에서도 일산화탄소를 배출하여 실내공기를 오염시키므로 환기는 필수적이다. 연소 시 대기 중에 산소(O_2)가 충분하면 일산화탄소(CO)는 푸른 화염을 내면서 쉽게 이산화탄소(CO_2)로 변한다.

대기 중에 존재하는 일산화탄소는 아주 적은 양(약 80ppb)이다. 그 양의 절반은 화석연료의 연소와 생물에너지(Bioenergy)의 연소(산불, 들불 등)에 의해 발생하는 것이고, 나머지 절반은 인간의 활동에 의하거나 식물에서 배출되는 유기화합물의 화학반응으로 발생하는 것이다. 바닷물에서도 자연적으로 아주 적은 양이 배출되고, 지구 맨틀의 높은 압력에 의해 화산암속의 일산화탄소가 녹아 배출되는 지질학적인 원인으로도 적은 양이 발생한다. 자연발생원으로부터 배출되는 일산화탄소의 양은 발생원이 일정하지 않으므로 정확히 측정하기 쉽지 않다.

사람을 포함한 동물의 생체 내에서 헤모글로빈(Hemoglobin)의 색소 성분인 헴(Heme)의 산화작용으로도 일산화탄소가 저절로 발생한다. 일산화탄소는 기체상태로 직접 흡입하지 않더라도 사람 몸속의 자연발생적인 산화작용으로 정상인의 혈액 속에서도 유해물질인 일산화탄소혈색소, 즉 **카르복시헤모글로빈**(Carboxyhemoglobin)이 일정량 생성된다. 동물의 생체 내에서도 헤모글로빈 속에 일산화탄소가 저절로 생성된다. 일산화탄소는 독성가스로 인체에 유해하다는 사실만 알려졌었는데, 1993년에 일산화탄소가 신경전달물질로 밝혀진 기체 중의 하나로 사람의 몸에 도움을 준다는 사실이 밝혀져 관심을 끌고 있다.

일산화탄소는 혈관이완제인 동시에 사람의 몸속에서 염증반응을 조절하는 다른 두 가지 기체(일산화질소와 황화수소)와 함께 일산화탄소의 생체조절과 세포보호 특성으로 의학적 주목을 받는 물질이다. 이 세 가지 기체는 여러 장기조직에서 소염작용, 혈관확장작용 그리고 신생혈관 성장촉진작용을 하는 것으로도 알려져 소량의 일산화탄소를 약용으로 사용하는 임상실험이 행해지고 있다.

그러나 장기는 복잡한 조직이어서 신생혈관 성장이 종양을 키우고, 흡연(혈액 속에 일산화탄소의 함량을 높이는 가장 큰 원인)에 의한 발병위험이 4~6배 높은 습성 황반변성을 가져올 수도 있어, 유익한 면을 부각하기 어려운 물질이다. **습성 황반변성**(Wet Macular Degeneration)이란 눈 안쪽 망막 중심부의 신경조직인 황반의 기능이 떨어지면서 시력이 감퇴하고, 시력을 완전히 잃기도 하는 질병을 말한다.

핏속에서 일산화탄소가 헤모글로빈과의 친화력이 산소보다 200배나 강해, 혈액 속에 산소를 밀어내고 일산화탄소가 그 자리를 차지하기 때문에 뇌, 심장 등 중요한 장기는 물론 실핏줄에까지 공급되어야 할 산소는 공급되지 못하고 일산화탄소가 공급되는 결과를 초래한다. 위의 그림에

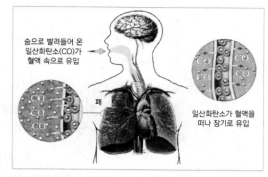

숨으로 빨려들어 온 일산화탄소(CO)가 혈액 속으로 유입

일산화탄소가 혈액을 떠나 장기로 유입

폐

일산화탄소의 혈액 속 흡입과정

서 보듯이 일산화탄소가 호흡으로 흡입되면 핏속의 헤모글로빈과 결합하여 **일산화탄소헤모글로빈**(COHb), 즉 카르복시헤모글로빈을 만들어 혈액 속의 산소운반능력을 떨어트리게 되고, 이런 부작용이 심해져 일산화탄소헤모글로빈의 농도가 높아지게 되어 산소를 공급받지 못하게 되면 사망에 이를 수도 있다. 특히 산소공급을 방해하는 일산화탄소는 영유아는 물론 태아에 치명적일 수 있다.

혈액 속의 일산화탄소의 농도와 사람의 몸에 미치는 증상을 살펴보면, 농도가 10% 이하면 특별한 증상이 없으나, 10~20% 사이에서는 약간의 두통을 느끼고, 21~30% 사이에는 두통에다 숨이 약간 가빠지며, 졸림이 오기 시작하고, 31~40% 사이가 되면 두통, 판단착오, 숨 가쁨, 강한 졸림 및 시력이 흐려지고, 41~50% 사이에서는 심한 두통과 정신 혼돈상태, 심한 숨 가쁨과 졸림 증상에다 시력이 더 흐려지게 된다. 그리고 51%가 넘으면 무의식 상태가 되므로 일산화탄소 발생원에서 벗어나지 않으면 사망에 이른다.

이를 다르게 표현하면, 혈액 속에 일산화탄소 농도가 비교적 낮은 농도인 667ppm에 이르면, 혈액 속 헤모글로빈의 50%가 카르복시헤모글로빈으로 바뀐다. 카르복시헤모글로빈이 50%에 이르면, 발작에서 시작하여 혼수상태로 이어지다 결국에는 사망에 이를 수도 있다. 일산화탄소중독의 증상은 유별난 증상을 보이는 것이 아니라 다른 중독증상과

비슷해 두통, 메스꺼움, 구토, 어지러움, 힘 빠짐 등의 현상으로부터 시작한다.

　식구 전부가 일산화탄소중독에 걸리면 식중독으로 오인하는 경우도 있고, 유아의 경우는 칭얼대기도 하고 음식을 잘 먹지도 않으면서 보채기만 한다. 신경증상으로는 어지럽기도 하고, 방향감각을 잃기도 하고, 시각장애가 오기도 하다 실신하기도 하며, 발작을 일으키기도 한다. 드물기는 하지만 망막출혈과 비정상적 선홍색 혈색을 보이는 경우도 있다.

　집안 공기 중 일산화탄소농도가 높아지게 되면 현기증, 혼돈 그리고 의식불명 상태에 이르다가 아주 높은 농도에서는 사망에까지 이를 수 있다. 사방이 트인 집밖에서는 일산화탄소의 농도가 집안에서 만큼 높아지기는 불가능하지만, 농도가 평소보다 높으면 집밖에서도 심장병환자는 특별한 주의가 필요하다. 심장병환자는 이미 혈액에 필요한 산소를 충족시킬 능력이 떨어져 있는 상태이므로 일산화탄소농도가 높은 곳에서는 평소보다 더 많은 산소를 필요로 하기 때문에 위험할 수밖에 없다. 야외에서 운동하거나 스트레스를 많이 받는 경우는 고농도의 일산화탄소에 짧은 시간 노출로도 산소부족에 의한 가슴통증, 즉 협심증으로 고생할 수도 있다.

　일산화탄소(CO)는 메탄을 생성시키는 미생물(메탄생성 세균)에게는 영양분이 되는데, 수소(H_2)와 화합시켜 일산화탄소를 메탄(CH_4)으로 바꾼다. 그래서 일산화탄소가 요즘 과학계의 블루오션인 생유기금속화학 분야에서 떠오르는 소재로 대두되고 있다. 박테리아 중에는 일산화탄소를 이산화탄소로 전환시키는 과정에서 에너지를 얻는 것도 있고, 탈수소효소를 이용해 이산화탄소를 감축시켜 일산화탄소를 얻는 것도 있다.

　NASA에서 지구위성을 이용해 지구상 약 3,600m(12,000ft) 상공에서 대류권 일산화탄소 농도를 측정하고 있는데, 다음 페이지의 사진은 2000년에서 2004년 사이 4~6월까지 3개월간 촬영한 대기 중 일산화탄소의 평균농도를 보여주고 있다. 짙은 지역 즉, 사진 아래쪽 남반부 지역은 일산화탄소 농도가 낮거나 없고, 북반부 지역은 짙어질수록 농도가 높아지는 것으로 나타난다. 이 사진에서 우리가 눈여겨 봐야할 곳은 가장 농도가 높은(가장 짙은) 중국에서 시작하여 한국과 일본을 거쳐 태평양으로 이어지는 짙은 부분에 특히 유의해서 관찰할 필요가 있다.

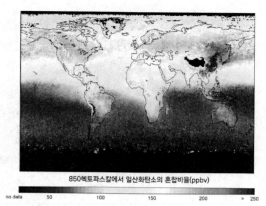

850헥토파스칼에서 일산화탄소의 혼합비율(ppbv)

| no data | 50 | 100 | 150 | 200 | > 250 |

🌑 지구 상의 일산화탄소 농도

몇 년 전(2014년) 통계에 따르면, 우리나라 하루 자살 사망자 수 38명 중 5명이 일산화탄소에 의한 자살로 3대 자살 수단의 하나라고 한다. 폐쇄된 공간에서는 일산화탄소의 농도는 쉽게 치명적인 농도로 올라간다. 가스(LPG와 도시가스), 경유, 등유 등의 화석연료 사용 난방기기, 온수기 같은 연소기기를 집안에서 겨울철에 문을 닫고 사용하는 경우가 허다하므로 상당한 주의가 필요하다. 심지어 낚시 텐트 속에서도 일산화탄소 중독에 의한 사망사고가 자주 발생한다.

탄소체가 완전연소되면 이산화탄소가 되나 불완전연소되면 일산화탄소가 된다. 일산화탄소는 불안정하여 한 번 더 산화되어야 이산화탄소가 된다. 다시 말해 일산화탄소는 안정적인 이산화탄소가 되기 위해 강력하게 산소와 결합하려는 성질을 가지고 있다. 그래서 연탄 같은 탄소체가 불완전연소될 때 발생하는 일산화탄소 중독이 발생하는 것이다. 즉 연탄을 피우는 초기에는 덜 타기(불완전연소하기) 때문에 일산화탄소가 많이 나온다. 연탄이 활활 타오르면 거의 완전연소에 가까우므로 중독 가능성이 희박하다. 탄소가 한 번 산화, 즉 불완전연소되면 일산화탄소를 만들고 일산화탄소가 한 번 더 산화, 즉 완전연소되면 이산화탄소가 된다.

1980년대 이전에 우리나라에서는 연탄이 주 연료이고 방과 부엌이 연결된 경우가 대부분이었고, 방 밀폐성이 떨어졌기 때문에 일산화탄소가 스며들어 잠자는 시간에 자주 중독(연탄가스중독이라고도 불렀다)사고가 발생하였다. 특히 구들장으로 이루어진 난방시스템으로 연탄가스의 실내유입이 아주 쉬웠다. 연탄으로 물을 데워 온수파이프로 더운 물을 방바닥으로 순환시키는 소위 새마을보일러에 의한 온수파이프 난방으로의 전환은 연탄가스사고를 상당히 감소시켰다.

그런데도 취사용으로 사용하는 연탄은 부엌에 일산화탄소를 가득 채웠고 이 가스가 방으로 새어들어와 여전히 중독사고가 줄기는 했었지만 사라지지는 않았다. 2000년대 이후에는 자살목적이나 아직 연탄을 사용하는 극빈층, 현장에서 화목이나 연탄난로를 사용하는 작업자, 텐트 안에서 난로를 사용하는 겨울 캠핑족이나 낚시꾼 중에는 아직도 간혹 일산화탄소 중독사고로 문제가 생긴다.

일산화탄소에 중독되면 즉시 일산화탄소가 없는 곳으로 옮기거나 환기를 시켜야 한다. 유일한 치료방법은 100% 순도의 산소를 고압으로 공급하는 것이다. 앞에서 설명했듯이 일산화탄소는 산소보다 200배나 강력하게 헤모글로빈과 결합하기 때문에, 그냥 산소만 공급해서는 일산화탄소 대신 산소가 헤모글로빈과 결합하기는 어려우므로 고압산소를 주입해야 한다. 즉 4기압 정도의 강력한 압력으로 산소를 투여해야 효과가 있으므로 고압산소 탱크나 고압산소방을 이용해야 한다.

여기서 잠시 과거에 연탄가스 중독사고가 발생하면 동치미 국물을 먹이면 정신이 맑아진다고 연탄가스 중독환자에게 동치미 국물이나 김칫국을 먹이는 민간요법이 유행했으나, 동치미 국물이나 김칫국물은 식어 있는 차가운 상태여서 시원하거나 자극성으로 인한 약간의 각성효과는 있지만 실제적인 의료장의 효과가 없다는 것을 알아두어야 한다. 일산화탄소 중독환자가 발생하면 고압산소가 있는 병원으로 이송시켜 치료하는 것이 제일 좋은 방법이다.

일산화탄소 중독 후유증은 상당히 심각하다. 연탄가스든 자살시도든 일산화탄소에 일단 중독되면 신경학적 증상의 합병증이나 후유증으로 평생을 고통받을 수도 있다. 후유증은 중풍이나 치매와 비슷하다. 일산화탄소중독, 치매 및 중풍은 모두 뇌신경에 악영향을 미치므로 나타나는 증상도 상당히 비슷하므로, 평생 가족과 사회에 지우지 않아도 될 짐을 지우는 결과를 초래할 수 있다. 사고이든 의도적이든 일산화탄소중독은 참으로 위험한 문제이므로 유의해야 한다.

환경문제와는 상관없지만 관심거리 정보로, 일산화탄소가 우주에서는 수소 다음으로 흔한 제2의 성간물질이라고 한다. 가장 흔한 성간물질인 수소는 자외선을 이용해 우주망원경으로만 볼 수 있는 물질이다. 이에 비해 일산화탄소는 비대칭의 극성분자이어서 우주에서 수소보다 더 밝은 스펙트럼선을 만들기 때문에 더 찾아내기 쉽다. 성간물질로서의 일산화탄소가 전파망원경으로 1970년에 처음 확인된 이후, 은하수의 기체상 성간물질 추적자로 일산화탄소가 아주 흔하게 이용된다. 일산화탄소를 관측하면 대부분에 별에 존재하는 분자구름에 대한 정보를 많이 얻을 수 있다고 한다.

성간물질(Interstellar Medium)이란 별과 별 사이의 공간을 채우고 있는 물질을 말하고, 극성분자(Polar Molecule)는 자연 상태에서 전성(+와 −)이 거리를 두고 떨어져 있는 전기쌍극자를 가진 분자를 말한다. 그리고 분자구름(Molecular Cloud)이란 분자상태의 가스 또는 플라스마 등으로 이루어진 암흑성운을 말한다.

미국에서는 일산화탄소가 미오글로빈과 결합하여 밝은 앵두 색 색소인 카르복시미오글로빈으로 변하는 특성을 이용해 소고기와 돼지고기 같은 육류는 물론 생선까지 신선하게 보이게 변형공기식 포장에 일산화탄소를 0.4~0.5%를 포함시키는 것을 허용하고 있다. 실제 신선도와는 상관없이 외관만 밝고 붉은색을 띠어 소비자를 현혹하는 이 가공법은 미식약청(FDA)이 2002년에 허가한 이후 줄곧 논쟁의 대상이 되어왔고, 우리나라를 포함 EU, 일본, 싱가포르 등에서는 이 가공법을 금지하고 있다.

미오글로빈(Myoglobin)이란 근육 속에서 볼 수 있는 붉은색 색소로, 근 헤모글로빈이라고도 한다. 카르복시미오글로빈(Carboxymyoglobin)은 정상상태에서는 산소와 결합하는 미오글로빈이 산소보다 결합력이 훨씬 높은 일산화탄소를 만나면 산소보다 먼저 일산화탄소와 결합하여 생성되는 화합물질이다.

일산화탄소가 사람의 몸속에 들어오면 헤모글로빈(혈색소)과 결합하여 카르복시헤모글로빈을 형성한다는 것은 이미 설명했다. 그런데 이 결합은 산소 대신 친화력이 높은 일산화탄소와 우선 결합하는 것이므로 혈액의 산소의 운반능력을 떨어트려 만성 저산소증을 일으키고, 신진대사에 장애를 끼쳐 조기노화현상을 가져온다. 연탄가스로도 너무 잘 알려진 일산화탄소는 담배를 피우는 과정에서도 발생하므로 흡연은 마치 '적은 양의 일산화탄소를 흡입하는 것'과 같다. 담배를 많이 피거나 담배연기가 자욱한 방(흡연실)에 있으면 머리가 아프고 정신이 멍하게 되는 것은 바로 이 일산화탄소의 농도가 높기 때문이다.

따라서 '흡연은 니코틴중독(Nicotinism)이기도 하지만 일산화탄소중독'이기도 하다. 담배는 종류와 상태에 따라 다르긴 하지만 대개 한 모금 빨아들일 때마다 약 1.6mg의 일산화탄소가 몸에 흡입된다. 그러나 이 미량의 일산화탄소도 산소보다 우선해서 전량 헤모글로빈과 결합하므로 혈액에 산소공급을 방해하게 되는데, 산소공급이 적어지면 제일 먼저 피해를 보는 세포가 뇌세포이다. 뇌세포는 4~5분만 산소공급이 차단되어도 죽기 시작한다.

사람의 뇌는 체중의 2~3%(뇌의 평균 무게는 1,500g 이하) 미만이지만 혈액은 전체 혈류량의 약 15%를 받는다. 따라서 뇌세포는 다른 세포보다 5~7배 많은 혈액을 공급받기 때문에 다른 세포에는 산소공급이 중단되더라도 뇌세포에는 적은 양이지만 산소가 남아 있으므로, 일산화탄소에 중독되어 몸이 움직이지 않는 경우에도 뇌세포는 살아 있어 의식이 있는 것이다. 캠핑카나 텐트 같이 폐쇄된 공간에서도 난로를 피워놓고 잠들면 연료의 불완전연소로 인해 일산화탄소중독이 발생할 수 있으므로 주의해야 한다.

숨으로 흡입하여 사망에 이를 수 있을 만큼의 일산화탄소의 양을 100이라고 하면, 담배를 피운지 5분 이내에 내쉬는 숨에 함유된 일산화탄소의 양은 15~20 정도인데, 하루에 두 갑 이상 피는 골초인 헤비스모커는 이보다 훨씬 높은 35로 두 배나 된다. 다시 말해 흡연자의 혈액 속에는 헤모글로빈의 15~20%, 심하면 35%가 제 기능을 다 하지 못하게 되기 때문에 몸에 이로울 리가 없다. 흡연이 일산화탄소중독인 점을 이용해 중·고등학교의 흡연단속이나 금연학교에서 흡연여부를 판별하기 위해 혈액 속의 일산화탄소량 검사를 시행하기도 한다.

사람의 몸은 신기하게도 위험에 대한 대처능력이 뛰어나 어떤 기능에 이상이 생기면, 그 기능을 보완하는 다른 부위에서 그 기능을 대신하게 되는데, 코가 막히면 입으로 숨을 쉬는 것과 마찬가지로 일산화탄소 때문에 산소공급에 문제가 생기면 사람의 몸은 헤모글로빈과 적혈구를 더 많이 생성시키며, 세포는 부족한 산소를 아끼기 위해 신진대사를 천천히 하고 활동량을 줄이게 된다. 그러나 이런 현상이 장기적으로 이루어지면 몸에 이상이 생기기 마련이다. 정상수준 이상으로 적혈구가 많이 만들어져 농도가 올라가면 피가 끈적끈적하게 되어 혈관에 잘 흐르지 않게 된다. 실핏줄에서는 피의 흐름이 어렵게 되거나 막히게 되고, 탁한 피를 혈관에 흐르게 하기 위해 심장은 더 많은 압력을 가하는 운동을 해야 하므로 그만큼 더 부담을 받게 되어 심장혈관 계통의 질환 발병원인이 된다.

흡연자가 하루만 금연해도 대부분의 일산화탄소는 배출되지만, 한 개비만 피어도 헤모글로빈의 20% 정도가 기능불능이 되고 세포로의 산소공급량은 그만큼 감소한다. 그럼에도 불구하고 오랫동안 담배를 피워온 사람은 그런 상태가 오히려 자신의 정상적인 상태인 것처럼 느끼고 있어 금연하면 오히려 이상하게 느낀다. 밤새 금연을 하여 산소공급이 100% 원활하게 이루어지는 상태가 오히려 낯설고 어색하여 아침에 눈을 뜨자마자 담배를 찾는 사람도 있다.

보통 사람은 허파가 가진 최대 호흡량의 30% 정도밖에 활용하지 않는다. 크게 심호흡을 하면 보통 호흡의 3배 이상의 산소를 혈액에 공급하게 된다. 심호흡을 3분 정도 계속하면 평소보다 혈액 속의 산소농도가 높아져 현기증을 느낀다. 산소농도가 약간(5%) 높아졌을 뿐이지만 심호흡에 훈련되지 않은 사람이 어지럽게 느끼는 것으로 일종의 **산소쇼크**(Oxygen Shock)이다. 그래서 담배를 피우는 사람은 하루만 금연해도 산소공급이 증가하여 산소쇼크와 비슷한 효과를 느끼게 되는 것이다.

산소공급이 증가하면 호흡도 가벼워지고, 생체기능도 활성화되기 때문에 몸에 이로울 건 당연하지만, 산소쇼크에 익숙해져 자연스러운 상태에 이르려면, 사람에 따라 차이가 있지만, 평균 3주 정도의 적응기간이 필요하다. 이 적응기간이 끝나면 현기증은 머리가 맑아지는 느낌으로 바뀌고 부자연스럽지 않게 된다. 그래서 보통의 경우 3주 정도 지나면 신체적인 금단현상이 사라진다. 금단현상의 발생시점과 지속기간은 신체조건, 건강상태, 저항력 및 의지력에 따라 차이가 있다.

4.3   공기 중에 떠다니는 부유세균

부유세균(Airborne Pathogen)이란 공기 중에 떠다니는 사람의 몸에 해로운 일반세균과 병원성 세균 등을 모두 합쳐 통칭하는 용어이다. 공기 중에 존재하는 모든 종류의 세균을 개별적으로 분리하여 개체 수를 측정하기는 불가능하기 때문에 전체적인 양, 즉 총량으로 관리하는 것이 편리하여 부유세균을 통틀어 다루므로 **총 부유세균**(Total Airborne Pathogen)이란 용어를 사용하고 있다.

병원성 세균이란 각종 바이러스, 박테리아, 곰팡이(균류) 등을 말하는데, 너무 작아 가라앉지 않고 실내공기 중에 떠돌아다니는 세균을 **부유세균** 또는 **공중세균**이라 하고, 세균 자체는 가라앉을 정도의 무게는 아니지만, 공기보다는 무거운 미세먼지나 에어로졸입자에 부착하여 바닥으로 서서히 가라앉는 세균을 **낙하세균**(Fallen Pathogen)이라 한다. 사람들은 매일 이로운 것과 해로운 것이 섞여 있는 수백만 마리의 부유세균, 즉 미생물에어로졸(Bioaerosol)에 노출되면서 살아가고 있다. 부유세균은 박테리아, 바이러스, 곰팡이 등을 통틀어 일컫는 실내공기 속의 **미생물군집**(Microbiome)을 말한다.

다음 페이지의 인포그래픽은 육지와 바다에서 생성된 박테리아가 대사활동이나 상승기류를 타고 대기 중으로 올라갔다 바람을 타고 이동하고, 비를 만나 다시 땅으로 낙하하는 과정을 설명하고 있다. 비를 만나지 못한 박테리아는 건성인 상태로 미세먼지나 에어로졸에 흡착되어

86

지상으로 떨어진다. 바다와 육지에서는 박테리아의 발생원이 많은데, 동물의 배설물, 인간 활동에 따른 생성, 폐수처리장, 쌓아둔 퇴비 그리고 토양 속에서도 자연적으로 발생한다.

대기 중에서의 박테리아의 생성과 이동

부유세균은 사람 자신은 물론 애완동물, 식물, 냉난방환기시스템(HVAC)에서도 발생하고, 공중에 떠다니는 부유분진은 세균의 아주 좋은 이동수단이며, 깨끗한 것처럼 보이는 실외환경에서 뿐만 아니라 더러운 실외환경에서도 발생한다. 미생물의 군집은 학교, 사무실, 공장, 주택 및 병원 등의 실내외환경에 따라서 구성성분이나 밀도에는 상당한 차이가 있게 마련이다.

같은 건물이라도 방의 위치, 크기, 온도, 습도, 사용용도 등에 따라 다른 특성을 보인다. 학교, 병원, 주택과 공장에서 채집한 실내공기의 평균 부유진균(곰팡이)의 농도는 80CFU/㎥이고, 높은 곳은 100CFU/㎥를 넘는 곳도 있다. 애완동물을 키우는 실내의 총 부유세균의 40%는 사람에 의해서 발생하는 것이고, 30%는 실외에서 들어온 것이며, 애완동물(개와 고양이)로부터 나머지 30%가 발생하는 것이 보통이다. 실내공기 중 박테리아 종류를 분석하면 개를 키우는 집은 92%, 고양이를 키우는 집은 83%를 확인할 수 있다고 한다.

여기서 잠시 CFU라는 용어에 관해 설명을 하고 넘어가겠다. CFU는 미생물의 **집락형성단위**(Colony Forming Unit)의 영문약자로 채집샘플에서 눈에 보이는 박테리아나 균류의 숫자를 측정하는 것이다. 현미경조사는 죽거나 살아있는 모든 세포의 수를 세지만, CFU 측정은 배양한 미생물 중 살아있는 세포 수만 센다. 세포의 수를 셀 때 집락이 하나의 세포가 성장한 것인지 혹은 세포집단이 성장하여 이루어진 것인지 확인하기 어려우므로, 세포를 배양해서 상당히 성장한 뒤에야 눈으로 확인할 수 있다. CFU는 이런 불명확성을 반영하여 만들어진 단위이다.

학자들의 연구에 따르면, 사람의 피부에 1,012종 그리고 소화기관에 1,014종의 미생물이 살고 있다고 하니, 사람의 몸이야말로 실내에서 가장 큰 미생물의 발생원이라 할 수 있다. 호흡과 매일 떨어지는 피부세포의 탈피는 미생물에어로졸을 형성하게 한다. 특히 환기가 잘 안 되고 사람이 많은 실내에서는 사람이 미생물에어로졸을 가장 많이 만드는 요인이다. 진균 중에는 피부세포의 탈피 때 사람의 몸에서 떨어져 나가 실내공기 중의 부유세균으로 남는 것도 있다.

실내미생물의 발생원으로, 첫째 애완용 동물(주로 개와 고양이)과 둘째 실내식물, 그리고 셋째 배관을 통해 흐르는 물을 실내에서 사용할 때 배관 속에 서식하는 미생물이 물을 타고 나와 배출되는 경우 등을 들 수 있다. 애완용 동물에서 생기는 먼지에 부착된 미생물과 미생물에어로졸 중에는 영유아와 어린이에게 유익한 것도 있다는 연구가 발표되기도 했다. 실내식물의 표면과 토양은 미생물의 온상이다. 특히 곰팡이 중 진균으로 분류되는 곰팡이 포자의 실내공기 중에 떠다니는 부유세균으로 온도와 습도 적합한 곳이면 언제나 어디서나 서식한다.

많은 양의 박테리아가 포함된 배설물(소변과 대변)을 변기에서 물로 흘러내릴 때 많은 양의 에어로졸이 생성되어 실내공기 중으로 배출되는데, 그중 99%는 입자크기가 5㎛ 이하의 크기여서 짧게는 몇 분 길게는 몇 시간 동안 실내공기 중에 부유할 수 있으므로, 변기의 물을 내릴 때는 반드시 변기뚜껑을 덮고 물을 내려야 한다. 특히 장질환을 앓고 있는 환자의 변에 상당량의 병원균이 포함되어 있으므로 유의해야 한다. 음식점에서 사용하는 의자에서 식중독 원인균으로 악명 높은 노로바이러스(Norovirus)가 발견되기도 한다.

화장실이나 욕실에서 물을 사용한 뒤 발생하는 아주 미세한 크기의 입자로 배출되는 에어로졸은 바이러스와 박테리아의 온상이다. 물을 사용한 직후 이런 용도의 실내표면(벽, 바닥, 변기 앉는 자리, 변기둘레, 물 내리기 손잡이, 욕조, 세면기 및 벽장)에서 채집한 샘플조사로 미생물들이 아주 활기를 띠고 활동하고 있으며 실내공기 중에 부유하고 있다는 사실을 확인할 수 있다. 특히 변기 안쪽 물이 고인 높이 이상의 표면에는 물이 내려간 60분 이후에도 바이러스와 박테리아가 많아 다음에 물을 내릴 때면 에어로졸에 섞여 실내공기 주위에 섞일 수 있도록 대기 상태인 모양새다.

레지오넬라 박테리아는 샤워나 뜨거운 물을 사용한 뒤 발생하는 에어로졸에 섞일 수 있다. 냉각탑에서 발생하는 레지오넬라균은 폐렴과 비슷한 증상을 보이는 레지오넬라병(일명 재향군인병)과 폰티악열병의 원인균으로 노인에게는 치명적이다. 샤워기에 발생하는 에어로졸의 90%는 크기가 1~5㎛ 정도이고, 수도꼭지에서 발생하는 에어로졸의 50%는 크기가 1~8㎛로 호흡입자이어서 사람이 숨 쉴 때 얼마든지 흡입될 수 있는 크기이다.

환기와 냉방시설은 실내외 공기의 교환을 일으킨다. 이때 실내공기 오염물질을 내보내는 건 문제가 되지 않지만, 들여보내는 실내공기가 오염되어 있으면 문제가 심각해진다. 특히 병원성 미생물이 들어오게 되면 문제는 더 심각해진다. 그래서 실외공기 유입구의 위치선정에 상당한 주의가 필요하다. 폐쇄된 창문형태로 된 오피스빌딩은 실내공기 배기구의 위치도 중요하다. 만일 배기구의 위치가 잘못 선정되면, 빌딩과 빌딩 사이의 역기류나 상향기류 형성으로 배기된 실내공기가 재유입되는 경우도 발생할 수 있기 때문이다.

가라앉았던 미세먼지가 어린이들의 장난이나 청소 등의 활동으로 다시 떠오르는 것도 실내공기오염을 가중시킨다. 다시 떠오르는 미세먼지, 즉 재부유 미세먼지는 알레르기의 원인물질이고 장내 미생물에 영향을 미쳐 사람의 건강과 항상성유지에 어려움을 겪게 한다. 재부유먼지는 실내 미세먼지의 최고 60%까지 되는 것으로 추정되고 있다. 실내 미세먼지에 흡착된 미생물의 농도는 전혀 검출되지 않는 것에서부터 최고 109세포(마리)/g까지 검출되었다. 이런 미세먼지는 어느 부위보다 방바닥, 의복, 매트리스, 가구 등에 가장 많다.

항상성(Homeostasis)이란 사람의 몸에 어느 한 곳에 비정상적인 불균형이 생기면 몸이 자신의 능력으로 자연스럽게 불균형을 완화시켜 언제나 같은 정상상태를 유지하려는 기능을 가지고 있는데, 이 기능을 항상성이라고 부른다. 영어로는 라틴어 Homeo(same)와 Stasis(stand or stay)의 합성어로 이루어진 말이다.

참고로 바닷물이나 민물에 분포하는 세균도 있는데 이 중에는 물속의 고형물, 생물체 표면(고래 피부), 인공구축물 등의 표면에 부착하여 생존하는 세균도 있고 물속에 떠다니는 부유상태로 생존하는 **수중부유세균**도 있다. 해조류나 수중식물에 부착하여 살아가는 세균을 **착생세균**이라고도 한다. 그러나 이런 수중부유세균이나 착생세균은 실내공기와는 상관이 없으므로 여기서는 다루지 않는다.

유익한 세균은 발효산업이나 공업용 미생물 등의 응용산업에서도 많이 이용되고 있는데, 세균의 생산능력이나 분해능력 중에는 사람에게 유용한 것이 적지 않다. 일례로 젖산을 분비하는 유산균(Lactobacillus)은 양조나 요구르트의 젖산발효에 이용되고, 클로스트리듐균(Clostridium)은 아세톤, 부탄올 및 비타민 B2 제조에 이용된다. 도시의 생활하수나 공장폐수를 세균이 분해하기도 하고 유해물질을 없애기도 한다. 이처럼 유기물분해 능력이 있는 세균은 자연정화작용에도 관여하여 인류에게 큰 이익을 준다.

반대로 사람이나 동물에 기생하여 각종 질병을 일으키는 세균은 여러 가지 독소를 내뿜는 유해한 세균이다. 적혈구를 파괴해 패혈증과 심장내막염을 일으키는 병원균도 있고, 급성폐렴의 원인균과 비뇨생식기의 병원균도 있다. 장티푸스균은 핏속으로 들어가며, 식중독을 일으키는 균(Salmonella)과 설사를 일으키는 균(Shigella)은 장의 점막에 기생하고, 콜레라균은 작은창자에 기생하여 극심한 병증을 나타낸다. 또한, 가축에 병을 일으키는 병원균도 여러 종류가 알려져 있고, 식물에 병을 일으키는 세균류는 수백 종이 발견되었다.

공기세균, 즉 부유세균은 미세먼지나 수증기 등의 입자에 부착하여 생존하므로 총세균수는 미세먼지농도에 비례한다는 사실로 미루어보아 미세먼지문제와 총부유세균은 동시에 다루어져야 한다. 부유세균은 실내공기 중에 떠 있으므로 사람이 숨을 쉴 때 몸속으로 유입되므로 주로 호흡기계통에서 균주화하여 악영향을 미치고, 부유세균은 전염병과 알레르기질환을, 미세먼지는 인체에 들어가 각종호흡기 질환을 유발한다.

낙하세균은 바닥이나 가구의 표면으로 낙하하여 물품을 손상시키는데, 실내공기 속에 존재하는 세균은 부유세균이건 낙하세균이건 습도가 높고 환기가 불충분하여 공기질이 나쁠 때 더 많이 증식하여 질병과 알레르기를 유발한다. 부유세균과 부유곰팡이와 같은 것들은 미생물성 실내공기오염물질로 분류되며, 부유세균은 당연히 병원성이지만 부유곰팡이 중에도 특정 곰팡이는 가려움증, 습진, 피부반점, 무좀 등의 증상을 일으키는 것도 있다. 심지어는 곰팡이 독소인 마이코톡신(Mycotoxin)을 생성하여 암을 유발하는 병원성 곰팡이도 있다.

자연발생적이든 인위적인 것이든 실내공기 오염물질은 화학적 물질과 생화학적물질이 뒤섞인 복합체이므로 병원성 오염물질이 포함되어 있을 가능성은 높을 수밖에 없다. 병원성 오염물질인 미생물은 첫째, 특정직업과 연관되는 미생물분해(곰팡이가 서식하고 있는 건초더미 때문에 과민성 폐렴에 걸린 농부) 둘째, 특정 환경(관리가 잘못된 상수도에서 나온 레지오넬라 박테리아) 셋째, 병원균 보균환자(결핵) 세 가지 발생원에서부터 퍼지기 시작한다.

부유세균은 호흡, 섭취 및 피부접촉으로 사람과 사람 사이에 직접 이동될 수도 있고, 쓰레기 정리, 하수도 처리, 유기고형물 또는 동물의 분비물 등으로 간접 이동될 수도 있으며, 흙 속의 곰팡이 포자가 공기 중으로 풀려나와 바람을 타고 이동하는 것처럼 자연적으로도 이동될 수 있다. 미세먼지에 부착한 세균은 바람을 타고 미세먼지의 흐름에 따라 이동한다.

건조지역의 사막화에 의해 바람에 휘날리는 자연발생 오염물질, 즉 먼지(황사의 발원)나 에어로졸은 박테리아와 곰팡이를 멀리까지 이동시킨다. 이 미생물이 부착된 에어로졸, 즉 **바이오에어로졸**(Bioaerosol)은 발생 토양이나 식물의 특성에 따라 그 성질이 다르다. 건조성 기후는 미생물의 서식환경에 부적합하고, 부착될 먼지는 바람에 날아오를 만큼 미세해야하기 때문에 이 형태의 이동은 그리 흔한 것은 아니다.

　　실외 부유세균농도는 일반적으로 계절과 관계없이 실내 부유세균농도보다 높다. 실내 박테리아 농도는 계절적 차이가 제법 있는데, 이는 환기는 물론 계절에 따른 실내 거주자의 의복과 실내활동이 다르기 때문이다. 병원 내부에서도 병원성 미생물과 미세먼지를 실내공기 중에 부유하게 만드는 관리요원의 움직임(청소 또는 물품의 이동)에 따라 어떤 부분은 상당히 취약한 곳이 있게 마련이다.

　　환자의 면역체계나 신체적 병약부위와 정도에 따라 부유세균에 의한 영향이 다르게 나타난다. 사람 사이의 접촉에 의한 병원성 미생물의 이동을 막는 방법으로 여과와 환기가 좋은 방법의 하나이다. 의료기기, 자동차, 비행기 및 가정에서 사용하는 HEPA필터는 공기 중의 미세먼지를 여과하기 때문에 만족할 만한 수준의 부유세균을 걸러낼 수 있으나, 필터의 청소와 교체가 뒤따라야 한다.

　　바이러스는 미생물생태 측면에서 또 병원체로서 상당히 중요한 미생물이지만 농도, 발생원, 변형 및 대기 중에서의 수명 등에 대해서는 알려진 것이 없다. 미국의 한 대학에서 시행한 조사에 따르면 실내공기 중의 바이러스/박테리아의 비율이 0.9±0.1로 바이러스가 대부분인 것으로, 방의 용도와 관계없이 거의 비슷하게 나왔으며, 실외비율은 1.4로 바이러스가 훨씬 더 많았다. 실내외 농도차이는 바이러스가 2.6배 그리고 박테리아가 1.6배로 실외에 부유세균이 많은 것으로 나타났다. 바이러스건 박테리아

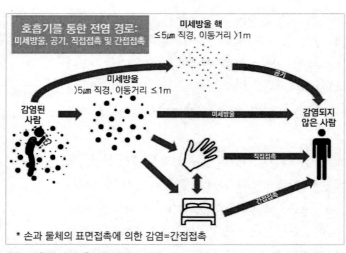

병원균의 호흡기를 통한 전염 경로

건 대부분이 병원성일 가능성이 높으므로 실내공기질 유지에 곰팡이까지 포함하여 총부유세균이 갖는 중요성은 두 번 다시 강조할 필요가 없다.

앞 페이지의 다이어그램은 병원균에 감염된 사람이 감염되지 않은 사람에게 병원균을 옮기는 경로가 크게 공기를 통한 감염되는 경우, 병원균을 함유한 미세물방울을 흡입하여 감염되는 경우, 병원균이 묻은 손이나 물체의 표면접촉으로 직접감염 되는 경우 그리고 간접감염 되는 경우의 네 가지 경로를 설명하고 있다. 미세방울은 입자크기가 $5\mu m$보다 크면 1m 이내의 거리만 이동하고, $5\mu m$의 작은 크기이면 1m 이상의 거리를 이동할 수 있음을 설명하고 있다. 그래서 코로나바이러스 같은 전염병 유행 시 전염을 막기 위해 사회적 거리 두기를 권장했다. 단순히 숨 쉬는 것만으로도 걸릴 수 있는 공기감염 전염병에는 여러 가지 있다. 다른 사람의 기침, 재채기, 대화, 코와 목구멍에서 공기 중으로 내뱉는 배출가스에 섞여 병원성 세균이 옮겨 다닌다. 박테리아와 바이러스는 비행할 수도 있고, 공기 중에 부유할 수도 있으며, 다른 사람의 몸이나 옷에 낙하할 수도 있다. 숨으로 이런 병원성 세균을 흡입하면 몸속으로 들어오게 되고, 오염된 물체의 표면을 만지면 눈이나 코 또는 입으로 옮기게 된다. 이런 병원성 세균은 바람을 타고 이동해서 없애기 어려우므로, 신선한(덜 오염된) 외부공기와 교환하는 환기가 가장 좋은 처리 방법이다.

공기로 전염되는 병인 기인성 전염병 중 가장 흔한 것이 **감기**이다. 우리나라에서 해마다 수백만 명이 감기에 걸리는데, 어른은 평균적으로 한 해에 두세 번은 감기로 고생하고 어린이는 빈도가 더 잦다. 감기가 학교 결석과 직장 결근의 가장 큰 이유이다. 감기의 원인균에는 가장 흔한 리노바이러스(Rhinovirus)를 비롯하여 여러 가지 바이러스가 병원균으로 존재한다.

대부분 사람은 **독감**(Influenza)으로 고생한 경험이 있다. 독감은 전염성이 강해 증상을 느낀 다음 날부터 바로 앓는 경우가 허다하다. 독감 바이러스는 대기 중에서도 5~7일 정도 생존하므로 전염성이 강하여 쉽게 유행한다. 면역체계가 약한 사람은 독감에 걸리기도 쉽고 전염도 잘

되게 마련이다. 독감바이러스는 여러 가지 종류가 있으며 꾸준히 바뀌고 있다. 그래서 새로 생기는 바이러스에 대해서는 면역항체를 새로 개발해야 하므로 독감은 연례행사처럼 걸려왔으나 우리나라에서는 정부에서 노약자를 위주로 독감예방주사를 놔줌으로써 독감발병률을 획기적으로 줄이고 있다.

독감예방주사를 맞아도 일반 감기에 걸리기 십상이다. 일반 감기와 독감은 병원균인 바이러스가 엄연히 다르기 때문이다. 감기에 걸리면 코가 막히거나 목이 아프다 하루 이틀 뒤에 최고조에 이른다. 일반적으로 4일~2주간 기침이나 콧물, 목의 통증, 발열, 두통, 전신권태 등의 증상이 나타나는데, 잘 먹고 잘 쉬면 시간이 지나면서 대부분 자연 치유된다. 그러나 독감은 바이러스가 폐에까지 침투해 일으키는 급성호흡기질환으로 1~3일의 잠복기를 거쳐 38℃가 넘는 고열에 몸살이 오고 힘이 빠지며 두통이나 근육통이 생기며 눈이 시리고 아프기도 한다. 일반 감기가 폐렴이나 천식 등의 합병증으로 이어질 가능성이 작지만 독감은 심하면 합병증으로 목숨을 잃을 수도 있다.

감기바이러스는 워낙 다양해 백신을 만들어봤자 별 효용성이 없으나 독감바이러스는 한 종류뿐이어서 백신을 만들 수 있다. 그런데 보통 독감바이러스의 종류가 많은 것으로 알고 있으나, 독감바이러스가 변이해서 종류가 많은 것으로 오해하는 것이다. 거기에다 예방주사의 면역지속기간도 3~6개월에 불과하므로 해마다 맞아야 한다. 독감바이러스는 직경 80~120nm 크기의 당단백질로 구성된 지질 외피(겉껍질)와 RNA 핵단백질로 구성되어 있는데, 사람 몸속 면역세포는 바이러스를 외피로 인식한다. 이 독감바이러스의 외피가 변이하기 때문에 해마다 독감예방주사를 맞아야 한다.

수두(Chickenpox)의 병원균은 수두-대상포진 바이러스(Varicella-zoster Virus)이다. 수두에 걸리면 발진이 나타나기 하루 이틀 전부터 다른 사람에게 전염시킬 수 있다. 잠복기간은 최장 21일이다. 수두는 일단 걸리면 바이러스는 잠복해 있다가 나이가 들어서 피부에 엄청난 고통을 주는 대상포진으로 다시 나타날 수 있다. 수두에 걸린 적이 없는 사람도 대상포진이 전염될 수 있으니 예방주사를 맞는 것이 좋다.

볼거리(Mumps)는 **유행성이하선염**이라고도 하는데, 5일간의 잠복기간 중에도 전염시킬 수 있는 전염성이 아주 강한 바이러스성 질병이다. 이 하선이란 우리말로 귀밑샘을 말하는데, 귓바퀴 앞의 아래쪽에 있는 사각뿔처럼 생긴 큰 침샘을 말한다. 이 침샘에 바이러스에 의해 염증이 생기는 병이지만 예방주사가 있어 크게 염려하지 않아도 되지만, 예방주사를 맞지 않거나 시기를 놓치면 전염 가능성이 높은 질병이다.

홍역(Measles)도 전염성이 강한 병이다. 홍역바이러스는 공기 중 물체의 표면에서도 2시간 동안 활동하는 바이러스이다. 발진이 나타나기 4일 전부터 시작하여 4일 후까지 전염시킬 수 있다. 홍역에는 한 번 걸리면 면역이 생겨 다시는 걸리지 않는다. 예방주사가 개발되어 있으나 후진국에서는 아직도 예방주사를 맞지 못하는 어린이가 많아, WHO의 자료에 따르면 2015년 한 해에만 13만 4,200명의 어린이가 홍역으로 사망했다.

백일해(Pertussis/Whooping Cough)는 기도가 부어올라 기침이 나는데, 기침 시작 후 약 2주가 지나면 발작성인 짧은 호기성기침이 계속되다가 끝에 길게 숨을 들이쉴 때 '흡(whoop)'하는 소리를 들을 수 있어 영어로는 Whooping Cough라고도 한다. 후진국에서는 아직도 예방주사를 맞지 못해 백일해로 죽어가는 사람이 해마다 19만 5,000명이나 된다고 하니 안타깝기 짝이 없다.

결핵(Tuberculosis) 또는 **폐결핵**(Consumption)이라고도 하는 공기를 통해 전염되는 병으로 결핵박테리아는 전염성이 강하지 않다. 결핵균 보균자와의 장기간 긴밀한 접촉으로 전염되는데, 감염되어도 발병하지 않거나 다른 사람에게 전염시키지 않을 수도 있다. 대부분의 사람이 결핵을 과거의 질환으로만 생각하고 있으나 결핵은 전 세계적으로 아직 젊은 연령층에서 흔한 사망원인으로, 전 세계에 약 25억 명이 결핵균에 감염된 것으로 추정하고 있으며 그 중 960만 명이 발병하고 있다. 그것도 대부분이 후진국에서 발병한다. 발병하면 결핵박테리아가 급격히 증식하여 폐를 공격하고, 혈액과 림프절을 통해 다른 장기, 뼈 및 피부로 확산된다.

　디프테리아(Diphtheria)는 한때 어린이 질병으로 사망률이 높은 전염병 중 하나이었다. 예방주사가 개발된 이후 이제는 거의 발병자를 찾아볼 수 없다. WHO의 자료에 따르면, 세계적으로도 후진국에서만 2014년에 7,321명 정도밖에 발병하지 않았을 정도이다. 그러나 선진국에서도 완전히 없어지지는 않았다. 이 병은 호흡기계통에 문제를 일으키고 심장, 콩팥 및 신경계를 손상시키는 무서운 전염병이다.

　코로나바이러스감염증－19(COVID－19)는 2020년 전 세계를 떠들썩하게 했던 세계적 감염병으로 대유행(Pandemic)한 코로나바이러스(Corona Virus)에 의한 호흡기 증후군으로, 국제바이러스분류위원회(ICTV)에 따르면 병원체가 '사스－코로나바이러스－2(SARS－CoV－2)'로 2003년 유행한 사스(SARS, 중증급성호흡기증후군)와 비슷하다는 점을 강조했다. 우리 질병관리청은 중국이 학계를 통해 공개한 유전자염기서열을 입수해 분석한 결과로 박쥐 유래 유사 코로나바이러스와 가장 높은 상동성(89.1%)이 있음을 확인했으나, 사람과 코로나바이러스 4종과의 상동성은 39%~43%로 낮았으며, 메르스(MERS)와는 50%, 사스(SARS)와는 77.5%의 상동성을 확인했다. 상동성(Homology)이란 생물종 간 특정 해부학적 골격이나 유전자가 공통조상으로부터 유래되어 진화되었음을 의미한다.

　코로나19는 감염자의 비말(침방울)이 호흡기나 눈, 코, 입의 점막으로 침투될 때 전염된다. 비말감염이란 감염자가 기침이나 재채기를 할 때 침의 작은 방울(비말)에 바이러스와 세균이 섞여 나와 타인에게 감염되는 것으로 통상 이동거리는 2m(사회적 거리두기의 근거)로 알려져 있다. 2019년 12월 중국 우한에서 처음 발생한 이후 중국 전역과 전 세계로 확산된 호흡기 감염질환이다. 약 2~14일(추정)의 잠복기(자가 격리기간의 근거)를 거친 뒤 발열(37.5도) 및 기침이나 호흡곤란과 같은 호흡기 증상과 폐렴이 주요 증상으로 나타나지만 무증상 감염 사례도 드물지 않게 나와 문제의 심각성을 가중시켰다. 이 병은 전염성이 아주 강해 하루 확진자 수가 세계적으로 15만 명이 넘기도 했다.

　그러면 이런 기인성전염병의 확산을 막으려면 무엇을 해야 하는지한 번 살펴보자. 공기 중의 부유세균을 완전히 막는다는 것은 불가능하지만 질병에 걸릴 확률을 줄일 방법으로;

- 전염병환자와의 긴밀한 접촉을 피한다.
- 아플 때는 바깥출입을 삼가고 취약한 사람들과의 접촉을 피한다.
- 부득이한 경우에는 마스크를 쓰고 세균의 확산이나 흡입을 막는다.
- 기침이나 재채기를 할 때는 입을 막는다.
- 부유세균의 감염을 막기 위해 손 씻기를 게을리하지 않는다.
- 씻지 않은 손으로 다른 사람(특히 어린이)이나 자신의 얼굴을 만지지 않는다.
- 예방주사는 자신뿐만 아니라 주변 사람의 전염확률도 낮춘다.

4.4   이산화질소는 대기오염 기준물질

이산화질소(Nitrogen Dioxide)는 과산화질소라고 부르는 게 맞는 표현이지만 이산화질소로 더 많이 불려 과산화질소가 오히려 잘못 붙은 명칭인 것 같이 되어 버렸다. 어떻든 이산화질소는 대표적인 질소산화물 중의 하나이다. 질소산화물이란 공기 중에 가장 많은 질소와 한 개 이상의 산소가 결합한 화합물이므로 NOx로 표시하여 질소산화물을 통칭하여 일컫는 환경용어로 사용하고 있다.

질소산화물에는 일산화질소(NO)와 이산화질소(NO_2)가 대표적인 물질이고 이외에도 아산화질소(N_2O), 삼산화이질소(N_2O_3), 사산화이질소(N_2O_4), 오산화이질소(N_2O_5)와 불안정한 산화물인 삼산화질소(NO_3)가 있으며, 스모그와 산성비 같은 대기오염문제를 일으킨다. 그리고 성층권 오존파괴물질로도 악명이 높은 물질은 일산화질소와 이산화질소 두 가지뿐이므로, 별도로 명시하지 않는 한, 대기오염물질로 NOx를 일컬을 때는 일산화질소(NO)와 이산화질소(NO_2)를 뜻한다. 그래서 일산화질소와 이산화질소를 따로 다루지 않고 함께 설명하겠다.

일산화질소(NO)는 공기보다는 조금 무겁고 물에는 잘 녹지 않는 무색의 기체인데, 대기 중에서는 산소와 반응하여 곧 적갈색 띠는 이산화질소(NO_2)가 되어버려서, 이산화질소가 NOx라 일컫는 질소산화물의 대표 오염물질이다. 일산화질소는 질소가 고온에서 산화할 때 생성되는 인체에 매우 해로운 기체이지만, 최근에 일산화질소가 사람의 몸속에서 세포에 의해 저절로 생성된다는 사실이 밝혀지고, 면역계에서는 항암 및 항미생물작용을 나타내는 방어물질로, 신경계에서는 신경전달물질로, 순환기계에서는 혈관확장물질로도 알려져 다른 한편으로는 유익한 물질이기도 하다.

아산화질소(N_2O)도 NOx의 하나이긴 하지만, 이 질소산화물은 아주 비활성적이고, 로켓엔진과 자동차 엔진의 산화제, 의료용 마취제, 에어로졸 스프레이의 분사제 그리고 제과용 생크림 제조용으로 용도가 다양하고 유익한 반면, 지구상의 대기오염에는 특별한 영향이 없다. 그러나 성층권의 오존층파괴에는 상당한 영향을 미치고, 온실가스로 지구의 온도를 높일 수 있는 유별난 특성을 지닌 질소산화물이다.

여기서 참고 설명을 한 가지 하고 넘어가겠다. 발기불능 치료제인 '비아그라(Viagra)'는 일산화질소가 혈관을 확장시킨다는 점을 이용해 몸속에서 일산화질소가 분해되지 않게 해 발기상태를 유지토록 한 것에 착안하여 만든 약품이다. 이 밖에 일산화질소는 협심증과 고혈압, 동맥경화 등 심장혈관계통 질병 치료제로도 사용되고 있다. 이렇게 보면 유해한 대기오염물질도 사용하기 나름으로 유익한 물질로 전환될 수 있다. 1998년에는 심장혈관의 수축과 확장과정에서 신호물질로서의 일산화질소(NO)를 발견하여 그 역할을 규명한 미국의 퍼치고트(Robert Furchgott), 이그나로(Louis J. Ignarro), 무라드(Ferid Murad)가 노벨 생리의학상을 수상하기도 했다.

질소산화물(NOx)은 주로 자동차엔진과 같이 높은 온도에서 탄화수소를 함유한 연료를 연소시킬 때 연소열에 의해 대기 중의 질소(N_2)와 산소(O_2)의 반응으로 생성되는 대기오염물질이다. 그래서 교통량이 많은 (연소열을 생성하는 내연기관이 많은) 도시지역에서는 질소산화물의 배출이 엄청나게 많기 때문에 대기오염농도가 높을 수밖에 없다. 대기 중에 가장 많은 기체인 질소(약 78.1%)와 산소(약 20.9%)는 대기의 온도가 낮아 화학반응을 일으키지 않으나, 높은 온도에서는 흡열반응을 일으켜 여러 가지 질소산화물을 생성한다. 이 화학반응을 일으킬 수 있는 높은 온도는 공기와 연료의 혼합연소로 이루어지는 자동차엔진의 연소, 화력발전소 보일러 내부 그리고 번개 칠 때 정도의 고온을 뜻한다.

대류권과 성층권에서 일산화질소(NO)와 이산화질소(NO_2)의 전환속도가 아주 빠르기 때문에 서로를 구분하기가 어려워 NOx의 농도라고 할 땐 이 두 기체 농도의 합계를 뜻한다. 낮 동안에는 이 두 기체와 오존의 농도는 변하지 않는 정상상태를 유지하는데, 이 상태를 소위 '**광평형 상태**(PSS: Photostationary State)'라고 한다. 일산화질소와 이산화질소의 비율은 햇볕의 강도($NO_2 \rightarrow NO$로 전환)와 오존농도($NO \rightarrow NO_2$로 전환)에 의해 결정된다. 다시 말해서, 이 두 기체의 비율에서 대기 중의 오존농도를 유출해 낼 수 있다.

질소산화물이 햇빛의 영향을 받아 대기 중의 휘발성유기화합물(VOC)과 반응하면 심각한 대기오염의 한 가지인 광화학스모그를 만든다. 태양의 복사열이 한층 더 높아지는 여름에는 광화학스모그 발생이 증가한다. 산업시설과 자동차에서 나오는 배기가스 속의 탄화수소는 질소산화물과의 반응속도가 빨라 오존과 과산화화합물의 농도를 높이는데, 이 중 특히 질산과산화아세틸은 사람과 생태계에 아주 유해한 오염물질이다.

어린이, 천식과 같은 폐질환을 앓는 사람 또는 야외에서 운동이나 작업을 하는 사람에게 스모그는 폐에 조직손상과 기능약화 같은 악영향을 미칠 수 있는 것으로 알려졌다. **질산과산화아세틸**(PAN: Peroxyacetyl Nitrate)은 산화능력이 강하고 눈과 목구멍을 자극하고, 피부와 점막의 손상을 일으키며, 식물의 잎을 말라 죽게 하는 독성이 강한 과산화화합물이다.

아주 높은 열을 내는 번개를 동반하는 뇌우도 질소산화물의 중요한 발생원으로, 번개의 열은 공기 중의 질소와 산소를 결합해 일산화질소(NO)를 만드는데, 이는 연료가 높은 온도에서 연소하는 것과 같은 과정이다. 번개가 만들어낸 질소산화물이 대기 중에서 산화되어 질산(HNO_3)이 되고, 이 질산이 비에 섞이면 산성비로 미세입자에 침착되면 산성강하물이 되어 사람과 생태계에 악영향을 미친다.

번개에 의한 질소산화물의 생성량은 계절과 위치에 따라 다르다. 적도근처의 열대수렴대에서는 번개가 다른 지역보다 자주 발생하여 질소산화물의 발생량도 상대적으로 많다. **열대수렴대**(ITCZ: Inter-Tropical Convergence Zone)란 적도근처에서 북반구의 북동무역풍과 남반구의 남동무역풍이 만나는(수렴되는) 적도저압대를 말한다.

과학자들의 계산에 따르면, 중위도 아열대에서 발생하는 번개 한 번에 평균 7kg의 질소가 질소산화물로 바뀌고, 연간 평균 약 14억 번의 번개가 친다고 하니, 연간 번개에 의한 질소산화물의 발생량은 9.8백만 톤에 이른다. 그러나 화석연료의 연소에 의한 질소산화물 발생량이 이의 3배에 이르는 28.5백만 톤이나 된다고 하니, 자동차나 공장굴뚝에서 나오는 질소산화물이 훨씬 많지만, 번개에 의한 발생량도 적지 않다는 것을 알 수 있다. 우주선과 태양폭발이 지구상의 번개 발생회수에 상당히 영향을 미친다는 연구가 있으니, 우주기상이 번개에 의한 대기 중 질소산화물 발생의 주요인이라 할 수 있다.

농업용으로 사용되는 질소비료와 미생물에 의해 암모니아를 질산염으로 전화시키는 영양활동인 **질소고정**(Nitrogen Fixation) 또한 질소산화물의 또 다른 중요한 발생요인이다. 질소고정과는 반대로 자연에서 미생물의 힘으로 이루어지는 **탈질화**(Denitrification)가 이루어지면 질산염은 반대로 일산화질소로 분해되고 다시 이산화질소가 되어 결국에는 질소분자로 바뀌는 과정에서 질소산화물이 대기 중에 생성된다.

농토에 뿌려진 질소비료 중 식물이 섭취하지 않고 남는 잉여 암모니아와 질산염은 토양 중의 미생물에 의해 일산화질소로 바뀌어 공기 중으로 배출된다. 그런데 질소산화물은 스모그의 전구물질이므로 질소비료는 스모그의 발생원인인 동시에 질산염 침출의 원인이 된다. 그러나 잉여 질소비료에 의해 배출되는 일산화질소와 질산염 처리에는 적지 않는 비용이 필요하다. 기후 온난화와 임산활동으로 숲속의 주 수종이 바꿔어도 질소산화물의 농도가 달라진다고 한다.

　　이산화질소가 사람의 몸속으로 흡입되면 기도자극을 시작으로 호흡기계통에 많은 손상을 입히는데, 단시간의 노출로도 천식 같은 호흡기질환을 악화시키고 기침, 천명, 호흡곤란 등의 호흡기계통에 병증을 일으켜 병원응급실에 실려 가야 할 정도로 급성으로 발병할 수도 있다. 고농도의 이산화질소에 장기노출은 천식을 악화시키고, 기도감염을 가져올 수도 있어, 어린이와 노약자는 물론 천식환자는 이산화질소에 취약한 계층이다.

　　이산화질소를 포함한 질소산화물은 대기 중에서 다른 물질과 반응을 일으켜 미세먼지와 오존을 형성한다. 이 두 가지 오염물질이 인체에 해롭다는 것은 잘 알려진 사실이다. 질소산화물은 물, 산소 그리고 다른 물질과 반응하여 산성비를 만드는 원인물질이다. 산성비가 호수와 임야 같은 생태계에 해롭다는 것은 산성비항목에서 자세하게 설명되어 있다. 그리고 질소산화물이 만드는 질산염입자가 연무를 형성해 시계를 흐리는 것도 대기오염현상 중의 하나이다.

　　옆 인포그래픽은 환경부에서 제작한 것으로 질소산화물이 대기 중에 배출되면 태양광선과 반응하여 오존을 생성시켜, 대기 중 오존의 농도가 높아지게 하여 사람들은 호흡기뿐만 아니라 눈에 자극을 받아 기침을 유발하고 각종 질병의 원인이 된다는 설명이 첨부되어 있다. 질소산화물은 교통량과 일광에 따라 크게 영향을 받으며 산성비의 원인이 되기도 하여 건물을 부식시키기도 하고, 식물을 고사시키는

질소산화물의 환경영향(환경부)

원인이 되기도 하므로 요주의 대기오염물질임을 강조하고 있다.

　　우리나라에서는 '환경정책기본법'에서 대기환경기준 설정 6가지 대상 항목인 아황산가스(SO_2), 일산화탄소(CO), 이산화질소(NO_2), 미세먼지($PM-10$), 오존(O_3), 납(Pb)과 벤젠(C_6H_6) 중의 하나인 이산화질소에 대

해서는 연간 평균농도 0.03ppm 이하, 24시간 평균농도 0.06ppm 이하 그리고 1시간 평균농도는 0.10ppm 이하를 유지하도록 규정하고 있다. 미국도 환경기준이 우리와 크게 다르지는 않으며, 이산화질소를 질소산 화물의 지표물질로 사용하고 있다.

4.5   라돈은 방사성 발암물질

라돈(Radon)은 퀴리부부가 발견한 라듐(Radium)에서 발생하는 방사성물질로, 영국의 러더퍼드(Ernest Rutherford)에 의해 발견된 무색, 무취, 무미의 화학반응을 거의 일으키지 않는 불활성기체로 방사성물질이다. 라돈은 모체이자 지구생성 시 지구를 구성하는 물질 중의 하나인 **우라늄**(Uranium)이 방사성 붕괴로 인해 생긴 붕괴산물(붕괴자손 또는 딸이라고도 함)이므로 우라늄은 지구상 어디에서나 찾아볼 수 있는 물질이어서 존재하지 않는 곳을 찾는 것이 어려울 정도이다. 그래서 라돈은 공기, 흙, 지하수 속은 물론 화강석, 경석, 진흙 속에도 섞여 있어, 이런 것들로 만들어진 내장용 석재는 물론 벽돌, 블록, 콘크리트 등의 건축자재에서도 방출된다.

라돈은 동물성도 식물성도 광물성도 아닌 유일한 방사성 오염물질로 사람에 미치는 영향이 큰 특이한 오염물질이다. 집안의 라돈은 암반과 토양(흙)에서 방출되어 바닥이나 벽에 생긴 틈새를 통해 집안으로 침투한다. 건축자재에서도 방출되고 물을 통해서도 실내로 들어오는데, 그 양이 상대적으로 적어 실내환경에 미치는 영향은 적지만 그래도 무시할 수는 없다. 최근 우리나라에서 실내에 사용한 석재(화강암)에서 방출되는 라돈 때문에 문제가 되기도 했다. 라돈에서 나오는 방사선이 사람이 실내에서 받는 자연적인 이온화 방사선량 중 가장 많은 부분을 차지한다.

우라늄에서부터 라돈 바로 직전의 방사성 물질인 라듐까지는 모두 고체인데, 라돈만은 기체이고, 또 라돈이 붕괴하여 생기는 자손인 폴로늄(Polonium), 비스머드(Bismuth) 및 납(Lead)도 모두 고체이다. 고체는 고정적이고 손이 닿을 수 있는 물질이어서 처리가능하지만 기체는 그렇지 않으므로 문제가 되는 것이다. 라돈의 표기방법은 222Rn, Rn222, Rn-222, Rn^{222}, Rn_{222} 어느 것을 사용해도 무방하나 Rn222 또는 Rn-222가 가장 많이 사용된다.

오른쪽의 다이어그램에서 우라늄 붕괴사슬의 왼쪽 상단에 제일 처음 나오는 팔각형 속의 U는 Uranium 의 원소기호이고, 왼쪽의 238은 질량수를 뜻하며, 92는 원자번호를 나타내며, 4.5Gy은 반감기로 4.5×10^9년, 즉 45억년(giga year)을 나타낸다. y는 년(year), ky는 kiloyear 즉 1,000년을 뜻하고, d는 일(day), min은 분(minute), s는 초(second), 그리고 μs(micro-second)는 백만분의 1초(1/1,000,000초)를 뜻한다. 그리고 stable은 안정화된다는 뜻이다. 화살표 위나 왼쪽에 붙은 α는 알파붕괴를 뜻하는데, 자세히 보면 알파붕괴 되고 나면 원자번호가 2, 질량수가 4 감소한다. 반면에 β는

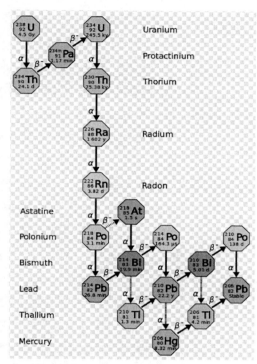

🔴 우라늄 붕괴사슬-wikipedia

베타붕괴를 뜻하는데, 베타붕괴 되면 원자번호는 1 증가하지만 원자량에는 변함이 없다. 그리고 다이어그램의 옆에 원소기호로 표시된 물질의 원어명칭이 표기되어 있어 이해하기 쉽게 하고 있다..

세계보건기구(WHO)에서 '실내라돈 핸드북(2009년)'을 출간하여 국가별 특성에 맞는 라돈정책 수립하는데 도움을 주고 있다. WHO의 핸드북에서 방사능 측정단위로 **베크렐**(Becquerel: Bq)을 통일하여 사용토록하고, 라돈농도는 실내공기 1㎥당 1초에 붕괴되는 라돈원자의 수, 즉

Bq/m³로 나타내기로 했다. 1Bq은 1초 동안 1개의 원자핵이 붕괴되는 것을 나타내는 단위인데, 이전에는 방사능 측정단위로 **퀴리**(Curie; 1 Ci=3.7×10^{10} Bq)를 사용했으며, 미국에서는 아직도 Bq보다 Ci를 더 선호하고 있는데, 베크렐은 우라늄에서 방사선이 나오는 것을 최초로 발견(1896)한 프랑스의 물리학자 앙리 베크렐(Henri Becquerel)의 이름에서 유래했다.

물질을 통과할 때에 이온화를 일으키는 파장이 짧은 자외선, x선, α선, β선, γ선, 이온화 방사선 등 모든 파장이 사람의 건강에 해롭다는 것은 잘 알려진 사실이다. 라돈 가스는 자연발생 방사선 중 사람의 건강과 가장 연관성이 깊은 방사선인 α선의 발생원이다. 자연에서 얻어지는 원소 중 원자번호(92)가 가장 큰 우라늄(U238)이 앞에서 보여준 붕괴사슬에서 보듯이 다섯 번의 원자붕괴를 거쳐 라듐(Ra226)이 되고, 라듐이 α선의 내면서 다시 붕괴(α붕괴)하여 생성되는 물질이 바로 다음 단계의 붕괴자손인 라돈(Rn222)이다.

α붕괴란 인공적인 힘이 가해지지 않더라도 방사성을 지닌 물체의 원자핵이 α선을 내보내면서 자연적으로 붕괴하는 현상을 말하는데, α선 방출 시 내보내는 α입자가 헬륨원자(원자번호 2, 질량수 4)와 같아 α붕괴하면 원자번호는 2, 질량수는 4가 줄어든다. 이때 방출되는 α입자는 **헬륨**(Helium: He)의 원자핵과 같다. 예를 들어, 원자번호가 88이고 질량수가 226인 라듐이 α붕괴를 하면 원자번호가 2, 질량수가 4감소한 라돈으로 변한다. 이를 식으로 표시하면 다음과 같다;

$$_{88}Ra_{226} \rightarrow \alpha붕괴 \rightarrow {}_{86}Rn_{222} + {}_{2}He_{4}$$

라돈의 동위원소에는 **토론**(Thoron=Rn220)과 **악티논**(Actinon=Rn219)이 있으나, 반감기가 토론은 55.5초이고 악티논은 4초로 아주 짧아 생성되더라도 곧 붕괴하여 버리는데다 공기 중으로 방출되는 양이 Rn222보다 매우 적으므로 무시할 수 있어, 실내공기 오염물질로서 라돈이라 할 때는 Rn222만을 지칭한다. 라돈은 반감기가 3.8일(좀 더 정확하게는 3.824일)로 바위나 흙에서부터 방출되어 지하광산이나 주택 같이 폐쇄된 공간에 집적되는 경향이 있다.

여기서 사용한 **동위원소**(Isotope)란 용어는 원자번호는 같으나 질량수가 다른 물질이어서 화학적 성질은 같으나 물리적 성질이 다른 물질이다. 그리고 **반감기**(Half Life)란 방사성 물질이 방사성붕괴로 인해 양이 저절로 반으로 줄어드는 데 걸리는 시간을 말하는데, 방사성 물질마다 고유의 반감기를 가지기 때문에 방사성 물질의 특성을 나타내는 물리량의 하나이다. 그래서 반감기는 연대측정에 많이 이용된다.

라돈을 호흡으로 흡입하게 되면, 라돈이 α붕괴하여 폴로늄218(Po218)이 되고, 이 폴로늄이 다시 α붕괴하여 생성되는 납(Pb214), 비스머드(Bi214) 및 폴로늄214(Po214) 등 수명(반감기)이 짧은 붕괴산물이 되는 과정에 나오는 방사선(α선)이 폐의 생체조직

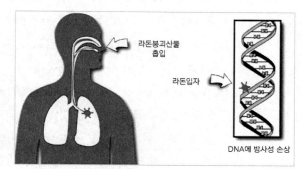

라돈붕괴산물 흡입

라돈입자

DNA에 방사성 손상

● 라돈은 폐암의 원인

에 작용하여 DNA를 손상시킨다. 암이 발생하려면 최소한 한 개 이상의 세포에 돌연변이가 생기고, DNA가 손상을 입으면 암세포가 생긴다. 이와 같이 한 개의 α입자만으로도 세포에 유전적 손상을 입힐 수 있으므로, 농도에 관계없이 라돈에 노출되면 DNA에 방사선 손상을 입힐 수 있어 발암할 수 있다는 말이 된다. 따라서 폐암을 일으키지 않을 수 있는 라돈의 최저 한계농도란 있을 수 없다.

라돈이 사람의 건강에 유해하다는 사실, 특히 폐암을 일으킨다는 사실은 이미 수십 년 전에 밝혀졌다. 초기에는 라돈의 농도가 높은 작업환경에서 일하는 지하광부에게만 초점이 맞춰졌지만, 1980년대 초 일반 사람들도 라돈 때문에 폐암에 걸릴 수 있다는 조사연구 결과가 나왔다. 최근에는 건축물 실내에서 일반적으로 접하는 농도에서도 폐암의 위험이 있다는 사실이 확인되었다. 이제는 라돈이 일반 사람들에게 담배 다음으로 제2의 폐암발병 원인물질인 것으로 밝혀졌다.

1950년대 처음으로 우물물에서 고농도의 라돈이 관찰되었을 때 마

시는 물속의 라돈을 섭취함으로써 생길 수 있는 소화기계통의 문제만 염려하다가 나중에 물에서 풀려나오는 라돈을 숨으로 흡입할 때 생기는 문제가 더 심각하다는 사실을 알게 되었다. 1978년 이전까지 실내라돈농도는 물의 사용이나 건축자재로부터의 방출과는 관계없는 것으로 알고 있었다. 토양가스로부터의 실내유입이 실내라돈농도를 높이는 가장 중요한 원인이고 다음으로 건축자재와 우물물이 적게나마 영향을 미친다.

국제암연구소(IARC)는 우리나라에서 처음으로 여름 올림픽이 개최되었던 1988년에 라돈을 발암물질로 분류했다. 미 국립연구위원회(NRC)의 이온화 방사선이 사람의 건강에 미치는 영향에 관한 연구보고서인 BEIR(Biological Effects of Ionizing Radiation) VI(1999)에 따르면 유럽, 북미, 아시아, 호주에서 시행한 11개 집단의 60,000명 광부 중 2,600명이 폐암을 일으켰는데, 8곳은 우라늄광산이었고, 나머지 3곳은 주석, 형석 및 철광산이었다고 한다. 11개 집단에 대한 연구 모두에서 폐암발병률은 라돈 노출량의 증가에 비례하는 것으로 나타났고 담배를 전혀 피지 않는 비흡연자보다 흡연자의 발병률이 높은 것으로 나타났다.

그런데 이 라돈에서 나오는 방사선이 라돈의 농도나 계산 방법에 따라 차이가 있긴 하지만, 폐암환자의 3~14%가 라돈에 의한 발병이라는 것이 밝혀졌다. 다시 말해, 담배를 피우지 않아도 폐암에 걸릴 수 있는 이유가 라돈 때문이란 것이다. 라돈에 노출이 증가하면 폐암발병도 당연히 증가하게 마련이다. 폐암에 걸린 사람 중에는 중간 이하의 라돈농도에 노출된 사람이 발병한 경우가 적지 않으므로, 고농도 라돈만이 위험한 것이 아니고 중간 이하 농도라고 덜 위험한 것도 아니다. '라돈은 담배 다음의 제2의 폐암 발암물질이다.' 라돈에 기인한 폐암발병자가 흡연자로서 라돈에 노출된 경우가 더 많아서, 흡연과 라돈은 강한 합병효과를 나타낸다는 것을 알아두어야 한다.

여기서 우리나라 통계를 한 번 대입해 보기로 하자. 통계청에서 2019년에 발표한 자료에 의하면 우리나라 인구는 51,360천 명이고, 폐암에 의한 사망자 수는 인구 100,000명당 35.1명이라고 하니, 한 해 동안 폐암사망자 수는 18,000명이 조금 넘는다. 이 폐암사망자 중 3~14%가

라돈에 의한 폐암사망자라고 보면, 540~2,520명이 라돈에 의한 폐암사망자가 발생했으니, 이를 다시 365일로 나누면 주말 또는 휴일과 관계없이 하루에 1.5~7명이 매일 라돈 때문에 죽는다는 뜻이 되니 이 얼마나 끔찍한 일인가.

라돈측정은 비교적 간단하지만 실내 라돈농도 평가를 위해서 반드시 실행해야 하는 측정결과는 정확하고 정기적으로 이루어져야 한다. 실내라돈농도는 건축공법과 환기습관에 따라 달라질 수 있고, 계절적으로도 차이를 보이며, 시간에 따라서도 다르게 나타나기도 한다. 심지어 같은 건물 안이라고 방마다 농도가 다르게 나타난다.

이런 측정치의 차이 때문에 연평균 라돈농도를 알기 위해서는 최소한 3개월간의 장기측정이 바람직하며 그 이상 장기측정은 신뢰성을 더 높인다. 라돈은 시간적으로 공간적으로 농도변화가 심해 단기측정이나 순간측정은 신뢰도가 떨어진다. 라돈농도측정기는 신뢰할 수 있는 품질이어야 측정치도 믿을 수가 있다.

건물을 신축할 때는 라돈유입 방지책의 도입이 필요하고, 실내농도가 높은 기존건물에는 실내라돈농도 저감대책이 필요하다. 라돈유입방지와 농도저감의 가장 근본적인 방법은 라돈유입경로를 실링처리하여 막아버리는 방법과 토양감압기술을 이용하여 실내외에 압력 차(실내압력이 토양압력보다 높게)가 생기도록 하여 토양으로부터 라돈이 실내로 유입되지 않게 하는 방법이다.

이 두 가지 방법을 병행하면 라돈농도를 상당히 저감시킬 수 있다. 기존주택의 실내라돈농도가 200Bq/㎥(우리나라의 신축공동주택의 실내농도 허용기준)를 넘는 주택의 수가 5% 이상인 지역을 재개발할 경우 신축주택 전부에 라돈방지공사를 하는 것이 비용대비 효과가 높다. 주택을 신축할 때 라돈방지공사를 미리 병행하는 것이 기존주택에 저감공사를 추가하는 것보다 훨씬 효과적이다.

집밖(실외)에서 라돈은 빠르게 5~15Bq/㎥의 아주 낮은 농도로 희석되어 있어 크게 문제를 일으키지 않는다. 집안(실내)에서는 희석이 거의 되지 않고 방사성 반응만 일으키므로 집밖보다 상대적으로 높은 농도를 보이게 되는데 광산, 동굴 및 정수장 같은 곳에서는 아주 높은 농도를 보이게 마련이다. 주택, 교실 및 사무실 안의 농도는 10Bq/㎥에서부터 심하면 10,000Bq/㎥의 아주 높고 위험한 농도를 보이는 곳도 있다.

장기적으로 라돈농도가 100Bq/㎥ 증가하면 폐암발병률이 16% 증가하는 것으로 나타나, 라돈농도가 높아질수록 폐암발병률도 높아진다. 같은 농도에 노출되더라도 흡연자의 폐암발병률이 비흡연자보다 25배나 더 높은 것으로 추정되고 있다. 불행 중 다행히도 라돈은 폐암 이외의 다른 질병은 일으키지 않는 것으로 밝혀졌다. 라돈노출은 거의 전부가 건축물의 실내에서 이루어지는데, 집 아래 깔린 암반과 토양 속의 우라늄의 양, 집안으로 라돈이 유입될 수 있는 틈새(경로)의 과다, 실내외 공기의 교환(환기)방법, 거주자의 환기습관 그리고 건축물의 기밀성에 따라 라돈의 실내농도가 달라진다.

A 건물 하부의 갈라진 틈
B 벽돌과 벽돌 사이
C 벽체 내의 기공
D 바닥과 벽의 이음매
E 건물에 직접 노출된 토양
F 우수 배관로
G 모르타르 이음매
H 접합이 느슨한 관 사이
I 관의 갈라진 틈
J 건축자재
K 지하수의 이용

라돈의 실내유입경로-국립환경과학원

라돈은 건물바닥의 균열, 벽과 바닥의 연결부위, 배관의 연결부위, 벽체의 틈새, 집수구 및 배수구를 통해 실내로 유입되므로 지하실, 지하창고, 차고 등과 같이 바닥이나 벽이 흙과 맞닿아 있는 방의 실내농도가 다른 방보다 높다. 왼쪽의 인포그래픽은 국립환경과학원에서 작성한 것으로 라돈은 미세한 틈새만 있으면 어디든 들어갈 수 있다는 설명이 부연되어 있다. 라돈농도는 바로 옆집과도 다르게 나타나며, 동일한 집안이라도 방마다 또 측

108

정시간에 따라 오늘 내일 다르고 계절에 따라 다르게 나타날 수 있다.

기존 주택을 위한 내구성이 좋고 비용효과가 높은 신축주택의 실내 라돈 방지공법과 기존 주택의 저감공법이 많이 개발되어 있다. 우리나라 에는 법적으로 아직 그다지 강화되어 있지 않지만, 유럽이나 미국 같은 선진국에서는 신축건물에 라돈방지공법을 적용하는 것이 당연한 것으로 되어 있고 심지어 의무사항으로 법제화되어 있는 나라도 적지 않다. 기 존주택의 실내라돈농도 저감공법으로;

1) 바닥 밑 환기 증가,

2) 지하실이나 흙으로 된 바닥 밑에 라돈집수구 설치,

3) 지하실로부터 주거실로의 라돈유입경로 폐쇄,

4) 벽체와 바닥 연결부위 실링처리,

5) 실내 환기개선을 들 수 있는데,

이런 방법으로 실내라돈농도를 50% 이상 저감시킬 수 있으며, 라돈 전용 배기팬을 추가로 설치하면 실내농도를 훨씬 더 줄일 수 있다.

취수원으로 온천수, 우물물 및 시추공을 통해 얻는 지하수를 사용하 는 경우 우라늄이나 그 붕괴산물로부터의 라돈가스와 접촉가능성이 높은 데, 이는 저수지, 강 및 호수와 같은 지표수를 사용하는 경우보다 물속에 라돈농도가 높은 경우가 대부분이기 때문이다. 현재까지의 의학연구에서 는 라돈을 포함한 음용수로 인한 위암발생 우려는 없는 것으로 밝혀졌다.

그러나 라돈섭취에 의한 위험은 없다고 하더라도 물속의 라돈이 실 내공기 속으로 풀려나오면 실내공기 중의 라돈농도가 높아질 위험은 있 다. WHO에서는 공기 중의 라돈 기준농도를 정할 때 음용수의 라돈농도 를 같이 고려하도록 권장하고 있다. 물속의 라돈농도가 높은 지역에서는 라돈농도를 측정하여 상응하는 라돈농도 저감책을 수립하여야 한다. 물 속의 라돈농도를 저감시키는 방법에는 폭기(Aeration)법이나 알갱이 모양 의 활성탄여과법이 있다.

다음 표는 라돈에 노출조건과 노출상황에 따른 참고사항을 설명하 고 라돈농도에 대한 이해를 돕기 위한 것이다.

다음 표 중 별도로 설명해야 할 필요가 있는 것은 오스트리아에 있

라돈농도 기준

농도 (Bq/㎥)	노출조건과 상황
1	해변의 일반적 라돈농도 1 Bq/㎥, 대양이나 북극은 0.1 Bq/㎥ 이하
10	대륙의 대기 중 평균농도 10~30 Bq/㎥, 전 세계 실내 평균농도 39 Bq/㎥
100	일반적 실내농도, 대부분 국가의 허용기준농도 200~400 Bq/㎥
1,000	우라늄 함량과 투과율이 높은 토양 위 주택의 실내농도로 아주 높은 농도, 800 Bq/㎥ 이상의 라돈농도이면 저감공사가 꼭 필요, 우라늄광산 허용농도 1,220 Bq/㎥
10,000	가스타인동굴 실내 평균농도 43,000 Bq/㎥, 최고농도 160,000 Bq/㎥
100,000	스탠리 와트라스의 지하실에서 측정된 농도 100,000 Bq/㎥
1,000,000	환기되지 않는 우라늄광산에서 발견될 수 있는 내부농도
5.54×10^{19}	0℃. 1기압에서 있을 수 있는 이론적인 최고농도

는 **가스타인동굴**(Gastein Cave)인데 라돈과 따뜻한 동굴 내 온도(37~41.4℃) 그리고 높은 습도(75~100%)가 면역체계를 자극하여 근골격계, 호흡기계통 및 피부에 자가치유능력을 높이고 만성통증을 완화한다고 자랑하며 자칭 가스타인 치유갤러리(Gastein Healing Gallery)라며 자랑하는 유럽의 유명 휴양소 중의 하나이다.

그런데 이 자연동굴 내부의 라돈농도가 43,000Bq/㎥로 엄청나게 높은 농도인데도 라돈에서 발생하는 방사선(α선)자극에 의한 통증치유에 효력이 있다고만 자랑하고, α입자에 의한 DNA 손상에 대해서는 전혀 언급이 없어, 치유보다 건강상의 위해가 더 걱정되는 휴양지이다. 일반적으로 오스트리아를 선진국으로 알아 왔는데, 이런 광고가 허용되고 있고 찾아오는 사람이 적지 않은 걸 보면 그렇지만도 않은 것 같다. 또 하나 추가로 설명이 필요한 것은 **스탠리 와트라스**(Stanley Watras)의 **지하실**로, 미국 펜실베이니아에 있는 리메릭(Limerick) 원자력발전소가 가동을 3주 앞두고 아직 핵연료가 주입되기도 전인데, 종업원인 스탠리가 출근할 때마다 방사선 측정모니터에 경고음이 울렸다. 근무 중 의복이나 몸에 흡착된 방사선 때문에 문제가 있을 수 있는 퇴근 때가 아니고 출근 때라 이상하게 생각한 발전소에서 스탠리 집의 실내방사선량을 측정한 결과 지하실에서 라돈이 기준치(미국의 허용기준은 4pCi/L)의 700배인 2,700pCi/L(≒100,000Bq/

라돈에서 나오는 방사선으로 병이 치유된다고 믿는 관광객들-가스타인 동굴

㎥)나 되는 엄청난 고농도로 측정되었다. 조사결과 그 집은 라돈분출구가 있는 암반위에 지어진 집이었으며, 그 후 그 집은 미국 환경보호청(EPA)의 실험실로 바뀌었고, 그 사건은 라돈의 위험에 대한 인식전환의 계기가 되었던 유명한 지하실이다.

라돈농도는 표준화된 프로토콜(규칙과 절차)에 따라 정확하고 일관되게 측정하여야 한다. 주택이든 다른 거주공간이든 라돈농도는 시간적으로도 계절적으로도 차이가 있어 단기측정으로는 신뢰할 수 있는 측정치를 얻기 어렵기 때문에 연간 평균농도를 얻기 위해서는 장기측정이 필요하다. 신뢰할 수 있는 라돈농도 측정치를 얻기 위해서는 측정기의 품질도 신뢰할 수 있는 것이라야 한다. 라돈과 라돈붕괴자손의 농도, 공기 중 농도와 수중농도 그리고 건축자재에서 방출되는 라돈농도의 측정이 가능한 유용한 측정기라야 한다.

라돈에 의한 방사선량이라고 할 때 라돈붕괴자손인 폴로늄(Po218과 Po214)이 붕괴하면 방출하는 방사선이 일차적으로 문제가 되지만, 라돈농도가 높으면 붕괴자손의 농도도 높아지므로 붕괴자손 농도측정보다 라돈 자체의 농도측정으로 대체할 수 있다. 거기에다 라돈 자체의 농도측정이 붕괴자손의 농도측정보다 절차가 간단하고 가성비가 높아 더 많이 이용된다.

개인 집안의 라돈농도측정은 가성비도 높고 신뢰할 수 있는 측정기로 이루어져야 한다. 개인집이라도 시간적 변화가 많은 라돈농도의 단기측정치로는 만족할 만한 결과를 얻을 수 없다. 계절별 농도의 변화지수로 연평균농도를 조정하고, 개인 집은 방마다 농도가 다르기 때문에 가장 높은 방의 농도를 집 전체의 농도로 간주하여 라돈대책을 세우는 나라도 있다. 개인집의 농도를 측정할 때는 사용빈도가 높은 방, 땅과 맞닿아 있는 방, 실내마감재가 라돈방출이 많은 재료를 사용한 경우는 사용빈도가 낮더라도 측정에 신중하여야 한다. 농도측정 시 측정하는 사람의 측정숙련도, 습도, 온도, 햇빛, 감마(γ)선 혹은 동위원소인 토론(Rn220)으로 인한 기술적인 문제가 생기지 않도록 해야 한다.

부동산거래에 주택의 안전도평가 항목으로 라돈농도 측정치를 의무화하는 나라도 있다. 예를 들어 미국에서는 부동산 거래 시 짧은 기간

동안 같은 방에 두 개의 측정기를 설치하여 측정한 결과치로 거래의 성사여부가 결정된다. 현재까지 개발된 측정기로는 단기측정으로 연간평균농도를 알 수 있는 측정기가 없기 때문에 이런 진단측정은 계절적 변화가 심하고 라돈농도가 높은 지역에서는 적용하기 어렵다. 그래서 정확한 측정을 위해서는 표준 측정절차와 방법(프로토콜)을 환경보호청(EPA)에서 따로 정하고 있다.

학교, 오피스빌딩, 아파트 및 연립주택과 같은 대형건물은 층수, 건축구조, 방의 용도 및 냉난방 및 환기(HVAC)시스템에 따라 실내라돈농도가 달라지기 때문에 실내인구, 실면적, 칸막이 수 등을 고려하여 측정 프로토콜을 조정해야 한다. 대형건물에서는 건축자재나 수중라돈의 방출이 실내라돈농도에 미치는 영향이 적으면 땅에 맞닿는 지층(1층)의 실내농도가 가장 높기 마련이나 방의 개방정도, 사용빈도 및 HVAC의 설치와 운전 방법에 따라 차이가 생길 수 있으므로 측정대상이 될 방 선정에 신중해야 한다.

주택의 실내라돈농도 저감공사 시행여부는 사용빈도가 높은 방의 장기평균농도를 근거로 결정되어야 한다. 농도저감공사를 시행한 후에는 장단기 농도측정을 동시에 시행하여야 하는데, 그 이유는 단기측정으로는 공사 직후의 저감공사의 성공여부를 확인하고, 2~3년에 걸친 장기측정으로는 라돈발생원과 외부요인까지 제대로 처리되었는지를 확인하기 위해서이다.

선진국에서 이루어지고 있는 라돈농도 측정에 대한 실례를 들어보면, 추운 스칸디나비아반도의 스웨덴과 핀란드에서는 난방을 가장 많이 하여 실내라돈농도가 가장 높아지는 계절인 10월에서 4월 사이에 측정하기를 권장하는 반면, 아일랜드와 영국에서는 어느 때건 최소 3개월간의 농도를 측정하여 정부에서 정한 계절지수로 조정하고 있지만, 이탈리아에서는 1년간 측정으로 계절적인 농도변화에 따른 불확실성을 피하고 있다. 미국의 경우는 부동산거래 시 라돈농도 측정이 대부분 이루어지기 때문에 보통 장기측정보다 단기측정을 더 많이 이용하는 편이다. 건축자재에서 방출되는 라돈농도는 자재샘플로 측정하든지 설치된 현장에서 측정하든지 어느 쪽을 택해도 무방하다.

통계청 자료에 따르면 우리나라에서 사망률이 가장 높은 암이 폐암이고 그다음으로 간암, 위암, 대장암, 췌장암 순으로 이어진다. 폐암에 의한 사망률은 해마다 조금씩 증가하는 실정이다. 해마다 폐암으로 죽는 사람이 수천 명이 넘는데, 그 발병원인이 직접흡연 다음으로 라돈 그리고 간접흡연이다. 폐암은 요즘 치유가 가능한 질병이지만 생존율이 가장 낮은 암 중의 하나이다. 환자의 연령대에 따라 차이는 있지만 폐암진단 시점부터 환자의 11~15% 정도는 5년 이상 더 살아남을 확률이 있는 병이고, 예방 가능한 경우가 상당히 많은 암이다.

세계보건기구(WHO)의 추정에 따르면 라돈이 비흡연자에게는 폐암의 제일의 발병원인이고, 흡연자를 포함한 전체 인구에 대비로는 흡연이 단연 제일의 원인이다. 우리나라에는 라돈에 의한 폐암사망에 대한 통계가 따로 없어 미국의 자료(EPA)를 살펴보면, 해마다 21,000명이 라돈에 의한 폐암으로 사망하는데, 이 중 2,900명은 평생 담배를 피우지 않은 비흡연자라고 하니 라돈의 위험성을 새삼 되새기게 된다.

여기서 WHO의 라돈프로젝트 중 주요 내용을 조금 설명하고 넘어가겠다. 간접흡연은 라돈 다음으로 세 번째 폐암 발병원인으로, 어린이가 간접흡연에 노출되면 천식, 기도 감염(기관지염, 폐렴) 및 중이염 등으로 고생하게 된다. 흡연자가 라돈에 노출되면 합병효과 때문에 폐암 발병위험이 훨씬 더 커지는데, 흡연자의 발병확률은 62/1,000(6.2%)인데 반해, 비흡연자는 7.3/1,000(0.73%)으로 발병확률이 아주 낮아진다. 좀 더 구체적으로 설명하면, 실내라돈농도 35Bq/㎥에서 비흡연자는 1,000명 중 2명이 폐암에 걸리지만, 흡연자는 그 아홉 배인 18명이 걸리게 된다는 말이다.

다음 페이지의 표는 미국 환경보호청(EPA)에서 발행한 '라돈에 관한 시민 안내(A Citizen's Guide to Radon)'란 책자에 실린 흡연자와 비흡연자의 라돈노출에 의한 위험에 관한 자료이다. 이 표에서 우리나라와 미국의 익사, 화재사망, 교통사고 사망, 독극물 사망 등의 통계에는 차이가 있으므로 같은 정도의 위험성으로 보기는 어렵지만, 그만큼 위험정도가 높다는 뜻으로 이해하면 된다. 그리고 비흡연자란 평생 담배를 피운 적이 없는 사람을 뜻하며, 담배를 피우다 끊은 비흡연자는 금연기간에 비례하여 위험의 정도가 낮아진다고 보는 것이 옳을 것이다. 흡연과 라돈노출의 합

흡연자의 라돈 위험

라돈농도 (Bq/㎥)	흡연자 1,000명이 평생노출 된 경우	위험성 비교	후속조치
740	약 260명 폐암발병	익사 위험의 250배	집수리 필요
370	약 150명 폐암발병	화재 사망위험의 200배	집수리 필요
296	약 120명 폐암발병	낭떠러지 사망위험의 30배	집수리 필요
148	약 62명 폐암발병	교통사고 사망위험의 5배	집수리 필요
74	약 32명 폐암발병	독극물 사망위험의 6배	실내농도 유지
48	약 20명 폐암발병	평균 실내농도	75Bq/㎥ 이하의 농도로 유지하기 어려움
15	약 3명 폐암발병	평균 실외농도	

비흡연자의 라돈위험

라돈농도 (Bq/㎥)	비흡연자 1,000명이 평생노출 된 경우	위험성 비교	후속조치
740	약 36명 폐암발병	익사 위험의 35배	집수리 필요
370	약 18명 폐암발병	화재 사망위험의 20배	집수리 필요
296	약 15명 폐암발병	낭떠러지 사망위험의 4배	집수리 필요
148	약 7명 폐암발병	교통사고 사망위험과 동일	집수리 필요
74	약 4명 폐암발병	독극물 사망위험과 동일	실내농도 유지
48	약 2명 폐암발병	평균 실내농도	75Bq/㎥ 이하의 농도로 유지하기 어려움
15	-	평균 실외농도	

병효과는 폐암발병비율이 7~8배 이상의 차이가 나는 데서 확인할 수 있다.

원래 미국 환경보호청(EPA)의 '라돈에 관한 시민 안내'서에 발표된 자료에는 라돈농도의 단위를 미국에서 사용하는 pCi/L로 표시되어 있으나, 여기서는 단위가 바뀜으로 생길 수 있는 혼돈을 피하고, 독자들의 이해를 돕기 위해 WHO를 비롯하여 우리나라와 유럽에서 통용되고 있는 단위인 Bq/㎥로 반올림하여 전환했다. 앞에서 설명했듯이 참고로 1pCi/L=37Bq/㎥이다.

라돈은 폐암을 발생시키는 위험한 물질이면서도 지금까지는 폭넓은 관심을 받지 못했다. 실내공기 중의 라돈 1~2% 정도는 물속에 포함되었던 라돈이 풀려나와 섞인 것이다. 미국 환경보호청(EPA)의 자료에 따르면, 라돈에 기인한 폐암의 89%가 실내공기 중의 라돈을 흡입함으로써 발생하는 것이고, 위암의 11%가 라돈을 포함한 물을 마심으로써 발생하는 것이라고 주장한다. 이 주장은 세계보건기구(WHO)에 라돈은 위암을 일으키지 않고 폐암만을 일으킨다는 설명과는 차이가 있다. 마시는 물속에 라돈이 포함되어 있다면 위속에서도 방사성붕괴는 저절로 이루어지고 α입자는 자연적으로 방출될 것이니 위험할 수 있다고 보는 것이 맞을지도 모르겠다.

상수도로 보내지는 물의 취수원이 강, 호수, 저수지 등과 같은 지표수이면, 설혹 물속에 라돈이 포함되어 있다 하더라도 파이프를 통해 수도꼭지에 이르기 전에 대부분이 대기 중으로 풀려나갈 것이기 때문에 문제가 되지 않으나, 대수층에서 지하수를 퍼 올려 마시는 물로 이용하는 경우에는 흙 속의 라돈이 물에 섞일 수 있어 문제가 된다. 그러나 라돈에 대한 기준이 상당히 까다롭기로 유명한 미국도 수중 라돈농도에 대한 기준이 따로 마련되어 있지 않다.

미국 환경보호청(EPA)에서는 상수도의 수중 라돈농도를 11,100Bq/㎥(＝300 pCi/L) 이하로 유지하도록 요구(권장농도)하고 있는데, 이 농도는 실내공기 중 라돈농도를 수중농도의 10,000분의 1에 해당하는 1Bq/㎥(＝0.03pCi/L) 정도 상승시키는 효과가 있다고 보기 때문에 권장하고 있는 것으로 본다. 그리고 연방정부에서 실내공기 중 라돈농도 저감계획을 세워 지원하지 않더라도 지방정부는 수중라돈농도 최고 허용치인 148,000 Bq/㎥(＝4,000pCi/L)를 넘지 않도록 종용하고 있다.

대부분 지역이 지표수를 상수원으로 사용하는 우리나라는 수중라돈이 크게 문제되지 않고 있지만, 그래도 도서지역이나 외딴 곳에서는 지하수(우물물)를 마시는 물로 사용하는 곳이 적지 않아 주의를 기울여야 한다. 지하수의 수중라돈농도가 높은 경우, 가정집으로 들어가기 직전에 라돈을 제거하는 '유입시점처리법(Point‐of‐Entry Treatment)'이 효과가 높다. 이 방법에는 입자형태의 활성탄으로 라돈을 여과시키는 **입상활성탄**(GAC: Granular Activated Carbon)**여과법**과 물속에 거품을 일으켜 라돈을 배기팬을 이용해 대기 중으로 배출하는 **폭기법**(Aeration) 두 가지가 있다. 입상활성탄여과법이 싸서 경제적이나 필터에 걸러진 방사선처리에 위험이 따르고 특별한 처리가 필요한 것이 단점이다.

집안으로 침투해 들어오는 라돈을 막을 수 있는 라돈방지공법에는 어떤 것들이 있는지 살펴보기로 하자. 대지의 상태와 기초공법에 따라

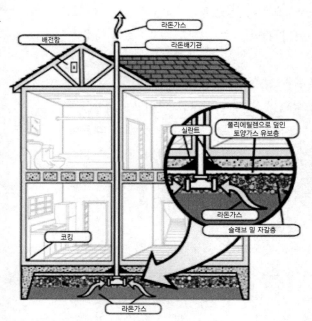

라돈가스

배전함

라돈배기관

실란트

폴리에틸렌으로 덮인
토양가스 유보층

코킹

라돈가스

슬래브 밑 자갈층

라돈가스

● 실내라돈 유입방지기술-EPA

차이가 있을 수 있지만 기본적으로 적용할 수 있는 기술로 라돈가스 투과층 설치, 플라스틱 시트 깔기, 치밀한 실링과 코킹, 배기관 그리고 배전함 설치를 들 수 있다.

1) 라돈가스 투과층은 지층의 바닥슬래브나 목조건물의 바닥층 밑에 라돈을 포함한 토양가스가 실내로 침투하지 않고 쉽게 대기 중으로 빠져나갈 수 있도록 일정한 두께의 **투과층**을 만들어 주는 것이다. 가장 흔히 사용되는 방법은 10㎝ 두께의 깨끗한 자갈층을 깔아 토양가스가 자갈의 틈새로 빠져나가게 하는 것이다. 이 투과층은 콘크리트 슬라브식 건물에 적용하기 쉬우며, 땅 표면에서 일정 높이를 띄어 일층 바닥면과의 사이에 공간을 만드는 크롤스페이스(Crawlspace)를 두는 식으로 건물을 짓는 경우는 따로 투과층을 설치할 필요가 없다.

2) 라돈가스 투과층 위 바닥슬래브 바로 밑에 **플라스틱 시트**(폴리에틸렌 필름)를 깔아 놓으면 토양가스가 이 시트를 뚫고 집안으로 침투하지는 못한다. 크롤스페이스에도 바닥에 플라스틱시트를 깔면 당연히 라돈유입 방지에 효과적이다.

3) 실링과 코킹으로 지하층에 낸 창이나 모든 종류의 연결부위에는 실링을 철저히 하고, 모든 틈새에는 코킹을 완전히 해야 토양가스의 침투를 막을 수 있기 때문에 중요하다. 그러나 실링재와 코

116

킹재도 계절에 따른 온도변화에 의한 신축과 기간이 오래되면 재질의 저하로 균열이 생길 수 있으므로 우수한 품질의 재료를 선택해야 한다.

4) 직경 3~4인치(7.5~10㎝)의 기밀형 철제 또는 PVC 배기관을 투과층에 꽂아 라돈가스를 지붕 위로 뽑아 올려 토양가스를 대기 중으로 배기시키는 방법이다.

5) 배전함은 배기팬을 가동하는데 필요한 전기를 연결하기 위해 필요한 것으로 실내라돈농도가 높아지면 언제든지 라돈을 포함한 실내공기를 실외로 강제 배기시킬 수 있게 준비되어 있어야 한다. 배기팬이 라돈경보장치와 연결되어 있어 농도가 허용 수준을 넘으면 자동으로 가동되도록 하면 된다.

지금까지의 설명에서 보면 라돈방지기술이라 해서 그다지 특별하거나 비용이 많이 드는 것이 아니다.

라돈방지공법을 수동식과 능동식으로 나누어 설명하기도 하는데, 수동식 공법은 앞에서 설명한 폴리에틸렌필름으로 라돈의 실내유입을 막는 장막을 설치하는 방법을 말하는데, 배기용 파이프(배기관)를 같이 설치하면 토양가스를 대기 중으로 배출하는 효과를 더 높일 수 있다. 이렇게 장막을 설치하고 배기관을 뽑아 올려도 충분한 효과를 얻지 못하면 배기팬을 달아 강제적으로 토양가스를 배출시키는 공법이 능동식이다.

다시 한 번 강조하지만 유별난 공법이 아니고 일반적으로 도출 가능한 기법으로 신축공사 시 적용하면 추가공사비도 많이 더 들이지 않고 가족을 라돈의 위험으로부터 해방시킬 수 있는 공법이다. 우리나라에서는 라돈방지와 관계없이 습기방지를 위해 건물신축 시 바닥슬래브 밑에 폴리에틸렌 필름을 관례로 깔아 왔으므로 라돈방지장막을 설치해온 셈이다. 미국 EPA에는 라돈방지공법을 건축설계에 적용할 수 있도록 도면도 마련되어 있다.

집안의 라돈농도에 영향을 미치는 요인들 즉, 토양가스, 건축자재 및 수중라돈 중 토양가스가 가장 많은 영향을 미치는 요인이어서 미국과 유럽에서는 땅속의 라돈농도를 측정하여 **라돈농도지도**(Radon Map, 단순히 라돈지도라고도 한다)를 작성하여 주민들이 열람할 수 있도록 비치하여, 건물신축 부지선정과 부동산거래에 이용할 수 있도록 하고 있다. 미국에서는 농도에 따라 1~3등급으로 구분하고, 라돈농도가 가장 높은 1등급(zone 1)에 주택을 신축할 때는 반드시 라돈제어시스템을 설치하도록 의무화하고 있다.

● 캐나다 브리티시 콜롬비아주의 라돈지도

미주와 유럽의 대부분 국가에는 라돈지도가 작성되어 있다. 한 예로 옆의 지도는 캐나다 브리티시콜롬비아주의 라돈지도로 왼쪽 위에 캐나다 전국의 라돈지도가 축소되어 있다. 시군구의 작은 행정단위로 내려가면 그 지역의 상세 라돈지도도 당연히 비치되어 있다. 우리나라는 아직 라돈지도가 구비되어 있지 않으나 실내라돈농도 조사와 이를 라돈지도를 작성할 수 있도록 법적인 뒷받침이 마련되어 있으니 언젠가는 이루어질 것으로 보지만 하루라도 빨리 완성되어 부동산거래라든지 건축설계 및 시공에 적용할 수 있는 날을 기다려 본다.

우리나라의 실내라돈에 대한 기준을 살펴보면 지하역사, 공항터미널, 미술관, 도서관 같은 다중이용시설의 실내 권고기준농도는 148 Bq/㎥이고, 신축 공동주택(아파트, 연립주택, 다세대 주택 등)의 실내공기질 기준은 200 Bq/㎥이다. 그러나 건축자재 오염물질 방출기준 항목에는 라돈이 포함되어 있지 않고 있다. 라돈에 관한 한 우리나라는 선진국이 되려면, 라돈농도조사와 라돈지도 작성으로부터 시작하여 우리 실정에 맞는 라돈방지공법의 개발과 부동산거래에 라돈농도 측정이 필수요건이 될 때까지는 아직도 기다려야 한다.

일반적으로는 아직 사람들이 실내라돈의 위험에 대해 무관심하므로, 라돈위험에 대해서는 환경당국의 특별한 홍보가 필요하다. 라돈에 대한 위험홍보는 여러 계층의 사람들에게 실내라돈의 위험성과 건강상의 피해를 인식시키고, 농도저감에 필요한 적절한 처리방법을 설명하는 형식으로 이루어져야 한다. 따라서 라돈에 대한 국민건강 프로그램은 정부차원에서 높은 라돈농도에 노출이 사람에 미치는 위험은 물론 평균 이하의 농도 노출에 의한 위험도 인식시키고, 저감시킬 수 있는 방법과 주의사항을 알려주는 형태로 이루어져야 한다.

국가적인 라돈정책은 라돈노출에 의한 위험이 가장 높은 지역을 먼저 규명하고, 라돈이 미치는 건강위험에 대한 국민적 인식을 높일 수 있도록 마련되어야 하는데, 국가정책이 성공하려면 실내공기질과 금연에 관련된 건강증진 프로그램, 건축설계와 시공은 물론 자재선택에 이르기까지 건축전문가의 교육 그리고 라돈방지와 저감대책 집행에 관련되는 공무원과 관련 업계 모두의 협업으로 이루어져야 한다. 건축법에 라돈방지 대책이 명시되고, 주택거래 시 실내라돈농도를 확인하기 위해 농도측정을 의무화해야 한다.

라돈의 기준농도는 주거용 건축물 실내농도의 최고허용 한도를 뜻하는 것으로 정부의 라돈정책 수립의 기준이 되는 농도이고, 허용농도 이상인 주택은 보수대상이 되어야 한다는 뜻이다. 따라서 기준농도는 라돈의 전국적인 분포, 고농도 기존주택의 수, 실내라돈농도의 산술평균 그리고 흡연보급률과 같은 전국적인 지수들을 종합적으로 고려하여 정해야 한다. 최신 과학적인 데이터를 근거로 세계보건기구(WHO)에서는 $100Bq/m^3$를 실내라돈노출에 따른 건강상의 위험을 최소화할 수 있는 기준농도로 제안하고 있다. 그러나 여러 가지 상황 때문에 이 기준농도를 지키기 어려우면, 국제방사선방호위원회(ICRP)의 최근 계산에 따라 연간 약 10mSv의 방사선량을 나타내는 최대 $300Bq/m^3$은 넘지 않아야 한다고 권장하고 있다.

여기서 Sv는 시버트(Sievert)의 약어로 인체에 피폭되는 방사선량을 나타내는 단위인데, 과거에는 퀴리(Ci)나 렘(rem)을 많이 사용했지만 지금은 베크렐(Bq)과 시버트(Sv)로 통일됐다. X레이 1회 촬영으로 약 0.1~0.3 밀리 시버트(mSv)의 방사선량을 받는데, 한 번에 100mSv 정도는 맞아도 인체에 큰 영향이 없으나, 방사선에 지속적으로 노출되는 원전종사자는 이를 초과해서는 안 된다. 그리고 7,000mSv의 방사선을 한꺼번에 받으면 며칠 내 사망한다.

국립환경과학원이 2018년 수도권과 충청지역에서 준공된 아파트 60가구에서 라돈농도를 측정한 결과 37가구에서 세계보건기구(WHO)의 권고기준인 148Bq/㎥ 이상이 검출되었다고 2019년에 발표하였다. 한 단지에서는 평균측정농도가 권고치의 2.4배에 달하는 345Bq/㎥이 검출되었다고 한다. 전주의 한 아파트에서는 라돈이 권고기준의 20배가 넘는 3,000Bq/㎥까지 검출되기도 하여 전국 곳곳에 '라돈 아파트 공포'가 일기도 했다.

그러나 정부는 이에 별다른 조치를 할 수 없는 것이 현행법에서 라돈에 대해서는 권고기준으로만 규정되어 있어서 개발업자(건설회사)가 기준을 어겨도 제재할 방법이 없기 때문이다. 입주민들이 화장실 선반과 현관 신발장 발판석에서 라돈이 검출되었다고 항의하고 교체를 요구했지만 회사가 거부해 논란이 일고 있다. 정부(환경부)가 한 일이라고는 재산가치가 떨어진다고 해당 아파트의 명칭을 공개하지 않은 것 뿐이다.

4.6   석면은 잠복기간 긴 아주 위험한 발암물질

석면이란 가늘고 긴 모양의 섬유형태를 띤 결정이 모여 이뤄진 마그네슘(Mg)이 많은 함수규산염으로 된 광물을 통틀어 일컫는 말이다. 석면은 원어인 아스베스토스(Asbestos)란 명칭도 같이 사용하고 있으며, 순 우리말로는 '돌솜'이라고 한다. 섬유결정을 위상차 현미경으로 관찰할 때 길이가 5㎛ 이상이고 길이 대 폭의 비가 3:1 이상인 입자상의 물질'로 정의한다. 아스베스토스라는 단어는 그리스어로 '불멸의 물질'이란 뜻을 지니고 있다.

화산활동으로 생긴 화성암의 일종인 사문암류로 백석면인 크리소타일(Chrysotile)이고, 각섬석류로 **갈석면인** 암모사이트(Amosite)와 **청석면인** 크로시도라이트(Crocidolite) 이외에도 안소필라이트(Anthophyllite) 트레몰라이트(Tremolite) 및 악놀라이트(Actinolite)

● 석면섬유의 확대사진

등으로부터 추출한 광택이 특이한 극세 섬유상의 광물이다. 석면은 길고 가는 섬유상 결정체로 구성되어 있고, 섬유 하나하나는 전자현미경으로만 볼 수 있는 아주 가는 원섬유로 구성되어 있는데, 이것이 부분적으로 마모되거나 풀려나와 대기 중에 섞여 환경문제를 일으킨다.

석면은 다루기 용이하고, 물리적 강도가 다른 물질에서 찾을 수 없을 정도로 우수하며, 인장성이 뛰어나며, 불에 타지 않으므로 불연성이고, 고온에 잘 견디는 내열성을 지닌 물질로 절연성이 높고, 내약품성이 좋아 산이나 알칼리 양쪽 약품 모두에 강하다. 거기다가 내부식성이 좋아 썩지 않고, 내구성이 뛰어나 쉽게 변질되지 않으며, 표면적이 커서 다른 물질과의 밀착성이 뛰어나고, 유연하면서도 마모가 잘 안 되는 내마모성을 지니고 있으며, 광물로 대량 생산되어 값이 싸 경제성도 좋으며, 단열성, 보온성, 방음성, 흡음성 및 보온성마저 좋은 물질의 특성과 경제적인 이유로 3,000가지 이상의 제품이 생산되어 사용되어 왔으나, 환경오염물질로 밝혀지면서 우리나라를 비롯하여 대부분의 선진국에서 수입, 생산, 및 사용이 전면 금지되었다.

석면이 사람의 몸에 끼치는 영향은 크게 세 가지에 의해 결정된다;
1) 흡입되는 석면의 양이 많을수록 비례적으로 유해성이 높아지고,
2) 석면분진의 크기와 모양에 따라 몸속 어느 부위까지 도달될지 결정되고, 대식세포의 제거가능성과 손상가능성이 결정된다. 일반적으로 길이 $5\mu m$ 이상인 석면, 다시 말해 가늘고 길수록 더 해롭다.

3) 석면이 사람의 몸속에서 분해되지 않고 남아있는 내구성이 강하면 강할수록 당연히 몸속에 오래 남아 있으므로 해를 끼칠 가능성이 더 커진다.

석면은 석기시대부터 도자기 강화재로 사용된 것이 밝혀지면서 인류가 석면을 사용하기 시작한 역사는 상당히 오래된 것으로 알려졌지만, 대규모 채굴은 19세기 말부터 시작되어 앞에서 설명한 수많은 유용한 물성 때문에 제조업과 건설업을 비롯한 여러 분야에 걸쳐 엄청나게 많이 사용되어 왔다. 사람의 건강에 유해하다는 사실이 밝혀지기 시작한 1970년대 이전에는 전 세계에서 가장 많이 이용되는 물질 중의 하나였으나, 건설공사는 물론 방화공사에도 이제는 사용할 수 없게 되었다. 그럼에도 불구하고 아직도 전 세계적으로 해마다 100,000명 이상의 사람이 석면피해로 죽어가고 있으니 석면피해의 심각성을 단적으로 설명해 주고 있다.

모든 종류의 석면섬유는 사람과 동물의 건강에 심각한 위해를 끼치는 물질로 밝혀졌다. 갈석면(암모사이트)과 청석면(크로시돌라이트)이 가장 위험한 석면인데, 백석면(크리소타일)도 동물에 종양을 발생시키고 사람에게는 석면폐와 악성중피종의 원인물질로 확인되었다. 악성중피종은 복막이나 흉막에 생기는 암으로 백석면을 다루는 종업원과 그 가족 그리고 석면공장과 광산 인근에 사는 주민들에게 발병하는 것이 확인되었다.

1980~90년대 사이의 상당 기간에 걸쳐 석면시멘트를 만드는 과정이나 시멘트와의 화학반응으로 석면이 시멘트에 부착하거나 크기에 변화가 생겨 해롭지 않다고 홍보되어 왔으나 거짓 정보로, 수십 년이 지나도 석면시멘트 속의 석면은 대기 중으로 풀려나오고 크기에는 아무런 변화가 없다. 석면으로 작업을 하건 단순히 노출만 되건 석면섬유는 날아오를 수 있는 물질이어서 숨을 쉴 때 흡입되므로 아주 위험한 오염물질이다.

사람이 숨을 쉴 때 흡입되는 석면섬유는 대부분 객담(가래와 침)으로 몸 밖으로 배출되지만, 폐에 침착되면 사람의 몸은 두 가지의 생물학적 방어기전으로 제거하려 노력한다;

1) 호흡기관과 기관지에 밀집된 섬모가 일종의 에스컬레이터 역할

로 석면섬유를 가래나 점액 속으로 밀어 올려 기침으로 몸 밖으로 내보내므로 미세한 석면섬유의 대부분은 이 방법으로 제거된다.

2) 다음은 면역을 담당하는 대식세포의 석면섬유 탐식작용이다. 석면섬유의 길이가 5~8㎛ 정도를 짧은 경우는 효소로 녹일 수 있지만, 8㎛ 이상으로 긴 경우는 하나의 대식세포가 제거하기 어려워 여러 개의 대식세포가 함께 달라붙지만 석면이 탐식되지 않으면 이 과정에서 대식세포가 죽게 되어 방어기전이 효력을 잃게 된다. 대식세포가 죽으면 석면섬유와 혈액단백질의 콜로이드 반응으로 죽은 대식세포가 석면표면에 눌러 붙어 **석면소체**(Asbestos Body)가 형성된다. 객담에서 석면소체가 확인되면 노출되었다는 증거이다.

석면으로 인한 질환은 잠복 기간이 최소 10년 이상일 정도로 상당히 길어 석면작업에 종사할 당시에는 나타나지 않다가 은퇴 후 나타나는 경우가 많은데, 이에는 흉막질환으로 흉막반과 미만성 흉막비후가 대표적이며, 폐질환으로는 아주 고치기 어려운 석면폐증이 있고, 암으로는 폐암,

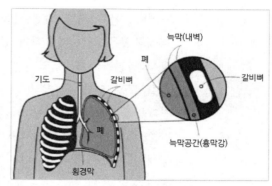

흉막암(중피종) 발생-영국 암재단

악성중피종, 후두암 및 난소암이 있다. 흉막반은 석면이 폐를 감싸고 있는 흉막을 뚫어 흉막이 판처럼 두꺼워지는 증상이고, 병명도 생소한 미만성 흉막비후는 흉막이 석면에 의해 비대해지면서 호흡을 하기 위한 폐의 팽창을 방해하는 질병으로 흉부통증과 호흡곤란 증상을 보이는데, 잠복 기간이 15~20년이나 된다. 석면피해구제법에서 인정하는 석면질병은 악성중피종, 원발성 폐암, 석면폐증, 미만성 흉막비후가 있다.

석면폐증은 석면섬유가 폐에 축적되어 생기는 폐섬유증으로, 헐떡임, 호흡부전, 심부전 등을 일으키며 죽음에까지 이를 수 있는 무서운 병이다. 폐암은 석면 종류에 따라 발암성의 차이가 조금 있지만 모든 종

류의 석면에 의해 발생할 수 있으며, 흡연과 함께 노출되면 발암성은 배가 된다. 악성중피종은 석면섬유가 폐나 흉막에 쌓여 발병하는 종양으로, 석면에 노출된 후 20년 이상의 잠복기간을 거쳐 발병하며, 보통 1∼2년 이내에 사망하는 치명적인 질병이다.

후두암은 목의 식도와 기도의 입구 부위에 위치한 후두에 석면분진에 의해 발생하는 악성종양(암)으로 이 암은 흡연과 겹치면 발병가능성이 2배로 가중되는 암이다. 난소암은 자궁의 양 옆에 위치한 생식샘으로 작은 살구씨 모양으로 여성호르몬을 만들고 난자들과 생식세포들을 저장하는 중요한 역할을 담당하는 기관에 석면분진에 의해 암이 발생하는 것이다.

석면에 의한 건강상의 위해를 예방하기 위해서는;

1) 당연한 이야기지만 석면에 노출되지 않는 것이 제일 좋다. 석면 대체물질은 이미 개발되어 있고, 우리나라도 2009년부터 석면사용이 전면 금지되어 있기 때문에 우리 주변에 남아 있는 석면제품을 모두 없애버려야 한다.

2) 건축물에 부착되어 있는 석면자재는 철거하여야 한다. 석면자재가 오래되면 손상되어 석면분진이 비산할 수 있으니 하루라도 빨리 철거하는 것이 좋으나 철거작업은 반드시 전문가에게 맡겨 철거과정 중에 생길 수 있는 만일의 위험을 막아야 한다. 철거 전에는 석면자재 손상부위는 철거 시까지 덮어두어 석면분진의 비산을 막아야 한다.

3) 이미 석면에 노출된 사람은 석면관련 질환이 발생위험이 아주 높으므로 정기적인 건강진단을 받고, 만일 증상이 발견되면 조기치료가 매우 중요하므로 치료를 서둘러야 한다.

석면관련 질병이 이렇게도 심각한데도 1980년대 초 이전의 건축물 대부분에는 석면이 사용되었다. 개발도상국 중에는 경제성과 유용성이 높은 물성 때문에 아직도 석면을 건축자재로 사용하고 있는 나라가 적지 않으며, 채굴도 계속되고 있는데, 세계 지도국이라 자칭하는 러시아가 최고의 생산국으로 2015년 생산량이 약 1백만 톤이나 된다. 19세기

말에서부터 석면은 방화복, 콘크리트, 벽돌, 파이프, 내화시멘트, 내열용과 내화용 및 내산용 개스킷, 파이프 단열재, 천정 보온재, 바닥재, 지붕재, 정원용 가구 및 석고벽 이음재 등 아주 광범위한 용도로 사용되어 왔다.

선진국에서 예전에는 후진국보다 석면을 더 많이 사용하였다. 2011년의 영국 자료에 따르면 50% 이상의 주택에 석면을 함유한 재료가 적용되어 있다고 한다. 일본에서는 2차 세계대전 후 쌀 생산율을 높이기 위해 황산암모늄 비료제조에 석면을 사용하고, 천정과 파이프 보온재 그리고 건축자재로 많이 사용하였는데, 1974년 사용량이 정점에 달했다가 1990년 이후에 막을 내렸다.

우리나라도 최근(2016년)에 석면안전관리법을 제정하여 수입을 금지하고 있다. 건축물석면지도를 만든다든가 생산을 규제한다고 하고 있지만 1970년부터 1997년 사이 공식적인 총 수입량이 2백만 톤에 이르렀으며, 공식집계에서 빠진 양을 감안하면 훨씬 많았을 것은 명약관화한 사실이다. 더욱이 1983년 일본과 유럽을 비롯한 선진국이 수입금지함에 따라 국제가격이 떨어지자 수입금지 조치를 하지 않았던 우리나라의 수입량은 배가 넘게 증가하는 과오를 범하기도 했다.

석면이 사람에게 해롭다는 사실은 영국의 의사인 머리(Montague Murray)에 의해 1899년에 처음으로 밝혀졌고, 1906년에 석면으로 인한 사망이 처음으로 기록되었다. 그러나 석면폐로 처음 진단된 것은 그 후 한참 지난 1924년이었다. 석면폐가 석면먼지를 장기간 흡입함으로써 발생했다는 반박할 수 없는 증거가 제시되었으며, 진단결과 20년 이상 석면공장에서 일한 작업자의 66%가 석면폐를 앓고 있다는 사실이 확인되었고, 중피종이란 단어는 1931년부터 사용되기 시작했다.

조선소에서 2차 세계대전 중에 파이프, 보일러, 스팀엔진 및 스팀터빈의 보온재로 선박제조에 석면을 사용했던 미국에서만 4.3백만 명이 중피종으로 사망했는데, 이는 작업자 1,000명 중 14명이 사망한 꼴이고 석면폐로 사망한 사람은 확인되지도 않았다. 그러나 미국 정부와 석면제조업자는 석면의 위험을 알리지 않았다는 비판을 받고 있다. 미국의 재판기록에 따르면 석면제조업자는 이 사실을 1930년대부터 알고 있었다고 한다.

호주에서는 1946년부터 1980년 사이에 석면이 건설공사는 물론 다른 연관 산업에도 폭넓게 사용되었으나, 1970년대에 석면의 위험에 대한 여론이 들끓자 사용이 중지되었다. 광산은 1983년에 문을 닫고, 1989년부터 단계적으로 사용을 금지하다 2003년 12월에 완전히 금지되었다. 석면의 위험은 이제 아주 잘 알려져 있으며, 석면폐와 중피종을 앓는 사람들을 위한 지원과 보조가 시행되고 있다.

1941년 왕립 런던병원에서는 간호사들이 환자들의 체온 유지를 위해 석면담요를 사용했으며, 영국의 야들리(Yardley)라는 도시에서는 1946년부터 1949년 사이 석면시멘트를 내외벽에 사용하여 세운 2차 세계대전 전후 임시주택의 수가 무려 40,000 세대나 된다. 석면이 경제성이 높고, 내구성과 보온성도 좋으며, 시공성이 우수하니, 석면의 위험을 잘 모를 당시로는 저지를 수 있는 실수였다.

백석면 또는 온석면으로 알려진 크리소타일(Chrysotile)은 사문암 중에 유일한 석면광물로 건설공사와 공산품 재료로 가장 많이 사용되는 석면으로 석고벽 이음매, 회벽, 1960년대 이전 가스마스크 필터, 비닐바닥타일, 판재, 접착제, 지붕타르, 루핑펠트, 외벽, 지붕널, 패널피복, 작업대 상판, 파이프, 천정마감재, 방화재, 산업용 및 해상용 개스킷, 자동차 브레이크 패드와 슈, 무대 커튼, 방화용 모포, 실내 방화문, 소방용 방화복, 파이프보온재, 화학물질과 액체 및 포도주의 미세입자 제거용 필터, 틀니 라이닝, 냉난방환기용 플렉시블 닥트 커넥터, 드릴링액 첨가제 등 그 사용범위는 여기에 다 거론하기 어려울 정도로 엄청나게 넓고 많다.

석면의 우수한 내마모성 때문에 자동차 브레이크 패드, 슈 및 크러치디스크에 사용된 석면은 페달을 밟을 때마다 두 번 다시 말할 필요도 없이 많은 석면섬유를 공기 중으로 날려 보냈을 것이 뻔하다. 요즘은 세라믹, 카본, 금속 또는 열에 강하고 튼튼한 방향족 폴리아미드로 만든 섬유로 방탄조끼에도 사용되는 아라미드(Aramid)섬유로 대체되었다.

갈석면과 청석면을 포함한 각섬석류도 1980년대 초까지 수많은 제품의 원료로 사용되었으나, 대부분의 유럽국가에서는 1980년대 중반에,

일본에서는 1995년에 사용금지 시켰다. 그 용도로는 저밀도 절연판 (Asbestos Insulation Board를 AIB로 줄여 부르면서 필요한 거의 모든 곳에 대체품 없이 사용될 정도로 인기가 높은 상품이었음)과 천정타일, 석면시멘트 파이프(이 파이프는 경제적이고 내구성이 강해 아직도 후진국 중에는 생산하는 나라가 있음), 건설공사와 물탱크 및 전기통신용 석면시멘트 판재, 보온재와 내화학재(내화문, 스프레이 보온재, 파이프 내열과 개스킷), 담배필터 (Kent에서 미이크로나이트 필터로 1952~1956년 사이에 사용) 등으로 엄청나게 넓었다.

플로킹(Flocking)이라고 부르는 인조 크리스마스 눈도 예전에는 석면으로 만들었는데, 오즈의 마법사와 같은 어린이영화에도 눈 효과를 내는데 사용되었고, 백화점의 쇼윈도와 가정집의 크리스마스트리에도 사용되었다. 고전식 천정 장식마감에도 백석면이 많이 이용되었다. EU를 비롯한 대부분의 선진국에서 건강과 안전을 이유로 건설공사에 석면사용을 금하고 있는데, 특이하게도 미국에서는 시멘트석면 파이프 사용을 여전히 허용하는 잘못을 저질렀는데 이는 1991년 제5 순회법정이 미국 환경보호청(EPA)의 석면사용 금지조치를 막았기 때문이다.

EPA가 제출한 자료에 따르면, 13년 동안 석면사용 금지조치로 구제한 생명이 200명 정도인데 반해, 추가로 소요되는 비용은 4.5~8억 달러에 이르고, 대안으로 제시된 제품이 안전에 더 유리하다는 증거가 불충분하다고 주장했기 때문이었다. 그래서 1980년대 중반까지도 백석면이 줄무늬 미장마감에 사용되었으며, 1999년까지도 미장마감재에 백석면을 섞는 제조업자가 있었다. 지내놓고 보면 깊이 알지 못해 생명을 경시한 사건이 선진국에도 참 많았을 것으로 짐작된다.

인도, 인도네시아, 중국, 러시아 및 브라질을 포함한 몇몇 나라에서는 아직도 석면을 사용하고 있는데, 가장 흔한 것이 석면시멘트 골 지붕으로 우리나라에서도 예전에 새마을운동으로 지붕을 개량하면서 빨강, 파랑, 초록 등의 원색 페인트로 칠한 골슬레이트 지붕이 많았다. 해외여행 즐기는 사람들에게 이런 나라는 여행을 하더라도 건물의 아래위를 쳐다보고 석면사용 여부를 확인해야 할지도 모르겠다.

석면사용이 금지되기 이전에 지은 오래된 건물에서 석면을 함유한 자재의 위치와 양을 파악하기 위하여 건축물석면지도를 만들게 되었고, 이를 위한 석면의 조사와 철거 및 해체는 모든 나라에서 처리해야 할 의무로 떠올랐다. 그런데 석면을 철거하고 나면 석면이 갖는 장점인 방화성을 같이 제거하는 결과가 되므로 대체자재도 방화성이 있는 자재를 사용해야 한다.

2001년 9·11사태로 뉴욕의 세계무역센터가 붕괴되면서 건물잔재와 타버린 재로 인해 수많은 미세먼지가 맨해튼을 뒤덮었는데, 무너진 건물더미에서 나온 미세먼지에 석면, 납, 유리섬유(글래스파이버) 및 분쇄된 콘크리트가루가 포함되어 있어 수천 명의 거주자와 종사자들의 걱정거리가 되었다. 최소 1,000톤 이상의 석면이 붕괴된 건물에서 풀려나와 대기 중에 섞였을 것으로 생각되어 당장 눈으로 보이는 외상도 중요했지만, 석면을 포함한 여러 가지 독성물질을 호흡으로 흡입한 긴급서비스 종사자들의 발암가능성을 우려하고 있다. 지금까지 죽은 사람보다 앞으로 발생할 암으로 죽어갈 사람이 더 많을지도 모른다는 분석도 있어, 그 이듬해부터 인근 주민을 비롯하여 관련자 전원에 대한 조사가 시작되었다.

주요 외국의 석면사용에 대한 규제를 살펴보기로 하자. 미국은 아직도 석면을 합법적으로 사용하는 나라 중의 하나로 의복, 파이프보온, 비닐바닥타일, 밀보드, 시멘트파이프, 자동차 브레이크패드, 개스킷 및 지붕널 등에 석면을 사용한다. 앞에서 잠시 설명했듯이 석면제조업자와의 끊임없는 법정 다툼에도 불구하고 미국 EPA에서는 석면사용을 중지시키지 못하고 있다. 주마다 규제가 조금씩 다르나 워싱턴주에서는 2014년부터 자동차 브레이크에 석면을 사용하지 못하도록 하였다.

베트남도 아직 석면을 사용하고 있는 국가 중의 하나로 연간 백석면 수입량이 65,000~70,000톤에 이를 정도로 세계에서 석면사용량이 가장 많은 국가 중의 하나이다. 수입석면의 90%는 석면시멘트 지붕널 약 1억㎡를 제조하는데 사용하고 있다. 한 조사에 따르면, 옌바이(Yên Bái)시에서는 신축주택 300세대 중 85%가 석면시멘트로 지붕을 덮고 있는데, 이 중 약 5%의 주민만 석면의 위험을 인지하고 있다고 한다. 2014년

128

에 제출된 베트남 건설부의 2030년까지의 주택건설 마스터플랜에도 석면을 계속 사용하는 것으로 명시되었다.

호주에서는 상당히 이르게 1967년에 청석면인 크로시돌라이트의 사용을 금지시킨 반면, 황석면인 암모사이트는 1980년대 중반까지 건설공사에 사용하다가 1989년에 사용금지했으나, 개스킷과 브레이크 라이닝으로 사용금지는 2003년에야 이루어졌다. 2차 세계대전 이후 1980년대 초기까지 지어진 호주의 주택 셋 중 둘은 석면을 사용해 아직도 석면문제로 고전하고 있는 나라 중의 하나이다. 캐나다는 2018년 말이 되어서야 석면의 수입, 제조, 판매 및 사용을 불법화하였으나, 염소알칼리산업, 군사용, 원자력시설 및 석면광물 잔재에서 마그네슘 축출용으로의 사용은 허용하고 있다.

영국은 청석면과 갈석면 사용을 1985년에 금지했고, 백석면제품의 수입, 판매 및 재사용은 1999년부터 금지시켰다. 2012년부터 석면규제법으로 비주거용 건축물(공장, 오피스빌딩, 학교 등)은 석면조사를 통해 석면제품 적용여부와 위치를 파악하여 석면이 훼손되어 실내공기 중에 섞이지 않도록 조치하고, 필요하면 제거하도록 규정하고 있다. 석면을 취급하는 건설회사 고용원은 석면교육을 해마다 받도록 제도화하고 있다.

일본은 2005년 전국적으로 석면문제가 크게 부각되기 전까지 2~30년 동안 석면관련 질병으로 사망한 사람의 수가 수백 명에 이르렀다. 한때 일본에서는 석면을 '마법의 광물'이라 부르며 약 3,000여 종의 석면제품을 생산하여 생활 전반에 넓게 사용했으나, 실내공기오염의 주범으로 또 사람 잡는 '소리 없는 시한폭탄'으로 여론이 들끓었다. 1940년부터 1992년까지 미 해군 요코스카기지의 보일러 수리공으로 일한 종업원이 오랜 기간에 걸쳐 폐에 석면이 쌓여 심폐기능이 떨어지는 진폐증에다 폐암까지 걸린 게 확인되어 소송으로 배상을 받으면서, 그런 유사한 소송이 이어지게 되고 신문의 톱기사가 되기 시작했다.

일본의 최대 석면업체인 니치아스(옛 일본석면)에서도 종업원 86명이 중피종으로 사망한 것이 밝혀지면서 전국적인 문제로 부각되었다. 단순한 직업병을 넘어 가족과 공장인근 주민 등 일반인의 2차 피해, 즉 석면이 묻은 작업복을 세탁해온 주부, 아버지의 마스크를 가지고 논 자녀에다 인근주민이 악성중피종에 걸린 것이 확인되면서 걷잡을 수 없는 지경까지 이르렀던 일본은 1995년에야 청석면과 갈석면의 사용을 금지했고, 2006년이 되어서야 몇 가지 예외를 두고 전면금지에 가까운 사용중지를 시키다 2012년에 완전금지가 이루어졌다.

우리나라는 1997년에 청석면과 갈석면의 제조와 사용을 전면 금지했으나 백석면에 대한 사용은 허용하다가 2009년에 0.1% 이상의 석면을 함유한 모든 종류의 석면제품의 제조, 수입, 판매, 저장, 운반 및 사용을 금지하다 2011년에 세계에서 6번째로 법제화(석면안전관리법과 석면피해구제법)한 국가가 되었다. 우리나라에서는 이 법에 의해 석면에 관련된 질병으로 진단을 받으면 평생 무료진료를 받을 수 있으며, 요양급여와 생활수당 및 장의비 등을 지원받을 수 있다. 석면안전관리법에 의해 석면광물이 매장된 곳을 파악하고 관리하는 지질도를 작성하고, 학교를 포함한 건축물의 석면조사로 석면건축물이 확인되면 석면의 해체와 제거 또는 사용중지를 명할 수 있게 규정되어 있다.

그러면 석면 대체용품으로 어떤 제품이 있는지 살펴보기로 하자. 제일 먼저 1938년에 발명된 유리섬유(Fiberglass)는 그 동안 품질개량을 통해 보온재로 가장 많이 대체 사용되고 있다. 1978년 상당히 조직화된 유리섬유가 개발되어 각광을 받기 시작했는데, 제텍스(Zetex)라 불리는 파이버글래스섬유는 같은 부피와 두께이면서도 석면보다 가볍고, 촉감이 좋고, 내마모성과 봉합강도가 뛰어났다. 물질구조가 석면과 비슷해 유리섬유의 안전성은 꾸준히 의문의 대상이었으나, 2001년 국제암연구소(IARC)에서 유리섬유를 발암위험물질 리스트에서 지워버렸다. 유럽에서는 주로 암면(Mineral Wool)과 유리면(Glass Wool)을 주택의 보온재로 사용한다.

철거한 석면은 유해폐기물로 구분하여 토지매립용으로 이용된다. 석면철거는 건축주건 철거업자건 상관없이 골치 아픈 작업이다. 석면분진과 섬유가 날아오를까봐 기계식 철거나 폭파로 한꺼번에 무너트릴 수도 없어 한 조각씩 차례로 뜯어내는 수밖에 없고, 안전을 위해 철거한 석면자재는 뚜껑을 덮은 차량으로 지정된 경로로만 매립지까지 운반하도록 되어 있다.

우리나라에서 사용된 석면함유 주요 건축자재를 살펴보면, 지붕슬레이트는 석면함유율이 8~14%이어서 2004년 생산 중단되었고, 석면함유율이 3~6%였던 천정재는 2005년부터 규회석이나 해포석 같은 석면대체물질로 바꿔 생산하고 있으며, 석면함유율이 10% 내외로 높은 내장벽재도 2002년부터 규회석 같은 석면대체물질로 생산하고 있고, 석면함유율이 8~14%인 외장벽재는 2006년부터 생산이 중단되었으나, 아직도 많은 주택을 포함한 학교, 상가, 오피스 등 건축물에는 석면을 함유한 건축자재가 그대로 남아 있는 곳이 많아 문젯거리이다.

지붕용 석면슬레이트는 1960~70년대 새마을운동의 일환으로 농어촌 지붕개량사업에 주로 많이 사용되었는데, 그 후 오랜 시간에 걸친 자연풍화작용으로 부식되어 작은 외압에도 쉽게 손상을 입어 석면분진과 섬유가 날아오를 수 있고, 속칭 텍스라 불리던 천정재도 보통 흰색표면으로 사무실 천정을 장식하였으나 장기간 사용되면 쉽게 손상되어 석면분진과 섬유가 날아오르므로 유지관리에 주의해야 하고, 특히 제거할 때는 상당히 조심스럽게 다루어야 한다. 내장재로는 밤라이트니 나무라이트니 하면서 사무실의 내부 칸막이와 화장실 칸막이로 엄청나게 사용되었지만 비닐벽지, 코팅 및 페인트 등으로 치장하여 판별이 어려운 경우가 있으므로 정밀한 조사가 있어야 한다.

석면을 함유한 건축자재로는 석면슬레이트, 석면보드, 석면타일, 석면지, 석면시멘트, 바닥타일, 지붕펠트, 석면시멘트 파이프, 천정마감재(텍스), 석면칸막이(밤라이트) 등이 있었으며, 내마모성과 내마찰성을 이용하여 자동차 브레이크 라이닝과 패드, 클러치패드, 조인트 등에 사용은 브레이크를 밟을 때마다 석면분진을 대기 중으로 날려 보냈을 것이며, 방직재로 사용되었으니 석면실, 석면로프, 석면포 등은 생각만 해도 끔직한 일이다. 그리고 개스킷, 패킹, 석면골판지도 만들어 사용했다.

4.7   두 얼굴의 오존

오존(Ozone)은 산소(O)원자 3개로 이루어진 산소의 동소체이지만 상당히 불안정한 물질로 분자식은 O_3이다. 특유한 냄새가 나기 때문에 '냄새를 맡다'는 뜻을 지닌 그리스어 ozein에서 명명되었다. 상온에서는 약간 푸른색을 띠는 기체이고, 액체일 때는 흑청색을 띠고, 고체일 때는 암자색을 띤다. 공기 속에 0.0002%(부피)만 섞여 있어도 특유의 냄새로 감지할 수 있다. 불안정한 기체여서 상온에서 저절로 분해되어 산소가 되고, 강한 산화력을 지니고 있다. 산소에 열을 가하면 오존이 생성되므로, 자외선이 풍부한 높은 산, 해안, 산림 등의 공기 중에 오존이 생성되어 상큼한 냄새로 상쾌한 느낌을 주지만 많이 섞여 있으면 오히려 불쾌감을 느끼게 한다. 산소로 분해되는 성질을 이용하여 공기정화에 사용되며, 살균작용에 의한 음료수 소독, 표백이나 유기화합물의 구조 결정 등에 사용된다.

지구상의 오존은 성층권에 존재하는 오존과 지표면에 존재하는 오존으로 구분하는데, 오존은 어디에 있으나 화학적 구조나 성분에는 변함이 없지만, 사람을 포함한 생물체에 미치는 영향이 정반대로 달라 구분할 수밖에 없다. 성층권에 존재하는 오존은 앞에서 설명했듯이 자외선을 지구표면에 도달하지 못하게 막아 지구상의 생물을 지키는 **유익한 오존**이지만, 지표면의 오존은 사람을 포함한 생명체에 해를 끼치는 **해로운 오존**이다. 그러나 지표면의 오존도 공기 중에 일정 농도 이하로 옅게 존재하면 바다나 숲속에서는 상큼한 느낌을 주는 이로운 작용을 하기도 하고, 살균작용을 하기도 한다.

화석연료를 사용하는 산업시설에서 배출되는 굴뚝 연기와 자동차(휘발유차든 디젤차든 상관없이)가 내뿜는 배출가스에는 아황산가스, 일산화질소 및 휘발성유기화합물이 포함되어 있게 마련인데, 이 물질들 자체가 오염물질이기도 하지만, 햇빛(자외선)에 의한 광화학반응으로 오존을 생성시키는 원인 물질이기도 하다. 오존을 발생시키는 원인 물질의 존재량이 같은 경우라도 기상조건에 따라 오존의 생성량은 달라진다.

오존의 농도는 일사량이 많아지고 기온이 올라가면 광화학작용이 더 많이 일어나므로 생성량이 비례하여 증가하는 반면, 습도와 풍속에는 반비례하여 감소한다. 그래서 더운 여름에 오존농도가 다른 계절에 비해 더 높다. 0.08ppm 이상의 고농도 오존이 나타나는 기상조건은 기온이 25℃ 이상이고, 상대습도가 75% 이하면서 풍속이 4m/초 이하의 약풍상 태가 지속될 때로 오존의 농도가 높아진다.

　　오존을 포함한 대기오염물질의 확산이 잘 안 되는 지형조건과 도시 의 건축물과 조화되지 않고 복잡한 스카이라인도 오존농도를 상승시키 는 원인이다. 대부분의 도시는 분지나 구릉지에 입지(좌청룡 우백호와 배 산임수에 둘러싸여)하여, 공기의 흐름이 원활하지 못할(바람의 소통이 어려 울) 뿐만 아니라, 도심의 고밀도개발은 자동차의 집중으로 오존생성 원 인 물질 배출량도 함께 집중시키고 있어, 시각적으로 매끄럽지 못한 건 축물의 높이 변화(스카이라인)는 국지적 기류의 발생을 방해하여 오존생 성이 용이한 조건을 형성하게 된다.

　　여러 층의 성질이 다른 공기층으로 이루어진 대기권의 가장 아래쪽 으로 지표면에 닿아 있는 공기층인 대류권은 지상고도 대략 10㎞까지를 말하는데, 대부분의 지구상 기후변화가 이 대류권에서 이루어진다. 지구 에서 가장 높은 산인 에베레스트 산의 높이가 8.8㎞인 것에 비하면 대류 권의 권역이 어느 정도인지 미루어 짐작할 수 있을 것이다. 대류권에서 는 높이 올라갈수록 태양에 가까워짐에도 불구하고 온도가 내려간다. 따 라서 더운 공기는 가벼워 떠올라가지만 높은 곳의 온도가 낮기 때문에 쉽게 식혀져 무거워지면 아래로 처져 내려오게 된다.

　　이 과정을 대류(Convection)라고 하고 대류가 이루어지는 대기층을 대 류권이라 하는데, 이 대류현상은 거대한 공기의 흐름, 즉 기류현상으로 대류권 내에서 여러 가지 오염물질을 함유한 대기의 혼합이 아주 효율적으로 이루어지게 되고, 광화학반응이 발생하기도 하고, 오염농도가 희석되기도 한다. 우주 활동을 제외한 지구상의 일상적인 사람의 활동은 대류권 안에서 이루어지기 때문에 대류권의 변화에 사람은 영향을 받을 수밖에 없다.

　　대류권 바로 위 지상 고도 10㎞에서 50㎞ 사이의 공기층인 성층권 에는 오존이 존재하기 때문에 오존층이라고도 하는 것은 이미 설명하였다. 성층권은 대류권과 반대로 높이 올라가면 올라갈수록 점점 더 따뜻해진다. 이것은 성층권에 산재한 오존이 자외선을 흡수하여 열을 저장하고 있어서 일어나는 현상이다. 성층권에서는 더운(가벼운) 공기가 상층부를 차지하고 차가운(무거운) 공기가 하층부에 있어서 대류권에서와 같은 수직적인 공기의 혼합이 거의 이루어지지 않는다.

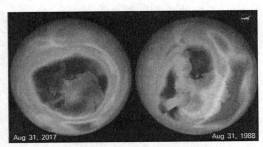

● NASA의 인공위성이 찍은 오존홀의 크기변화

1970년대 후반부터 관찰되고 있는 오존층의 파괴는 두 가지 관점에서 특이한 점을 보이고 있다. 하나는 지구상 전체 오존의 대부분을 차지하고 있는 성층권의 오존이 점점 줄어들고 있다는 사실이고, 다른 하나는 지구 극지방 상공의 성층권 오존이 봄철에 점점 더 많은 양이 감소한다는 사실이다. 봄철 오존양의 감소는 **오존구멍**(Ozone Hole)의 크기와 직결된다. 봄철에는 성층권뿐만 아니라 극지방 대류권의 오존도 파괴되어 그 양이 감소하고 있다. 위의 사진은 미 항공우주국(NASA)에서 발사한 인공위성이 찍은 1988~ 2017년 사이 10년간 오존홀의 크기변화를 극명하게 보여주는 사진이다.

남극의 기상은 계절에 따라 상당한 차이를 보이는데, 겨울에서 이른 봄까지는 강한 제트기류가 대륙을 감싸기 때문에 주변의 다른 공기가 들어오지 못하고, 남극의 겨울에는 극저온상태가 되어 성층권에서는 해뜨기 전이나, 해가 진 뒤에 진주조개 모양으로 빛나는 **진주운**(Nacreous Clouds)이 생긴다. 이 구름 속의 오존파괴물질이 햇볕(자외선)을 받아 구름입자의 표면에서 오존과 접촉하여 오존층을 파괴한다. 그런데 특히 남반구의 봄철인 9월과 10월 사이에 이런 기상현상으로 오존층이 많이 얇아지며 11월경이 되면 오존층은 다시 원상태로 회복된다. 성층권에서 오존은 자외선을 차단해 지구상의 생물이 생존할 수 있는 환경을 마련하지만, 사람이 배출하는 기체가 성층권으로 진입하여 오존을 파괴하고 오존홀을 만들어낸다.

수십 년 동안 축적된 연구자료에 따르면 대기 속의 오존농도는 태양 흑점, 계절 및 고도의 변화에 따라 다르게 변하는데, 이 변화는 쉽게 확인할 수 있고 예측 가능하다. 성층권의 자연적인 오존양의 감소는 자연적으로 증가하여 농도가 회복되어 왔지만, 지나친 오존파괴물질의 배출로 인해 1970년 후반부터는 이 자연적 농도회복이 잘 이루어지지 않아 자외선 방어막인 오존층이 파괴되고 있다는 과학적 증거가 속속 드러나고 있다.

염소와 브롬의 원자가 성층권에서 오존과 접촉하면 오존분자를 파괴하는데, 한 개의 염소 원자가 100,000개 이상의 오존분자를 파괴할 수 있어, 오존파괴물질에 의한 오존의 감소는 자연적으로 생성되는 속도보다 훨씬 더 빠르게 이루어지고 있다. 대표적으로 프레온가스는 아주 안정적인 물질이어서 지상에서는 잘 분해되지 않으나, 성층권에서는 자외선에 의해 분해되어 염소원자를 생성시켜 오존분해반응의 촉매 구실을 하게 한다.

오존파괴지수(ODP: Ozone Depletion Potential)는 오존파괴물질로 악명 높은 프레온가스 중의 대표물질인 삼염화불화탄소($CFCl_3$)의 오존파괴능력을 1로 할 때 다른 화학물질의 오존파괴능력을 비교하여 수치로 나타낸 지수로, 지수가 높을수록 오존파괴능력이 크다는 뜻이다. 몬트리올의정서에 규정된 모든 오존층파괴물질에 대해 오존층파괴지수가 계산되어 있다.

브롬화물질의 오존파괴지수는 브롬이 오존과의 반응성이 매우 강하기 때문에 5~15 사이로 아주 높고, 프레온(CFC)계 물질의 오존파괴지수는 0.6~1.0 사이이고, 오존파괴능력이 낮아 대체물질로 이용된 **수소염화불화탄소**(HCFC)계 물질은 함유된 수소가 대류권에서 쉽게 반응을 일으키기 때문에 오존이 있는 성층권에 도달하는 양이 적어 파괴지수가 0.005~0.2 사이로 상당히 낮다. **수소화불화탄소**(HFC)는 오존과의 반응성이 높은 염소를 함유하고 있지 않기 때문에 파괴지수가 제로(0)이므로 대체재로 사용된다.

오존파괴지수는 오염물질의 **지구온난화지수**(GWP: Global Warming Potential)와 같은 의미로 사용하여, 그 물질이 환경(지구온난화)에 얼마만큼의 영향을 미치는지를 가늠하는 수단(지수)으로도 이용된다. 오존층의 파괴로 생기는 오존홀은 지구상의 모든 생물에게 암발병을 포함한 여러 가지 악영향 때문에 세계적인 관심의 대상이다. 이런 세계적인 관심이 1987년에 몬트리올의정서를 작성하게 하여 CFC와 할로겐화합물을 포함한 오존파괴물질의 생산을 금하게 하였다.

　　몬트리올의정서(Montreal Protocol)는 오존층파괴물질에 대한 국제협약으로 1987년(8월 26일) 동의하여 1989년(9월 16일)부터 시행되었으며, 2016년까지 수정에 수정을 거듭하였다. 이 의정서 시행결과로 남극의 오존홀은 서서히 회복되고 있는데, 이 추세대로 가면 2050~2070년 사이에 1980년 수준의 오존홀로 되돌아올 것으로 추정하고 있어, 여태까지의 국제협약 중 가장 성공적인 협약으로 보고 있다. 1997년 지구온난화의 규제와 방지를 위한 국제협약인 **쿄토의정서**(Kyoto Protocol)와 더불어 197개 당사국(196개국과 EU)이 비준한 국제협약이다.

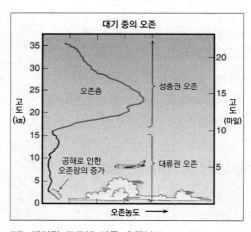

● 대기권 고도에 따른 오존분포-WMO

　　스위스에 있는 세계기상기구(WMO)에서 제공한 자료(왼쪽의 그래프)에 따르면, 대류권과 성층권에 걸쳐 분포된 오존이 지표면에서부터의 높이에 따라 어떤 농도로 분포되어 있는지를 도식적으로 보여준다. 도표에서 보듯이 대부분 오존은 성층권 내 오존층, 특히 성층권 중에서도 지상 25km 고도의 아래위에 집중적으로 모여 있는 것을 보여준다. 오존의 수직적 분포량은 지역에 따라 또 계절에 따라 변화한다. 지표면 가까이에서의 오존량의 증가는 인간활동(화석연료의 연소에 의한 배기가스, 그림에서는 비행기로 표시)에 따른 환경오염이 주원인이다. 대형 화산폭발과 같은 자연적인 현상도 오존의 농도에 직접적인 영향을 미친다. 예를 들어, 1991년에 발생한 필리핀의 피나투보(Pinatubo) 화산폭발은 성층권의 염소농도는 증가시키지 않았지만 엄청나게 많은 양의 에어로졸 입자를 분출했다. 이런 에어로졸 같은 미세입자나 액체입자는 그 구성성분에 따라 햇볕을 흡수하거나 반사할 수 있어 오존을 산소로 분해할 수 있으므로 에어로졸의 증가는 염소가 오존을 파괴하는 것과 같은 영향을 미칠 수 있어 성층권에 존재하는 에어로졸 입자는 오존파괴물질이 된다. 그렇지만 화산폭발에 따른 영향은 다행히도 오래가지 않고 일시적이다.

오존층의 파괴는 비단 남극의 상공에서만 이루어지고 있는 것이 아니다. 북아메리카, 유럽, 아시아, 아프리카의 상당 부분, 오스트레일리아 그리고 남아메리카까지 세계 방방곡곡 오존층이 파괴되지 않는 곳이 없다. 유엔환경프로그램(UNEP)에 따르면, 1980~1990년대 중반 사이 10년 동안 성층권 상부의 오존의 양이 엄청난 양(5~7%) 감소한 반면, 2000~2003년 사이에는 상당한 양(2.5~5%) 증가한 것으로 측정되었다고 한다. 2000년 이후의 성층권 상부 오존의 양적 증가의 반은 몬트리올의정서 발효 이후인 1990년대 후반부터 오존파괴물질의 배출이 양적으로 감소하고 있음을 보여준다. NASA에서 촬영한 남극의 오존구멍은 사진에서 보듯이 최근에는 점점 적어지고 있어 UN이 만든 국제협약 중 가장 유효한 협약으로 기후협약을 꼽을 만 한 것임을 입증하고 있다.

미국 국립해양대기청(NOAA)에서는 인공위성을 통해 얻은 성층권 오존과 자외선의 자료를 실제자료로 제공하고, 세계기상기구(WMO)에서도 대기권 조사와 연구자료들을 공개하고 있으며, 미 항공우주국(NASA)에서는 성층권 오존층과 극지방 오존구멍을 조사한 인공위성 자료를 매일 얻을 수 있다. 이 들 조사를 통해 오존층이 50%를 초과하여 파괴된 것이 확인되었을 때 '오존구멍'이란 말이 생겨났다. 남극과 북극의 양쪽 하늘의 오존구멍의 계절적인 변화에 대한 관측은 NASA와 UNEP에서 지속해서 이루어지고 있어, 홈페이지를 통해 자료를 얻을 수 있다. 이 홈페이지에서 제공하는 자료는 '오존층보호를 위한 비엔나협약'에 따른 몬트리올의정서에 규제내용에 맞춰 작성되고 있다.

오존층보호를 위한 **비엔나 협약**(Vienna Convention for the Protection of the Ozone Layer)이란 1974년 미국의 로우랜드(F. Sherwood Rowland) 박사가 오존층 파괴문제를 제기한 후 UNEP가 중심이 되어 오존층 파괴문제에 대처하기 위한 초안을 근거로 작성된 오존파괴원인물질의 규제에

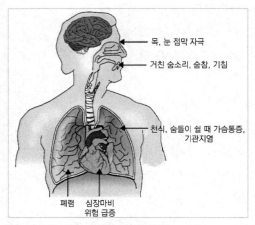

목, 눈 점막 자극

거친 숨소리, 숨참, 기침

천식, 숨들이 쉴 때 가슴통증,
기관지염

폐렴   심장마비
위험 급증

● 오존에 의한 호흡기계통의 위험

관한 협약으로 1985년 오스트리아의 비엔나에서 채택되었고, 1987년 몬트리올의정서(Montreal Protocol)에서 내용이 구체화하였다. 이 협약은 선언적인 협약에 불과하여 실효성 있는 규제내용이 없으나 오존층 보호를 위한 최초의 협약이라는 점에서 의의가 있다.

산소원자 세 개로 이루어진 오존(O_3)은 산소원자 간의 결합력이 약해 불안정한 물질이어서, 자외선에 의한 광화학반응으로 언제나 산소분자(O_2)와 산소이온(O^+)으로 분리되었다가, 조건이 맞으면 다시 오존으로 재결합하는 과정을 반복하는 성질을 지니고 있으므로, 산화력이 상당히 강한 물질이다. 그래서 오존은 산화제이자 자극제이기도 하여 산화작용으로 살균작용을 할 수 있어 이롭기도 한 측면이 있지만, 농도가 짙어지면 사람은 물론 지구상의 모든 생물(동물과 식물)에 피해를 주는 환경오염물질임을 한 번 더 강조한다.

비교적 낮은 농도에서도 눈, 코, 목구멍, 기도 그리고 폐에까지 영향을 주어 여러 가지 질병을 일으킬 수 있다. 국립환경과학원의 자료에 따르면 0.03~0.3ppm의 낮은 농도에 1시간 이상 노출되면 달리기 선수의 기록이 떨어지고, 0.2ppm에서는 동물(쥐 검사에서)의 적혈구에 변형이 생기며, 0.35ppm에서 3~6시간 노출되면 시력이 떨어지고, 0.6~ 0.8ppm에서 2시간 이상 노출되면 기관지를 자극하고 폐기능이 떨어진다고 한다.

오존을 함유한 공기를 숨으로 들여 마시면 해를 입는 오존취약층에는 천식환자, 어린이, 노인에다 농부나 스포츠맨같이 야외활동이 많은 사람이 포함된다. 특히 유전적으로 오존에 취약한 사람이나, 오존에 대한 인체저항력이 높은 비타민 C와 E 같은 영양분이 부족한 사람은 오존에 노출되면 위험도가 훨씬 높다. 바깥에서 놀기를 좋아하는 어린이들은 폐가 완전히 발육되지 않은 상태이므로 폐에 대한 영향이 높은 오존에 노출되는 것이 위험할 수밖에 없다. 그래서 어린이들은 어른들보다 천식에 걸릴 확률이 더 높다.

오존에 노출되면 허파꽈리로 이어지는 기도근육과 폐 활동근육을 위축시키기 때문에 숨을 깊이 쉬거나 폐활량을 크게 하는 깊은 숨을 쉬지 못하게 되므로 숨이 가빠지고, 깊은 숨을 쉴 때 가슴통증을 일

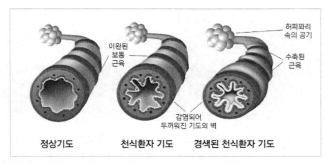

정상 기도와 천식환자 기도

으키는 원인이 된다. 오존은 기도를 감염시키고 손상을 가져와 기침을 유발시켜 기관지와 인후에 염증으로 발전하기도 하여 천식, 폐기종, 만성기관지염 같은 폐 관련 질병을 악화시키는 원인이 된다.

오존에 노출되면 천식환자는 기침을 훨씬 더 자주하고, 폐를 민감하게 만들어 폐질환 감염가능성을 더 높이기도 한다. 폐질환의 증상이 사라진 뒤라도 오존에 지속해서 노출되어 폐가 손상되면 만성폐쇄성폐질환(COPD)을 일으키기도 한다. 이런 현상은 건강한 사람에게도 나타날 수 있으므로 천식과 같은 폐질환 환자는 특히 더 위험하다. 오존에 단기노출과 호흡기질환을 포함한 돌연사에 관한 최근의 연구보고서에 따르면, 오존에 장기 노출로 인한 호흡기질환 사망률이 높진 않지만, 단기노출에 의한 사망가능성도 전혀 배제하지 못하는 것으로 밝혀졌다.

오존노출에 의한 식물의 피해는 광합성이 이루어지는 시간, 즉 밤이냐 낮이냐, 수분의 양 그리고 기공의 열린 상태에 따라 차이를 보이는데, 식물의 기공이 열리는 시간인 아침과 낮 그리고 수분량이 많은 시간대에 오존에 노출되면 피해가 크다. 오존에 노출되면 식물이 입게 되는 가장 특징적인 피해는 잎에 나타나는 반점이고, 잎의 표백현상과 누렇게 변화는 황화현상(노랑 들기)이 생기기도 하고 고농도에서는 잎이 썩는 괴저현상도 일으키는데, 이 모든 피해는 식물의 광화학반응을 막는 원인으

로 결과적으로 식물을 죽게 만든다.

무와 강낭콩 같은 식물은 0.03ppm 안팎의 낮은 농도에 4시간 이상 노출되면 피해가 나타나기 시작하고, 무는 0.05ppm에서 하루 8시간씩 20일간 노출되면 수확량이 50% 감소하고, 카네이션은 0.07ppm에 60일간 노출되면 개화율이 60% 감소하며, 담배는 0.01ppm에서 5.5시간 노출되면 꽃가루 생성이 50% 감소한다. 일반적으로 오존에 피해를 본 식물은 잎이 손상되고 해충과 질병에 약하게 되어 상품성이 떨어지는데, 미국에서만 오존에 의한 농작물 피해가 연간 5억달러가 넘는 것으로 추산되고 있다.

오존이 생태계 전체에 미치는 영향은 먼저 식물 개체에 끼친 피해가 집단적으로 나타나 식물의 성장과 생산량에 영향을 미친다. 이렇게 영향받은 식물군락 전체가 광합성 기능의 저하로 탄수화물 분배의 불균형을 초래하고, 영양분의 소실로 산림이 쇠퇴하는 현상으로 이어질 수도 있다. 바다에서는 수생생물 먹이사슬의 기초가 되는 식물성 플랑크톤의 성장이 떨어지며, 육지에서는 동물의 알이 자외선의 피해를 보는 등 생태계 전체에 심각한 영향을 미치므로, 오존은 알고 보면 상당히 위험한 오염물질이다.

4.7.1 오존과 자외선

오존은 기체로 존재하는 물질이지만, 자외선은 햇빛 중 가시광선보다 파장이 짧은 광선이어서 엄연히 서로 다른 특성을 지닌 대상이지만, 만일 자외선이 성층권에 있는 오존에 의해 방해받지 않고 그대로 지상에 도달한다면 사람은 물론 살아남을 생명체가 거의 없기 때문에 떼어놓고 설명하기가 어렵다. 그래서 상관관계를 비롯한 여러 가지 문제점을 먼저 설명하겠다.

대기권에 존재하는 오존은 대기권을 형성하는 성층권에 대부분이 존재하기 때문에, 성층권을 **오존층**(Ozonosphere: 대기권 중의 하나의 층이란 뜻에서 sphere를 붙임)이라고도 한다. 앞에서도 이미 설명했지만, 성층권의 중간쯤인 20~30km 사이에 오존이 많이 분포되어 있어, 태양으로부터 나오는 자외선을 흡수하는 오존층이 존재한다. 이 오존층은 태양광

중 유해한 파장이 짧은 복사선, 즉 자외선으로부터 생명체를 지켜주므로 **오존장막**(Ozone Shield)이라고도 하는데, 오존층에 오존이 밀집해 있다고 해서 그 농도가 상당할 것으로 생각하겠지만 10ppm 미만의 낮은 농도 밖에 되지 않고, 지표면 대기 중 농도는 0.3ppm 정도로 더 낮은 농도이다.

오존농도는 **돕슨단위**(DU: Dobson Unit)로 나타내는데, 1DU는 표준상태, 즉 0℃, 1기압 상태에서 1㎠의 면적에 존재하는 오존의 두께를 1/1000(=10^{-3})㎝의 단위로 표현한 것이다. 즉 순수오존 1/100 mm(10μm)의 두께에 해당하는 양이다. 지구 전체의 평균 오존량은 두께 3mm(300DU) 정도이다. 이 설명

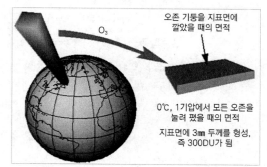

● 돕슨 단위

대로 대기권에 존재하는 오존을 모두 지표면에 깔면 300~500DU, 즉 3~5mm 정도밖에 되지 않으므로, 엄청나게 얇은 두께로 오존량이 얼마 되지 않는다는 것을 짐작할 수 있다. 적도부근에서의 오존농도는 약 260DU, 북극은 최대 450DU, 남극은 380DU 정도이다. 이렇게 계산해놓고 보면 오존량이 정말 얼마 되지 않지만, 그 오존이 밀집되어 지구상 표면에서 살아가는 생물을 살리고 있다.

돕슨단위는 대기권 오존을 조사한 최초의 과학자 중 한 사람인 고든 돕슨(Gordon Dobson)의 이름에서 따왔다. 미 항공우주국(NASA)에서는 성층권 오존의 기준치로 220 DU를 사용하고 있다. 1979년 이전 남극 오존구멍의 관찰치로 220DU 이하의 값으로 나타난 적이 없어서 NASA에서는 이 두께를 측정의 시작점으로 선택했다. 남극대륙에서 직접 조사한 측정치에서도 염소화합물과 브롬화합물로 인한 오존손실의 결과로 오존농도가 220DU 이하로 나타났다.

물리적으로 아주 조밀하게 깔면 앞에서 설명한 것처럼 두께가 아주 얇아 그 양이 얼마 되지 않은 것처럼 보이지만, 성층권에 폭넓게 산재하

여 고르게 분포된 오존은 자외선을 차단할 만큼의 양은 된다. 이 오존은 앞에서 설명했듯이 지표면에 약 20~30km(더 넓게는 15~40km) 사이의 높이에 걸쳐 분포되어 있다. 성층권에는 오존이 뚜렷하고 측정 가능한 띠의 형태로 층을 이루고 있지 않지만 농도측정은 가능하나, 실제 성층권에는 오존은 아주 엷은 농도로 존재한다.

오존파괴물질(ODS: Ozone Depleting Substance)에 의한 오존층파괴로 오존농도가 떨어지면(오존의 양이 줄어들면) 지표면에 도달할 수 있는 자외선의 세기가 높아져(자외선의 양이 많아져) 사람을 포함한 모든 동식물에 영향을 미친다. 만일 5~10%의 오존층이 파괴되면 자외선 세기가 20%까지 높아지고, 20%의 오존층이 파괴되면 자외선 세기는 50%까지 올라갈 수 있다.

자외선 세기의 증가는 사람에게 피부암, 피부노화, 백내장 등을 초래할 수 있고, 식물성 플랑크톤의 감소로 먹이사슬이 시초부터 형성되기 어려우며, 자외선의 식물성장 저해로 식량생산은 부족해지고, 임산자원은 감소할 것이다. 그래서 태양의 유해한 자외선으로부터 지구의 모든 생명체를 보호하기 위해 이 오존층을 보호해야 하는데, 인간의 활동은 이 보호막을 끊임없이 파괴하고 있으니 참 걱정이다.

오존파괴물질에는 염화불화탄소(CFC)를 비롯해 수소염화불화탄소(HCFC), 수소브롬화불화탄소(HBFC), 할론, 브롬화메틸, 사염화탄소, 클로로브로모메탄, 메틸클로로포름 등이 있다. 이 오존파괴물질의 용도는 냉장고와 에어컨의 냉매, 전자부품 세척제, 발포제, 전기용품의 부품, 공업용 용매, 드라이클리닝 세제, 분무기 압축가스, 훈증제 등 상당히 광범위하게 사용되므로 언제나 대기 중으로 유출될 가능성이 높다.

오존파괴물질은 I급과 II급으로 구분하는데, I급 물질은 II급보다 더 파괴성이 높은 물질이어서 몇 가지 예외(흡입기용 CFC와 메틸브로마이드)를 제외하고 어느 누구도 현재는 I급 물질을 생산하거나 수입할 수 없다. II급 물질은 I급 물질의 과도기적 대체물질로 모두 수소염화불화탄소(HCFC) 화합물이다. HCFC의 생산과 수입은 2020년까지 단계적으로 금지될 것이다.

흡입기용 CFC란 스프레이식 정량흡입기(MDI: Metered Dose Inhaler)에 분출가스로 첨가된 프레온가스를 말하는데, 약통을 누르면 일정량의 약물이 분출되는 정량흡입기는 천식환자가 많이 사용하며 5세 어린이도 사용할 수 있는 장점이 있으나 프레온가스와 함께 들어 있는 부형제는 기도를 자극하거나 환경공해를 유발하는 단점이 있다. 부형제란 약제에 적당한 형태를 갖추거나 양을 증가시켜 사용하기 편리하게 할 목적으로 더해지는 물질을 말한다. 그러면 이제 오존파괴물질의 특징을 한 가지씩 설명하겠다.

염화불화탄소(CFC: Chlorofluorocarbon)는 냉매, 발포제, 분사제, 세정제 등 다용도로 사용된 물질로 미국 듀퐁(Dupont)사의 상품명이 프레온(Freon)이어서 프레온가스로 더 유명하다. 생산 초기(1930년)에는 사람에 독성이 없고 불연성의 이상적인 화합물이어서 '꿈의 물질'이라고까지 자랑했으나 오존파괴물질인데다 기후변화를 가져오는 온실가스로 확인된 후 1987년 몬트리올의정서에 따라 선진국은 1996년부터, 개발도상국은 2010년부터 생산 및 소비가 금지된 물질이다.

수소염화불화탄소(HCFC: Hydrochlorofluorocarbon)는 CFC보다 오존파괴를 적게 하므로 대체용으로 사용되고 있지만 여전히 오존층을 파괴하므로, 몬트리올의정서에 따라 2013년부터 생산과 소비를 줄이고 있으며, 2040년까지 모두 없애기로 했다. 에어컨을 비롯한 가전제품용 냉매뿐만 아니라 단열재로 또 반도체 세정제로도 사용되므로 대체재의 개발이 시급하다. **수소브롬화불화탄소**(HBFC: Hydrobromicfluorocarbon)도 브롬화수소산의 하나로 오존파괴물질로 분류되어 있다.

할론(Halon)은 염소와 같이 할로겐(Halogen)계열인 브롬(Br: Bromine)을 함유한 소화용 가스로 개발되었고, 소화성능이 뛰어나 사용도가 상당히 높았으나, 오존파괴물질로 밝혀지면서 규제 대상이 되었다. 브롬은 불연성(타지 않는 성질)이 높아 소화용으로는 제격이지만, 염소보다 오존파괴능력이 더 커 몬트리올의정서는 2000년에 완전히 폐기하도록 규정했다.

브롬화메틸(Methyl Bromide)은 무색무취의 독성의 휘발성기체로 농업용과 선박용 살충제(쥐약, 훈증제, 방충제)제로 사용된다. 포도, 아스파라거스, 통나무 등을 선박으로 수입할 때 해충 유입을 방지하기 위해 살충제로 공식검역에 사용되는 물질이다. 그러나 사람이 고농도의 브롬화메틸에 노출되면 중추신경계와 호흡기계통에 장애를 일으키고 폐, 눈 및 피부에 손상을 가져올 뿐만 아니라 오존파괴물질이다.

사염화탄소(Tetrachloride)는 유지류의 용제나 분석시약으로 사용되고, 인화성이 없고 증기가 무거워서 기름에 의한 화재의 소화제로 사용되었지만, 독성이 강해 낮은 농도에 만성적으로 노출되어도 간과 콩팥에 손상을 주는 오존층 파괴물질이다. 클로로브로모메탄(Chlorobromomethane)은 깨끗한 무색액체로서 달콤한 클로로포름과 같은 냄새가 난다. 불연성이어서 소화용으로 이용되었으나 고온에 노출되면 유독가스를 방출할 수 있어 사용중지 되었으며, 소화약제로도 사용되는 오존층 파괴물질이다. 메틸클로로포름(Methyl Chloroform)은 산업용 용매와 탈지제로 사용된다. 가정용 청소용제, 접착제 및 에어로졸 스프레이에도 포함되어 있다. 그러나 노출되면 저혈압의 원인이 되고, 간과 중추신경에 영향을 미쳐 어지러움, 메스꺼움, 구토, 설사 등의 증상을 일으키기도 하는 유해물질이고 오존파괴물질이다.

4.7.2 오존경보

도시환경에서는 햇볕이 쨍쨍한 날에는 오존농도가 건강에 해를 끼치는 수준으로 올라가지만 추운 날에는 농도가 훨씬 떨어진다. 오존은 바람에 의해 멀리 날아 가기도 하기 때문에 오염물질 배출량이 적은 시골에서도 상당 수준의 오존농도를 경험한다. 천식환자, 어린이, 노약자 그리고 야외에서 활동하는 사람, 특히 야외작업자는 오존을 함유한 공기를 흡입함으로써 해를 많이 입는 오존취약층이다. 오존에 약한 특정 유전형질 소유자나 비타민 C와 E 같은 영양분이 부족한 사람이 오존에 노출되면 보통 사람보다 더 영향을 많이 받는다.

우리나라에서는 별도의 조사나 연구가 없어 오존에 민감한 식물을

144

아직 확인하지 못하고 있으나, 미국의 연구에 따르면 우리 귀에는 익숙하지 않은 나무들, 즉 흑 벚나무(Black Cherry), 사시나무(Quaking Aspen), 튤립나무(Tulip Poplar), 스트로부스잣나무(White Pine), 폰데로사 소나무(Ponderosa Pine), 붉은 오리나무(Red Alder) 등이 대표적으로 오존에 민감한 식물로 알려져 있다. 우리나라에서 서식하는 나무를 조사하면 오존에 민감한 나무들이 틀림없이 있으련만... 오존은 식물이 살아가고 성장하는데 필요한 에너지를 만드는 광합성에 장애를 주어 영양균형에 영향을 미치고 성장을 더디게도 한다.

오존은 튤립나무의 나뭇잎을 병들게 하여 곤충에 의한 손상을 쉽게 하고, 기후가 열악할 때는 다른 오염물질의 악영향을 더 많이 받게 하는 영향을 미치기도 하는 것으로 알려졌다. 특정한 기후조건에서 오존이 존재하면 어떤 식물은 잎사귀에 눈으로 확인 가능한 자국이 생기기도 한다. 심하면 생물(동식물, 곤충, 물고기)의 종 다양화에도 악영향을 미치고 수풀의 군집, 서식환경, 수질과 영양순환에도 변화를 가져올 수 있는 것으로 밝혀졌다.

오존은 염소냄새와 비슷한 톡 쏘는 듯한 독특한 냄새가 나는 담청색의 기체이어서 공기 중에 아주 낮은 농도라도 사람이 감지할 수 있다. 오존은 공업용 또 소비자용으로 많이 이용되는 강력한 산화제이지만, 100ppb(=0.1ppm)의 낮은 농도에서도 동물의 점액과 호흡기는 물론 식물의 조직에 손상을 가져올 수 있는 위험한 공해물질이다. 따라서 대기 중의 오존농도가 어느 정도인가에 따라 위험수준을 알리고, 그것에 맞게 사람들의 일상생활과 행동에 제한을 권고하는 오존경보제(OAS: Ozone Alarm System)를 우리나라에서는 1995년 7월부터 서울에 처음 도입되었다.

오존경보제는 오존에 노출될 경우 특히 피해를 많이 입을 수 있는 호흡기 질환자, 어린이 및 노약자들을 포함한 일반 사람들에게 오존농도가 환경기준 이상이라는 사실을 알려 피해를 최소화하고 오존농도를 감소시키는데, 시민들의 자발적인 협조를 구하기 위해 만들어진 제도였는데, 요즈음은 자동차의 통행을 금지하거나 사업장 조업시간 단축명령 같은 강제규정도 포함되어 있다. 실외경기인 프로야구와 프로축구도 오

오존경보에 따른 행동요령

오존경보	조치사항	행동요령
주의보 (0.12ppm/시 이상)	주민 실외활동 제한, 자동차사용 자제, 대중교통수단 이용	실외 운동경기와 노약자·환자 및 어린이는 실외활동 자제, 자가용승용차 불필요한 자동차운행자제, 대중교통수단이용
경보 (0.3ppm/시 이상)	주민 실외활동 제한, 자동차사용 제한, 사업장 연료사용량 감축권고	노약자·환자 및 어린이는 실외활동제한, 자가용 운전자 통행 제한, 사업장의 연료사용 감축 권고
중대경보 (0.5ppm/시 이상)	주민 실외활동 금지, 자동차사용 금지, 사업장 조업시간 단축명령	노약자·환자 및 어린이는 실외활동 금지, 자가용 승용차 통행제한 및 진입금지

존경보가 발령되면 자체적으로 경기를 제한할 것으로 알려졌다. 오존경보는 오존주의보, 오존경보 그리고 오존중대경보의 3단계로 발령된다.

가장 낮은 경보인 **오존주의보**(0.12ppm/시 이상)가 발령되면, 노약자, 호흡기 질환자 및 어린이는 실외활동을 자제하도록 요청하고, 일반인은 승용차 대신 대중교통을 이용하도록 권장한다. **오존경보**(0.3ppm/시 이상)가 발령될 경우는, 실외활동과 운동경기의 자제 그리고 소각시설의 사용제한을 요청하고, **오존중대경보**(0.5ppm/시 이상)가 발령되면, 유치원 및 학교의 휴교를 권고하고, 경보지역 내 자동차는 통행이 금지된다.

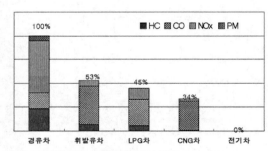

연료유형별 오염물질 배출 비교

앞에서도 설명했듯이 오존은 자동차나 공장의 매연에서 직접 배출되는 것이 아니고, 배출된 탄화수소, 일산화탄소와 질소산화물 등이 태양광에 의한 광화학반응으로 대기 중에서 생기는 2차 오염물질이다. 1987년 무연휘발유의 도입과 촉매, 전자제어 연료분사 등 배출가스 저감기술의 발달로 자동차에서 발생하는 오존을 포함한 대기오염물질의 배출량이 엄청나게 줄어들긴 했지만, 자동차의 수적 증가와 주행거리의 증가로 인해 자동차가 여전히 큰 비중을 차지하고 있다.

특히 경유차는 휘발유차보다 질소산화물의 배출량이 많고 사용수명이 길어 오존발생에 큰 영향을 미치는데, 우리나라는 경유차량의 보유비율이 높은 나라이다. 경유엔진에서 주로 발생하는 질소산화물과 입자상

146

물질의 유해성을 고려하여 상응하는 대책을 여러 가지 세우고 있다. 오래된 경유차의 운행을 억제하기 위한 경유차 조기폐차지원금이나, 2019년 6월부터 시행하는 오염물질을 많이 배출차량(5등급 이하) 차량의 서울시 진입 금지 등이 대표적인 대책으로 손꼽힌다.

4.8   미세먼지는 만병의 근원

우리가 일상적으로 미세먼지라고 부르는 것은 현미경으로 봐야 보이는 아주 미세한 크기의 입자를 말한다. 미세먼지를 미세입자(Particulate Matter) 또는 미세분진(Fine Dust)이라고도 한다. 특히 대기 중에 떠다니는 미세먼지를 숨으로 흡입하면 직접적인 피해를 입기도 하지만, 미세먼지는 기후와 강우에도 영향을 미쳐 사람과 동식물의 건강은 물론 생태계에도 악영향을 미치는 심각한 오염물질이다.

미세먼지를 표시할 때 영어약자를 이용하여 PM으로 쓰고 뒤에 입자의 지름(지름이라고 하나 생김새가 불규칙하므로 가장 긴 부분의 길이로 표시)이 $10\mu m$보다 작은 먼지가 사람과 동물은 물론 생태계에 미치는 영향이 엄청나므로, 지름이 $10\mu m$보다 작은 입자를 PM10(PM_{10}, PM^{10}, PM－10 등으로도 표시)이라 칭하는데, 이 입자는 호흡으로 흡입될 수 있는 크기의 입자이다. 그리고 크기가 $2.5\mu m$보다 작은 입자는 PM2.5($PM_{2.5}$, $PM^{2.5}$, PM－2.5 등으로도 표시)라 칭하는데, 흡입되면 흉부에까지 깊숙이 들어와 영향을 미치는 입자이므로 실제로는 훨씬 더 해로운 오염물질이다.

보통 **미세먼지**(Coarse Particulate)인 PM－10은 입자크기가 $2.5\sim10\mu m$ 사이인 미세입자를 말하고, **초미세먼지**(Fine Particulate)라고 부르는 PM－2.5는 입자크기가 $2.5\mu m$보다 작은(미만) 초미세입자를 말한다. 그리고 필요에 따라 입자크기 $0.1\mu m$보다 작은 미세입자를 PM－0.1로 구분하여 이를 **극미세입자**(Ultra－fine Particulate)라고 부르기도 한다.

다음 페이지의 그림은 미세입자의 크기가 얼마나 작은가를 설명하기

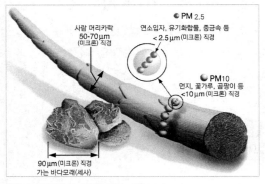

사람 머리카락
50~70μm(미크론) 직경

PM 2.5
연소입자, 유기화합물, 중금속 등
<2.5μm(미크론) 직경

PM10
먼지, 꽃가루, 곰팡이 등
<10μm(미크론) 직경

90μm(미크론) 직경
가는 바다모래(세사)

미세입자의 크기 비교-EPA

위해 미국 EPA에서 작성한 인포그래픽이다. 사람의 머리카락 굵기가 50~70μm이고, 해변의 아주 가는 모래인 세사의 직경이 90μm인데 비해 먼지, 꽃가루 및 곰팡이 같은 미세입자(PM_{10})의 직경은 머리카락 굵기의 1/5보다 작은 10μm 미만의 작은 크기이고 연소입자, 유기화합물 및 중금속 같은

초미세입자($PM_{2.5}$)는 머리카락 굵기의 1/20보다 더 작은 2.5μm 미만의 아주 작은(초미세한) 크기의 입자라는 것을 보여주는 설명이 깃들여 있다.

세계보건기구(WHO)에서는 미세먼지를 그 구성성분에 관계없이 1급 발암물질로 분류하고 있다. 미세먼지는 폐 깊숙이 흡입되어 여과되지 않고 폐와 핏속으로 침투하여, 심장마비와 호흡기질환을 일으켜 조기사망에까지 이르게 할 수 있기 때문에 가장 해로운 오염물질 중의 하나인 발암물질로 분류한 것이다.

2013년 31만 2,944명의 사람을 대상으로 유럽에서 행한 실험에 따르면, 미세먼지에는 안전기준을 설정할 수 없고, 미세먼지농도가 $10\mu g/m^3$ 증가할 때마다 폐암발병이 22% 비례하여 증가했다는 보고가 있다. 전 세계적으로는 PM2.5에 노출로 2016년 한 해만 410만 명의 사람이 뇌졸중, 폐암, 만성폐질환 및 호흡기감염으로 사망했다. 전반적으로 살펴보면, 대기 중의 미세먼지는 조기사망의 6번째 위험요인이라 한다.

미세먼지는 화산, 먼지폭풍(황사), 산불 등의 자연발생원에서도 생기고, 화석연료의 연소로 달리는 자동차, 논두렁 태우기, 화력발전소, 냉각탑, 산업시설 등의 인위적 발생원에서도 상당량의 미세먼지가 발생한다. 개발도상국에서는 난방과 취사용 에너지로 제일 많이 사용하는 석탄의 연소에서 미세먼지가 특히 실내에서 많이 발생한다. 바다에서의 염분비말(소금이 증발하여 생기는 미세입자)은 무시할 수 없는 미세먼지 발생원이고, 사람들의 활동으로 만들어지는 인위적인 에어로졸 형태의 발생량은 대기 중 총 에어로졸의 약 10%나 된다.

미세먼지와 에어로졸의 구성성분은 발생원에 따라 다르다. 바람에 휩쓸려오는 먼지는 주성분이 광물의 산화물이거나 지각의 구성광물이어서 무거우므로 호흡으로 빨아들이는 흡입량이 많지 않고, 바닷물의 비말로 배출되는 바닷소금은 지구상 에어로졸 중 두 번째로 많은 비중을 차지하며 주성분인 염화나트륨에다 마그네슘, 황산염, 칼슘, 칼륨 등이 약간씩 섞여있다. 건물 옥상의 냉각탑에서 배출되는 물방울이나 미스트도 냉각탑의 이용이 늘어나면서 양이 많아지고 있다.

황산화물과 질소산화물 같은 기체상 오염물질(1차 미세입자)이 산화반응으로 황산이나 질산이 되면 2차 미세입자가 만들어진다. 1차 미세입자는 인위적 발생원(화석연료의 연소)에서도 자연적 발생원(유기물)에서도 배출될 수 있다. 2차 미세입자는 암모니아를 만나면 황산암모늄과 질산암모늄 같은 암모늄염이 되어 3차 미세입자가 되고, 암모니아를 만나지 않으면 황산이나 질산 같은 산성물질로 바뀌어 사람의 건강에 영향을 끼치는 입자(미세먼지)가 된다. 1차든 2차든 3차든 미세입자의 주성분은 휘발성유기화합물(VOC)일 수도 있고, 탄소(블랙카본)일 수도 있고 다른 오염물질일 수도 있어 사람의 건강에는 유해한 오염물질임에는 틀림이 없다.

미세먼지의 화학적 구성성분은 햇빛과의 광화학반응에 영향을 미치기도 한다. 화학성분에 따라 빛의 굴절률이 다르므로 햇빛의 분산량과 흡수량이 달라진다. 미세먼지의 구성성분 중 가장 흔한 성분인 아황산가스, 이산화질소, 일산화탄소, 광물성 먼지, 유기물, 블랙카본 및 검댕 등은 스모그를 형성할 수 있는 원인물질로 도시의 하늘을 흐리게 하여 시야를 흐리는 원인이 된다. 습도가 높고 온도가 낮으면 황을 함유한 미세입자는 습기를 빨아들여 아황산가스 같은 황화물로 만들어 누런색을 띠게 하늘의 색깔이 황량해진다.

미세먼지는 입자의 크기에 따라 흡입 시 사람의 몸속 도달거리가 달라진다. PM10보다 큰 입자는 섬모와 점액에 의해 코나 목구멍에서 걸러지지만, PM10보다 작은 입자는 기관지와 폐에까지 흡입되어 심각한

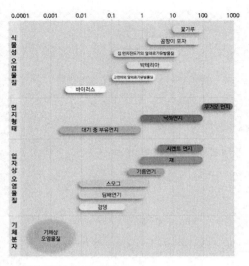

0.0001 0.001 0.01 0.1 1 10 100 1000

식물성 오염물질

먼지형태

입자상 오염물질

기체분자

꽃가루
곰팡이 포자
집 먼지진드기의 알레르기유발물질
박테리아
고양이의 알레르기유발물질
바이러스
무거운 먼지
낙하먼지
대기 중 부유먼지
시멘트 먼지
재
기름연기
스모그
담배연기
검댕
기체상 오염물질

🔵 미세입자의 크기(㎛)

질환의 원인이 된다. 10㎛의 크기가 흡입되느냐 흡입되지 않느냐를 구분 짓는 정확한 경계 크기는 아니지만, 대부분의 국제적 건강관련기관이 오염물질로 분류하는 것에 동의하고 있다. 10㎛ 이하의 미세입자는 그 크기가 아주 작기 때문에 세기관지나 허파꽈리(폐포) 같은 폐의 깊은 곳까지 침투할 수 있다. 그래서 천식환자가 미세입자를 흡입하면 기관지수축으로 큰 고생을 할 수도 있다.

마찬가지로 소위 초미세먼지라 불리는 PM2.5는 기체가 드나들 수 있게 폐 속에 작은 구멍이 무수히 나 있는 허파꽈리 속까지 침투하고, 너무 작은 입자라 극미세먼지라 불리는 PM0.1은 폐를 통과하여 다른 장기에까지 영향을 미친다. 미세먼지의 침투는 입자의 크기가 작은 것으로만 이루어지지 않고, 입자의 모양과 화학적 구성성분에 따라서 침투정도가 달라질 수 있다.

미세먼지 입자크기에 따른 상대적 침투정도를 간단히 나타내기 위해 **호흡성 미세먼지**(Inhalable Particle)라 불리는 PM10은 섬모가 걸러내기 때문에 기관지보다 더 안쪽으로 침투하지 못하고, **흉부성 미세먼지**(Thoracic Particle)라 불리는 PM2.5는 종말세기관지까지 직접 침투할 수 있지만, PM0.1은 기체(가스)교환구역인 허파꽈리까지 침투할 수 있어 **흡입성 미세먼지**(Respirable Particle)라 부른다. 다시 말해, 호흡성입자는 코와 입으로 들어가 기도에 축적되는 먼지이고, 흉부성입자는 흉부까지 들어가 폐의 기도에 축적되는 먼지인 반면, 흡입성입자는 더 깊숙이 기체교환구역인 허파꽈리에 축적되는 먼지이다.

0.1㎛(＝100㎚) 이하의 가장 작은 극미세먼지를 **나노먼지**(Nanoparticle)라고도 하는데, 심장혈관계에까지 손상을 입힐 수 있는 입자이다. 나노

먼지는 세포막을 통과해 뇌를 포함한 다른 장기에까지 들어갈 수 있는 무서운 먼지이다. 디젤엔진에 배출되는 입자 즉, 디젤미세먼지(DPM: Diesel Particulate Matter)가 전형적인 100nm 전후 크기의 나노먼지이다. 검댕도 나노먼지로 표면에 벤조피렌 같은 발암물질을 묻혀 운반한다. 미세먼지의 입자크기로 건강위험을 추정하는 것은 적절하지 않다. 예를 들어 10 ㎛ 입자 한 개는 100nm입자 십만 개와 같지만 허파꽈리까지 침투하지 못하므로 위험정도가 훨씬 적다.

PM2.5~PM10 사이의 미세먼지를 흡입하면 저체중아 출산 같은 임신위험을 높인다. 임신 중에 모체가 PM2.5에 노출되면 태아가 출생 후 고혈압 어린이가 될 위험이 커진다. PM2.5에 노출은 PM10에 노출보다 태아의 체중에 더 많은 영향을 미친다. 미세먼지 노출은 염증, 산화스트레스(몸속에 활성산소가 많아져 생체의 산화균형이 무너진 상태), 내분비교란, 태반으로의 산소운반 손상 같은 위험을 가져오는데, 이 모든 위험이 태아의 체중을 떨어뜨리는 원인이 된다.

인위적인 미세먼지 배출로 대기 중의 농도가 증가하면서 폐암과 심폐질환 사망률 증가를 포함한 심각한 환경영향을 미친다. 미세먼지와 연관된 많은 수의 사망과 건강문제가 처음 대두된 것은 1970년대 초반이고, 그 이후 계속해서 이슈화되어 왔다. 미세먼지오염으로 미국에서만 2000년부터 해마다 22,000~52,000명이 사망하고, 2005년 한 해에 유럽에서는 370,000명이 조기 사망한 것으로, 그리고 전 세계적으로는 3.22백만 명이 사망한 것으로 추정된다.

옆의 그림은 미세먼지의 입자크기에 따라 사람에 미치는 영향을 보여준다. 도로상에 생기는 먼지나 마찰먼지 같은 호흡성 미세먼지인 PM10은 호흡기질환, 폐기능 저하를 일으키고, 산업용 먼지나 배기가스 같은 흉부성 초미세먼지인 PM2.5는 피부질환이나

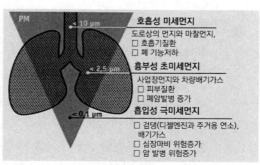

미세먼지의 크기와 사람에 미치는 영향

폐암발병 증가 같은 위험의 원인이 되고, 디젤엔진이나 주거용 연소에서 발생하는 검댕이나 배기가스와 같은 흡입성 극미세먼지인 PM0.1은 심장마비 발병위험을 증가시키고 심혈관계 암 발병률을 증가시킨다는 경고를 담고 있다.

PM2.5는 프라그를 동맥에 축적해 혈관염증과 죽상동맥경화증을 일으켜 심장마비와 심혈관장애를 가져오며, 특히 관상동맥에 영향을 많이 미친다. 최근(2014년)에 EU에서 이루어진 대기오염영향에 대한 코호트 연구(ESCAPE: European Study of Cohorts for Air Pollution Effects)에 따르면, PM2.5 노출농도가 $5\mu g/m^3$의 낮은 농도 증가만으로도 심장마비가 13% 증가하는 것으로 나타났다. 미세먼지는 사람의 세포와 장기뿐만 아니라 사람에게 병을 일으키는 박테리아에도 영향을 미친다고 하는데, 블랙카본에 노출된 황색포도상구균과 폐렴구균의 생물막(바이오필름)형성, 항생제 내성 및 대량서식능력에 장애가 생기는 것으로 밝혀졌다.

WHO의 추정에 따르면, 전 세계적으로 심폐질환 사망자의 약 3%, 기도와 기관지질환 및 폐암 사망자의 약 5% 그리고 5세 이하 어린이의 급성호흡기질환 사망자의 약 1%가 초미세먼지(PM2.5)에 기인한다고 한다. 심장마비의 가장 심각한 원인 중의 하나가 자동차 배기가스인데, 심장마비의 7.4%가 자동차 배기가스에 기인한 것으로 밝혀졌다.

태국 방콕에서는 미세먼지 때문에 심혈관질환 사망자가 1.9% 증가하고, 미세먼지 농도가 $10\mu g/m^3$씩 증가할 때마다 환자 수가 1%씩 증가한다는 연구가 발표되었다. 방콕시의 평균농도는 $65\mu g/m^3$(1996년)에서 짧은 기간 동안 $68\mu g/m^3$(2002년)로 증가하였다가 $52\mu g/m^3$(2004년)로 감소하였는데, 이는 디젤자동차의 연료를 천연가스가 바꾸고 허용기준이 강화되었기 때문인 것으로 분석된다.

대기오염이 심각하기로 악명 높은 몽골정부의 발표에 따르면, 2009~2014년 사이의 5년간 호흡기질환이 45% 증가하였는데, 기관지천식, 만성폐쇄성 폐질환 및 간질성 폐렴이 가장 흔한 병으로 나타났고, 조기사망, 만성기관지염 및 심혈관계질환이 급속도로 증가하고 있다고 한다. 미국에서 이루어진 연구에서도 PM10보다 PM2.5가 사망과 병발위험을 더 높이는 것으로 나타났다.

WHO에서는 미세먼지를 1급 발암물질로 분류하고 있다. 미세먼지는 폐 깊숙이 또 혈관 속에까지 걸러지지 않고 침투하여 호흡기질환, 심장마비 및 조기사망을 일으키는 치명적인 오염물질이다. 앞에서 거론한 ESCAPE 연구에 따르면 미세먼지는 조금이라도 있으면 건강에 해로우므로 안전농도라는 것이 있을 수 없고, PM10의 농도가 $10\mu g/\text{m}^3$씩 증가할 때마다 폐암발병률이 22%씩 높아지고, PM2.5는 더 심각하여 $10\mu g/\text{m}^3$씩 증가할 때마다 폐암발병률이 36%씩 높아진다고 한다.

미세먼지는 식물의 기공개폐를 방해하여 광합성기능과 증산작용에 장애를 가져온다. 그래서 대기 중에 미세먼지 농도가 높아지면 식물은 성장을 멈추고, 심하면 취약한 종은 죽기까지 하는 것으로 밝혀졌다. 미세먼지의 이 같은 높은 독성과 건강에 영향을 주기 때문에 오염물질 배출원(자동차와 산업시설 등)의 허용농도를 정하여 대기 중 미세먼지에 의한 오염을 통제하고 있다.

화석연료의 연소로 가장 많이 발생하는 미세먼지의 농도가 가장 높은 도시는 개발도상국의 인구밀집 대도시로 인도의 델리와 중국의 베이징을 들 수 있다. 몇 년 전만해도 중국의 북부와 남아시아의 몇몇 도시에서는 미세먼지가 $200\mu g/\text{m}^3$에 이르는 곳도 있었으며, 2013년 1월 12일 중국의 수도 베이징 미세먼지농도는 사상 최고기록인 $993\mu g/\text{m}^3$으로 높아진 적도 있었다.

몽골의 수도 울란바토르(Ulaanbaatar)는 연평균온도가 0°C로 세계에서 가장 추운 수도 중의 하나이다. 몽골 전체 인구 약 3백만 명 중 1.1백만 명이 몰려 사는 울란바토르 인구의 약 40%가 아파트에 살며, 아파트의 80%가 화력발전소에서 공급하는 중앙난방으로 추위를 이겨낸다. 그런데 2007년 집계로 화력발전소의 석탄소비량이 3.4백만 톤이나 되어, 여기에서 나오는 미세먼지에 의한 대기오염이 심각한 수준이지만, 정부의 대기오염 통제능력이 취약하여 상당한 어려움을 겪고 있다. 인구의 60%는 게르(몽골식 주거용 천막)에서 살고 있는데, 나무나 석탄으로 불을 지피는 실내난로로 취사와 난방을 하고 있어, 고농도의 아황산가스와 질소산화물이 실내에 배출되는 것은 물론 미세먼지의 농도도 엄청나게 높다. 연평균 미세먼지 농도가 279μg/㎥으로 조사되어, WHO의 권고기준인 20μg/㎥보다 14배나 높지만 속수무책이다. 석탄사용으로 인해 겨울철에는 미세먼지의 농도가 엄청나게 높아 시야를 흐릴 지경이어서 비행기 착륙에 어려움을 겪을 때도 있다.

● 세계 주요국가 미세먼지 허용농도(단위: μg/㎥)

국가	구분	호주	EU	일본	중국	미국	한국
연평균	PM2.5	25	40	–	70	–	50
	PM10	8	25	15	35	12	15
일평균	PM2.5	50	50	100	150	150	100
	PM10	25	–	35	75	35	35

옆의 표는 세계 각국의 미세먼지의 허용농도를 비교하여 보여준다. 이 표에서 호주의 허용농도가 가장 낮고, 대기오염이 심해 규제가 상대적으로 느슨할 수밖에 없는 중국이 가장 높은 것을 볼 수 있다.

사람 몸속으로 들어온 미세먼지를 몸 밖으로 배출시킬 수 있는 가장 좋은 방법은 뭐니 뭐니 해도 '물'이다. 혈액 속에 물의 함량이 높아져야 몸속의 중금속 혈중농도가 희석되어 면역력도 높아질 수 있다. 세계보건기구(WHO)가 권장하는 수분섭취량은 하루 1.5~2ℓ나 되는데, 이는 큰 페트병(2ℓ) 하나 또는 작은 페트병(0.5ℓ) 서너 병을 꾸준히 마신다는 것은 작심하지 않으면 쉬운 일이 아니다.

물 마시기를 좋아하는 사람이 있고 좋아하지 않는 사람이 있다. 물을 평소에 잘 마시지 않는 사람도 물 권장량도 채우고 미세먼지도 배출시킬 수 있는 티톡스(tea+detox)를 추천한다. 이 말은 티는 그냥 '마시는 차'를 뜻하고, Detox는 Detoxification의 약어로 '인체에 유해한 물질의 해독'이라는 뜻이다. 따라서 티톡스는 차를 마셔 몸속에 유해한 물질을 해독한다는 뜻으로 수분섭취량도 채우고 해독도 하는 이중효과를 노리는 것이다.

녹차에는 타닌(Tannin)성분이 풍부한데 이는 중금속을 체외로 배출시키고 면역력을 증진시키는 효과가 있다. 많은 식물에 널리 분포된 떫은맛을 가지는 화합물을 통틀어 타닌이라고 하는데, 과일이나 채소에 함유된 타닌은 종류와 품종에 따라 조성성분과 함량이 다르다. 일반적으로 미숙한 과실에 많이 함유되어 있고 성숙해가면서 감소한다. 예를 들어 단감은 익어가면서 타닌이 불용성으로 변하여 떫은맛이 없어지는 것이다.

우엉차도 몸속에 쌓인 독소를 해소하고 혈액을 순환시키는데 상당히 도움이 되는 차다. 그러나 몸이 찬 사람은 피하는 것이 좋다고 한다. 도라지차는 예로부터 호흡기를 보호하는데 도움이 큰 것으로 알려져 왔는데 기관지 점막보호와 폐를 보호하는데 효과가 높다. 모과차, 레몬차, 뽕잎차 같은 것들도 미세먼지 제거에 도움이 되고 천연 항생제 역할을 한다고 하니 미세먼지가 심한 날에 한 번쯤 티톡스를 즐기는 것이 도움이 될 것이다.

몸속 미세먼지 제거에 효과가 있어 시멘트공장 종업원들이 즐겨 먹는 것으로 알려진 삼겹살의 효과는 잘못 알려진 상식 중의 하나이다. 삼겹살을 먹으면 기도로 가는 것이 아니고 식도를 통해 몸속으로 들어가기 때문에 몸속 미세먼지 진로인 기도와는 아무런 상관이 없다. 그런데도 단백질이 풍부한 삼겹살은 면역력 강화에 도움이 되는 음식이니 그런대로 권장할 만하다.

그렇다면 몸속 미세먼지 제거에 도움이 되는 음식에는 어떤 것들이 있을까? 연근, 더덕, 마와 같은 뿌리식물과 미역, 다시마, 톳과 같은 해조류는 '**점액식품**'으로 미세먼지 제거에 제대로 효과를 발휘할 수 있는 올바른 식품으로 구분된다. 점액식품은 콧물과 같이 미끈한 물질인 알긴산(Alginic Acid), 뮤신(Mucin), 후코이단(Fucoidan)을 많이 함유한 것이 특징이다. 이런 점액식품은 섭취해도 바로 흡수되지 않고 몸속의 유해물질과 중금속을 빨아들이고, 미세먼지를 흡착한 뒤에 대변으로 배출되는 것이 대부분이기 때문에 몸속의 미세먼지를 걸러내는데 상당한 도움이 될 수밖에 없다.

호모 더스트쿠스(Homo Dustcus; 미세먼지를 두려워하면서 살아가는 사람들)라는 신조어가 생겨난 요즈음, 미세먼지농도부터 확인하는 것으로 하루를 시작하는 사람들을 위해 미세먼지농도 측정 애플리케이션을 몇 가지 소개한다;

미세미세(Misemise)는 세계보건기구의 기준으로 미세먼지농도를 사용자들에게 제공한다. 미세먼지와 초미세먼지 농도를 직관적인 표정의 아이콘으로 표현한다. 환경부 산하 한국환경공단과 서울특별시 대기환경정보에도 활용되는 앱으로 신뢰도가 높다.

에어비주얼(Air Visual)은 전 세계 1만여 개의 정부관측소와 자체 검증센서를 바탕으로 미세먼지농도를 알려준다. 국내뿐만 아니라 80여 개국의 지역 미세먼지농도와 48시간 대기오염상황을 체크할 수 있다. 이외에도 기온이나 습도 등 기상정보도 제공해 주기 때문에 일기정보도 확인할 수 있다.

에브리에어(Every Air)는 SK텔레콤의 미세먼지 앱이다. 가장 큰 장점은 실내 미세먼지농도까지 알려준다는 것이다. 미세먼지와 같이 WHO 기준으로 미세먼지 정보를 제공하며 1천여 곳의 SKT매장과 500여 대의 한국 야쿠르트 전동카트에서 올라오는 공기질 정보를 제공한다.

더스트(Dusts)는 사용자와 위치와 가장 가까운 미세먼지 측정소의 정보를 제공해준다. 미세먼지 정보뿐만 아니라 날씨에 대한 정보도 보여주며 대기농도도 직관적인 상태 메시지로 나타내어 준다. 미세먼지 정보 출처는 환경부 산하의 한국환경공단이며 다크테마 디자인으로 재미도 더했다.

4.8.1 미세먼지경보

미국 국립건강연구소(NIH)의 최근 자료에 따르면, 21년에 걸친 남캘리포니아 주 정부의 끊임없는 대기오염 개선의 노력으로 어린이 천식환자의 수가 20% 감소하였다고 한다. 이는 공기가 깨끗해지면 깨끗해질수록 천식환자는 그만큼 줄어든다는 상식적인 가설을 입증시켰다.

남캘리포니아대학의 연구진이 미 국립건강연구소의 지원을 받아 1993년부터 2014년에 걸쳐 시행한 조사연구를 2019년 5월에 발표했는데, 연구대상 어린이 수는 4,000여 명이고, 천식환자 발생수는 그 1/8인 500명이었다고 한다. 대기오염농도 측정대상이 된 오염물질은 이산화질소(NO_2)와 미세먼지(PM2.5)로, 이 두 물질의 농도감소가 천식환자의 발생수를 20% 감소시켰다고 기록하고 있다. 대상 어린이의 성별, 국적, 인종, 2차 흡연 및 천식발생에 영향을 미치는 다른 요인에 관계없이 동일한 감소율을 보였다고 한다. 이 연구결과는 어떤 발병요인이 있더라도 공기질의 개선만으로 천식발병률을 감소시킬 수 있다는 고무적인 사실을 밝혀주었다고 주장하고 있다.

2019년 겨울부터 고농도 초미세먼지(PM 2.5)가 6일 이상 지속되면 모든 차량을 대상으로 2부제를 실시하거나 임시공휴일로 지정할 수 있는 '미세먼지 위기관리 표준매뉴얼'을 발표했다. 재난안전법의 개정으로 미세먼지가 '사회적 재난'에 포함됨에 따른 후속조치다. 미세먼지농도나 지속일 수에 따라 4단계(관심, 주의, 경계, 심각)의 위기경보를 내릴 수 있다. 4단계 중 가장 아래 단계인 '관심' 단계에서는 공공 차량 2부제나 공공사업장 시간조정단축 등 원래의 미세먼지 비상저감조치와 동일한 조치가 취해진다. '주의' 단계까지도 저감조치는 공공부문에 국한된다.

'경계'단계는 시간당 초미세먼지의 평균농도가 $200\mu g/m^3$ 이상 2시간 이상 지속되고, 다음 날 평균농도가 $150\mu g/m^3$을 넘어설 것으로 보이거나 '주의' 단계가 2일 연속 지속됐고, 또 다음 날 비슷한 수준의 고농도 미세먼지가 발생할 것으로 예보될 때 발령된다. 이때는 민간차량도 자율 2부제를 시행하게 되고 민간사업장 가동시간 단축도 추진된다. '경계' 단계가 이틀 이상 지속할 때 내려지는 '심각' 단계에서는 민간 차량에도 강제 2부제가 적용된다. 초·중·고교와 어린이집에 대한 휴업·휴원 명령도 가능하고, 재난 사태 선포와 임시 공휴일 지정도 검토한다.

2019년 봄 전국에 발생한 고농도 미세먼지 일수에 이 매뉴얼을 대입하면 관심단계 7일, 주의단계 9일, 경계단계 2일, 심각단계 2일 등 총 20일의 위기경보가 발령될 수 있다. 이틀간 임시 공휴일을 지정하거나 민간 차량 강제 2부제를 시행할 수도 있었던 셈이다.

4.8.2 중국발 미세먼지

우리나라와 중국 그리고 일본 3국이 서로 미세먼지를 얼마나 주고받는지에 대한 3국 연구팀의 공동연구결과가 2019년 처음으로 공개됐다. 국립환경과학원은 한·중·일 3국이 공동으로 연구한 '동북아시아 장거리

이동 대기오염물질(LTP: Long-range Transboundary Air Pollutants) 국제 공동 연구 요약보고서'에 따르면 한국 하늘을 오염시키는 초미세먼지 가운데 32%는 중국에서 날아왔고, 51%는 국내에서 발생한 것으로 발표되었다.

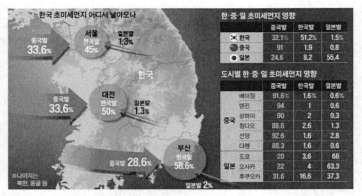

한·중·일 3국 과학자들은 2000년부터 단계적으로 황산화물(SOx)과 질소산화물(NOx) 등 대기오염물질에 대한 연구를 추진했고, 4단계 연구 기간(2013~ 2017년)에는 초미세먼지(PM2.5)에 대한 연구결과까지 추가해 보고서를 작성했다. 2017년 기준으로 한국의 3개 도시(서울, 대전, 부산), 중국의 6개 도시(베이징, 텐진, 상하이, 칭다오, 선양, 다롄) 그리고 일본 3개 도시(도쿄, 오사카, 후쿠오카)의 연평균농도를 기준으로 각국의 자체 기여도(PM2.5의 농도 중 자기 나라 내 발생량이 차지하는 비중)와 국외배출원의 영향을 계산했다.

이 연구결과에 따르면, 초미세먼지(PM2.5) 중 한국은 51%, 중국은 91% 그리고 일본은 55%를 자기 나라 안에서 발생시키는 것으로 분석되었다. 앞의 그림에서 보면 한국의 PM2.5는 32.1%가 중국에서, 51.2%가 국내에서, 1.5%가 일본의 영향인 것으로 분석되었고, 나머지 15.2%는 몽골, 러시아, 북한 등 다른 나라의 영향인 것으로 분석했다. 국립환경과학원에서 발표한 자료에 따르면 연구대상 도시였던 서울과 대전은 33.6%의 초미세먼지가 중국에서 날아 오고, 부산은 28.6%가 중국발이다. 우리나라 내에서 발생시키는 초미세먼지는 서울에서 45%, 대전에서 50% 그리고 부산에서 58,6%나 되어, 중국 탓도 무시할 수 없지만, 우리

탓도 상당하다.

중국은 PM2.5의 91%가 국내에서 발생하고, 2%가 한국, 1%가 일본의 영향을 받는 것으로 나타났고, 일본은 55%가 자체 발생, 한국의 영향이 8%, 중국의 영향이 25%로 나타났다. 중국보다 바깥쪽에 있는 제3국에서 발생하여 중국을 거쳐 오는 오염물질은 최초 발생국으로 분류해 표시했는데, 이는 중국에서 한국을 거쳐 일본으로 가는 오염물질도, 일본기준으로 '한국' 기여도로 보지 않고 '중국' 기여도로 반영하는 방식이다.

이 연구는 '연평균농도'를 기준으로 진행되었기 때문에 고농도시기에 특정국가의 기여도에 대해서는 공동으로 분석되지 않았으나, 환경과학원의 계산에 따르면 2019년 3월 고농도($150\mu g/\text{m}^3$ 초과지역 있었음)시기 초미세먼지 중 국외기여율은 약 80%이었고, 그중 거의 대부분인 약 70%는 중국 기여율로 파악되었다.

연구가 시작된 2000년부터 지금까지, 한·중·일 모두 미세먼지(PM10), 초미세먼지(PM2.5), 황산화물(SOx), 질소산화물(NOx) 농도가 감소추세를 보였다. 특히 2015년 대비 2018년의 PM2.5의 연평균농도는 한국이 12%, 중국이 22% 감소했고, 일본은 2015년 대비 2017년 농도가 12% 감소한 것으로 나타났다.

이 연구는 2018년 공개할 예정이었으나 중국측의 반발로 발표가 연기된 적이 있다. 2019년 일본 기타큐슈에서 열리는 한·중·일 환경장관회의 전에 보고서를 발간하기로 한·중 환경부 장관이 합의하여 부득이 공개하게 되었다. 이 연구는 각국의 최신 배출량 자료를 이용해 배출원과 영향지역 간 관계를 분석하고, 향후 상세 오염농도측정과 모델개선 등 공동연구의 기반이 된다는 점에서 중요하다.

우리나라의 초미세먼지 32%가 중국에서 넘어온다는 수치는 한국, 중국, 일본 연구진이 각각 자국이 사용하는 모델링방법에 적용한 결과로 중국의 영향력을 35%, 26.3%, 34.6%로 나왔는데, 이를 평균한 값이라고 한다. 중국의 고집으로 3국 평균값으로 결정되었고, 겨울에서 봄 사이의 고농도시기에 관한 세부자료도 발표에서 제외되었다고 한다. 실제상황을 바꿔 발표한다고 해서 결과가 바뀌는 것도 아닌데 왜 그러는지 이해되지 않는다.

과학적 연구결과를 견해가 서로 다른 결과치의 평균으로 정답처럼 발표한 것은 좀 개운치 않다. 그렇지만 앞으로는 '서울의 오염은 주로 현지 배출에서 유래한 것이다(2018년 12월 중국 생태환경부 대변인)'라든가, '한국의 미세먼지가 중국에서 갔다는 충분한 근거가 있는지 모르겠다(2019년 3월 중국 외교부 대변인)' 같은 말은 하기 어렵게 됐다.

그간 협력의 필요성은 인정하면서도 3국의 입장차가 너무 커서 힘들었지만 각국이 대기오염물질을 줄이기 위해 노력한 결과 필요성이 대두되면서 협력기반이 이루어진 것으로 이 연구결과 발표가 매우 중요한 변곡점이 될 것으로 본다. 기여도와 책임소재를 따지기보다는 해결책 제시가 앞으로 기대되는 효과이며, 이 연구결과의 최대 수혜자는 우리나라라고 보고, 앞으로도 연구는 이어나가야 한다.

4.9   곰팡이 포자는 준비된 오염물질

오렌지 표면에서 번식하는 곰팡이 포자

실내공기 오염물질 중 가장 골칫거리 중의 하나인 곰팡이(Mold/Mould)는 균사(Hypha)라고 부르는 다세포 사상체로 번식하는 균류(Fungus)이다. 단세포로 번식하는 균류는 효소(Yeast)라고 불리는 물질로 오염물질이 아니고, 오히려 우리 생활에 필요하고, 건강에 도움이 되는 물질이다. 곰팡이는 분류학적으로 균종에 속하는 다양한 종류의 균사로, 특히 음식물 표면에 퇴색하고 털이 보송보송한 모양으로 번식하는 것이 대부분이다.

균사는 일반적으로 투명하므로 균사체(Mycelium) 물체의 표면에 번식하는 아주 가늘고 솜처럼 하얀 실처럼 보인다. 먼지 같은 질감을 보이는 곰팡이가 많은 것은 균사의 끝에서 일어나는 분화로 생성되는 수 없

160

이 많은 성구분 없는(무성) 포자(분생포자) 때문이다. 그래서 포자의 모양과 생성방법은 곰팡이 분류에 이용된다. 곰팡이 포자 중에는 색깔이 있는 것이 많아 대부분이 사람의 눈에 잘 띄는 미생물이다.

곰팡이는 자연적인 물질을 생분해(생물적 분해)하기 때문에 음식물을 부패시키고 재질에 손상을 입히므로 필요없는 것으로 천대받지만, 여러 가지 음식, 음료수, 항생제, 약품 및 효소를 생산하는 생물공학과 식품과학에 없어서는 안 될 중요한 역할을 하고 있다. 사람과 동물은 특정 곰팡이 때문에 병에 걸리기도 하는데, 몸속에서 병원성 곰팡이가 성장하거나, 곰팡이에서 나오는 독성화합물인 **미코톡신**(Mycotoxin)을 섭취하거나 흡입함으로써 일어나는 곰팡이 포자에 대한 알레르기성 민감성 때문에 발병한다.

곰팡이는 수분이 있어야 번식하므로 물속에서 자라는 곰팡이도 있다. 곰팡이는 식물과 달리 광합성으로 에너지를 얻는 것이 아니고, 자신이 부착하여 사는 유기물에서 영양(에너지)을 뽑아내는 종속영양생물이다. 곰팡이는 균사단(균사의 끝)에서 가수분해 효소를 분비하여 녹말, 셀룰로오스 및 리그닌(Lignin: 식물의 조직을 지지하는 구조물질을 형성하는 유기폴리머) 같은 생체고분자물질을 흡수하기 좋은 물질로 분해한다. 이 과정이 영양을 뽑아내는 과정으로 곰팡이가 유기물을 변질시키는 과정이며 생태계에 영양분의 재순환을 가능케 하는 과정이다.

곰팡이 중에는 용균효소이면서 다른 미생물의 성장을 방해하는 독성물질인 미코톡신과 사이드로포어를 합성하는 것이 많다. **사이드로포어**(Siderophore)는 미생물이 철(Fe) 성분을 흡수 운반하기 위해 분비하는 효소이다. 곰팡이는 저장된 음식물에도 번식할 수 있으므로 음식물을 보기 싫게 만들거나 독성을 지니게 만들기 때문에 음식물을 훼손시켜, 모르고 먹는 동물이 병들게 한다. 염장, 절임, 잼으로 만들기, 병에 담그기(병입), 냉동보관, 건조보관 등의 음식물의 저장방법은 곰팡이뿐만 아니라 다른 미생물의 번식도 막는다.

곰팡이는 수많은 포자를 만드는데, 단핵포자도 있고 다핵포자도 있으며, 성별 구분 없는 것도 있고, 성별이 구분되는 것도 있으며, 양성인 것도 있다. 또 아주 작은 소수성(물을 싫어하는)포자는 자외선에 의해 죽지 않기 위해 세포벽이 어두운 색으로 보호된 것도 있어 상당히 긴 기간 동안 대기 중에 떠다니다 서식하기에 온도와 습도가 맞는 곳을 만나면 뿌리를 내린다.

어떤 곰팡이 포자는 얇은 덮개로 씌워져 물속에 살기 적합한 것도 있다. 포자는 둥글거나 계란형의 단세포인 것이 대부분이지만 다세포인 것도 있고 모양이 다른 것도 적지 않다. 포자는 옷이나 털에 잘 덜어 붙는 것도 있고, 아주 높거나 아주 낮은 극한온도와 극한압력에서도 살아 갈 수 있는 포자도 있다. 곰팡이는 번식조건만 맞으면 사체에서도 번식할 수 있어, 자연 속 어디에서나 집단으로 서식하기 때문에 사람의 육안으로 볼 수 있다. 집단서식지는 다른 유기물이 섞일 수 없으며 균사체의 집단으로만 연결되어 있다.

앞에서 말했듯이 $4°C(\fallingdotseq39°F)$ 이하의 온도에서도 살 수 있는 곰팡이도 있기 때문에 음식물은 가능한 한 이 온도 이하에서 보관되어야 한다. 온도가 맞지 않으면 휴면상태로 살아가는 곰팡이도 있어 곰팡이는 어떤 형태로 어디서든 번식할 수 있다는 것을 명심해야 한다. 특정 곰팡이는 남극의 눈 덮인 흙 속에서도 살고 있고, 냉동실이나 높은 산성용액은 물론 항균비누 속과 제트휘발유 같은 석유제품 속에서도 살아간다.

대부분의 곰팡이는 수분을 필요로 하지만, 건조한 상태를 좋아하는 호건성 곰팡이 중에는 건조하고, 소금기 많고, 달짝지근한 환경, 즉 수분활성도가 0.85인 환경에서도 살아가는 것도 있다. **수분활성도**(Water Activity; aw)란 생명체의 생존에 필수적인 수분의 가용성의 정도를 말하는데, 대부분의 지상 세균은 최소생장조건으로 0.91 이상의 수분활성도가 필요하며, 대부분의 균류(Fungi)는 0.86 이상 수분활성도에서 생존이 가능하다. 하지만 수분활성도가 0.50 이하에서는 미생물의 증식 자체가 거의 불가능하다.

곰팡이가 유익한 점부터 먼저 살펴보면, 우리나라를 비롯하여 중국과 일본에서는 수 세기 전부터 누룩곰팡이(Green Mold)를 콩 발효에 이용하여 된장과 간장 담그는데 이용해왔다. 누룩곰팡이는 쌀, 보리, 고구마 등의 녹말을 분해하는데 이 과정을 **당화**(Saccharification)라고 한다. 당화는 무미한 녹말이나 다당류를 가수분해하여 감미가 있는 당으로 바꾸는 작용을 말한다. 당화는 정종, 소주 및 기타 곡주를 생산하는 과정에 이용되는데, 우리나라 전통주의 대표격인 막걸리도 누룩이 기본이고, 일본요리의 기본인 다시(감칠맛을 내는 육수)의 재료가 되는 가츠오부시는 손질한 가다랑어를 삶아 훈연한 후 곰팡이를 피워 만든 것이다.

홍국쌀(Red Yeast Rice)은 쌀을 홍국곰팡이를 발효시켜 만든 붉은색 쌀로 중국 당나라 때부터 사용되었던 식품으로, 북경오리 요리할 때 겉을 붉게 칠하는데 이용하는 것이 홍국이라고 한다. 홍국쌀에는 모나콜린(Monacolin)이라는 성분이 포함되어 있어 콜레스테롤의 합성을 방해하는 것으로 알려져 있다. 모

🔴 홍국쌀-네이버 블로그

나콜린은 홍국곰팡이가 나쁜 콜레스테롤의 생합성에 관여하는 효소를 억제하여 혈액 중의 지방단백질의 농도를 낮추는 물질이다. 그러나 과다한 섭취는 간과 콩팥에 독성을 초래할 수 있으니 유의해야 한다. 위 사진속의 홍국쌀은 흑백인쇄라서 검게 보이지만, 실제로는 붉은 색이다.

살라미(Salami) 같은 몇 가지 소시지는 향기를 개선하고 양생 중에 박테리아에 의한 부패를 방지하기 위해 곰팡이 종균을 배양하기도 한다. 건조 양생시키는 소시지 중에는 하얀 가루 형태로 배양된 곰팡이로 덮여 박테리아로부터 보호받는 것도 여럿이 있다. 이외에도 버섯으로 만든 고기대용 서양음식 재료인 퀸(Quorn), 인도네시아 주식인 온콤(Oncom)과 콩을 발효시켜서 만든 템페(Tempeh) 및 중국의 곡주제조에도 곰팡이 발효가 이용된다.

알렉산더 플레밍(Alexander Fleming)은 포도상구균을 기르던 접시에 자란 푸른곰팡이 주변으로 포도상구균이 깨끗이 녹아있는 것을 보고 우연히 항생제인 페니실린을 발견하게 된 것도 **페니실린곰팡이**(Penicillium Notatum) 덕분이다. 그는 이 곰팡이 덕분에 노벨상을 받게 되었다. 콜레

스테롤 억제제 중에도 곰팡이에서 추출한 약품이 여럿 있다. 장기이식에서 거부반응의 예방과 치료에 이용되는 면역억제제로 효과가 높은 사이클로스포린(Cyclosporine)도 토양곰팡이에서 추출한 것이다.

이제 곰팡이가 사람의 건강에 미치는 영향을 살펴보기로 하자. 곰팡이는 언제 어디서나 발견되는 오염물질이다. 곰팡이 포자는 실내분진에 항존하는 구성성분으로 그 양이 많으면 사람의 건강 특히 알레르기 반응이나 호흡기계통에 문제를 일으킬 수 있는 요인이 된다. 곰팡이 중에는 사람과 동물의 건강에 상당히 위험한 독성물질인 미코톡신을 생성하는 것이 많다. 곰팡이에 지속적으로 노출, 즉 집안에서의 노출은 특히 위험하다. 미코톡신을 생성하는 곰팡이가 유독성 곰팡이인데, 모든 곰팡이가 다 이 독성물질을 생성하는 것은 아니다.

집안의 곰팡이는 보통 습하고 어둡고 김이 잘 서리는 욕실, 부엌, 지저분한 창고, 최근에 홍수피해를 본 곳, 지하실, 닥트, 배관부위, 환기가 잘 안 되는 곳이나 실외 습한 곳에 잘 번식한다. 곰팡이에 의한 알레르기 증상은 콧물, 눈 가려움, 만성적인 기침, 두통, 편두통, 호흡곤란, 발진, 피곤, 비염, 코 막힘 및 잦은 재채기 등으로 나타난다.

곰팡이가 슬어 있는 저장된 음식물을 모르고 섭취하면 사람은 물론 동물의 건강에 심각한 해를 끼칠 수 있다. 곰팡이가 생성하는 2차 대사물질을 통틀어 미코톡신이라 부르는데, 여기에는 아플라톡신(Aflatoxin), 오크라톡신(Ochratoxin), 푸모니신(Fumonisin), 트리코테신(Trichothecene), 시트리닌(Citrinin) 및 패툴린(Patulin) 등의 독성물질이 포함되어 있어 대부분이 병원성 물질이거나 발암물질이다. 이들 곰팡이의 독성은 항생제나 의약품의 제조에 이용되어 사람이나 동식물의 건강유지에 도움되고 있다.

건축물의 실내에서 곰팡이 서식은 나무나 종이와 같이 구멍이 있는 재질의 건축자재에서 집단번식형태로 이루어진다. 실내 곰팡이가 서식하게 되면 실내 거주자가 실내공기 중에 떠다니는 꽃가루와 비슷한 아주 미세한 크기의 곰팡이 생식포자를 숨쉴 때 흡입하게 됨으로써 여러 가지 건강상의 문제를 일으킨다. 여러 번 강조하지만 곰팡이 포자는 온도와 습도 등 여건만 맞으면 언제 어디서나 번식한다.

곰팡이의 실내번식을 막는 것은 두말할 필요도 없이 실내거주자의 건강을 위해 필요하다. 적절한 공기조화(AC)기능을 유지하는 것이 실내 공기 중에 곰팡이 포자의 농도를 떨어트리는 지름길이다. 공기여과는, 특히 고성능 해파필터(HEPA: High Efficiency Particulate Air Filter)를 이용 하여 발아직전의 포자농도를 낮출 수 있다. 미 환경보호청(EPA)에 따르 면 30~50% 사이의 적절한 습도유지로도 곰팡이 포자의 발아를 막을 수 있다고 한다. 셀룰로오스나 식물성 섬유는 곰팡이의 먹잇감이 되므로 건 축자재 선정 시 유의하면 곰팡이번식을 막는 좋은 방법이 될 수 있다.

곰팡이구제의 첫걸음은 습기 발생원을 없애는 것이다. 곰팡이가 슨 부위의 건축자재가 하중을 받는 구조재의 일부가 아니고 손쉽게 바꿀 수 있는 것이면 제거하는 것이 곰팡이의 재번식을 막는 좋은 방법이다. 숨겨진 벽체공간이나 폐쇄된 공간(파이프 닥트, 엘리베이터 박스, 에스컬레 이터 밑 등)은 기계식 건조로 곰팡이번식을 막을 수 있기 때문에 정기적 건조가 상당한 도움이 된다. 요즈음은 곰팡이제거를 위한 인위적 건조를 전문적으로 하는 업체도 있다.

4.10   휘발성유기화합물은 오염물질의 대표

원래 유기화합물이란 생물체와 관련되는 화합물을 의미하였고, 광 물체로부터 얻어지는 무기화합물에 대칭되는 용어이며, 유기화합물은 생물체의 구성성분을 이루는 화합물이거나 생물이 만들어 내는 화합물 로 분류된다. 그래서 요즘 뜨는 유기농산물이란 단어도 여기에서 비롯하 였다. 생물체와 관련되는 화합물은 모두 탄소화합물이어서 무기물로는 만들어질 수가 없다는 생각에서 유래되었기 때문에 간단한 탄소화합물 몇 가지(일산화탄소, 이산화탄소, 탄산, 금속탄화물, 탄산암모늄)를 제외한 탄 소화합물을 통틀어 유기화합물이라고 한다.

휘발성유기화합물이란 이 유기화합물 중에서 휘발유나 알코올처럼 휘발성이 강한 유기화합물을 구분해서 말하는데, 영어로 VOC(Volatile Organic Compound)로 표기한다. 우리말이나 영어로나 단어가 길어서 대부분의 경우 약칭인 VOC를 많이 사용하므로 이 책에서도 특별한 경우가 아니면 VOC로 줄여서 표기하겠다.

VOC는 가정용품의 구성성분으로 광범위하게 사용되는 물질이다. 페인트, 바니시 및 왁스에 유기용매로 사용되고 청소용품, 소독용품, 화장품, 세척용품 그리고 취미용품에도 소재로 사용되고 있다. 우리가 가장 많이 사용하는 연료인 화석연료도 온통 유기화합물로 구성된 것이다. 이런 용품을 사용하지 않을 수는 없고 사용하면 모두 VOC를 배출하게 되며, 심지어 사용상태가 아닌 보관상태에서도 정도에 차이가 있긴 하지만 상온에서도 휘발하는 성질을 가진 구성성분이므로 배출될 수밖에 없는 물질이 VOC이다.

그런데, 무엇보다도 중요한 것은 자동차의 통행량이 많고 산업시설이 많은 도시지역이건 그렇지 않은 농촌지역이건 관계없이, 특별한 경우가 아니면 VOC의 농도는 집 밖보다 집안이 2~5배 정도 높다는 사실이다. 페인트칠을 한다든지 VOC가 포함된 재료로 만들어진 용품으로 취미활동을 한다든지 할 경우 일시적인 농도는 집 밖의 1,000배가 넘을 수도 있다. VOC를 포함한 용품을 사용하면 사용당사자는 물론 주위 사람까지 VOC에 노출되는 것이고, 한 번 노출된 유기화합물은 상당한 기간 실내공기 속에 머문다는 사실이 문제이다.

유기화합물은 생산품이나 소재에 없어서는 안 될 원료이기 때문에 집 안팎 어디에서나 찾아볼 수 있다. 집 밖에서 생산과정이나 제품 또는 소재의 형태로 사용하는 과정에서 VOC는 대기 속으로 휘발하거나 빠져나가고, 집안에서도 VOC를 포함한 제품이나 소재에서 실내공기 속으로 풀려나간다. 그래서 VOC를 집 안팎에서 모두 오염물질로 분류할 수밖에 없다. 그러나 실내외에서 VOC는 오염물질로서의 양태가 다른데, 실내공기 중에서는 건강에 악영향만 미치지만, 실외 대기 중에서는 건강에 악영향은 물론 대기 중에서는 햇빛과의 광화학반응으로 오존 같은 산

166

화성물질을 생성시켜 **광화학스모그**(Photochemical Smog)를 유발하여 여러 가지 환경문제를 일으킨다.

이론적으로 VOC는 증기압이 높아(비등점이 낮아) 사람이 살아가는 일상적인 온도와 압력상태에서도 공기 중으로 쉽게 증발되는 액체나 기체상 유기화합물을 통틀어 일컫는다. 대기오염물질일 뿐만 아니라 발암성물질이 대부분인데다, 지구온난화의 원인물질이므로 배출량을 줄이기 위해 정부에서 정책적으로 관리하는 물질이지만, 산업적으로 제품의 원재료, 용매 등에서부터 의학적으로도 사용범위가 넓고, 약품제조 등 다양한 분야에 효용가치가 높은 화합물질이기 때문에 관리가 쉽지 않다. 사람과 생태계에 미치는 영향 또한 높아 휘발유를 포함하여 벤젠, 납사 등 37가지 VOC가 '대기환경보전법'에 오염물질로 지정되어 있다.

VOC는 얼마나 쉽게 배출되느냐에 따라 분류하기도 하는데, 세계보건기구(WHO)에서는 VVOC(Very Volatile Organic Compound), 보통 VOC 그리고 SVOC(Semi-Volatile Organic Compound) 3등급으로 분류하고 있다. 휘발성이 높을수록(비등점이 낮을수록) 더 많은 화합물이 공기 중으로 배출되는데, VVOC는 휘발성이 매우 높아 측정하기도 힘들고 대부분이 기체상태로 존재한다. 휘발성이 가장 낮은 화합물도 당장에는 그 농도가 아주 낮지만 먼지, 가구, 비품 및 건축자재에 포함되어 있기 때문에 언젠가는 공기 중으로 빠져나올 것이다;

VVOC: 비등점이 0°C에서 50~100°C 사이, 프로판, 부탄, 염화메틸 등
VOC: 비등점이 50~100°C에서 240~260°C 사이, 폼알데하이드, 톨루엔, 아세톤, 에탄올(에틸알코올) 등
SVOC: 비등점이 240~260°C에서 380~400°C 사이이고, 살충제 (DDT, 클로르덴, 가소제), 방화지연제(PCB, PBB) 등

미국 환경보호청(EPA)은 VOC가 광화학스모그 형성물질인 오존을 생성하므로 실외배출을 엄격히 규제하고 있다. VOC 중에는 햇빛에 의해 질소산화물과 일산화탄소가 가지고 있는 산소분자와 반응하여 지상의 오존을 생성하는 것이 있다. 그러나 이런 화학반응을 일으키는 VOC의 종류는 많지 않아, 햇빛이 있어도 오존형성에 필요한 반응을 하지 않

거나 반응도가 미미한 VOC를 EPA에서는 대기오염 규제대상에서 제외하고 있다.

처음 EPA에서는 규제대상 유기화합물은 반응유기기체(ROG: Reactive Organic Gas)라 했으니, 이 용어만으로도 그 의도를 파악할 수 있다. 그러나 EPA도 결국에는 VOC로 용어를 바꿨지만, VOC란 용어 때문에 실내공기오염문제를 다룰 때는 오해가 생기기도 했다. 대기오염물질에서 제외된 VOC가 사람의 건강에는 해로운 것도 있어, 실내공기오염에서는 제외되면 안 되기 때문이다.

예를 들어, 페인트제거제인 염화메틸렌은 국제암연구소기구(IARC)에서 발암위험물질로, 드라이클리닝 용액인 사염화에틸렌은 발암가능물질로 분류되어 있지만, EPA의 대기오염물질에서는 제외되어 있다. 또 하나 유의해야 할 것은 실내에 오존이 있으면 기준 이하의 농도에서도 VOC와 반응하여 아주 미세한 입자와 유해한 부산물을 만들기 때문에 민감한 사람들에게는 악영향을 미칠 수도 있다는 사실이다.

VOC는 농도측정이 쉽지 않은 오염물질이다. 어떤 측정기로도 모든 종류의 VOC를 한꺼번에 측정할 수 있는 측정기는 없다. 흔히 측정대상이 되는 벤젠과 톨루엔의 측정방법은 폼알데하이드의 측정방법과 다르다. 측정방법과 분석기구에도 종류에 따라 편차가 있으므로, 측정결과치는 측정조건, 방법, 기기 등이 명시되어야 전문가의 해석에 따라 적용이 가능하다.

또 하나 중요한 것이 상표와 제품설명서에 표기방법으로 '저공해'(녹색상품) 또는 '환경친화적'이라는 표시만으로 VOC가 포함되어 있는지 아닌지를 판명하기는 쉽지 않아 건강상의 유무해를 구분하기는 쉽지 않다. 우리나라는 1992년부터 녹색상품에 환경마크를 부여하고 있는데, 친환경상품인 녹색상품은 환경오염을 줄이고, 자원을 절약할 뿐만 아니라 인체 유해화학물질 사용제한, 중금속 사용제한, 오염물질 배출제한 등으로 사람의 건강과 지켜주는 상품을 말한다.

환경마크는 다른 제품에 비해 '제품의 환경성'을 개선한 경우 로고(환경마크)를 부착함으로써 소비자에게 환경성 개선정보를 제공하고, 환경마크제품 선호로 기업의 친환경제품 개발과 생산을 유도해 자발적 환경개선을 유도하는 인증제도이다. 여기서 제품의 환경성이란 재료와 제품의 제조, 소비 및 폐기에 이르기까지의 전 과정에서 오염물질 배출정도 및 자원과 에너지의 소비정도 등 환경에 미치는 정도를 뜻한다. 1979년 독일에서 처음 시작된 이 제도는 유럽연합(EU), 캐나다, 미국, 일본 현재 40여 개 국가에서 성공적으로 시행되고 있다.

우리나라 친환경마크

VOC가 관심을 끄는 3가지 중요한 이유는, 첫째로 대기 중에서 햇빛을 받으면 질소산화물과 광화학반응을 일으켜 오존을 생성하므로 **오존농도지표**(Ozone Indicator)가 되기 때문이고, 둘째로 VOC가 대기 중의 미세입자 오염물질인 2차 유기성 에어로졸을 생성하여 **미세입자농도지표**(PM Indicator)가 되기 때문이며, 셋째로 VOC가 사람의 몸에 해로운 오염물질로 **대기독성농도지표**(Air Toxic Indicator) 또는 **공기독성배출지표** 역할을 할 정도로 유해한 오염물질이기 때문이다.

VOC는 자동차, 화학제품시설, 정유공장, 공장, 소비제품 그리고 자연(유기생물) 발생원(주로 나무) 등 수많은 발생원으로부터 배출되는데, 인위적인 발생원으로는;

1) 화석연료의 연소에서 배출되는 양이 제일 많은데 주거용 히터나 보일러는 물론 석탄, 가스, 석유를 태우는 화력발전소, 산업시설, 상업시설 및 기관시설,

2) 산업공정으로 화학공정, 석유정제, 금속생산 및 기타 공정,

3) 도로상의 자동차로 승용차, 트럭, 버스, 오토바이

4) 도로 바깥의 엔진으로 농업장비, 건설장비, 잔디깎기, 체인 톱, 보트, 함선, 스노모빌, 비행기 등이 있다.

그리고 나무를 포함한 유기생물에 의한 자연발생원은 물론 화산과 산불도 인위적인 발생원이 아니지만 한 번 생기면 그 규모에 따라서 엄청난 양의 VOC가 배출될 수도 있다.

집안의 VOC 발생원으로는 페인트(제거제와 용제 포함), 목재방부제,

에어로졸 스프레이, 청소용제, 소독제, 나방이 제거제, 방향제, 저장된 연료, 자동차용품, 취미용품, 드라이 클리닝한 옷, 살충제, 건축자재와 가구 등 집안에서 곁에 두고 사용하는 용품이나 비치물들이 VOC의 발생원이라니 신경이 쓰이질 않을 수 없다. 이외에도 사무용품인 복사기, 프린터, 수정용액, 탄소를 포함하지 않은 복사용지, 그래픽과 공예재료 (접착제, 마커, 사진용액 등 포함) 등에서도 VOC가 배출되니 사무실이라고 안심할 수는 없다.

우리나라 대기환경보전법에 대기오염물질로 지정된 37가지 VOC와 주요 위해성을 간추려 보면 다음 표와 같다.

오염물질	영어명칭	유해성	구분
아세트알데히드	Acetaldehyde	졸음, 의식불명, 통증, 설사, 현기증, 구토	특정대기유해물질
아세틸렌	Acetylene	현기증, 무기력증, 액체상태 접촉 동상	오존전구물질
아세틸렌 디클로라이드	Acetylene Dichloride	현기증, 무기력증, 액체상태 접촉 동상	
아크롤레인	Acrolein	화상, 숨참, 통증, 수포, 복부경련	
아크릴로니트릴	Acrylonitrile	두통, 구토, 설사, 질식, 발암성	특정대기유해물질
벤젠	Benzene	졸음, 의식불명, 통증, 설사, 현기증, 경련, 구토, 발암성 특히 백혈병 유발	특정대기유해물질
1,3-부타디엔	1,3-Butadiene	졸음, 구토, 의식불명, 액체상태 접촉 동상, 발암성(B2)	특정대기유해물질
부탄	Butane	졸음, 액체상태 접촉 동상	오존전구물질
1,2-부텐,	1,2-Butene	현기증, 의식불명, 액체상태 접촉 동상	오존전구물질
사염화탄소	Carbon Tetrachloride	현기증, 졸음, 두통, 구토, 복통, 설사, 발암성(B2)	특정대기유해물질
클로로포름	Chloroform	졸음, 두통, 통증, 설사, 현기증, 복통, 구토, 의식불명, 발암성(B2)	특정대기유해물질
사이클로헥산	Cyclohexane	현기증, 두통, 메스꺼움, 구토	오존전구물질
1, 2-디클로로에탄	1,2-Dichloro-ethane	졸음, 의식불명, 통증, 설사, 현기증, 구토, 시야 흐려짐, 복부경련	특정대기유해물질
디에틸아민	Diethylamine	호흡곤란, 수포, 고통화상, 설사, 구토, 시력 상실	
디메틸아민	Dimethylamine	복부 통증, 설사, 호흡곤란, 고통, 화상, 시야 흐려짐	

170

에틸렌	Ethylene	졸음, 의식불명	오존전구물질
폼알데하이드	Formaldehyde	호흡곤란, 심각한 화상, 통증, 수포, 복부경련, 발암성(B1)	특정대기유해물질
n-헥산	n-Hexane	현기증, 졸음, 무기력증, 두통, 호흡곤란, 구토, 의식불명, 복통	
이소프로필 알콜	Isopropyl Alcohol	현기증, 졸음, 두통, 구토, 시야 흐려짐	
메탄올	Methanol	현기증, 구토, 복통, 호흡곤란, 의식불명	
메틸에틸케톤	Methyl Ethyl Ketone	현기증, 졸음, 무기력증, 두통, 구토, 호흡곤란, 의식불명, 복부경련	
메틸렌클로라이드	Methylene Chloride	현기증, 졸음, 두통, 구토, 의식불명, 화상, 복통, 발암성	
엠티비이(MTBE)	Methyl Tertiary Butyl Ether	현기증, 졸음, 두통	
프로필렌	Propylene	졸음, 질식, 액체상태 접촉 동상	오존전구물질
프로필렌옥사이드	Propylene Oxide	졸음, 질식, 두통, 메스꺼움, 구토, 화상, 발암성(B2)	특정대기유해물
1, 1, 1-트리클로로에탄	1,1,1-Trichloro-ethane	졸음, 두통, 구토, 숨참, 의식불명, 설사	
트리클로로에틸렌	Trichloro-ethylene	현기증, 졸음, 두통, 의식불명, 통증, 복통	특정대기유해물질
휘발유	Gasoline	졸음, 두통, 구토, 의식불명	
납사	Naphtha	졸음, 두통, 구토, 경련	
원유	Crude Oil	두통, 구토	
아세트산(초산)	Acetic Acid	두통, 현기증, 호흡곤란, 수포, 화상, 시력상실, 복통, 설사	
에틸벤젠	Ethylbenzene	현기증, 두통, 졸음, 통증, 시야가 흐려짐	특정대기유해물질, 오존전구물질
니트로벤젠	Nitrobenzene	두통, 청색증(푸른 입술 및 손톱), 현기증, 구토, 의식불명	
톨루엔	Toluene	현기증, 졸음, 두통, 구토, 의식불명, 복통	오존전구물질
테트라클로로에틸렌	Tetrachloro-ethylene	현기증, 졸음, 두통, 구토, 의식불명, 수포, 화상, 복통	특정대기유해물질
자일렌(o-,m-,p-포함)	Xylene	현기증, 졸음, 두통, 의식불명, 복통	오존 전구물질
스틸렌	Styrene	현기증, 졸음, 두통, 구토, 복통	특정대기유해물질

04 실내공기 오염물질은 참으로 다양하다 171

앞 페이지의 표에서 말하는 특정대기유해물질이란 저농도에서도 장기적인 섭취나 노출에 의하여 사람의 건강이나 동식물의 생육에 직접 또는 간접적으로 위해를 끼칠 수 있어 대기배출에 대한 관리가 필요하다고 인정된 물질로서 환경부령으로 정하는 것을 말한다. 그리고 오존전구물질이란 대기 중에서 오존을 생성시킬 수 있는 물질을 뜻한다.

VOC가 사람의 건강에 미치는 일반적인 영향으로는 눈, 코 및 목의 자극에서 시작하여 두통, 어지러움 및 구역질로 이어지고 나아가서 간, 콩팥 및 중추신경계에 손상을 가져온다. 종류에 따라서는 심하면 동물과 사람에 암을 유발하기도 한다. VOC에 노출로 나타나는 중요 증상은 초기에는 결막자극에서 코와 목이 불편해지고 두통이 오고, 알레르기성 피부반응으로 이어지다 호흡곤란이 생기고, 구역질이 나다 구토로 이어지고, 코피가 나고 피로를 느끼며 어지러워진다. 모든 VOC가 다 건강에 해로운 건 아니고, 아주 독성이 강한 것에서부터 전혀 해롭지 않은 것까지 종류가 다양하다.

다른 오염물질과 마찬가지로 건강에 미치는 정도는 노출농도와 노출시간에 따라 다르게 나타나는데, VOC에 노출 즉시 나타나는 즉각적인 증상(급성반응)으로는 눈과 호흡기계통의 자극, 두통, 어지러움, 시각장애 및 기억장애를 들 수 있다. 현재로는 집안에서 흔히 접할 수 있는 일반적인 보통의 농도에서 사람의 건강에 미치는 영향에 대해서는 밝혀진 것이 없다.

VOC를 배출하는 용품을 사용할 경우에 라벨에 표기된 주의사항 이상의 환기는 필수적이다. 페인트같이 VOC 배출량이 많은 용품은 특히 학교 같은 공공시설에서는 용기의 뚜껑을 열어둔 채 보관하면 안 된다. 폼알데하이드는 몇 안 되는 VOC 실내공기 오염물질 중 손쉽게 찾아볼 수 있고 제일 악명 높은 오염물질이므로 발생원을 찾아 한시라도 빨리 제거해야 한다. 만일 제거가 불가능하면 발생원의 모든 노출표면을 덮어 밀봉하여 배출량이 최소화되도록 조치해야 한다. VOC 발생량이 많은 살충제는 사용량을 줄일 수 있도록 통합관리하고 가능하면 전기식이나 전자식같이 VOC를 사용하지 않는 살충방법을 선택하는 것이 좋다.

VOC 배출용품은 가능한 한 필요한 양만 그것도 작은 용기의 제품을 사 쓰고 남은 것은 내버리는 것이 유리하다. 어린이와 애완동물에 닿지 않도록 하고, 라벨에 별도의 지시가 없으면 가정용품은 혼합해서 사용하지 않는 것도 바람직하다. 위험성이 의심되거나 라벨에 경고가 있는 제품 사용 시 환기가 잘 안 되고 배기팬이 없으면 선풍기라도 갖다놓고 문을 열어둔 채 사용하여야 한다. 사용 후 이런 제품은 상당량 남아 있더라도 VOC가 기체상태로 빠져나올 수 있으므로 웬만하면 버리는 게 집안의 건강에는 유리하다.

VOC는 주로 굴뚝 이외의 다양한 시설에서 방지시설을 거치지 않고 그대로 배출되는 특성을 지니고 있다. 대기 중에 배출되면 광화학반응으로 미세먼지와 오존으로 전환되기 때문에 특별한 관리가 필요하다. 우리나라 초미세먼지(PM2.5) 성분분석 결과에 따르면 미세먼지 중 유기화합물질의 함량이 상당히 높은 수

🔴 전형적인 VOC배출원인 석유화학공단

준으로 나타났는데, 이는 VOC의 배출량이 많기 때문이다.

일상생활과 밀접하면서 위험한 VOC를 한 가지 더 예로 들면 **염화메틸렌**(Methylene Chloride = Dichloro−methane)으로 페인트 제거제, 접착제 제거제 그리고 스프레이 페인트에 포함되어 있다. 이 물질은 동물에 암 유발물질로 밝혀졌으며, 사람의 몸속에서는 일산화탄소로 바뀌어 일산화탄소가 사람에 미치는 영향과 똑같은 악영향을 미친다. 따라서 이런 제품을 사용할 경우는 제품설명서를 잘 읽어 건강에 미치는 영향을 최소화해야 한다. 미 환경보호청(EPA)에서는 2019년 11월부터 염화메틸렌의 소매판매도 금지했다.

일상생활과 밀접한 VOC 한 가지만 더 소개하면 **사염화에틸렌**

(Tetrachloroethylene)으로 드라이클리닝에 흔히 사용되는 소재인데, 이 역시 동물의 발암물질로 밝혀진 물질이다. 드라이 클리닝한 옷을 입고 있거나 보관된 집안에서 낮은 농도이긴 하나 이 물질을 숨으로 흡입하게 된다. 세탁소에서는 드라이클리닝과정에 사염화에틸렌을 재포집하여 사용함으로써 경비를 절약하는데, 다림질과 마감질 과정에서 이 물질을 상당량 제거되기는 하나 대부분의 경우 드라이클리닝 후 세탁물 보호를 위해 비닐포장으로 씌워두기 때문에 적지 않은 양이 제거되지 않은 채 남아 있게 마련이다.

세탁물을 건네받았을 때 강한 화학약품 냄새가 나면 냄새가 없어질 때까지 집안으로 들이지 말아야 한다. 사염화에틸렌은 퍼클로로에틸렌 (Perchloroethylene) 또는 과산화에틸렌이라고도 하고, 약칭하여 퍼클렌이라고도 한다. 무색투명한 액체로 휘발하기 쉽고, 식물성과 동물성 기름의 용해력이 우수하기 때문에 드라이클리닝, 천연섬유와 합성섬유의 세정 그리고 금속제품의 탈지에 많이 이용되는 물질이다.

건강을 지킬 수 있는 실내공기질을 확보하기 위해서 모든 종류의 VOC 하나하나씩 측정하여 농도를 구분하기 힘들어, 우리나라의 '실내공기질관리법'에서는 독성이 높아 위험한 폼알데하이드와 톨루엔에 대해서는 별도의 기준을 정하고 있지만, 이들을 포함한 모든 VOC를 통틀어 총휘발성유기화합물(TVOC: Total VOC) 농도기준을 규정하여 관리하고 있다.

이 법에서 신축 공동주택(아파트, 연립주택, 다세대주택 등)에 대한 TVOC의 권고기준은 $210\mu g/m^3$, 다중이용시설(지하철역, 공항터미널, 도서관, 영화관 등)은 $500\mu g/m^3$, 다중이용시설이라도 더 민감한 의료기관, 어린이집, 노인요양시설, 산후조리원 등은 $400\mu g/m^3$ 그리고 실내주차장은 $1,000\mu g/m^3$으로 기준이 정해져 있다.

이제부터는 우리나라 실내공기질 관리법에서 실내공기 오염물질로 지정한 VOC 6가지 즉, 폼알데하이드, 벤젠, 톨루엔, 에틸벤젠, 자이렌 및 스티렌에 대하여 한 가지씩 설명하겠다. 화학용어가 너무 많이 나와 부담스럽겠지만, 용어만 화학용어이지 내용은 우리가 알아두어야 할 환경적 내용을 위주로 설명하겠다. 머리말에서도 이야기했듯이 저자도 전공이 화학분야가 아니라서 화학은 거의 모른다. 따라서 고등학교 졸업수준(화학에 관한 저자의 수준)으로 설명할 수밖에 없다.

4.11   폼알데하이드는 가장 유해한 VOC

2011년 시판되고 있던 3개 유명 브랜드의 우유에서 폼알데하이드(Formaldehyde)가 검출되어 문제가 된 사건이 있었는데, 그만큼 이 물질이 사람들의 인식에 위험물질로 깊게 자리잡고 있다는 증거이지만, 그 정도의 양은 우유뿐만 아니라 맥주, 통조림 등에도 포함되어 있고 자연적인 생성범위에도 미치지 못하는 극미량이 포함되어 있다는 발표 후 진정되었다. 그러면 폼알데하이드가 무엇이기에 이렇게 떠들었는가?

1998년에 대한화학회에서 우리말 표기 공식명칭을 포름알데히드에서 폼알데하이드로 바꿨는데, 화학명은 **메탄알**(Methanal)이라고 하는데, 메탄에 알코올을 섞어 만드는 메탄올(Methanol)과는 영어 알파벳 하나 차이지만 전혀 다른 물질이므로 유의해야 한다. 폼알데하이드는 아주 간단한 분자식인 HCHO(구조식) 또는 CH_2O로 나타내는 화합물이다.

이 물질이 위험한 것은 상온에서 강한 휘발성을 띠는 기체로, 여성들의 손톱손질에 사용되는 아세톤보다 더 증발을 잘하는 물질이다. 합판 같은 합성목재에서 나는 자극적인 냄새가 이 물질 특유의 냄새이다. 물에 매우 잘 녹아 $37\pm0.5\%$ 수용액을 **포르말린**(Formalin)이라고 하는데, 염상섭의 소설 '표본실의 청개구리'에서 청개구리의 표본을 위해 사용되었다.

폼알데하이드는 색깔이 없으며 코를 찌르는 듯한 자극적인 냄새로 아주 낮은 농도(1ppm 이하)에서도 감지되는 비교적 간단한 화합물이고, 가스는 인화성과 폭발성이 있으며 휘발성이 아주 높은 물질이며, 자연에 다양하게 분포되어 있다. 대기 중의 메탄(CH_4)이 햇빛에 의한 광화학반응으로 폼알데하이드로 변하기도 하고, 산불이나 음식을 조리 시에도 미미한 양이 생성되기도 한다.

각종 어류와 육류에도 몇 십ppm 정도, 채소나 과일에도 약 50ppm 까지 포함되어 있다. 흔히 먹는 사과나 양배추에서도 검출되며, 바닷물의 플랑크톤이나 해조류 등에서 검출된다. 자연에서 발생하는 폼알데하이드는 햇볕이나 박테리아 등에 의해서 쉽게 분해되며, 사람의 핏속에도 약 3ppm정도 존재하지만 대사과정에서 쉽게 산화되고, 분해되기 때문에 몸에 축적되지는 않으므로 지레 겁먹을 필요는 없다.

폼알데하이드는 탄소화합물일 뿐만 아니라 메탄이 산화(혹은 연소)하면 생기는 물질이어서 산불, 자동차의 배기가스 그리고 담배연기 속에 포함되어 있다. 대기 중의 메탄과 탄화수소가 햇빛에 의해 산소와 반응하여 폼알데하이드가 만들어지면 스모그의 일부가 된다. 폼알데하이드와 그 첨가생성물은 모든 살아 있는 유기체(생명체)의 내부에 존재하는데, 몸속의 아미노산 대사로 만들어져 사람과 영장류의 핏속에 약 0.1밀리몰 정도의 미미한 양이 있다.

폼알데하이드는 대기 중에서 햇빛이나 흙과 물속의 박테리아에 의해 몇 시간 걸리지 않아 분해되기 때문에 축적되지 않는다. 그리고 사람의 몸속에서도 신진대사로 인해 포름산(개미산)으로 바뀌기 때문에 축적되지 않는다. 밀리몰(Millimole)이란 용액(여기서는 피) 1리터에 녹아있는 용질의 몰수로 나타내는 농도로 몰(Mole)의 1/1,000로 mmol/ℓ 또는 mM으로 표시한다.

폼알데하이드는 공산품 생산에 다양하게 이용되는데, 메탄이나 메탄올을 원재료로 공장에서 대량 생산된다. 건축자재나 가구제작에 사용되는 합판, MDF(중밀도섬유판), 플로어링 등과 같은 합성목재나 방부목 생산과 보존에도 폼알데하이드가 사용된다. 목재가공과 가구제작에 사용되는 접착제 성분에도 포함되어 있으며, 특히 곰팡이나 박테리아 같은 미생물의 번식을 방지하기 위해 항균목재제품에는 포르말린 처리된 경우도 흔히 있다.

그래서 폼알데하이드는 새집증후군의 대표적 오염물질로 새 가구를 들여놓거나 새로 지은 집(주택이나 아파트는 물론 사무실, 공장, 기타 공공시설 포함)의 실내공기에서는 적지 않은 양이 검출된다. 폼알데하이드는 VOC 중에서도 휘발성이 높은 쪽에 속해서 대부분 실내공기 중에서 검출농도가 가장 높은 실내공기 오염물질이다.

폼알데하이드는 여러 가지 열경화성 수지를 만드는 소재로도 사용된다. 열경화성 수지는 열을 가하면 부드러워져 크기와 모양을 마음대로 변형시킬 수 있으나, 한 번 냉각하면 아주 딱딱하게 굳어져 다시 열을 가해도 부드러워지지 않는 고분자 화합물이므로, 우리가 일상생활에 헤아릴 수 없이 많이 사용하는 플라스틱이라고 하는 물질을 만드는데 문제의 폼알데하이드가 소재로 사용된다.

예를 들면, 페놀과 폼알데하이드가 반응하면 베이클라이트(Bakelite)라는 열경화성수지가 만들어지는데, 열경화성수지는 조작성이 뛰어나 다양한 모양과 크기의 제품을 만들 수 있고, 전기절연성과 내열성이 뛰어나 핸드폰과 PC의 케이스, 전화기의 커버, 주방용 조리기구의 손잡이, 프라이팬의 손잡이, 당구공의 재료로도 사용되고, 예전에는 레코드판으로도 사용되었다. 요소와 폼알데하이드가 반응하여 생성되는 고분자는 각종 접착제의 원료로도 이용될 뿐만 아니라 발포제로 만들어 건물의 단열재나 보온재로 사용된다.

폼알데하이드에는 호흡 또는 피부와 눈의 접촉으로 노출되고, 증기는 아주 쉽게 폐로 흡입될 수 있다. 민감한 사람은 냄새를 맡을 수 있는 한계보다 낮은 농도 (0.5~1ppm)에서도 두통이 오고 눈과 기도에 자극을 느낀다. 낮은 농도에서는 두통, 비염 및 호흡곤란이 오고, 농도가 높아지면 심한 점막자극, 타는 듯한 감(버닝), 눈물 및 하기도 감염(기관지염, 폐부종, 폐렴)

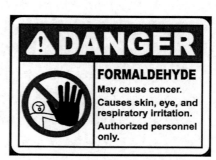

🔴 미국 직업안전보건청(OSHA)의 폼알데하이드의 위험경고

이 생길 수도 있다. 민감한 사람은 아주 낮은 농도에서 천식과 피부염을 일으키기도 한다. 폼알데하이드의 증기는 공기보다 약간 무겁기 때문에 환기가 부족하거나, 폐쇄되거나 또는 지하층 같이 낮은 공간에서는 질식

될 수도 있다. 어린이는 같은 농도라도 어른보다 더 심한 영향을 받는다.

포름알데하이드 증기에 눈이 노출되면 눈에 자극이 생겨 눈물이 난다. 농도에 따라 차이는 있지만 포름알데하이드 용액은 일시적인 불쾌감에서 시작하여 자극뿐만 아니라 심하면 각막손상과 시력상실까지 일으킬 수 있다. 손상되지 않은 피부를 통해 흡수된 포름알데하이드는 자극과 알레르기성 피부염을 일으키고, 피부노출과는 관계없는 신체 전체적인 대사활동에 영향을 미칠 수도 있다. 어린이 피부가 포름알데하이드에 노출되면 독성물질에 더 취약하므로 영향을 더 심하게 받는다.

포름알데하이드의 수용액인 포르마린을 맥주잔의 1/10 정도(30cc)만 마셔도 성인이 죽음에 이를 수 있다. 포르마린을 섭취하면 위장점막에 부식성 상처가 생겨 구역질에서 시작해 구토, 통증, 출혈로 이어지다 위장에 구멍(천공)이 생긴다. 부식성 상처는 인두점막에서부터 후두개(덮게)와 식도에서 가장 많이 발생한다. 이어지는 증상은 몸 전체로 번져 대사성산증(혈액이 산성으로 변하는 증상), 중추신경계 압박에 의한 혼수상태, 호흡곤란 그리고 신부전증으로 이어지게 된다. 포름알데하이드는 산화되면 쉽게 **포름산**(Formic Acid, 일명 **개미산**)으로 변하는데, 사람의 몸속에서 이 개미산 때문에 대사성산증(Metabolic Acidosis)으로 악화되는 것이다. 참고로 포름알데하이드란 단어도 포름산에서 따와 붙은 명칭이다.

포름알데하이드로 방부처리하거나 포름알데하이드 및 그 수지에 직업적으로 장기 노출되는 사람들은 상인두(목구멍의 상부)와 부비동(코 안의 구멍)에 암 발생 위험이 있다는 역학연구가 있으며, 포름알데하이드로 방부처리(목재방부, 시체방부 등)하는 직업인이나 포름알데하이드에 노출가능성이 높은 의료종사자들은 지속적으로 노출되므로 백혈병, 특히 골수성백혈병 발병 위험이 크다. 그래서 국제암연구소(IARC)에서는 비인두암과 혈액암(백혈병)의 발암물질로 분류하고 있다.

포름알데하이드를 공업적으로는 대부분 메탄올을 산화시켜 생산하는데, 세계에서 가장 많이 생산되는 화합물 25가지 중의 하나로 플라스틱, 수지, 발포단열재의 소재로 이용되고 거울, 화약, 인조실크, 염료 등의 유기화합물 제조에 포름알데하이드와 그 수지가 소재로 이용되기도 하며 소독제, 살균제 그리고 방부용액으로까지 이용되며, 농업용으로는 곰팡이 방지제와 살충제로도 이용되고, 효과가 늦게 나타나는 게 좋은 식물을 위한 완효성비료의 제조에도 사용된다.

수족관에서는 기생충 제거에 사용하고, 항균성이 좋아 티푸스성 질환과 식중독을 일으키는 살모넬라균의 발생을 최고 3주(21일)간 막아주므로 동물의 사료에도 허용되고 있다. 건축자재에는 접착제의 원료로 합성목재(합판, MDF, 파티클보드 등) 제조에 이용되고, 나아가서 설탕, 고무, 음식물, 석유제품, 의약품, 화장품 및 합섬제조에도 들어간다고 하니 그 이용범위는 엄청나게 넓고도 다양하다.

우리나라의 실내공기질관리법에서 다중이용시설(지하역사, 공항터미널, 도서관, 영화관 등)의 실내 폼알데하이드의 유지기준을 $100\mu g/m^3$으로 규정하고 있고, 신축 공동주택(아파트, 연립주택, 다세대주택 등)의 실내 권고기준을 $210\mu g/m^3$으로 규정하고 있다. 유지기준은 법적 강제성이 있지만 권고기준은 그야말로 권고하는 기준이므로 강제성이 없다. 앞에서도 말했지만 왜 이런 구분을 만들었는지 알다가도 모를 일이다.

그리고 실내마감재로 많이 사용되는 건축자재인 접착제, 페인트, 실란트, 퍼티, 벽지 및 바닥재의 폼알데하이드의 방출허용기준을 $0.02mg/m^3$으로, 또 목질상판제품의 허용기준을 $0.05mg/m^3$으로 규정하고 있다. 산업안전보건법에서는 1일 8시간 작업기준 평균 노출농도를 0.3ppm으로 규정하고 있다. 여기서도 한 가지 짚고 넘어갈 것은 법의 소관부서는 다르지만, 국민들이 보기에는 두 가지 법이 모두 우리정부가 정한 법인데, 왜 단위를 달리해서 어렵게 만드는지 모르겠다.

미국의 경우 직업안전보건청(OSHA)은 허용노출 한계를 8시간 작업기준 평균 0.75ppm, 단기(15분)노출 허용한도를 2ppm으로 규정하고 있으며, 국립 직업안전보건연구소(NIOSH)에서는 20ppm을 생명과 건강에 즉각적인 위험을 가져오는 농도라고 한다. 한편 산업위생협회(AIHA)에서는 실내공기 중에 폼알데하이드의 농도가 10ppm 이하이면 모든 사람이 1시간까지는 건강에 이상을 느끼거나 특이한 증상이 없는 것으로 보고 있다.

우리나라는 실내공기질 관리법에서 의료기관, 노인요양시설, 산후조리원 및 어린이집의 실내에서는 $80\mu g/m^3$, 그 이외의 다중이용시설에서는 $100\mu g/m^3$으로 유지기준을 정하고 있으며, 공동주택의 실내공기질 권고기준은 $210\mu g/m^3$으로 비교적 높은 반면, 대기환경보전법의 시행규칙을 강화하여 2020년부터 배출허용기준을 10ppm에서 8ppm으로 강화한다.

그러나 실내공기 중에 폼알데하이드가 조금(1~5ppm)만 있어도 그 독특한 냄새 때문에 눈, 코 및 목을 자극하여 만성질환자, 노약자, 어린이 등 예민한 사람들은 고통을 받을 수 있으니 주의가 필요하다. 우리나라 식품의약품안전청에서는 식품에 포함되는 폼알데하이드에 대해서 불검출의 원칙을 세우고 있지만, 자연적으로 생성되어 식품에 포함된 경우에 대해서는 별도의 기준이 없다.

2011년 우유사건에서 검출된 폼알데하이드도 약 0.002~0.026ppm 정도의 매우 미미한 양으로 자연적으로 포함되는 양에 비해서도 적은 양이며, 건강상의 영향도 없는 양이어서 문제가 되지 않았다. 폼알데하이드가 검출되었다고 불안해하기 전에 그 양이 인체에 해로운 수준인지 알아보는 것이 우선일 것이다. 독성을 띤 화학물질이라도 양과 노출시간을 확인하고 대처하는 것이 과학적이고 합리적이다.

4.12   벤젠은 유해한 탄화수소의 기본물질

벤젠(Benzene 또는 Benzol)은 정육각형의 **고리구조**(벤젠고리)로 6개의 탄소원자가 한 개씩의 수소원자를 붙잡고 있는 형태의 분자구조(C_6H_6)를 가진 방향족 탄화수소의 기본이 되는 화합물이다. Benzene이라는 단어는 15세기부터 유럽의 약제사와 향수제조업자들이 방향수지인 동남아산 안식향수지(Gum Benzoin)에서 명칭을 따왔다고 한다. 무색의 가연성이 높은 물질로 끓는점이 낮아(80.1 ℃) 휘발성이 강하고 주유소에서 흔히 맡을 수 있는 상큼한 냄새가 바로 벤젠의 냄새이다.

벤젠은 원유의 천연적인 구성성분 중의 하나로 석유화학의 기본화합물로 더 복잡한 유기화합물을 만드는 전구물질이어서 해마다 수십억 킬로그램이 생산된다. 벤젠은 옥탄가가 높기 때문에 톨루엔이나 자이렌 같은 벤젠의 파생화합물을 휘발유에 25%까지 혼합했으나, 발암물질로 밝혀진 후 1% 미만으로 사용을 규제하고 있으며, 대부분의 다른 용도에도 사용이 제한적이다. **옥탄가**(Octane Number)란 휘발유가 연소할 때 이상폭발을 일으키지 않는 정도를 나타내는 수치로 옥탄가가 높을수록 이상폭발 없이 연소가 잘 이루어지기 때문에 고급휘발유로 평가된다.

19세기와 20세기 초반에는 상큼한 냄새가 나는 벤젠을 애프터세이브로션으로 사용했으며, 1920년까지도 산업용 용제, 특히 금속탈지용으로 사용했다. 그러나 독성이 밝혀지면서 물성은 비슷하나 발암물질이 아닌 톨루엔 같은 다른 용제로 대체되었다. 아버지의 사망원인이 카페인 때문이라고 믿었던 한 독일 커피상(Ludwig Roselius)이 1903년 벤젠을 이용해 카페인을 없앤 커피를 만들었으며, 이를 **상카**(Sanka)라 하여 디카페인커피로 유명해져 지금도 이용되는 상용어이다. 그 이외에도 많은 소비용품에 벤젠이 사용되었으나 1950년경부터 사용이 금지되었다. 2차 세계대전 이전에는 상업용 벤젠을 코크스 생산과정의 부산물로 얻었으나, 1950년 이후 고분자화학산업이 성장함에 따라 벤젠의 수요가 급증하여 부산물로는 부족하여 석유에서 직접 뽑아내기 시작했다.

여러 가지 중요한 유기화합물이 벤젠의 수소원자를 작용기로 교체함으로써 만들어진다. 예를 들어, 벤젠의 수소원자 한 개를 수산기(OH)로 교체된 화합물이 페놀이고, 메틸기(CH_3)로 교체된 것이 톨루엔, 즉 메틸벤젠이며, 아미노기(NH_2)로 교체된 것이 아닐린이다. 수소를 교체하면 다른 종류의 향기가 나는 **방향족탄화수소**(Aromatic Hydrocarbon)가 되고, 수소를 전부 떼어내고 벤젠고리에 탄소만 남은 화합물이 흑연이다. 여기서 **작용기**(Functional Group)란 유기화합물의 특성을 결정하는 한 개 이상의 원자로 이루어진 원자의 집단(원자단)을 말한다.

벤젠은 주로 다른 유기화합물을 만드는 중간제로 벤젠 생산량의 절반 이상이 고분자화합물과 플라스틱(폴리스티렌) 제조에 사용되는 스티렌의 전구물질인 에틸벤젠을 만드는데 사용된다. 벤젠을 가장 많이 소비하는 나라는 중국이고 다음이 미국이다. 사에틸납(Tetraethyllead)이 안티노킹제로 사용되기 시작한 1950년 이전에는 휘발유에 적은 양의 벤젠이 포함되어 있었으나, 납의 유해성 때문에 전 세계적으로 무연휘발유를 사용하게 되면서 벤젠이 재사용되고 있다.

우리나라의 자동차연료 품질등급기준에 따르면 벤젠함량 0.6 이하이면 별이 5개, 0.7% 이하이면 별이 4개로 등급을 매기게 되어 있지만 강제규정은 아니다. 미국과 유럽에서 휘발유에 벤젠함량을 1% 이하로 허용해왔는데, 미국의 경우 환경보호청(EPA)에서는 2011년에 0.62%로 하향시켜 강화했다.

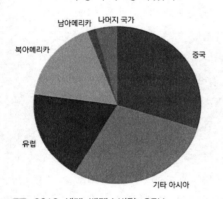

2018 세계 벤젠소비량-CEH

세계적인 정보회사인 IHS Markit사에서 발행한 2019년 판 화학경제핸드북(CEH)에 따르면, 과거 10년 간 벤젠소비량은 서구(서유럽과 북미)에서 아시아(동북아시아, 중동 및 서남아시아)로 넘어왔다. 특히 중국의 벤젠소비량은 2013년 이래 해마다 9%씩 증가하고 있는 반면 북미와 중동을 제외한 지역에서는 소비량이 감소하고 있다. 아시아 국가 중 우리나라와 일본의 소비량은 중국만큼은 빠른 속도가 아니지만, 그래도 꾸준한 증가세를 보이는 것으로 분석되고 있다. 위의 다이어그램은 최근(2018년) 세계의 벤젠소비량을 보여준다.

독성이 강한 인화성물질인 벤젠은 발암물질로 분류되어, 암의 발병위험을 높이고 여타 질병을 일으키는 원인이 되는데, 특히 골수부전으로 다발성 골수종을 일으키는 물질로 악명이 높고, 재생불량성 빈혈, 급성백혈병, 골수이상 및 심혈관계 질환을 일으키는 물질이다. 벤젠에 만성적으로 노출되면 백혈병과 다발성골수종의 발병률을 높이는 말초혈액의 백혈구와 골수에 염색체이상을 초래한다. 따라서 벤젠을 취급하는 곳에는 경고표지를 붙이게 규정되어 있다.

순수한 벤젠이 몸속에서 산화되면 벤젠의 산화물인 **에폭시드**(Epoxide)를 만드는데, 이 물질은 쉽게 빠져나가지 않고 DNA에 작용하여 해로운 돌연변이를 일으킨다. 벤젠은 완전히 없는 상태라야 절대적인 안전이 확보된다. 아주 미미한 양이라도 해로워 실제로는 안전한 허용농도란 말은 성립되지 않는다. 그래서 국제암연구소(IARC)에서 1급 발암물질로 분류하고 있다.

벤젠은 휘발유와 디젤 같은 탄화수소연료, 즉 화석연료를 사용하는 곳은 어디에서나 존재하는 화합물이기 때문에 벤젠은 세계 어디에서나 사람의 건강에 영향을 미치는 골칫거리 오염물질이다. 사람의 몸에 벤젠이 영향을 미치는 곳은 간, 콩팥, 폐, 심장 및 뇌이고, DNA 사슬을 파괴하고 염색체를 손상할 수도 있다. 벤젠은 사람뿐만 아니라 동물에게도 발암물질이다.

벤젠의 가장 중요한 인위적 발생원은 담배연기, 주요소, 자동차 배기가스와 생산시설(합성섬유, 고무, 윤활유, 살충제, 의약품, 염료 등의 유기화합물 합성과정)이고, 화산분출이나 산불에 의해서 자연적으로도 발생한다. 벤젠의 섭취와 피부흡수는 오염된 물을 통해서 이루어진다. 벤젠은 간에서 대사작용으로 분해되어 소변으로 배출된다. 몸속의 벤젠은 소변, 혈액 및 호흡검사로 측정할 수 있으나 몸속에서 빠르게 분해되기 때문에 측정에 어려움이 있다. 몸속의 벤젠 50% 정도는 직접흡연이든 간접흡연이든 담배연기로 흡입되는데, 실험에 의하면 하루 32개비의 담배를 피우면 약 1.8mg의 벤젠이 흡입된다고 한다. 이는 비흡연자보다 매일 10배 많이 흡입하는 양이다.

미국의 국립산업안전보건연구소(NIOSH)가 제시한 1일 8시간 작업, 1주 40시간 작업기준 벤젠 허용농도는 0.1ppm이고, 단시간(15분) 최대 허용농도는 1ppm이다. 1ppm의 농도에서 일하는 직장인 0.5%(1,000명 중 5명) 이상이 백혈병으로 사망하는 것으로 밝혀져 작업장 허용농도를 0.5ppm으로 제한하고 있다. 벤젠이 발암물질이기 때문에 농도가 0.1ppm이 넘는 작업장에서는 특수 호흡보호장비를 착용토록 하고 있다.

미국 환경보호청(EPA)에서는 건강에 영향을 받지 않기 위해서는 음용수 속에는 벤젠이 전혀 섞여 있어서는 안 된다면서 허용농도를 0.05mg/ℓ로 제한하고 있는데, 이 농도는 백혈병을 유발시키지 않는 농도의 최대치라고 한다. 그리고 사고 또는 실수로 벤젠을 10lb(4.5kg) 이상 유출하면 신고하도록 규정하고 있다. 음용수에 대한 세계보건기구(WHO)의 기준은 0.01mg/ℓ이다.

우리나라는 실내공기질 관리법에서 신축 공동주택의 실내 권고기준을 30㎍/㎥으로 규정하고 있고, 대기환경보전법에서 배출허용기준으로 10ppm에서 6ppm으로 2020년부터 강화키로 시행규칙을 개정하였다.

음료수에 식품방부제인 벤조산을 첨가하는 경우가 많은데, 벤조산은 비타민 C인 아스코르브산(Ascorbic Acid)과 반응하여 벤젠을 생성할 수 있어서 주의가 필요하다. 영국의 식품표준청(FSA)에서 2006년 150가지 소프트드링크를 조사한 결과 4개의 상품에서 WHO의 기준을 초과해 회수조치 했고, 미국의 FDA에서도 같은 조사가 시행된 적이 있다. 2005년에는 중국의 하얼빈(인구 9백만)시의 상수원인 쑹화강에 국영석유회사(CNPC)의 폭발사고로 벤젠이 흘러들어 상수도를 단절한 사건은 벤젠과 관계되는 유명한 사건이다.

4.13   톨루엔에서 노벨상으로

톨루엔(Toluene)은 특유의 향기로운 냄새가 나는 무색투명한 액체로 물보다 가볍고 불용성이서 물에 뜨는 반면 톨루엔증기는 공기보다 무거워 가라앉는다. 톨루엔은 벤젠의 수소원자 한 개를 메틸기로 바꾼 단순한 화합물이어서 분자식은 $C_6H_5CH_3$ 또는 C_7H_8으로 **메틸벤젠**(Methyl Benzene) 또는 **톨루올**(Toluol)이라고도 한다. 방향족 탄화수소의 대표물질인 BTX(벤젠, 톨루엔, 자이렌의 머리글자를 따서 만든 용어) 중의 하나로 끓는점이 111°C로 낮아 휘발성이 강한 유기화합물 중의 하나이다. 1835년 천연수지인 톨루발삼(Tolu Balsam)에서 처음으로 얻었기 때문에 톨루엔이라는 이름이 붙었다.

톨루엔은 적은 양이긴 하지만 원유에 포함되어 있고, 정제과정에서 휘발유의 부산물로도 얻을 수 있으며, 공장에서도 값싸게 생산되는 물질이어서 여러 가지 공산품의 소재로 이용된다. 발포 단열재인 폴리우레탄폼도 톨루엔으로 만들 수 있는 물질이고, 페인트 시너는 톨루엔을 주성분(65%)으로 만들어진 제품이다. 페인트, 시너, 실리콘 실란트에는 용제로 이용되고 고무, 프린트용 잉크, 접착제, 라카, 가죽처리(무두질), 소독약 등에는 화학반응제로 이용된다. 노벨상은 알프레드 노벨(Alfred Bernhard Nobel)이 톨루엔을 폭약제조에 사용하여 TNT(Tri－Nitro－Toluene)를 만들어 판매하여 얻은 수익 3,100크로나로 설립한 노벨재단에서 주는 세계적인 상이 되었다.

톨루엔은 내연기관용 휘발유 옥탄가 상승제로도 사용되었는데, 1980년대의 세계적인 자동차 경주인 포뮬러 원(Formula One)에서는 터보차저가 달린 자동차로 경주하였는데, 그 자동차연료의 86%가 톨루엔이었다. 100% 톨루엔을 연료로 사용할 수 있지만 연료의 밀도와 증발온도 등의 문제로 사용하지 않고 있다. 그러나 휘발유엔 약 60% 가까운 유류세가 붙지만 톨루엔 같은 화합물에는 유류세가 없어 가짜휘발유의 단골 메뉴이다.

톨루엔은 생산목적과는 상관없이 습관성 흡입(본드흡입)에 악용된다. 청소년들 중에는 톨루엔 포함상품(페인트시너, 합성접착제, 모형제작용 접착제 등)에서 중독성(도취감과 분열감) 때문에 톨루엔을 흡입하는 사람도 있어 사회적 문제가 되고 있다. 한국마약퇴치운동본부에 의하면 소위 본드흡입, 즉 청소년이 약물중독(본드, 부탄가스)의 후유증으로 뇌조직, 골수조직, 콩팥조직에 직접적 손상이 가해지고 본격 마약류 사용으로의 이행, 범죄에의 길, 성격의 변화, 우울증 및 자살, 불안 발작, 기질적 정신병 유발 등을 일으킨다고 한다.

화학경제핸드북(CEH)에 제시된 다음 다이어그램에서 보면 서유럽, 남북아메리카 및 일본은 톨루엔 생산량이 소량 증가(감소하기도)했지만, 수요가 꾸준히 증가하고 있어 세계적으로는 2017~2022년 사이 5년 동안 생산시

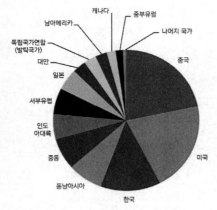

2018년 세계 톨루엔 소비량-CEH

설의 규모가 커질 것으로 예상된다. 생산시설의 증가는 주로 동북아시아(주로 중국과 한국), 동남아시아 그리고 중동이 주도할 것으로 보고 있다. 미국과 중국의 소비량이 비슷하고, 한국이 세계 3위의 소비국인 것은 유기화학공업에서 우리나라의 위치를 가늠할 수 있으나, 그로 인한 위험대비와 관심은 게을리 할 수 없는 물질이 톨루엔이다.

급성이건 만성이건 톨루엔 독성에 가장 많은 영향을 받는 신체부위는 중추신경계인데, 중추신경계의 기능장애와 혼수상태는 보통 농도 또는 그보다 낮은 농도의 톨루엔을 흡입하여도 나타나는 급성증상으로 피로, 졸음, 두통 및 메스꺼움이 뒤따르고 고농도에서는 중추신경계 장애 심지어 죽음에까지 이르며, 부정맥도 생긴다. 톨루엔을 섭취하면 심장근육괴사, 간 팽창, 폐 충혈과 출혈 및 신장괴사가 발생할 수 있으며, 중추신경계 장애로 죽을 수도 있다.

중추신경계 장애는 고농도의 톨루엔을 지속적 흡입하는 사람(톨루엔 중독자)에게도 만성증상으로 나타나는데, 졸음, 운동실조, 신체 떨림, 뇌 위축, 안구 떨림, 말 더듬, 청각과 시각장애 등의 증상을 보인다. 직업적으로 노출되는 작업자는 행동신경에 이상을 보이기도 한다. 만성적 흡입은 상기도와 눈에 자극, 인후염, 어지러움, 두통, 불면증을 가져온다.

톨루엔 증기를 지속적으로 흡입하는 사람에게 콩팥과 간에 가벼운 염증이 나타나기도 한다. 톨루엔에 노출된 어머니에게서 태어난 어린이는 중추신경계 장애, 주의력 결핍, 소두 소안(작은 머리와 얼굴), 사지기형 및 발육지연 증상을 드물게 보이기도 한다. 그러나 톨루엔이 벤젠보다는 독성이 약하고 발암물질로는 분류되지 않기 때문에 벤젠대용물로 많이 이용된다.

미국 산업안전보건연구원(NIOSH)의 하루 8시간 작업기준 평균허용농도는 200ppm이고, 단기간(10분) 허용 최고농도는 500ppm인데, 이 농도가 즉각적인 위험을 가져오는 농도로 이를 넘지 않도록 하고 있다. 우리나라는 실내공기질 관리법에 신축 공동주택의 실내공기 중 톨루엔 농도가 $1,000\mu g/m^3$을 초과하지 못하도록 규정하고 있고, 건축자재(접착제, 페인트, 실란트, 퍼티, 벽지, 바닥재 및 목질판상제품)의 오염물질 방출기준은 $0.08mg/m^2\cdot h$이다.

4.14   에틸벤젠도 독성물질

에틸벤젠(Ethyl-Benzene)은 벤젠의 수소원자 한 개를 에틸(Ethyl)기로 바꾼 유기화합물로 역시 **방향족탄화수소**의 하나이며, 분자식은 $C_6H_5CH_2CH_3$ 또는 C_8H_{10}로 페닐에탄(Phenyl-Ethane)이라고도 한다. 앞서 설명한 톨루엔은 벤젠의 수소원자 한 개를 에틸기 대신 메틸(Methyl)기로 바꾼 화합물이어서 서로 비교가 된다. 에틸벤젠은 무색의 액체로 물보다 가볍지는 않지만, 물에 녹지 않으므로(불용성) 물에 섞이지 않으며, 증기는 공기보다 무겁다. 방향족탄화수소 특유의 냄새가 나며, 석유, 가솔린, 나프타 등에 포함되어 있다.

합성고무를 생산할 때 용매나 희석제로, 자동차와 항공기 연료의 구성성분으로, 페인트, 살충제, 스프레이, 아스팔트, 나프타, 염료 등의 소재로 사용되며, 포장재로 많이 사용되는 스티로폼(뒤에 스티렌 설명 시 다시 설명)의 주원료이다. 에틸벤젠은 인화성이 높은 무색의 액체로 휘발유 냄새와 비슷한 방향족 탄화수소 특유의 냄새가 나며, 플라스틱의 재료로 사용되는 폴리스티렌의 전구물질인 스티렌을 만드는 중간재로서 석유화학산업에 매우 중요한 유기화합물로 콜타르와 석유에서 자연적으로 생성되기도 한다.

2012년 이전에는 에틸벤젠의 생산량 거의 전량(99%)이 스티렌을 만드는데 사용되어 플라스틱의 거의 전부가 에틸벤젠으로 만들어졌다고 해도 과언이 아닌 때도 있었다. 에틸벤젠은 안티노크제로 휘발유에 첨가하는데, 이는 에틸벤젠이 엔진의 노킹을 감소시켜 옥탄가를 높이는 특성이 있다는 뜻이다. 에틸벤젠은 살충제, 셀룰로오스, 아세테이트(담배필터, 사진필름, 마그네틱테이프 등의 원료), 합성고무, 페인트, 잉크 등의 소재로 이용되기도 한다. 에틸벤젠은 벤젠과 에틸렌의 화학반응으로 생산한다.

2017년 세계 에틸벤젠소비량-CEH

옆의 다이어그램에서 보듯이 세계적으로 동북아시아 3국(한국, 중국, 일본)이 에틸벤젠산업을 주도 하고 있는데, 생산량의 46%, 소비량의 47%를 차지하고 있다. 2017년을 기준으로 볼 때, 중국이 동북아 생산량의 56%, 소비량의 49%로 절반 정도나 되고 있어 2017~2022년 사이 연평균 8.6%의 성장을 기대할 정도로 주도적인 국가이고, 우리나라 또한 상당한 성장을 보일 것이다. 러시아와 발틱국가들이 약 2%의 성장률로 그 뒤를 따를 것으로 기대하고 있으나 에틸벤젠산업은 연관산업의 성장과 동조하여 이루어지므로 두고 볼 일이다.

에틸벤젠을 흡입하면 나타나는 급성증상으로 목구멍 자극과 가슴 압박 같은 호흡기계통의 영향, 눈 자극 그리고 졸림과 같은 신경계 영향 등이 나타나고, 동물실험에서 중추신경계에 독성, 폐, 간 및 콩팥에 영향 그리고 눈 자극 등이 나타났으나, 독성이 낮은 유기화합물로 만성적 독성과 발암성은 확인되지 않았으나, 공기 중 고농도의 에틸벤젠은 눈과 목구멍을 자극하고, 어지러움을 느끼게 한다.

모든 종류의 유기화합물이 그렇듯이 에틸벤젠도 증기상태에서는 폭발하므로, 운반 시에는 인화물질로 다루어야 한다. 한 조사연구에 따르면 대기 중의 에틸벤젠의 농도는 도시에서 평균 0.62ppb, 시골에서 0.01ppb로 60분의 1도 채 되지 않았다. 그런데 실내공기 중 평균농도는 1.0ppb라고 하니 크게 염려하지 않아도 된다. 화석연료의 연소 시에 발생하는 물질이고, 에틸벤젠 공장에서도 배출되어 대기 중에 섞이며, 3일 정도 햇빛의 영향을 받으면 에틸벤젠은 스모그의 원인물질인 화합물로 분해된다.

미 환경보호청(EPA)에 따르면 하루 30ppm 또는 열흘 동안 3ppm 농도의 물을 마셔도 어린이에게 아무런 영향이 없고, 평생 0.7ppm에 노출되어도 괜찮다고 한다. 미 직업안전보건청(OSHA)의 허용농도는 1일 8시간 1주 40시간 작업기준으로 평균 100ppm으로 제시되어 있다. 에틸벤젠을 국제암연구소(IARC)에서는 **발암가능물질**로 분류하고 있으나, 미 환경보호청에서는 발암물질로 보지 않으며, EU(2012년)에서는 아예 환경오염물질로도 분류하지 않고 있다.

우리나라 실내공기질 관리법에서 신축 공동주택의 실내공기 중 에틸벤젠의 농도 360mg/㎥을 권고기준으로 삼고 있다. 한 번 더 지적하지만 권고기준은 법적강제성이 없어 준수의무가 없으므로, 주택개발업체에서 잘 지키지 않을 것이 명약관화하니 유지기준으로 재설정하는 것이 바람직하다. 한편 대기환경보전법에서는 특정대기오염물질로 분류하고 있으나 배출허용기준이 없었는데, 2020년부터 23ppm으로 강화된 오염물질이 에틸벤젠이다.

4.15 자이렌은 중추신경계에 영향

자이렌(Xylene)은 방향족 탄화수소의 기본물질인 벤젠의 수소원자 두 개를 메틸기 2개로 바꾼 유기화합물이어서 **다이메틸벤젠**(Dimethyl-Benzene)이라고도 하는데, 분자식은 $C_6H_4(CH_3)_2$ 또는 C_8H_{10}이다. C_8H_{10}로 표시하면 앞에서 설명한 에틸벤젠과 같으므로 화학적으로 사용할 경우에는 반드시 확인이 뒤따라야 한다. 자이렌을 **자이롤**(Xylol)이라고도 하고, 'xy'의 발음 방법에 따라 '크실렌'이라고도 한다.

2개의 메틸기가 벤젠고리에 붙은 모양(연결방식)에 따라, 6각형 고리에 두 개가 잇대어 붙어 있으면 **오소자이렌**(Ortho-Xylene), 한 칸 떨어져 붙어 있으면 **메타자이렌**(Meta-Xylene) 그리고 마주 보게 붙어 있으면 **파라자이렌**(Para-Xylene)이라 칭하는 이성질체가 있다. 달콤한 냄새가 나고 가연성이 매우 높은 무색의 액체로 끓는점은 메틸기의 연결방식에 따라 차이가 있지만 140℃ 전후로 휘발성이 높은 물질이다. **이성질체**(Isomer)란 분자식은 같으나 분자 내의 구성원자 연결방식이나 공간배열이 동일하지 않아 성질이 다른 화합물을 뜻한다.

자이렌은 석유화학산업에서 상당히 중요한 화합물로 원유의 성분, 즉 산지에 따라 차이는 있지만 0.5~1% 정도 포함되어 있고, 휘발유와 항공연료에도 소량 포함되어 있다. 자이렌 혼합물은 약간 기름기가 있는 무색의 액체인데 보통 용제로 취급한다. 따라서 자이렌은 자이렌을 생산하는 산업시설은 물론 자동차 배기가스 또는 용매로 사용되는 경우 용매상태에서의 휘발로 인해 대기 중으로 방출된다.

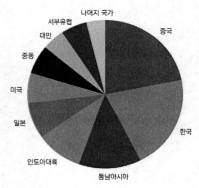

2017년 세계 자이렌 소비량-CEH

인구가 많은 아시아시장에서 폴리에스테르섬유(섬유, 직물, 바닥재 등)와 폴리에스테르수지(페트병)의 증가하는 수요와 폴리에스테르산업의 성장은 아시아를 종합 자이렌 시장의 중심지로 자리를 굳히게 만들었다. 폴리에스테르제품은 중국이 세계에서 가장 많이 생산하고 가장 많이 소비하는 국가로 떠올랐고 우리나라가 그 뒤를 잇고 있다. 혼합 자이렌의 생산량은 향후 5년간(2017~2022년) 중국과 우리나라를 위주로 한 동남아시아에서 매년 4~5% 정도 성장할 것으로 예상된다.

자이렌 이성질체의 혼합물은 용매로 흔히 이용되며, 혼합물도 달콤한 냄새가 나고 무색의 액체로 가연성이 매우 높은 물질이다. 자이렌의 특이점 중 하나는 물이나 모든 종류의 알코올과 혼합하면 공비혼합물을 만드는데, 물과 60% 자이렌과의 공비혼합물의 끓는점은 94.5℃로 물만의 끓는점 100℃보다 낮다. **공비혼합물**(Azeotrope)을 '함께 끓는 혼합물'이라고도 한다. 혼합용액을 끓일 때 일정한 온도에서, 혼합용액의 성분비와 증기의 성분비가 같아지는 현상을 나타내는 혼합용액을 공비혼합물이라고 한다.

190

자이렌은 플라스틱산업에 없어서는 안 되는 원료로 플라스틱 병과 폴리에스테르 섬유의 주 원료이고 잉크, 합성고무, 접착제 원료도 이용되며, 페인트와 바니시의 시너로 가죽의 무두질에도 이용된다. 자이렌액은 톨루엔보다 늦게 마르기 때문에 미술품 방부처리와 같이 더딘 건조가 필요한 경우 톨루엔 대용품으로 사용되기도 하고 금속, 실리콘웨이퍼 및 집적회로의 세척제로도 이용되므로 반도체산업에도 일익을 담당하며 치과 신경치료용제, 석유화학산업에서는 파라핀의 용매로도 이용된다.

자이렌 증기를 흡입하면 두통, 어지러움, 메스꺼움 및 구토 같은 증상과 함께 중추신경에 이상이 생긴다. 사람이 100ppm 정도의 낮은 농도에 노출되어도 메스꺼움 또는 두통을 느끼기 시작하고, 200~500ppm 사이의 조금 높은 농도에서는 심한 어지러움, 나약함, 과민성 홍분, 구토 및 반응시간 지연 등의 증상이 나타난다.

200ppm 이하의 낮은 농도에 노출되어 나타나는 증상은 쉽게 회복 가능하고 영구적인 손상이 발생하지 않으나, 장기적으로 노출되면 두통, 과민성 홍분, 우울증, 불면증, 혼돈, 극단적인 피로, 떨림, 청력상실, 집중력손상 및 단기 기억력 장애로 이어질 수 있다. 자이렌 용매에 장기적으로 노출되면 만성 뇌질환인 **유기용매증후군**(Organic Solvent Syndrome)에 걸릴 수도 있다.

자이렌은 발암물질로 분류되지 않는다. 자이렌은 피부자극제로 피부를 벗겨 이물질의 피부침투가 쉬워지게도 하기 때문에 자이렌을 사용하거나 만드는 작업장에서는 침투성이 없는 장갑과 마스크가 필수적이다. 우리나라의 실내공기질 관리법에서 신축 공동주택의 실내공기질 권고기준으로 자이렌이 $700\mu g/m^3$으로 규정하고 있다.

4.16 스티렌은 스티로폼의 원재료

스티렌(Styrene)은 **스티롤**(Styrol)이라고도 하며, 방향족 유기화합물의 기본물질인 벤젠의 수소 1개를 비닐기로 바꾼 구조이므로 **비닐벤젠**(Vinyl-Benzene)이라고도 하는데, 화학식은 $C_6H_5CH=CH_2$ 또는 C_8H_8이다. 미국 풍나무(Sweetgum Tree)에서 얻은 향기 좋은 휘발성 액체수지인 Styrax에서 Styrol이란 명칭이 붙었다고 한다. 스티렌은 식용식물(계피, 커피원두, 땅콩)에 소량 포함되어 있으며, 콜타르에도 포함되어 있다.

스티렌도 다른 VOC와 마찬가지로 인화성이 높은 무색의 끈적끈적한 액체로 끓는점이 145.8℃로 휘발성이 강한 유기화합물로 스티렌 특유의 단내가 나는데, 농도가 높아지면 그다지 유쾌한 냄새가 아니다. 물보다 약간 가벼워 물에 뜨며, 물에는 극히 소량밖에 녹지 않지만 에탄올, 에테르, 벤젠 등 유기용매에는 아주 잘 용해된다.

스티렌은 라텍스, 합성고무 및 다른 폴리스티렌 수지를 만드는 화학공정에 없어서는 안 되는 물질로 에틸벤젠, 톨루엔 및 메탄올에서도 만들어진다. 스티렌은 원유에는 포함되어 있지 않으나, 석유와 석탄의 열분해 생성물에 미량 포함되어 있다. 스티렌은 비닐기를 가지고 있어 중합하면 쉽게 고분자화합물이 된다. **중합**(Polymerization)은 고분자 화합물을 이루고 있는 기본적인 화합물 **단위체**(Monomer)가 2개 이상 결합하여 분자량이 큰 화합물을 생성하는 반응을 말한다.

스티렌은 고분자 화합물인 폴리스티렌, 스티렌부타디엔 고무, 폴리에스테르 수지 등의 원료로 이용되어 합성고무, 플라스틱, 단열재, 보온재, 유리섬유(파이버글라스), 파이프, 자동차와 보트의 부품, 카펫 뒤판 등의 제조와 페인트나 건성유의 제조에도 사용된다. 특히 ABS(Acrylonitrile Butadiene Styrene)수지는 아크릴로니트릴, 부타디엔 및 스티렌을 중합하여 얻어지는 고체로 착색이 용이하고 표면광택이 좋으며 기계적, 전기적 성질 및 내약품성이 우수하여 전자제품, 자동차 및 선박의 경량소재로 아주 많이 이용된다. 앞에서 설명에서 보듯이 스티렌의 사용범위는 엄청나게 넓고 다양하다.

스티렌의 세계시장은 자동차산업과 건설산업에서 앞선 아시아태평양지역이 주도권을 잡고 있는데, 한국, 중국, 일본 및 대만이 앞장서고 있다. 앞에서 언급한 여러 가지 VOC 설명에서도 봤듯이, 우리나라가 화학산업 분야에서도 상당히 선진국으로 세계시장을 이끄는 주도국이다. 중국이 우리나라에 양적인 측면에서 앞서 있는데 이는 인구규모가 워낙 커서 산업수요면에서

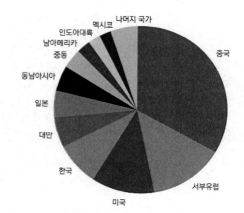

🌀 2017 세계 스티렌소비량-CEH

우리보다 앞서고 있는 것으로 판단되고, 미국과 서구유럽에는 꾸준한 수요가 있다.

식품, 어류, 전자제품 등 거의 모든 제품의 포장재로 사용되는 **스티로폼(Styrofoam)**은 폴리스티렌 수지에 발포제를 가하여 스펀지처럼 만들어서 굳힌 플라스틱으로 용도가 다양한 반면 쓰레기처리에는 부피가 커 문제가 많은 물질이다. 스티로폼은 튀겨서 만든 물질이어서 물보다 가볍고, 튼튼하며 원하는 모양을 쉽게 만들 수 있어 포장재로 뿐만 아니라 보온재, 단열재, 절연재로 효용가치가 높다. 스티로폼은 폴리스티렌이 발포제인데, 처음 만든 메이커의 브랜드명인 스티로폼이 그대로 굳어 실제로 사용하는 명칭이 되었다.

스티렌은 눈 접촉, 피부접촉, 섭취 및 흡입으로 발병할 수 있는 발암물질이다. 스티렌은 사람의 몸속에서 대부분이 세포의 색소단백질인 시토크롬(Cytochrome)에 의해 **산화스티렌**으로 바뀌는데, 이 산화스티렌이 독성이 있고, 돌연변이를 유발하며, 발암가능성을 높인다. 스티렌은 소화관, 콩팥 및 호흡기관에 독성을 나타낸다. 국제암연구소(IARC)에서는 스티렌을 그룹 2B(발암가능물질)로 또 대사물질인 산화스티렌을 그룹 2A(발암위험물질)로 분류하고 있다.

스티렌에 노출되어 나타나는 급성증상으로 점막자극 같은 호흡기관

장애, 눈 자극 및 위장장애가 있고, 만성증상으로는 두통, 피로, 나태, 우울, 중추신경 기능장애(반응시간, 기억, 시각운동, 지각기능), 청각손실, 말초신경병증, 콩팥효소기능과 혈액에 약한 영향 등이 있다. 플라스틱 제조공장 여성종사자의 자연유산과 임신율 저하도 의심된다고 한다.

  ·우리나라의 실내공기질 관리법에서 신축 공동주택의 실내공기 중 스티렌의 권고기준을 300μg/㎥으로 정하고 있다. 발암가능물질임에도 불구하고 이 역시 권고기준으로만 정해져 있다. 대기환경보전법에서는 특정대기오염물질로 분류되어 있지만, 배출허용기군이 없다가 2020년부터 23ppm으로 기준이 정해진 위험한 오염물질이다.

05

집먼지진드기는
알레르기의
원인물질이다

전자현미경으로 본 집먼지진드기

집먼지진드기(house dust mite)는 반투명의 몸체를 가진 아주 작은 벌레로, 몸길이가 0.2~0.3㎜ 정도밖에 되지 않아 육안으로 겨우 볼 수 있을까 말까한 크기여서, 최소 10배 이상은 확대해야 2~3㎜의 크기가 되므로 좀 더 면밀하게 볼 수 있다. 일반적으로 집먼지진드기는 좌측의 사진에서 보듯이 몸에 줄무늬가 있고, 단단한 각피가 몸을 덮고 있다. 전갈의 사촌 쯤 되는 동물로 거미가 조상인 절지동물이다.

집먼지진드기는 집안에서 키우는 애완동물이나 사람의 피부각질과 곰팡이를 먹이로 먹고 산다. 현재까지 확인된 집먼지진드기는 최소 13종이 넘는다. 성인 한 사람이 하루에 평균 1.5g의 각질을 떨어트리는데, 이 양이면 집먼지진드기 1백만 마리의 먹이가 되고도 남는다고 하니, 사람이 사는 집안에는 집먼지진드기의 먹잇감은 풍부하다는 이야기가 된다.

집먼지진드기의 수명은 65~100일 정도인데, 수정한 암컷은 평균 70일을 살고, 죽기 5주 전에 60~100개를 알을 낳는다. 이 10주간의 생존기간 중에 한 마리의 집먼지진드기가 약 2,000개 이상의 입자형 배설물을 몸 밖으로 내보낸다. 집먼지진드기가 서식하기에 가장 좋은 조건은 어둡고, 실온 25℃ 전후이며, 상대습도 80% 정도일 때 번식도 가장 많이 하는 것으로 밝혀졌다. 온도가 아주 높거나(70℃ 이상) 아주 추우면 (-17℃ 이하에서는) 살 수 없으며, 상대습도가 60% 이하로 떨어지는 경우에 번식을 못하고, 40~50% 이하에서는 1일 이내에 사멸한다.

집먼지진드기의 배설물에는 내장에 있는 강력한 소화효소가 섞여 나오는데, 이 효소가 사람의 몸속에서 세포를 죽인다고 한다. 그 양이 많지 않아 죽는 세포가 많지는 않지만, 이것이 천명(숨 쉴 때 쌕쌕거림) 같은 알레르기성 반응의 요인이 된다. 집먼지진드기의 외피골격도 알레르기를 유발하고, 아토피성 피부염과 피부막 손상도 일으키지만, 다행히 피부 속으로 파고들거나 몸속에 기생하지는 않는다. 집먼지진드기는 알레르기성 결막염은 물론 알레르기성 비염과 천식도 유발한다. 면역제재가 집먼지진드기 관련 질병 치료에 효과적이라고 하는데, 주사요법이 섭취보다 효과적이고, 국부용 스테로이드를 코에 뿌리거나 흡입하는 방법도 효력이 좋다고 한다.

온도가 낮아 살기 어려운 극지방을 제외한 전 세계 어느 곳에서나 볼 수 있는 집먼지진드기는 습도가 높은 곳에 많이 분포되어 있다. 우리나라에서 많이 발견되는 종은 북아메리카 집먼지진드기와 유럽 집먼지진드기이다. 우리나라 호흡기 알레르기질환의 가장 중요한 원인이 집먼지진드기인 것으로 밝혀졌으며, 미국에서는 주택의 84% 그리고 EU에서는 68%의 주택에서 집먼지진드기가 검출되었다고 한다.

미세먼지 1㎎ 당 100마리 이상의 집먼지진드기가 있으면 알레르기를 유발할 수 있는데, 침대 매트리스, 양탄자, 천으로 된 소파, 옷, 이부자리 및 자동차 시트 등에 많이 서식하며, 이런 곳에서 채취된 먼지 1㎎에 수백 마리정도가 발견되는 것이 보통이며, 많게는 2만 마리까지 보고된 경우도 있다.

우리나라의 겨울은 비교적 길고 건조하며 또 대부분 주택의 방이 온돌난방시스템으로 되어 있어 진드기의 번식에 부적합할 것으로 생각되지만, 두터운 이부자리를 사용하고 주거형태가 난방이 잘되는 공동주택(아파트, 연립주택, 오피스텔 등)이나 독립주택으로 변화되어 가고, 실내환경 개선을 위해 가습기의 사용이 증가하고 있기 때문에 겨울에도 집먼지진드기가 서식하기 좋은 환경으로 변해가고 있다.

우리나라에서 집먼지진드기의 개체 수는 더운 여름철인 7~8월에 가장 많이 증가하고 5월에 가장 적지만, 한 대형병원(삼성서울병원) 집계에 따르면 5월에도 알레르기성 질환을 유발시키기에는 집먼지진드기의 수가 충분할 정도로 많으므로 연중 알레르기성 질환의 유발이 이어지고 있다고 하니, 우리나라도 집먼지진드기가 살기 좋은 나라 중의 하나이다.

집먼지진드기는 사람이 사는 실내이면 어디든 서식하는 징글맞은 존재이다. 천식환자는 집먼지진드기에 아주 민감하므로 존재여부를 확인할 수 있는 바로미터이다. 집먼지진드기가 제일 좋아하는 먹잇감이 사람의 죽은 피부세포 즉, 인설(각질)이지만 산 사람을 뜯어 먹지는 않는다.

집먼지진드기가 만들어내는 알레르기 원인물질 즉, 진드기 생체, 배설물 및 시체는 집 먼지의 구성성분이지만, 무게가 공기보다는 약간 더 무거워 실내공기 중에 떠다니는 부유분진에는 포함되어 있는 양이 많지 않으므로, 대부분이 실내공기가 흐트러지기 전에는 바닥이나 가구의 표면에 가라앉아 있다. 설사 흐트러져 공기 중에 떠오르더라도 비교적 무거워 공기 중에 머무를 수 있는 시간은 대개 20분에서 2시간 정도이다.

목재가구나 가죽소파 같은 재질에는 먹잇감이 부족하여 진드기 수가 적으며, 다리미질이나 1시간 정도 뜨거운 회전식 건조(텀블 드라이)를 한 침대커버(린넨)에서는 99%가 소멸된다. 그래서 최소 1회/주 이상 정기적으로 침대커버를 교체하는 것이 집먼지진드기 노출을 막는 지름길이다. 면이나 담요와 같이 따뜻한 재질의 침대커버는 집먼지진드기는 물론 박테리아와 곰팡이의 온상이 될 수 있으므로 최소 1회/달 이상 정기적으로 교체해야 한다.

집먼지진드기 알의 동결내성이 −70°C인데, 이 온도에서 30분까지 견딜 수 있어 집먼지진드기의 내성한계온도이다. 직사광선에 3시간 노출되거나 60~70°C의 고온에서 최소 30분 이상 지나면 알은 부화하지 못하고, 물에는 익사한다. 집먼지진드기는 실내온도가 22°C 이하이고, 상대습도가 45% 이하인 환경에서는 거의 살아남지 못하나, 습도가 이보다 한 시간만 높아져도 살아남기 때문에 알레르기환자가 있는 방은 상대습도를 최소한 50% 이하로 유지해야 한다.

집먼지진드기의 생체는 물론 시체 및 배설물이 **알레르기 원인물질** (Allergen)이고, 증상으로는 일반 알레르기와 크게 다르지 않아 재채기, 콧물, 눈 가려움, 붉은 눈, 눈물, 코 막힘, 코와 입 및 목 가려움, 피부 가려움, 후비루(콧물이 고이거나 넘어가는 증세), 기침 등이 생긴다. 천식환자가 집먼지진드기에 노출되면 호흡곤란, 가슴통증, 숨을 쉴 때 휘파람소리 또는 천명, 호흡곤란과 기침 및 천명으로 인한 수면장애 등의 증상을 보이는데, 이 증상도 다른 알레르기와 크게 다르지 않다.

집먼지진드기가 있는 집안이라고 해서 집안이 청결하지 않다는 말은 성립하지 않는다. 왜냐하면 집안이 아무리 청결해도 존재하는 생물이기 때문이다. 집안에서 집먼지진드기가 가장 많이 서식하는 곳은 다른 데가 아니고 침실이기 때문에 이 불청객을 줄이는 일은 침실에서부터 시작해야 한다.

침대 매트리스와 베개를 집먼지진드기와 배설물이 통과하지 못할 정도로 치밀한 재질로 된 지퍼달린 커버를 씌운다. 다시 말해, 알레르기 원인물질 비침투성 커버로 씌운다는 뜻이다. 폴리에틸렌이나 비닐 커버도 괜찮으나 재질 때문에 사용이 불편하면 섬유도 치밀하게 직조된 것이면 괜찮다. 침대시트와 담요를 주 1회 뜨거운 물로 세탁하면, 집먼지진드기를 죽일 수 있다. 집먼지진드기가 서식할 만한 집안에 있는 천은 모두 최소 50°C 이상의 뜨거운 물에 정기적으로 세탁하는 것이 바람직하다.

진공청소기도 집먼지진드기가 만드는 알레르기 원인물질을 없애는 데 한 몫을 할 수 있다. 그러나 진공청소기로는 소파, 의자, 베개 및 카펫의 깊숙한 곳에 있는 것들을 모두 끄집어내어 없애기는 역부족이다. 집먼지진드기가 깊숙이 숨지 못하게 바닥전면을 한 장의 카펫으로 덮는 것은 피하는 것이 좋다. 습기가 있는 목재, 리놀륨 및 타일바닥은 교체 가능한 대걸레로 닦고, 닦은 걸레는 역시 뜨거운 물로 세탁해야 한다. 그리고 섬유소재 의복이나 물건은 드라이클리닝을 하든지 다리미질을 하여야 집먼지진드기를 없앨 수 있다.

앞서 설명한 자료를 근거로 집먼지진드기 퇴치법을 다음 8가지로 간추려 볼 수 있다;

1) 제습기나 에어컨을 이용하여 실내습도를 50% 이하로 유지한다.

2) 침대 매트리스와 베개를 알레르기 원인물질이 침투하지 못하는

치밀한 재질로 된 커버로 씌운다.

3) 침대시트와 담요를 1주 1회 정기적으로 50℃ 이상의 뜨거운 물로 세탁한다. 세탁할 수 없는 재료로 된 재질은 얼려서 처리한다.

4) 울, 깃털 또는 동물의 가죽으로 된 침대용품은 세탁 가능한 섬유 재질로 바꾼다.

5) 가능한 한 침실에는 바닥전면을 하나로 덮은 카펫에서 리놀륨이나 목재바닥으로 바꾸고, 천으로 된 커튼과 천으로 씌워진 가구에서 천은 제거한다.

6) 마른 걸레는 알레르기 원인물질을 단지 밀치기만 할 뿐이므로 바닥은 젖은 대걸레로 닦아야 한다.

7) 진공청소기는 알레르기 원인물질이 빠져나가지 못하도록 이중 마이크로필터 백이나 헤파필터가 설치된 것을 사용한다.

8) 진공청소기를 사용할 때는 알레르기 원인물질의 흡입을 막기 위해 마스크를 쓰고, 청소가 끝난 뒤 혹시 남아 있을지도 모르는 미세먼지와 알레르기 원인물질이 가라앉을 때까지 20분 정도는 다른 곳에 머무른다.

06

새집증후군뿐만
아니라
헌집에도
증후군이 있다

새집증후군은 원래 **빌딩증후군**(SBS: Sick Building Syndrome)이란 말에서 비롯한 용어로 밀폐된 건물의 실내, 특히 새로 지은 집(건축물)에서 거주하는 사람이 실내공기 오염물질 때문에 받는 일시적인 불쾌감이나 만성적인 건강이상을 말한다. 주로 새집에서 많이 발생하므로 새집증후군이라 한다. 그러나 빌딩(건물)증후군이고 하는 말에서 보듯이 반드시 새집에서만 생기는 증상이 아니고 헌집이라도 실내공기 오염물질이 많으면 생기는 증상인데, 영어식 표현을 그대로 해석하면 건물이 아픈(나쁜) 상태여서 생기는 증후군으로 건물에 이상이 있어 발생하는 문제이다.

그래서 새집증후군을 **건물관련 증후군**(BRS: Building Related Symptom)라고도 하고, 건물의 실내에서 배출되는 여러 가지 화학물질에 예민하게 반응하여 생기는 증상이라는 뜻에서 **복합화학물질 민감증**(MCS: Multiple Chemical Sensitivity)라고도 한다. 우리나라에서는 새집증후군이란 말이 가장 많이 이용되므로 이 책에서도 그대로 사용하겠다.

아무튼 새집증후군은 건물의 실내거주자가 분명하지 않은 이유로 병증을 보이거나 불쾌한 기분을 느끼는 것을 말한다. 이 증상은 실내에 머무는 시간이 길면 길수록 더 심각해지고 잘 못하면 질병으로 발전할 수도 있으나, 바깥으로 나가 시간이 지나면 나아지거나 쉽게 사라지는 것이 대부분이다. 가장 흔히 나타나는 증상으로는 두통, 현기증, 눈 자극, 재채기 등이 있다.

이런 증상의 정도가 그다지 심하지 않으면 냉난방환기(HVAC)시스템의 가동으로도 끝낼 수 있으나, 증상이 심하면 단순히 처리되기 어렵다. 실내 마감재로 사용된 건축자재에서 배출되는 휘발성유기화합물(VOC), 곰팡이, 실내에서 사용하는 사무용 기기에서 나오는 오존, 생활용품에서 배출되는 화학약품 같은 오염물질과 환기부족, 실내공기 정화

부족 등이 원인일 수 있다. 다음 그래프는 미국 환경보호청(EPA)에 보고
된 연구자료 중의 하나로 새집증후군 증상의 분포를 잘 보여준다.

실내공기 중의 부유세균도 중요한
원인 중의 하나로 당연히 건강상 문제를
가져오게 되는데, 좀 더 구체적으로 설명
하면 눈, 코 및 목의 과민성 자극, 신경
독성이나 건강문제, 피부자극, 비특이성
과민반응, 전염성 병증, 냄새와 미각자극
을 들 수 있고, 실내조명이 좋지 않으면
전신피로감을 가져오기도 한다. 주택, 사
무실 및 사업장의 실내에서 습기가 많은
곳에는 곰팡이와 박테리아가 서식하게

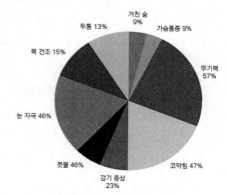

● 새집증후군의 증상 분포도

마련이고, 이는 외인성 알레르기와 폐렴을 일으키는 원인이 된다.

호흡기도에 생기는 여러 가지 염증 중에는 실내습기 때문에 생기는
질병도 있는 것으로 최근에 스웨덴의 과학자에 의해 밝혀졌다. 세계보건
기구(WHO)에서는 새집증후군에 의한 질병을 점막자극(눈, 코 및 목 자
극), 신경독성 영향(두통, 피로 및 과민성 자극), 천식과 유사천식 증후군
(가슴통증과 천명), 피부건조와 자극, 위장통증 및 기타 등 여섯 가지로
크게 분류하고 있다.

새집증후군 피해자 중에는 건물과는 상관이 없어 보이는 증상을 호
소하는 사람도 있는데, 일반적으로 새집증후군 증상은 아주 짧은 시간
안(대개 1주일 이내)에 시작되거나 악화되므로 쉽게 판별할 수 있다. 대
부분의 새집증후군은 문제가 발생하는 방이나 구역을 빠져나오기만 해
도 해결되나, 빠져나와도 잘 사라지지 않는 신경독성이 섞여 있어, 과민
한 사람은 시간을 두고 건강에 영향을 받는다.

부족한 환기가 새집증후군의 발생원인으로 제일 먼저 손꼽히고, 닥
트 보온재(파이버글래스, 암면, 스티로폼 등)의 손상에 의해 발생한 오염물
질, 실내외 발생원에서 배출되는 화학적 오염물질, 생물적 오염물질, 공
기순환식 팬코일, 교통소음, 부족한 조명, 오염지구에 자리 잡은 건물의

입지 등을 꼽을 수 있다. 실내마감재로 사용된 건축자재, 가구 및 가재도구에서 배출되는 여러 종류의 휘발성유기화합물을 포함한 화학적 오염물질은 실내 거주자에게 급성증상을 일으키고, 박테리아, 곰팡이, 꽃가루 및 바이러스와 같은 생물학적 오염물질은 아주 위험한 새집증후군 원인물질이다.

이외에도 쓰레기집하장이나 하수구에서 나오는 오염물질, 자동차 배기가스와 같이 실외에서 유입되는 대기오염물질도 절대 가볍게 볼 수 없는 새집증후군 원인물질이다. 어린이가 특히 취약하고 성인도 자주 걸리는 알레르기성 비염, 습진 및 천식은 새집증후군의 역사와 궤를 같이 할 정도 오래된 문제이다.

실내환경의 변화에 따라 새집증후군의 증상도 다르게 나타날 수가 있는데, 오피스빌딩의 실내에 이산화탄소의 농도가 높아지면 메스꺼움, 두통, 코 자극, 호흡장애, 목 건조 같은 증상이 특히 두드러진다. 실내조명이 지나치게 밝으면 피부건조, 안구통증 및 전신피로 같은 증상이 나타나고, 실내온도가 지나치게 높으면 재채기, 피부홍조, 눈 가려움 및 두통이 생기며 또 습도가 지나치게 높아도 재채기, 피부홍조 및 안구통증이 나타난다. 실외공기(대기)가 오염되어 있으면 실내로 유입되는 공기는 반드시 여과시켜 신선한 수준이 되어야 한다. 새집증후군이 질병으로 이어지는 원인으로 면역성 부족, 전염성, 독성 및 자극성 네 가지로 지적되고 있으며, 이런 새집증후군은 원인이 다양하므로 뚜렷한 치료방법이 따로 있을 수 없어, 치료를 위해서는 원인규명이 필수적이다.

과도한 업무압박이나 불만, 좋지 않은 인간관계 및 부족한 사내소통 같은 사회심리적 요인도 빌딩증후군(여기서는 새집증후군보다 더 어울리는 단어)의 원인이 된다고 한다. 업무하중과 업무마찰은 빌딩증후군의 일반증상(두통, 비정상적인 피로, 냉기 및 메스꺼움)을 보이고, 업무불만은 상기도에 이상증상을 나타낸다. 업무분야에 따라서도 다른 증상을 보이는데 교통, 통신, 건강관리 및 사회봉사업무 종사자는 일반증상을 보이는 반면, 기술업무 종사자는 습진, 가려움 그리고 손과 얼굴에 발진이 나타나고, 임업, 농업 및 영업업무 종사자는 빌딩증후군을 거의 나타내지 않는 특성을 보인다.

　새집증후군은 집안에서 더 심각한 문제를 일으킨다. 합성목재로 된 바닥재는 돌, 타일 또는 시멘트로 된 바닥보다 더 많은 건강상의 문제를 일으키는데, 새 집, 새로 수리한 집 그리고 새 가구는 그야말로 새집증후군 발생의 온상으로, 거기에다 습기가 높고 애완동물에서 생기는 실내 공기 오염물질(침, 분비물, 털)에다 바퀴벌레, 모기, 파리 같은 해충이 추가되면 증상은 더욱 악화될 수밖에 없다.

　새집증후군의 근본적인 발생원인을 제거하기 위해서는 실내환경(환기, 소음, 조명, 실내공기질, 금연 등)을 개선하고, 오염물질을 배출하는 실내마감재, 가구, 집기 및 설비를 교체하든지 개선해야 한다. 빌딩증후군은 실내거주자가 실내에 머무는 시간에 따라 나타나는 급성 건강이상이나 불쾌감으로 재실기간, 사람의 건강상태 그리고 환경에 따라 다르게 나타나지만, 특별한 질병으로 이어지는 경우는 그리 흔하지 않다.

　이런 증후군은 문제가 되는 특정한 방이나 구역에서만 나타나는 경우도 있고, 건물 전체에서 나타나는 경우도 있다. 앞서 말했듯이 이런 증후군은 새집뿐만 아니라 헌집에서도 일어나므로 헌집증후군이라는 말도 성립된다. 헌집에서 천장이나 벽에 습기 때문에 생기는 곰팡이나 박테리아, 집수정이나 배수관에 고인 물에서 생기는 오염물질은 헌집증후군의 대표적인 실례이다. 옆의 인포그래픽은 한국환경산업기술원에서 제작한 것으로 이런 증후군의 영향이 실내공기오염에서 비롯한 것이라는 것을 잘 설명하고 있다.

　건물관련 질병(BRI: Building Related Illness)이란 말은 실내공기 오염물질에 의해 발생하는 질병을 뜻한다. WHO의 보고서에 따르면 전 세계에서 신축건물이나 새로 보수한 건물의

숨쉬기 무서운
실내공기의 공포
실내의 오염된 공기로 인한 여러 증후군,
혹시 들어보셨나요?

빌딩증후군
밀폐된 공간에서 오염된 공기로 인해 짜증스럽고 온몸이 쉽게 피로해지는 현상

새집증후군
벽지, 바닥재, 페인트 등에서 나오는 프롬알데히드 등의 발암물질이 원인

헌집증후군
습기 찬 벽지와 곰팡이, 배수관 등에서 새어 나오는 유해가스 등이 원인

한국환경산업기술원 인포그래픽

30%에서 실내공기질 때문에 불평을 호소한다고 한다. 이런 불평은 일시적으로 일어났다 없어지는 경우도 있지만, 장기적인 문젯거리가 되는 경우도 있다. 이런 문제는 건물을 설계목적과는 다른 용도로 사용하거나 유지관리가 제대로 되지 않을 때 일어나고, 실내공기의 질은 잘 못된 설계와 건축자재의 선정 그리고 입주자의 실내활동에 따라서 바뀔 수 있는 문제이다.

건물관련 질병은 대부분 건물을 빠져나오기만 해도 회복되는데, 시간이 걸리는 경우도 적지 않다. 이런 질병 중에는 처음에는 건물 내부문제가 아닌 외적요인인 알레르기나 업무관련 스트레스나 불만 및 좋지 않은 업무환경 때문에 생기는 심리사회적 요인에 의해 발생했지만 나쁜 실내공기질과 열악한 실내환경이 가중 작용하여 병세가 더 악화되는 경우도 있다.

건물증후군의 가장 큰 물리적 요인은 뭐니 뭐니 해도 환기부족이다. 환기란 말은 공기의 교환을 뜻하는 말로, 실내의 오염된 공기를 바깥으로 내보내고 바깥의 신선한 공기를 실내로 끌어들여, 실내공기 오염농도를 희석시켜 실내공기질을 높이는 것을 말한다. 따라서 환기장치는 건물의 호흡장치로 사람이 호흡으로 산소를 다 소비한 몸속 나쁜 공기를 내보내고 신선한 바깥공기를 빨아들이는 것이나 건물이 환기로 실내 오염된 실내공기를 내보내고 신선한 실외공기를 빨아들이는 것이나 다를 것 없다. 환기에는 창, 문 또는 환기구와 같은 개구부를 통해 기계적인 힘을 빌리지 않고 자연적으로 이루어지는 자연환기와 송풍기나 환풍기를 이용하는 기계환기(강제환기)가 있다.

환기(Ventilation)의 목적은 실내에서 발생하는 여러 가지 오염물질에 의하여 실내공기가 더러워지는 것을 방지하고, 산소농도가 감소되어 생기는 거주자의 불쾌감과 보건위생상의 위험을 없애는데 있다. 실내공기질이 좋고 나쁨을 판단하는 방법은 실내공기 중의 이산화탄소(탄산가스) 농도를 지표로 사용하는데, 이산화탄소의 유해성도 문제지만 거주자의 호흡으로 산소의 양은 줄어들고, 이산화탄소의 농도뿐만 아니라 다른 오염물질의 증가는 실내공기질의 저하로 이어지므로 이산화탄소의 농도에 주목하는 것이다. 한 연구에 의하면 작업장에서 환기율을 높이면 생산율도 따라서 높아진다고 한다.

환기의 기본은 가능한 한 자주해야 하고 오래 해야 하는 것이다. 가장 기본적인 방법은 창문열기인데, 오피스빌딩 중에는 창문열기가 불가능한 고정창으로 시공된 건물이 많아 환기장치의 중요성이 대두되고, 창문열기가 가능한 경우에도 날씨가 추워지면 게을리 하기 쉬우니 유의해야 한다. 공기가 싸늘하면 신선한 걸로 착각하는 경우가 많은데, 기온과 공기오염은 다른 문제라는 것을 명심해야 한다.

그래서 새집증후군이 생기기 쉬운 계절이 창문을 잘 열지 않는 1~2월이다. 겨울이 되면서 창문을 꽁꽁 닫고 자주 열지 않으면서 아토피, 알레르기, 비염 등의 유발물질이 집안에 가득해져 빠져나가질 않고 오히려 증가하므로, 이런 병으로 고생하는 사람에게는 환기의 중요성과 필요성을 두 번 다시 강조할 필요가 없다.

새집증후군을 일으키는 실내공기 오염물질은 주로 접착제, 카펫, 실내마감용 건축자재, 염료, 방부재, 살충제, 합성세제 등에서 배출된다. 실내마감재로 많이 사용하는 합판, 중밀도 섬유판(MDF: Medium Density Fiberboard) 및 파티클보드 같은 합성목재는 화학접착제를 사용하여 만들어진 건축자재이고, 페인트, 바니시, 라커 등 도장재료에는 많은 유기화합물이 포함되어 있고, 합성수지는 원료가 유기화합물이므로 건축자재 선정에는 특별한 주의가 필요하다.

가구와 집기도 앞서 말한 합성목재나 화학접착제를 사용한 것이 많으므로 선택 시 재료와 마감방법을 살펴보고 선택해야 한다. 또 하나 짚고 넘어가야 할 것이 실내흡연(환경흡연으로 상세히 설명되어 있음)에 의한 주류연과 부류연에 포함된 오염물질과 가구, 의복, 커튼 등에 침착하는 담배연기는 3차 흡연의 원인이자 새집증후군을 발생요인임을 명심해야 한다.

새집증후군을 일으키는 오염물질을 살펴보면 폼알데하이드를 비롯하여 벤젠, 톨루엔, 에틸벤젠, 자이렌, 스티렌 등의 휘발성유기화합물(VOC)과 일산화탄소, 이산화탄소, 질소산화물과 같은 연소생성물도 있으며, 호흡기 장애물질인 미세먼지는 대기오염물질로서 뿐만 아니라 가스(LPG와 LNG)의 연소로 실내에서도 발생한다. 곰팡이, 박테리아, 바이러스 같은 미생물성 오염물질이 질병원인물질임은 두 말할 필요가 없으며, 바퀴벌레, 집먼지진드기, 애완동물의 털과 침 그리고 배설물은 무시해서는 안 될 실내공기 오염물질임은 이미 앞서 설명했고, 애완동물의 비듬과 꽃가루는 알레르기성 질환의 원인이다.

새집증후군을 해결하는 방법으로 가장 좋은 방법은 오염발생원이 확인되면 그 오염원을 제거하거나 수정하는 방법인데, 실제로는 실내마감재를 전면 교체하기 전에는 어렵다. 다음으로 추천할 방법이 냉난방환기시설(HVAC)을 정기적으로 청소하고, 필터를 정기적으로 교환하는 것이고, 환기구 청소, 실내금연, 그리고 페인트, 접착제, 용제, 살충제를 부득이한 곳에서만 사용토록 제한하는 방법이 있다.

실내에 공기정화기를 설치하거나, 공기정화식물과 함께 오염물질의 흡착력이 높은 활성탄(숯)을 집안 곳곳에 비치하는 것도 새집증후군뿐만 아니라 새집증후군이 사라진 뒤에도 실내공기를 정화하는데 상당한 도움이 되는 정화제이다. 새 아파트나 새 빌딩의 새집증후군을 제거하는 방법으로 가장 많이 추천되는 방법은 뭐니 뭐니 해도 베이크아웃이다.

베이크아웃(Bakeout)은 빵을 구워내듯이 집을 구워낸다는 말로, 새로 지은 건축물이나 개·보수공사를 마친 건축물의 실내공기를 인위적으로 데워 건축자재, 가구 및 집기에 함유되어 있으면서 시간을 두고 실내로 배출될 오염물질을 빨리 강제적으로 배출시켜, 창문을 통해 바깥으로 내어보냄으로써 실내공기의 오염농도를 저감시키는 방법을 말한다. 따라서 이 방법은 아파트건 오피스빌딩이건 새로 지은 건물에 입주하기 전에 적용하는 것이 좋다.

진행방법은 우선 바깥으로 통하는 문과 창문 그리고 환기구(배기구 포함) 등의 개구부(opening)를 모두 닫고, 방문과 오염물질이 발생할 수 있는 가구의 문이나 집기의 서랍을 전부 열어놓고, 비닐 같은 커버가 덮여 있을 경우는 모두 벗겨낸 다음 실내온도를 가능한 높여 30~40℃ 정도까지 올려 5~6시간 데운 뒤, 개구부를 모두 열어 1~2시간 정도 환기를 시키는 방법 즉, 난방과 환기를 3~5번 정도 반복하는 방법도 있고 실내온도를 최고로 높인 상태로 3일(72시간) 정도 장기간 유지하다가 긴 시간(4~6시간) 동안 한 번에 환기하는 방법도 사용할 수 있다.

이렇게 집을 구워내면 실내공기 오염물질이 눈에 보이게 감소한다. 이 때 주의할 것은 실내온도의 상승을 위해 난방시스템이 과열되거나 손상이 가지 않도록 주의해야 한다. 베이크아웃을 하는 동안에 노약자, 어린이, 임산부의 출입은 금하고, 베이크아웃을 해도 실내오염원에서 오염물질이 다 빠져나간 것은 아니기 때문에 창문을 자주 열어 정기적으로 환기하는 것이 좋다.

옆의 그림은 한국환경산업기술원에서 작성한 홍보용 인포그래픽으로 쾌적한 실내공기를 유지하기 위해서 환기가 중요하다는 점을 강조하고 있다. 환기는 추운 겨울철이라도 하루 최소한 두 번에 걸쳐 30분 이상씩 창문을 열어 시행하고, 실내에 공기정화식물인 다육식물, 즉 산세베리아, 알로에, 선인장 등을 기르면, 실내공기질을 더럽힌 오염물질을 걸러내 공기를 정

화시키는 효과가 있다는 것을 부연 설명하고 있다. 이 인포그래픽에 베이크아웃의 중요성과 시행방법에 대한 설명이 간략하게 포함되어 있어 여기에 실었다.

07

실내공기
오염물질 제거가
우선이다

7.1 　　 공기정화기

　　오염발생원을 제어하기 어렵거나 환기로도 실내공기 오염문제를 해결할 수 없으면, 마지막 대안은 **공기정화기**를 사용하거나 **공기정화식물**을 실내에 키워 실내공기질을 개선할 수 있다. 공기정화기(Air Cleaner)는 공기청정기(Air Purifier), 공기여과기(Air Filter) 또는 집진기(Dust Collector) 등 여러 가지 명칭으로 불리는데, 이 책에서는 가장 많이 사용되는 공기정화기란 용어로 통일하겠다. 실내의 오염된 공기를 빨아들여 미세먼지나 세균류를 걸러내고, 깨끗해진 공기만 기기 밖으로 방출하는 집진장치로 공기를 정화하는 방식이 종류마다 차이가 있다.

　　공기정화기는 미세먼지, 꽃가루, 애완동물의 비듬, 곰팡이포자, 집먼지진드기와 그 배설물 등 알레르기 유발물질을 제거하고 간접흡연을 줄이거나 제거할 수 있어, 알레르기환자와 천식환자에게는 필수 가전제품으로 건강에 해로운 매연입자와 새집증후군의 유발물질인 휘발성유기화합물을 없애는데 꼭 필요한 기기이다.

　　비교적 소형인 휴대용에서부터 모양과 정화방식도 복잡한 대형과 건물 전체를 정화하는 초대형까지 용량도 다양하고 성능도 천차만별이다. 시중에 나와 있는 공기정화기 중에는 미세먼지 제거효율이 탁월한 것도 있지만 만족스럽지 못한 것도 많다. 정화 대상 오염물질은 CO_2, NO_2, SO_2 같은 기체상 오염물질, 미세먼지나 꽃가루 같은 입자상 오염물질, VOC, 벤젠, 톨루엔 같은 화학적 오염물질, 박테리아나 곰팡이 같은 미생물 오염물질 그리고 라돈으로 대표되는 방사성 오염물질까지 5가지로 대별되는데, 이 모든 종류의 오염물질은 특성과 제거방법이 다르므로 기계 한 대로 다 정화할 수 있는 만능정화기를 만들기는 불가능하므로, 만능인 것처럼 광고하는 공기정화기는 과장광고임에 틀림이 없다.

공기를 정화하는 방식은 정화기 속으로 빨려 들어온 실내공기 중의 오염물질을 흡착시켜 제거하는 **흡착식**, 여과지(필터)를 거쳐 걸러내는 **여과식**, 대전된 음이온 입자를 이용하는 **전기식** 그리고 이 방식을 병행하는 **복합식**으로 대별된다. 특히 요즘은 오염된 실내공기를 흡입 팬을 이용해 강제로 자외선램프 앞으로 통과시켜 미생물을 살균하는 소독방식인 **자외선살균식**(UVGI)도 이용되고 있다. 산업화 초기(19세기)에 화력발전소의 굴뚝에서 초고열의 미세입자를 잡기 위해 설치한 전기집진기가 공기정화기의 시초라고 한다.

공기정화기의 **정화효율**은 CADR(Clean Air Delivery Rate)로 표시하는데, 분당 정화할 수 있는 부피(m^3/min)로, 1분에 정화할 수 있는 공기의 양을 나타내는 수치이지 걸러낼 수 있는 미세먼지의 크기를 나타내는 것이 아니므로 유의해야 한다. 즉 1분 동안에 정화기를 통과하는 공기의 양을 나타내는 수치이지 걸러지는 미세먼지의 입자크기와는 상관없는 수치이다. 따라서 미세먼지 때문에 공기정화기가 필요하면, 필터 여과성능을 확인해야 한다.

여과성능은 EPA(Efficiency Particulate Air)급 필터, HEPA(High Efficiency Particulate Air)급 필터 및 ULPA(Ultra Low Penetration Air)급 필터의 3등급으로 구분하는데, EPA등급은 85~99.5%, HEPA등급은 99.75~99.975% 그리고 ULPA등급은 99.9975~99.9999%의 여과성능을 가지고 있다. 등급이 높을수록 여과성능은 좋지만, 동일 용량의 모터를 사용할 때 저항이 커져 여과될 공기의 양이 적어진다. 따라서 여과성능이 높을수록 모터의 용량을 키워야 여과공기량을 많게 할 수 있으나 소음이 커지고 전력소모가 많아지게 마련이다.

공기정화기는 정화능력, 필터 교체주기 및 소음 3가지는 확인하고 구입해야 한다. 우리나라의 CA인증은 한국공기청정협회에서 주는 민간인증으로 정부 주관 필수인증은 아니지만, 이 인증 통과기준이 집진효율 70% 이상, 탈취효율 60% 이상, 오존 발생량 0.05ppm 이하, 소음 45~55dB이기 때문에 나름대로 최소한의 기준 이상인 정화기 임을 인증하는 것이다. 국가통합인증마크인 KC마크로 표시된 에너지소비효율등급은 에너지 소비량과 표준사용면적을 나타내는 인증이니 공기정화기를 비롯한 가전제품 구입 시 반드시 확인해야 할 대상이다.

그러나 공기정화기는 정화할 수 있는 공기의 양, 즉 부피로 표시되어야 맞는데, 소비자들이 아파트나 주택의 평수에 익숙하다보니 소비자의 이해를 돕기 위해 면적(평)으로 표시하는 경향이 있다. 필터의 등급에 따라 여과되는 물질의 종류도 다른데, EPA 등급은 바이러스를 걸러내기 어려우나 HEPA 등급 이상은 바이러스까지 걸러낼 수 있기 때문에 감기나 독감 등 바이러스성 질병 유행 시에도 효용가치가 있으나, 제때 필터를 교체해야 더 안전하다. 시중 판매 공기정화기의 대부분은 HEPA 등급 이상이며, 제품에 따라 꽃가루나 애완동물의 털 등 알레르기 유발물질까지 제거할 수 있지만 꼭 확인해야 한다.

KC마크의 표준사용면적은 사용면적에 맞는 적합한 용량의 정화기 선택에 도움이 되지만 성능의 척도이기도 하다. 일반적으로 사용할 면적의 1.5배 정도의 사용면적을 갖는 공기정화기를 선택하는 것이 바람직하다. 공기정화기는 대용량 한 대보다 소용량 정화기 두 대가 더 효율적인데, 이는 정화기 한 대로는 실내 구석구석의 공기를 모두 끌어들이지 못하지만 설치위치가 두 곳 이상이 되면 끌어들이는 공기의 범위가 넓어지고, 세기도 소음발생량이 높은 강보다 소음이 적은 중~약의 세기로 가동할 수 있기 때문이다.

여과식 공기정화기는 설치 후에도 지속적인 유지관리가 필요한 가전제품이다. 여과식 공기정화기의 필터를 적절한 시기에 교체하지 않으면 사용하지 않는 것보다 못한 결과를 초래할 수 있다. 필터교체를 제때 하지 않으면 공기정화기가 제 성능을 발휘하지 못할 뿐만 아니라 포집된 오염물질, 바이러스 같은 세균은 다시 실내로 배출될 우려도 있다. 그러나 대부분의 소비자는 공기정화기 구입 시 용량과 제품가격에는 상당히 유의하면서도 필터의 교체주기와 교체비용은 고려하지 않는 경우가 많다. 제품가격이 싼 것일지라도 필터 교체주기가 짧거나, 교체비용이 큰 경우 유지비용이 절감한 제품 구입비용보다 높아 싼 게 비지떡일 수 있다.

공기정화기 선택에 소음은 꼭 확인해야 할 항목이다. 요즘 시판되는 공화정화기는 구입 시에는 소음이 거의 없거나 적정한 수준이지만, 24시간 켜놓고 사용하는 제품인 만큼 오래되면 소음이 귀에 거슬릴 정도로 커져 실내생활에 영향을 주고 심지어 밤잠을 설칠 수도 있기 때문이다. 그래서 CA인증과 KC인증을 꼭 확인해야 하는데, 이들 인증은 기본적인 공기정화기의 성능테스트는 물론 소음까지 체크한 뒤에 인증을 발급하기 때문이다. 공기정화기, 특히 음이온식 정화기는 이온화 과정 중에 오존을 그리고 습기가 있는 곳에서는 질소산화물(NOx)을 발생시키는 경우가 있다. 이 두 가지 모두 실내공기 오염물질로 지정된 위험한 물질이므로 공기정화기의 제품검사 시 오존발생여부를 꼭 확인해야 한다.

실내공기의 정화는 근본적으로 깨끗한 바깥공기를 집안으로 끌어드리고 더러워진 집안공기를 바깥으로 내보내는 적절한 환기로 이루어질 수 있다. 바깥공기가 깨끗한 날에는 공기정화기를 끄고 창문, 특히 마주 보는 창문을 열어 **통풍환기**(Through Ventilation)를 시키는 것이 가장 좋다. 미세먼지 농도가 높거나 아주 덥거나 아주 추운 날이 아니면 환기는 자주하면 자주 할수록 좋다. 그 다음이 물걸레질로 공기정화기 사용 시 물걸레청소는 미세입자, 박테리아 및 곰팡이 등의 재비상을 막기 위해 반드시 병행되어야 하므로 공기정화기에만 의존하는 습관에서 벗어나야 한다. 실내공기 순환장치가 설치된 건축물에서는 주기적으로 필터교환을 하면서 사용하는 것이 실내공기 오염농도를 낮게 유지하는 비결이다.

해가 갈수록 더 심해지는 중국에서 넘어오는 황사와 미세먼지 탓에 집 밖에서도 무선으로 사용할 수 있는 휴대용 공기청정기도 인기가 높다. 자동차 안이나, 장시간 근무하는 사무실, 공부하는 독서실이나 도서관 등 외부환경에서 머무르는 사람에게 활용도가 높다. 휴대용 공기정화기도 핵심 부품으로 감응센서와 고성능 필터링 기능을 적용하여 공기의 청정기능이 높다고 한다.

휴대용 소형 공기정화기는 차량 안에서 사용할 경우 일반 승용차의 경우 짧은 시간(약 8분) 안에 50% 이상(정차상태, 내기순환, 강풍운전 기준)의 미세먼지를 빨아들인다고 광고하고 있으며, 도서관에서도 허용소음 수준인 30dB 이하의 저소음(약풍으로 가동할 경우)을 유지하고, 유모차 속에 잠든 아기가 깨지 않을 정도로 조용하다고 한다.

특히 유선 USB 배터리 충전방식으로 최장 8시간까지 연장시켜 사용할 수도 있고, 별도의 데이터 사용 없이 블루투스로 연결되는 전용 앱으로 배터리 잔량은 물론 필터의 교체주기, 종합 청정도, 미세먼지의 농도 등 실시간으로 주변 공기상태까지 상세히 확인할 수 있는 제품도 출시되고 있다. 오염도에 따라 네 단계로 변하는 청정표시등은 언제나 주변 공기상태를 확인할 수 있으므로 필요할 때 바로 청정기를 가동시킬 수 있다. 이런 소형 공기정화기 중에는 미세먼지 감응센서를 한국공기청정협의회의 CA(Clean Air)인증을 받은 것도 있다.

7.2   청소기도 한 몫

미세먼지 때문에 봄이 마냥 환영받는 계절만은 아니다. 특히 미세먼지 발원지인 중국의 사막에 강수량이 적은 계절은 미세먼지가 더욱 기승을 부릴 것이다. 미세먼지의 악영향에서 벗어나기 위한 요구가 많아질수록 일반 소비자들이 미세먼지 관련 가전제품을 고르는 기준은 더욱 더 까다로워질 수밖에 없다.

미세먼지가 기승을 부리는 시대에 가장 필수적인 공기정화기와 함께 필요한 가전제품 중의 하나가 바로 진공청소기(Vacuum Cleaner)로 바닥의 먼지를 공기의 압력차에 의해 흡수시켜 제거하는 기기이다. 실내의 구석구석을 청소하기 편리하게 설계되어 있으며, 요즈음은 로봇청소기에 코드 없는 무선청소기까지 다양한 종류가 시판되고 있다.

진공청소기는 정류자 전동기(Commutator Motor)로 회전날개를 아주 빠르게 회전시켜 내부를 진공상태로 만들어 먼지나 쓰레기를 흡입구로 빨아들이는 방식이다. 빨아들인 먼지와 쓰레기는 필터에서 걸러주고 공기는 배기구로 빠져나간다. 전원코드를 자동으로 감아주는 기능이 있어, 전원코드를 빼거나 감을 때 필터에 붙어 있는 먼지를 자동적으로 털어주는 장치가 부착된 것도 있다. 코드를 빼고 넣어야 하는 번거로움을 덜어주는 충전방식인 무선청소기의 인기가 높다.

진공청소기는 1901년 영국의 부스(Hubert Cecil Booth)가 만든 흡입식청소기가 최초이지만 마차크기만한 엄청난 크기였는데, 1907년 미국의 스팽글러(James Spangler)가 먼지를 빨아들이는 휴대용 진공청소기를 발명하였다. 우리나라에서는 1960년 국산화가 이루어졌다. 가장 흔히 사용되는 방식은 먼지를 빨아들여 먼지봉투에 모으는 방식이다. 1979년 영국의 다이슨(James Dyson)이 원심분리식 집진장치를 이용하여 먼지봉투가 필요 없는 청소기를 발명했다. 먼지봉투식의 흡입력이 약한데 반해 원심분리식은 먼지를 가라앉히고, 공기는 필터를 통해 내보내는 방식으로 흡입력이 강하고 미세먼지까지 걸러주는 장점을 가졌다.

진공청소와 물청소를 함께 할 수 있는 청소기로 **물 필터 청소기**(Water-Filter Cleaner)가 있다. 브러시의 끝을 통해 분사되는 물을 와이퍼로 제거하고 먼지와 함께 흡입하여 본체에 장착된 물통으로 들어오게 한 후, 먼지를 물속에 가라앉히고 공기만 모터를 통해 빨아들여 필터를 거쳐 내보내는 방식이다. 건조식보다 미세먼지의 양을 줄일 수 있는 장점이 있고, 공기청정의 기능이 추가되어 있다.

집을 비울 때 가동시켜 놓으면 배터리나 축전된 전력을 이용하여 바닥인식센서, 낭떠러지 인식센서, 바퀴 빠짐 감지센서 등 다양한 센서를 장착하여 장애상황을 감지하고, 거리 및 방향 등을 자율적으로 프로그래밍 또는 무선조종으로 이용하여 바닥을 스스로 돌아다니며, 먼지나 작은 물질 등을 제거하는 로봇청소기도 인기가 높다. 브러시와 진공을 이용한 모델과 물걸레가 달려 물청소가 가능한 모델이 생산된다. 청소를 마친 후, 스스로 충전스테이션까지 이동하여 스스로 충전하므로 편리하다.

이외에도 실외공기(대기)오염이 심각해지면 창문을 열어 환기마저 마음대로 할 수도 없는 환경에서 **빨래건조기**(Dryer)도 필수 가전제품으로 떠오르고 있다. 건조에 적정한 온도를 설정하고, 옷감의 손상을 가장 적게 하고 많은 양의 빨래도 고르게 건조해주는 것은 물론, 에어살균(Air Sterilization)성능을 추가하여 유해세균의 살균은 물론 집먼지진드기까지 제거하는 성능을 갖춘 것도 출시되고 있다. 건조기 성능에는 빨래에서 생기는 먼지와 보풀도 잡아주고 건조기 속에 쌓이는 먼지도 간편하게 비울 수 있어 제품관리가 편한 것도 있다.

의류청정기(Clothes Cleaner)도 역시 미세먼지시대에 각광받는 청정가전제품 중의 하나이다. 에어드레서(Air Dresser)로도 불리는 이 제품은 바람(wind), 스팀(steaming), 건조(dry), 청정(cleaning)의 네 단계 의류청정방식을 적용하여 옷을 세척하는 것이 아니고 묻은 먼지와 냄새를 제거하여 새 옷을 입은 것 같이 착용에 청정감을 주기 위한 가전제품이다. 에어드레서에는 세탁기의 스팀기술과 냉장고의 냄새제거 기술에다 공기정화기의 필터링 기술까지 모두 적용되어 있다.

7.3   공기정화식물

공기정화식물은 키우기 쉽고 실내공기 중의 오염물질을 정화할 수 있는 두 가지 목적에 맞는 식물이어야 한다. 앞에서도 말했지만 실내공기에는 일반적으로 실외공기(대기)보다 2~5배 오염물질이 더 많아, 오염된 공기로 숨을 쉬게 되어 두통에서부터 목이 껄끄럽고, 알레르기성 호흡기질환 때문에 어려움을 겪을 수도 있다. 미 항공우주국(NASA)에서 인공위성의 실내공기 중 오염물질을 걸러내는 효율적이고 간단한 방법으로 공기정화식물을 찾는 연구를 했다.

다음 페이지의 사진에서 보듯이 길이 13.7m에 너비 5m의 바이오 홈(Bio－home)이라 이름붙인 소형 완전 밀폐된 구조물을 외관도 우주과학에 어울리는 형태로 만들고, 우주인들의 실내공기 오염물질에 의한 영향을 경감시키기 위한 연구용으로 공기와 에너지의 흐름을 완벽하게 차단

할 수 있도록 지어, 그 실내에서 식물에
의한 오염물질 제거능력에 대한 연구를
B. C. Wolverton 박사가 이끄는 팀이
진행하였다. 이 연구가 소위 '나사의 청
정공기연구: 실내공기오염물질 경감을 위
한 실내조경식물(NASA Clean Air Study:
Interior Landscape Plants for Indoor Air

미 항공우주국(NASA)의 바이오 홈

Pollution Abatement)'이다. 1989년 보고서에 따르면 식물이 밀폐된 공간
에서 유해한 휘발성유기화합물(VOC)을 제거하는 능력이 있으므로 새집
증후군을 제거하는데도 효과적이라고 한다.

이 연구에서 몇 가지 식물이 벤젠, 암모니아, 폼알데하이드 같은 오
염물질을 걸러내는 효과를 보였고 새집증후군을 중화시키는데 도움이
된다는 것을 알아냈다. 단순히 실내조경용 식물로만 여겨졌던 몇 가지
열대식물은 폼알데하이드, 벤젠 및 다른 유독성 오염물질을 실내공기에
서 제거하고 산소로 대체하는데 상당히 효과적이라는 것을 알게 되었다.
오염물질 제거능력에 대한 과학적 분석도 중요하지만, 식물을 들여 놓은
후 새집증후군 증세를 느끼지 못했다는 것이 휘발성유기화합물을 저감
시켰다는 실질적인 증거였다. 오염물질 제거효과와 실내환경 개선 및 관
리의 용이성에 대한 15년간에 걸친 선정된 50종의 식물을 관찰하고 연
구 검토한 후 29종을 선정하여 발표했다.

이 연구결과를 토대로 NASA는 미국조경사업자협회(ALCA)와 더불
어 실내공기정화에 가장 효과가 있는 식물리스트를 1989년 발표했다.
이 연구보고서에서 주택이나 사무실 100ft^2(약 10㎡)당 이 리스트에 오른
식물을 한 그루 이상 비치하기를 권장하고 있다. 실내공기정화식물은 휘
발성유기화합물(VOC)의 제거능력, 증산능력, 재배와 관리의 편이성 그
리고 병해충에 대한 저항력의 4가지 기준에 대해 10점 만점으로 점수를
매겨 순위를 결정했다.

증산능력이란 식물이 체내 수분을 잎 뒷면의 기공을 통해 수증기형태
로 바깥으로 내보내는 증산작용(Transpiration)을 하는 능력을 말한다. 공기

정화식물의 순위를 매길 때 종합평가 점수가 같을 경우는 사람의 몸에 대한 유해성, 즉 휘발성유기화합물의 제거능력이 높은 것에 우선순위를 주어 순위를 매겼는데, 그 중 상위 10위까지 식물을 소개하면 다음과 같다.

스파티필럼

1위는 **스파티필럼**(Peace Lily, Sspath)인데, 외떡잎식물로 인기 높은 실내조경용 식물이다. 벤젠, 폼알데하이드, 트리클로로에틸렌, 암모니아, 자이렌, 톨루엔 등의 휘발성유기화합물 제거에 효과가 가장 높은 식물 중의 하나이다. 스파티필럼은 학명(Spathiphyllum)에서 따온 이름이고 보통은 스파드(spath) 또는 선반식물(Closet Plants)로도 불린다. 상온(16~32℃)에서 잘 자라며 물은 자주 주지 않아도 된다.

국화

2위는 **국화**(Chrysanthemum)로 우리에게 잘 알려진 꽃인데, 장례식이나 제례용으로 많이 사용되는 꽃으로 하나의 꽃대에 하나의 꽃을 피우는 스탠더드국화와 여러 개의 꽃을 피우는 스프레이국화가 있다. 추위에 아주 강하여 노지에서 월동이 가능한 여러해살이 화초로 아시아와 북동유럽이 원산지이다. 국화도 벤젠, 폼알데하이드, 트리클로로에틸렌, 암모니아, 자이렌, 톨루엔 등의 휘발성유기화합물 제거에 효과가 가장 높은 식물 중의 하나이다.

서양담쟁이

3위는 **서양담쟁이**(English Ivy)로 유럽과 서아시아에 널리 분포하는 덩굴식물인데, 우리나라에는 관엽식물로 도입되어 헬릭스(Helix)라는 이름으로 보급되었다. 높이 30m까지 자라고, 잎은 어긋나고 광택이 있는 짙은 녹색으로 3~5갈래로 갈라지며, 늙은 가지의 잎은 갈라지지 않고 달걀 모양이다.

벤젠, 폼알데하이드, 트리클로로에틸렌, 암모니아, 자이렌, 톨루엔 등 의 휘발성유기화합물 제거에 효과가 가장 높은 식물 중의 하나이다.

4위는 **산세비에리아**(Snake Plant)로 천년란 이라고도 하며, 여러해살이 식물로 뿌리는 짧 고 두꺼우며, 잎은 좁고 길고 뱀가죽같이 생 긴 것도 있어 붙은 영어이름이고, 학명이 산 세비에리아(Sansevieria)인데, 우리나라에는 이 학명으로 더 많이 알려져 있다. 꽃말은 '관용' 이고, 한국, 인도, 열대아프리카 등지에 분포 한다. 햇빛이나 밝은 조명이 없어도 물을 자 주 주지 않아도 잘 자란다. 이도 역시 벤젠,

산세비에리아

폼알데하이드, 트리클로로에틸렌, 암모니아, 자이렌, 톨루엔 등의 휘발성 유기화합물 제거에 효과가 가장 높은 식물 중의 하나이다.

5위는 **드라세나**(Red-edged Dracaena)는 용설란과 식물로 드라세나 마지나타(Dracaena Marginata) 또는 드래곤 트리(Dragon Tree)라 고도 불리지만 우리나라에서는 주로 드라세 나나 마지나타로 부른다. 줄기가 나무 같고 가늘고 긴 칼 모양의 잎은 진녹색으로 윤기 가 있으며 가장자리에 붉은 줄무늬가 있어 종명이 마지나타이다. 이 식물은 벤젠, 폼알 데하이드, 트리클로로에틸렌, 암모니아, 자이 렌, 톨루엔 등의 제거에 효과가 높다.

드라세나

6위는 **관음죽**(Bamboo Palm)으로 아메리 카의 열대와 아열대가 원산지로 잎자루의 아 랫부분에 있는 섬유질의 털 같은 망이 녹색 의 줄기를 싸고 있으며, 잎은 광택이 나는 진녹색이거나 황색 무늬가 들어간 두 종류가 있다. 관음죽이란 이름은 일본 관음산에서

관음죽

자생하는 대나무 같은 식물이라서 우리말로 붙여진 이름이다. 관음죽은 그늘이나 습한 곳에서도 잘 자라 열대우림의 큰 나무 밑에서도 서식하며, 벤젠, 폼알데하이드, 트리클로로에틸렌, 자이렌 및 톨루엔 제거에 효과가 있는 식물이다.

● 스킨답서스

7위인 **스킨답서스**(Scindapsus)는 솔로몬제도가 원산지인 대중적인 실내식물로, 학명이 에피프레넘(Epipremnum Aureum)이다. 이 식물은 별칭이 많아 황금 포토스(Golden Pothos), 사냥꾼의 옷(Hunter's Robe), 아이비 아룸(Ivy Arum), 머니 플랜트(Money Plant), 은빛 포도나무(Silver Vine), 솔로몬 제도 담쟁이(Solomon Islands Ivy), 타로 바인(Taro Vine), 악마의 담쟁이(Devil's Vine)라고도 불리는데, 이는 이 식물이 가진 엄청난 생존력에 의해 붙은 이름이라고 한다. 관리가 쉽고 아무데서나 잘 자라고 병해충에 저항성이 강하며, 벤젠, 폼알데하이드, 트리클로로에틸렌, 자이렌 및 톨루엔 제거에 효과가 있는 식물이다.

● 홍학꽃

8위는 **홍학꽃**(Flamingo Lily)은 콜롬비아가 원산지이며, 학명이 안스리움(Anthurium Andraeanum)으로 열대지역이 원산지인 만큼 온도가 높고 습기가 많은 곳에서 잘 자란다. 우리나라에서는 홍학꽃으로 보다 안스리움으로 더 많이 불린다. 꽃 색깔은 빨강, 분홍, 초록, 보라 등 다양하며 2주 이상, 종류에 따라서는 여러 달을 피어있는 종도 있어 오래 꽃을 볼 수 있으며, 꽃말이 꾸미지 않는 아름다움 또는 정열인 이 식물은 폼알데하이드, 암모니아, 자이렌 및 톨루엔 제거에 효과가 있다.

9위는 5위인 드라세나의 한 종인 **자넷크레이그** 품종으로 원산지가 카나리제도, 아프리카 및 마사카스카르 등지이며, 학명이 드라세나 데레멘시스 자넷크레이그(Dracaena Deremensis Janet Craig)로 넓고, 길고, 짙은 녹색의 잎이 줄기에 밀집해서 붙어있으며 높이 3m까지 자란다. 컴팩타(Compacta) 품종은 0.3~0.9m까지만 자라는 왜성종으로 빛이 부족하거나, 세심한 관리 없이도 잘 자라 10년도 재배가 가능한 식물이다. 이 식물은 벤젠, 폼알데하이드, 트리클로로에틸렌 제거에 효과적이다.

자넷 크레이그

10위인 **와네키**(Dracaena Warneckei)는 9위인 자넷 크레이그와 마찬가지로 드라세나의 한 종이어서 비슷하게 생겼다. 레몬라임(Lemon Lime)이라고도 불리는 이 식물은 학명이 드라세나 데레멘시스 와네키(Dracaena Deremensis Warneckei)이다. 잎은 너비 5cm 길이 60cm까지 자라며, 녹색바탕에 하얀색 또는 회색 줄무늬가 특징적이고, 자넷 크레이그보다 생육속도는 느리지만 3m까지 자라기도 한다. 아프리카가

와네키

원산지이며, 벤젠, 폼알데하이드 및 트리클로로에틸렌 제거에 효과적이다.

11위는 우리나라에서 흔히 행운목으로 불리는 마상게아나(Cornstalk Dracaena = Dracaena Fragrans Massangeana)로 이도 역시 드라세나의 일종이며 벤젠, 폼알데하이드 및 트리클로로에틸렌 제거에 효과적이다. 이러고 보면 모든 종류의 드라세나는 에코플랜트(Eco-Plant)인 것으로 보인다. 12위는 거베라(Gerbera)로 불리는 바버톤데이지(Barberton Daisy)로 벤젠, 폼알데하이드 및 트리클로로에틸렌 제거에 효과적이고, 13위인 알로에 베라(Aloe Vera)는 벤젠과 폼알데하이드 제거에 효과적이다.

14위 피닉스 야자(Dwarf Date Palm)와 15위 아레카야자(Areca Palm)는 폼알데하이드, 자이렌 및 톨루엔 제거에 효과적인 식물이며, 16위인 보스턴고사리(Boston Fern)와 17위인 여왕고사리(Kimberly Queen Fern)는 폼알데하이드, 자이렌 및 톨루엔 같은 휘발성유기화합물은 물론 실내공기 중 세균, 곰팡이 및 박테리아 제거에도 효과적이다. 18위인 무늬접란

(Spider Plant)는 폼알데하이드, 자이렌 및 톨루엔 제거에 효과적인 것으로 밝혀졌다. 벤젠과 폼알데하이드 제거에 효과가 있는 녹죽(Chinese Evergreen) 또는 아글라오네마라고 불리는 실내식물이 19위를 차지했다.

20위인 벤자민고무나무(Ficus Benjamina = Weeping Fig)도 벤젠과 폼알데하이드 제거에 효과적인 식물이다. 21위인 헤드라세움 필로덴드론(Philodendron Hederaceum = Heartleaf Philodendron), 22위인 셀로움 필로덴드론(Philodendron Selloum) 그리고 23위인 필로덴드론 도메스티컴(Philodendron Domesticum = Elephant Ear Philodendron) 세 가지 필로덴드론 종과 24위인 고무나무(Rubber Plant)는 폼알데하이드 제거에 효과적이다.

25위는 대표적인 서양난 중의 하나인 덴드로비움 난(Dendrobium Orchid), 26위인 디펜바키아(Dieffenbachia) 또는 열대의 눈(Tropic Snow)으로 불리는 덤케인(Dumb Cane), 27위인 금낭화(Dicentra Formosa = King of Hearts), 28위로 학명인 팔레놉시스(Phalaenopsis)로도 불리는 호접란(Moth Orchid)은 실내공기 중 자이렌과 톨루엔 제거에 효과적이며, 마지막 29위인 바나나(Banana)도 폼알데하이드 제거에 효과가 있는 것으로 밝혀졌다.

08

대기오염물질
에는 무엇이
있나

그러면 이제 사람의 건강에 해로운 대기오염물질에는 무엇이 있는지 살펴보기로 하자. 대기오염 발생원은 크게 자연적인 발생원과 인위적인 발생원으로 나누어 볼 수 있다. 자연적인 발생원인 화산, 산불, 먼지 바람 등은 지역적이고 한시적인 문제일 수 있지만, 인간의 활동에 의한 인위적인 발생원은 자연적인 발생원의 문제보다 더 심각하고 지속적인 것이기 때문에 어려움을 가중시킨다.

대기오염의 주 발생원인 인간활동으로는 자동차 같은 운송기관에 의한 연료의 연소(차량, 선박, 비행기), 열과 에너지 생산(석유와 석탄 화력 발전소, 보일러와 같은 난방시설), 공업시설(제조공장, 광산, 정유공장), 쓰레기 집하장과 소각장(도시쓰레기, 농업쓰레기), 조리, 난방, 조명에다, 잘 못된 도시계획까지도 한 몫을 한다. 지나친 도시의 팽창, 교통량의 편중, 대기의 소통이 어렵게 설계된 건축물이 이루는 스카이라인 등도 대기오염물질 배출량을 증가시키거나 집적시키는 악영향을 초래할 수 있기 때문이다.

대부분 대기오염물질 발생원은 지역적으로 편중되어 있지만, 오염물질의 크기, 무게 및 물성에 의한 특성에 따라 발생원 근처에서 가라앉는 것도 있지만, 국경을 넘어 멀리까지 날라 갈 수 있어 발생지에서 상당히 먼 곳에 있는 사람도 피해를 입을 수 있는 경우가 많다. 예를 들어, 아프리카, 몽골, 중앙아시아 및 중국의 사막지역에서 발생하는 황사에 포함된 높은 농도의 미세입자, 곰팡이포자 및 박테리아는 이웃나라는 물론 상당히 먼 나라 사람들의 건강에도 해를 끼치고 공기질을 더럽히기도 한다.

그래서 단순히 한 지역의 또는 한 나라의 대기오염관리라 하더라도 오염물질 발생원, 지형조건 및 공기의 흐름(바람)을 고려하여 국제적인 협조가 필요한 것은 너무나 당연한 일이다. 옆 사진은 중국발 두꺼운 물질층이 발해만과 황해를 거쳐 한반도로 넘어오는 실상을 촬영한 NASA의 인공위성 사진(2020년 2월)이다.

한반도로 넘어오는 중국의 두꺼운 연무-NASA 인공위성

사람의 건강을 개선하고 기후변화의 원인물질을 저감시키기 위해서 뿐만 아니라 지역경제개발의 촉매가 되고 건강한 도시생활의 라이프스타일을 좋게 하기 위해서라도 대기오염에 대한 정책적인 배려와 투자는 계속되어야 하며, 대기오염의 효과적인 저감을 위한 협조는 분야와 계층의 구분 없이 이루어져야 한다. WHO에서 각국의 정부와 협조하여 대기오염도 저감시키는 여러 가지 전략을 세우는데, 저감효과와 타당성 평가에 비용수익, 비용효과(가성비) 및 사람의 건강에 미치는 영향을 중요 관점으로 다루고 있다.

우리나라의 대기환경보전법에 대기오염물질을 대기오염의 원인으로 인정된 기체와 입자상 물질로 일산화탄소(CO), 암모니아(NH_3), 황산화물(SOx), 질소산화물(NOx) 등을 포함하여 64가지를 정하고 있다. 사람의 건강이나 동식물의 생육에 위해를 끼칠 수 있는 물질을 '유해성대기감시물질'로 43가지 또한 '특정대기유해물질'로 35가지를 정하고 있으며, 이외에 기후·생태계변화유발물질에 이산화탄소(CO_2), 메탄(CH_4), 아산화질소(N_2O), 수소불화탄소(HFC), 과불화탄소(PFC), 육불화황(SF_6) 6가지의 온실가스로 포함시키고 있다.

미국의 청정공기법(Clean Air Act)에서는 '기준대기오염물질(Criteria Air Pollutant)' 또는 단순히 기준오염물질이라 부르는 대기오염의 기준이 되는 중요 오염물질로 일산화탄소(CO), 납(Pb), 지표면 오존(O_3), 미세먼지(PM), 이산화질소(NO_2) 및 아황산가스(SO_2) 6가지를 지정하고, 가장 흔한 오염물질에 대한 공기질기준을 설정하고 있다. 다양한 발생원이 일상 생활주변에 있기 때문에 이와 같은 위험한 오염물질이 대기 중에 존재하므로, 이런 오염물질로부터 사람의 건강을 보호할 수 있는 1차 허용기준을 정하고, 기준오염물질이 일으키는 시계약화 그리고 동식물과 건축물 손상 등과 같은 악영향으로부터 공공복리를 지키기 위해 2차 허용기준을 별도로 정하고 있다.

미국 환경보호청(EPA)은 정기적으로 이 기준오염물질 노출에 의한 건강과 복리에 미치는 영향을 학술문헌을 통해 종합적으로 검토하여, 평가한 결과에 따라 각 오염물질의 허용기준을 현상 유지할지 또는 수정할지를 결정한다. 1차 허용기준은 위험에 직면한 사람은 물론 일반인의 건강을 보호할 수 있는 수준에 적정한 정도의 안전범위를 감안하여 결정한다. 안전범위 결정 시에는 제시된 증거의 신뢰도와 관련되는 불확실성의 한계, 건강에 미치는 영향의 특성과 심각성, 위험인구의 규모, 건강영향이 발생하지 않을 것을 확신할 수 있는 한계농도 같은 요소들을 검토하여 결정한다.

일반적으로 기준오염물질에 대해서 확실한 한계농도에 대한 증거가 없는 것이 문제점이다. 1차 허용기준은 전혀 위험이 없는 절대 안전수준이어야 하는데, 이를 쉽게 정할 수는 없어 사람의 건강을 보호할 수 있는 적정한 안전범위 내에서 위험을 충분히 감소시킬 수 있는 수준으로 정한다. 허용기준 설정에 가장 유의하는 점은 당장 위험에 직면한 사람들의 건강위험을 충분하게 경감할 수 있는 노출농도로 설정되어야 하는 것이다.

어린이는 폐와 다른 장기가 아직 성장 중이고, 천식 같은 호흡기질환을 이미 앓고 있을 가능성이 있고, 집밖에서 뛰어노는 등 야외활동이 많아 대기오염에 노출될 기회가 훨씬 많기 때문에 허용기준 검토 시 대개의 경우 민감한 계층으로 본다. 그래서 일반 사람들의 건강보호를 강화할 목적으로 설정된 납, 오존, 미세먼지 같은 기준오염물질의 허용기준이 어린이의 기준오염물질에 대한 영향평가에 따라 설정된다.

대부분 공기질 기준은 장기노출에 따른 악영향으로부터 사람들을 보호하기 위해 설정되지만, 단지 몇 시간 또는 하루정도의 단기노출로 생길 수 있는 건강의 악영향으로부터 사람들을 보호하기 위해 설정된 것도 적지 않다. 일례로 오존농도 기준은 8시간 측정농도를 근거로 설정된 반면, 납농도 기준은 3개월 측정치로 기준을 삶고 있으며, 초미세먼지(PM2.5)는 연간농도 표준과 24시간 농도 표준을 함께 설정한다. 오염물질 마다의 자세한 설명은 뒤에 나오지만, 기준오염물질이 사람에 미치는 건강영향에 관하여 기준오염물질을 선정한 EPA에서 요약한 내용을 간단하게 설명하고 넘어가겠다. 이 자료는 기준오염물질에 대한 학술문헌을 EPA에서 평가하여 뽑은 것이라고 한다.

임신한 어머니가 이런 기준오염물질에 노출되면 태아의 발육에 심각한 악영향을 미친다. 임신부가 대기오염물질에 노출되면 오염물질이 태아에게로 이전되어 문제가 생기는 것이다. 예를 들어, 납과 미세먼지는 둘 다 태반을 통과해 태아의 신체조직에 축적되는 것이 확인되었다. 앞에서 설명한 것처럼 미세먼지노출이 저체중아를 출산하게 할 위험이 있다는 연구결과 이외에, 미세먼지는 물론 질소산화물과 황산화물에 노출되면 태아의 천식발병 위험을 높이고, 출생 후에도 천식의 악화를 초래한다는 연구도 있다. 그러나 오염물질에 노출이 출생전후 특별히 다르지 않기 때문에 임신기간 중 태아 때 받은 영향인지 출생 후 영유아 때 받은 영향인지 구분하기는 쉽지 않다.

교통기관에서 배출되는 오염물질 중에는 기준오염물질은 물론 여러 가지 유해대기오염물질이 뒤섞인 혼합오염물질이어서 어린이의 호흡기 계통에 특별히 큰 위협이 된다. 교통기관에서 배출되는 오염물질은 천식 발병의 원인이지만 이미 천식에 걸린 어린이의 증세를 악화시키기도 하고, 무엇보다도 성장기에 폐 기능 성장장애를 포함한 호흡기증상을 일으키므로 주의가 필요하다. 간선도로 주변에 사는 어린이는 어린이천식 발병위험이 아주 높고, 교통기관 배출 오염물질은 어린이천식을 악화시키는 결정적인 요인이라는 EPA의 연구결과가 있다.

교통기관 배출 오염물질이 면역반응에 직접 영향을 미치거나 알레르기 원인물질의 농도증가나 생물학적 활동으로 인하여 알레르기성 질환의 발병률을 높인다고 한다. 어린이의 기준오염물질에 의한 악영향을 감소시키는 방법은 대기오염이 심한 날에는 야외활동을 삼가는 것이 주

효한 방법이다. 야외활동 삼가는 놀이와 운동의 기회를 감소시키는 것이므로 어린이의 건강에 역효과가 있을 수도 있다.

8.1   생활환경과 건강

대중교통은 아직도 안전하지 않고, 비효율적이며, 지정된 경로로만 가야 하는 어려움이 있고, 빈민층에게는 교통비가 부담이 되기도 하는 도시가 개발도상국에는 적지 않다. 일례로, 마닐라에서는 교통비가 차지하는 비중이 보통 수준의 빈민층에게는 수입의 14%를 차지하는 반면, 중산층에는 그 절반인 7%라고 한다. 안전하게 설계된 보행환경과 잘 짜인 대중교통망과 효율 높은 교통수단 없이는 빈민층이 수혜자가 될 수 없어 출퇴근, 등하교 및 외출에 어려움을 갖게 되고 대기오염에 더 많이 노출될 수밖에 없다.

기후변화 위험을 줄일 수 있는 지속가능한 교통전략을 세우면 취약계층을 포함하는 많은 사람들이 건강상 이익을 상당히, 그것도 시행즉시 혜택을 받게 된다. 잘 설계된 교통계획과 활용도 높은 정책 그리고 원만한 인프라시설 투자는 교통문제와 연관되는 건강위험, 대기와 소음공해 그리고 사고위험을 기대 이상으로 줄일 수 있다. 상당한 수준의 대기오염 감소로 시민의 건강을 지키고 지속가능한 교통개발전략에는 대중교통은 물론 보행자와 자전거 전용도로, 합리적 토지이용과 제대로 설계된 환경, 차량의 공학적 기술, 연료기술 등이 포함되어야 한다.

제대로 짜인 설계대로 조성된 주택단지와 근린환경은 주민들의 건강에 엄청난 영향을 미친다. 아파트이건 독립주택이건 상관없이 주택에서 배출되는 온실가스의 양이 전체 온실가스 배출량의 약 19%나 되고, 미세먼지의 주성분 중의 하나인 블랙카본(검댕)은 전체의 삼분의 일이나 된다. 주거환경은 단지위치, 단지규모, 토지이용계획, 건물배치, 단위설계, 건물높이, 건축자재, 설계특성, 환기와 사용에너지 등에 따라 달라진다.

주민의 건강을 지키고 기후변화요인을 저감시킬 수 있는 주택정책에는 여러 가지가 있다. 그 중 하나로, 집안에서 연료를 태워 취사와 난방을 하고 불을 밝히는 후진국의 주택관리 방식에서 효율이 높은 냉난방환기 시스템과 바이오가스를 이용하는 취사방법으로의 전환은 건강을 해치는 실내공기오염에 노출을 엄청나게 줄이고, 거주자의 열적쾌적성을 개선시키는 효과가 있다. 그러나 경제적으로 허용되지 않는 후진국에서는 알고도 이행하기 어려운 과제이다.

WHO에서 세운 '주택과 건강'에 관한 지침은 도시성장, 기후변화 및 인구증가의 관점에서 사람의 건강에 미치는 주거환경의 개선에 초점을 맞추고 있다. 이 지침에는 부적합하거나 밀집된 생활공간, 너무 높거나 낮은 실내온도, 빈약한 실내조명, 부족한 환기, 실내에서의 사고위험, 어려운 장애인의 접근성 등에 관한 현실적인 문제와 관련된 권고가 함께 포함되어 있다.

주택에서는 온실가스와 대기오염물질이 배출되기 때문에 사람의 건강과 기후변화에 문제가 생긴다. 주택설계와 구조적 특성에 따라 과도한 열기와 냉기에 노출, 곤충과 병균의 침입, 유독성 페인트와 접착제, 습기와 곰팡이 등으로 거주민의 건강에 미치는 영향은 우리의 상상을 초월한다. 집안에서 하는 요리와 난방시스템은 실내매연을 발생시켜 암은 물론 심혈관계와 호흡기계통의 질환을 유발하는 원인이 된다. 이런 열악한 실내환경과 비효율적인 에너지시스템이 일으키는 건강상의 문제는 엄청나게 많다.

이산화탄소(CO_2) 같은 온실가스와 수명이 짧은 기화변화 오염물질을 배출하고, 거주자를 과도한 열기(취사 또는 난방용 불 피우기) 또는 냉기(불이 꺼졌을 때)에 노출시키기도 하며, 취사 난방 및 조명으로 실내공기 오염물질을 배출하고, 실내공기질에 영향을 미치는 물질도 배출한다. 거기에다 유해곤충과 병균의 침투는 질병을 함께 침투시키고, 불결한 물과 비위생적인 설비로 인해 수인성 질병을 유발시키며, 나아가서 주변환경을 해치고 전체 도시환경의 악화를 초래하게 된다.

빈민촌의 주거환경은 주택건물 그 자체가 안전하지 않을 뿐만 아니라 인프라시설은 부족한 상태이다. 슬럼에는 대부분 인구가 밀집되어 있고, 깨끗한 상수도와 위생시설과 같은 생활시설이 부족하고 치안이 불안한 곳이다. 홍수가 자주 발생하는 곳이거나, 산사태가 생기기 쉬운 산자락이거나, 쓰레기 집하장 또는 중공업단지 근처로 입지조건도 상당히 나쁜 곳이 대분이다. 이와 같은 입지조건은 전염병은 물론 비전염성질병, 폭력과 상해 및 정신건강상의 문제 등의 발생빈도가 높을 수밖에 없게 하는 요인이다.

슬럼가에 사는 어린이들은 오염된 물과 불결한 환경 때문에 설사병의 위험에 놓여 있다. 인구가 밀집된 지역은 기인성(공기를 통한) 전염병(특히 폐결핵)의 확산에 취약하다. 냉난방의 부족은 집안에서의 건강문제를 더 악화시키는데, 가난할수록 보다 나은 주거환경 유지에 필요한 냉난방이나 단열에 소요되는 비용부담이 어려울 수밖에 없다. 따라서 슬럼가의 노인들은 과도한 더위나 추위에 의한 사망의 위험에 노출되어 있다. 인구밀집, 공해, 소음, 불충분한 조명, 녹지공간 부족 등의 열악한 주거환경은 스트레스와 정신건강과도 관련깊은 환경요인으로 우울, 불안감, 폭력 및 기타 사회적 기능장애 같은 정신건강상의 문제를 더 악화시킬 수 있다.

구조적으로 튼튼한 주택, 깨끗한 식수, 개선된 위생 그리고 유지관리비를 부담할 수 있는 경제적 여유는 가정에 건강한 환경을 제공할 수 있는 지름길이다. 더 깨끗하고 효율이 높은 취사, 냉난방 및 조명시스템으로의 개선은 가난한 사람과 사회·경제적 취약계층(어린이, 부녀자 및 노인)에게 가장 큰 건강상의 이익을 가져다 줄 수 있는 방법이다. 후진국에서 이런 취약계층에 속하는 사람들은 대부분의 시간을 집안이나 근처에서 보내고 연료수집(땔나무 모으기) 때문에 생기는 위험에 노출되어 있다.

도시계획만 잘 수립해도 여유 있고 야외운동에 적합한 녹지공간과 긍정적인 사회적 교류는 물론, 충분한 치안의 확보, 잘 갖추어진 인프라, 연계성이 좋은 교통망으로 이어지는 살기 좋은 생활터전(주택단지)을 조성할 수 있어 집안에서 필요한 에너지 비용을 총체적으로 절감할 수 있다. 이런 도시계획이야 말로 가난한 사람들에게만 미칠 수 있는 환경적 악영향을 결국에는 방지할 수 있다.

훌륭한 주택설계는 거주자에게 건강한 환경을 만들어 주기도 하고 에너지도 절감하는 일석이조의 효과가 있다. 자연환기, 병원체나 특정 매개체에 의한 전염병 예방, 깨끗한 식수 및 더 나은 위생시설을 구비하는 지속가능한 도시계획과 주택설계로 기인성, 수인성 및 특정 매개체에 의한 전염병의 확산을 억제할 수 있다. 에너지 효율이 높은 주택설계는 만성적인 습기와 곰팡이 때문에 생기는 천식과 알레르기는 물론 과도한 열기와 냉기 그리고 실내공기오염에 의한 비전염성 질병의 발생도 줄일 수 있다.

도시의 가장 귀중한 재산은 뭐니 뭐니 해도 시민의 건강이다. 그러나 해마다 이런 귀중한 재산에 환경오염이 해를 끼쳐 7백만 명이나 되는 생명이 조기사망하고 있다고, 그것도 대부분이 성장속도가 빠른 개발도상국에서 사망하고 있다고 세계보건기구(WHO)는 경종을 울리고 있다. 도시가 건강해야 시민이 건강하다. 도시건강은 환경오염에 큰 영향을 미치는 수명이 짧은 기후변화 오염물질 같은 대기오염물질에 의해 시민의 건강이 침해받지 않게 환경을 깨끗하게 지킴으로써 이루어진다.

깨끗한 환경은 단기처방으로는 결코 이루어낼 수 없으므로, 지속가능한 개발을 효과적인 처방으로 촉진시켜 도시 전체가 어우러지는 건강한 환경을 조성해야 이루어진다는 뜻이다. 도시의 재산인 시민의 건강은 환경오염을 감소시켜야 제대로 지켜지고, 도시 하나하나에서 나아가 국가 전체가 뇌졸중, 심장병, 폐암, 급만성 호흡기질환 및 천식 등으로부터 국민의 건강을 지켜 사회경제적 부담에서 벗어날 수 있게 된다.

세계적으로 도시에서 발생하는 시민의 건강에 대한 위험은 사회계층마다 균등하지 않게 나타나는데, 개발도상국에서는 주거환경이 나빠 가장 취약한 계층일 수밖에 없는 빈민이 인구증가의 40%를 차지하므로 문제는 더 심각해지고 있다. 도시계획이 잘 된 도시란 기후변화 오염물질을 포함한 환경오염물질의 배출을 감소시키기도 하고, 산업의 적정배치로 환경오염을 줄이고, 잘 짜인 교통망으로 교통사고를 미연에 방지하며, 풍부한 녹지공간으로 시민의 건강과 안락을 지켜 사람들이 살고 싶어지는 도시를 말한다.

도시는 약간의 정부규제에 따른 수천수만의 개별적인 개발과 설계가 혼재되어 만들어진 산물인 만큼, 소규모개발보다는 대규모개발이 에너지절감과 오염물질 배출감소에 의한 경제적이고 환경적 효과를 더 많이 볼 수 있다. 개발도상국의 도시에서는 인구성장이 도시의 성장규모를 초과하는 경우가 비일비재하기 때문에 경제개발, 환경문제 그리고 건강문제 모두를 한꺼번에 해결하기는 쉽지 않고, 이들을 함께 고려한 종합적인 개발계획을 동시에 마련하기는 더더욱 어렵기 마련이다.

많은 사람의 버킷리스트에 오를 정도로 유명한 네팔의 수도 카트만두(Kathmandu)는 인도와 티베트를 잇는 고대 무역루트의 중간에 중세풍의 궁전과 절이 공존하는 우묵한 그릇모양의 계곡에 자리 잡고 있는 도시로, 1990년에서 2015년 사이 인구가 40만에서 120만으로 3배나 늘어난 급성장 개발도상국 도시 중의 하나이다. 옆의 사진에

세계문화유산인 네팔 최대 불탑 보드나트 (Boudhanath) 주변의 무질서한 개발

서 보듯이 무질서한 개발, 건축물의 밀집 그리고 도시시설의 부족은 열악한 환경임을 한 눈에 알 수 있게 한다. WHO의 자료에 따르면, 최근 네팔의 사망과 건강장애의 가장 큰 위험요인이 대기오염이라 하는데 이 사실은 카트만두가 도시건강 문제로 골치를 앓고 있는 동남아도시 중의 하나로 대기오염문제에 직면하고 있는 다른 동남아 도시에 좋은 본보기가 될 것이라 했다.

다음은 세계보건기구(WHO)에서 대기오염의 위험성을 알리기 위해 '대기오염이 사람의 건강을 어떻게 해치는가(How air pollution is destroying our health)'라는 제목으로 홈페이지에 공개한 내용을 간추린 내용이다;

'지구는 점점 더 더워지고 그 위에 사는 인구는 점점 더 늘어가는데다 자동차는 해로운 배기가스를 계속 더 뿜어내고 있으나, 지구의 반은 청정연료나 청정기술에 접근할 능력을 갖추지 못하고 있어, 사람이 숨으로 들이마시는 바로 그 공기가 점점 더 위험하게 오염되고 있다. 세계인구 10명 중 9명이 오염된 공기를 들이마시고 있어, 해마다 7백만 명의 사람이 오염된 공기로 인해 죽어가고 있다. 대기오염이 사람의 건강에 미치는 악영향은 매우 심각하여 뇌졸중, 폐암 그리고 심장병으로 죽는 사람의 삼분의 일은 그 원인이 대기오염이다. 이 사망자 수는 흡연에 의한 사망 그리고 더 심각한 문제인 소금 과다섭취에 의한 사망자 수와 맞먹는다.'

아무리 선진국이라 하더라도 대기오염 문제로부터 자유로워지기는 불가능하다. 대기오염은

🔵 오염된 공기를 적게 들이마시는 5가지 방법-WHO

항상 우리 주변에 도사리고 있는 문제이다. 미세한 오염물질은 사람 몸의 방어체계를 쉽게 통과하여 호흡기와 순환기계통을 뚫고 들어와 폐, 가슴 그리고 뇌를 손상시킨다.

대기오염과 기후변화는 톱니바퀴의 양날과 같이 밀접한 문제이다. 다시 말해, 기후변화의 주요원인인 화석연료의 연소는 대기오염의 주원인을 제공하는 행위로 대기오염을 줄이면 기후변화도 적게 일어난다. 유엔의 기후변화에 관한 정부 간 패널(IPCC)에서는 지구의 온도상승을 1.5℃로 한정하기 위해서는 2050년까지 석탄 화력발전을 종식시켜야 하고, 만약 그렇게 하지 않고 20년만 지나면 중대한 기후위기가 닥쳐올 것이라고 경고했다.

2015년 맺은 기후협약인 파리협정에서는 대기오염을 줄이는 것만으로 2050년까지 세계적으로 약 1백만 명의 생명을 구할 수 있다고 했다. 대기오염을 저감으로 얻을 수 있는 경제적 이익은 실제로 엄청나게 큰데, 온실가스의 대부분을 배출하고 있는 상위 15개국(중국, 미국, EU,

인도, 러시아, 일본 등)에서 대기오염 때문에 지출하는 건강비용이 각국의 국내총생산(GDP)의 4%를 초과하는 것으로 추산될 정도로 엄청나다.

눈에 보이는 스모그가 없다고 해서 공기가 건강(깨끗)한 것은 아니다. 도시이건 시골이건 가릴 것 없이 세계 방방곡곡에 대기 중 독성오염물질이 WHO의 허용기준을 초과하는 곳은 허다하다. 전 세계에서 WHO의 기준을 초과한 오염된 공기 속에 사는 18세 이하의 어린이가 전체 어린이의 93%에 이른다고 한다(아무리 WHO의 자료라고 하지만 참으로 믿기 어려운 숫자이다). 개발도상국에서는 5세 이하 영유아의 급성 하기도(폐에 가까운 호흡기도)감염에 의한 사망자의 반 이상이 대기오염 때문이라고 한다. 대기오염은 유아사망, 천식, 신경발달장애 그리고 소아암을 포함한 유해환경에서 생기는 질병의 제일 원인이다.

대기오염은 세계적으로 증가 추세를 보이는 뇌졸중, 암 그리고 심장병 같은 비전염성질환 제2의 발병요인이다. 제1의 발병요인인 담배, 술 그리고 스트레스 같은 문제를 제외하면, 공기의 질을 개선하는 것만으로도 이런 질환의 발병을 상당히 줄일 수 있는 나라가 적지 않다는 말이 된다. 비전염성질환 방지를 위한 대기오염 저감정책은 환경과 경제 그리고 건강 등 다방면에 걸쳐 여러 가지 다중이익을 가져올 수 있다. 농민, 건설현장 종사자, 쓰레기를 수거하는 사람, 교통경찰 같이 야외활동이 많은 사람들은 더위와 추위, 비, 바람, 알레르기 원인물질인 꽃가루 그리고 자외선에 무방비로 노출될 뿐만 아니라, 특히 오염된 공기로 숨을 쉬어야 하는 어려움을 겪는 취약계층이다. 전 세계적으로 거의 매일 최소 12억 명의 사람이 이런 일에 종사하고 있는 것으로 WHO에서 추정하고 있다.

대기오염이 어린이에게는 치명적이다. 전 세계적으로 5~18세 사이의 청소년과 어린이 14%가 대기오염물질 때문에 생기는 천식으로 고생하고 있으며, 해마다 5세 이하의 영유아 554만 3,000명이 대기오염에 의한 호흡기질환으로 사망한다는 통계를 WHO에서 발표하고 있다. 대기오염은 소아암의 원인이 되기도 하고, 어른이고 어린이고 가릴 것 없이 인지기능장애를 초래하기도 한다. 대기오염물질은 사람을 포함한 모든 살아 있는 유기체에 해로운 건 물론이고, 장기적으로는 기후변화를 초래해 지구환경에 악영향을 미치고, 결국 기후변화는 생태계의 건강에 해가 되어 모든 생물의 웰빙을 어렵게 만든다.

환경측면에서 생각해보면, 대기오염물질이 많이 배출되고 소음이나 진동이 심한 대로변이나 지하철역 주변의 부동산가격이 오염물질 배출량이 적고 조용한 곳보다 비싸면 안 될 것으로 본다. 그러나 현실은 정반대이다. 교통량의 집중으로 오염물질 배출량이 많아 건강에 해로운 대로변과 지하철역 주변의 부동산 가격이 조용한 곳보다 훨씬 비싸다. 상업시설은 사람의 동선이 많은 곳이 유리할지 몰라도 주거시설은 전혀 그렇지도 않은 데도 우리나라에서는 이상한 부동산 가격형성이 이루어지고 있다.

8.2 대기환경기준

우리나라 환경정책기본법에서 '환경기준은 사람의 건강을 보호하고, 쾌적한 생활환경을 유지하기 위해 설정되었다'고 규정하여 환경기준은 환경정책의 목표치로서, 환경개선을 위한 오염정도를 판단하고, 예측하여 그에 맞는 대책을 마련하는 척도로 사용된다. 대기오염의 환경기준 설정은 앞으로 몇 년 이내 이루어내려는 단기목표치와 수십 년에 걸쳐 이루어내기 위한 장기목표치를 포함한다. 그리고 어린이, 노약자 및 천식환자와 같이 대기오염에 예민한 계층의 질병예방과 사망감소를 위한 당면목표와 최소 허용수준에 관한 기준을 설정해야 한다.

단기목표치는 현재의 오염수준, 사회·경제적 여건 및 건강문제의 중요성에 따라 설정되어야 하고, 대기오염으로 인한 사람의 건강과 생태계에 미치는 악영향을 줄이는데 그 목적이 있다. 반면에 장기목표치는 건강문제보다 대기질에 미치는 악영향을 우선적으로 고려하여 현재는 크게 문제가 되지 않으나 앞으로 생길 수 있는 변화와 영향을 충분히 고려하여 좀 더 멀리보고 설정하는 기준이다.

일례로 장기목표기준을 당장 지키기 어려운 점을 고려하여 '중간농도기준'을 설정한 세계보건기구(WHO)의 권장기준을 들 수 있다. 그래서 우리 환경정책기본법에 제시되어 있는 대기환경기준은 현재 우리나라의 오염도를 감안한 중간적 목표치의 의미를 갖고 있는 것으로 볼 수도 있다. 우리나라 대기환경기준은 1978년 아황산가스의 농도기준을 최초로 설정하였고, 그 후 여러 차례에 걸쳐 대상 오염물질을 추가하고 기준을 강화시켜 왔는데, 다음 표는 2019년에 개정된 기준으로 아황산가스, 일산화탄소, 이산화질소, 미세먼지, 초미세먼지, 오존, 납 및 벤젠 8가지 중요 오염물질에 대해 기준을 규정하고 있다. 이들 중요 오염물질에 대해서는 뒤에 한 가지씩 자세히 설명하겠다.

● 우리나라의 대기환경기준

오염물질	오염기준	평균시간
아황산가스(SO_2)	0.02ppm 이하	연간 평균
	0.05ppm 이하	24시간 평균
	0.15ppm 이하	1시간 평균
일산화탄소(CO)	9ppm 이하	8시간 평균
	25ppm 이하	1시간 평균
이산화질소(NO_2)	0.03ppm 이하	연간 평균
	0.06ppm 이하	24시간 평균
	0.10ppm 이하	1시간 평균
미세먼지(PM_{10})	50μg/㎥ 이하	연간 평균
	100μg/㎥ 이하	24시간 평균
초미세먼지($PM_{2.5}$)	15μg/㎥ 이하	연간 평균
	35μg/㎥ 이하	24시간 평균
오존(O_3)	0.06ppm 이하	8시간 평균
	0.1ppm 이하	1시간 평균
납(Pb)	0.5μg/㎥ 이하	연간 평균
벤젠(C_6H_6)	5μg/㎥ 이하	연간 평균

우리나라 정부(환경부)에서는 대표적인 대기오염물질인 미세먼지에 관해 별도로 '미세먼지관리 종합대책'을 세우고 그 후속조치로 2019년부터 시멘트제조업, 제철업, 석탄화력, 석유정제업 등 4개 업종을 대상으로 미세먼지, 질소산화물, 황산화물에 대한 배출허용기준을 이전보다 최대 2배 강화하였다. 시멘트제조업의 기준은 미세먼지 30mg/㎥에서 15mg/㎥으로, 황산화물은 30ppm에서 15ppm으로, 질소산화물은 330ppm에서 270ppm으로 한층 강화되었다.

한편, 제철업에 대해서는 소결로를 기준 강화대상으로 정하고, 미세먼지는 30mg/㎥에서 20mg/㎥으로, 황산화물은 130~200ppm에서 90~140ppm으로, 질소산화물은 120~200ppm에서 100~170ppm으로 약 1.2~

1.5배 강화됐다. 가열시설이 기준 강화대상인 석유정제업은 미세먼지 30 mg/㎥에서 15mg/㎥으로, 황산화물 180ppm에서 120ppm으로, 질소산화물 70~180ppm에서 50~130ppm으로 기준이 높아졌다. 석탄화력발전소는 항목별로 1.4~2배 까다로워지는데, 미세먼지는 20~25mg/㎥에서 10~12mg/㎥으로, 황산화물은 80~100ppm에서 50~60ppm으로, 질소산화물은 70~140ppm에서 50~70ppm으로 강화되었다.

대기오염물질의 농도기준은 토양과 수질과 같은 자연환경, 곡물이나 채소 같은 식재료에 미치는 영향, 동물이나 식물의 생태환경, 인위적 오염물질의 배출, 기후변화 및 시정 등의 변화, 재산상의 피해, 교통위험, 경제적 가치, 쾌적성과 웰빙에 미치는 영향, 오염물질 처리에 대한 기술능력 등을 따져 결정된다. 오염물질 발생과 이동에 대한 인접국과의 국제적인 관계와 협의 결과도 농도기준 결정에 영향을 미칠 수도 있다. 우리나라는 특히 중국과의 국제관계가 국내문제보다 더 어려운 과제이다.

미국의 청정공기법(CAA: Clean Air Act)에는 두 가지 공기질 기준이 있는데, '1차 기준'은 공중의 건강보호, 특히 천식환자, 어린이 및 노약자와 같은 민감한 계층의 건강을 보호하기 위한 기준이고, '2차 기준'은 공중의 복지보호, 특히 시정약화와 동물, 농

미국 6가지 기준오염물질의 농도기준-EPA

오염물질	구분	평균시간	농도	상태
일산화탄소 (CO)	1차 기준	8시간	9ppm	1회/년 초과하지 않을 것
		1시간	35ppm	
납(Pb)	1·2차 기준	3개월 평균	0.15mg/㎥	기준 이하 유지
이산화질소 (NO₂)	1차 기준	1시간	100ppb	1시간/일 최고농도의 98%에 해당하는 농도로 3년 이상 평균
	1·2차 기준	1년	53ppb	연 평균
오존(O₃)	1·2차 기준	8시간	0.07ppm	연중 4번째 8시간/일 최고농도로 3년 이상 평균
미세먼지	PM₂.₅ 1차 기준	1년	12mg/㎥	3년 이상 연평균
	PM₂.₅ 2차 기준	1년	15mg/㎥	3년 이상 연평균
	PM₂.₅ 1·2차 기준	24시간	35mg/㎥	3년 이상 평균농도의 98% 해당 농도
	PM₁₀ 1·2차 기준	24시간	150mg/㎥	3년 이상 평균농도가 1회/년 초과하지 않을 것
아황산가스 (SO₂)	1차 기준	1시간	75ppb	1시간/일 최고농도의 3년 이상 평균치
	2차 기준	3시간	0.5ppm	1회/년 초과하지 않을 것

작물, 채소 및 건축물에 대한 손상을 보호하기 위한 기준으로 구분하여 강화하고 있다.

　미 환경보호청(EPA)에서는 대기의 공기질 농도기준을 '기준오염물질'(CAP: Criteria Air Pollutants)로 불리는 일산화탄소(CO), 납(Pb), 이산화질소(NO_2), 오존(O_3), 미세먼지(PM_{10}과 $PM_{2.5}$) 및 아황산가스(SO_2) 6가지 중대 오염물질에 대하여 규정하고 있는데, 우리나라와 다른 점은 미세먼지를 한 묶음으로 보고, 벤젠은 포함시키지 않은 것이다. 이 농도수준은 우리나라와 마찬가지로 오염물질이 건강과 복지에 미치는 영향을 가장 최근의 과학정보에 따라 고려하여 정기적으로 재검토하여 수정한다.

09

산성비는 엄청난 재앙이다

대기 중에 섞여 있는 여러 가지 기체 중 이산화탄소(CO_2)가 물(H_2O)과 만나면 탄산(H_2CO_3)이 되고, 이산화질소(NO_2)가 물과 만나면 질산(HNO_3)이 되며, 아황산가스(SO_2)가 물과 만나면 황산(H_2SO_4)이 된다. 이 중 가장 문제가 되는 물질이 아황산가스와 질소산화물로 보통 **산성비**(Acid Rain) 또는 산성강하물(Acid Deposition)이라고 부르는 물질은 이 산성화합물이 액체(습성)상태로나 고체(건성)상태로 하늘(대기)로부터 지상으로 떨어지는 모든 형태의 침전물을 통틀어 일컫는 말이다. 이런 침전물에는 산성을 띠는 비, 눈, 안개, 우박 또는 먼지까지도 포함된다. 이 산성강하물이 지상에 떨어지면 심각한 환경문제의 원인이 되니 자세히 살펴보기로 하자.

🔘 산성비의 형성과 환경파괴 경로

옆 그림은 미 환경보호청(EPA)이 만든 인포그래픽으로 산성비가 지구환경으로 흘러들어가는 경로를 설명하는 것이다. ① 아황산가스(SO_2)와 질소산화물(NOx)이 대기 중으로 배출되면 ② 이 기체상 오염물질이 산성입자로 변형되어 장거리를 날아가게 되고, ③ 이 산성입자는 구름을 만나 젖은 형태(비, 눈, 우박 등), 즉 산성비가 되거나 구름을 만나지 못하면 마른 형태(미세먼지)로 지상으로 떨어져, ④ 토양, 숲, 강 및 호수 등의 자연환경을 해치게 되는 과정을 보여주는 것이다.

오른쪽 인포그래픽은 농도지표로 산성과 알칼리성을 수소이온농도 지수로 나타낸 것이다. pH 7.0이 중성으로 7.0 이하이면 산성이고, 7.0 이상이면 알칼리성이다. pH 1인 배터리는 강산성이고, pH 13인 가성소다는 강알칼리성이며, 순수한 물은 pH 7로 중성이다. 보

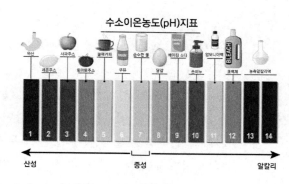

수소이온농도(pH)지표

위산 레몬주스 사과주스 토마토주스 블랙커피 Milk 순수한 물 달걀 베이킹 소다 손비누 암모니아액 BLEACH 표백제 농축알칼리액

1 2 3 4 5 6 7 8 9 10 11 12 13 14

산성 ←   중성   → 알칼리

● pH농도지표: 물질마다 다른 농도

통 비에는 이산화탄소(CO_2)가 녹아 약한 탄산(H_2CO_3)이 되므로 pH 5.6으로 약산성이 되긴 하지만, 산성비라고 부르는 비는 이보다 산성이 강한 것으로 보통 pH 4.2~4.4 사이로 강산성이다.

오른쪽의 표는 여러 종의 수중생물이 견딜 수 있는 산성도의 수준을 보여준다. 이 표에 표시된 숫자는 산성도가 그 이상으로 높아지면 해당 생물이

● **수중생물의 치명적 pH수준**

동물	달팽이	조개	우렁	가재	하루살이	송어	도롱뇽	농어	개구리
치명적 pH	6	6	5.5	5.5	5.5	5	5	4.5	4

더 이상 살아갈 수 없게 된다는 뜻이다. 같은 종이라고 해서 모든 물고기, 조개 및 곤충이 같은 산성도에서 견딜 수 있는 것은 아니다. 생태계라는 것이 공기, 물 그리고 토양으로 이루어진 하나의 환경에서 모든 동식물을 포함하여 미생물까지 같이 살아가면서 서로 영향을 주고받으며 환경형성에도 서로 영향을 미치는 체계를 말한다. 그래서 하나의 생태계 안에서는 모든 생물과 무생물은 서로 연관관계를 이루고 있다. 그래서 무엇인가가 생태계의 일부를 손상시키면, 그에 민감한 생물(동물과 식물)과 무생물(물과 토양)이 영향을 받게 되고, 그 영향은 고스란히 생태계의 다른 구성원에게도 미치게 된다.

동식물 중에는 산성도가 높은 물에서도 살아갈 수 있는 종도 있지만, 산성에 민감한 종은 산성도가 조금만 높아져도 견디지 못하고, 식물은 죽게 되며 동물은 다른 곳으로 서식지를 옮긴다. 대부분의 경우 성체

보다 어린 종이 산성에 약하다. 대부분의 물고기 알은 pH 5 이하의 산성물에서는 부화하지 못한다. 성체물고기 중에는 pH수준이 낮아지면(산성도가 높아지면) 죽어버리기 때문에 산성인 호수에는 물고기가 없어진다.

중간 정도의 산성물에서 살 수 있는 물고기나 동물의 종이 있긴 하지만, 먹이사슬을 이루는 최초 먹잇감인 플랑크톤이나 작은 동물이 없어지게 되어 생명을 유지할 수 없는 경우도 있다. 예를 들어, 개구리는 pH 4의 산성도에서 살아남을 수 있지만, 먹잇감인 하루살이는 훨씬 민감해서 pH 5.5 이하에서는 살아갈 수 없으므로 개구리의 생명유지에 어려움이 닥치게 된다.

산성비가 내리는 지역에서 나무들이 마르거나 죽는 것은 흔히 볼 수 있는 일이다. 산성비는 토양 속에서 알루미늄을 축출하여 토양표면으로 노출시키는데, 알루미늄은 동물뿐만 아니라 식물에게 해로운 물질(동물에게는 중금속의 하나로, 식물에는 뿌리의 물 흡수방해물질)이다. 산성비 속의 산성물질은 식물의 성장에 필요한 토양 속의 광물질과 영양분(마그네슘, 칼슘 등)과 반응하여 영양분을 제거하는 결과를 가져온다. 비나 눈보다 산성도가 더 높은 안개와 구름은 나뭇잎으로부터 영양분을 분리해내기 때문에 누런 잎이나 죽은 잎 또는 바늘구멍 난 잎이 생기게 만든다. 이렇게 해를 입은 나무는 병균에 의한 감염이나 병충해를 입게 되고, 햇빛과의 광합성이 어려워져 약해지고 결국에는 겨울나기가 어려워진다.

대기오염이나 산성비가 없는 곳의 호수나 강의 pH는 보통 6.5 정도의 약산성이다. 산성도와 알루미늄 농도가 높아지면 식물성 플랑크톤, 하루살이, 무지개 송어, 작은 입 우럭, 개구리, 점박이 도롱뇽, 가재 등과 같이 먹이사슬의 한 부분을 차지하는 수중생물에게는 치명적일 수 있다. 폭우가 오거나 봄에 눈이 녹기 시작할 때 문제는 더 심각해지는데, 이런 현상을 우발적 산성화(Episodic Acidification)라고 한다.

이럴 때는 산성도가 높지 않는 호수에도 눈 녹은 물이나 폭우가 많은 양의 산성물질을 한꺼번에 실어와 토양이 중성화 할 능력이 부족해진다. 따라서 짧은 기간이지만 강한 산성(=낮은 pH)은 생태계에 심한 단기 스트레스를 줘 여러 가지 생물과 종이 손상을 입거나 죽게 되는 결과를 초래한다.

숲, 강 그리고 호수 중에는 빗물 속의 산성을 토양이 스스로 중성화시켜 완충작용을 할 수 있기 때문에 산성비에 의한 피해를 입지 않는 곳도 더러 있다. 이런 중성화 능력은 토양의 두께와 구성성분 그리고 기저 암반의 종류에 따라 다르게 나타난다. 토양의 구성성분이 중성화작용에 유리한 성분을 포함하고 있더라도, 토양두께가 얇은 지역은 당연히 중성화능력이 떨어지기 마련이어서 산과 알루미늄이 토양, 강 및 호수에 잘 축적될 수 있는 취약지역이다.

산성비가 문제 시 되는 것은 단지 산성 그 자체만이 아니고, 산성비에 함유되어 있는 질소가 생태계에 영향을 끼치는데 한 몫을 하기 때문이다. 일례로, 연안수(연안 가까이 흐르는 바닷물)에 함유된 질소오염물질이 물고기와 조개류의 개체수를 감소시키는 원인 중의 하나라고 한다. 이런 질소오염물질은 질소성분을 비료를 사용하는 논밭은 물론 질소를 함유하고 있는 폐수 이외에도 사람의 활동으로 만들어지는 질소의 대부분이 대기로 들어가 산성비에 섞여 연안수를 오염시키고 있기 때문이다.

이외에도 산성강하물은 액체(산성비)형태로 떨어지든 건조한 고체(산성입자)형태로 떨어지든, 질산과 황산같은 산성성분을 함유한 강하물은 조각상, 건물, 구조물 및 설치물의 표면을 손상시킨다. 산성입자는 금속을 부식시키고 페인트와 석재를 정상상태에서보다 훨씬 빠르게 손상시킬 뿐만 아니라, 건물이나 기념물의 표면을 더럽히기도 한다.

이런 손상은 관리운영비는 물론 수리와 복구비용의 증가로 이어지고, 석재나 금속으로 된 동상, 기념비 및 묘비의 디테일을 망가트린다. 이런 산성입자와 오존은 공기 중에 연무를 형성하여 멀리 볼 수 없게 시정을 흐리게 한다. 이런 현상이 계속되면, 통일 후 성스러운 산의 으뜸인 백두산의 절경은 어찌 보고, 기이한 산의 으뜸인 금강산의 일만이천봉의 비경은 어찌 볼 수 있을지 걱정이다.

아황산가스가 대표적인 물질인 황산화물은 대기 중에서 다른 물질과 반응하여 미세한 입자로 변형되고, 이 미세입자는 실안개(연무)를 형성하여 수많은 사람들이 등산과 휴양을 즐기는 보물 같은 자연휴양림이나 국립공원 같은 야생의 시정을 흐리게 하는 원인이 된다. 이 황산화물이 강이나 호수의 물고기에 해를 끼치고, 건축물이나 사적의 표면을 침식시키고, 자동차의 페인트를 부식시키는 원흉이다.

산성비 속을 걷거나 산성비가 섞인 호수에서 수영하는 것이 비산성비 속을 걷거나 비산성물에서 수영하는 것보다 더 위험한 것은 두 말할 나위가 없다. 아황산가스나 질소산화물은 물론 황산염과 질산염의 입자가 대기 중에 섞여 있는 것 자체가 사람의 건강에 해롭다. 황산염과 질산염 입자는 아주 미세하기 때문에 숨 쉴 때 폐 속으로 빨려들어 온다. 심장병의 위험을 증가시켜 사망에 이르게 할 수 있는 심장마비와 같은 심장기능장애를 가져오고, 천식환자에게는 호흡곤란을 가져오는 폐기능장애가 이 두 가지 입자와 관련이 깊다는 연구결과가 많다.

황산화물과 질소산화물의 주 발생원으로는 전기생산을 위한 화석연료의 연소(대기 중의 아황산가스의 2/3와 질소산화물의 1/4이 화력발전소에서 배출), 자동차와 중장비 엔진 그리고 제조업, 정유산업 및 기타 관련산업에서 가동되는 연소기관들이다. 이 오염물질은 바람을 타고 비자도 없이 국경을 넘어 장거리를 날아가 산성비의 원인이 되므로 발생원의 가까이 사는 사람들은 물론 먼 나라 사람들에게도 피해를 끼친다.

황 성분을 함유하고 있는 석탄이나 석유 같은 화석연료의 연소는 산성비의 근본 원인으로, 연소과정에서 연료에 함유되어 있던 황이 공기 중의 산소와 결합하여 아황산가스(SO_2)가 되고, 공기 중의 질소와 산소가 결합하여 질소산화물을 생성한다. 이렇게 생성된 아황산가스와 질소산화물은 더운 배기가스를 타고 굴뚝으로 나와 대기 중에 섞여 며칠이고 떠 있게 되는데, 이들이 오래 대기 중에 떠 있으면 떠 있을수록 황산(H_2SO_4)이나 질산(HNO_3) 또는 탄산(H_2CO_3)으로 바뀔 가능성은 더 높아진다.

이런 산성물질은 대기 중의 액체입자에 녹아들어 바람을 타고 수십 수백 킬로를 이동할 수 있다. 산성비를 화학적으로 설명하면, 아황산가스, 질소산화물 그리고 이산화탄소가 대기 중에서 물 분자와 반응하여 pH가 낮은 산성물질인 황산, 질산 및 탄산을 형성하고, 이 산성물질이

비에 섞여 지상으로 떨어질 때 우리는 산성비라고 하는데, 생태계에 많은 영향을 미치고 식물을 죽이기도 한다.

산성비를 사람이 직접 마시는 경우는 없어 직접적인 피해를 논할 수는 없으나, 산성비가 내리면, 첫째 식물과의 접촉에 의해서, 둘째 흙이나 물과의 접촉에 의해서, 그리고 셋째 지표면으로 대기 중에 떠다니는 미량금속을 낙하시켜 환경오염을 가져오는데, 고농도에서는 동식물에 독성을 나타내는 위험물질이 된다. 산성비는 식물, 흙 및 물에 의존하여 생명을 유지하며 살아가는 유기체의 생존에 영향을 미친다. 심하면 생태계 전체가 산성비에 손상을 입거나 망가질 수도 있다.

미량금속(trace metal)이란 사람을 포함한 고등동물은 물론 식물에게도 없어서는 안 되는 아주 적은 양(미량)의 필수금속을 말하는데, 모자라거나 지나치게 많으면 몸에 장애(결핍증이나 중독)를 일으키는 물질로 수은, 알루미늄, 카드뮴, 납, 철, 요오드, 구리, 마그네슘, 아연 및 크로뮴 등이 여기에 속한다. 중금속 항목에서 자세하게 한 가지씩 따로 설명하겠다.

산성비는 식물 잎사귀의 외부표면을 손상시키고 뿌리의 서식환경을 어지럽혀 지표면에서 자라는 식물을 해친다. 산성비는 식물 잎사귀의 윤기 있는 보호막을 벗겨내어 칼슘, 마그네슘, 칼륨 등과 같은 중요 영양분을 잎사귀조직에서부터 빠져나가게 만들어 잎사귀가 제 기능을 못하고 누렇게 마르고, 결국 탄소동화작용을 어렵게 해 잎사귀도 죽고 식물도 죽는 결과를 가져올 수도 있다.

산성비는 나무 가장자리를 꺾이게 하여 어린나무를 죽게 하거나, 큰 나무의 꼭대기가지를 죽게 할 수도 있으며, 식물의 씨를 싹트지 못하게도 한다. 고산지대에서 자라는 식물(특히 운무림)은 전적으로 산성 안개 속에서 목욕을 하는 꼴이므로 산성비의 피해를 가장 먼저 입는 식물이다. 산성비로 토양의 비옥도가 떨어지면 식물은 필요한 영양분을 빨아올릴 수가 없게 된다. 흙속의 산성도가 pH가 4.5 이하로 떨어지면, 식물의 성장에 꼭 필요한 흙속의 알루미늄성분이 용해되어 성장을 멈추게 된다.

산성비가 오면 흙속의 미네랄이 정상상태일 때보다 더 빨리 용해되어 빠져나가므로 영양섭취가 더 어려워지게 마련이다. 산성이 아닌 정상적인 비는 미네랄의 용해속도를 더디게 하나 산성비는 자연적으로 흙속에 저장되어 있던 미네랄을 고갈시켜 버린다. 암반이나 토양이 값으로 매길 수 없고 재생 불가능한 자연자원인 원래 함유하고 있는 수준의 미네랄을 회복하는 데는 수백만 년이 걸린다. 오랜 세월동안의 풍화작용에 의해 흙속에 저장된 미네랄은 동식물이 살아가는 데 없어서는 안 될 필수불가결의 영양분이다.

웬만한 비에 섞인 산성도는 흙속에 섞여 있는 석회석과 중탄산염으로 충분히 중화시킬 수 있는 완충능력이 잠재되어 있기 때문에 토양을 산성화시키지 못한다. 그러나 암반 위에 층이 얇은 토양은 중탄산염의 함유량이 적기 때문에 산성비에 민감하여 약산성이라도 산성비가 내리기만 하면 토양이 산성화되기 마련이다. 이처럼 알칼리성분이 부족하여 산성비를 중화시킬 능력이 없거나 어려운 토양 주변의 호수나 강은 산성비에 취약하다.

흙과 물이 자연적으로 생성된 환경에서 흙속의 미생물은 먹이사슬의 시작점이 된다. 그런데 이런 자연적 환경에 산성도가 높아지면 미생물의 영양분인 용해된 수소이온과 알루미늄이온 수가 줄어들어 먹이사슬의 시작점인 미생물이 살아가기 어렵게 된다. 그리고 먹이사슬에서 기본적인 연결고리에 이런 영양분이 줄어들면, 이 연결고리에 의존해서 살아가는 생태계의 모든 생물의 먹이사슬에 문제가 생길 수밖에 없다.

호수에 있는 물은 대부분 직접 호수로 떨어진 빗물과 주변의 토양을 휩쓸고 흘러들어오는 물로 이루어지고, 간혹 지하수에서 용솟음치는 물도 일부를 차지하기도 하지만 산성비가 호수와 주변 토양의 산성도에 많은 영향을 미치는 것은 어쩔 수 없다. 산성화된 물이 수생생물의 몸속으로 침투하여 병증을 보일 제일의 대상이기 때문에 간혹 산성도가 높은 호수나 연못에서 물고기와 양서류가 죽어 떠 올라있는 것을 볼 수 있다. 물고기의 죽음은 산성비에 대한 일종의 경고이다. 수생생물은 종류에 따라 산성에 민감성이 다르다. 다 자란 생명체는 산성 환경에서도 살아남더라도 번식순환이 방해받거나 손상을 입는다.

물고기 알의 생성, 발육과 부화 그리고 어린 물고기의 성장단계에서도 악영향을 받게 된다. 물이 산성화될수록 부화되는 알은 숫자가 적어지고 어린 물고기는 성장이 어려워진다. 수생생물 중에는 산성에 잘 견디는 종류도 있다. 특히 습지 같이 원래 산성도가 높은 물에 사는 수생생물은 산성에 그다지 민감하지 않다. 그러나 무지개 송어, 강 송어, 작은 입 우럭 및 피라미 같은 종류는 pH 5 이하의 산성물에서는 살지 못한다. 개구리, 두꺼비 및 도롱뇽 같은 양서류는 산란기인 봄에 일시적으로 빗물이나 눈 녹은 물이 고인 조그만 웅덩이에 새끼를 낳는 경우가 적지 않은데, 이 웅덩이 물은 산성이 강한 경우가 많아서, 알이 기형이 되거나 죽는 경우도 있고, 배아가 형성되지 않는 경우도 있다.

사람은 직접 산성물을 마시지는 않지만, 옷이나 살갗을 통해 적게나마 영향을 미칠 수 있으며, 정수과정에 중성화 비용을 추가시키고 세탁용수의 질을 떨어트릴 수도 있다. 산성비가 토양을 적시면, 사람이 필요로 하는 음식물, 연료 및 직물의 재료가 되는 식물의 성장을 방해하고, 산성물은 흙, 수도파이프 및 다른 발생원에 함유되어 있는 필수 미량금속을 용해시켜버리기도 한다. 산성비는 건축물, 대리석 조각이나 옥외예술품을 부식 또는 침식시켜 수세기에 걸쳐 지녀온 인류의 유산에 손상을 가져오기도 한다.

산성비의 원인이 되는 기체상 오염물질이 대기 중으로 배출되면 엄청난 거리, 심지어 수백 킬로미터를 날아갈 수 있으므로, 산성비는 오염물질 발생원이 아닌 먼 곳에서도 내린다. 풍속, 풍향 및 지속시간에 따라 오염물질은 5일 이상도 하늘에 떠 있을 수 있다. 이동거리에 영향을 미치는 또 하나의 요인은 오염물질이 대기 중으로 배출되는 높이로, 높은 굴뚝은 오염물질을 제트기류나 강풍에 직접 배출하는 경우도 있다. 산성비에 대한 초기 해결방안으로 제시된 높은 공장굴뚝은 오염물질을 가능한 한 멀리 날려 보내기 위한 것이었으나 산성비의 강하위치만 변경시킬 뿐 근본적이 해결방안이 될 수는 없었다.

국제적인 문제를 일으키는 산성비의 경우 중 하나는 중국의 동해안

공업지대에서 배출된 오염물질이 황해를 건너 우리나라의 상공으로 들어와 산성비를 내리는 것이다. 캐나다는 미국의 오하이오 계곡에 있는 석탄 화력발전소 때문에 발생하는 산성비로 애를 먹고 있고, 독일의 블랙포레스트(Schwarzwald = black forest)의 산성비는 영국제도의 공장이 원인이다. 그래서 산성비도 인접국가간의 협의로 해결해야 하는 국제적인 환경문제 중의 하나이다. 산성비의 해결을 위한 여러 가지 시도가 있었으나 아직 성공적인 해결방안이 뚜렷이 제시되지는 못하고, 문제의 심각성만 부각한 경우도 있고, 발생원만 규명한 경우도 있다.

산성비에 대한 호수의 자연적인 완충능력을 향상시키기 위해 호수에 석회분을 인위적으로 추가하는 방법이 있으나, 호수의 석회화는 pH 수치를 높여 물의 알카리화에는 도움이 되지만, 주변의 흙속의 고농도 알루미늄이온 침투 같은 산성비에 의한 악영향은 수정되지 않을 뿐만 아니라, 석회분이 호수바닥에 깔림으로써 발생하는 수중생태계 교란이 또 다른 문제로 부각되었다. 산성비로 인한 물고기의 고갈에 대한 대안으로 높은 산성물에도 견딜 수 있는 항산성 물고기 종의 개발도 제안됐으나, 산성비의 원인물질 배출을 막아야 하는 본질적인 문제해결이 아닌 또 하나의 근시안적 대안으로 취급되었다.

석탄의 황 함량은 산지마다 다르다. 황 함량이 적은 석탄을 연소시키면 황산화물(SO_x)의 배출량은 줄어들지만, 공기의 4/5를 차지하는 질소의 연소로 발생하는 질소산화물(NO_x)의 배출량은 줄어들지 않는다. 장기적으로 보면 황 함량이 많은 석탄이라고 해서 폐기하는 것이 아니고, 언젠가는 태우게 마련이다. 그래서 연료(석탄, 석유, 휘발유)와 공장, 화력발전소 및 자동차의 배출가스에서 황산화물과 질소산화물을 제거하는 방법을 찾아내기 위한 연구를 시작했다.

황을 제거하기 위한 방법으로 첫째 석탄을 세척하는 방법, 둘째 뜨거운 공장배출가스에 젖은 석회석을 살포하는 방법, 그리고 셋째 주로 수소와 일산화탄소로 이루어진 배출가스를 만들기 위해 고온에서 석탄을 스팀이나 공기와 반응시키는 방법이 있다. 이 중 마지막 방법은 어느 정도 성공을 거두어 배출되는 수소를 연소시켜 터빈을 돌려 전기를 생산하기도 하고, 잔여 열로 스팀을 생성하여 또 다른 터빈을 가동시키는 데 이용하기도 한다.

그러나 이 세 가지 방법은 모두 추가비용이 든다. 정상적인 온도보다 낮게 또는 높게 연료를 연소시키면 생산효율은 떨어지고, 장기적으로는 비용이 더 들게 되든가 아니면 연료가 더 든다. 석회석 살포는 앞에서 설명한 것과 같은 이유로 황산화물 배출량은 줄이지만 질소산화물의 배출량은 줄이지 못할 뿐만 아니라 고체 황폐기물을 생성하여 화학적 폐기물로 처리해야 하기 때문에 더 어려워진다. 수소연소시스템은 설치할 수만 있으면 상당히 효율적인 시설이지만, 설치비용이 엄청나다.

그래서 제시된 대안이 수력발전, 원자력발전, 태양에너지, 풍력발전 등으로 산성오염물질을 거의 배출하지 않는 방법이다. 그러나 이 방법도 만만찮은 설치비용, 관리유지비용에다 대안마다 고유의 환경문제를 안고 있다. 대형교통수단의 확장, 연료효율이 높은 자동차의 생산, 운전거리 줄이기, 건축물에 열손실을 방지하기 위한 단열공사, 전기사용절감 등도 에너지를 절약하고 산성비의 원인물질 배출을 줄이는 방법이다.

개인도 저마다 에너지를 절감하고, 물 사용량을 줄이고, 쓰레기 배출량을 감소시키면 산성비를 경감시키는 데 일조하는 결과를 가져온다. 에너지를 절감하여 산성비를 줄이는 방법으로, ① 가능하면 카풀제 활용과 대중교통 이용, ② 적절한 수준의 자동차 관리와 배기가스 조절, ③ 냉난방의 효율을 높이기 위한 주택의 단열강화, ④ 전력소모가 적은 전열기구(LED 등) 설치와 조명이 불필요한 때 자동 점멸하는 전기 센서설치, 그리고 ⑤ 물건의 재활용도를 높이기 등이 제시되고 있다.

10

자외선이 왜
문제가 되나

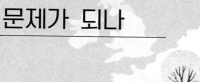

빛의 속도로 움직이는 에너지를 모두 일컬어 '전자기파' 또는 '빛(광선)'이라 하는데, 빛은 종류에 따라 파장, 진동수 그리고 에너지가 다르다. 에너지가 높은 빛은 진동수가 많고 파장이 짧다. 사람의 망막세포는 소위 가시광선이라고 말하는 400~700nm(1nm＝10^{-9}m) 사이의 빛을 흡수한다. 그런데 적외선(IR: Infrared Ray)은 가시광선보다 파장이 너무 길어서, 또 자외선(UVR: Ultra Violet Ray)은 파장이 너무 짧아서 사람의 눈으로 감지되지 않는다. 야행성 동물은 이를 볼 수 있으니, 시력면에서는 야행성 동물이 사람보다 고등동물이다.

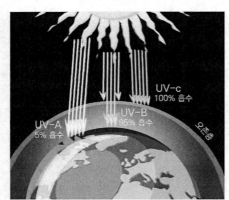

● 오존층에 의한 자외선 차단

자외선을 파장의 길이에 따라 **장파장자외선**(UVA: 320~400nm), **중파장자외선**(UVB: 280~320nm) 그리고 **단파장자외선**(UVC: 100~280nm)의 세 가지로 구분하는데, 옆의 인포그래픽에서 보듯이 장파장자외선인 UVA는 5% 정도만 오존층에 흡수되고 95%가 지상에 도달하고, 중파장자외선은 95%가 흡수되고 5%만 지상에 도달하는 반면, 가장 위험한 단파장자외선은 전부(100%) 흡수되어 지상에 도달하지 못하기 때문에 지상의 생명체에 해를 끼치지 못한다.

특정 지점에서 받는 UVB의 양은 위도와 고도에 따라 다르게 나타나는데, 위도가 높은 극지방에서는 태양이 항상 낮게 떠 있어 햇볕이 대기를 관통하기 때문에 오존에 흡수되는 UVB가 상당히 많다. 그래서 극지방의 UVB 평균양은 적도지방에 비해 천분의 일 이하로 적게 측정된다. 구름이 두꺼울수록 햇볕이 적게 관통하므로 구름두께도 지상의 자외선량에 영향을 미친다.

스모그((Smog)란 말은 원래 연기(Smoke), 즉 연소 후 나오는 배기가스와 안개(Fog)의 앞뒤 단어(Sm+og)를 합쳐 만든 합성어인데, 연기 속의 질소산화물, 황산화물 및 탄화수소 등이 광산화(햇빛으로 이루어지는 산화)되는 과정에서 대기 중의 수증기와 결합하여 안개처럼 나타나는 현상을 말한다. 대기오염의 대명사처럼 사용되는 이 스모그와 공업생산 공정에서 발생하는 유해한 오존이 UVB흡수에 도움이 된다. 그래서 공장이 많은 북반부가 공장이 적은 남반부보다 상대적으로 오존의 손실이 적은 이유로 판단되고 있다.

생명체에 유해한 자외선을 기술적으로 활용한 것이 반도체와 살균기이다. 반도체 소자 제조공정에서 선폭 수십 nm(10^{-9}m)에 지나지 않는 극미세회로를 만들기 위해서는 분해능이 뛰어나 형태와 강도분포를 정확히 결상시키는 광학결상계가 필요하다. 광학계의 분해능은 근본적으로 빛의 파장에 비례하므로, 선폭이 미세하면 미세할수록 파장이 더 짧은 빛이 필요하다. 여기에 적합한 것이 엑시머 레이저(Excimer Laser)에서 나오는 단파장자외선으로 반도체소자 제조에 이용되고 있다. 그리고 자외선 살균기는 자외선이 생명체의 DNA를 파괴시키는 능력을 이용하여 병균을 죽이는 효과를 갖게 한 기계이다. **분해능**(Resolution/Resolving Capability)이란 분광기가 서로 가까이 있는 두 개의 스펙트럼선을 분리할 수 있는 능력을 말하는데, 사진에서 사용하는 해상력, 피사체의 미세한 상을 재현할 수 있는 렌즈의 능력과 유사한 말이다.

참고로 **엑시머 레이저**에 대한 설명을 짧게 하고 넘어가겠다. 원자핵의 바깥쪽을 도는 전자는 보통 에너지를 적게 보유하여 안정적이지만 열, 빛, 방사선 같은 외부자극을 받으면 전자의 에너지가 커져서 더 바깥쪽 궤도로 옮아간다. 이 상태를 **여기상태**(Exited State)라고 하는데, 여기상태의 원자나 분자(Exited Dimer＝Eximer)는 여분의 에너지를 빛으로 방사하고 안정적인 원래상태로 되돌아간다. 엑시머가 빛을 방출하여 해리하는 과정을 이용해서 레이저를 발진시키는 것이 엑시머 레이저이다.

10.1　UVB의 영향

중파장자외선인 UVB가 DNA에 흡수되면 흡수된 에너지가 DNA의 연결고리를 파괴하여 유전적 손상을 일으킨다. 그러나 다행히도 손상을 입은 DNA는 대부분 세포핵 속에 있는 단백질에 의해 회복이 되지만, 미처 회복되지 못한 DNA의 유전적 손상은 손상을 입은 피부에 문제를 일으키고 심하면 암으로 이어질 수도 있다. 햇볕에 노출되어 UVB에 의한 유전적 손상을 입은 정도를 햇빛의 바닷물 투과깊이와 비교하여 설명하기도 하는데, 햇빛은 파도가 없는 바닷물의 깊이 약 27㎝까지 뚫고 들어간다고 하니, 자외선이 피부 밑으로는 어느 정도 깊이까지 투과할 수 있을까?

지표면에 도달하는 자외선의 거의 대부분(90% 이상)이 장파장자외선인 UVA로 피부노화의 주원인이다. 그늘에 있어도, 구름이 낀 흐린 날이거나, 비가 오는 날에도 UVA는 피부에 닿고 영향을 주게 된다. 유리도 잘 통과하지 못하는 중파장자외선인 UVB와 달리 유리를 통과해 실내로 들어와 피부까지 닿는다.

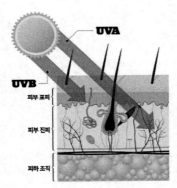

자외선의 피부투과 깊이-한국일보

옆의 인포그래픽에서 보듯이, 파장이 짧은 UVB는 피부 **표피층**까지만 침투하여 화상을 일으키는 반면, 파장이 긴 UVA는 표피층을 뚫고 **진피층**까지 도달하므로 피부노화를 촉진시키는 원인이 된다.

멜라닌(Melanin)은 피부, 털, 눈 등에 있는 흑갈색 색소이다. 멜라닌을 만드는 세포를 멜라닌세포라 하는데, 멜라닌세포가 만드는 세포의 크기와 만들어지는 양이 달라 인종마다 다른 피부색을 띤다. 멜라닌은 또 일정량 이상의 자외선을 흡수하여 유해한 자외선이 인체 내로 침투하는 것을 차단하여 사람의 몸을 보호한다. 햇볕에 피부가 검은 갈색으로 타는 것은 피부 아래층에 있는 멜라닌세포가 자외선의 자극을 받아 멜라닌색소를 만들어 피부 위쪽으로 올려 보내 자외선의 깊숙한 피부침투를 방지하기 때문이다. 같은 이유로 햇볕에 많이 노출된 사람일수록 자외선에 의한 피부손상을 막기 위해 멜라닌이 많이 생성되므로 피부가 검어진다.

자외선의 피부손상을 좀 더 자세하게 설명하면, DNA가 UVB의 광자를 직접 흡수하면(직접 자외선을 쬐면) DNA에 손상을 가져온다. UVB는 염기서열에 이상을 초래해 유전자의 연결고리를 파괴시키는데, 이 파괴는 재생효소도 되돌릴 수 없다. 이런 현상은 햇볕에 몸이 탔을 때 생기는 현상으로 멜라닌색소를 생성시켜 피부색깔이 흑갈색으로 변한다.

DNA는 뛰어난 광화학적 반응성을 지녔기 때문에 아주 적은 양의 광자만 흡수해도 쉽게 손상을 입는다. DNA는 99.9%의 광자를 해가 없는 열에너지로 변형시키지만(햇볕 아래 누워있으면 더워지지만), 열에너지로 바뀌지 않은 나머지 0.1%만으로도 멜라닌색소를 생성시키게 된다.

오존층에 오존이 1% 감소하면 UVB가 2% 증가하는 것으로 추정되고 있다. 이 증가는 기저세포암(피부의 최하층인 기저층이나 모낭 등을 구성하는 세포가 악성화하여 생기는 종양으로 가장 흔한 피부암)의 4% 그리고 편평상피암(암의 구조가 몸의 표피를 덮고 있는 편평상피와 비슷한 암으로 피부점막에 발생)의 6% 증가를 초래하는 것으로 보고 있다. 피부암의 90%는 UVB에 노출에 의해 발생하는 것으로 규명되었다.

앞에 언급한 암은 비교적 치료가 쉬운 암이지만 늦게 발견하면 치료가 어려워 치명적일 수 있다. 그러나 훨씬 위험한 악성 암인 흑색피부암은 아직 깊이 규명되지 않고 있다. 이 암은 노출시간이 짧더라도 강도가 높은 자외선에 오랫동안(10~20년) 노출되면 발생하는 것으로 알려졌다. 암 발병원인에는 확인되지 않은 요인이 많다는 것도 알아둘 필요는 있다.

UVB 뿐만 아니라 UVA와 UVC를 포함한 모든 자외선에 장기적으로 노출되면 피부의 조기노화현상을 일으키는 것은 분명한 사실이다. 아무리 뛰어난 태닝기술을 적용하여 몸을 태우더라도 피부의 세포에 악영향을 미치고, DNA

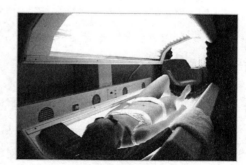

 현대기술을 적용한 태닝

를 손상시키며 연결조직에 영구적인 변형을 초래하여 노년에 주름, 반점 그리고 가죽 같은 피부를 가져오고, 눈에 악영향을 미치는 원인이 된다. 다시 말해 어떤 현대적인 기술을 적용하더라도 피부에 악영향을 미치지 않는 태닝이란 있을 수는 없으므로 태닝은 하지 않는 것이 좋다.

눈에 미치는 악영향 중의 하나인 자외선 각막염(광 각막염)은 자외선에 눈이 노출되어 발생하는 대표적인 병증으로 눈이 자외선에 노출되면 각막(안구 앞쪽 표면조직으로 검은자위)과 결막(눈꺼풀과 흰자부위를 덮는 부위)에 손상이 생기는데, 이는 눈(snow), 얼음, 물 또는 모래에 반사되는 반사광에 노출되어도 생기며, 태양월식 때 보호안경 없이 직접 태양을 볼 때도 발생한다. 이 병을 일명 설맹(Snow Blindness)이라고도 하는데, 자외선 각막염 발생이 주원인으로 눈이나 얼음에 반사된 자외선에 의한 것으로, 극지방이나 공기가 희박한 고산지대와 같이 UVB를 포함한 반사광이 많은 곳에서 흔히 발생하는 병이다.

이 병의 증상으로는 통증, 충혈, 눈물 등이 대표적으로 나타나고, 사물이 흐려 보이기도 한다. 심하면, 눈자위가 부어오르기도 하며, 눈꺼풀에 경련이 생기기도 하며, 눈에 모래가 끼인 것 같은 기분도 느낀다. 아주 심하면 일시적으로 시력을 상실하기도 하며 광륜이 보이기도 하므로 눈이 약한 사람은 특히 주의해야 한다. 이 병은 태닝에 의한 발생빈도가 가장 높지만, 설경이 좋은 높은 산의 등산을 즐기는 사람, 자전거 광 또는 수영을 좋아하는 사람들에게 흔히 걸리는 병이다.

이 병은 수은증기 램프나 특정 태닝램프와 같이 UVB/UVC를 인위적으로 강력하게 발생시키는 상황에서 발생빈도가 높을 수밖에 없다. 다행히 이 증세는 보통 24~48시간 안에 치유되어 오래 지속되지는 않으나, 증세가 그 이상 지속되면 더 악화되므로 빨리 의사와 상의해야 한다.

UVB는 해양생물에도 아주 악영향을 미치는데, 특히 바다 수면 2m 깊이까지에도 영향을 미쳐 밀도 짙게 서식하는 해양 플랑크톤의 건강을 해치기도 한다. 녹색식물 세포 속 대부분의 **엽록소**(Chlorophyll: 녹색식물의 잎 속에 함유된 화합물로 이산화탄소를 탄수화물로 광합성시켜 포도당을 만드는 역할)는 자연적인 보호반응으로 빛을 흡수하지만 자외선인 UVB는 흡수하지 못한다. 플랑크톤이 UVB를 받게 되면 이를 피하기 위해 물 속 깊이 가라앉게 되어 광합성에 필요한 광선을 충분히 받지 못하게 되어 성장률과 재생률을 감소시킨다. 다시 말해, UVB 노출로 플랑크톤이 생산하는 영양과 산소의 양이 감소하여 수중생태계의 먹이사슬 시작점인 플랑크톤의 양이 부족하게 된다.

극지방보다 적도지방에서 자외선 수준이 몇 천배는 높기 때문에 적도지방의 해양생물이 극지방의 생명체보다 광합성에 필요한 빛에너지를 훨씬 더 많이 흡수할 수 있다. 해양생물학자들의 관심은 빛에너지 흡수량이 훨씬 적어 아주 민감한 남극의 식물성 플랑크톤으로 기울어지고 있다. 남극의 식물성 플랑크톤 양에 대한 조사결과에 따르면, 봄철에 오존홀(구멍)이 있는 지역의 식물성 플랑크톤이 6~12% 감소한 것을 확인했는데, 이 오존홀이 10~12주 동안만 지속되기 때문에 2~4%의 플랑크톤 감소만 확인되어 아직은 치명적인 수준이 아닌 것으로 측정되었다.

식물과 식물성 플랑크톤 둘 다 UVB에 대한 민감도가 종류에 따라 상당히 다른 것으로 나타났다. 농산식물 200여 종을 조사한 결과 절반 정도가 UVB에 민감한 것으로 나타났고, 나머지는 UVB에 전혀 민감하지 않거나 오히려 더 싱싱한 것으로 나타났다. 콩의 경우도 16%나 감소한 종이 있는가 하면 전혀 영향이 없는 종도 있었다. 그러나 UVB의 양이 증가하면, 대체적으로 식물은 생사보다 개체군의 양적변화에 영향을 많이 받는 것으로 나타났다. UVB의 양이 증가하면 대기가 희박한 곳에서는 오존의 양이 증가하여 오존에 의한 피해를 방어하기 위해 식물들 중에는 광화학스모그에 아주 민감해지는 식물이 많아지는 현상을 보인다.

UVB는 식물의 생리과정과 발달과정에 악영향을 끼친다. 식물이 UVB에 노출되면 직접적으로도 영향을 받지만, 식물의 생김새변화, 영양분의 분배방법, 발달과정과 시기 및 이차적인 신진대사(식물 자신을 보호하기 생성하는 활성성분의 신진대사)와 같은 간접적인 변화도 생긴다. 이 간접적인 변화는 식물의 경쟁적 균형, 초식동물에 대한 영향, 식물의 질병 그리고 생물지구화학적 순환에까지 상당한 영향을 미치기 때문에 식물에는 이 간접적인 변화가 직접적인 변화보다 더 큰 영향일 수도 있다.

생물지구화학적 순환(Biogeochemical Cycle)이란: 생물에게 영양이 될 수 있는 원소나 분자가 지구의 생물권과 비생물권(흙, 대기, 물)을 통해 옮겨 다니는 순환현상을 이르는 말로 영양의 순환이라고도 한다. 예를 들어, 물은 항상 물의 순환인 증발, 응축, 강수라는 과정을 거쳐 깨끗한 물이 되어 지구로 되돌아온다. 원소나 분자 또는 화합물의 형태로 된 물질이 하나의 유기체에서 다른 유기체로 옮겨 다니고 생물권의 일부에서 다른 부분으로 옮겨 다니다 다시 되돌아오는 과정을 생물지구화학적 순환이라 한다. 가장 중요한 생물지구화학적 순환이 탄소의 순환, 질소의 순환, 산소의 순환, 인의 순환, 황의 순환, 물의 순환이다.

바다에서는 식물성 플랑크톤이 해양 먹이사슬의 시작이다. 식물성 플랑크톤은 햇볕이 충분히 닿아 생성조건이 맞는 바닷물의 표면층인 유광층에서만 생성된다. UVB에 노출되면 식물성 플랑크톤의 방향성과 이동성에 악영향을 미쳐 이 유기체의 생존율을 감소시키게 된다. 오존층 파괴로 인한 UVB의 증가가 식물성 플랑크톤 감소의 직접적인 원인임을 규명한 연구도 있다. UVB는 물고기, 새우, 게, 양서류와 같은 몇 가지 해양동물의 초기 발달단계에도 해를 끼치는 것이 확인되었다. 가장 심각한 영향으로는 번식능력을 떨어트리고, 치어의 성장과정에 어려움을 겪게 하는 것이다. UVB의 노출량이 조금만 증가하여도, 전체 해양생물의 먹이사슬 가장 아래인 작은 해양유기물의 양이 감소할 수도 있다.

유광층(Euphotic/Photic Zone)이란 수면에 도달한 햇볕의 마지막 1%까지가 도달하는 깊이(투광층)를 말하는데, 수생식물이 광합성을 할 수 있는 깊이를 뜻한다. 맑은 바다에서는 200m 깊이까지 빛이 도달하지만, 탁한 호수에서는 불과 몇 cm 깊이까지도 투광하지 못한다. 물속의 부유물질과 투명도에 따라 유광층의 깊이는 다르고, 계절과 위도에 따라 달라지는 태양광의 강도도 투광 깊이에 영향을 미친다. 파장이 짧은 보라색 빛의 유광층은 깊고, 파장이 긴 붉은색 빛의 유광층은 얕다.

UVB의 증가는 지상은 물론 해양의 생물지구화학적 순환에도 영향을 미쳐, 온실가스로도 악명이 높고 화학적으로도 중요한 미량기체의 발생원을 없애거나 대폭 감소시킬 수도 있다. 이 변화는 미량기체의 대기 속 농도를 감소 또는 증가시키는 생물권－대기권 피드백에 상당한 영향을 미칠 수도 있다.

생물권－대기권 피드백(Biosphere－Atmosphere Feedbacks)은 지구 위성관측 자료를 분석한 결과에 따라 미국 콜럼비아대 젠틴(Pierre Gentine) 교수팀이 대기와 식물(육상 생물권) 사이의 반응(Feedbacks)이 매우 강하여 강수량과 지표면 복사의 변동성을 최대 30%까지 설명할 수 있다는 사실을 발견했다. 생물권－대기권 간 상호작용에 관한 연구로 작물관리와 식량확보, 물 공급과 가뭄 및 열파관리에 핵심역할을 하는 기상과 기후예측을 크게 향상시킬 수 있을 것으로 기대하고 있다.

대기는 78%의 질소(N_2)와 21%의 산소(O_2)로 구성되어 있다. **미량기체**(Trace Gas)는 대기의 대부분을 차지하는 산소와 질소를 제외한 나머지 기체들을 말하는 것으로, 대기의 1%도 채 되지 않는 적은 양이어서 붙은 이름이다. 아르곤(Ar)이 0.934%로 미량기체 중에서 가장 많은 부피를 차지한다. 미량기체는 지구의 복사균형과 대기의 화학적 특성을 결정하는데 있어 중요한 역할을 한다.

합성고분자나 자연적으로 발생하는 생체고분자(＝생물고분자) 그리고 여타 상업성이 높은 물질도 UVB에 의한 영향을 받는다. 요즈음의 자재들은 생산단계에서부터 첨가제를 추가하여 UVB에 대한 내성이 있도록 만들기는 하지만, 아무리 내성을 강화시켜 만들어도 시간적인 문제일 뿐 UVB가 내성을 끊임없이 손상시키므로 UVB에 노출되는 옥외에서는 어떤 물건이든지 오래 사용하면 퇴색되고 손상을 입게 마련이다.

10.2　자외선지수

자외선지수(UVI: UV Index)는 햇볕에 과다한 노출로 예상되는 위험에 대한 예보로 기상청에서 일기예보와 함께 알려준다. 자외선은 사람의 몸속에서 비타민 D를 합성하고, 살균작용을 하는 등 이로운 역할을 하는 동시에 피부노화, 피부암, 건조, 피부염, 잔주름, 기미, 주근깨 등을 생기게도 하므로 일정량의 자외선은 필요하지만, 과다한 자외선노출은 위험하다.

자외선이 피부에 닿지 않으면 비타민 D의 합성이 감소하기 때문에 자외선 차단제품의 적당량 사용은 큰 문제가 되지 않지만, 장시간 사용은 비타민 D의 부족을 초래할 우려가 있다. 몸에 필요한 만큼의 비타민 D는, 자외선 차단제품을 바르지 않은 채, 일주일에 5~30분씩 두 번 정도 얼굴, 팔 및 다리가 적당량의 햇볕에 노출되면 몸에 필요한 양이 저절로 합성된다. 당연히 어두운 곳이거나 햇볕이 약한 곳에서는 더 많은 시간이 필요한데, 최소 열을 정도로 햇볕에 타는데 필요한 광량의 25%에만 노출되어도 된다. 비타민 D는 만들어지는 속도와 없어지는 속도가 같기 때문에 자외선 노출로 과다하게 생성되는 것을 걱정할 필요는 없다.

비타민 D는 달걀노른자, 생선, 간 등에도 들어 있지만, 대부분은 자외선의 피부자극으로 합성된다. 비타민 D는 지용성으로 골격형성에 필요한 칼슘을 대장과 콩팥이 흡수하는데 기여한다. 비타민 D가 암세포에 독성을 나타내기 때문에 암발생 위험도 줄여주고, 암세포를 발견해 죽이는 유전자의 역할을 강화시킨다는 이론도 있다. 우리나라에서는 피부미용을 위한 자외선차단이 지나치게 강조돼 일조량이 적은 북유럽(스웨덴 35.1ng/㎖, 네덜란드 32.6ng/㎖) 여성보다 오히려 비타민 D 결핍이 더 심각한 것으로 조사됐다. 즉 자외선이 기미, 주근깨, 잡티 등 피부 노화의 주범으로 강조되면서 햇볕 노출을 지나치게 꺼린 결과로 보인다.

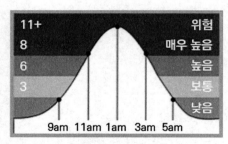

11+	위험
8	매우 높음
6	높음
3	보통
	낮음

9am 11am 1am 3am 5am

● 맑은 날 시간대별 자외선지수 변화

자외선지수는 태양이 정남(＝진남)에 와 있어 고도가 최고로 높은 남중시각(Transit Time)일 때 자외선의 복사량이 가장 많으므로, 이 때 지구 표면에 도달하는 자외선의 복사량을 지수로 환산한 수치로 햇볕에 과다 노출되면 예상되는 위험에 대한 예보이다. 야외활동 즉, 햇볕 아래에서 작업, 스포츠, 놀이, 단체모임 등 야외활등을 할 때 얼마나 주의를 기울여야 하는지 정도를 제시하는 지표가 된다.

우리나라 기상청은 2019년 3월 5일부터 여태까지 제공하던 피부암과 홍반의 주요원인인 UVB의 예측정보뿐만 아니라 피부노화의 주요원인인 자외선(UVA)의 예측정보도 추가로 제공하고 있다. 중파장자외선인 UVB는 피부표면에 악영향을 미치고, 장파장자외선인 UVA는 피부를 뚫고 들어와 피부아래에 악영향을 미쳐 여러 가지 질병을 일으키는 원인이라고 하여, 오존층에서 막혀 지구표면에 도달하지 못하는 짧은 파장대역인 UVC를 제외한 두 가지 자외선의 예측정보를 제공하는 것이다.

자외선지수는 5단계 – 낮음(초록색), 보통(노란색), 높음(오렌지색), 매우 높음(붉은색), 위험(보라색)으로 구분하여 단계별 대응요령과 함께 제공된다. 옆의 다이어그램 왼쪽 숫자는 자외선지수로 세계보건기구(WHO)의 기준인 0에서부터 11까지의 12구간으로 나누고 있다. 오른쪽 수치는 비타민 D를 충분히 생성하는데 소요되는 시간을 분단위로 나타낸 것이다.

0-2	Low	60+
3-5	Moderate	45
6-7	High	30
8-10	Very high	25
> 11	Extreme	10

자외선 지수의 색깔 구분

0~2: '낮음'으로 나타내는 구간으로, 정상인에게는 자외선의 영향이 낮은 상태이다. 날씨가 맑으면 선글라스를 쓰고, 피부가 쉽게 타는 사람은 **자외선차단지수**(SPF: Sun Protection Factor) 30＋의 선크림을 바르는 것이 좋고, 자외선을 잘 반사하고 노출량을 증가시키는 모래, 물, 눈 표면은 조심해야 한다.

3~5: '보통'으로 나타내는 구간으로, 자외선에 의한 위험이 정상수준인 상태이다. 그래도 햇볕 가장 강한 한낮에는 그늘에 머물고, 실외에서는 햇볕으로부터 보호할 수 있는 옷을 입고, 창이 넓은 모자와 선글라스를 착용한다. 야외수영을 하거나 땀을 흘릴 때는 물론, 구름이 낀 날이라도 SPF 30＋의 선크림을 두 시간마다 바른다. 자외선을 잘 반사하고 노출량이 증가시키는 모래, 물, 눈 표면은 당연히 조심해야 한다.

6~7: '높음'으로 나타내는 구간으로, 자외선에 의한 위험이 높은 상태이다. 피부와 눈의 손상을 막기 위한 보호가 필요하다. 오전 10시에서 오후 4시 사이는 햇볕의 노출을 줄여야 한다. 실외에서는 햇볕을 차단할 수 있는 옷을 걸치고 그늘에 머물며, 창이 넓은 모자와 자외선 차단용 선글라스를 끼어야 한다. 야외수영을 하거나 땀을 흘릴 때는 물론, 구름이 낀 날이라도 SPF 30＋의 선크림을 두 시간마다 바른다. 자외선을 잘 반사하고 노출량을 증가시키는 모래, 물, 눈 표면은 당연히 조심해야 한다.

8~10: '매우 높음'으로 나타내는 구간으로, 자외선에 의한 위험이 매우 높은 상태이다. 피부와 눈은 쉽게 손상을 입고 타기 때문에 더욱 주의를 기울여야 한다. 오전 10시에서 오후 4시 사이는 햇볕에 노출을 최소화해야 한다. 실외에서는 햇볕을 차단할 수 있는 옷을 걸치고 그늘에 머물며, 창이 넓은 모자와 자외선차단 선글라스를 반드시 써야 한다. 야외수영을 하거나 땀을 흘릴 때는 물론, 구름이 낀 날이라도 SPF 30＋의 선크림을 두 시간마다 바른다. 자외선을 잘 반사하고 노출량을 증가시키는 모래, 물, 눈 표면은 당연히 조심해야 한다.

11 이상: '위험'으로 나타내는 구간으로, 자외선에 의한 위험이 가장 높은 상태이다. 피부와 눈은 쉽게 손상을 입고, 순식간에 타기 때문에 최고의 주의를 기울여야 한다. 특히 오전 10시에서 오후 4시 사이 햇볕에 노출하면 안 된다. 실외에서는 햇볕을 차단할 수 있는 옷을 걸치고 그늘에 머물며, 챙이 넓은 모자와 자외선차단용 선글라스를 반드시 써야 한다. 야외수영을 하거나 땀을 흘릴 때는 물론, 구름이 낀 날이라도 SPF 30＋의 선크림을 두 시간마다 바른다. 자외선을 잘 반사하고 노출량을 증가시키는 모래, 물, 눈 표면은 당연히 조심해야 한다.

특정 지점에서 받는 자외선의 세기는 그 지점에서의 태양의 각도와 고도에 직접적인 관련이 있다. 태양의 고도는 계절과 경도 및 위도에 따라 달라진다. 이것을 확인하는 가장 쉬운 방법이 **그림자법칙**(Shadow Rule)으로 그림자의 길이로 태양의 고도를 알 수 있기 때문이다. 평지에서 그림자의 길이가 실제의 키와 같으면 태양은 수평선에서 45°의 고도에 있다는 뜻이 된다. 중위도 경도에서 자외선의 세기는 그림자의 길이에 반

비례한다. 다시 말해, 그림자의 길이가 길어지면 길어질수록(아침이나 저녁때) 자외선의 세기는 약해지고, 반대로 그림자의 길이가 짧아지면 짧아질수록(한낮) 자외선의 세기는 햇볕화상을 입을 정도로 세진다는 것이다. 이 때는 즉시 피부와 눈을 보호하기 위해 그늘 속으로 피해야 한다.

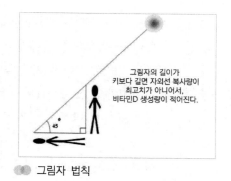

그림자의 길이가 키보다 길면 자외선 복사량이 최고치가 아니어서, 비타민D 생성량이 적어진다.

● 그림자 법칙

10.3   자외선 차단지수

자외선 차단지수(SPF: Sun Protection Factor)란 제품이 자외선－B(UVB)의 차단효과를 나타내는 지수이다. 이 지수는 동일한 피부부위에 자외선 차단제품을 바르기 전 홍반이 생기는 시간 대비 바른 후 홍반이 생기는 시간의 비율을 뜻한다. 다시 말해, 차단제품을 바르기 전에는 10분 만에 홍반이 생기고, 바른 후에는 150분 만에 홍반이 생겼다면, 이 제품의 SPF는 15(150/10)이다. 이 방법 외에도 차단지수 평가는 여러 가지 방법이 개발되어 있지만 이 방법이 가장 많이 적용된다.

그러나 자외선 차단제 사용에서 반드시 명심해둬야 할 점이 한 가지 있다. 자외선 차단지수는 자외선을 차단하는 능력이지, 지수가 높다고 해서 지수가 낮은 제품보다 효과의 지속시간이 길어지는 것을 뜻하지 않는다. 따라서 지수의 높낮이에 관계없이 차단제는 두 시간마다 덧발라야 차단효과가 지속된다는 것을 명심해야 한다.

보통 선블록, 선스크린, 선크림, 선탠로션으로 불리거나 스프레이 형식으로 시판되는 자외선 차단제품에는 이 자외선 차단지수가 표기되어 있다. 같은 자외선양일 때 SPF 15 차단제품을 $2\text{mg}/\text{cm}^2$의 두께로 균일하게 바르면 피부에 닿는 자외선의 양이 15분의 1로 줄어든다는 의미다. 따라서 SPF는 숫자가 높을수록 차단효과가 높은 제품이지 효과 지속시간과는 전혀 관계가 없다는 점을 한 번 더 강조한다. 평상시에는 SPF 15 정도면 적당하지만 여름철이나 겨울철의 야외활동(스포츠, 작업, 학습 등) 시에는 SPF 30 이상 제품을 바른 후 매 두 시간마다 덧발라주는 것이 효과적이다. SPF 표시는 50을 최고치로 제한하고 있다.

자외선 차단정도와 시간에 대한 소비자의 혼돈을 피하기 위해 SPF 에 상한선을 50＋로 한정한 나라가 많다. EU는 처음 30이었다가 50으로 올렸고, 호주연방 의료제품청(TGA), 미 식약청(FDA) 그리고 우리나라에서도 50을 상한으로 규정하고 있다. 이런 규정이 정해진 이유는 자외선 차단지수가 높다고 해서 반드시 차단효과가 높은 것이 아니기 때문이다. 중요한 것은 제품의 구성성분에 따라 UVA와 UVB의 차단효과가 다르다는 것이다. 우리나라 사람들은 거의 같은 피부색이므로 피부색에 따른 SPF의 권장치는 필요하지 않지만, 다음 표는 피부색이 천차만별인 미국의 경우에 적용되는 SPF 선정기준이다.

◉ 피부색과 SPF 선정기준

피부색	햇볕이 피부에 미치는 영향	SPF 권장치
매우 흰색	항상 햇볕에 탐; 그을리지 않음	50+
보통 흰색	항상 햇볕에 탐; 약간 그을림	30~50+
옅은 갈색	적당히 햇볕에 탐; 결과적으로 그을림	15~30
보통 갈색	햇볕에 약간 탐; 잘 그을림	6~15
짙은 갈색	햇볕에 거의 타지 않음; 쉽게 그을림	2~10
아주 짙은 갈색	햇볕에 타지 않음; 아주 깊이 그을림	2~10

선크림 중에 '내수성(Water Resistant)'이 있다는 표시가 붙은 제품도 시판되고 있는데, 이는 보통 물속에서 40분 정도 지나면 자외선 차단효과가 50% 이하로 떨어진다는 뜻이고, '매우 내수성(Very Water Resistant)'이 좋다는 제품도 그 두 배인 80분 정도밖에 차단효과가 없으므로 유의해야 한다. 그리고 또 하나 유의해야 할 점은 선크림에는 '내수제품'은 있어도 '방수(Waterproof)'제품이 없다는 점이다. 특히 제조회사의 방수테스트는 마실 수 있는 수돗물에서 이루어지기 때문에 보통 염소로 소독된 물을 사용하는 수영장과 소금기 있는 바닷물에서는 그 효과가 더 떨어질 수 있으므로, 반드시 적정한 양을 수시로 덧발라야 한다.

SPF는 불완전한 지수로 너무 맹신해서도 안 된다. 왜냐하면 눈에 보이지 않는 피부손상과 피부노화가 자외선－A(UVA)에 의해서도 발생하기 때문에 피부가 붉게 타지 않고 통증이 없다고 해서 문제가 없는 것은 아니다. UVA와 UVB 두 가지 자외선을 모두 차단하는 광범위 제품이라고 광고하는 것도 있지만, 모든 제품이 UVA까지 막을 수 있는 제품이 아니므로 유의해야 한다. UVB에는 이산화티타늄이 UVA에는 산화아연이 효과적이므로 제품설명서에 이의 포함여부를 확인할 필요가 있다. 세계보건기구(WHO)의 자료에 따르면, UVA도 피부 깊숙이 침투하여 DNA에 영향을 줘 피부암의 일종인 흑색종을 일으키는 원인이 된다고 한다.

옆 표에서 보듯이, SPF는 지수에 비례하여 효과가 높아지는 것이 아니다. 다시 말해, SPF 50이 SPF 30에 비해 1.7(50/30)배 만큼 효과가 높은 것이 아니고 98%대 97%, 즉 1%밖에 차이가 나지 않는다. SPF 70의 제품은 시판되지 않고 있지만, SPF 50보다 자외선 차단효과가 0.5% 더 높은데 불과하다. 그러나 이 제품의 시판이 허용되면 가격은 이 차이보다 훨씬 클 것임은 두말할 나위가 없을 것이다. 그러면 가격대비효과(가성비)의 차이가 엄청날 것이라는 뜻이다.

SPF 15	= 93%
SPF 30	= 97%
SPF 50	= 98%
SPF 70	= 98.5%

SPF와 자외선차단효과

이론적으로 설명하면, SPF 15는 UVB를 93% 차단하므로 100개의 광자(빛의 에너지와 세기를 나타내는 입자) 중 7개만 통과시키고, SPF 30은 97% 차단하므로 3개만 통과시킨다는 뜻이다. 그러므로 한 번 더 강조하는데, SPF 30과 SPF 50은 차단효과가 단 1%밖에 되지 않고, SPF 15에 비해서도 차단효과가 엄청나게 높은 것이 아니라는 점을 알아두길 바란다. 그 어느 제품도 자외선차단효과가 100%인 것은 없다.

자외선 차단제품에 표시된 기호에는 SPF뿐만 아니라 'PA' 또는 'PPD(Persistent Pigment Darkening)'라는 기호도 사용한다. SPF는 자외선-B(UVB)의 차단효과를 나타내는 반면, 'PA(Protection Grade of UVA)'는 자외선-A(UVA)의 차단효과를 나타내는 지표로 우리나라와 일본을 위주로 아시아에서 사용하는 시스템인데, PPD를 등급제로 바꾼 것이다. +가 한 개가 늘어날 때마다 UVA 차단효과가 2배씩 증가한다. 초기에는 3개의 +가 최상위 표시였으나, 2012년에 일본에서 4개의 +표시를 시작하여 우리나라에서도 2017년부터 사용하였다.

일상생활에는 +가 하나만 붙어도 괜찮지만, 야외활동을 할 때에는 +가 세 개 이상인 것을 선택하는 게 좋다. 이 기호는(PA) 아시아에서만 사용되었고 EU와 북미에서는 PPD가 사용되고 있다. 그러나 서양 사람들이 우리나라와 일본의 화장품을 선호하기 시작하면서 이 표시가 세계적으로 통용되고 있다고 보는 것이 옳다.

PPD도 자외선－A(UVA)에만 적용되는 지수로, 사람의 피부에 차단제를 바른 상태와 아닌 상태에서 UVA에 의해 피부가 태워지는 데(흑화) 걸리는 시간을 비교하여 나타내는 지수다. 그래서 PPD를 UVA 차단지수(UVAPF: UVA Protection Factor)라고도 한다. 이를 수식으로 나타내면, PPD＝차단제를 바른 피부의 MPPD/차단제를 바르지 않은 피부의 MPPD가 된다.

다시 말해, PPD 10이라고 하면 차단제를 바른 피부가 UVA에 의해 태워지는 시간이 바르지 않은 피부에 10배 더 걸린다는 뜻이다. 다르게 말하면 피부에 쬔 자외선량의 1/10만 피부에 닿고 나머지는 9/10는 차단된다고도 말 할 수 있다. 여기서 MPPD(Minimum Persistent Pigment Darkening)는 흑화를 일으키는 최소의 시간(또는 자외선량)을 뜻한다. PA와 비교하면, PA＋＝PPD 2~4, PA＋＋＝PPD 4~8, PA＋＋＋＝PPD 8~16, PA＋＋＋＋＝PPD 16배 이상의 효과가 있다는 뜻이다.

시중에 판매되고 있는 자외선 차단제품을 전문용어가 아닌 상업용어로 '유기자차'와 '무기자차' 두 가지로 부르는데, 우리나라에서만 사용되는 용어이다. 유기자차는 '유기 자외선 차단제'의 줄임 말로 화학적으로 합성된 유기화합물을 원료로 만든 화학적 차단제품이란 뜻이다. 유기자차는 피부에 잘 발리고 피부에 발랐을 때 허옇게 들뜨는 백탁현상이 없는 것이 특징이다. 유기자차는 피부에 일단 들어온 자외선 에너지와 제품속 화학성분이 반응하여 자외선을 제거하는 방식이다.

유기자차의 주 성분으로 사용되는 화학성분이 민감한 피부에 닿으면 피부손상, 눈 시림, 가려움증 등을 유발하기 때문에 피부에 자극적일 수 있으므로 피부가 민감한 사람은 주의가 필요하다. 자외선 차단제를 바꾸고 좁쌀 여드름이 생긴다거나 눈이 시린 적이 있다면 원인이 유기자차일 수도 있지만 무조건 좋지 않은 건 아니다. 지성피부에는 무기자차보다 예민하지 않고 건강한 피부에는 별 문제를 일으키지 않기 때문에 유기자차 사용 후에는 깨끗이 씻어내야 한다.

무기자차는 '무기 자외선 차단제'의 줄임말로 천연재료인 무기화합물(2산화 티타늄과 산화아연이 주성분)을 산소에 반응시켜 생긴 미세한 분말로 만든 물리적 차단제여서 자외선을 튕겨내는 성질을 지녔지만 피부에 흡수되지 않아 허옇게 들뜨

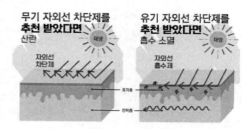

무기 자외선 차단제와 유기 자외선 차단제

는 백탁현상이 생긴다. 그래서 무기자차는 유기자차에 비해 기름기가 적고 푸석거리는 얇은 건성피부와 민감성피부에 자극이 적으므로 적합하다. 특히 피부가 얇고 외부 자극에 대한 방어력이 약한 영유아에게는 인공적인 화학성분이 적은 저자극 무기자차를 사용하는 것이 안전하다.

요즘 같이 미세먼지가 많을 때는 피부가 노출되면 건조해지면서 피부에 손상을 입거나 민감해지고 약해질 수밖에 없다. 미세먼지는 유기질이므로 흡착력이 좋아 피부에 잘 달라붙어 쉽게 닦이지도 않는다. 무기자차든 유기자차든 구분 없이 자외선 차단제는 끈적거림 때문에 미세먼지 흡착률이 높게 마련이다. 그래서 자외선 차단제는 마무리감이 산뜻하고 뽀송한 제품을 사용하는 것이 좋다.

자외선 차단제를 조금 바르거나 덧바르지 않아 피부에 손상을 입는 경우도 적지 않은데, 쉬운 일은 아니지만 자외선 차단제를 가지고 다니며 2시간 마다 덧바르는 게 중요함을 다시 한 번 강조한다. 그리해야 먼저 미세먼지에 의한 피부손상을 줄이고 이차적으로는 자외선에 의한 산화반응으로부터 피부를 보호할 수 있다.

자외선에 노출되면 우리 몸의 가장 바깥층인 피부에 암이 발생하는데, **피부암**(Skin Cancer)은 피부에서부터 발생한 원발피부암과 다른 부위에서 발생하여 피부로 전이된 전이피부암으로 두 가지로 나뉜다. 전이피

부암도 원발피부암과 같은 방법으로 치료해야 하지만, 원발피부암은 발생원인이 자외선에 의한 발병이 거의 전부라고 해도 과언이 아니다.

몸의 내부장기에서 발생한 암이 피부로 전이되는 경우는 드물지만, 피부로의 전이는 대부분 암 말기에나 나타나는 현상이다. 간혹 원발암보다 먼저 발견되는 경우도 있다. 피부암은 백인을 비롯한 피부색이 옅은 사람에게 발생빈도가 상대적으로 높으나, 눈에 잘 띄고 확인하기 쉬워, 진단이나 치료가 어렵지 않으며, 다른 암보다 사망확률이 낮다.

그러나 해마다 유방암, 전립선암, 폐암, 대장암과 같이 위험한 암 발병숫자에 못지않게 피부암 발생빈도가 점점 높아지고 있다. 피부가 민감한 백인이 많아서 그런지, 미국의 통계에 따르면, 미국인 다섯 명 중 한 명꼴로 피부암에 걸리고, 한 시간에 한 명꼴로 사망한다고 하니 백인 사회에서는 피부암이 상당히 중요한 암이다. 피부암은 아무 보호 없이 자외선에 노출되면 발생위험이 높은 암이므로 사전에 예방할 수 있는 위험이라는 점을 명심해야 한다.

흑색종(Melanoma)은 피부나 안구 등에 생기는 흑색 또는 흑갈색을 띠는 종양으로 멜라닌(Melanin) 색소를 함유한 조직인 피부, 구강, 음문 등에서 발생하는 암으로 아주 악성종양이어서 증식도 빠르고 전이도 일어나기 쉽다. 이 악성피부암은 15~29세 사이의 청소년에게 가장 흔한 피부암 중의 하나이다. 흑색종은 피부암의 3%에 지나지 않지만, 피부암에 의한 사망자의 75%가 흑색종에 의한 사망일 정도로 위험하다. 특히 어린이에게는 자외선 노출과 햇볕에 태우는 것이 발병의 주 원인이다. 모든 흑색종의 발병이 전적으로 햇볕 때문만이 아니고 유전적 요인과 면역체계의 결함 때문인 경우도 있다.

비흑색종 피부암은 흑색종보다 덜 치명적이다. 그렇다고 치료하지 않고 방치하면, 기형적으로 커져 심각한 건강상의 문제를 일으킬 수 있다. 비흑색종양으로는 피부의 최하층인 기저층이나 모낭 등을 구성하는 세포가 악성화한 종양인 기저세포암과 얇고 편평한 상피로 이루어진 피부에 발생하는 편평세포암이 자외선노출로 발병할 수 있는 대표적인 피부암이다.

기저세포암은 피부암 중 가장 흔한 종양으로 작은 살점이나 혹 모양으로 주로 머리와 목에, 때로는 피부의 다른 부위에도 나타난다. 기저세포암은 성장속도가 더디며 신체의 다른 부위로 전이는 거의 발생하지 않지만, 간혹 뼈로 침투하여 골격에 심각한 손상을 일으키는 원인이 된다. 편평세포암은 혹이나 붉은 피부반점으로 나타나는 종양으로 큰 덩어리로 자랄 수 있으며 기저세포암과는 달리 다른 부위로의 전이도 쉽게 이루어질 수 있는 위험한 암이다.

10.4   피부장애

앞에서 설명한 피부암 이외에도 자외선으로 인한 피부장애에는 피부노화와 광선각화증이 있다. 오랜 시간 햇볕(자외선)에 노출되면 **피부노화**(Skin Ageing)가 생기기 마련인데, 피부가 두꺼워지고, 주름이 생기며, 가죽 같이 질기게 된다. 젊은 사람들은 자외선에 노출되어도 원상회복이 쉽게 이루어지지만, 특히 중장년층의 피부노화는 점진적으로 그리고 서서히 이루어지기 때문에 초기에는 햇볕노출에 의한 피부노화로 받아들이지 않고, 나이가 들어가면서 생기는 정상적이고 불가피한 변화로만 받아들이기 쉽다. 그러나 옷 바깥으로 노출되는 피부의 노화 90%는 햇볕 때문이라는 사실을 알아야 한다. 그래서 자외선으로부터 피부를 적절히 보호하기만 해도 대부분의 피부노화는 막을 수 있다.

광선각화증(Actinic Keratosis)은 햇볕에 노출된 피부의 이상증상으로, 옷으로 가리지 않는 얼굴, 손, 팔 그리고 목 부위가 이 병변에 특히 약하다. 피부가 거칠어지고 각질이 생기며, 피부에 얼룩덜룩해지거나 조그마한 덩어리나 돌기 같은 피부장애가 발생하며, 아랫입술에 각질이 생기기도 하고 입술이 건조해지고 갈라지는 증상이 생긴다. 옆 사진은 선탠으로 생긴 광선각화증에 걸린 백인여성의

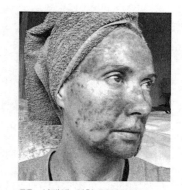

선탠에 의한 광선각화증

얼굴을 보여준다. 광선각화증은 편평세포암이 되기 이전의 나타나는 병변이다. 뚜렷한 증상이 없어 초기발견이 쉽지 않다. 햇볕에 과다하게 노출된 후에 외형상으로 피부가 돋아 오르거나 붉어지거나 피부에 거친 느낌이 생기면 바로 의사와 상의할 필요가 있다.

10.5   백내장과 눈 손상

백내장(Cataract)이란 눈 속의 투명한 수정체가 혼탁하게 되어 투명도를 잃고 안개가 낀 것처럼 흐릿하게 보이게 되는 질병을 말하는데, 백내장은 나이 들어가면서 생길 수 있는 병이지만, 자외선노출이 발병의 가장 중요한 원인 중의 하나이다. 백내장은 그대로 방치하면 시력을 잃을 수도 있다. 현대의 안과수술 능력으로 쉽게 고칠 수 있는 병이지만, 이 병으로 시력에 문제가 있는 사람이 매우 많아지고 있으며, 치료에 상당한 의료비가 매년 증가하고 있는 것도 사실이다.

눈 결막의 섬유혈관성 조직이 커져서 결막과 각막의 경계 부위를 넘어 각막의 중심부를 향해 삼각형 날개 모양으로 벗어가 시야를 막을 수도 있는 질병인 **익상편**, 눈 주변에 생기는 **피부암**, 망막 중심부의 황반부에 변화가 생겨 시력장애를 가져올 수 있는 **황반변성** 등이 백내장 이외에 자외선 때문에 생기는 질병이다. 이 모든 자외선에 의한 문제는 자외선으로부터 눈을 적절히 보호하면 막을 수 있다. 요즘 시판되는 안경, 선글라스 및 콘택트렌즈는 99~100%까지 자외선을 차단할 수 있다.

과학자들 연구에 따르면 자외선에 의한 과다한 노출은 인체의 면역체계와 피부의 자연적인 방어체계의 적절한 기능을 억제할 수 있다고 한다. 예를 들어 피부는 암이나 전염병균과 같은 외부 침입자가 들어오려면 이에 방어능력을 스스로 높이지만, 과다한 자외선 복사량은 피부의 외부침입자에 대한 방어능력을 저하시키고 면역체계를 약화시킬 수 있다고 한다.

11

안개는
스모그의
원인이다

안개(Fog)는 응결된 수증기가 대기 중에 떠 있는 현상으로, 불과 몇 μm에서 $100\mu m$까지 크기의 액체입자가 지표 가까이에 부유하여 가시거리가 1km 미만으로 짧아질 때를 말한다. 우리나라 기상법에서는 안개와 박무는 대기 중의 수증기(습기)때문에 나타나는 현상으로 가시거리가 1km 미만인 경우에는 '안개', 1~10km 미만의 장애를 보일 경우에는 '박무(mist)'로 구분하며, 일반적으로 '옅은 안개'로 표현하기도 한다. 반면, '연무(haze)'는 대기 중의 먼지 때문에 나타나는 현상으로 공기 중에 떠다니는 미세먼지, 자동차 배출가스 등의 오염원이 주원인이다. 그런데 이 세 가지는 복합적으로 섞여 나타나는 경우가 많아 습도, 기상상황 등을 면밀히 분석하여 현상을 판단한다.

영국에서는 항공용어로 시정거리 1~5㎞ 사이일 때를 안개라 하고, 상대습도가 95% 이상이고 시정거리가 1㎞ 미만일 때를 박무라고 하는 반면, 같은 시정거리라도 상대습도가 95% 미만일 때를 연무로 구분한다. 안개든, 박무든, 연무든 단순한 액체입자일 때는 별문제가 없지만, 여기에 여러 가지 오염물질이 섞여들면 독성오염물질이 되어 문제는 심각해진다.

수증기가 포화상태에 이르고 기온이 이슬점 이하로 내려가면 물방울로 응결되므로, 기온이 높은 날 상대습도가 거의 100%에 가까운 습한 공기가 차가운 공기를 만나거나, 수증기 공급원이 차가운 공기와 만나면 안개가 잘 발생한다. 또한 응결을 촉진시키는 흡습성의 작은 입자인 응결핵이 있으면 상대적으로 낮은 습도에서도 발생할 수 있다. 공업지역에서는 먼지 같은 응결핵이 많이 발생하므로 습도가 80% 정도로 낮을 때도 안개가 생길 수 있다. 풍속 2~3m/s 이하로 약하여 지표면 부근공기가 안정되어 있으면 안개가 지속될 가능성이 높다.

안개에는 응결상태가 되는 조건에 따라 여러 가지 형태가 있다. 복사안개(Radiation Fog)는 바람이 없는 맑은 날 해진 후 적외선 열복사선이 없어져 지면이 식을 때 발생한다. 식은 땅이 전도작용으로 주변 공기를 식혀 이슬점에 도달하여 형성되는 안개를 말한다. 복사안개는 밤에 형성되어 해가 뜨면 얼마 가지 않아 사그라지지만, 겨울에는 특히 고지대에서 하루 종일 지속되는 경우도 있다.

땅안개(Ground Fog)는 지표면이 차가워져서 생기는 안개로 하늘을 60% 정도까지 흐리게 할 수 있지만, 구름 밑바닥까지는 닿지 않는 안개이다. 땅안개라는 말은 얇은 복사안개의 동의어로도 사용된다. 바람이 없는 날 지형에 따라 수십 센티미터의 얇은 두께로 넓게 깔리는 경우도 볼 수 있다.

이류안개(Advection Fog)는 습한 공기가 기류의 이동, 즉 이류로 차가운 표면을 넘어갈 때 발생한다. 난기류가 눈 덮인 곳을 넘어갈 때 이류안개가 발생하는 것은 흔히 있는 일이다. 이런 현상은 찬 아래층의 바닷물이 솟아오르는 용승현상이 생기는 차가운 바닷물과 습한 공기가 만나는 곳에서는 더 자주 발생한다. 수면이나 지면과 그 위를 지나는 습한 공기와의 온도차가 심하면 심할수록 이류안개는 더 잘 발생한다.

◯◯◯ 이류안개로 덮인 골든게이트와 샌프란시스코의 스카이라인은 한 폭의 동양화다

강한 바람은 공기를 섞어버리기도 하고 분산시켜 안개가 형성되는 것을 방해하지만, 눈 덮인 지역을 지나가는 따뜻하고 습한 공기는 시속 80㎞/h 이상의 바람이 불어도 이류안개를 만들 수 있다. 이런 안개는 요동을 치며 빨리 움직이고, 겨우 몇 센티미터의 아주 얇은 두께로 넓은 평원, 평평한 도시의 스카라인 위, 언덕이나 높은 건물의 바람이 없는 곳에 나타날 때도 있다.

증발안개(Evaporation Fog) 또는 스팀안개는 훨씬 더 차가운 공기 때문에 물 위에 생기는 안개로 물 회오리를 일으킬 수도 있다. 호수나 저수지 위에 자주 발생하는 안개로 복사안개와 동시에 발생하는 경우도 있다. 지표면에서 발생하는 것이 이류안개이면 물위에서 발생하는 것은 증발안개로 공기의 대류현상에 의해 생기는 안개여서 짙고 깊으며 마치 솜털 같이 보인다.

전선안개(Frontal Fog)는 층운과 거의 같은 방법으로 생성된다. 성질이 다른 두 기단이 만나서 생긴 경계면인 전선면 위의 비교적 따뜻한 공기에서 내리는 빗물이 지표면 가까이의 차가운 공기에서 증발하여 대기 중에 침투된 것이 전선안개이다. 전선안개는 전선이 통과해버려 상승작용이 생기지 않을 때 층운의 하층부에서 생긴다. 비가 차가운 공기층을 통과할 때 증발하여 발생하는 안개를 전선안개 또는 강수안개(Precipitation fog)라고 한다.

얼음안개(Ice fog)는 아주 낮은 온도에서 생성되는 안개인데, 들짐승 무리가 내뿜는 습하고 따뜻한 숨으로도 생긴다. 영하 10℃ 이하의 저온에서 내리는 빗물이나 눈에서 발생한 얼음의 미세한 결정인 다이아몬드 다스트가 작은 얼음 결정체 형태로 서서히 떨어질 때도 생긴다. 얼음안개는 맑은 하늘에서 생기는데, 여러 형태의 광륜과 햇빛의 굴절현상을 일으켜 아름답게 보일 때도 있다.

얼어붙은 안개(Freezing fog)는 서리가 쌓인 것으로 초냉각된 물방울이 접촉면에 얼어붙어 이루어진 안개형상이다. 싸락눈안개(Hail fog)는 싸락눈이 쌓인 곳 부근에서 발생하는 안개다. 싸락눈이 쌓이면 기온이 내려가고 지표면 가까이에 매우 엷은 층의 수분이 층을 이루어 형성된다. 싸락눈이 쌓인 위에 바람은 없으나 햇볕으로 따뜻하고 습한 공기층이 형성되면 수분이 증발하여 발생한다. 지표면에 발생하는 이 안개는 갑자기 그것도 두껍게 발생하는 경우가 많다. 활승안개(Upslope fog)는 산이나 언덕의 경사면을 따라 습한 공기가 바람을 타고 지형성 상승을 하고 단열성 냉각에 의해 안개로 응결되어 발생한다.

11.1 박무와 연무

연무(Haze)는 먼지, 연기 및 다른 건조한 입자들이 맑은 하늘을 흐리게 하는 대기현상이다. 박무입자는 농사(건조한 날 논밭갈이), 자동차나 산업시설 배기가스와 산불 등에서 발생한다. 보는 각도에 따라 차이가 있긴 하지만 박무는 갈색을 띠거나 푸른 색을 띠는 반면 박무(Mist)는 푸른 회색을 띤다. 연무는 대기가 건조할 때 생기는 현상이지만 연무는 습할 때 형성된다. 연무의 입자는 응결핵으로 작용하여 박무 물방울을 형성하기도 하는데, 이런 형태의 연무를 '습한 연무'라고도 한다.

기상학에서는 연무를 시정을 흐리게 하는 습식 에어로졸이라 설명한다. 이런 에어로졸은 아황산가스(SO2)가 연소과정에서 배출되어 작은 황산(H2SO4)방울로 바뀔 때 일어나는 복합화학반응으로 발생하는데, 이 반응은 햇빛이 많고 습도가 높으며 바람이 잔잔할 때 잘 이루어진다. 그래서 습한 연무는 주로 더운 계절에 일어나는 현상으로, 기상조건이 맞으면 수천 킬로미터에 이르는 대형 연무가 생기는 경우도 있다.

연무는 비교적 건조한 공기 속에 먼지와 연기입자가 축적되어 발생하기도 한다. 연기와 같은 대기오염물질을 분산시키지 못하는 기상조건일 때 대기의 하층부에 낮게 깔리는 연무를 형성하여 시야를 흐리고 호흡기계통 건강위험을 초래한다. 산업시설에서 배출되는 오염물질이 짙은 박무를 형성한 것도 스모그의 일종이다.

가장 최근에 발생한 연무 때문에 생긴 국제분쟁으로, 2013년 인도네시아에서 발생한 산불로 인해 말레이시아의 수도 쿠알라룸푸르(Kuala Lumpur)와 주변지역이 독성연기, 재, 석탄 타는 냄새로 1주일 이상 뒤덮인 환경재해를 들 수 있다. 인근 인도네시아의 수마트라, 보르네오 및 리아우지역에서는 농부, 임야지주 및 광산주들이 건기에 수풀을 제거하기 위해 인위적으로 수백 건의 불을 지른다고 한다. 산불로 발생한 매연이 말라카해역을 지나 싱가포르로 불려와 거의 해마다 문제가 되는데 1997년, 2013년과 2015년에는 극심한 피해를 입어 국제분쟁으로 번졌다.

박무는 대기 중에 떠있는 미세한 물방울이 일으키는 대기현상이다. 물리적으로는 미세한 물방울의 분산에 의한 현상으로 해석한다. 따뜻하고 습한 공기가 갑자기 차가운 공기를 만날 때 가장 흔히 발생하는 것으로, 추운 겨울날 입김을 불어낸다든지 뜨거운 사우나스토브에 물을 끼얹을 때 생기는 것이 연무다. 습도와 온도조건이 맞는다면 분무기로도 연무를 만들 수 있다.

박무는 대기 중에 떠있는 미세한 물방울(부유액적)이 응결핵을 만나 굳어진 것이다. 연무는 안개와 서로 다른 것이지만 두 가지는 동일한 방법으로 형성된다. 안개는 박무보다 짙고 오래 지속되지만 박무는 얇고 안개보다는 투명하다. 구름이 산위에 걸쳐 있을 때를 박무라고도 하는 반면 수면이나 습지 위에 떠있는 수분을 안개라고 한다. 안개와 박무의 차이는 시정거리로 1㎞ 이하일 때를 안개라고 하고 그 이상이면 박무라 한다. 박무일 때는 빛이 미세한 물방울의 굴절과 분산으로 투과함으로써 볼 수 있다. 기온이 아주 낮은 겨울철에는 산꼭대기에도 연무를 볼 수 있다. **얼어붙은 박무(Freezing Mist)**는 얼어붙은 안개와 비슷하지만 농도가 옅고 시야가 더 맑다. 얼어붙은 박무를 0℃ 이하의 온도에서는 얼어붙은 안개라 한다.

11.2 연기는 오염물질의 집합체

연기(Smoke)는 물질이 공기와 함께 연소되거나 열분해 되는 과정에서 공기 중으로 배출되는 미 산란을 일으킬 정도 크기의 고체와 액체입자 및 기체의 집합체이다. 연소과정에서 생기는 필요 없는 부산물이지만 병충해 방지용 훈증, 통신(봉화), 군사용 연막 등의 특수용도로 이용되기도 한다. 연기는 실내화재 희생자의 제일 사망원인이다. 연기에는 열기는 물론 독성물질과 일산화탄소(CO), 시안화수소(HCN) 및 다른 연소생성물이 포함되어 있어 폐 과민상태로 사람을 질식사시킨다.

미 산란(Mie Scattering)이란 빛의 파장과 같은 크기의 초미세입자에 의해 일어나는 빛의 산란으로 자연계 빛 산란의 대부분은 미 산란이다. 구름을 만드는 응결입자나 먼지, 꽃가루, 연기, 미세물방울, 얼음입자 등이 미 산란의 원인물질이다. 미 산란이란 명칭은 1908년 이 명칭을 제안한 독일의 물리학자 구스타프 미(Gustav Mie)의 이름에서 비롯하였다.

연기의 구성성분은 연소물질의 종류와 연소조건에 따라 다르다. 고온에서 상당량의 산소를 태우는 불꽃은 연기를 생성하기 마련인데, 연기에는 온도차이가 많은 재와 응결된 에어로졸이 포함되어 있다. 고온의 불은 공기 중에 가장 많은 질소를 태워 질소산화물(NOx)을 만들고, 연소물질에 함유된 황은 아황산가스(SO_2)로 변화시키고, 불완전연소(대부분의 경우가 불완전연소)일 때 황화수소(H_2S)를 생성한다.

산소가 부족한 상태에서 불이 타면 상당히 많은 종류의 화합물을 생성시키는데, 그 중에는 독성물질도 많다. 탄소의 불완전 산화(연소)는 일산화탄소(CO)를 배출하고, 질소함유물질의 산화는 시안화수소, 암모니아(NH_3) 및 산화질소를 생성한다. 염소 같은 할로겐족 화합물은 염화수소, 포스겐, 다이옥신, 클로로메탄, 브롬화메틸 등 사람의 몸에 유해한 연소물질의 열분해, 특히 산소가 충분히 공급되지 않는 상태의 불완전연소는 메탄, 에탄 및 에틸렌 같은 **지방족탄화수소**와 벤젠, 톨루엔 및 자이렌 같은 **방향족탄화수소**를 생성한다. 무거운 탄화수소는 타르로 농축되기도 하며, 타르가 많이 함유된 연기는 누런 갈색을 띤다. 황 함유물질이 연소되면 황화수소, 황화카르보닐, 아황산가스, 이황화탄소 및 티올을 생성할 수 있는데, 티올은 표면에 흡착되어 연소가 끝난 뒤에도 제법 오랫동안 악취로 잔류하게 된다. 탄화수소가 부분연소하면 알데히드, 케톤, 알코올, 카르복실산 등을 생성시킨다.

연기 속의 입자물질은 대부분이 검댕(탄소)이고, 일부분은 농축된 타르나 고체입자 형태의 재다. 금속 함유물질이 연소하면 금속산화물이 생기고 황산암모늄, 질산암모늄 및 염화나트륨 같은 무기염류 입자도 생성될 수 있다. 수소가 풍부한 물질이 연소하면 의외로 물이 생겨 연기 속에 수증기입자가 많아지므로 다른 유색물질이 없으면 연기가 허연 구름 같은 색을 띠게 된다.

앞에서 설명한 연기 속의 화합물 중에는 독성이 높거나 자극적인 것이 많다. 그 중 가장 위험한 일산화탄소는 일산화탄소중독을 일으키고, 시안화수소나 포스겐과 같은 독성가스는 중독에 상승작용을 하기도 한다. 그래서 연기를 마시면 빠르게 무력화 되어 실신한다. 황산화물, 염화수소 및 불화수소가 습기를 만나면 황산, 염산 및 불화수소산을 만들어 사람의 폐를 손상시키고 물체를 부식시킨다. 잠들어 있을 때 코와 뇌는 작동을 하지 않지만, 폐에 연기가 가득 찰 정도가 되면 몸이 깨어나고 뇌가 자극을 받아 잠을 깬 상태가 된다. 그러나 그 때는 이미 무기력하여 꼼짝할 수 없는 상태가 된다. 담배연기도 연기라서 다를 것이 없다. 담배연기에 대해서는 환경흡연에서 따로 자세히 설명하겠다.

시안화수소(HCN)는 일반적으로 '청산'이라 부르는 맹독성의 무색 기체로 100ppm 이상의 농도로 흡입하면 30분~1시간 내에 사망 또는 중태에 빠진다. 그래서 공기 중의 허용농도를 10ppm으로 규제하고 있는 독성물질이다. 포스겐(COCl₂)은 포스겐(Phosgene)이라고도 하며 질식성 유독가스로 우리말로는 염화카르보닐이다. 1차 세계대전 때 독가스로 사용되었으며, 피부접촉으로 1~2시간 사이에 물집과 고름을 발생시키며, 숨으로 흡입하면 폐 속에서 염산과 물을 만들어 호흡곤란이 생기다 몇 시간 후에 사망한다.

이외에도 연기에는 수많은 화학물질이 포함되어 있는데, 그 중 플라스틱과 내화재에서 나오는 염산과 브롬화수소산, 화재억제제에서 나오는 불화수소산, 황 함유물질 연소에서 생기는 황산, 고온연소에서 생기는 질산, 난연재에서 나오는 인산과 안티몬화합물은 물체를 손상시키거나 부식시킨다. 그러나 이런 산성화합물에 의한 구조재의 부식은 미세전자소재에 미치는 영향에 비하면 아무것도 아니다. 회로기판의 부식, 부품케이싱을 통한 공격적 화합물의 침투 및 기타 영향은 즉각적으로 나타날 수 있고 시간을 두고 점진적으로 전자기기를 훼손시킬 수 있다.

11.3   스모그는 심상찮게 위험한 오염물질

스모그(Smog)는 영국의 헨리보예 (Henry Antoine Des Voeux, 1834~1909년) 박사가 1905년에 쓴 「Fog and Smoke」 라는 논문에서 처음 사용한 단어로 연기와 안개(Fog)의 합성어인데 연기 낀 안개(Smoky fog)를 뜻한다. 19세기에서 20세기 중반에 걸친 런던스모그는 역사적으로도 유명한 대기오염으로 별명이

파키스탄의 유명한 바드사히(Badshahi)모스크를 휩싼 스모그(2016년)

'완두콩스프(Pea-Soup=농무)'이다. 눈으로 확인할 수 있는 스모그의 구성성분은 대기오염을 말할 때마다 약방의 감초처럼 대두되는 질소산화물, 황산화물, 오존, 미세입자 그리고 연기 등이다. 인위적으로 형성되는 스모그는 석탄의 연소가스, 자동차 배기가스, 산업시설 배기가스, 산불과 농사용 불 그리고 이런 배기가스의 광화학반응에 의해 생긴다. 위의 사진에서 보이는 현상은 우리나라에서도 쉽게 볼 수 있다.

스모그는 여름스모그와 겨울스모그로 구분하는데, 여름에 생기는 스모그는 햇빛이 풍부하고 공기가 더운 상태에서 이루어지는 오존의 광화학작용에 의해 생기는 것이다. 겨울에는 기온이 낮아 대기역전이 자주 생겨 오염물질의 분산은 적게 이루어지는 반면, 화석연료(석유와 석탄)의 난방용 사용량이 많아지기 때문에 배기가스는 많아져 스모그가 생긴다. 겨울스모그의 1차 오염물질은 화석연료 연소에서 생기는 아황산가스(이산화황)와 같은 배기물이고, 오존 같은 2차 오염물질은 대기 중에서 일어나는 1차 오염물질의 화학반응에 의해 발생한다.

1943년부터 맑은 날씨에 발생한 로스앤젤레스 스모그는 1956년에 와서야 자동차의 배기가스 속 1차 오염물질의 광화학반응에 의한 것이 확인되어, 그 이후 2차 오염물질에 의한 스모그를 **로스앤젤레스형 스모그** (Los Angeles Smog) 또는 광화학스모그라고 부르는 반면, 화석연료의 매

연과 같은 1차 오염물질에 의한 스모그를 **런던형 스모그**(London Smog)라 한다. 인구가 밀집되고 교통량이 많은 도시(베이징, 델리, 멕시코시티, 테헤란 등)에서는 겨울에 역전층의 형성으로 오염물질이 분산되지 않고 지표면에 갇혀 스모그를 만드는데, 이런 스모그는 심한 질병을 일으키고, 수명을 단축시키며, 조기사망에도 이르게 한다.

자동차 배기가스에 포함된 주성분은 일산화탄소, 질소산화물(NOx), 휘발성유기화합물(VOC) 및 탄화수소(휘발유와 디젤의 주성분)이고, 적은 양이지만 아황산가스(SO_2)와 미세먼지도 포함되어 있다. 이 중 NOx와 VOC는 햇빛, 열, 암모니아, 습기 및 다른 화합물과 만나 일련의 화학반응을 일으켜 유독성 증기, 오존 및 미세입자를 만들어 스모그를 형성한다.

화산이 폭발하면 고농도의 아황산가스와 엄청난 양의 미세입자가 배출되는데, 이 두 가지 물질이 스모그형성의 원인물질이다. 화산폭발 후 생기는 화학반응에 의한 스모그가 광화학반응에 의한 스모그와는 다르기 때문에 화산폭발로 형성되는 스모그를 **보그**(Vog=Volcanic Smog)라 하여 자연생성 스모그와 구분한다. 식물과 토양에서도 탄화수소가 배출되어 대기 중에서 반응을 일으켜 스모그를 만들기도 한다.

스모그가 시민의 건강에 해를 끼치기 때문에 어려움을 겪는 도시가 많다. 지상의 오존, 아황산가스, 질소산화물 및 일산화탄소는 노인, 어린이 및 폐기종, 기관지염 및 천식 같은 심장이나 폐질환을 앓고 있는 취약계층에게는 특히 더 해롭다. 스모그는 기도를 감염시키고, 폐 기능을 떨어트리고, 숨을 가쁘게 하며, 깊은 숨을 쉬면 통증이 뒤따르고, 천명소리가 나며 기침을 하게 만든다. 뿐만 아니라 눈과 코를 자극하고, 코와 목의 보호막을 건조하게 만들고, 병균 감염에 대한 신체의 저항능력을 저하시켜 질병에 잘 걸리게 한다.

오존농도가 높아지면 입원환자수와 호흡기질환 사망자가 증가한다. 악명 높은 **1952년 런던스모그**(The 1952 Great Smog of London)와 같은 대기오염 조건에서 실험한 결과 어릴 때 노출되면 천식발생률이 높아진다는 결론을 얻었다. 과학월간지로 유명한 네이처(Nature)지에 실린 한 연구에 의하면 2011~2015년 사이 중국 산둥성 지난시에서 스모그로 인해 사망률이 5.87%나 증가하였다고 한다.

스모그에 섞인 자성을 띤 입자가 사람의 뇌에서 발견된 뒤 알츠하이머병과의 연관성에 대한 연구가 시작되었는데, 영국의 랑카스터대학(Lancaster University) 연구진에 따르면 3~92세 사이의 환자 37명의 두뇌조직에 나노입자 크기의 자철석이 많은 것을 발견하고, 이 자력이 강한 독성 광물질이 뇌에 활성산소(Free Radical)를 생성시켜 알츠하이머병과 같은 신경퇴행성질환을 일으키는 것이라고 한다.

스모그가 심했던 1997~2006년 사이 미국의 캘리포니아 한 지역(San Joaquin Valley)에서 선천성 결함이 있는 애기를 출산한 산모 806명과 건강한 애기를 출산한 산모 846명을 조사한 결과, 스모그가 두 가지 신경관결함질환인 이분척추증(척주의 특정 뼈가 불완전하게 닫혀 있어 척수가 외부에 노출되는 질환)과 무뇌증(뇌의 일부나 전부가 없는 선천적 결여)과 연관성이 있는 것이 밝혀졌다.

연기나 배기가스 같은 대기오염물질을 많이 배출하는 산업시설이 많거나 교통량이 많은 과밀도시에서는 계절변화에 관계없이 스모그가 자주 형성된다. 스모그는 상층부의 공기가 따뜻해 대기의 수직순환이 적은 역전층이 형성되기 쉬운 덥고 햇빛이 많은 기간(여름철)에 더 많이 생성된다. 특히 산악지형으로 둘러싸인 분지지역에서 이런 현상이 잦고, 스모그는 일단 생성되면 쉽게 사라지지 않고 상당기간 인구밀도가 높은 많은 사람이 사는 도시지역을 덮어 위험농도에 이르기 쉽다.

흄(Fume)이란 냄새가 강한 기체나 증기로 흡입하면 위험하다. 흄은 휘발성금속이 금속산화물로 바뀌는 것과 같이 기화, 승화, 증류 등의 화학반응으로 생긴 기체가 응축하여 형성되는 고체미립자이어서 한 덩어리로 응결되기도 한다. 드라이아이스의 증발과 같이 고체가 액체과정을 거치지 않고 직접 기체로 또는 기체가 고체로 바뀌는 승화과정에서 흄이 생성된다. 흄의 입자는 0.1~1μm 사이의 아주 미세한 크기이다. 미립자가 고체상태이면 흄이라 하는 반면, 액체상태이면 미스트라 한다. 그러나 이 구분은 뚜렷하지 않고 혼용해서 사용하는 경우가 허다하다.

발연황산과 발연초산에서 배출되는 연기를 흄이라고 하지만 정확히 구분하면 미스트이고, 크롬도금 시 전해과정에서 생기는 연기도 흄이라고 하지만 이것도 미스트이다. 담배연기가 대표적인 훈연이다. 용접과 같이 고온에서 이루어지는 금속의 용융과정에서 많은 양의 흄이 발생하므로 용접공은 반드시 마스크를 쓰고 작업에 임해야 한다. 납 용접 시 생기는 흄은 회색의 미세분말로 주로 사람의 몸에 해로운 황산납성분이므로 주의해야 한다.

증기(Vapor)는 임계온도보다 낮은 온도에서는 기체상태로 존재하는 물질이므로, 온도를 낮추지 않고 압력만 가해도 증기는 액화하여 액체방울이 된다. 예를 들어 물의 임계온도는 374℃로, 물이 액체상태로 존재할 수 있는 최고 온도이다. 그래서 대기 중에서 보통온도일 때 기체상의 물(수증기)는 압력을 가하면 액체로 응결, 즉 액화된다. 증기는 뒤에 설명할 에어로졸과 다른 물질로, 기체 속에 떠 있는 액체나 고체의 미세입자를 에어로졸이라 부른다.

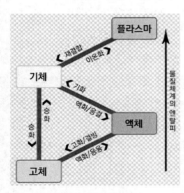

물질체계의 엔탈피

임계온도 이하에서는 증기가 액체상태일 수도 있고 고체상태일 수도 있다. 증기의 분자는 진동운동, 회전운동, 직진(병진)운동도 하기 때문에 증기는 구름이 형성되는 과정이나 기체의 응결과정과 같은 과정을 거치면 쉽게 액체가(액화) 된다. 과포화상태의 증기가 미세먼지 같은 응결핵을 만나면 미세먼지입자를 둘러싼 물방울로 바뀌어 안개나 연무를 형성한다. 물은 임계온도인 374℃보다 낮은 온도에서 증기는 액체(물)상태로도 또 고체(어름)상태로도 존재할 수 있다. 따라서 미세한 크기의 증기는 바람을 타고 먼 거리를 이동할 수도 있고, 이동과정에서 수많은 중금속이나 독성오염물질을 배출하는 공업지대라든지 교통량이 많은 도시지역의 상공을 통과하면 이 오염물질이 증기에 흡착하게 되는 것은 당연하다.

이를테면, 중국의 내륙지역에서 발생한 증기가 중국의 동해안 공업지대를 통과할 때 독성오염물질을 흡착한 채 황해를 지나 우리나라로 넘어올 수 있는 것은 쉽게 짐작할 수 있는 일이다. 고체인 미세먼지보다 액체인 증기가 대기오염물질을 흡착할 가능성은 훨씬 더 크다.

11.4 에어로졸이란 오염물질의 또 다른 형태

에어로졸(Aerosol)이란 미세한 고체입자나 액체방울이 공기 중이나 기체 속에 떠 있는 것을 말한다. 에어로졸은 자연적으로 발생하는 것도 있고 인위적으로 만들어진 것도 있다. 안개, 먼지, 식물삼출물 및 간헐온천의 증기 등은 자연발생 에어로졸이고, 박무, 미세먼지 및 연기 등은 인위적인 에어로졸이다. 에어로졸의 고체입자나 액체입자의 크기는 보통 $1\mu m$보다 작은데, 이 보다 큰 입자는 낙하하기 때문에 공기 중에 떠 있는 시간(부유시간)이 무게에 따라 달라진다.

일반적으로 말할 때 에어로졸이란 깡통이나 용기로부터 내용물을 뿜어내는 것을 에어로졸 스프레이라고 한다. 살충제의 살포, 호흡기질환에 사용하는 의료용 스프레이 그리고 연소용 에너지의 분산도 에어로졸 분무이다. 질병확산의 원인인 공기 중의 미생물성 입자도 에어로졸의 한 종류로 **바이오에어로졸**(Bioaerosol)이라고 한다. 에어로졸은 물을 분산매로 사용하는 콜로이드인 **하이드로졸**(Hydrosol)과 동의어로도 사용한다. 에어로졸은 형태와 생성과정에 따라 미세먼지, 흄, 미스트, 연기 및 안개 등으로 구분하므로, 반대로 말하면 이 모든 오염물질 형태가 에어로졸로 구성된 것이다.

에어로졸의 농도는 에어로졸 배출량이나 생성량에 따라 달라지지만, 정체된 상황에서도 에어로졸입자의 운동 때문에 시간의 경과에 따라 농도가 바뀐다. 일차적으로는 확산, 중력낙하, 대전 및 입자를 이동시키려는 외력 등과 같이 입자를 바깥으로 내미는 운동이 있고, 이차적으로는 입자형성(결정핵 생성), 증발, 화학반응 및 응고와 같은 내부적 운동으로 농도가 옅어지는 경향이 있다. 응결은 에어로졸의 입자크기를 더 크게 만드는 반면, 증발은 표면 액체성분이 없어지는 것이므로 입자크기를 더 작게 만든다. 결정핵은 구름이 생성되는 것과 마찬가지로 증기가 입자물질의 주변으로 응결되는 것이다.

자연적 발생이든 인위적 생성이든 대기 중의 에어로졸은 지구의 기후변화에 많은 영향을 미친다. 화산폭발로 인해 성층권으로 배출되는 황산방울 형태의 에어로졸은 길게는 2년 정도 머물면서 햇빛을 반사시켜 지구의 온도를 낮춘다. 고지대로 불려 올라가는 광물입자인 사막먼지는 열을 흡수하고 구름형성을 억제할 수도 있다. 인위적인 황산염 에어로졸은 화석연료에서 배출되는 것이 대부분이고 구름의 형성과 이동에 영향을 미친다.

대기 중의 에어로졸은 자연발생 무기질(미세먼지, 바다소금, 물방울), 자연발생 유기질(연기, 꽃가루, 곰팡이포자, 박테리아), 인위적 연소에 의한 생성물(연기, 재, 먼지), 도시지역에서 발생하는 오염물질(먼지, 담배연기, 에어로졸 스프레이에 의한 미스트, 자동차 배기가스 속 검댕과 흄)로 대별할 수 있다. 대기 중의 에어로졸은 기후변화에도 영향을 끼치고, 사람의 건강도 해친다.

화산이 폭발하면 엄청난 양의 황산, 황화수소 및 염산이 대기 중으로 나와 에어로졸이 되고 나중에는 산성비로 땅에 떨어져 자연환경과 사람의 생활에 악영향을 미친다. 에어로졸은 지구의 에너지수지(Earth's Energy Budget/Balance)에도 직·간접적으로 영향을 미친다.

에너지수지에 미치는 직접적인 영향으로 에어로졸이 지구로 들어오는 태양광을 분산시키기도 하고 흡수하기도 하는데, 분산은 지구표면의 온도를 떨어트리는 주원인이 되고, 흡수는 지표면을 데우는 효과가 있어 지구에 온실효과를 가져오는 기후변화의 추가요인이 되는 것이다. 간접적인 영향으로 에어로졸이 대기층 하층부 구름입자의 크기를 변경시켜 태양광의 흡수량과 반사량을 변화시킴으로써 지구의 에너지수지를 수정하기도 하는 것이다.

에어로졸이 오염물질을 흡착하면 오염된 에어로졸은 무거워져 땅위나 물위에 떨어지게 되어 자연과 사람의 건강을 해친다. 유효직경이 10

㎛(PM10) 이하의 오염된 에어로졸 입자는 기관지 속으로 들어가고, 2.5 ㎛(PM2.5) 이하로 더 작은 것은 호흡으로 폐 깊숙이 들어갈 수 있어 사람은 물론 동물의 건강에 직접적인 해를 미치므로 미세먼지와 똑 같이 중요한 오염물질이다.

12

아황산가스(SO₂)도
악명 높은 기체다

아황산가스는 황(S)의 연소로 생기는 기체인데 분자식이 SO_2이어서 '이산화황'이라고도 한다. 자극적인 냄새가 나는 무색의 기체로 공기보다 약 2.3배 무겁다. 액화하기 쉬우며, 액체도 무색이다. 아황산가스가 수분을 만나면 황산에서 산소가 하나 모자라는 아황산(H_2SO_3)이 되기 때문에 아황산가스라는 이름이 유래되었다. 화산에서 분출되고, 온천물에도 섞여 있는데, 대전의 유성온천은 유황온천으로 유명하다.

아황산가스는 화력발전소와 산업시설에서의 화석연료 연소로 가장 많이 배출된다. 광물제련과 같은 산업공정, 화산폭발과 같은 자연현상, 황 함유량이 높은 화석연료로 가동되는 자동차, 선박, 중장비, 기계류 등에서 엄청난 양의 아황산가스가 발생한다. 아황산가스는 황산제조의 원료로서 중요할 뿐만 아니라, 표백제나 환원제로도 사용되며, 액체는 붉은 인, 요오드, 황 등의 용매로도 사용된다. 또 증발열이 크기 때문에 냉각제로서 냉동기에 사용되며, 의약품으로서는 산화방지에 사용된다.

대기오염물질로서 아황산가스(SO_2)에 대한 환경기준 설정 시 아황산가스 한 가지에만 국한하지 않고 황산화물(SO_x로 표시) 전체에 대해 기준을 설정한다. 아황산가스는 황산화물 중 가장 주의해야 하는 물질로 황산화물의 전체의 지표가 되는 물질인데, 다른 황산화물도 아황산가스보다 대기 중 농도가 낮지만 문제가 될 수 있는 오염물질이다. 따라서 아황산가스 노출을 저감시키는 것은 결국 황산화물 전체에 대한 노출을 줄이는 것이다. 에너지원이 석탄과 석유 같은 화석연료로 전환되면서 아황산가스의 대기 중 농도가 증가하였고, 이에 따라 대기오염물질 중에서 큰 비중을 차지한다.

미 항공우주국(NASA)의 인공위성이 촬영한 다음 페이지 사진에 따르면 인위적인 아황산가스의 배출량이 압도적 우위를 차지하던 중국(32

→8백만 톤/년, 2005→2016년)을 제조업이 활발해진 인도(6→11 백만 톤/년, 2005→2016년)가 대체하고 있음을 알 수 있다.

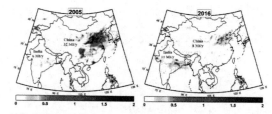

연평균 아황산가스 배출량(NASA의 Aura위성 촬영)

중국과 인도는 세계에서 1~2 위를 다투는 석탄소비국이다. 석탄에 함유된 황(S)은 무게로는 얼마 되지 않으나 연소하면 독성 대기오염물질인 아황산가스를 상당히 많이 배출한다. 아황산가스는 황산에어로졸의 원인물질로 역사적으로 유명한 '런던스모그'의 주 구성성분이었고, 현재에도 중국과 인도에서는 골칫거리인 연무의 발생과 해마다 백만 명이 넘는 조산아와 태아사망의 원인물질로 밝혀졌다.

중국과 인도의 미세먼지 성분 중 황산화물이 차지하는 비중이 거의 10%에 육박하고 있으며, 대기오염이 심한 날은 훨씬 더 많은 비중을 차지한다. 그래서 대기오염 예측이나 저감대책 수립에는 아황산가스를 비롯한 다른 오염물질의 배출량에 대한 정확한 정보를 필요로 한다. 그러나 배출원의 확인과 배출량의 측정이 쉽지 않아 정확한 정보를 얻는데 어려움이 많다. 특히 오염물질 중 아황산가스 한 가지만을 따로 분리해 확인하기는 더 어렵다.

우리나라를 포함한 대부분 국가에서 대기오염 기준을 정할 때 아황산가스만의 단독 기준이 아닌 황산화물(SOx) 전체에 대한 기준을 정하는 것이 일례이다. 아황산가스는 황산화물 중 가장 중요한 물질이어서 황산화물 전체에 대한 지표로 이용된다. 아황산가스 이외의 다른 황산화물(SO_3, H_2SO_3, H_2SO_4 등)도 대기 중에 섞여 있지만 그 양은 아황산가스보다 적다. 아황산가스의 저감대책은 황산화물 전체에 대한 사람들의 노출을 저감시키는 대책이 된다. 고농도의 아황산가스 배출은 결국에는 황산화물 생성으로 이어진다.

아황산가스는 인체의 점막을 침해하는 독성이 있다. 공기 중에 아주 옅은 농도인 3~5ppm 정도만 존재해도 냄새를 느끼고, 장시간 견딜 수 있는 한도는 10ppm이다. 단시간 견딜 수 있는 최대한도는 400~500 ppm이다. 코, 목 및 기도를 자극해 기침, 천명, 가쁜 숨 심지어 가슴압 박까지 느끼게 하므로 고농도에 노출되면 콧물, 땀, 기침이 나며 목구멍 이나 가슴이 아프고, 호흡 곤란이 발생할 수 있으며, 기관지염, 폐수종, 폐렴 등의 원인이 된다.

아황산가스는 단기노출로도 사람의 호흡기계통에 악영향을 끼쳐 호 흡하기 어렵게 만들기 때문에, 천식환자와 어린이는 특히 민감할 수밖에 없다. 황산화물은 대기 중에서 미세한 입자를 형성하기 때문에 미세먼지 의 원인물질이어서 호흡으로 폐 속 깊이 빨려들어 와 건강에 많은 영향 을 미친다. 황산화물에 의한 영향은 상당히 빠르게 나타나는데, 숨 쉴 때 흡입한 뒤 10~15분 정도면 이상을 느끼기 시작한다. 천식이나 기관 지에 문제가 있는 사람은 증상의 악화가 빨리 진행되므로 유의해야 한다.

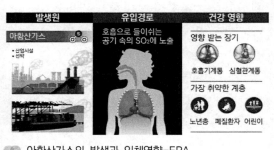

옆의 인포그래픽은 미국 환 경보호청(EPA)에서 홍보용으로 작성한 것으로, 아황산가스의 발생원과 사람의 몸속으로의 유 입경로를 보여준다. 아황산가스 에 특히 영향받는 장기로는 아 황산가스의 흡입경로인 호흡기 계통과 심혈관계통이고, 취약계

아황산가스의 발생과 인체영향-EPA

층은 노년층, 폐질환을 앓고 있는 환자 그리고 어린이들이다.

아황산가스는 사람의 건강뿐만 아니라 환경에도 유해한 물질이다. 고농도의 기체상 황산화물은 나무와 풀 같은 식물에도 해를 끼치는데, 식물의 잎사귀조직에 손상을 입히고, 성장을 방해한다. 아황산가스를 포 함한 황산화물은 산성비의 원인물질로 생태계에도 악영향을 미친다. 산 성비(＝산성강하물)라는 말은 젖은 형태 또는 마른 형태로 대기로부터 지 상으로 떨어지는 유황이나 질소 같은 산성물질을 함유한 산성강하물을 통틀어 일컫는 용어이다. 산성강하물에는 비, 눈, 안개, 우박 또는 산성 먼지 등 여러 가지 형태가 있다.

13

탄화수소는
화석연료의
주성분이다

13.1   탄화수소의 정체

탄화수소는 우리 일상생활과도 연관이 깊고, 사람과 동식물의 건강에 영향을 많이 끼치는 환경에 큰 영향을 미치는 물질이다. **탄화수소**(Hydrocarbon)는 탄소(C)와 수소(H) 만으로 이루어진 유기화합물로 가장 간단한 탄화수소인 메탄(CH_4)은 탄소 하나와 수소 넷으로 이뤄진 화합물이다. 그다음이 에탄(C_2H_6), 프로판(C_3H_8), 부탄(C_4H_{10}), 펜탄(C_5H_{12}), 헥산(C_6H_{14}) 순으로 탄소의 개수가 늘어나면서 성질이 다른 물질이 된다. 이 중에서 보통사람이라도 프로판과 부탄은 들어봤을 것이다.

도시가스의 주원료인 LNG는 천연가스(Natural Gas)를 액화시킨(Liquified) 것으로 메탄과 에탄이 주성분이고, 시내버스에는 CNG(Compressed Natural Gas)라고 해서 천연가스를 압축시켜 연료로 사용하고 있다. 택시의 연료로 사용하는 LPG는 석유가스(Petroleum Gas)를 액화시킨 것으로 프로판과 부탄이 주성분이다. 액화부탄은 라이터에도 사용된다. 펜탄 이후의 탄화수소는 주로 액체상태로, 항공기용 휘발유, 차량용 휘발유, 디젤, 경유, 등유 등 석유제품의 주성분이다. 예를 들어 일반 휘발유에는 탄화수소 중 탄소 4개를 갖는 부탄에서부터 탄소 12개를 갖는 도데칸(Dodecane)까지 포함되어 있다.

그래서 지구상에 발견되는 대부분의 탄화수소는 원유에 천연으로 포함되어 있던 것이다. 석유정제시 원유를 커다란 탱크에 넣고 끓이면 원유가 증기가 되는데, 이를 냉각시키면, 끓는점과 분자량에 따라 프로판, 부탄, 나프타, 등유, 경유, 아스팔트, 벙커C유 등 석유제품이 순서대로 나온다. 단순 정제를 하면 원유의 산지에 따라 제품별 생산량이 달라진다. 이 석유제품 모두가 탄화수소로 이루어진 물질이다. 현재 사용하고 있는 일차적 에너지원이 석유제품이므로 탄화수소는 여러 가지 형태로 배출되기 마련이다.

탄화수소는 기체(메탄, 프로판 등), 액체(핵산, 벤젠 등), 왁스나 고체(파라핀왁스, 아스팔트, 나프탈렌) 혹은 중합체(폴리에틸렌, 폴리프로필렌) 등 여러 가지 형태가 있다. 탄소의 수가 많아질수록 점성, 윤활성 및 고체화온도가 높아지고 색깔이 짙어진다. 콜타르도 석유제품 중의 하나로 아스팔트와 함께 지붕방수, 도로포장, 목재방부용으로 사용범위가 넓다.

사회성이 좋은 절지동물인 꿀벌 중에는 탄화수소의 냄새로 가족인지 아닌지를 구별하는 종류도 있다고 하는데, 이는 탄화수소의 성분이 나이, 성별, 벌집의 위치 및 계급순위에 따라서 다르기 때문에 가능하다고 한다. 그런데 벤젠과 석유 같이 세포독성이 있는 화합물을 흡입하거나 섭취하면 탄화수소중독에 걸릴 수 있으니, 꿀벌과 같은 내독성이 없는 사람은 상당한 주의가 필요하다.

자살목적이나 오용으로 석유화합물을 정맥주사 또는 피하주사로 몸에 주입하면 조직괴사, 농양발생, 호흡기장애, 콩팥손상, 뇌와 신경계통장애 등 국부적 손상이나 전신독성이 생길 수 있다. 자살목적으로 가슴막(흉막) 안에 석유를 주입하면 흉벽괴사와 가슴에 축농이 생길 수 있다. 어쨌건 일반적으로는 일어날 수 없는 일이니 크게 염려하지 않아도 되지만, 탄화수소가 주성분인 석유가 이렇게 무서운 물질임을 환기시키는 것이다.

생활용 에너지로 석유만큼 많이 이용되는 에너지는 아직 없다. 자동차 연료로, 난방용으로, 화력발전소에서는 전기생산용으로 폭넓게 그것도 아주 많은 양을 사용하기 때문에 원유산출국은 모두 부자나라가 되어 있다. 우리나라는 원자력 발전을 억제하고 있어 그렇지만, 전 세계적으로 석유나 석탄을 연료로 사용하는 화력발전은 아직도 제일의 전기생산수단이다. 탄화수소가 타면 이산화탄소와 증기 그리고 에너지를 생산한다. 가장 간단한 탄화수소인 메탄도 마찬가지여서 다음 식으로 나타

13 탄화수소는 화석연료의 주성분이다

낼 수 있다;

$$CH_4 + 2O_2 \rightarrow 2H_2O + CO_2 + energy$$

경제적으로 중요한 탄화수소인 석탄, 석유와 천연가스는 소위 **화석연료**(Fossil Fuel)로 땅속에 묻힌 동식물의 유해가 오랜 세월에 걸쳐 화석화되어 만들어진 연료로 화석에너지라고도 한다. 여기에서 파생된 물질이 우리생활과 밀접한 플라스틱, 파라핀, 왁스, 솔벤트, 휘발유, 경유 등이다. 이런 화석연료에 생성되는 물질이 대기 중에서 질소산화물과 햇빛과 작용하여 오존을 만들고 온실가스를 만드니, 문제의 장본인(트러블메이커)인 우리가 어떻게 해야 하는지 참 난감하다.

해양박테리아 중에는 탄화수소를 분해하는 것이 있고, 균사체와 버섯 중에도 그런 종이 있다고 한다. 탄화수소는 모두 가연성이 높으므로 아주 세심한 주의가 필요하다. 벤젠과 방향족탄화수소 중에는 발암가능 물질이 많아 몸속으로 들어가지 못하게 하는 안전장치가 필요하다. 탄화수소가 타면 일산화탄소가 배출하는 것은 너무나 당연해서, 화석연료의 연소는 실외에서 이루어져야 한다. 탄화수소를 불소화합물과 가까이 두면 피부나 점막 침투성이 강한 유독성 불화수소산을 만들 가능성이 크므로 취급에 주의해야 한다.

화석연료(탄화수소)의 연소는 메탄, 오존 등 지구온난화 원인물질을 인위적으로 생성시키는 행위이다. 탄화수소는 연료의 연소뿐만 아니라 사용 중 누설이나 채굴, 생산, 정제 및 운반과정에서의 유출량도 적지 않다. 이런 인위적인 탄화수소 배출에 토양이 오염되면 오염지속기간이 길고 사람의 건강에 미치는 영향도 적지 않아서 심각한 문제가 된다.

13.2   다환방향족탄화수소란 게 뭐기에

탄화수소는 골격을 이루는 탄소의 결합형태에 따라 크게 지방족(Aliphatic)과 방향족(Aromatic)으로 분류한다. 지방족은 지방이 길게 결합

되어 있어 붙은 명칭이고, 방향족은 향기가 나는 화합물이어서 붙은 명
칭인데, 방향족은 다시 벤젠이나 톨루엔 같이 한 개의 고리로 이루어진
단일고리방향족과 항균제로 사용하는 나프탈렌 같이 여러 개의 고리로
이루어진 다환방향족으로 구분한다. 방향족 유기화합물은 방향제 또한
향수의 냄새를 합성하는 원료로 사용되므로 방향제와 향수의 선택에는
상당한 주의가 필요하다.

휘발성유기화합물(VOC)의 기본물질인 벤젠고리를 가진 방향족 탄
화수소 중 고리가 여러 개, 즉 핵이 여러 개로 탄소와 수소만으로 이루
어진 유기화합물을 **다환(핵)방향족탄화수소**라 하는데, 영어로는 Polycyclic
Aromatic Hydrocarbon, Polynuclear Aromatic Hydrocarbon 또는 단순
히 Polyaromatic Hydrocarbon이라고도 하고, 약해 PAH로 부르기도 한
다. 단어가 길어 약어인 PAH를 가장 많이 사용한다.

가장 간단한 PAH인 나프탈렌은 방향족 고리가 두 개인 탄화수소이
고, 고리가 세 개인 것으로는 이집트, 페르시아, 인도 등에서 사용해온
가장 오래된 염료이고 알리자린(Alizarin)의 원료인 안트라센(Anthracene)
과 마약으로 분류된 코데인의 주성분인 페난트렌(Phenanthrene)을 들 수
있다. 그런데 PAH는 국제암연구소(IARC)가 지정한 1급 발암물질이 대부
분이어서 발암물질과 신경독성물질 등 인체에 아주 해로운 유해물질을
통칭하는 용어로도 사용된다.

PAH는 훈제, 건조, 굽기, 튀기기, 볶기와 같은 음식을 준비하는 과
정에서 형성될 수 있기 때문에 음식물에 가장 많이 포함되어 있다. 뿐만
아니라 채소가 PAH로 오염된 토양에서 자라거나, 홍합이나 바닷가재 같
은 해양식품류가 기름이 유출된 바닷물에서 PAH를 흡수하는 등의 여러
가지 이유로 방향족탄화수소를 함유하고 있을 수가 있다. 그러나 이 정
도의 함유량은 건강에 영향을 미칠 만큼은 아니므로 염려할 필요가 없
다. PAH는 석탄과 타르에 섞여있고, 엔진과 소각로의 연소나 산불화재
시 생물이 타면서 유기물이 열분해 될 때 발생한다.

PAH는 크레오소트 같은 자연발생원에 가장 흔히 발견되고, 유기물
의 불완전연소에서도 발생하며, 유기퇴적물이 석유나 석탄 같은 화석연

료로 화학적으로 변형될 때 자연적으로 생성된다. 자연적 또는 인위적 연소(화재)에 의해 발생하기도 한다. 목재와 동물의 분비물이나 곡물잔류물 같은 바이오연료, 특히 인도와 중국에서의 바이오연료 연소에서 발생하는 PAH의 양의 전 세계 발생량의 반이 넘고, 산업공정과 화석연료에서 축출되는 양과 연소에서 배출되는 양이 전 세계 발생량의 1/4 정도 되며, 산불에서 발생하는 양도 상당하다. 대기, 토양 및 물속의 PAH농도는 날이 갈수록 약간씩이나마 더 높아지고 있다.

흡연이나 목재연소 같은 저온연소에서는 분자량이 적은 PAH가 주로 생성되는 반면, 산업공정에서와 같은 고온연소에는 분자량이 큰 PAH가 주로 생성되므로 자연에는 여러 가지 형태의 PAH가 혼합되어 존재한다. PAH는 활동성이 좋은 유기퇴적물의 미세입자를 흡수하기도 하지만, 대부분은 물에 녹기 때문에 자연계에서는 이동범위가 넓지 않다.

좀 더 구체적으로 설명하면, 고리가 둘인 PAH와 고리가 셋인 것 중 일부는 물에 잘 녹으므로 생물체에 흡수되어 분해되기도 하고, 고리가 네 개까지의 PAH는 온도에 따라 차이가 있지만, 휘발하여 대기 중에 기체상태로 존재하기도 한다. 반면에 고리가 다섯 개 이상인 PAH는 물에 잘 녹지 않고, 분자량이 많아서 무거워 휘발성이 낮은 고체상태이어서 대기 중의 미세입자에 흡착되거나 토양 또는 퇴적물에 섞이지만, 생물체에 흡수되어 분해되는 가능성이 적으므로 자연에 노출량이 점점 증가하게 된다.

PAH에 노출되는 정도는 연기발생률, 차량과 난방용 및 화력발전소 사용연료의 종류, 화력발전소의 가동률, 산업공정과 사용원료 그리고 자동차의 오염통제정도에 따라 달라진다. 대기와 수질의 환경관리가 엄격하고, 깨끗한 취사연료(석탄과 바이오연료 대신 가스와 전기사용)를 사용하며, 흡연통제가 철저한 선진국에서는 PAH의 노출농도가 낮지만, 그렇지 못한 개발도상국이나 후진국에서는 노출농도가 높을 수밖에 없는 것은 당연하다.

공업국가의 국민, 흡연자 및 간접흡연에 노출되는 사람들이 PAH에 노출이 가장 심한 사람들이다. 실내에 흡연자가 있으면 실내 PAH의 90%

는 흡연으로 인해 발생하는 것이다. 선진국에서는 별도의 발생원이 없으면 음식물과 취사과정이 제일 위험한 발생원이다. 고기를 훈제하거나 굽는 과정에서 많이 발생하고, 특히 입 넓은 채소는 성장과정에 PAH를 많이 함유하게 된다. 대부분의 경우 마시는 물(생수)에는 PAH가 많이 함유되어 있지 않다.

카이로의 스모그-스모그에 함유된 미세먼지는 PAH농도가 높다

자동차의 배기가스에도 PAH의 농도가 높은 미세먼지가 포함되어 있다. 간선도로는 PAH의 발생량이 엄청나게 많은 곳으로 대기 중의 오염농도가 높고, 도로주변에는 축적도 많이 되어 있다. 휘발유 자동차에 배기가스 속의 유해성분을 정화시키는 촉매변환기를 설치하면 PAH 배출량을 엄청나게 줄일 수(최고 1/25까지) 있다.

화석연료연소, 목재연소, 탄소전극이용 공정 및 디젤연소 등을 취급하는 업무종사자는 PAH에 직업적으로 노출되는 사람들이다. PAH를 생성시키는 업종으로는 알루미늄과 철강제조, 석탄가스화, 타르증류, 세일오일 추출, 아스팔트 제조와 도로포장, 고무 타이어 생산, 금속가공유, 석탄과 천연가스 화력발전 그리고 코크스, 크레오소트, 카본블랙, 탄화칼슘 생산 등이 있다.

PAH는 도심과 교외의 산업시설 같은 고정발생원에서 도로와 하수도를 따라 또 대기의 순환 및 대기오염물질의 퇴적에 의해 확산되고, 자동차 같은 이동발생원은 교통의 흐름에 따라 확산되어 나간다. 크레오소트 제조시설 같은 산업단지 주변의 토양과 강물에 퇴적물에는 PAH의 농도가 상당히 높게 마련이고 원유의 유출, 크레오소트, 석탄광산의 먼지 및 화석연료 발생원으로부터 분산되는 PAH도 환경에 상당한 손해를 끼친다.

방향족 고리가 2~3개로 가벼운 PAH는 물속에서는 용해되거나 대기 속에서는 기체상태로 아주 넓게 분산되는 반면, 고리가 4개 이상으로 무거운 PAH는 대기 중에 부유하는 미세먼지에 흡착되거나 물에 용해되어 강물의 흐름에 따라 국지적 또는 지역적으로 분산된다. PAH는 유기탄소와 친화력이 아주 강해 강물, 호수 및 바다에 가라앉은 유기침전물의 PAH의 농도는 상당히 높다.

태안 앞바다 원유유출(2007년)-죄 없는 동물이 PAH에 의한 피해를 보았다

원생동물, 연체동물 및 다모류 동물(갯지렁이 같은 환형동물) 등의 조류(말)와 무척추동물은 PAH 대사능력과 장기 속 생태축적이 부족하다. 반면에 대부분 척추동물은 PAH를 잘 대사시키고 비교적 빠르게 배설하므로 먹이사슬의 하부에서 상부로 올라가도 장기조직의 PAH농도는 증가하지 않아 생물에 농축되지 않는다.

PAH는 천천히 분해되어 여러 가지 형태로 변형된다. PAH변형 중 미생물에 의한 생물적 분해가 가장 많이 이루어진다. 지렁이와 같이 흙을 먹이로 삶는 무척추동물은 직접대사 또는 미생물에 의한 형질변환 조건개선으로 PAH를 빠르게 분해시킨다. 대기 중에서나 지표수에 의한 비생물적 분해로 PAH는 질산화, 할로겐화, 수산화 그리고 산화되는데, 이 중에는 독성이 더 강해지고, 수용성이 높아지며, 이동성이 좋아지는 것도 있다. 화산이 폭발 시에도 상당량의 PAH가 배출된다.

일반적으로 강어귀에는 자연적으로 총유기탄소(TOC: Total Organic Carbon) 퇴적물이 쌓여 높은 유기물 흡착력이 생기므로 PAH가 축적되는 경향이 강하다. 이와 유사한 PAH와 TOC 간의 연관성을 보여주는 대표적인 예가 중국 남해안의 열대 맹그로브(Mangrove)에 있는 퇴적물에서 확인할 수 있다. 맹그로브란 열대 또는 아열대의 이토질(갯벌)해안에서 발달하는 특수유형의 삼림을 말한다.

PAH가 사람의 건강에 미치는 제일 큰 위험은 암으로 피부암, 폐암, 방광암, 간암 및 위암의 발병위험이 높은 것으로 동물실험에서 확인되었다. PAH 중 몇 가지 방향족화합물은 발암추정 또는 발암가능 물질로 분류되어 있다. 발암성 PAH 중에는 유전자독성이 있어 암 발생의 시초인 유전자 돌연변이를 초래하는 것도 있고, 유전자독성이 없는 대신에 암을 촉진시키거나 진행을 빠르게 돕는 것도 있다. 그리고 PAH에 노출되면 심혈관계 질환에 걸릴 위험도 커지고 태아의 성장과 발달에도 장애가 생기므로 PAH는 요주의 오염물질이다.

14

미세
플라스틱은
이미 곳곳에
침투해 있다

1930년대 영국에서 플라스틱이 처음 발명되었으나, 2차 세계대전 이후가 돼서야 일반화되기 시작하였다. 그로부터 몇십 년이 채 지나지 않아 만들기 쉽고, 사용하기도 편리하며, 경제성마저 뛰어나 플라스틱은 나무, 철, 유리, 섬유, 종이 등을 대체하는 재료로 사용되고 있다. 지금은 화장품, 세제, 식품에 이어 의약품에까지 이용되고 있으니, 현대생활은 상당부분 플라스틱에 의존하고 있다고 해도 과언이 아니다.

플라스틱제품

얼굴 세정용
화장품 속의
플라스틱 입자

강

자외선

바다

플라스틱제품이
미세입자로 분쇄

동물들이음식으로
오인섭취

● 미세플라스틱의 생성과정

플라스틱의 용도가 다양화된 것은 경제성도 좋지만, 모양을 마음대로 만들 수 있어 물렁물렁한 케첩 통에서부터 딱딱한 자동차 내외장재까지도 거의 만능자재로 플라스틱이 이용될 수 있기 때문이다. 필요에 따라 유연성과 탄력성을 조절하고, 강도와 내구성을 마음대로 바꿀 수 있으니, 작은 포장재에서 가구와 의복까지 플라스틱의 용도는 매우 다양하다.

바다와 해안에 더 있는 해양 쓰레기는 그 형태와 어마어마한 양 때문에 전 세계적으로 문젯거리이다. 이 해양 쓰레기는 경제적으로도, 미관상으로도, 또 생태적으로도 영향이 큰 오염물질로 발생원은 육지에도 바다에도 있다. 해양 쓰레기는 쓰레기 그 자체로도 문제지만, 가장 문제시 되는 것 중의 하나는 쓰레기 속의 플라스틱 알갱이(입자), 즉 **미세플라스틱**(Microplastic)이다. 미세플라스틱은 위의 인포그래픽에서 보듯이 사람이 바다에 버린 것으로 해양생물과 바닷새가 1차적인 피해를 당하지만, 2차적인 피해는 해양생물을 섭취하는 사람이 입게 된다. 다시 말해 해양 쓰레기를 버린 장본인이 피해를 입게 되는 자업자득의 결과이다.

미세플라스틱이란 원래 이를 녹여서 여러 가지 플라스틱 제품을 만드는 재료물질을 말한다. 미세플라스틱은 모양(구형, 타원형, 원통형)과 크기(지름 1~5㎜) 그리고 색깔(대부분은 보통 투명, 흰색 또는 아주 옅은 황백색)이 여러 가지이고, 플라스틱제품의 생산에 사용되는 고분자화합물(폴리머)이나 수지(레진)의 종류는 엄청나게 많다. 전 세계적으로 해마다 수천만 톤의 합성수지가 미세플라스틱으로 만들어져 플라스틱제품을 만드는 공장으로 운송되어 가공된 뒤 필요한 제품모양의 형틀에 부어진다.

배수구나 쓰레기장으로 흘러간 미세플라스틱이 빗물을 타고 바다로 유입되는 것이 일반적인 해양유입 과정이다. 일단 바닷물로 유입된 미세플라스틱 중 물보다 무거운 것은 가라앉고, 가벼운 것은 물 위에 떠 오르므로, 가벼운 것부터 무거운 것 순서대로 바닷물 깊이에 따라 존재하게 되니 웬만한 깊이에는 미세플라스틱이 떠 있다고 보아야 한다. 미세플라스틱의 해양유입은 플라스틱공장에서 취급 잘못으로 직접 흘러나오거나 불법폐수로 방류되고 트럭, 기차, 선박(컨테이너) 등의 운송과정에서 유출되기도 한다.

미세플라스틱과 여러 종류의 플라스틱제품을 해양동물이 섭취하기 때문에 심각한 생물학적 영향과 피해가 생긴다. 해양동물 중 바닷새가 미세플라스틱을 가장 많이 섭취하는 것으로 알려졌는데, 바닷새의 1/4이 미세플라스틱을 먹이로 착각하여 섭취한다고 한다. 새가 미세플라스틱을 섭취하면 소화되지 않은 입자가 위 속에 남아 제대로 된 먹이를 먹지 않고서도 포만감을 느껴 배고픔이 없게 되어, 종국에는 저장된 에너지가 감소하여 열악한 야생환경에서 살아갈 수 있는 활동능력이 떨어지게 마련이다. 바다거북이나 물고기 및 다른 해양 생물에게도 이런 현상이 자주 일어나 같은 모양새로 생명을 잃어가고 있다.

미세플라스틱이 하수 찌꺼기나 의료폐기물과 같은 다른 쓰레기만큼 미관상 불쾌하게 보이지는 않지만, 주의를 기울여야 하는 것은 버려지는 양이 어마어마하고 지속적으로 버려진다는 것이다. 이런 추세가 계속되면, 해양 쓰레기가 가장 많이 모이는 곳 중 하나이면서 아름답기로 유명한 뉴질랜드 해변에서 언젠가 자연산 모래 대신 인공산 플라스틱 모래 위에서 일광욕을 즐겨야 하는 날이 올지도 모른다고 예언하는 과학자도 있다.

고분자화합물(폴리머)인 미세플라스틱을 플라스틱제품으로 만들기 위해서 색깔을 넣기 위해 색소를 사용해야 하고, 열에 저항성과 단단한 경도를 갖기 위한 물성을 지니게 해야 하고, 추가공정을 위한 가공성을 높이기 위해 첨가물을 넣어야 한다. 이 첨가물의 유해성은 화학성분에 따라 다르지만, 대부분이 유해한 화합물이다. 그런데 또 한 가지 유의할 점은 이 첨가물이 미세플라스틱의 비중에 영향을 미쳐 물에 뜨게 만들 수도 있다는 것이다. 첨가물 중에는 염도에 영향을 미쳐 미세플라스틱이 바닷물에서는 뜨고 민물에서는 가라앉는 특성이 나타나게 하는 것도 있다.

미세플라스틱의 수명은 첨가물의 종류와 양, 수지의 화학적 반응 및 자연환경에 의한 변화에 따라 다르지만, 짧게는 1년에서 길게는 10년 이상이나 되는 것도 있다. 바다에서의 수명은 생물학적 또는 화학적 첨가물, 플라스틱 내부의 열축적, 미생물에 의한 분해성 그리고 대기 중의 산소와의 접촉성에 의해 달라진다. 미세플라스틱은 작고, 가볍고, 물에 뜨고(가라앉는 것도 있지만, 대부분은 뜨고), 지속적이고 바닷물 어디에서나 볼 수 있기 때문에 먹이로 오인해 미세입자를 섭취하는 바다생물에게는 해로울 수밖에 없다.

미세플라스틱이 들어 있는 음료수나 맥주를 마시겠느냐고 물으면 누구나 '아니오'라고 대답하겠지만, 미세플라스틱이 들어 있는 음료수를 전혀 마시지 않는다고 자신 있게 대답할 수 있는 사람은 쉽게 찾아볼 수 없을 것이다. 미세플라스틱은 그야말로 미세하여 육안으로는 볼 수 없으나, 미세플라스틱으로 오염된 물이나 음식은 허다하다. 미주, EU, 아시아를 포함한 전 세계 수돗물의 83%가 미세플라스틱에 오염되어 있다고 오르브미디어(Orb Media: 미국의 비영리 매체)에서 발표하면서 24개의 독일 맥주에서도 미세플라스틱이 발견되었다고도 했다.

미세플라스틱이란 용어는 영국의 해양생물학자인 톰슨(Richard Thomson) 교수가 2004년에 처음 사용하기 시작하여 공용화되었는데, 미세먼지에 비하면 크기가 엄청나게 크지만, 통칭 직경 5㎜ 이하의 입자를 미세플라스틱이라 한다. 그 이전에는 단순히 플라스틱 입자(Particle) 또는 알갱이(Pellet)로 불려오다 2008년 미국의 국립해양대기청(NOAA)의 워크숍에서 입자크기의 한도를 5㎜로 결정하였다. 그러나 실제로는 이보다 작은 크기가 훨씬 더 많다. 미세플라스틱은 6가지 중합체(폴리에틸렌, 폴리프로필렌, 폴리비닐, 폴리염화비닐, 폴리아미드(=나일론), 폴리스틸렌 및 폴리에틸렌 테레프탈레이트)의 혼합물로 구성된 고분자화합물로 생활주변은 물론 일반가정에서 쉽게 찾아볼 수 있다.

미세플라스틱은 생성과정에 따라 1차 미세플라스틱과 2차 미세플라스틱으로 구분하는데, 1차 미세플라스틱은 공장에서 생산하는 크기 5㎜ 이하의 원재료 형태의 플라스틱 알갱이를 말하고, 1차 미세플라스틱이 땅 위나 물속으로 방치된 상태에서 자외선에 의한 광분해 또는 다른 물질과의 화학반응에 의한 화학분해 그리고 이 두 가지가 동시에 작용하는 광화학분해나 생물분해에 의해 더 작은 미세입자로 변질된 것을 2차 미세플라스틱이라 하는데, 2차 플라스틱은 육안으로 식별이 안 되는 크기로 현미경으로 봐야 보이는 것도 많다.

생물분해(Biodegradation)이란 박테리아나 곰팡이 같은 미생물에 의해 분해되거나 환원되어 무기물이 되는 것을 뜻하는데, 단순히 생분해라고도 한다. 자연계에서 생물분해의 역할은 매우 중요한데, 동식물의 사체나 배설물 등을 분해하여 생태계에서 물질의 순환이 이루어지게 하는 역할을 한다. 또한 생물분해는 생태계의 자정작용으로 오염된 자연을 깨끗하게 되돌리는 역할을 한다.

다음 페이지의 사진의 왼쪽은 타이어고무로 만든 인조잔디축구장이고 오른쪽은 인조잔디에서 인근 풀밭으로 흘러온 미세플라스틱이다. 얼굴 세정제(클렌저), 각질제거용 손 세정제, 치약, 비누 등에 함유된 미세플라스틱 구슬(Microbead)이 1차 미세플라스틱이다. 미세플라스틱 구슬을 사용하기 이전에는 오트밀, 갈아 놓은 아몬드와 같은 천연재료를 사용하

● 1차 미세플라스틱

여 안전하였다.

이 미세플라스틱은 너무 작아 폐수처리장에서 걸러지지 않고 여과망을 쉽게 통과하여 강으로 또 바다로 흘러들어 간다. 바다로 흘러들어 가는 미세플라스틱의 약 2%가 이 구슬모양이어서 사용을 금지하는 나라도 있다.

합성섬유에 사용되는 미세플라스틱의 일종인 **미세섬유**(=초극세사, Microfiber)와 기계, 엔진 및 선체에 묻은 때, 페인트, 녹 등을 제거하는 공기분사기의 연마재[이전에는 모래를 사용하는 샌드 블라스트(Sand Blast)]로 사용되는 미세플라스틱 조각[플라스틱 블라스트(Plastic Blast)]도 1차 미세플라스틱의 한 종류이다. 이와 같이 표면에 묻은 오물을 제거하면서 더러워진 연마재도 폐수처리장에서는 걸러지지 않은 채 하천으로 흘러가고 결국에는 바다로 유입된다.

이 같은 문제의 심각성 때문에 전 세계적으로 미세플라스틱 사용을 규제하는 법안들이 통과되고 있다. 미국에서는 2015년 '마이크로비즈 청정해역 법(Microbead-free Waters Act)'이 통과되면서 물로 씻어내는 제품에 미세플라스틱을 사용할 수 없도록 했으며, 스웨덴에서는 화장품에 미세플라스틱 사용을 금지하고 있다. 이에 발맞춰 유니레버, 로레알, 존슨앤존슨 등 다국적 위생제품생산 업체들도 앞다퉈 미세플라스틱을 함유한 제품의 생산 중단을 선언했다. 우리나라의 경우 2017년 7월부터 미세플라스틱을 화장품에 사용할 수 없도록 규정하고 있으며, 해양수산부에서는 미세플라스틱 환경영향 조사를 진행하고 있는데, 그 결과를 2020년에 발표한다.

자연 상태에서 고분자화합물의 변질을 촉진시키는 자외선의 광화학작용으로 미세플라스틱은 더 잘게 부서지고, 더 가벼워져 강과 바다로 흘러들어가 해양환경을 오염시킨다. 사람들이 여기저기 버리는 플라스틱병, 백, 포장지, 플라스틱통, 비닐봉지 등의 플라스틱제품은 이런 과정을 거쳐 2차 미세플라스틱으로 점점 더 작아져 미세플라스틱으로 변하고, 투명하게 퇴색되어 잘 보이지 않게 변질된다.

합성섬유에서는 세탁과정에서 아크릴, 폴리에틸렌 또는 폴리에스텔 성분의 미세섬유가 엄청나게 떨어져 나와 하수로 흘러간다. 이들도 미세플라스틱의 한 종류로 엄청나게 작은 크기여서 이도 역시 하수(폐수)처리

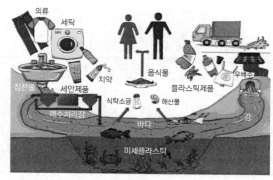

의류 세탁 음식물 플라스틱제품 우배수
침전물 세안제품 치약 식탁소금 해산물
폐수처리장 바다 강
미세플라스틱

⬤ 2차 미세프라스틱의 생성

장의 여과기를 쉽게 통과한다. 자동차 타이어의 외피에 천연고무와 혼합된 고분자화합물은 운행 도중에 먼지 형태로 떨어져 나오고, 이 고무 먼지는 바람을 타고 멀리 날아가다 빗물에 씻겨 내려가게 마련이다. 도로 노면 표시에 사용되는 페인트, 폴리머테이프, 에폭시페인트도 풍화작용과 타이어와의 마찰로 미세플라스틱을 발생시킨다.

미세플라스틱은 땅 위에서든, 물속에서든 심지어 대기 중에서든 지구 어디에서나 발견된다. 몹쓸 인간들은 직·간접적으로 바다를 손쉬운 쓰레기집하장으로 수 세기 동안 사용해 왔다. 산업화가 진전되면서 쓰레기의 양은 늘어나고, 인구가 많아지면서 합성물질 사용량도 따라 증가하였다. 이 쓰레기는 버려진 곳에 머물러 있지 않고, 일부는 유해한 미세플라스틱으로 변질되어 바람과 물을 타고 바다로 흘러들어가거나 너무 작아 물리적으로 제거할 수가 없어 바닷물 속에 축적되고 있다.

강물, 호수 그리고 바닷물 속의 미세플라스틱은 소화되지도 않을 뿐만 아니라 독성물질을 함유하고 있기도 하다. 물고기, 벌레, 동물성 플랑크톤 같은 수중생물이 이를 섭취하여 장기조직이 기형화되어 죽음에 이르게 된다. 수중벌레와 동물성 플랑크톤은 먹이사슬의 바탕생물로 물고기와 다른 수중생물이 그들을 잡아먹고 산다. 미세플라스틱이 없는 맑은 물에 사는 수중생물도 먹이사슬 맨 아래 생물인 이들을 먹기 마련이다.

미국의 비영리 언론매체인 오르브미디어(Orb Media)에 따르면 수십억의 사람이 미세플라스틱으로 오염된 수돗물을 마신다고 주장하면서

다음과 같은 조사 자료를 발표했다.

미세플라스틱에 의한 수돗물의 오염실태

국가	오염률(%)	미세섬유 수(수돗물 500㎖ 당)
미국	94.4	4.8개
에콰도르	79.2	2.2개
유럽	72.2	1.9개
레바논	93.8	4.5개
우간다	80.8	2.2개
인도	82.4	4.0개
인도네시아	76.2	1.9개

*유럽에서 조사대상 국가는 영국, 독일 및 프랑스

이 조사결과에 따르면 전반적으로 조사샘플의 83%가 미세섬유로 오염되었으며, 미국이 94.4%로 가장 높은 오염수준을 보였는데, 미국에서의 조사는 미 환경보호청(EPA)이 미국 대통령 소유 뉴욕의 트럼프타워와 미 의사당 건물에서 채취한 물로 이루어졌다고 하니 기가 찰 노릇이다. 미국 다음은 레바논과 인도 순으로 오염수준이 높게 나왔으나, 유럽은 오염수준도 가장 낮고 미세섬유의 숫자도 가장 적게 나왔지만 오염률이 놀라울 따름이다. 우리나라는 이 조사대상에 포함되진 않아 우리나라의 실정은 확실하게 밝혀지지 않고 있다.

미국의 수돗물이 미세플라스틱에 그렇게 많이 오염된 이유로 미국 내에서 사용되는 회전식 건조기의 거의 80%에서 합성섬유로부터의 미세플라스틱(미세섬유)을 대기 중으로 풀어놓는 것이라고 설명하고 있다. 대기 중으로 풀려나온 미세플라스틱이 취수원이 있는 저수지, 호수 또는 강물로 흘러들어가는 것은 너무 당연해 거듭 말할 필요도 없다. 세탁기 1회 회전에 약 700,000개의 미세섬유가 풀려나온다고 주장하는 연구도 있다. 정수장에서 아무리 걸러내어도 미세섬유는 걸러낼 수 없다.

프랑스 국립소비자연구소(l'Institut National de la Consommation)에서 발행하는 월간지 '6,000만 소비자들(60 Millions de Consommateurs)'에 의하면 고지대에 있는 벌집의 벌꿀도 미세플라스틱에 오염되어 있다고 한다. 벌꿀 조사샘플 12개 모두에서 미세플라스틱이 발견되었는데, 미세섬유, 큰 플라스틱에서 분쇄된 미세한 조각, 화장품이나 연마제에서 나온 미세한 구슬 같은 형태의 미세플라스틱은 바닷물에서 발견되는 것과 같은 것이라고 한다. 현재 사용되고 있는 자동차 타이어의 약 60%는 합성고무로 만들어진 것으로 합성섬유 못지않은 미세플라스틱 발생원이다.

프랑스 국립해양연구소(IFREMER)의 아르노 우베(Arnaud Huvet)박사의 폴리스틸렌 입자를 풀어놓은 물에 태평양에서 서식하는 굴을 이식한 실험에 따르면, 이식 두 달 후 굴의 난세포가 정상보다 35% 줄어들었고, 정자의 활동빈도도 정상보다 23% 느린 것으로 조사됐으며, 굴의 성장속도도 현저하게 느려지고, 내분비교란물질까지 배출하는 것을 확인했다고 한다. 앞에서도 여러 번 강조했지만 미세플라스틱은 비단 수중생물만 문제가 되는 것이 아니다.

2015년 여름 일본 도쿄에서 잡은 멸치 64마리 중 49마리의 체내에서 미세 플라스틱이 발견된 연구사례도 있다. 호주 연방과학산업연구기구(CSIRO)에서는 알바트로스, 갈매기, 펭귄 등 42개 속 186종의 바닷새들의 먹이 행태 및 해양 플라스틱 관련 자료를 종합하고 분석해, 2050년이 되면 모든 바닷새의 99.8%가 플라스틱을 먹게 된다는 연구결과를 발표했다. 바다에 물고기보다 플라스틱이 더 많게 되리란 우울한 예측도 있다. 중국 상하이에 있는 국립 화둥사범대학교 연구팀은 중국산 소금제품에 미세플라스틱이 함유되어 있다는 사실을 밝혔다. 이 연구에 따르면 바닷물로 만든 소금 1kg당 평균 550~681개의 미세플라스틱이 들어있는 것으로 조사됐다. 권장섭취량의 소금만 먹어도 1년이면 미세플라스틱을 약 1,000개를 섭취하는 것과 같다.

전 세계 생수시장 규모는 연간 1,500억 달러에 이르고 있으며, 깨끗한 물이라는 이미지로 급격히 성장하고 있지만, 생수를 1리터 마시면 1년에 수만 개의 미세 플라스틱 입자도 같이 섭취하게 된다는 사실이 드러났다. 아직은 미세플라스틱 입자가 사람의 몸속에 들어오면 건강에 미치는 영향이 명확히 밝혀지지는 않았지만, 여태까지의 설명만으로도 이롭지 않을 것이란 건 미루어 짐작할 수 있다.

유럽의 플라스틱과 고무기계제조자협회(EUROMAP)의 국민 1인당 플라스틱 소비량에 대한 2015년의 자료에 따르면, 한국은 132.7kg으로 조사된 63개국 중 3위를 차지했는데, 1위는 170.9kg으로 벨기에, 2위는 141.9kg으로 대만이 차지했다. 1인당 플라스틱 사용량이 전 세계에서 3위를 차지한다는 것은 우리나라의 소비량이 적지 않다는 것을 단적으로 보여주고 있다. 참고로 미국은 93.8kg, 일본은 65.8kg 그리고 중국은 57.9kg이지만, 국가 전체소비량은 인구수가 많은 이 국가들이 당연히 더 많다.

조금만 관심을 두고 둘러보면 우리가 얼마나 많은 플라스틱을 사용하고 쉽게 버리는지 확인할 수 있다. 빨대, 플라스틱 용기, 음료수병 등의 사용량은 급증하고 있지만, 수거와 재활용은 급증하는 추세를 따라가지 못하고 있어, 나라 전체를 혼란에 빠트린 '재활용쓰레기 대란'이 또 일어나지 말란 법이 없으며, 필리핀으로의 '쓰레기수출'도 이런 부작용의 하나로 설명할 수 있다. 대형마트에서 비닐봉지 사용을 금하고 있으나 편이성 때문에 우리 일상생활에 이용되고 있는 양은 만만치 않으니 어떻게 될지 두고 볼 일이다.

한 사회단체(자원순환사회연대)의 발표에 따르면 2015년 한국에서 약 216억 개의 비닐봉지가 사용돼 국민 한 명이 한해 420개의 비닐을 사용했다고 한다. 이는 매일 한 사람이 하루 한 개 이상(평균 1.15개)을 사용했다는 뜻이다. 전국에서 하루 발생하는 생활폐기물은 약 5만 톤이나 된다고 하니, 100ℓ 쓰레기봉투를 꽉 채웠을 때 무게가 20kg이라고 가정하면, 하루에 250만 개의 봉투가 어디론가 버려지고 있다는 말이다. 그래서 비닐봉투의 사용을 금지시킨다는 정부정책이 얼마나 다행인지 모르겠다.

이야기를 플라스틱에서 폐기물로 이어가면, 1년 동안 우리나라에서 발생하는 폐기물을 10m 깊이의 구덩이를 파고 모두 묻는다고 가정하면, 해마다 대략 1,400만㎡(여의도 면적의 5배 규모)의 땅이 오로지 쓰레기매립지로만 필요하다. 다행히 발생 폐기물의 85%가 재활용되고, 6%는 소각 처리되어 우리 국토는 쓰레기로 뒤덮이지 않고 있지만, 여전히 많은 양의 폐기물이 땅에 묻히고, 늦어도 10년 안에는 대체 매립지가 필요한 형편이다.

매립지는 주로 평지나 구릉지의 계곡부에 설치되기 때문에 나무를 베어내거나 진입로를 개설하기 위한 토목공사를 진행해야 하므로 동물 서식지를 파괴하고, 폐기물에서 나오는 냄새나 침출수 등으로 생태적 피해를 일으켜 설치될 때부터 주변환경을 훼손하게 마련이다. 침출수는 주변수역의 수질오염을 가져와 안산의 시화폐기물매립지, 청주의 문암폐기물매립지, 부산의 석대폐기물매립지 그리고 나주의 봉황폐기물매립지 주변의 지하수, 하천, 토양 등 주변 환경오염사고는 어찌 보면 예견된 일이기도 했다.

그런데다 매립지가 조성되면 열악한 환경에 저항성이 높은 쥐, 조류, 곤충 등이 대량 서식하게 돼 위생상 악영향은 물론, 유해가스, 악취 등도 매립지의 특성 때문에 생기는 추가적 환경오염은 더 기세를 부릴 것이다. 이런 문제 이외에도 매립한 쓰레기 중 종이는 2~5개월, 오렌지 껍질은 6개월, 담배 필터는 10~12개월, 우유팩은 5년, 나무젓가락과 종이컵은 20년 이상, 나일론 천은 30~40년, 플라스틱과 스티로폼 용기는 50년 이상, 음료수병과 캔이나 칫솔 등은 100년 이상, 종이 기저귀는 썩는데 500년 이상 소요된다고 하니, 이 소요시간을 생각만 해도 심각한 문제가 아닐 수 없다.

그렇다고 소각하는 것이 폐기물 문제의 해결책이 되지는 못한다. 태워버리면 폐기물의 부피는 줄어들지만 매연이 생기고, 재는 미세먼지로 바뀌어 대기 중으로 방출되고, 바닥에는 잔재(바닥재)가 남게 된다. 연소과정에서 중금속물질, 다이옥신, 휘발성유기화합물, NOx 등 인체에 유해한 물질이 오염물질로 발생하게 된다는 것은 더 심각한 환경문제이다.

환경부가 2018년 진행한 '제5차 전국 폐기물통계조사'에 따르면 1인당 하루에 버리는 쓰레기양은 약 1kg인 것으로 나타났다. 그중 53.7%는 분리 배출되었더라면 모두 재활용이 가능한 종이, 플라스틱, 유리, 금속, 건전지 등이었다고 한다. 폐기물의 사전적 의미는 '더 이상 필요하지 않거나 가치가 떨어져 버려지는 모든 물건'이다. 바꿔 말하면 재활용될 수 있다면 '자원'이 되기에 충분하다는 뜻이므로 어떤 물건을 사용할 때, 그것이 폐기물이 되어 후속 처리되는 상황(물건의 라이프사이클)까지 떠올려 보면 좋을 것 같다.

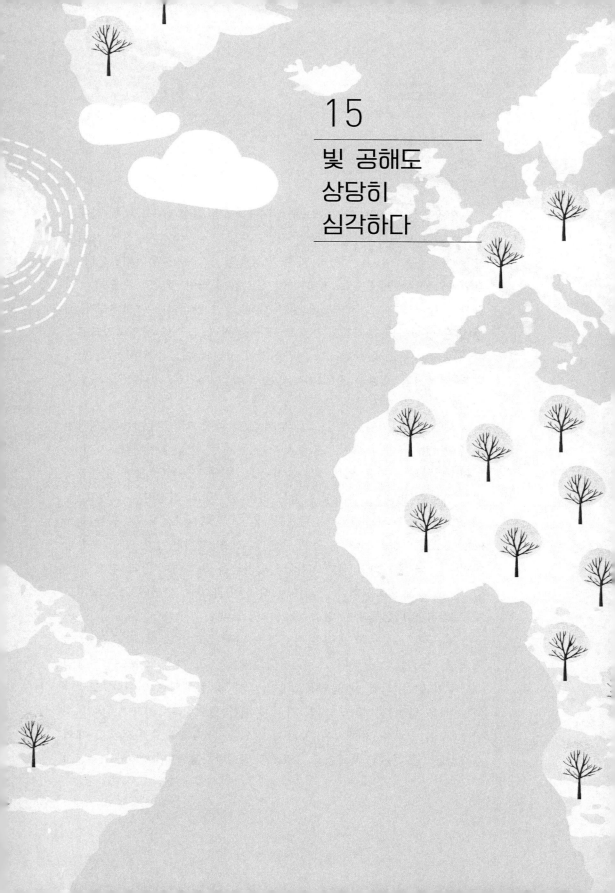

15

빛 공해도
상당히
심각하다

인공위성이 찍은 사진을 보면 지구는 제법 환상적이고 푸른 블루사파이어처럼 보인다. 이런 지구는 지금으로부터 약 46억 년 전에 생겼다고 한다. 지구가 처음 생겼을 때는 태양처럼 뜨거운 불덩어리였으나 기후변화와 지각변동을 겪으면서 물이 생기고 식물이 자라고 나중에는 사람까지 살게 되었다. 지구상의 삶은 해와 달이 만들어내는 자연광에 의한 밝음과 어둠의 주기적인 변화로 이어져 왔다. 그러나 산업혁명으로까지 칭송되는 전기의 발명으로 인공조명이 자연의 어둠을 압도하고, 밤에 밝히는 도시의 조명은 자연이 만드는 밤낮의 패턴을 파괴하며, 자연의 미묘한 균형을 여지없이 깨트리고 있다.

자연이 주는 원천적인 흐름의 상실에 의한 역효과는 이루 헤아릴 수 없이 많다. 밤이 밝아지면서 생기는 문제는 한둘이 아니다. 첫째 에너지소비량의 증가는 엄청나게 늘어나고, 둘째 자연의 흐름에 순응해오던 생태계는 파괴되고, 셋째 사람은 물론 동식물의 건강이 손상되고, 넷째 범죄의 증가와 치안상의 문제를 들 수 있다. 다섯째 빛 공해(Light Pollution)로 영향을 받지 않는 사람은 없고, 그 영향은 밤이 밝아지면 밝아질수록 더 증가하고 있다. 그래서 밤하늘을 원래대로 달과 별이 지배할 수 있도록 회복시켜야 한다고 주장하는 과학자, 환경단체, 사회지도자 그리고 일반인들까지 점점 늘어가고 있다.

빛 공해는 산업화 문명의 부산물로 건물 안팎의 조명, 광고조명, 실외조명, 사무실과 공장의 조명, 거리조명 그리고 실외 스포츠경기장의 대낮같이 밝은 조명 등이 인공조명에 의한 빛 공해의 원인이다. 그러나 아주 적은 양의 빛이라도 여러 가지 문제를 일으킬 수 있다. 20세기 초반부터 빛 공해의 유해성은 알려져 왔으나 1950년대 들어서야 문제의 심각성을 인지하기 시작했고, 1988년 국제밤하늘협회(IDA: International

Dark—sky Association)가 설립되면서부터 빛 공해에 대한 본격적인 연구와 국제적 활동이 시작되었다.

국제밤하늘협회는 에너지 절약 차원에서 빛 공해를 다루어 원하지 않거나 불필요한 조명을 하지 않음으로써 조명을 효율적으로 사용하고 조명의 낭비를 막을 있도록 사회적 관습을 바꿔나가는 것에서부터 시작했다. 이에 여러 국제적 기

국제밤하늘협회의 빛 공해 인포그래픽

업이 참여를 선언했고, 특히 영국의 조명기술자협회는 회원들에게 빛 공해의 자료, 문제점 그리고 영향을 감소시키는 방법 등을 구체적으로 제시하면서 에너지절약 차원에서만 빛 공해를 줄이는 것이 아니고 악영향이 크다는 점을 강조하였다.

빛은 우리의 일상생활에 없어서는 안 되는 필수요소이다. 에디슨의 전기발명 후 야간조명은 밤에도 안전하고 편리하게 생활할 기회를 제공하였다. 그러나 그 밝기가 눈이 부실 정도로 지나치게 밝거나 방향이 옳지 않거나 오히려 일상생활에 방해될 수 있는 조명이 많아 빛 공해는 인위적으로 만들어진 필요 이상의 빛 때문에 겪는 환경적 불이익을 말한다. 밤하늘이 지나치게 밝아지면 생태계를 교란시키므로 광공해(Photo Pollution)라고도 한다.

지나치게 강한 빛을 발산하는 상업조명과 도로조명 같은 실외조명은 정상적인 수면의 방해요인이 될 수 있고, 보행자에게는 눈부심과 같은 생활불편을 초래하며, 동식물은 밤낮의 구분이 어려워져 생태계에 교란현상이 생길 수도 있다. 도시지역의 도로조명과 지나친 광고조명, 특히 네온사인과 같은 거리의 조명들을 보고 눈살을 찌푸린 적이 있거나, 침실로 새어 들어오는 원치 않는 빛으로 인해 불편을 느낀 적이 있다면 빛 공해로 인한 피해를 입었다고 할 수 있다. '집(또는 건물) 안팎의 환경에서 인공조명 때문에 자연광 밝기가 변질되어 생태계에 영향을 미치는

것'이라고 빛 공해를 과학적으로 정의한다.

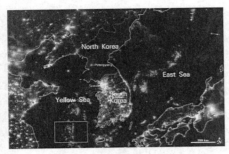
한반도 주변의 밤(NASA 인공위성 촬영, 2012년)

요즘 도시의 밤하늘에 달과 별을 볼 수 없는 것은 대기오염으로 하늘이 흐려진 것이 큰 이유이긴 하지만, 지나치게 밝은 인공조명이 빛을 산란시켜 밤하늘이 밝아져 달과 별이 보이지 않게 되는 스카이 글로(Sky Glow) 현상이 또 하나의 이유이다. 대기질이 나빠서이기도 하지만 이제는 평상에 누워 밤하늘의 별을 보긴 정말 어렵게 됐다.

지구관측 위성이 밤 동안 촬영한 지구의 합성사진을 토대로 전 세계의 빛 공해 실태를 분석한 연구결과(Science Advances, 2016년)에 따르면 우리나라가 G20 국가 중 최악의 빛 공해를 겪는다고 한다. 우리나라의 빛 공해에 노출된 인구비율이 G20 국가 중 사우디아라비아에 이어 두 번째였고, 빛 공해를 받는 면적비율은 이탈리아 다음으로 높았다. 인구의 89.4%는 도심 조명과 공장 불빛 때문에 1년 내내 밤하늘에서 은하수를 볼 수 없고 나머지(10.6%) 사람도 깨끗한 밤하늘을 보기 어려운 것으로 발표되었다.

이런 환경문제로 우리나라가 세계 1~2위를 다투다니 참 어처구니가 없기도 하다. 이 연구에 따르면 세계에서 빛 공해가 가장 심각한 나라는 도시국가인 싱가포르로 전 국민이 인공조명 때문에 달과 별을 보지 못하는 것으로 조사됐다. 선진국은 물론 인구가 좁은 지역에 밀집되어 도시화가 심한 쿠웨이트, 카타르, 아랍에미리트(UAE), 이스라엘, 사우디아라비아, 몰타 등도 대다수 국민이 인공조명 때문에 별을 보지 못한다고 한다. NASA의 인공위성이 촬영한 지구의 밤 사진에 북한이 보이지 않는 것처럼 선진국일수록 밤을 더 밝힌다. 바꿔 말하면 북한은 빛 공해에서 자유로운 곳이고, 남한은 빛 공해가 더 심하다는 말이 된다.

사람뿐만 아니라 모든 동식물이 원치 않는 빛에 노출되면 스트레스를 받는다. 농경지의 밝은 빛은 농작물의 생장에 영향을 미치고, 가축들에게는 스트레스의 요인이 된다. 동식물이 받은 빛 공해 스트레스의 좋은 예로 여름철 밤에 낮 시간 못지않게 밝은 도시에서는 밤에도 매미들이 잠을 자지 않고 울어대 사람이 밤잠을 설칠 수 있으니, 빛 공해를 제공한 사람이 동물의 스트레스로 인한 소음공해로 되받는 것이 된다. 밝은 조명에서 야간의 매미 울음소리가 더 시끄럽다는 연구결과도 보고된 바 있다. 조명을 밝혀 놓고 하는 야간경기(야구, 축구, 골프 등)는 경기장의 잔디의 휴식시간을 뺏는 결과를 초래해 잔디의 수명이 짧아진다.

사람을 포함한 모든 생물은 낮과 밤의 주기에 적응하며 살아가고 있어, 이를 **생체리듬**(Biorhythm)이라고 하는데, 사람의 몸도 생체시계에 맞춰 밝은 낮에는 활동하고 어두운 밤에는 잠자는 리듬으로 건강을 유지하며 살아간다. 일례로 비행기여행으로 시차가 많이 나는 곳으로 이동하면 사람의 건강에 따라 차이가 있지만 처음 얼마 동안은 수면에 상당한 어려움을 겪게 된다. 이와 같이 생체리듬이 흐트러지면 다양한 건강피해를 입게 마련이다. 과도한 인공조명 노출에 의한 빛 공해도 이와 마찬가지로 생채리듬을 깨트릴 수 있고 결국에는 건강을 해치게 된다.

빛 공해로 인해 수면에 영향을 받는 것은 **멜라토닌**(Melatonin) 때문으로, 뇌에서 분비되는 생체호르몬인 멜라토닌은 수용체를 활성화시켜 자연적인 수면을 유도하는 작용을 한다. 멜라토닌은 밤과 같이 어두운 환경조건에서 만들어지고, 과도한 빛에 노출되면 합성이 중단되므로 생체리듬이 교란되면 멜라토닌 분비가 억제되어 면역기능이 떨어지고 항산화물질 생산이 중단되어 암을 유발할 수도 있다. 야간에 인공조명에 과도하게 노출되어 멜라토닌 합성이 억제되면 여성의 유방암과 남성의 전립선암 발생률을 높인다는 연구가 있다. 침입광으로 수면에 방해를 받게 되면 다음 날 낮 동안의 일상 활동에 지장을 주고, 비만과 소화장애의 원인이 되고 심혈관계통이 영향을 받게 되는 것으로 알려졌다.

인공조명에서 나오는 빛의 특성에 따라 사람의 몸에 미치는 영향이 다르다. 파장이 짧은 청색광은 각성을 일으키는 특성이 있는데, 특히 스마트 폰, 컴퓨터 모니터, TV 등은 강한 청색광을 방출하는데, 잠들기 직전에 청색광에 노출되면 멜라토닌 분비가 억제되어 수면장애가 나타날 수 있다. 청색광은 학습이나 업무효율을 높이는 효과는 있지만 수면과 휴식에는 해로운 빛이다. 집중력이 요구될 때와는 달리, 휴식을 취할 때는 너무 밝은 빛을 피하고 온화한 계열의 빛을 사용하는 것이 좋다. 잠을 잘 때 조명을 사용하지 않고 침실을 최대한 어둡게 유지하여 시신경을 자극하지 않아야 하며, 잠들기 전에는 불필요한 조명에 노출되지 않는 것이 바람직하다. 이와 같이 빛은 고유의 색상과 온도에 따른 특성을 지니고 있다.

같은 조명이라도 빛 공해가 될 수도 있고, 빛 공해가 아닌 필요조명일 수도 있다. 예를 들어, 광고주 입장에서는 광고조명이 밝고 선명해야겠지만 일반인들에게 분명한 빛 공해이다. 거리조명도 그 아래로 다니는 보행자에게는 필요한 조명이지만 주변 거주자에게는 침입광으로 조명의 낭비이자 빛 공해이다. 그래서 어느 정도의 밝기와 어느 정도의 범위가 비쳐야 하는지에 관한 합리적인 정의를 내리기는 쉽지 않다.

과도한 조명이나 부적절한 빛의 스펙트럼이 사람의 몸에 미치는 영향에 대한 의학연구에 따르면 두통발생 빈도 증가, 노동자의 피로, 의학적인 스트레스, 성기능 감소 그리고 불안감의 증가를 들고 있다. 동물에 대한 연구에서도 마찬가지로 밤에 잠을 자지 못하게 하는 불빛은 안정되지 않고 불안한 분위기로 이어져, 각성과 불안감이 갑자기 나타나는 급성증상으로 이어질 수 있다고 한다. 그래서 축산농가의 축사우리 조명이 사육에 상당히 중요하다.

생체주기의 붕괴를 가져오는 주야간 교대근무를 2007년 세계보건기구(WHO)의 국제암연구소(IARC)에서 발암추정물질(원인)로 지정하고 있다. **야간인공조명**(ALAN: Artificial Light at Night)이 유방암과 전립선암의 발병률을 높인다는 의학적 연구는 한국에서도 미국에서도 여러 번 발표되었다. 낮에 자고 밤에 일하는 형태의 교대근무로 인한 지속적이고 만성적인 생체주기, 수면 및 호르몬 장애는 장기적 건강위험의 중대한 요인으로 보야야 한다.

빛 공해는 비효율적이거나 불쾌하거나 불필요한(거의 대부분) 인공조명의 사용으로 인하여 발생한다. 빛 공해는 크게 침입광, 과다조명, 섬광 눈부심, 빛 혼란 및 스카이글로 등 다섯 가지로 나누어 볼 수 있다. 빛 공해는 한 가지씩 분리되어 발생하는 것이 아니고 여러 가지 공해가 동시에생기는 경우가 대부분이다.

　　침입광(Light Trespass)은 실외조명이 이웃 집안을 비추는 것과 같이 원하지 않는 불빛이 허락도 없이 무단으로 개인의 영역을 침입할 때 생긴다. 가장 흔한 침입광은 강한 불빛이 가정집 창을 통해 무단으로 집안으로 들어와 잠을 설치게 하는 빛 공해이다. 야간조명은 길을 밝히기 위해서도 방범을 위해서도 필요하지만 사람에 따라서 또 주의여건에 따라서 언제, 어

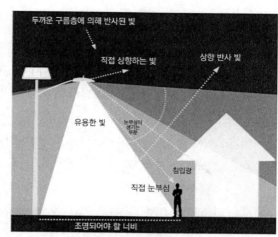

거리조명에 의한 빛 공해

디에, 어느 정도의 밝기로 비추는 것이 좋은지에 대한 정확한 정의를 내리기 어렵기 때문에, 침입광이란 어떻게 보면 주관적인 해석일 수도 있다.

　　국제밤하늘협회(IDA)에서는 밤하늘에서 별을 볼 수 없게 하는 연직선에서 90°(수평면) 이상 상향조명을 삼가고 있는데, 연직선에서 80~90° 사이의 높은 조명이 침입광을 가장 많이 발생시키는 조명이다. 따라서 조명기구는 연직선에서 80° 이하로만 낮게 비추도록 차광막을 씌워 상향조명이 생기지 않도록 설치되어야 침입광을 줄일 수 있다.

　　과다조명(Over–Illumination)은 적절한 밝기(조도) 이상의 과다한 조명의 사용을 말한다. 필요이상의 발기는 눈부심뿐만 아니라 필요 이상의 유지비와 에너지 낭비를 가져온다. 과다조명에 특히 민감한 사람이

지나치게 밝은 조명은 빛 공해

15 빛 공해도 상당히 심각하다

있으며, 일반적으로도 사람의 건강에 악영향을 미친다는 연구도 있다. 상업용 전기료의 20~40%가 조명비용이라고 하는데, 이 조명비용의 상당부분은 업무용 빌딩의 불필요한 야간조명, 센서 미설치, 조절장치 부족 등에 기인한다. 현대건축은 상업용 빌딩에 자연광을 이용한 간접조명을 끌어들이도록 설계하는 것이 추세이다. 사람의 건강에 미치는 과다조명의 악영향으로는 두통, 피로, 스트레스, 성적 영향, 고혈압, 심혈관계 질환 심지어 특정 암 발생위험의 증가도 염려된다는 연구가 이어지고 있다.

섬광 눈부심(Blinding Glare)은 태양을 응시할 때 생기는 것과 같은 현상으로 일시적 또는 영구적 시력저하가 생길 수 있다. 눈부심의 하나인 섬광장애(Disability Glare)는 시력의 심각한 감소로 마주 오는 차의 상향전조등에 의한 시야 장애, 안갯속이나 눈 속에서의 빛의 분산, 대비감각 감소 등이 생기는 현상을 말한다. 불쾌한 눈부심은 귀찮고 짜증스럽지만 위험하지 않으나 장시간 노출되면 피로의 원인이 된다. 눈부심은 누구에게나 이롭지 않지만, 나이가 많을수록 건강에 영향을 더 많이 받는다. 눈 속에서 생기는 눈부심에 의한 빛의 분산은 대비감의 상실로 이어지고, 오후 늦게 해 질 무렵의 낮은 햇살이나 마주 오는 차의 상향전조등에 의한 눈부심은 위험 운전으로 이어진다. 지나치게 밝고 차광막이 좋지 않은 가로등은 운전자와 보행자를 눈 부시게 하여 사고를 일으킬 수도 있다.

⬤ 빛 혼란- 서울의 한 골목

빛 혼란(Light Clutter)은 과다한 조명에 의해 빛이 묶여 한꺼번에 섞여 보이는 그룹화 때문에 생긴다. 빛의 그룹화는 혼돈을 가져오고, 비추고 싶은 대상을 안 보이게도 하고, 사고를 일으키는 원인이 되기도 한다. 현란한 색깔의 조명이 서로 엉켜 구분하기 힘들게 되거나, 가로등의 설계가 잘 못된 도로 상이나 도로주변에 설치된 밝은 광고판에서 빛 혼란이 많이 발생한다. 그렇게 조명을 설치한 이유야 있겠지만, 잘 못된 설치 위치와 무절제하고 현란한 색깔로 이루어진 과다하게 밝은 광고판 설계는 뒤엉켜 오히려 서로 잘 분간되지 않고 운전을 위험하게 하여 사고를 일으키는 원인이 될 수도 있다.

스카이글로(sky glow)는 도시에서 인공조명에 의한 빛이 산란하여 밤하늘이 밝아져 별을 볼 수 없게 되는 현상을 말한다. 지구상의 스카이글로 현상을 측정하기 위해서는 복잡한 절차를 거쳐야 한다. 지표면의 광원과 달빛이 없다고 하더라도 하늘은 완전하게 어둡지 않아 야광(Airglow = 대기광)과 빛의 분산을 초래하는 원인이다.

● 스카이글로- 잠 못 이루는 밤

중간권(지상 50~80km 사이의 대기층) 이상의 고위도에는 이온화를 일으키는 초단파의 자외선이 풍부하다. 이온이 전기적 중성입자와 충돌하면 재합성되어 광양자를 방출한다. 광양자를 방출하는 이온화 정도는 대기권 상층부가 지구의 그림자 속에 있는 밤중에도 지속해서 복사선을 방출할 수 있을 정도로 충분하다. 대기권 하층부에서는 광양자가 질소와 산소의 이온화 에너지를 흡수해버려 주목할 만큼의 이온화는 발생하지 않는다. 이런 방사광 이외에도 하늘에는 별과 은하수에서 오는 빛과 황도광(Zodiacal Light), 즉 행성 간 먼지입자에 의한 반사광과 후방산란(빛의 진행방향과 반대방향으로의 산란) 되는 태양광도 존재한다.

빛 공해는 동식물의 생리에 부정적인 영향을 미치므로 야행성 야생동물에게는 특히 심각한 위협이 된다. 빛 공해는 동물의 항로 결정에 혼돈, 경쟁적 상호관계의 변화, 포식자와 먹잇감 관계의 이상 그리고 생리적 위해를 가져올 수 있다. 생체리듬은 자연이 제공하는 낮과 밤의 변화 패턴에 의해 조직되기 때문에 인공조명이 이 패턴을 파괴하면 생태역학이 영향을 받는 것은 당연하다.

인공조명이 생명체와 생태계에 영향을 미치면 이를 **생태적 빛 공해**

(Ecological Light Pollution)라고 한다. 야간의 빛은 생물의 종에 따라 유익하기도 하고 그렇지 않기도 한데, 야간 빛의 존재만으로도 생태계는 교란되게 마련이다. 거미의 종류 중에는 밝은 곳을 피해 어두운 곳으로 숨어드는 종류가 있는가 하면, 반대로 가로등 위에 직접 거미줄을 치는 종도 있다. 이런 거미에게 가로등 불빛은 많은 날벌레를 유인하므로 먹잇감을 얻을 수 있어 불빛쯤은 문제시하지 않는 것이다.

빛 공해는 수생식물을 죽이고 수질을 떨어트리는 녹조의 발생원인인 물벼룩 같은 동물성 플랑크톤의 생성을 막기도 한다는 연구가 있다. 나비학자와 곤충학자는 야간조명이 나방이와 야행성 곤충의 항로결정능력을 방해한다고 주장한다. 나방이가 가루받이(수분)해주는 밤에 피는 꽃은 나방이 이외에는 인공조명에 영향을 받지 않는 가루받이 곤충이 없기 때문에 빛 공해에 의한 영향이 클 수밖에 없다. 이렇게 되면 특정 종의 식물은 멸종될 수 있으므로 장기적으로는 생태계에 변화를 일으키게 된다.

야행성 곤충 중 반딧불이는 자신이 내는 빛을 번식에 이용하므로 자연광이 아닌 인공광에 대해 상당히 민감한 곤충이어서 빛 공해 영향에 대한 특별 연구대상이다. 성충이 아니더라도 쉽게 빛을 발산하는 곤충으로 아주 드물게 보는 자체발광 곤충인 반딧불이는 환경변화에 민감하여 변화에 아주 빠른 반응을 보이기 때문에 인공야간조명에 대한 생물지표가 되는 곤충이다. 곤충연구가들은 많은 곤충의 감소가 밤에 비추는 인공광의 영향에 기인한 것이라고 주장한다.

전갈은 도시의 야간조명에 익숙하지 않은 야행성 동물로 빛에 매우 민감하고 영향을 많이 받는다. 낮 중이라도 태양광과 반사광의 자연적인 편광의 방향은 많은 동물에게 방향설정의 정보원이기 때문에 자연적 편광이든 인위적 편광이든 편광에 생기는 약간의 변화는 동물과 생태계에 악영향을 미치는데, 이 악영향을 **편광공해**(PLP: Polarized Light Pollution)라고 한다. 인위적(비자연적)인 편광원은 편광에 민감한 종에 부적응행위를 일으키고 생태적 상호작용에 변화를 가져온다.

높은 건물 옥상의 조명은 이동 중인 새들에게 방향착오를 일으키게 한다. 고층건물에 이끌려 죽는 새가 연간 4~5백만 마리에 이르는 것으로 알려졌다. 캐나다의 토론토와 인근도시의 건물소유자들로 구성된 **치명적 조명지각프로그램**(FLAP: Fatal Light Awareness Program)에 따라 철새들의 이동 기간에 철새의 사망률을 줄이기 위해 조명을 끄고 있다. 북해 해상 더치 쉘의 유류채굴시설 주변을 날아 이동하는 새들의 방향착오가 확인되어 조명시설을 하향 조절하였더니 플랫폼 주변을 나는 새들이 50~90%까지 감소하였다고 한다.

갓 부화한 바다거북의 새끼들이 산란 터인 해변에서 빛 공해로 해를 입는다. 거북의 새끼에게는 달이 길라잡이인데, 달빛에 의한 모래언덕과 식생의 어두운 그림자가 아닌 인공조명으로 방향 잡이에 방해를 받는다. 두꺼비의 생식활동과 번식 시기도 달빛에 의해 결정된다. 어린 바닷새도 인공조명에 의한 방향착오를 일으키고, 양서류와 파충류도 빛 공해에 피해를 보는 생물이다.

밤에 빛을 받게 되면 멜라토닌 생성에 지장을 받는다. 멜라토닌은 광주기에 의한 생리와 행위를 조절하는 호르몬이다. 개구리와 도롱뇽 중에는 산란장을 찾아 이동할 때 빛에 의존하는 종이 있다. 인공조명은 동물의 망막손상, 성장장애, 조기 탈바꿈, 정액생산 감소 그리고 선천적 돌연변이가 같은 발달장애를 일으키는 원인이 될 수 있다. 야간인공조명(ALAN)이 박쥐와 거북이에게 생활패턴에 영향을 미쳐 방향감각 상실과 위치확인에 어려움을 겪게 한다.

해변의 모래사장에서 갓 부화한 바다거북의 새끼가 인공조명에 의한 빛 공해의 피해자가 될 수 있다. 바다거북 새끼는 모래언덕의 실루엣과 달빛 조명으로 바다로 향하는데, 인공조명(해변조명)이 방해를 하게 된다. 번식활동과 생식주기를 달의 주기에 따르는 두꺼비와 둥지를 떠나 처음 떠나는 어린 바닷새들도 인공조명으로 생식주기에 혼돈을 가져오거나 방향감각이 손상을 입게 된다.

양서류와 파충류도 빛 공해의 영향을 받는다. 사람과 마찬가지로 어두울 때 생성되는 멜라토닌의 농도가 떨어져 광주기성인 생리주기가 흐트러지게 된다. 개구리와 도롱뇽 중에는 번식지를 찾아 이동할 때 자연광의존 컴퍼스를 이용하는 종류도 있다. 이런 동물들에게 인공조명은 망막손상, 어린 시기 성장장애, 조기 탈바꿈, 정자생성 감소, 유전적 돌연변이 등의 발달장애를 초래할 수 있다.

빛 공해는 침입광, 과다조명, 섬광 눈부심, 빛의 분산 그리고 스카이글로 같이 여러 가지 형태로 이루어지므로 빛 공해 현상에 대한 정확한 판단을 근거로 저감대책이 수립되어야 하는데, 일반적인 저감방법에는 다음과 같은 것들이 있다;

1) 조명목적을 달성하는데 필요한 최소 밝기의 전등사용,

2) 필요할 때만 점등할 수 있도록 타이머나 센서 설치,

3) 조명이 필요한 곳만을 비춰 주변 영향을 줄일 수 있도록 전등기구 개선과 차광막 설치

4) 발산되는 광파가 심각한 빛 공해를 적은 전등으로 교체하는 것이다.

수은등, 메탈핼라이드(Metal Halide) 그리고 1세대 푸른빛 LED 가로등은 나트륨등보다 빛 공해가 심한 전등이다. 대기는 노란빛이나 붉은빛보다 푸른빛을 더 쉽게 분산시키고 전도하므로, 습도가 높아지면 푸른빛 LED가로등 밑에서는 눈부심과 동시에 안개가 나타나는 것이 보통이지만, 오렌지색 나트륨 가로등 밑에서는 이런 현상이 훨씬 드물게 나타난다.

천체관찰도 빛 공해에 매우 민감한 영향을 받는다. 도시의 밤하늘은 어두운 하늘과 다를 게 없다. 밤하늘 대기 중 빛의 분산, 즉 스카이글로는 별과 은하수 그리고 하늘 사이의 대비를 흐리게 만들어 희미한 물체를 더 보이지 않게 한다. 이 때문에 현대 천체망원경은 더 먼 거리를 볼 수 있게 점점 더 정밀하고 빛 공해의 영향을 덜 받는 신형으로 개발되고 있다.

천문학자 중에는 관찰대상에 따라 성운에서 보통 볼 수 있는 특정 파장만 허용하는 단파장의 네뷸러필터(Nebula Filter)를 사용하는 학자도 있고, 빛 공해의 영향을 감소시키는(제거하지는 못한다) 장파장의 빛 공해 저감필터를 사용하는 학자도 있다. 이 빛 공해 저감필터는 나트륨증기등이나 수은증기 등에서 주로 방출되는 스펙트럼선을 제거하기 때문에 은하수와 성운 같이 희미한 대상의 대비감을 높여 더 잘 보이게 한다.

그러나 이 빛 공해 저감(LPR: Light Pollution Reduction)필터는 빛 공해를 완전히 해결하지 못해 특정 파장에서만 유용하고, 간혹 초록색이 뚜렷하게 하는 등 대상물의 색상을 변화시키기도 하며, 발광성운만 관찰할 수 있는 반면 은하수와 다른 별의 관찰에는 사용하지 못한다. 육안관찰이나 사진촬영 용으로 밤하늘에 사용할 수 있는 완전한 필터는 아직 발명되지 않았다.

빛 공해는 별보다 표면밝기가 떨어지는 성운이나 은하수같이 분산된 천체의 관찰을 아주 어렵게 만든다. 대도시의 하늘과 같이 빛 공해가 심한 하늘의 천체는 관찰할 수 없다. 스카이글로 이외에 천체관찰을 어렵게 만드는 빛 공해가 침입광인데, 인공조명이 망원경통 안으로 들어와 벽면에 반사되어 접안렌즈에 영향을 미친다. 침입광은 어둠에 대한 대비 감도 떨어뜨린다. 이런 침입광의 피해를 줄이기 위해 천문학자들은 검은 천을 씌워 빛 공해에 의한 영향도 없애고 대비감도 높이려 하고 있다.

정부에서는 '인공조명에 의한 빛 공해 방지법'으로 인공조명으로부터 발생하는 과도한 빛 방사 등으로 인한 국민건강 또는 환경에 대한 위해를 방지하고 인공조명을 환경친화적으로 관리하여 모든 국민이 건강하고 쾌적한 환경에서 생활할 수 있게 2013년부터 시행하고 있으니 지금보다는 더 좋아질 것으로 기대해본다.

16

지구온난화는
기후변화로
이어진다

한여름에도 얼어있는 땅인 **영구동토층**(Permafrost)은 그 면적이 약 19백만km²로 지구 북반부의 약 24%나 되며 두께가 평균 80~100m나 되는데, 위치에 따라 이보다 더 두꺼운 곳도 있다. 그러나 이 영구동토층이 지구온난화로 녹아 가면서 그 면적이 줄어들고 있다. 영구동토층은 주로 지구의 북반부 제일 위쪽인 시베리아, 캐나다 북부, 알래스카 및 그린란드 등 북극해 주변에 분포되어 있고, **산악영구동토층**(Alpine Permafrost)은 에버레스트를 비롯한 고산지대에 분포되어 있다.

그런데 이 영구동토층에는 유기물질과 얼어붙기 전에 죽은 동물의 사체가 많이 퇴적되어 있는데, 지구온난화로 영구히 녹지 않을 것으로 예상되었던 동토층이 녹으면서 꽁꽁 얼어있던 동물의 사체가 부패하여 이산화탄소, 메탄 같은 온실가스를 배출하게 된다. 극지주변 영구동토층에는 지구 전체의 거의 반이나 되는 엄청난 양(약 17천억 톤)의 유기물이 포함되어 있다. 북극 추위에 의해 동토층은 수천 년에 걸쳐 형성되어 조금씩 퇴적되었는데, 여기에 묻혀 있는 탄소의 양은 오늘날까지 인간이 대기로 배출한 탄소의 4배이고, 대기 중의 탄소량의 2배에 이르는 것으로 추정되고 있어 동토층이 녹으면서 배출될 탄소량은 매우 많아 그 영향은 상상하기도 힘들 정도로 엄청날 것이다.

북극의 영구동토층은 지구 내부에서 생성되는 메탄과 언 토양 속 미생물이 생산해내는 메탄을 얼음으로 가둬놓고 있는 엄청난 크기의 냉동고이다. 그런데 이 얼음 냉동고가 지구온난화로 녹아 메탄을 배출하고, 배출된 메탄은 다시 온난화를 부추겨 얼음을 더 녹이는 온난화 사이클이 형성되고 있다. 대기 중으로 배출된 메탄은 약 10년 정도만 지나면 붕괴되어 없어지지만 그 이전까지 메탄에 의한 온실효과는 이산화탄소보다 높다. 바닷물의 수위가 지금보다 훨씬 낮았던 빙하기에 얼음 속에 갇혔던 메탄이 거품형태로 빠져나오는 것이 처음으로 관측된 것은 약

330

10년 전 러시아의 과학자들(Shakova와 Igor Semiletov)에 의해서다.

지금까지의 연구에 따르면 1880년에서 2012년 사이 지구표면의 온도가 평균 0.85(0.65~1.06) °C 상승했는데, 현재는 연간 약 0.2°C씩 상

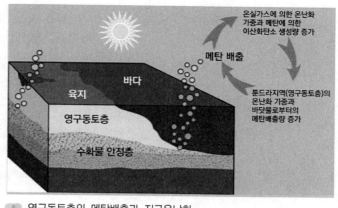

● 영구동토층의 메탄배출과 지구온난화

승하고 있다고 한다. 1950년 이래 추운 날의 수는 줄고 더운 날의 수는 늘어나면서, 이 더운 열기가 열에너지로 90% 이상이 바닷물 온도를 높이는데 기여하고 있다. 21세기 중에 지구표면 온도는 최저 0.3~1.7°C, 최고 2.6~4.8°C 오를 것을 추정하고 있다. 지구온난화는 19세기 후반부터 시작된 전 세계적인 바다와 지구표면 부근 공기의 기온상승을 일컫는 말이다.

영구동토층이 녹아가면서 앞으로 배출될 온실가스의 양은 추정하기도 힘들 정도로 엄청나다. 영구동토층이 녹으면 흙을 단단히 옭아매고 있던 얼음이 녹으면서 땅이 폭삭 가라앉는 싱크홀 현상이 생기고, 얼음이 녹아 생긴 물이 고여 작은 호수가 형성하는데, 이런 지형을 **열카르스트**(Thermokarst)라고 한다. 열카르스트의 호수는 서서히 녹는 토양층보다 메탄을 최대 400배나 배출한다고 하니 걱정이 아닐 수 없다.

동토층에 갇혀있던 흑사병, 스페인 독감, 천연두, 최근 유행한 코로나 바이러스 같은 병원균(바이러스)이 다시 새어 나와 전염병을 다시 창궐하고, 토양속의 각종 미네랄이 바다로 흘러들어 생태계를 교란시키고, 동토층에 깔린 송유관이 가라앉아 터지면서 석유가 유출되는 사고는 생각만해도 끔찍하다. 그런데 미항공우주국 NASA의 발표에 따르면 영구동토층의 녹는 속도는 예측보다 2배나 빨라졌다고 하고, 극지방 동물인 북극곰과 바다표범의 터전이 점점 사라지고 있다니 걱정이 커질 수밖에 없다.

얼어붙은 땅속에 갇혀있던 박테리아, 바이러스, 곰팡이 같은 미생물이 빠져나와 활동을 재개하면 생태계에는 어떤 변화가 생기고, 어떤 질병이 창궐하게 될지 현재로선 아무도 예측할 수 없다. 2005년 알래스카의 영구동토층에 갇혀 있던 스페인 독감 바이러스를 연구실에서 분리하여 활동을 재개시키는데 성공했다고 하니, 흑사병이나 천연두같이 퇴치된 전염병 바이러스가 영구동토층에 묻혀 있을지(살아 있을지 죽어 있을지 모를 일이지만)도 모를 가능성은 충분하다.

지구온난화현상이 빙하를 녹이면서 얼음 아래 감춰져 있던 유물들이 드러나 일부 고고학자들에게 뜻밖의 선물을 주고 있다.

2006년 이후 여름마다 빠른 속도로 빙하가 녹아내리는 노르웨이의 요툰헤이멘(Jotunheimen) 산맥에서 정부연구팀은 빙하가 녹은 가장자리에서 지금까지 2,000여 점이 넘는 유물을 발굴했다고 한다. 8~10세기의 바이킹족 전성기에 사용되었던 스키, 화살, 옷 등이 가장 많이 발굴되었고, 청동기시대인 기원전 3900년경에 만들어진 것으로 추정되는 화살대도 나왔다고 하는데, 상온에서라면 썩어 없어져 버렸을지도 모를 가죽, 나무, 직물 등이 대부분이지만 그동안 빙하 속에 묻혀 있었던 탓으로 보존상태도 좋다고 영국 데일리메일이 최근 전했다.

극지방과 고산지대에 퍼져 있는 얼음 속에서는 종종 보존상태가 우수한 고고학 유물들이 발굴되는데, 1991년 알프스 산악지대에서 발견된 냉동인간 외치(Oetzi, 발견된 장소인 Oetztal Alps에 따라붙은 호칭)가 대표적 사례로, 외치는 기원전 3300년경 남성 미라로 아주 잘 보존되어 많은 연구성과를 낳았다고 한다.

16.1 엘니뇨와 라니냐로 더 더워지는 여름과 더 추워지는 겨울

우리나라는 1950년 이래 추운 날의 수는 줄고 더운 날의 수는 늘어나고 있다. 국립수산과학원의 '기후변화에 따른 한반도 해양환경 변화

(2018)'라는 보고서에 따르면, 우리나라 바다의 연평균 표층수온 상승이 최근 50년(1968~2017년)간 1.23℃에 달하여 전 세계 평균(0.48℃)에 비해 약 2.6배 높은 수온상승을 보였는데, 이는 전 세계에서 가장 높은 상승률을 보이는 해역 중 하나라고 한다.

수온상승은 장기적으로 해양생태계에 다양한 영향을 미칠 것으로 보고 있는데, 우선 정착성 해양생물이 서식온도가 적합한 북쪽으로 점차 이동할 것이며, 대부분 상업성 어종인 회유성 어종들의 회유경로도 바닷물의 온도변화에 따라 달라지고, 주요 어종들의 생리와 생태에도 변화가 생겨 산란시기와 산란장소에도 변화가 생길 것으로 예상하고 있다. 적조와 해파리의 대량 번식과도 밀접한 관련이 있는 것으로 알려졌으며, 최근 문제가 되는 패독발생과도 관련이 있다.

패독(Shellfish Poisoning)이란 바닷물의 온도변화에 따라 유독성 플랑크톤이 발생하게 되고, 이 유독성 플랑크톤을 먹이로 하는 조개류의 체내에는 독소가 축적된다. 이 독성은 조개류에는 특별한 해가 없으나, 유독한 조개류를 섭취하는 사람이나 동물은 중독되거나 심하면 사망에 이르기도 한다. 패독에는 마비성, 설사성, 기억상실성 및 신경성 패독이 있다고 하니 유의해야 한다.

태풍의 세기는 지구온난화에 의해 더 강해지고, 진행경로는 표층수온에 큰 영향을 받아 예전과는 다른 양상을 보인다. 지난 2002년과 2003년 우리나라에 내습한 태풍 '루사'와 '매미'의 경우에도 평년 대비 2~4℃ 높은 동중국해의 표층수온이 큰 영향을 미친 것으로 판단된다. 해수면의 상승을 일으키는 가장 큰 원인 두 가지는 극지방 얼음의 해빙과 열팽창으로 알려졌다. 우리나라의 해수면상승은 해빙보다는 열팽창이 훨씬 더 큰 원인으로 밝혀지고 있는데, 높은 수온상승은 바닷물의 부피를 팽창시켜 해수면상승을 가속화시키는 역할을 하는 것으로 판단된다.

UN의 기후변화에 관한 정부 간 패널(IPCC)에서는 온실가스의 증가와 빛 투과율 감소로 바닷물의 아래쪽으로부터의 영양공급이 현저히 줄어들 것으로 예측하고 있다. 우리나라 일부 해역에서는 표층의 영양염농도도 줄어들고, 표층의 염분도 감소하는 추세를 보이는데, 이는 전형적인 기후변화의 영향으로 판단된다. 국립수산과학원에서 구축한 해양기후모델로 온실가스 배출이 가장 심한 시나리오에서 우리나라의 2100년 예측 표층수온은 현재보다 약 3~5℃ 정도 높을 것으로 예상되는데, 이는 같은 시나리오에 따른 전 지구 평균 수온상승 예상치인 2~3℃보다 월등히 높은 수준이다.

1~2℃밖에 차이가 나지 않아 별것 아닌 것으로 착각할 수 있으나, 그 많은 바닷물을 데워 온도를 1~2℃ 올리려면 얼마나 많은 열을 가해야 되는지 상상해보면, 바닷물의 수온이 이 정도 차이난다는 것은 엄청난 차이라는 것을 이해할 수 있을 것이다. 여기서 말하는 **영양염**(Nutrient)이란 바닷물 속의 규소, 인, 질소 등의 염류를 통틀어 일컫는 말로 식물성 플랑크톤의 영양이 되는 물질로 플랑크톤의 생성량을 좌우한다.

2018년 7월 초부터 8월 말까지 우리나라 주변 바다의 수온이 7월 중순부터 급격히 올라 하순에는 평년에 비해 3~5℃ 이상 높았으며, 8월 중순까지 매우 높은 온도를 이어오다 제19호 태풍 '솔릭'으로 폭염이 소강상태를 보인 8월 하순부터 서서히 평년 수온에 가까워졌는데, 그 넓은 태평양에서 가장 높은 수온이 우리나라 주변에 나타나고 있다는 것은 결코 좋은 징조가 아니다.

기상학자들은 빠르게 소멸된 장마와 이른 폭염 시작의 원인을 북태평양 고기압과 티베트 고기압의 복합작용에 의한 열돔현상에서 찾고 있다. 여름철 우리나라에 영향을 주는 이 고기압세력은 봄철 아시아대륙 내부의 고산지대 적설량 증가와 장기적인 사막화에 의한 영향으로 추정되고 있는데, 기후변화가 아시아대륙 내부의 적설량 증가와 사막화를 가중시키는 원인이다. 즉, 우리나라의 여름철은 점점 더 더워질 가능성이 커 그 원인을 기후변화에서 찾고 있다.

열돔(Heat Dome)현상이란 대기권 중상층(지상 5~7km 사이)에 발달한 고기압이 정체하거나 아주 서서히 움직이면서, 지열이 그 밖으로 빠져나가지 못하게 막아 뜨거운 공기를 지면에 가두게 됨으로써 더위가 심해지는 현상으로, 마치 돔(반구형 지붕)에 갇힌 듯 지면을 둘러싸기 때문에 열돔으로 불린다. 열돔현상이 생기면 예년보다 5~10 ℃ 이상 기온이 높은 날이 며칠 동안 이어지게 된다.

반대로 겨울은 어떤가? 2010년에 접어들면서 겨울에 심각한 혹한(기온도 낮아지고, 기간도 길어지는) 발생이 점점 더 늘어나고 있다. 2010년과 2011년 그리고 2018년 1~2월 사이에도 심각한 한파가 발생했다. 2011년 초에는 약 130억 원, 2018년 초에도 수십억 원의 양식폐사가 발생했다. 2010년대 이후에 나타나는 심각한 저수온 현상은 북극 온난화에 따른 제트기류의 약화, 그리고 그에 따른 북극 한기류의 남하가 그 이유이다.

인공위성을 통해 북극 얼음 면적을 계측한 1979년 이후 가장 적은 얼음 면적을 보인 것이 2012년이었으며, 나머지 기간도 2010년대 이전의 북극 빙하면적은 평균면적을 월등히 밑돌고 있다. 북극의 심각한 온난화 현상은 중위도인 우리나라 겨울철 기후에 막대한 영향을 줘 한파기원의 저수온 현상을 일으키는 것으로 판단된다. 또한 시베리아 고기압의 현저한 약화는 역시 북극의 온난화에 의해 겨울에 빈번히 나타나고 있다. 이는 우리나라의 한파발생의 중요한 원인이고, 라니냐 기간에 우리나라에 한파가 더 많이 발생한다는 것이다. 엘니뇨와 라니냐주기 중에 라니냐 시기에는 우리나라 겨울철 극한환경을 더 많이 발생시킨다는 통계가 있다.

엘니뇨(El Nino)는 스페인어로 남자아이 또는 아기 예수를 뜻하는 말이고, 엘니뇨 현상은 바다표면의 온도가 6개월 이상 평균수온보다 0.5℃ 이상 높아지는 현상인데, 무역풍이 주기적으로 약해지기 때문에 발생한다. **라니냐**(La Nina)는 스페인어로 '여자아이'를 뜻하는 말인데, 라니냐 현상은 엘니뇨 현상과 반대로 바닷물 온도가 낮아지는 현상인데, 수온이 낮아지면 대기순환에 영향이 생겨 이상기후가 발생한다.

이 현상으로 인도네시아, 필리핀 등에서는 라니냐 시기에는 평소보다 더 많은 비가 오고, 태평양 주변국인 페루, 칠레 등 남아메리카는 서늘해지고 북아메리카에는 강추위가 찾아오기도 한다. 엘니뇨와 라니냐는 각각 다른 현상이 아니라 서로 관련되어 연속적으로 일어난다. 아직 그 발생원인이 명확히 밝혀지지 않아 현재 원인규명을 위해 많은 해양 기상학자의 연구가 진행 중이다.

장기적 수온변화와 여름과 겨울철 수온의 양극화현상은 모두 기후 변화가 그 원인이어서 사람의 힘으로는 어떻게 할 방법이 없다. 장기적 수온변화는 해양생물의 산란장과 산란시기에 변화를 가져와 수산물의 유통과 가공 시기의 변화로 이어져 수산업활동에 연쇄적인 변화가 생길 수밖에 없다. 우리나라의 동해에서 그렇게 많이 잡히던 오징어와 명태를 거의 볼 수 없게 된 것도 이런 변화 중의 하나로 해석하고 있다.

수산물질병 발생의 증가와 아열대 병원성 미생물발생의 증가도 예상된다. 이는 수산물 품질저하로 이어지고 수산물 안전성에 대한 소비자의 신뢰에도 문제가 생길 우려가 있다. 또한 연안의 해양생물 서식지 변화, 생물다양성 및 생물종 분포저하에 영향을 미칠 것이고, 연안은 물론 심해의 바닷물 속 산소감소 현상, 어장형성 해역변화, 해양산성화 문제 등 다양한 리스크가 나타날 것으로 본다.

16.2   온실가스는 지구온난화의 주범

온실가스(GHG: Green House Gas)란 한마디로 지구온난화를 일으키는 원인이 되는 대기 중의 가스를 말하는데 일명 온실기체라고도 한다. 지구가 더워지는 현상, 즉 지구표면 온도가 상승하는 현상을 지구온난화라 하고, 이 온난화를 일으키는 원인물질을 온실가스라 칭한다. 온실가스는 열에너지가 지구에서 바깥으로 빠져나가지 못하게 가두어두는 역할을 한다.

옆 인포그래픽이 이런 지구온난화를 잘 설명하고 있는데, 태양광이 지표면에서 반사되어 외기바깥으로 빠져나가려 하나 온실가스가 되반사하거

● 온실가스와 태양복사선에 의한 온실효과

나 흡수하여 지구의 표면 온도를 상승시킨다는 설명이다. 적외선 복사형 태인 이 열은 온실가스에 의해 흡수되거나 지표면으로 다시 반사되어 낮은 온도의 대기를 덥혀 지구의 온도를 상승시킨다. 이런 온실가스 중 자연적으로 발생하는 것으로는 수증기, 이산화탄소, 메탄, 아산화질소, 오존 등이 있다.

이 자연 발생 온실가스가 없었더라면 지표면 평균온도는 $-18°C$ ($0°F$)였을 텐데, 이 온실가스 덕분에 현재 평균온도를 $15°C$($59°F$)로 유지하고 있다. 이렇게 생각하면 지구에 살아가는 생물에게 온실가스는 상당히 감사한 존재이나, 자연 발생 온실가스 이외에 인간이 추가로 엄청난 양을 대기 중으로 배출하여 지구온난화라는 심각한 문제를 일으키고 있다. 지금과 같은 추세대로 지구온난화가 지속되면 생태계, 생물다양성 및 인간의 일상생활 영위에 잠재적 위험을 초래할 수준 온도에 이를 것으로 추정되는데, 2036년이 되면 UN의 기후변화에 관한 정부 간 패널(IPCC)에서 피하고 싶은 위험수준인 $2°C$까지 상승할 것으로 추정된다.

산업혁명 이후 인류는 대기 중에 온실가스의 양을 증가시켜 이산화탄소, 메탄, 성층권 오존, 염화불화탄소(CFC) 그리고 아산화질소 같은 온실가스는 지구의 에너지 흡수를 증가시키는 결과를 가져왔다. 2011년에 산업혁명 이전보다 이산화탄소 농도는 40% 그리고 메탄의 농도는 150% 증가하였다. 특히 세계 제일기준점인 하와이 마우나로아(Mauna Loa)화산 관측소의 이산화탄소 측정치는 2013년에 처음으로 400ppm을 초과하였다. 이 농도는 빙하에서 축출한 자료를 근거로 작성된 지난 80만 년 동안의 대기 중 이산화탄소의 농도보다 높은 수치이고, 지질학적 추정치도 지난 수백만 년의 이산화탄소 농도가 이보다 높은 적이 없었다고 한다. 참고로 2019년 측정치는 이보다 높은 415ppm이고 산업혁명 이전인 1750년은 280ppm이었다.

2010년 지구상 인위적 온실가스의 배출량 전체를 등가로 환산하면 이산화탄소를 약 490억 톤 배출하는 것과 같다. 온실가스의 65%가 화석연료의 연소에 발생하는 이산화탄소이고, 11%가 산림벌채와 같은 토지이용의 변화에 따라 배출되는 이산화탄소로 온실가스 중 이산화탄소가 차지하는 비중이 76%나 되며, 16%는 메탄, 6.2%는 아산화질소 그리고 나머지 2%는 불소화기체였다. 처음 시작될 때부터 소멸될 때까지의 생애주기(life-cycle)로 계산한 분야별 온실가스 배출량은 음식물(26~30%)에 의한 것이 가장 많고 세탁, 난방 및 조명(26%), 교통과 운송(20%) 그리고 건설공사(15%) 순으로 이어졌다.

지표면의 식물형태가 바뀌면, 식물이 반사해버리는 햇빛과 식물의 증산작용에 의한 수분의 증발로 식생이 바뀐 지역 온도가 달라진다. 일례로 짙은 삼림이 잔디밭으로 바뀌면 표면이 얇아져 흡수되는 햇빛보다 반사되는 햇빛이 훨씬 많아지게 마련인데, 인류는 농경지를 더 많이 만들기 위해 수풀을 밀어버렸다. 산업혁명 이전부터 지구를 식히는 효과가 있는 토지이용변화 때문에 지표면의 햇빛 반사도가 높아져 왔다.

태양은 지구의 일차적인 에너지원이기 때문에 지구로 들어오는 태양광이 기후체계에 직접적인 영향력이 있어, 상식적으로도 태양이 지구온난화에 큰 영향을 미칠 것으로 생각한다. 1978년부터 인공위성(NASA)으로 측정되어온 태양의 복사량에는 큰 변화가 없어 햇빛이 지구온난화에 영향이 없는 것으로 판단된다. 기후모델에서도 최근 수십 년간에 걸친 급작스러운 지구온난화가 태양열이나 화산활동과는 무관한 것으로 예측되었다. 태양광이 지구온난화와는 상관이 없다는 증거는 온실가스가 대기의 하층부인 대류권 온도는 덥히지만 대기의 상층부인 성층권의 온도는 차게 하기 때문이다. 태양에 더 가까운 대기의 상층부(성층권)가 더 먼 하층부(대류권)와 같이 태양열에 의해 더워져야 태양이 지구온난화에 영향을 미친다고 볼 수 있으나 성층권은 여전히 차고, 대류권은 따뜻하다.

대기가 점점 더워짐에 따라 대기는 더 많은 습기를 머금게 된다. 온실가스의 배출로 더워진 대기는 점점 더 많은 물(수증기)을 머금게 될 것이고, 수증기는 강한 온실가스이므로 대기를 더 덥게 만들 것인데, 이것이 바로 **수증기의 피드백**(Water Vapour Feedback)이다. 북극에 눈과 빙하가 줄어들면 지표면의 햇빛반사도 줄어들어 더 많은 태양에너지가 흡수된다. 북극의 기온이 과거의 거의 두 배 비율로 높아진다. 북극 기온의 상승은 영구동토층을 녹여 메탄가스를 방출하는 원인이 되는데, 21세기 말이 되면 두 번째 원인인 토지이용변화(삼림벌채)에 의한 온실가스 방출량을 초과할 것으로 내다보고 있다.

지구온난화가 환경에 미치는 영향은 광범위하고 엄청나다. 북극해빙 감소, 해수면 상승, 빙하붕괴 등은 지구온난화의 악영향으로 북극의 해빙은 수십 년에 걸쳐 작아지고 얇아져 기후변화에 취약한 대표적인 예다. 최근의 예측에 따르면 여름철 얼음 없는 북극(얼음 면적이 1백만㎢ 이하가 되는 경우)이 될 때가 이르면 2025~2030년 사이에 닥쳐올 것이라 한다. 1993년 이래 해수면은 해마다 평균 3.1±0.3㎜씩 상승하고 있으며, 1993부터 2017년 사이에는 수면상승이 가속화되고 있다고 한다.

UN의 기후변화에 관한 정부 간 패널(IPCC)의 예측에 따르면 21세기 말까지는 해수면이 52~98㎝ 상승할 것이라고 한다. 해수면 상승에 미치는 잠재적 영향이 90%나 되는 남극의 해빙(바다빙하)과 대륙빙하 손실률은 아직 확실히 규명되지 않고 있다. 극지방과 해양의 온도상승은 남극빙하를 빨리 녹여 더 급격한 해수면 상승을 가져올 가능성을 높이고 있다.

1960~2010년 사이의 극단적 기후, 극심한 기상변화, 열대성 태풍 등에 대한 자료 분석에 따르면, 가뭄과 폭염이 동시에 또 다발적으로 발생했는데, 특히 1980년 이래 계절풍주기에 극단적인 우기와 가뭄이 증가했다. 폭염과 같은 극심한 기상변화는 더 자주 또 더 심하게 발생할 것으로 예측된다. 북극지방의 급속한 온난화로 제트기류는 더욱 불규칙하게 되어 중위도 지역에 극단적 기후를 조성해 폭우와 태풍이 더욱 기승을 부릴 것으로 예측된다.

대기 중의 이산화탄소 농도 증가는 바닷물에 용해된 이산화탄소량의 증가로 이어져 바닷물의 산성도를 높이는 결과를 가져온다. 산소는 물이 따뜻할수록 더 적게 용해되므로 물속의 산소가 감소하게 되므로 바닷물 속에 산소가 없어지는 **탈산소화**(Deoxygenation) 현상이 발생한다. 이 탈산소화현상이 해양생태계에 영향을 미칠 것은 명약관화하다.

대기 중에서 이산화탄소의 생명이 아주 길기 때문에 지구온난화가 미칠 장기적 영향은 인위적인 이산화탄소의 배출에 의해 결정된다. 지구온난화로 얼음이 녹아 빙하를 소멸시켜 생기는 지각의 변화 또한 장기적으로 큰 영향을 미칠 것이다. 빙하가 없어지면 땅덩어리가 얼음의 무게에 의한 압력을 받지 않게 되어 다시 솟아오르는 **빙하후기반동**(Post-Glacial Rebound) 현상이 발생하는데, 이 현상으로 산사태가 일어나고 지진과 화산의 활동이 활발해질 수 있다. 더 따뜻해진 바닷물로 해저 영구동토층이 녹아내리고 수화물을 배출함으로써 발생하는 해저 산사태는 쓰나미의 발생원인이 될 수도 있고, 해수면의 상승도 몇 세기에 걸쳐 이루어질 것이다.

지구온난화의 주범인 6대 온실가스라고 할 때 자연적으로도 발생하고 인위적인 배출량도 엄청나게 많은 이산화탄소(CO_2)에 이어 메탄(CH_4)과 아산화질소(N_2O)가 포함되고, 3대 불소화합물인 수소불화탄소(HFC), 과불화탄소(PFC), 육불화황(SF_6) 세 가지를 추가하는데, 우리나라 '저탄소 녹색성장기본법(2010년 제정)'에도 이 여섯 가지를 온실가스로 규정하고 있다. 수증기도 자연적인 온실효과를 일으키는 물질이지만, 1985년 세계기상기구(WMO)와 유엔환경계획(UNEP)은 이산화탄소가 온난화의 주범이라고 공식적으로 선언하였다. 그 이유는 사람의 활동, 즉 화석연료의 연소로 발생하는 이산화탄소가 다른 어느 온실가스보다 많아 온실가스 중 그 양이 가장 많이 발생하기 때문이다.

온실가스가 지구온난화에 미치는 영향을 지수로 나타낸 것을 **지구온난화지수**(GWP: Global Warming Potential)라고 하는데, 이산화탄소가 지구온난화에 미치는 영향을 기준으로 다른 온실가스가 지구온난화에 미치는 영향을 상대적인 수치로 나타낸 것이다. 다른 온실가스 1kg의 태양에너지 흡수량을 이산화탄소 1kg의 태양에너지 흡수량으로 나눈 값으로, 단위 질량 당 온난화 효과를 이산화탄소의 온난화 효과와 대비하여 지수화한 것이라고 할 수 있다. 이산화탄소를 1로 볼 때 메탄은 21, 아산화질소는 310, 수소불화탄소는 1,300, 육불화황은 23,900이나 된다. 다시 말하면 메탄은 같은 양이라도 이산화탄소보다 21배, 아산화질소는 310배 더 많은 온실효과를 초래한다는 뜻이다. 교토의정서에서도 온실가스 배출량계산에 지구온난화지수를 사용하였다.

메탄은 화석연료와 폐기물에서 많이 발생하고 농축산업분야에서도 발생량이 적지 않은데, 가축분뇨는 물론 가축의 트림이나 방귀에서 발생한다. 메탄발생량은 산업혁명 이전 715ppb에서 2005년 1774ppb로 2배 이상 증가했다. 아산화질소도 비료사용량이 늘어나면서 대기 중에 쌓이고 있다. 온난화지수가 매우 높으나 자연적으로 발생하지 않고 인공적으로만 발생하는 온실가스인 수소불화탄소는 냉매, 스프레이 분사제 등으로 산업공정에서 많이 배출되고, 과불화탄소는 반도체 제조공정에서 육불화황은 전기절연제 제조공정에서 배출된다.

16.3 저탄소 정책

요즘 들어 대기환경오염은 선진국만의 관심의 대상이 아니고, 공업화를 서두르고 있는 개발도상국에서도 문제가 점점 더 복잡해지고 규모가 커질 뿐만 아니라, 환경오염의 악영향이 과학적으로 증명되면서 전세계적인 관심의 대상이 되었다. 대기환경에 대한 인식변화는 환경문제를 사회문제로 대두시켰고 정부는 환경보호와 규제를 강화할 수밖에 없는 상황에 처하였다. 논의에만 그쳤던 소극적인 환경문제 대처가 1992년 브라질의 리우데자네이루에서 개최된 유엔환경개발회의에서 유엔기후변화기본협약(UNFCCC)이 채택되면서 국제적인 인식전환이 이루어져 대기뿐만 아니라 해양폐기물, 유독화학물질, 생태계 등 다양한 분야에서 환경관련 국제협약으로 이어지고 있다.

이 협약을 채택된 도시의 이름을 따 단순히 **리우협약**이라고도 하는데, 배출권거래제 도입의 시초가 되었다. 리우협약 이후 1997년 기후변화협약에서 채택된 교토의정서(Kyoto Protocol)는 의무이행 당사국의 탄소배출 감축이행에 신축적으로 대응할 수 있도록 **배출권거래**(IET: International Emission Trading), **공동이행**(JI: Joint Implementation), **청정개발체제**(CDM: Clean Development Mechanism) 등의 제도를 도입하게 된 배경이었다. 교토의정서는 지구온난화를 방지하기 위한 행동지침서를 규정하였으나 우리나라는 교토의정서가 채택될 당시만 해도 개도국으로 분류되어 온실가스 감축의무를 면제받았으나, OECD회원국이면서 온실가스 대량 배출국이어서 2019년에 자진해서 선진국으로 분류시켰다.

리우에서 채택된 유엔의 기후변화협약은 우리나라를 포함한 150여 국가의 서명으로 채택되었고, 기후변화협약을 기초로 하여 진행되어온 국제적 온실가스 감축노력은 **교토의정서**(Kyoto Protocol)가 채택됨으로써 구체적인 감축목표를 설정할 수 있었다. 이산화탄소의 선진국 배출량의 36%(전 세계 배출량의 20%)를 차지하는 미국이 교토의정서가 발효되기 이전인 2001년 탈퇴 의사를 표명하여 위기를 맞았으나, 2004년 선진국 배출량의 17.4%를 차지하는 러시아가 비준하여 이산화탄소 배출량이 선진국 전체의 62%가 되어 교토의정서 발효요건을 충족시켜 2005년부터 본격적으로 효력을 갖게 되었다.

교토의정서에 명시된 국제배출권거래제도는 온실가스 감축의무가 있는 국가에 배출 쿼터를 부여하고 국가 간 배출쿼터의 거래를 허용하는 제도이고, 공동이행제도는 온실가스 배출감축을 위한 선진국 간의 공동사업으로 한 국가가 다른 국가의 온실가스 배출저감을 지원해줘 성과가 있으면 지원한 국가의 **배출저감량**(Credit)으로 인정해 주는 제도인데, 국제배출권거래제의 전단계로서 인식되고 있다. 청정개발체제는 선진국이 감축비용이 적게 드는 개도국에 투자하여 신용, 즉 **탄소배출권**(CER: Certified Emission Reduction)을 얻는 제도이다.

탄소배출 경감방법으로 가장 효과적이고 종합적인 정책으로 제시된 것이 **탄소세**(Carbon Tax)와 **배출권거래**(Emission Trading)제도이다. 탄소세 징수 방법에는 두 가지가 있는데, 하나는 이산화탄소 배출원인물질인 화석연료에 함유된 탄소량에 비례하여 탄소단위당 일정액의 세금을 부과하는 방법이고, 다른 하나는 이산화탄소 배출원의 이산화탄소 배출량에 비례하여 탄소단위당 세금을 부과하는 방법이다. 탄소세의 실시로 화석연료의 가격을 인상함으로써 사용량을 줄이고, 대체에너지개발을 촉진하여 이산화탄소의 배출량을 억제하려는 제도이다. 산업화된 선진국이

342

화석연료 의존도가 높기 때문에 탄소
세는 국민경제에 큰 부담이 되고, 지구
온난화 방지가 어느 한 나라의 국한된
문제가 아닌 범지구적 문제여서 국제
적 공조체제를 전제로 하기 때문으로
분석된다.

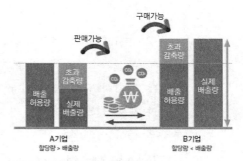

탄소배출권 거래제(환경부)

EU에서는 탄소세가 도입된 데다,
2005년부터 탄소배출권 거래제도를 같이
시행하고 있어 EU-ETS(Emission Trading System)이란 용어가 생길 정도로
거래제도가 활성화되어 있다. EU의 배출권거래제는 경제성장과 온실가
스 감소라는 동반효과를 나타내고 있는 것으로 평가된다. 현재 탄소거래
시장에 EU를 포함해 17개국이 참여 중인데, 2018년 중국이 참여함으로
써 시장이 더욱더 확대될 것으로 보인다.

탄소배출권 거래제도는 **파리기후협약**(Paris Climate Change Accord,
2015)에서 국가별 온실가스 배출허용총량이 결정되었는데, 국가가 주어
진 허용량 범위 내에서 기업별로 탄소배출량을 할당한 뒤 할당된 탄소
배출량을 기업 사이에 사고 팔 수 있도록 한 제도다. 파리기후협약은
195개국이 서명한 협약인데, 미국의 국가이익에 맞지 않는다는 트럼프
대통령의 주장에 따라 미국이 2017년 6월 탈퇴하여 어려움을 겪고 있다.
온실가스 배출감소를 위한 전 세계적 약속을 깨트린 것으로, 온실가스
배출 2위인 미국은 시리아와 니카라과에 이어 파리기후협약에 참가하지
않은 세 번째 국가가 되었다.

우리 정부의 신규 원전건설 백지화, 노후 원전 수명연장 금지로 탈
원전 에너지정책을 세움에 따라 탄소배출권 할당량계획에도 차질이 예
상된다. 그렇지만 기업들은 배출허용량을 지키기 위해 기술과 자본을
투자해 온실가스 배출감축을 위해 노력 하고 있고 남는 배출권을 팔아
수익을 얻을 수도 있다. 2015년부터 시행된 배출권은 1차 계획기간
(2015~2017)년에는 온실가스를 많이 배출하는 발전, 석유화학, 시멘트
등의 업종을 위주로 524개 기업에 539백만 톤의 배출권이 무상으로 할

당되었다.

　여기에 또 하나 추가되는 감축방법은 온실가스 배출자에게 일정수
준까지 온실가스 배출권리를 인정해 주고 배출자가 부여받은 권리 중
일부를 포기하면 **보조금**(Subsidy)으로 보상해 주는 제도로, 저감시설 보
조금과 배출저감 보조금 두 가지가 있다. 저감시설보조금은 온실가스 배
출량을 줄이는 시설을 설치할 경우 비용의 일부 또는 전부를 보조해 주
는 제도이고, 배출저감보조금은 정부가 부여한 온실가스 배출량 상한선
보다 적은 양의 온실가스를 배출하면 저감량에 따라 정해진 보조금을
지급하는 방법이다.

　직접규제는 온실가스 배출수준을 지키기 위해 준수기준 또는 행위를
법률로 구체적으로 정하여 지키도록 하는 직접적인 규제방법이다. 법률
적 기준으로는 온실가스 배출기준, 기술기준, 에너지 효율기준 등이 있
는데, 배출기준은 배출원의 배출 가능한 온실가스의 총량을 제시하는 기
준이고, 기술기준은 배출시설의 산업행위 과정에 적용되는 기술이나 절
차를 규제하는 방법이며, 효율기준은 온실가스의 배출량의 저감효율을
체크하는 기준을 설정하는 방법이다.

　자발적 협약(Voluntary Agreement)은 온실가스 배출기업과 정부가 감
축목표, 감축방안, 정부지원규모 등을 자발적으로 협의하여 결정하는 비
규제적인 정책수단으로써 기업의 특성이 반영되어 효율적인 감축방안이
만들어질 수 있어 효과적인 정책수단으로 평가되고 있다. 이 방법은 최
근 선진국 기업들을 중심으로 온실가스 감축방안으로 널리 도입되고 있
다. 기업의 온실가스 저감비용과 기술적인 문제를 정확히 파악하고 비용
효과가 높은 저감목표를 설정해야 효율성이 높아질 수 있다. 그러나 이
방법은 탄소세나 배출권거래제에 비해 상대적으로 비용효과가 낮은 것
으로 평가된다.

　EU는 기후변화협약에 주도적인 역할을 하였고 교토의정서의 충실
한 이행을 추구하고 있다. 그러나 기후변화협약의 비준국이지만 교토의
정서의 당사국이 아닌 미국은 교토의정서 발효 이후에도 '협약'의 정신
은 존중하나 교토의정서의 효력은 인정하지 않는 정책을 펴고 있다. 원

래 미국은 기후변화협약에 적극적이었으나 기후협약에 정한 감축목표 달성이 어려워지자 태도를 바꿔 부시대통령 때 급기야 교토의정서를 거 부하였으나, 2002년 새로운 접근방법으로 온실가스의 GDP 1$단위당 배 출량을 15% 낮출 것을 제시하였다.

그래도 대외적으로는 기후변화협약의 틀 안에서 외국과의 협력을 강화하고 있는데, 태국과 방글라데시는 열대우림 보호협정을 체결하여 개도국에 대한 기술이전 및 능력향상을 위한 지원을 하고 있고, 선진국 인 일본 및 이탈리아와 공동연구 협약을 맺고 있으며, 교토의정서 발효 이후에는 우리나라를 비롯해 중국, 인도, 일본 등과 '아시아태평양조약' 을 맺고 온실가스 감축 및 청정기술 개발과 이전을 추진하고 있어 포스 트 교토체제에 대비하고 있다.

옆 사진은 2015년 9월 반 기문 유엔사무총장이 미국 뉴 욕에서 열린 기후변화시위에 합류한 것을 보여준다. 그해 12월에 체결된 파리기후변화협 약은 유엔사무총장을 거리로 나서게 할 만큼 중대한 과제였 다. 이 협약체결로 많은 사람 문제가 해결국면에 접어든 것

🔵 뉴욕의 기후변화시위-유엔사무총장, 미국 부통령, 뉴욕시장 등

으로 기대했으나 지금도 수백만 명의 사람들이 지구의 기후를 해결하라 고 시위를 하고 있다. 기후문제가 유엔에서 국제적으로 다루어진지 30년 이 흘렀지만 상태는 더 나아질 기미를 보이지 않는다.

온실가스의 배출량을 국제적으로 힘을 합쳐 노력해도 지구의 온도 상승을 목표치인 1.5℃ 이내로 억제할 확률은 반도 안 된다. 전 세계 기 후변화 시위의 선봉인 스웨덴 출신 '청소년 환경운동 아이콘'인 16세의 그레타 툰베리(Greta Tintin Eleonora Ernman Thunberg)가 2019년 9월 유 엔본부에서 열린 기후행동 정상회의에서 했던 연설인 '우린 대멸종의 시 작점에 서 있습니다. 그런데 여러분은 오로지 돈과 동화 같은 경제성장

얘기만 하고 계십니다. 어떻게 그러실 수 있습니까?'는 이제 인구에 회자하는 유명한 문구가 되었다. 2019년 9월 20일에는 150개국에서 '글로벌 기후데모'가 열리기도 했다.

전 세계가 공동으로 추진 중인 기후행동 정상회의에 한국도 참여했다, 이산화탄소 배출량 세계 7위인 한국의 대통령은 저탄소경제로의 조기전환을 강조하며, 우리나라의 석탄감축성과를 내세웠다. 2022년까지 폐쇄할 6기의 노후 석탄 화력발전소를 자랑하지만, 국내 최대 규모의 삼척화력발전소를 비롯해 7기가 건설 중이다. 그러면서 우리 정부는 '세계 푸른 하늘의 날' 지정을 제안하면서 대기오염으로 매년 조기 사망하는 700만 명의 안위를 걱정했다니 참 아이러니하다.

16.4   기후변화와 생태계

기후변화란 수십 또는 수백 년에 걸친 장기간동안 생긴 대기의 상태변화이다. 이 변화는 지구 안에도 원인이 있고, 지구 바깥(태양광 강도의 변화)에도 원인이 있으며, 최근에는 인간의 활동(온실가스 배출)에도 그 원인이 큰 것이 밝혀져 문제의 심각성은 더해가고 있다. 기후변화는 상당한 기간에 걸친 지역(또는 지구 전체)의 예상되어 오던 평균적 기상 패턴이 바뀌는 장기적인 변화를 말한다. 비정상적인 상태로 바뀌는 기후 그 자체와 바뀐 기후 때문에 지구상에 생기는 영향이 기후변화를 다루는 주된 이유이다. 남극과 북극의 만년빙하가 녹아내리는 것은 앞으로 수십 년, 수백 년 아니면 수백만 년에 걸쳐 이어질지도 모른다. 지구의 온도상승이 $1.5°C$ 이하로 유지되도록 해야 한다고 하지만, 인간의 활동으로 인해 이산화탄소가 너무 많이 배출되어 이 유지 목표가 지켜지지 못할 것은 너무 뻔하다.

빙하가 녹아내리는 기후변화로 2050년까지 북극곰의 2/3가 사라질 것이라고 한다. 육지생태계에서 초기현상으로 일어나는 극지 또는 고위

346

도로의 동식물의 영역이동은 지구온난화와 깊이 연관된 문제이다. 이 문제는 생태계 대부분이 지표면 온도를 높이는 직접적 원인물질인 이산화탄소에 의해 영향을 받고 있다. 아열대지방의 사막화도 지구온난화 결과로 본다. 바닷물의 산성화는 산호초, 어장, 멸종위기 어종 그리고 사회적 가치가 높은 여타 해양자원의 손상을 가져올 것이 명백하다. 지구온난화에 대한 효과 있는 저감노력 없이는 생태적 변화, 생태구성의 전환 및 생태구조의 탈바꿈에 따라 생길 위험을 막을 방법이 없다.

기후변화는 많은 종의 멸종을 가져오고 생태계의 다양화를 감소시키는 결과를 불러올 것이다. 예를 들면, 기온의 상승은 벌이 생리적 한계를 벗어나게 하여 벌집으로의 회기거리보다 멀리 날아가 되돌아올 수 없게 되어 벌의 수를 감소시키거나 멸종하게 할 수도 있다. 바닷물에 이산화탄소가 많이 흡수되면 물고기 중에는 뇌와 중추신경계에 악영향을 받아 청각능력을 떨어트리고, 후각능력에도 이상이 생겨 냄새 맡기가 어려워지고 포식자에게서 도망가는 것조차 어려워지는 종도 생긴다고 한다.

현재까지의 가장 심각한 기후변화는 지구온난화로, 강수량이 많아지고, 사막은 더 건조해지며, 비가 많이 오는 지역에는 강수량이 예전보다 더 많아졌다. 적도부근 태평양 바닷물의 온도가 높아지는 엘니뇨 현상과 온도가 낮아지는 라니냐현상도 갖가지 이상 기후 현상을 일으키는 원인이 되었다. 우리나라에 근접한

태풍이 휩쓸고 간 뒷자리

서태평양상의 수온변화를 가져오는 라마마 현상도 기후변화의 원인이 된다.

라마마(La Mama) 현상은 스페인어로 La는 여성명사 앞에 붙이는 관사이고, Mama는 어머니라는 뜻으로 엘니뇨와 라니냐와 같이 NASA에서 붙인 용어이다. 라마마는 엘니뇨나 라니냐와는 달리 한반도, 대만, 필리핀 그리고 호주 북서부지역에 이르기까지 말굽 형태의 고수온대가 태평양 동쪽의 저수온대를 감싸 바닷물온도가 비정상적으로 높아지는 현상

을 말한다.

이 라마마 현상은 우리나라와 근접한 서태평양상의 수온변화이기 때문에 우리나라의 기상과 아주 밀접한 관계를 갖고 있다. NASA는 라마마 현상이 제트기류에 영향을 미쳐 폭풍의 진로를 바꾸거나 가뭄을 일으키는 등 이상기후의 원인이며, 앞으로 상당 기간(적어도 20~30년) 지속되면서 서태평양과 미주대륙에 폭우나 태풍 등 이상기상을 유발시키고, 해수면의 높이까지 변화시킬 것이라는 예측을 하고 있다. 그러나 기후변화 원인은 매우 복잡하고 그 형태 또한 다양하기 때문에 이 주장이 너무 섣부르다는 의견도 있어 장기적 변동을 입증하기 위해서는 더 많은 분석과 연구가 뒤따라야 할 것이다

기후변화로 적도 부근 저위도 열대지역에서의 곡물은 감산될 것으로 추정되고, 북반부는 영향이 부정적인 곳도 있고 긍정적인 곳도 있을 것이라 한다. 약 4℃ 정도의 지구온난화가 이루어지면 지역에 따라 식량안보에 문제가 생길 수 있다고 한다. 1960년에서 2013년 사이 세계적인 기후변화에 의한 곡물생산량 영향을 살펴보면 밀과 옥수수는 감산되었고 쌀과 콩은 영향을 상대적으로 적게 받았다.

아프리카는 기후변화 때문에 농업생산에 상당한 영향을 받게 될 것이고, 특히 2050년까지 3.5~6억 명의 사람이 물 때문에 고생을 할 것이라 한다. 물 문제는 아프리카뿐만 아니라 빙하수에 의존하는 지역이나 강수량이 적은 지역 또는 작은 섬에서 점점 더 심각할 것으로 예측된다.

극단적인 기후로 사람이 다치거나 죽거나 하는 직접적인 영향을 받을 수도 있고, 곡물생산 부족으로 영양부족 같은 간접적인 영향을 받을 수도 있다. 어떤 지역에서는 지구온난화 때문에 인명손실이 추위에 의한 사망보다 더위에 의한 사망이 더 많은 것으로 바뀌고 있다. 기온이 상승하면 자살률이 높아진다고 한다. 기후변화는 후진국에 농업생산을 감소시켜 가난을 부추기고 경제적 어려움을 가져와 폭력이 증가하는 것으로 나타났다. 기후변화는 주먹싸움, 강력범죄와 사회불안을 증가시키고 심지어 전쟁까지도 유발시킨다고 한다.

작은 섬과 대형 삼각주 도시(상하이, 콜카타, 다카 등)에서는 해수면의

상승으로 범람되어 도시의 인프라와 주택이 침수될 위험에 놓여 있어 방글라데시같이 저지대가 많은 나라에서는 무주택문제로 이어질 것이고, 몰디브(Maldives)와 투발루(Tuvalu) 같은 섬나라는 국토 전체가 물에 잠겨 국가가 없어질 위기에 처해 있다. 기후변화 때문에 지역 간의 이사나 국가 간의 이민이 늘어날 것은 분명히 예측되는 과제이다.

아프리카는 기존의 문제점뿐만 아니라 낮은 대처능력 때문에 기후의 가변성과 변화에 가장 취약한 대륙이다. 기존의 문제점으로는 게으름과 가난, 종족 간 또는 국가 간 정치적 갈등, 돈에 눈이 어두운 선진국에 의한 생태계 파괴 등을 들 수 있다. 지구온난화로 인한 지나친 습도와 기온의 상승은 인류의 생존을 이어가기에 필수적인 주거가능지역을 점점 줄이고 있다.

기후변화를 경감시키는 것과 이에 적응하는 것은 현재 당장 취할 수 있는 지구온난화에 대한 두 가지 대응방법이다. 온실가스 배출을 감소시키면 지구온난화에 성공적으로 적응하기 훨씬 쉬워진다. 그런데 온실가스 배출이 적은 나라일수록 기후변화에 취약한 것이 문제인데, 기후변화에 대응능력이 좋은 선진국은 온실가스 배출량이 많고, 대응능력이 떨어지는 후진국은 온실가스에 대한 책임은 훨씬 적지만 피해는 훨씬 크다는 게 불공평하다.

유엔의 기후변화협약(UNFCCC)이 제시한 2°C 이내의 지구온도상승 억제목표를 인류가 지켜낼 수 있을지, 아니면 그야말로 목표에 지나지 않는 것일지 두고 볼 일이다. 기후변화의 경감은 온실가스의 배출량을 얼마나 감소시키느냐 아니면 **탄소흡수계**(Carbon Sinks) 역할을 할 삼림의 확대로 온실가스를 얼마나 많이 흡수하느냐에 달려 있다.

앞으로의 온실가스 감소를 위해서는 에너지보존과 에너지효율 증가를 포함한 노력에 따라 달라질 것이다. 재생에너지, 원자력에너지, 탄소포집과 저장 같은 저탄소 에너지기술과 탈탄소 건물과 자동차 그리고 재조림과 삼림벌채 방지에 의한 이산화탄소 흡수림 확대 등이 좋은 대책이다. 시티뱅크의 2015년 보고서에 따르면 저탄소경제에 대한 투자가 향후 경제성이 높을 것이라 예측하여 새로운 사업분야로 부각되고 있다.

화석연료의 매장량은 아직도 충분하여 21세기에는 탄소배출량이 감소하지 않으리라고 본다. UN의 기후변화에 관한 정부 간 패널(IPCC)에 따르면 2100년까지 대기 중의 이산화탄소 농도는 541~970ppm 사이일 것으로 보고 있다. 이런 추세로 탄소배출이 이어지면, 지구온도를 낮출 수 있는 아무리 좋은 기술을 도입하더라도 2°C 이하로 유지하기는 불가능해 21세기 말에는 산업화 이전보다 3°C 정도 지구의 온도가 올라갈 것으로 예측한다.

전기, 냉난방, 자동차 등 에너지 사용이 많아질수록 화석연료의 사용도 증가하여 이산화탄소의 배출량이 많아지므로 일상생활에서 자원과 에너지를 효율적으로 사용하면 지구온난화 해결에도 도움된다. 예를 들어 냉난방 온도를 1°C 조정으로 연간 약 110kg, 차량 요일제 참여로 연간 약 445kg 그리고 하루 종이컵 5개 사용을 줄이는 것으로 연간 약 20kg의 이산화탄소 배출량을 줄일 수 있다고 하니, 적정 실내온도 유지, 대중교통 이용 그리고 종이컵 사용 억제만으로도 엄청난 양의 이산화탄소 배출감소(지구온난화 억제)와 에너지절약(자원절약)이라는 일석이조의 동반효과를 거둘 수 있다. 태양복사선의 관리와 이산화탄소 제거기술이 기후공학(Climate Engineering)의 중요한 과제로 새로운 학문분야로 대두되고 있어, 이미 지구공학(Geoengineering) 또는 기후간섭(Climate Intervention) 부문으로 다루기 시작했다.

17

소음에 의한
정신적 피해는
엄청나다

소음(Noise)이란 시끄러워 불쾌감을 느끼게 만드는 원하지 않는 불규칙한 소리로 정의한다. 이런 소음이 내는 소음공해(Noise Pollution)가 사람에게는 육체적인 영향뿐만 아니라 정신적 피해도 많고, 동물에도 난청을 비롯하여 인지능력에도 영향을 줘 생명을 유지하는데 어려움을 겪게 한다.

소리는 진폭과 진동수로 측정하는데, 진폭은 소리의 강도(세기)를 나타내고, 진동수는 음의 높낮이를 나타낸다. 소리의 에너지는 **데시벨**(dB: Decibel)이라는 단위로 표시하는데, 소리의 크기와 강도를 나타내고, 진동수는 **헤르츠**(Hz)라는 단위로 표시한다. 사람이 듣는 소리의 압력을 **음압**(Sound Pressure)이라 하는데, 음압의 단위는 **dBA**이다. 0dBA는 사람이 들을 수 있는 가장 낮은 음압이고, 정상적인 대화음은 65dBA이며, 락콘서트의 음압은 120dBA까지 이를 수도 있다.

● 영국 런던 히스로(Heathrow)공항에 착륙 직전 콴타스항공의 보잉 747-400 항공기가 주택가 지붕 위로

일반적으로 소음은 발생원 주변에서 발생하는 모든 소음이 집적되어 생기는 불협화음으로 이루어진다. 자동차, 비행기, 기차 및 산업공정에서 발생하는 소음이 그 발생원이다. 이런 원치 않는 음의 집적은 모든 사람에게 소음공해로 귀찮을 뿐만 아니라 청력손상이나 심혈관계 질환 같은 엄청난 건강영향을 미친다. 소음공해를 줄이는 방법에는 소음강도의 저감, 토지이용전략, 방음벽이나 완충지대, 차량운행통제, 소음발생 작업시간 조절, 건

축음향설계 등 여러 가지가 있다.

특정 지역이나 특정 직업은 지속해서 높은 소음에 노출되어 건강에 위험을 가져올 수 있기 때문에 이를 보호하기 위해 법적규정이 필요하다. 특히 주거지역이나 자연경관보호지역 및 학교주변은 중요한 소음공해 보호지역이다. 미국 국립산업안전보건연구원(NIOSH)은 청력손상 위험을 줄이기 위해 작업장에서 노출한계권장치를 8시간 동안 85dB로 설정하고 3dB 증가할 때마다 노출시간을 반으로 줄일 것을 권장하고 있다. 다시 말해, 소음레벨이 88dB로 3dB 높아지면 노출시간을 4시간으로, 91dB로 높아지면 2시간, 94dB이 되면 1시간 노출할 것을 권장하고 있다. 미국 직업안전보건청(OSHA)에서는 8시간 동안 평균 85dB로 정하고 있다.

우리나라는 소음진동관리법에서 생활소음규제기준으로 주거지역과 녹지지역 그리고 학교, 종합병원 및 공공도서관이 있는 지역의 공장에서는 야간에는 45dB 이하 주간에는 55dB 이하로, 또 공사장에서는 야간에는 50dB 이하 주간에는 60dB 이하로 규정하고 있다. 그 밖의 지역의 공장에서는 야간에는 55dB 이하 주간에는 65dB 이하로, 또 공사장에서는 야간에는 50dB 이하 주간에는 65dB 이하로 미국보다 훨씬 규제가 강화되어 있는데, 미국은 작업자의 건강을 위주로 하지만 우리나라는 작업자보다 주변 주민이나 학생과 환자에 더 많이 유의한 것으로 보인다. 참고로 WHO의 주거지역에서의 허용소음기준은 50dB이다.

소음에 노출되면 건강문제, 특히 직업적 노출은 만성적 건강위험에 직면하게 된다. 소음은 직업적 오염요인(물질)이기 때문에 소음노출은 산업재해의 대상이 될 수 있다. 작업장에서 소음으로 인한 청력손상은 직업난청(병)으로 분류한다. 음악인, 음악선생, 오디오 기술자 및 공장소음 노출자 등에 나타나는 소음으로 인한 직업난청은 지속적인 작업소음에 노출됨으로써 발생하는 것이기 때문에 노출허용 소음의 한계를 정하면 예방이 가능하다.

높은 소음은 사람의 심혈관계에 영향을 미쳐 관상동맥질환의 발병을 증가시킨다. 소음이 심하면 야생동물은 먹잇감이나 포식자 발견이 둔해져 도피할 수 없어 사망위험이 커지고, 생식작용과 길 찾기에 어려움이 생기며, 영구적 청력손실을 초래할 수도 있다. WHO에 따르면 소음이 노인의 심장질환 위험을 높이고, 어린이는 소음에 특히 취약해 일단 소음공해로 인해 건강상의 피해를 입으면, 그 피해가 평생 갈 수도 있어 상당한 주의가 필요하다. 소음은 어린이의 육체적 정신적 건강에 미치는 영향이 심각해 학습과 언행에 부정적 영향을 미칠 수 있다.

수면이나 대화 같은 정상적인 활동을 방해하거나 생활의 질에 장애를 일으키는 소리는 원치 않는 소음이다. 원치 않는 소리는 정신건강에 미치는 영향이 특히 큰데, 고혈압, 높은 스트레스, 이명, 난청, 수면장애 및 기타 정신적 악영향을 미친다. 최근(2019년) 연구에 따르면 소음은 인지능력저하를 초래하는 것으로 밝혀졌다.

85dBA 이상의 소음에 지속적으로 노출되면 난청이 생길 수 있다. 소음은 어른이든 아이이든 관계없이 자폐증에 걸릴 위험을 높인다. 자폐환자는 소음에 비정상적 민감성을 보이는 청각과민증에 걸릴 위험이 있다. 청각과민증에 걸리면 큰 소리가 섞인 소음이 많은 곳에서는 두려움과 걱정 그리고 불편한 육체적 감각 같은 불쾌한 감정을 느낀다. 그래서 청각과민증환자는 시끄러운 곳을 싫어하고 외톨이가 되어 삶의 질에 부정적 영향을 미친다. 자동차의 경적소리나 요란한 자동차 엔진소리 같은 갑작스러운 폭발음은 자폐환자에게 심한 영향을 미치는 소음공해이다.

화물선박의 프로펠러와 디젤엔진은 바닷속에 높은 소리의 소음을 만든다. 소리로 통신을 주고받는 고래 같은 동물은 이 소음에 영향을 많이 받는다. 게와 같은 무척추동물도 선박이 내는 소음에 영향을 받는다. 큰 게가 작은 게보다 소음공해에 더 약하다. 종류에 따라 소음공해에 반복적으로 노출되면 익숙해지는 종도 있다고 한다. 소음이 커지면 동물들은 더 큰 소리를 낸다고 하는데 이를 **롬바드효과**(Lombard Effect)라고 한다. 한 연구에 따르면 낮은 진동수의 음파탐지기가 작동 중일 때 혹등고래는 소리를 더 오래 지른다고 한다. 고래 중에는 군사용 음파탐지기의 높은 소래에 노출된 후 해안가로 나와 죽어버린 고래도 있다고 한다.

도시계획과 도로설계로도 기차나 자동차가 내는 소음을 저감시킬

354

수 있는데, 기찻길이나 도로변에 방음벽설치, 속도제한, 도로표면 재질의 변경, 중량차량 통행제한, 브레이크나 가속장치의 작동을 감소시킬 수 있는 원활한 교통의 흐름을 유도하는 교통통제 및 타이어설계 등이 권장할 수 있는 대안이다. 정부당국은 컴퓨터 시뮬레이션으로 지형, 기상, 교통운영 및 가상경감 방법을 적용하여 지역특성에 알맞은 대안을 찾기도 한다. 항공기소음을 줄이기 위해 항공기제조회사에서는 소음이 적은 엔진을 개발하고, 항로변경과 활주로 방향 및 이용시간 조정 등 많은 노력이 필요하다.

1970년대 이전만 해도 소음을 환경문제로 보지 않고 단순한 골칫거리로만 여기는 경향이 있었다. 그러나 도시에 인구가 밀집되고, 개인생활보호가 중요시되며, 엄청난 아파트의 증가로 충간소음문제가 심각성을 더해가면서, 가해자(소음을 내는 쪽)와 피해자(소음피해를 입는 쪽)로 대립되어, 언쟁에서 끝나지 않고 형사적인 사건으로까지 이어져 법적인 규정수립이 필요하게 되었으니 중요 국가의 상황을 한번 살펴보기로 하자.

인도는 소음공해가 심하기로 유명한 나라이다. 폭죽과 함께 확성기 사용에 관한 규정이 있긴 하지만 느슨하기 짝이 없다. 강력하게 법을 집행하기 위해 단속이 늘어나고 있지만 아직도 소음에 관대한 습성이 남아 있다. 환경법원(National Green Ttribunal)이 델리시청에 '소음은 단순한 문제가 아니고 심각한 정신적 스트레스를 발생시킨다'는 점을 강조하면서 강력한 단속을 명령했지만, 법 집행은 여전히 느슨한 상태이다.

스웨덴에서는 산업에 지장을 주지 않고 어떻게 하면 소음을 저감시킬 수 있을지가 가장 중요한 환경문제로 대두되고 있다. 스웨덴의 공장소음 허용기준은 8시간 동안 최고 80dB이 넘지 않도록 하고 있으며, 작업장의 **배경소음**(Background Noise) 허용기준은 40dB로 규정하고 있다. 그래서 스웨덴 정부는 방음벽과 실내소음저감장치 같은 방음이나 흡음처리를 하도록 조처하고 있다.

미국에서는 모든 미국인은 건강과 복지를 해치는 소음으로부터 자유로울 수 있도록 해야 한다고 소음방지법(Noise Control Act)에 규정하고 있다. 항공기소음, 도로소음 및 주거지역에서의 소음에 관한 규정을 별도의 법으로 규정하여 관리하고 있다. 이 중 주거지역의 소음규제를 살펴보면, 밤낮 평균소음이 65dB을 넘는 지역은 소음충격지역(Noise Impacted Area), 65~75dB인 곳은 정상적으로는 수용불가 소음구역(Normally Unacceptable Noise Zone)으로 지정하여 소음경감 및 소음희석장비를 갖추도록 규정하고 있다. 75dB이 넘는 곳은 수용불가구역(Unacceptable Zone)으로 지정하여 상응하는 경감조치를 취하고 개발계획당국의 승인을 받도록 규정하고 있다. 가장 강력한 소음규정인 포틀랜드시(오리건) 조례는 동물의 울음소리, 음향기기 소리 및 자동차엔진소리를 주거지역 내에서 규제하면서 한 번 위반에 5,000달러의 벌금을 물게 하고 있다.

　우리나라에서는 도시 소음이나 이웃 간 소음도 문제이지만, 아파트 거주가 늘어나면서 층간소음이 가장 심각한 소음문제로 대두되고 있다. 주택법과 소음진동관리법에 따라 '공동주택 층간소음의 범위와 기준에 관한 규칙(2014년)'을 정하여 소음기준을 규정하고 있다. 소음이라도 욕실, 화장실 및 다용도실 등에서 급배수로 인하여 발생하는 회피불가소음은 제외하고 있다.

소음구분		주간 (06:00~22:00)	야간 (22:00~06:00)
직접 충격소음	1분간 등가소음	43dBA	38dBA
	최고 소음	57dBA	52dBA
공기 전달소음	5분간 등가소음	45dBA	40dBA

소음을 뛰거나 걷는 동작 등으로 인하여 발생하는 **직접충격소음**과 텔레비전, 음향기기 등의 사용으로 인하여 발생하는 **공기전달소음**으로 구분하여 상당히 세밀하게 규정하는데, 이는 그만큼 법적 다툼도 많다는 증거이다. 위의 표에서 보듯이 주간보다 조용한 야간에 규제기준이 더 엄격하여 모든 항목에서 5dB씩 낮게 설정되어 있다. 소음이 정신적인 피해가 얼마나 크면, 2019년 경기도 하남시에서는 층간소음으로 인한 살인사건마저 일어났다.

　소음을 쉽게 정의하면 '듣는 사람에게 별로 도움이 되지 않는 소리'라 할 수 있다. 아주 주관적으로 들으면 아무리 좋은 노랫소리라도 듣는 사람이 처한 환경이나 심리상태에 따라서는 짜증이 나거나 방해가 될 수도 있다. 예를 들어 애타게 보채는 아기 울음소리가 엄마나 아기에게는 아주 중요하고 의미 있는 소리지만 주변 사람들에게는 짜증 나는 소음일 뿐이다. 그래서 소음 중에도 특정인에게는 소음이 아닐 수 있고, 어떤 사람에게는 짜증 나는 소음일 수도 있다. 비교적 넓은 음폭의 **백색소음**(White Noise)과 소음의 유형에는 특정 음높이를 유지하는 **칼라소음**(Color Noise)이 있다.

파도소리, 빗소리, 폭포소리 같은 자연음이나 진공청소기와 공기정화장치 같은 가전제품에서 나는 넓은 주파수 범위에서 거의 일정한 주파수 스펙트럼을 가지는 백색소음(백색잡음)이라고 하는데, 귀에 쉽게 익숙해지기 때문에 공해가 되는 소음으로 받아들이지 않고 오히려 거슬리는 주변소음을 덮어주는 작용을 한다. 그래서 **무작위소음** 또는 그냥 **랜덤노이즈**(Random Noise)라고도 하며 주파수 대역이 전체에 걸쳐 나타나는 평탄한 잡음이다. 백색소음이란 말은 백색광에서 유래됐다. 가시광선인 백색광을 프리즘에 통과시키면 다양한 무지개색깔로 나뉘듯, 다양한 음높이의 소리가 합쳐지면 백색음이 된다.

특히 파도소리나 계곡소리에 들어 있는 백색소음은 사람뇌파의 알파파를 동조시켜 심리적 안정을 불러와 수면을 촉진하지만, 가전제품에서 나오는 백색소음에는 고주파가 섞여 있어 듣기에 따라서는 불편한 경우도 있다. 집중 및 안정 효과를 얻기 위해서는 자연음향인 빗소리, 귀뚜라미 소리, 물 흐르는 소리 등이나 선풍기나 공기청정기 소리 같은 저주파의 기계음이 도움된다. **알파파**(Alpha Wave)란 주파수가 8~13Hz인 뇌파로 정상 성인이 안정상태이거나 눈을 감았을 때 가장 빈번하게 나타나고 명상, 고요, 평화 등의 기분상태와 많은 연관이 있으며, 눈을 뜨면 감소하거나 없어진다.

백색소음은 자연스럽게 듣고 지내며 당연히 들려와 귀에 익은 소리이기 때문에 소음이라도 음향심리적으로는 특별히 의식하지 않고 듣게 된다. 거기에다 거부감 없이 들어왔던 자연음이기 때문에 그 소리에 안정감을 느끼게 된다. 자연에서 생기는 백색소음으로 사람이나 생물체는 주변 환경에 둘러싸여 있다는 보호감을 느끼게 돼 청각적으로 적막감을 해소할 수 있다.

이처럼 아무런 의미도 없어 보이는 백색소음은 우리에게 어떤 영향을 미칠까? 일반적인 소음과 마찬가지로 우리에게 나쁜 영향을 주지는 않을까? 한국과학기술정보연구원(KISTI)의 실험에 따르면 백색소음이 도움될 수 있는 것으로 나타났다. 사무실에 아무도 모르게 백색소음을 평상시 주변 소음에 비해 약 10데시벨(dB) 높게 들려주고 일주일을 지냈더니 근무 중 잡담이나 불필요한 신체의 움직임이 현저하게 줄어든 반면, 한 달 후 백색소음을 꺼버렸더니 서로들 심심해하면서 업무집중도가 크게 떨어졌다고 한다. 다시 말해, 백색소음이 없는 것보다 어느 정도 있는 것이 업무의 효율성을 증대시켰다는 것이다. 커피숍이나 카페에서 공부하는 젊은이가 많아진 것도 백색소음효과로 해석할 수 있다.

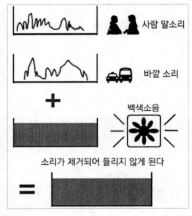

백색소음의 효과

옆의 인포그래픽은 백색소음이 성가신 소리(잡음)를 덮어버림으로써 더 안락하고 편안한 분위기를 조성할 수 있다는 것을 산술식 그래픽으로 설명한 것이다. 우리 귀에 들릴 수 있는 일반적인 사람의 이야기 소리나 바깥에서 나는 소음(자동차소리, 바람소리, 빗소리 등)을 배기팬이 돌아가는 일정한 소리(백색소음)로 효과적으로 제거해버려 들리지 않게 되는 것을 설명한 것이다. 물론 이 경우 백색소음으로 외부에서 유입되는 소음을 제거하려면 바깥에서 발생하는 소음의 크기와 세기가 백색소음을 내는 배기팬에서 나는 소리보다 크기와 세기보다 적어야 가능하다.

생후 3~4개월 미만의 아기가 울 때 태아기에 들었을 심장박동소리, 숨 쉬는 소리, 엄마 아빠의 목소리 등을 녹음해서 들려준다면 과연 아기가 안정을 취할까? 실험결과 아기는 점점 더 불안해하고 엄마의 품을 찾아 더 애타게 울먹일 뿐이었다고 한다. 그런데 이때 TV의 빈 채널에서 나오는 쉬이익 거리는 소음을 들려주면 울던 아기가 금방 울음을 멈추고 안정감을 찾는다고 한다. 부드러운 비닐봉지를 만지작거리면서 부스럭 거리는 소리를 들려주면 아기가 금방 밝은 표정을 짓는다고도 한다. 신생아를 달래는 이런 소리 역시 인공적으로 만들어진 일종의 백색소음이다.

백색소음을 인공적으로 만들어 활용하는 분야도 있다. 백색소음은 넓은 음폭을 가지기 때문에 목소리를 통해 정보를 주고받는 은행이나 보험사에서 주민등록번호나 계좌번호 등의 숫자를 말하게 되면 옆 사람이 알아들을 수 있기 때문에 이때 백색소음을 일정한 레벨로 들리게 하면 숫자의 발음차이를 잘 구분할 수 없게 되는 소음차폐(Sound Masking)효과를 얻게 되어 목소리를 통한 개인정보 유출이 보호될 수 있다.

백색소음은 사람이 들을 수 있는 모든 주파수(진동수) 대역에서 똑같은 세기(데시벨)의 값을 가진다. 사람의 귀는 다른 주파수보다 2~5kHz의 주파수에 더 민감하기 때문에 백색소음을 모두가 좋아하는 것은 아니다. 갈색소음이나 분홍소음을 더 선호하는 사람도 있다. 이들 소음은 낮은 주파수에서는 더 세고, 높은 주파수에서는 더 약하다. 갈색소음은 낮은 주파수에서 분홍소음보다 훨씬 강하다.

칼라소음 중 **갈색소음**(Brown Noise)을 적색소음(Red Noise) 또는 브라운소음(Brownian Noise)이라고도 하는데, 낮은 음역(진동수)에서 나는 포효하는 소리나 천둥 같은 소리로 사람을 안온하게 만들어 수면을 잘 이루게 만드는 소리이다. **분홍소음**(Pink Noise)도 낮은 음역의 소리이지만 한결같고 안정적이다. 세차게 흐르는 물이나 폭우 때 나는 소리로 배경음을 삼켜버릴 때 이용된다. 분홍소음이 의외로 아기를 잘 달래고 깊은 잠에 들게 할 수도 있다.

백색소음은 진동수(높이)가 일정하지 않으나 소리의 크기가 일정하여 외부에서 들려오는 소리를 덮어버리므로 주변의 소리를 흡수하여 새로운 형태의 소리를 만든다. 다시 말해 배경음에 묻혀 다른 소리는 들리지 않게 되므로 잠들어 있는 동안 잡음이 들리지 않아 수면에 도움이 된다. 반면에 분홍소음은 특정 진동수(음높이)와 낮은 진동수의 소리를 깊고 부드러운 소리로 바꾼다.

백색소음을 거슬려 하는 사람도 분홍소음을 들으면 편안하게 느낀다. 세차게 흐르는 물소리와 나뭇잎을 흔드는 강한 바람소리가 분홍소음이다. 백색소음은 주변의 소리를 섞어 덮어버리지만 갈색소음은 백색소음을 일시적으로 융합시키는 소리이다. 갈색소음의 '갈색'이란 단어는 '액체 혹은 기체 안에 이리저리 움직이는 미세입자의 불규칙한 운동'을 뜻하는 브라운운동(Brownian Motion)에서 따온 것이다. 그래서 갈색소음을 갈색소음이라고 하기보다는 그냥 브라운소음이라고 하는 것이 맞다.

요즈음 인구집중, 교통량증가, 건설공사 및 핸드폰 사용의 보편화로 소음은 날로 늘어난다. 이 소음은 원하지도 않고 유쾌하지도 않아 제거되어야 하는 소음이다. 이런 소음에 의한 방해를 제거하기 위해 여러 가지 기기의 도움을 받는데 백색소음, 갈색소음 또는 분홍소음 선호에 따라 사용해보는 것도 쾌적한 생활유지에 도움이 될 수 있다. 효과가 있으면 소리의 색깔을 융합시켜보는 것은 어떨지?

사람의 귀는 소리를 진동으로 듣는다. 소리의 파동이 발생하면 공기를 통해 전달되는 진동은 귓구멍 안의 외이도를 통해 고막을 거쳐 달팽이관에 이르고 달팽이관 속 청각세포가 진동을 감지해 뇌세포로 전달한다. 소리는 에너지를 전달하는 진동으로 마치 물이나 공기를 통해 퍼져나가는 파동이다. 그래서 음파는 소리의 파동이다. 음파가 만나 겹치면 소리의 간섭현상이 생긴다. 이 **소리간섭**(Noise Interference)에는 증폭되어 더 커지는 **보강간섭**과 소리가 감쇄되어 더 적어지는 **상쇄간섭**이 있다.

소음제거 또는 원어 그대로 **노이즈 캔슬링**(Noise Cancelling)은 이 상쇄간섭을 이용하여 외부소음을 상쇄시킬 수 있는 소음을 발생시켜 소음을 지워버리는 것을 말한다. 이를 **능동적 소음제어**(ANC: Active Noise Control), 또는 **능동적 소음감소**(ANR: Active Noise Reduction)라고도 하는데, 이어폰이나 헤드폰에 별도로 부착된 마이크를 통해 주변소음을 입력시킨 후 소음을 상쇄시키는 상쇄음파를 회로에서 생성시켜 소음을 제거하는 기술이다.

옆 인포그래픽은 음원에서 발생하는 소리에 반대되는 음파를 발생시켜 상쇄 간섭시킴으로써 결과적으로 소음이 상쇄되는 능동적 소음감소를 그래프로 설명하고 있다. 이 기술은 원래 엔진소음에 시달리는 전투기조종사와 우주비행사를 위해 개발되었다. NASA가 미국의 음향업체인 보스(Bose)에 우주비행사를 위한 노이즈

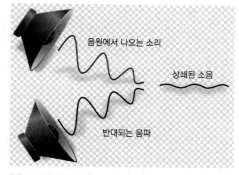

● 능동적인 소음감소-wikipedia

캔슬링 기술을 연구 의뢰하여 1986년에 처음 군용 노이즈 캔슬링 헤드폰이 만들어졌고, 그 이듬해에 독일의 루프트한자항공사의 의뢰로 젠하이저(Sennheiser)에서 항공기 승무원용으로 민간용 노이즈 캔슬링 헤드폰이 만들어졌다.

소음이 심한 비행기, 지하철, 버스 등에서도 주변소음에 방해받지 않고 음악을 듣거나, 영화를 볼 수 있으나 노이즈 캔슬링 기술을 채택한 이어폰이나 헤드폰은 부피가 커지고, 경우에 따라서는 배터리를 따로 부착해야 한다는 단점도 있다. 게다가 노이즈 캔슬링 기술을 채택한 이어폰이나 헤드폰을 쓰면 주변 소음을 듣지 못하여 돌발상황에 대비하지 못해 교통사고가 일어날 수도 있으므로 사용에 신중해야 한다.

18

환경흡연의
피해는 심각한
정도 이상이다

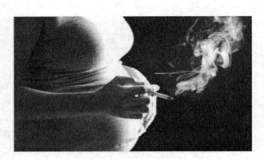

담배피우는 임산부-태아의 직접흡연(?)

옆의 사진은 만삭의 임산부가 연기가 나는 담배를 들고 있는 사진으로 직접흡연과 간접흡연을 동시에 여실히 보여주는 사진이라, 1차건, 2차건, 3차건 흡연의 위험에 대한 설명에 아주 적합한 사진이어서 환경흡연 설명의 서두에 실었다. 엄마가 담배를 피우면 뱃속의 애기는 간접(2차)흡연하는 것일까, 직접(1차)흡연하는 것일까? 직접 흡연하는 엄마의 위험을 고스란히 전달받는데, 단순히 2차적인 흡연이라고 하기엔 무리가 있는 것 같기도 하다.

흡연은 흡연자 본인에게만 심각한 문제를 일으키는 것이 아니라 옆에 있는 비흡연자에게도 엄청난 피해를 주기 때문에 환경적인 대상으로 봐 '환경흡연(Environmental Smoking)'이라고 부르고 있다. 환경문제로 인식되기 이전에는 간접흡연, 2차흡연, 비자발적 흡연, 수동흡연, 피동흡연, 강제흡연 등 여러 가지 용어로 표현되었으나, 환경문제를 중요하게 다루면서 환경흡연이라는 용어가 많이 사용되다 '2차 흡연'이 본인의 의사와는 관계없이 담배연기에 노출된다는 의미가 강하다고 해서 이 용어를 선호하는 사람도 있다.

최근에 '3차 흡연'의 피해에 관한 관심이 높아지면서 2차 흡연이라는 용어를 상대적으로 더 많이 사용한다. 흡연 그 자체의 해로움과 정신적이고 심리적인 문제는 여기서 다루지 않고, 직접흡연이 가지는 문제점과 2차 그리고 3차 흡연의 영향을 위주로 설명을 줄이겠다. 담배와 그 영향만으로도 책 한권은 충분할 정도의 문제를 갖고 있다. 환경흡연이란

364

의미에 국한시켜 그에 연관되는 문제만을 설명하고 그 내용에 맞는 용어를 선택하여 사용하도록 노력하겠다.

능동적인 1차 흡연자가 내뿜는 담배연기가 환경 속으로 퍼지면 이를 수동적으로 받아들이므로 2차적으로 본인의 의사와 관계없이 비자발적으로 흡입하게 되는 간접흡연도 1차 흡연에 못지않은 위험이 뒤따른다. 2차 흡연에 노출되면 질병과 장애의 유발은 물론 심지어 죽음에 이를 수도 있다는 사실은 과학적으로도 의학적으로도 증명되었다. 이런 위험이 업무공간과 음식점과 주점을 포함한 실내공공장소에 이어 축구장이나 야구장 같은 실외 공공장소에서도 담배를 피우지 못하게 하는 금연법을 시행하는 이유가 되었다.

세계보건기구(WHO)에 따르면, 2017년 전 세계 사망자의 약 1%에 해당하는 80만여 명이 간접흡연이 원인인데, 흡연 관련 사망자의 1/8이라고 한다. 2차 흡연은 1차 흡연에 못지않게 심혈관계질환, 폐암 및 호흡기질환 등의 발병원인이어서 국제암연구소(IARC)에서는 2004년부터 2차 흡연을 아예 발암의 원인으로 분류했다. 폐암의 발병원인으로 직접흡연이 단연 1위인 것은 틀림없는 사실이지만, 2차 흡연에 의한 비흡연자의 폐암발병률도 30%나 된다.

이를 우리나라의 통계청 사망자료(2018년)에 대입시켜보면 폐암사망률이 인구 100,000명당 35.1명이라니, 우리나라 총 인구를 5천만 명으로 보면, 한해 폐암사망자가 (35.1×500＝) 17,550명이 되고, 이 중 30%가 비흡연자라니 (17,550×0.3＝) 5,265명이 비흡연자로서 2차 흡연에 의해 사망하는 숫자고, 이를 365일로 나누어 보면, 매일 (5,265/365≒)15명 정도가 2차 흡연으로 억울하게 죽어가는 셈이다. 본인이 직접 피운 죄(?)를 저질렀다면 몰라도, 담배를 피워보지도 못하고 죽었으니 이 얼마나 억울한 일인가.

세계보건기구(WHO)의 흡연에 대한 자료를 보면, 제일 먼저 다음세 가지 사실을 강조하면서 설명을 이어가고 있다;

1) 흡연은 담배애호가의 반까지 죽이고 있다.

2) 담배는 해마다 8.2백만 명 이상의 사람을 죽인다. 이 중 7백만

명 이상은 직접흡연에 의한 죽음이지만, 약 1.2백만 명은 2차 흡연에 노출된 비흡연자의 죽음이다.

3) 전 세계의 약 11억의 흡연자는 중·저소득국가에서 살고 있다.

담배의 확산은 세계가 여태까지 직면한 인류의 건강위협 중 가장 큰 것 중의 하나로 질병과 죽음 그리고 가난으로 이끌어가고 있다. 저소득국에서는 가계소비로 가야할 돈을 담배소비로 돌려 가난을 가중시키고 있으나, 담배의 중독성 때문에 금연을 하지 못해 담뱃값이 가계소비로의 전환이 어렵다. 흡연의 경제적 비용에는 담배값만이 아니라 흡연으로 인한 질병치료비용과 사망에 따르는 후속 비용까지 포함된다.

후진국 중에는 어린아이들이 담배농장에 고용되어 빈약한 가계를 조금이라도 도우려고 노력하고 있는데, 이런 어린이들이 젖은 담뱃잎을 다루면서 피부를 통해 흡수되는 니코틴에 의해 발생하는 녹색담배병에 노출되어 있다. **녹색담배병**(Green Tobacco Sickness)이란 비, 이슬, 땀 등으로 인해 젖은 담뱃잎을 만질 때 피부를 통해 흡수되는 니코틴에 의한 니코틴중독의 하나로 작업 중이나 끝난 후 몇 시간 지나면 구역질, 구토, 위경련, 두통, 현기증 등의 증상을 보인다. 심하면 이 증상이 24시간 지속되어 응급치료가 필요할 수도 있다.

담배가 사람의 몸에 해로운 것은 두말할 필요도 없지만, 이렇게 해로운 담배연기의 구성성분은 무엇인가부터 살펴보고 넘어가겠다. 담배연기 유해성분 중 대표적인 것이 니코틴, 타르 그리고 일산화탄소의 세 가지이고, 그 이외에도 7,000여 종이 넘는 화학물질이 포함되어 있다. 이 중 250가지는 확인된 독성화학물질이고, 69가지는 발암물질인데, 중요한 발암물질로는 아세트알데히드, 방향족 아민화합물, 비소, 벤젠, 베릴륨, 1,3-부타디엔, 카드뮴, 크로뮴, 쿠멘, 산화에틸렌, 폼알데하이드, 니켈, 폴로늄-210, 담배 특이 니토로사민, 염화비닐 등이 포함되어 있다.

담배연기는 사람의 신체 중 가장 먼저 심장, 간 및 폐에 영향을 끼쳐 병을 일으킨다. 담배연기는 심장마비, 뇌졸중, 폐기종과 만성기관지염을 포함한 만성폐쇄성폐질환(COPD) 및 각종 암(특히 간암, 후두암, 구강암, 방광암 및 췌장암)의 가장 중요한 발병원인이다. 흡연은 또 말초동맥질환과 고혈압의 원인이기도 하다. 흡연에 의한 영향은 흡연기간과 흡연 양에 따라 차이가 있다. 흡연을 시작한 나이가 어리면 어릴수록 또 담배 에 타르함량이 많으면 많을수록 발병위험이 더 커진다.

환경흡연, 즉 2차 흡연이든 3차 흡연이든 간접흡연에 의한 악영향은 나이와 관계없이 나타난다. 임산부의 흡연은 유산을 유발하는 가장 중대 한 원인이 되고, 조기출산이나 저체중아 출산위험성과 아기가 뚜렷한 이 유 없이 갑자기 사망하는 **영아돌연사망증후군**(SIDS)을 1.4~3배 높인다. 남 성의 경우 비흡연자보다 흡연자의 발기부전 확률이 85% 더 높아진다.

옆의 그림은 흡연이 신체의 모든 부위에 영향을 미칠 수 있다는 제목으 로 흡연의 악영향을 설명하고 있다. 흡 연에 의한 암발생 부위는 머리와 목, 폐, 혈액, 위장, 콩팥, 췌장(이자), 결장 및 방광에까지 이르고, 여성은 자궁경부까 지 거의 모든 신체부위에 이르지 않는 곳이 없다. 그리고 중요한 만성질환으로 는 뇌졸중, 실명, 잇몸감염, 대동맥손상, 심장병, 폐렴, 동맥경화, 만성폐질환, 천 식, 임신능력 저하 및 고관절골절 등이 포함된다.

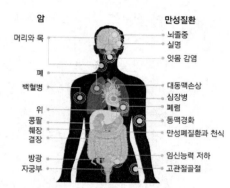

흡연은 신체의 모든 부위를 손상시킨다 -wikipedia

18.1   담배의 주성분은 독성물질뿐

담배의 주성분 중의 하나인 **니코틴**(Nicotine)은 식물의 2차 대사물질 인 알칼로이드의 일종으로 담배와 같은 가짓과 식물의 잎에 주로 존재 하는 염기성 유기화합물이다. 분자식은 $C_{10}H_{14}N_2$이고, 피리딘(Pyridine) 같은 냄새가 나는 유상의 담황색 액체로, 상온에서는 상당히 휘발성이 강하며, 빛이나 공기와 접촉하면 쉽게 산화되어 갈색으로 변한다. 니코틴은 담배의 뿌리에서 합성되어, 식물의 증산작용으로 줄기를 타고 올라와 담뱃잎에 축적된다.

니코틴은 복합적이고 특이한 약리작용을 가진 화합물로 아편과 거의 같은 수준의 습관성 중독을 일으키기 때문에 약학적으로는 마약으로 분류되고 있는 물질이어서, 흡연자가 짧으면 10~20분 길면 1~2시간 정도의 간격으로 담배를 찾게 되는 이유가 바로 담배연기 속의 니코틴이 가져다주는 습관성 중독증상 때문이다. 담배 한 개비에 0.1~1mg의 니코틴이 함유되어 있고, 40mg이 치사량이다. 따라서 산술적으로는 니코틴을 많이 함유한 담배는 40개비(2갑), 적게 함유한 담배는 80개비(4갑)를 피면 죽는다는 얘기다. 니코틴은 육체적 정신적 증상의 원인물질로 금연 시 금단증상을 보이는 원인물질이다.

니코틴이 다량 흡수되면 신경계, 순환계, 소화기계, 내분비계 등은 물론 시신경에까지 영향을 미쳐 과도한 흡연은 결막염, 시신경위축, 시신경절의 퇴행성병변을 나타내며, 심하면 **담배약시**(Tobacco Amblyopia)를 유발하기도 한다. 니코틴은 인체에 신경계 흥분과 마비작용을 일으키기도 하는데, 한 번에 많은 니코틴을 흡입할 경우 혈관확장, 저혈압, 심장 박출량 감소, 빠른 호흡 및 손 떨림 증상이 나타나기도 한다.

니코틴이 소화기에 미치는 영향도 적지 않아, 장의 운동기능 항진에 의한 메스꺼움과 구토에 이어 설사까지 동반하는 경우도 있으며, 위산분비 증가로 위와 십이지장의 궤양발생을 촉진시킨다. 그래서 위궤양, 십이지장궤양 및 궤양성 위장질환이 있는 흡연자는 금연이 치료의 지름길임을 알아야 한다.

담배를 오래 피운 사람은 니코틴 의존성이나 니코틴중독증이 강해져 담배를 피우지 않으면 니코틴의 혈중농도 저하에 따른 니코틴 부족증상을 보이는데, 이것이 바로 **금단증상**(Withdrawal Symptom)이다. 니코틴 금단증상은 불안감, 긴장감, 집중력 감소 등을 보이다 두통과 정신혼미로 이어지며, 식욕이 현저히 증가하여 체중이 늘어난다.

이 금단증상은 금연 후 24시간이 지나면 대개 불편함을 느끼게 되는 것이 그 시작이다. 그러나 금연에 의한 금단증상은 마약중독자의 금단증상과는 달리 육체적 의존성이 약해 일주일 정도 지나면 불편함과 불쾌감 같은 금단증상이 거의 소멸되므로 금연의 어려움은 첫 1주일부터 시작된다.

타르(Tar)는 니코틴 다음으로 중요한 담배의 구성성분으로, 보통 담뱃진이라고 부르기도 하는 담배연기 속에 있는 독성이 강한 물질로 찐득찐득한 갈색 또는 누런색의 잔류물로 수천종의 화학물질이 포함되어 있다. 어떤 종류의 식물이라도 태우면 발생하는 타르는 발생하지만 구성성분은 식물의 종류에 따라 차이가 있다. 타르에는 사람의 건강에 해를 끼치는 대부분의 독성물질을 포함하고 있는데, 발암물질도 섞여 있다. 여기서 말하는 타르는 도로포장에 사용되는 타르와 다르다. 도로포장용 타르는 콜타르(Coal Tar)이다. 니코틴과 타르의 차이는 니코틴이 중독을 일으키는 원인이 되는 화학물질인 반면 타르는 건강을 해치는 독성물질이다.

담배연기는 여러 가지 화학물질이 뒤섞인 복합적인 혼합물질로 이중 70여 종은 발암물질이다. 주요 구성성분을 살펴보면 기체로는 일산화탄소, 시안화수소(청산), 산화질소(NOx) 등을 들 수 있고, 휘발성유기화합물(VOC)로는 폼알데하이드, 아크롤레인(아크릴알데히드), 벤젠, 니트로소아민 등이 액상증기로 포함되어 있고, 니코틴, 카테콜, 페놀(석탄산), 다환방향족탄화수소(PAH), 담배특이니트로사민(TSNA) 등의 독성유해물질이 미세입자로 포함되어 있다. 화학적 구성성분으로만 보아도, 담배연기는 사람의 건강에 복합적이고 강한 악영향을 미칠 수밖에 없는 특성을 보이고 있다.

이 유해물질 중 시안화수소는 기도의 섬모에 해로운 독성을 미쳐 호흡기관 전체에 이상을 가져올 뿐만 아니라 태반에도 영향을 미쳐 태아의 성장을 방해하기도 하며, 신경, 특히 시신경에 손상을 입혀 눈에 염증을 일으킨다. 이름도 어려운 다환방향족탄화수소(PAH)와 담배특이니트로사민은 담배연기에 섞인 입자상 물질로 발암물질로 분류되어 있다. 카테콜(Catechol)과 페놀(Phenol)도 발암물질로 또 종양유발물질로 밝혀진 미세입자의 구성성분이다. 벤젠과 폼알데하이드는 액상증기에 섞인 대표적인 발암물질임은 널리 알려졌다.

죽음의 마을로 유명했던 전북 익산의 장점 마을에서 암이 집단으로 발병했던 원인이 인근 비료공장에서 담뱃잎을 불법 건조할 때 나온 다환방향족탄화수소와 담배특이니트로사민이라는 환경부 발표가 있었다. 비료공장을 설립한 2001년부터 2017년까지 퇴비로만 사용해야 할 연초박(담뱃잎 찌꺼기)을 불법적으로 건조공정에 사용함으로써 주민 99명 중 22명에 암이 발병하여 14명이 사망한 사건인 것이 2019년 정부의 발표로 확인되었다.

이외에도 담배연기 구성성분 중에는 물리 화학적 특성 때문에 사람의 몸속에서 여러 가지 질병의 발병원인물질로 확인된 것들이 많이 있다. 흡연자의 담배연기 흡입 깊이와 니코틴의 흡수량은 담배연기의 산성도에 따라 달라진다. 산화제(옥시던트)가 관상동맥과 혈관에 콜레스테롤을 함유한 프라그의 형성에 영향을 미치기 때문에 담배연기의 산성도는 아주 중요하다. 담배연기가 사람의 몸에 미치는 영향은 3대 구성성분(니코틴, 타르, 일산화탄소)만으로는 도저히 설명할 수 없을 정도로 복잡다단하다.

타르를 흡입하면 폐 안에 쌓이게 되는데, 시간의 흐름에 따라 타르가 점점 더 쌓이게 되면 건강한 핑크색 폐를 회색으로 변화시켰다 결국에는 검은색으로 바뀌게 만든다. 타르는 처음에는 폐의 섬모를 마비만 시키지만 시간이 흐르면서 죽게 한다. 섬모란 아주 작은 머리카락같이 생긴 돌기로 장기의 표면에 붙어 있는 조직으로 오염물질을 붙잡는 역할을 하는데, 마비되거나 손상되면 섬모가 기능을 다하지 못하게 되어 독성오염물질이 폐 속으로 더 깊숙이 들어갈 수 있게 된다. 이런 독성오염물질 중 일부는 숨을 내쉬거나 기침을 할 때 바깥으로 내보내지만, 그렇지 않은 독성물질은 폐 속에 남는다.

타르는 폐에만 문제를 일으키는 것으로 끝내지 않고, 폐에서 피 속으로 독성물질이 이동해 몸 전체에 퍼져 신체의 모든 장기에 암뿐만 아니라 심장병에다 당뇨병은 물론, 심지어는 생식능력에도 영향을 미친다. 가장 눈에 띄는 타르의 징표는 흡연자의 손톱과 치아가 누런 갈색으로 변하는 것으로 나타난다. 담배연기는 입을 통해 직접 빨려 들어가기 때문에 치주질환과 구강암의 원인이 된다.

타르가 폐암의 위험을 증가시키는 원인이라고 공식적으로 발표된 1950년대 처음으로 궐련에 필터를 붙이기 시작했다. 필터를 붙인 아이디어는 유해한 타르와 니코틴을 걸러낸다는 이유에서 시작되었지만, 그 결과는 액상이나 입자상물질 일부만 걸러낼 뿐 기체상 물질과 필터의 공극보다 작은 물질은 걸러지지 않아 대부분 유해물질은 필터를 통과하여, 수많은 독성물질이 폐에 들어가 흡연자를 담배 관련 질병 위험에 노출되게 한 것은 변함이 없었다.

미국에서는 식약청(FDA)의 '위험저감 담배제품(MRTP: Modified Risk Tobacco Product)' 허가 없이는 담배케이스에 light, low, mild라는 용어를 사용하지 못하게 하고 있다. 그러나 이 허가는 거의 얻기 어렵다고 한다. 타르의 '농도가 낮다'란 말은 타르의 '함량이 낮다'는 뜻이지만 결코 '해로움이 낮다'는 말은 될 수 없다. 다시 말해서, 이런 용어가 붙은 담배가 붙지 않은 담배보다 더 건강에 이롭다고 잘 못 오해할 수 있기 때문에 취해진 조치이다.

미 국립암연구소(NCI)의 연구결과에 따르면 타르함량이 많고 적고에 관계없이 흡연자의 폐암발병위험은 같다고 한다. 오히려 흡연자가 타르함량이 적은 담배를 피울 때는 정상적인 담배와 같은 양의 니코틴을 흡입하기 위해 더 깊이 빨아들일 가능성도 있다. 타르함량과는 상관없이 비흡연자와 금연자보다는 현재 담배를 피우고 있는 흡연자의 폐암발병 위험이 훨씬 더 높다는 것은 누구나 아는 사실이다.

18.2   3차 흡연의 피해도 엄청나

수십 년에 걸쳐, 1차 흡연자와 동일 공간에 있는 것만으로도 비흡연자가 여러 가지 질병에다 뇌졸중까지 걸릴 수 있다는 2차 흡연의 위험에 대한 논란은 끊임없이 이어져 왔다. 그러나 흡연의 위험은 2차 흡연에서 끝나지 않는다. 궐련, 시가, 파이프담배건 말아 피우는 담배(각련) 중 어느 것이든 흡연으로 발생한 연기가 실내공간이나 의류 또는 가구에 잔류해 있다, 그 공간에 들어오거나 의류에 묻은 채로 이동하여 비흡연자에게 미치게 되는 추가적인 위험을 **3차 흡연**(Third-hand Smoking)이라 한다.

3차 흡연은 소위 2차 흡연이라 불리는 간접흡연이 끝난 뒤에라도, '1차 흡연으로 발생한 담배연기 중 실내표면에 잔류되어 있는 것, 실내공기 중에 섞여 있는 것 그리고 실내공기 오염물질에 부착하여 떠 있는 것을 비흡연자가 흡입하게 되는 것'이라고 정의하고 있다. 1차 흡연은 흡연자의 폐 속으로 직접 빨려 들어가는 담배연기이고, 2차 흡연은 1차 흡연자의 주류연과 부류연을 같은 공간에 있는 다른 사람이 흡입하는 것이지만, 3차 흡연은 2차 흡연 이후 남아 있는 잔류 담배연기에 의한 오염피해이다.

세계보건기구의 3차 흡연에 대한 경고용 인포그래픽

옆의 그림은 3차 흡연의 위험이 무엇인지 알리는 세계보건기구의 인포그래픽 중의 하나로, 3차 흡연의 연기 속에는 시간이 지나면서 독성이 더 강해지거나 화학적 성질이 달라지는 화학물질이 포함되어 있고, 면역체계, 장기 및 행동발달이 덜 성숙한 어린이는 3차 흡연에 특히 취약한 계층이며, 3차 흡연은 건강에 상당한 위협으로 암 발생 위험까지 있다는 점을 부각시키고, 3차 흡연을 일으키는 담배연기의 농도는 흡연율이 높은 곳에서는 당연히 높을 수밖에 없다고한다. 그리고, 3차 흡연은 의복, 가방, 피부 및 가구에 침착된 담배연기의 잔여물에서 발생한다고 하면서, 암 발생 위험을 포함하여 건강에 위협임을 강조하고 끝에는 'No Tobacco'라고 첨언하

372

였다.

담배연기 속의 타르에 함유된 화학물질 중에는 3차 흡연으로 위험을 끼칠 수 있는 화학물질로 남는 것들이 상당히 많다. 필터를 통과해 흡입된 갈색의 찐득찐득한 잔여 독성물질은 의복은 물론 가구, 커튼, 소파, 벽, 바닥 등의 실내표면에 남게 된다. 담배연기 속의 타르 구성성분의 잔류물에 실내공기 중의 오염물질이 추가되어 3차 흡연의 위험을 더 가중시킨다. 3차 흡연의 피해는 이 잔류 담배연기에 의해 이루어지는 것으로 더럽혀진 실내표면을 손으로 만지고 그 손을 입안으로 가져가는 어린이에게 특히 피해가 심할 수밖에 없다.

흡연으로 인한 사망자는 전체 사망자의 최소한 1/5 정도인 것으로 추정되고 있으나, 흡연사망은 예방할 수 있다는데 안타까움이 더해진다. 흡연은 심장, 혈관, 폐, 눈, 임신기관, 뼈, 방광 및 소화기관을 포함한 거의 모든 장기에 해를 끼친다. 만성폐쇄성폐질환, 기관지염, 기침 등의 병 발원인이 흡연이다. 담배연기 속의 화학물질이 사람의 건강, 특히 심장과 혈관에 미치는 악영향을 살펴보면;

1) 동맥에 프라그를 축적시키는 염증을 일으킨다.
2) 혈관의 벽을 뻣뻣하고 탄력(신축성)이 적어지게 손상을 입힌다. 이 손상은 혈관을 좁히고, 나쁜 콜레스테롤(LDL: Low-Density Lipoprotein)의 농도를 높인다.
3) 심장의 리듬을 해친다.
4) 혈압을 높이고 심박수를 증가시켜 심장이 정상상태보다 더 많이 가동되게 만든다.
5) 좋은 콜레스테롤(HDL: High-Density Lipoprotein)을 줄이고 나쁜 콜레스테롤을 증가시킨다. 흡연은 혈액 속의 지방성분인 중성지방도 증가시킨다.
6) 피를 짙게 만들어 산소운반을 어렵게 한다.

담배연기 속의 화학물질은 또 혈액세포도 손상시킨다. 담배연기는 심장기능과 혈관의 기능은 물론 구조까지 손상을 입힌다. 이 손상이 죽상동맥경화증 발생 위험을 더 높인다. **죽상동맥경화증**(Atherosclerosis)이란 생명을 위협하는 병으로, 오래된 수도관이 녹이 슬고 이물질이 침착하여 수도관의 지름이 좁아지게 되는 것처럼 콜레스테롤, 세포찌꺼기, 칼슘 및 지방성 물질이 동맥벽에 쌓여 소위 프라그라 부르는 끈적끈적하고 누런 퇴적물이 형성되는데, 이 퇴적물이 시간이 지나면서 굳어져 피의 흐름을 방해하는 병이다.

담배를 피우면 이 동맥경화증의 발병위험이 더 커지고 심장마비나 뇌졸중으로 이어진다. 동맥의 가장 안쪽 층인 내피에 손상이 생기면 동맥 경화가 시작되어 동맥의 혈관 내부지름을 좁혀 온몸으로 산소를 운반하는 피의 흐름이 원활하지 못한 것은 명약관화한 일이다.

협심증이나 심근경색증 같은 허혈성심장질환은 관상동맥에 프라그가 쌓여 심장으로 피 공급이 원활하게 이루어지지 못해 생기는 병이다. 시간이 지나면서 가슴통증, 심장마비, 심부전, 부정맥으로 이어지다 심하면 사망에 이른다. 뭐니 뭐니 해도 흡연이 심장병에 가장 중요한 요인이다. 혈액의 고농도 콜레스테롤, 고혈압 또는 과체중이나 비만 같은 다른 요인이 가중되면 흡연은 심장병의 발병위험을 훨씬 더 높인다. 흡연은 또 말초동맥질환의 가장 중요한 요인이기도 한데, 이 병은 두뇌, 장기 및 팔다리로 피를 공급하는 동맥에 프라그가 쌓여 생기는 병이다. 말초동맥질환에 걸린 사람은 심장병, 심장마비 및 뇌졸중의 발병위험이 상당히 크다.

2차 흡연이라고 해서 다를 것 없이 심장과 혈관에 손상을 입히는 것은 마찬가지다. 2차 흡연으로 마시게 되는 담배연기는 궐련, 시가, 파이프의 타는 담배에서 나오는 생 연기뿐만 아니라 1차 흡연자가 빨아들였다 다시 내뿜는 연기를 마시는 것이기 때문에 1차 흡연보다 못했으면 못했지 더 나을 것 없는 결과가 생긴다. 따라서 2차 흡연은 1차 흡연에서 발생하는 유해한 화학물질은 물론, 직접 흡연자의 몸에서 나오는 오염물질도 함께 들여 마시는 것이므로 심장과 혈관에 미치는 유해정도가 결코 낮을 수 없다. 2차 흡연은 성인의 심장마비에 의한 사망률을 증가시키는 원인이다.

다음 페이지의 그림은 흡연이 심장과 다리에 어떤 영향을 미치는가

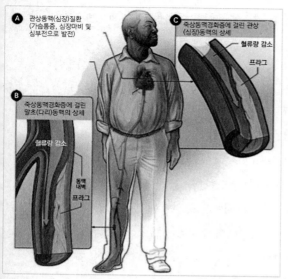

A 관상동맥(심장)질환
(가슴통증, 심장마비 및
심부전으로 발전)

C 죽상동맥경화증에 걸린 관상
(심장)동맥의 상세

혈류량 감소

프라그

B 죽상동맥경화증에 걸린
말초(다리)동맥의 상세

혈류량 감소

동맥
내벽

프라그

흡연과 죽상동맥경화증 - 미국립심장폐혈액연구소의 인포
그래픽

를 설명하기 위해 미국 국립
심장폐혈액연구소(NHLBI)에
서 작성한 인포그래픽이다.
그림에서 A는 관상심장질환
과 말초동맥질환의 발생위치
를 보여주고, B는 죽상동맥
경화증에 걸린 다리 동맥의
상세를 보여주며, C는 죽상
동맥경화증에 걸린 관상(심
장)동맥의 상세를 보여준다.
흡연량이 적건 많건 상관없
이 담배연기는 몸속에서 심
장과 혈관에 손상을 입히게
마련이다. 피임약을 먹는 여성
이나 당뇨병환자에게 흡연은 심장과 혈관에 발병위험을 훨씬 더 높인다.

어린이와 10대 청소년이 2차 흡연에 노출되면, 소위 좋은 콜레스테
롤인 HDL을 줄이고, 혈압을 높이며, 심장조직이 손상되기 때문에 성인이
된 후 허혈성심장질환의 위험성이 커진다. 2차 흡연의 위험은 호흡곤란
증후군을 앓는 조산아와 천식과 같은 호흡기질환을 앓는 어린이에게는
엄청나게 높게 나타난다. 시가나 파이프담배의 심장과 혈관에 미치는 영
향에 대한 연구는 많지 않지만, 시가건 파이프담배건 담배연기에 섞여 있
는 유해 화학물질은 같은 것이므로 그 영향이 다르거나 나을 것 없다. 오
히려 시가를 피우는 사람의 심장병 위험이 더 크다는 연구도 있다.

심장병의 위험을 줄이는 가장 좋은 방법은 금연이다. 여태까지 담
배를 피우지 않은 사람은 섣불리 아예 시작해 볼 생각조차 하지 마라.
지금 담배를 피우는 사람은 당장이라도 끊어라. 얼마나 많이 피우고, 얼
마나 오래 피워왔는지 모르지만, 지금이라도 당장 그만두면 나머지 인생
을 조금이라도 더 오래, 더 건강하게 살 수 있을 것이다. 2차 흡연도 피
해라. 흡연이 허용되는 곳에는 아예 갈 생각조차 하지 마라. 친구나 가

18 환경흡연의 피해는 심각한 정도 이상이다

375

족 중에 흡연자가 있으면, 집안에서나 차안에서는 담배를 피우지 못하게 하여라.

담배를 끊는 것이 심장병 발병위험을 줄이고 심장마비에 의한 사망위험을 줄이는 지름길이다. 금연 후 시간의 경과만큼 죽상동맥경화증과 응혈(혈전)의 발병위험도 감소한다. 흡연자이면서 이미 심장병에 걸린 사람이라도 금연하면, 증상발생 후 1시간 이내에 심장이상으로 갑자기 사망하는 자연사인 돌연심장사(SDC: Sudden Cardiac Death), 심장마비의 재발 그리고 다른 만성병에 의한 사망이 감소한다. 한 연구에 따르면 작업장이나 공공장소에서 흡연을 금지한 지역주민들의 심장마비 발생 건수가 현저하게 줄었다고 하면서 그 원인을 적극적인 금연증가와 2차 흡연에 노출감소로 보고 있다. 우리나라에서 공공장소와 작업장에서 금연이 법제화 되어 있어 천만다행이다.

흡연 중인 성인의 70%는 금연을 원하지만 그렇게 쉬운 일이 아니며, 금연은 가능한 도전이지만 과정이 어려워 중도포기자도 많다. 금연에 성공한 사람도 많고, 금연방법, 프로그램 그리고 금연보조제도 많이 있다. 담배를 피우지 않는 것이 심장이 건강한 라이프스타일에 매우 중요한 것은 두말할 필요가 없다. 심장이 건강한 라이프스타일을 위해서는 몸무게, 스트레스관리 및 운동도 같이 수반되어야 한다.

18.3   견딜만한 금단증상

금연방법은 크게 두 가지로 나뉘는데, 하나는 단칼에 끊는 방법(영어에서는 Going 'Cold Turkey'라고 함)이고, 다른 하나는 흡연량을 차츰차츰 줄여 종국에는 완전히 끊는 방법이다. 두 가지 방법 중 금연희망자의 성격이나 사정에 맞는 방법을 택하면 된다. 그러면 여기서 미국 국립심장폐혈액연구소(NHLBI)에서 제안하는 **금연전략**을 차례로 살펴보자.

첫째, 각오를 단단히 한다. 금연이 하고 싶으면, 금연동기를 분명히

하고 금연을 하고 싶은 이유를 리스트로 작성하고, 금연계획을 세워 본 인과 계약을 맺는 것이 제일 먼저 할 일이다. 금연을 시도하다 실패한 경험이 있으면, 무엇이 도움되었고 무엇이 실패의 원인이었는지 금연을 어렵게 한 이유를 검토하고, 무엇이 다시 흡연을 계속하게 하였는지 생각해본다. 예를 들어 식후에 다시 피우게 되었는지, 아니면 운전 중에 피우게 되었는지, 아니면 스트레스를 받아서 피우게 되었는지를 생각해 보고, 그 원인을 제거할 방법을 마련한다.

둘째, 주위의 지원을 받는다. 금연시작 날짜를 설정하고, 주위에 가까운 친지에게 금연사실을 알리고, 금연노력을 지속할 수 있도록 가족과 친구의 공개적인 지원을 요청한다. 참고로 **한국건강증진개발원**의 금연지원센터를 통한 정부의 금연지원을 받는 것도 좋은 방법이다. 금연지원센터에서는 유아 및 학교흡연예방(유아와 청소년의 흡연예방), 보건소 금연클리닉(금연결심부터 성공까지 금연상담사의 도움), 찾아가는 금연서비스(찾아오기 어려운 흡연자에게 찾아가는 서비스), 단기금연캠프(혼자서 힘든 흡연자를 위한 금연 프로그램), 온라인 금연서비스(금연정보와 서비스 제공) 및 담배마케팅신고센터(불법 판매 및 광고 신고) 등 다양한 프로그램을 진행하고 있다.

셋째, **금연보조약품**을 구하여 정확하게 사용한다. 금연보조약품 중에는 처방전 없이 살 수 있는 것도 있다. 의사나 약사와 상의해보면 금연희망자에게 맞는 약품을 찾을 수 있고, 금연에 상당한 도움이 된다. 금연보조제로는 니코틴 껌, 니코틴패치, 니코틴트로키(Troche: 입에서 천천히 녹아 넘기는 알약) 그리고 입속 용해성 필름 등 다양한 제품이 시판되고 있다.

금연보조제는 흡연욕구와 흡연량을 감소시키고 금단증상을 완화시켜 금연치료에 도움이 되는 보조약물로 **니코틴 대체재**와 **경구용 약물**이 있다. 니코틴 대체재(NRT: Nicotine Replacement Therapy＝니코틴 대체요법)란 금연보조제를 이용해 유해성분을 제외시키고 니코틴만을 공급하여 금연에 가장 큰 어려움인 금단증상을 완화해 흡연량을 감소시키는 제품을 말한다.

경구용 약물로는 **부프로피온**(Bupropion)과 **바레니클린**(Varenicline)이 있는데, 부프로피온은 니코틴처럼 뇌에 신경전달물질인 도파민(Dopamine)

을 증가시켜 담배역할을 대신하여 금단증상과 흡연욕구를 저감시킨다. 바레니클린은 뇌의 니코틴 수용체에 결합함으로써 수용체에 니코틴이 결합되는 것을 방해하여 니코틴과 유사한 작용을 하기 때문에 금단증상과 흡연욕구를 저감시킨다.

패치는 부착한 뒤 16~24시간에 걸쳐 서서히 또 일정하게 니코틴을 공급하는 지속성 제품이고, 껌, 트로키 및 용해성 필름은 신속한 효과를 보이는 속효성 제품이다. 따라서 순간적인 흡연 충동에는 껌과 트로키가 더 효과적이다. 패치는 피부를 통해 흡수되는데, 불면증이 있는 경우면 16시간용 패치, 아침 기상 시 금단증상으로 어려움을 겪는 경우면 24시간용 패치를 권장한다. 껌, 트로키 및 용해성 필름은 입안의 점막으로 니코틴을 흡수시킨다. 껌은 씹어야 하지만 트로키와 용해성 필름은 씹지 않기 때문에 틀니나 이빨이 안 좋은 사람에게 사용할 수 있다.

넷째, 새로운 흥밋거리나 활동을 함으로써 담배 생각을 멀리한다. 흡연을 대신할 새로운 활동을 시도하는 것으로, 식사 후에 집 주변이나 사무실 주위를 가볍게 걷는 것도 하나의 방법이고, 운동을 정기적으로 하는 것도 좋은 시도이다. 요즘은 남녀를 가리지 않고 하는 뜨개질이나 목공일 같은 취미활동도 손을 바쁘게 해서 담배 생각을 멀리 하는 방법이다.

가능하면 흡연자와의 접촉을 피하고, 피할 수 없으면 금연노력을 가상하게 여기도록 도움을 요청하고 자신의 주변에서 금연을 부탁한다. 집이든 사무실이든 자동차이든 담배, 재떨이 및 라이터를 치워버리고 어떤 경우에도 담배를 피우지 않는다. 단 한 모금도 안 된다. 그리고 담배 생각이 많이 나는 술과 커피도 가능하면 끊는다. 술을 마시는 사람이 금연시도 후 재흡연하는 경우는 빈도가 상당히 높다.

다섯째, 금단증상에 대비하고 절대 다시 되돌아가지 않는다. 담배를 끊으면 오는 금단증상을 이겨낼 수 있도록 마음을 아주 굳게 다진다. 금단증상은 흔히 담배를 피우지 않은지 1~2주가 지나면 줄어들고, 이 증상은 발단한 뒤 몇 분만 참으면 사라지므로, 금단증상에 대처할 수 있는 방법을 취하는 것이 좋다. 담배를 피우고 싶으면, 몇 분만 꾹 참으면서 금연으로 얻을 수 있는 여러 가지 이점을 상기시키면서, 한 번에 한 걸음씩 나아간다는 자세로 절대 압도되지 않아야 한다.

금단증상이란 지속적으로 사용하던 물질을 갑자기 중단하거나 사용량을 줄일 경우 나타나는 물질 특이적인 정신과 신체상의 증후군이다. 금단증상은 인간의 혈액이나 조직 내 특정 물질의 농도가 저하되었을 때 나타나는 현상으로, 그 증상은 사용한 물질에 따라 다르다. 일반적으로 특정 물질에 대한 금단증상이 나타나면 이를 완화할 목적으로 다시 그 물질을 복용하고자 하는 욕구가 생긴다. 예를 들어, 코카인의 압도적인 쾌락효과 때문에 어떤 사용자들은 약물을 구하고 그것을 무한정 자가 복용한다.

약물사용의 초기에는 약물이 주는 쾌감을 즐길 수 있지만, 점점 약물사용 기간이 지속되면 약물로 인한 쾌감보다는 해당 약물의 사용을 중단했을 때 찾아오는 불쾌한 감정인 금단증상을 상쇄하기 위해 다시 약물을 사용하게 된다. 이는 약물이 뇌의 불쾌한 효과를 담당하는 기능에는 아무런 영향을 미치지 않고, 유쾌한 효과를 담당하는 기능에만 지속적이고 반복적으로 작용하여 그 기능을 둔감, 쇠퇴시키기 때문이다. 따라서 시간이 지날수록 약물을 복용했을 때 원래 추구하던 쾌락은 점점 줄어들고 불쾌한 고통만 상대적으로 극대화되는 현상이 벌어지는 것이다. 이로 인해 약물 의존자는 결국 쾌락의 느낌을 위해서가 아니라 극도의 불쾌한 감정과 느낌을 없애기 위해서 약물을 복용한다.

금단증상은 담배뿐만 아니라 마약, 항불안제, 암페타민, 코카인 같은 약물에서도 발생하는 의학적 문제이고 재발확률이 높은 증후군이다. 혈액이나 조직 내 니코틴의 농도가 떨어지면 나타나는 현상으로, 흡연 초기에는 쾌감을 즐기지만, 일정 기간 흡연하다 금연하면 생기는 불쾌한 감정인 금단증상을 없애기 위해 다시 담배를 찾는다. 흡연자는 초기에 얻었던 쾌락의 느낌을 위해서가 아니라 극도의 불쾌한 감정과 느낌을 없애기 위해서 흡연을 이어간다. 금단증상은 주로 불안, 불면증, 우울증, 집중력 저하, 경련 등에 이어 심하면 정신질환 증세를 보이기도 한다. 금단증상의 정도도 흡연기간, 흡연량, 금연속도, 기본적인 정신자세 및 신체상태에 따라 다르게 나타난다.

금연하다 다시 흡연하게 되면 무엇이 원인이었는지 생각해본다. 스트레스를 받았는지 아니면 금연각오가 약했었는지 생각해보고, 다음에 다시 하게 될 금연시도에는 그 원인을 피할 수 있도록 조치한다. 한 번 금연시도에 실패하면 재시도에 실패할 가능성이 높지만, 실패했다는 사실을 인정하고, 그 실패를 곱 씹어본 뒤 다시 계획을 세운다.

예전같이 흡연을 다시 하게 되었다고 절대 실망하지 않아야 한다. 대신에 재금연시도에 실패하지 않도록 금연목표를 뚜렷이 할 필요가 있다. 재금연시도도 시작 날짜를 설정하면, 다시 한번 더 가족과 친구에게 도움을 요청한다. 금연을 여러 번에 걸쳐 시도한 사람이 금연에 성공한 경우도 상당히 많다. 금연 후 몸무게가 증가하는 사람이 많으나, 증가하는 몸무게는 4~5kg 정도에 불과하며, 금연 후 심장이 건강해지는 식단과 운동으로 얼마든지 조절 가능한 증가이므로 걱정할 필요 없다. 금연 후 훨씬 나아질 음식의 맛과 냄새를 꼭 기억해두어야 한다.

'담배를 적게 피운다고 덜 해로울까'라는 질문을 하면 대답은 '흡연에는 안전수준이란 존재하지 않는다'이다. 하루에 단 한 개비씩만 평생 피워도 흡연관련 암인 폐암, 방광암, 췌장암에 걸려 조기 사망할 수 있다. 그래서 **금연효과**는 뭐니 뭐니 해도 건강상의 이익이 가장 크다. 미국 국립암연구소(NIH)에서 밝힌 실질적이고 단기적인 금연효과는 다음과 같다;

1) 흡연 중에는 비정상적이었던 심박수와 혈압이 정상적으로 돌아온다.
2) 금연한 뒤 2~3시간 되지 않아서 몸속에서 혈액의 산소운반능력을 떨어트리던 일산화탄소의 농도가 떨어지기 시작한다.
3) 2~3주가 지나면, 혈액순환이 개선되고, 가래가 적어지며, 기침이나 천명이 훨씬 감소한다.
4) 몇 달이 지나면, 심장기능이 상당히 개선된다.
5) 2~3년이 지나면, 암, 심장병 및 만성병 발병위험이 감소한다.

장기적 금연효과는 다음과 같다;

1) 심장병이나 만성폐쇄성폐질환과 같은 질병과 암 발병위험이 감

380

소한다.

2) 나이와 상관없이 금연한 사람은 담배를 계속 피우는 사람보다 흡연관련 질병으로 사망할 가능성이 감소한다. 40세 이전에 금연한 사람은 흡연관련 질병에 의한 조기 사망률이 90%까지 감소하고, 45~54세 사이에 금연한 사람의 조기 사망률은 1/3로 감소하는 것으로 조사되었다.

3) 나이와 상관없이 금연한 사람은 담배를 계속 피우는 사람보다 기대수명이 늘어난다. 25~34세 사이에 금연한 사람은 기대수명이 약 10년 연장되고, 35~44세 사이에 금연한 사람은 약 9년 연장되며, 45~54세 사이에 금연한 사람은 약 6년 연장되며, 55~64세 사이에 금연한 사람은 약 4년 연장되는 것으로 조사되었다.

4) 60세 이후에라도 금연한 사람은 70세 이후에 담배를 계속 피우는 사람보다 여생에서 사망위험이 낮은 것으로 연구되었다고 한다.

금연이 암 발병 위험과 사망률을 낮추는가라는 질문에 대한 대답도 마찬가지로 긍정적이다. 아무리 늦은 나이에 금연하더라도 효과는 있게 마련이고, 금연이 빠르면 빠를수록 효과는 그 만큼 더 커 젊은 나이에 금연하는 것이 훨씬 더 효과적이다. 조기 사망과 발병위험성 그리고 흡연관련 암으로 사망할 가능성은 흡연기간, 흡연량 및 흡연을 시작한 나이 등에 따라 달라질 수 있다.

암으로 진단받은 환자도 금연으로 효과를 얻을 수 있을까라는 질문에 대한 대답도 역시 마찬가지이다. 암 환자도 금연하면 예후가 개선된다. 암의 종류에 따라 암 진단을 받은 직후부터 금연하면 사망위험을 30%에서 40%까지 감소시키는 경우도 있다. 수술을 받았거나 항암화학요법을 시행중이거나 다른 처치를 받는 환자도 금연하면 신체의 치유능력과 치료반응효과가 개선된다. 거기다가 금연은 암의 재발위험, 다른 부위로의 암전이 및 사망과 다른 발병위험을 감소시킨다.

다음 페이지의 그림은 미국의 질병통제예방센터(CDC)의 인포그래픽으로 담배연기가 사람의 몸속에서 암을 일으킬 수 있는 부위를 보여주는 것으로 입에서 시작하여 폐, 간, 위, 콩팥 등을 거쳐 대장, 자궁, 방

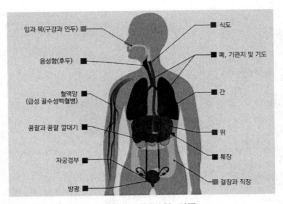

■ 식도

■ 폐, 기관지 및 기도

■ 간

■ 위

■ 췌장

■ 결장과 직장

입과 목(구강과 인두) ■

음성함(후두) ■

혈액암
(급성 골수성백혈병) ■

콩팥과 콩팥 깔대기 ■

자궁경부 ■

방광 ■

**흡연에 의한 질병발생 신체부위-미국
질병통제예방센터(CDC)**

광은 물론 혈액에까지 발암위험이 있음을 보여주고 있다. 참고로 미국 캘리포니아 환경보호청에서는 2005년에 이미 2차 흡연이 젊은 여성, 주로 폐경이전 여성의 유방암 발병위험을 70%까지 증가시키는 것으로 결론지었다. 그러나, 국제암연구소(IARC)에서는 2차 흡연과 유방암 사이에 인과관계를 밝혀

내지 못했다고 했으나, 2015년에 발표된 계량분석에 의하면 2차 흡연의 유방암 발병위험 증가 가능성이 크다고 하니, 여성이 2차 흡연을 피해야 하는 것은 당연하다. 2차 흡연이 자궁경부암의 발병위험을 증가시킬 수 있고, 방광암을 상당히 증가시킬 수 있는 것으로도 밝혀졌다.

간접흡연은 심장병 발병위험을 높이고 심박동변이를 감소시켜 순환계통에 악영향을 미치는데, 직·간접흡연 둘 다 죽상동맥경화증의 발병위험을 높이는 것으로 밝혀졌다. 특히 간접흡연은 뇌졸중의 위험을 높이는 중대한 원인이다. 뇌졸중 위험은 담배연기의 농도차이와는 상관없이 간접흡연에 노출되는 것만으로도 생길 수 있는 위험이므로 특히 취약층인 노약자, 어린이와 여성은 간접흡연에 노출되지 않도록 주의해야 한다.

직·간접흡연은 두 가지 모두 폐에는 심각한 문제를 일으킨다. 간접흡연은 천식과 만성폐쇄성 폐질환(COPD)의 발병위험을 높이는 데는 단연코 독보적이고, 폐결핵 위험을 높여 병을 빠르게 진행시켜 악화시킨다. 축농증으로 널리 알려진 부비동염도 간접흡연이 원인이고, 50세 이후의 사람에게는 인지기능장애와 치매도 간접흡연이 증가시킬 수 있고, 우울장애도 초래한다.

간접흡연에 노출된 어린이는 어휘력과 추리력이 정상적인 어린이보다 떨어지고 일반적인 인지기능과 지적기능에 장애를 보일 수 있다. 간접흡연에 노출된 어린이와 청소년은 알레르기성 질병의 발병위험이 약

간 커진다고 하나 어른은 상대적으로 위험이 떨어진다고 한다. 수막구균성 수막염과 폐렴의 중요한 원인 중의 하나가 간접흡연이고, 치주염을 일으킬 수도 있다. 간접흡연이 아토피성 피부염을 일으킨다는 사실이 최근에 밝혀졌다.

임신 중 간접흡연에 노출되면 선천성 불구, 소두증, 수족이 비정상적으로 긴 아기, 저체중아, 미숙아 출산위험을 높인다고 하니, 간접흡연의 피해는 아무리 강조해도 지나치지 않는다. 임산부의 간접흡연 노출은 또 신경관 결손을 가져오고, 유산의 위험을 11% 증가시키는 것으로 밝혀졌다. 유아돌연사증후군도 간접흡연과 인과관계가 있다고 하는데, 미국에서만 해마다 430명의 아기가 간접흡연으로 돌연사하고, 구순구개열 (언챙이)도 간접흡연으로 증가할 위험이 상당히 크다. 천식을 앓고 있는 어린이가 간접흡연에 노출되면 병세를 두 배 이상 악화시킨다.

옆의 그림은 미국의 산부인과 전문 의과대학인 ACOG (American College of Obstetricians and Gynecologists)에서 작성한 인포그래픽으로 담배연기가 여성의 몸에 미치는 부위와 병명을 일목요연하게 보여준다. 순환기 계통에서 시작하여 폐, 근육, 호르몬, 관절, 위장, 중추신경, 심장 그리고 임신 중에 흡연할 경우 태아에 미치는 영향까지 여성의 몸 대부분에 영향을 미친다는 것을 알 수 있다. 특히 태아 때 담배 연기에 의한 영향을 받으면 태어

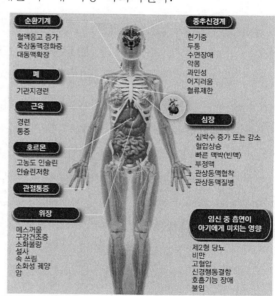

여성의 흡연영향- ACOG의 인포그래픽

난 후에도 당뇨, 비만, 고혈압, 신경행동상의 결함, 호흡기능 장애 및 불임에 이르기까지 심각한 문제로 이어진다.

간접흡연이 기관지염과 모세기관지염의 악화와 폐결핵의 진행을 더

빠르게 하는 폐질환의 원인임을 명심해야 한다. 우리나라는 세분된 자료가 없어 미국의 통계를 빌리면, 간접흡연으로 18개월 이하의 영유아 150,000~300,000명이 해마다 폐렴, 폐농양, 기관지염 같은 하부호흡기 계통의 감염으로 고생하고 그 절반은 입원한다고 한다. 호흡기능 장애와 폐 발육지연도 간접흡연이 일으키는 심각한 문제이다.

간접흡연은 학습장애, 발육지연, 집행기능 장애, 신경행동 장애 등의 문제도 가져올 수 있다. 동물실험에서 니코틴과 일산화탄소가 신경인지기능에 장애를 일으키는 것이 확인되었다. 어린이에게 미치는 간접흡연 영향으로는 충치, 수면호흡장애 및 심혈관계 질병 등을 들 수 있다. 간접흡연은 중이염과 침습성 수막염을 일으키고, 마취 합병증과 수술후 유증을 일으키기도 한다.

18.4   주류연과 부류연 둘 다 아주 유해

담배연기를 크게 **주류연**(Main−stream)과 **부류연**(Side−stream)의 두 가지로 나누는데, 주류연은 들이마시지 않은 채 타고 있는 담배에서 나오는 생담배연기를 말하고, 직접흡연자가 들여 마셨다 내뿜는 연기를 부류연이라 한다. 들여 마셨다 내뿜는 부류연, 즉 2차 담배연기의 주 구성성분이 주류연보다 독성이 4배 더 해롭다고 한다. 이 사실은 1980년대에 이미 담배제조회사에 의해 밝혀졌으나 비밀로 지켜져 왔다. 과학자들 중에는 간접흡연에 의한 관상동맥 심장질환의 발병위험은 알려진 것보다 훨씬 더 높다고 보는 사람이 많다.

2004년 국제암연구소(IARC)가 2차 흡연이 사람에게 암을 발생시키는 증거가 충분하여 발암원인(물질)이라고 결론지으면서 흡연에 대한 규제가 없는 환경에서 일하는 사람은 발암위험이 훨씬 더 높다고 했다. 2차 흡연에 노출로 인한 발암위험이 특히 높은 작업자로는 유지보수업, 건설업, 광산업 및 교통 관련 업무종사자 등을 들고 있다. 흡연이 가능한 공간에서 같이 일하는 비흡연자의 심장병은 25~30% 그리고 폐암은 20~30% 발병률이 증가하며, 흡연자의 폐암발병률은 평생 비흡연자보다 20배 높다.

환경흡연의 정도는 실내공기 중의 담배연기농도를 직접 측정하거나 생체지표를 이용하여 간접적으로 측정하는 방법으로 평가할 수 있다. 담배를 피우는 양만큼 몸속으로 흡입되는 **니코틴**(Nnicotine), **코티닌**(Cotinine), **티오시안산염**(Thiocyanate) 및 단백질과 내쉬는 숨을 통해 측정되는 **일산화탄소**의 양은 가장 흔히 사용되는 담배연기에 노출농도 측정의 생체지표이지만, 생화학적 테스트로 더 신뢰할 수 있는 2차 흡연 노출 정도를 알 수 있는 생체지수를 얻을 수 있다. 사람들, 특히 임신부나 어린이 부모 중에는 흡연이 사회적으로 잘 수용되지 않기 때문에 직접흡연이나 2차 흡연 사실을 노출하기 꺼리는 사람도 있고, 개인적으로 일일이 흡연사실을 확인하기도 쉽지 않다.

니코틴의 대사산물인 코티닌은 2차 흡연에 노출 정도를 확인할 수 있는 생체지표 중의 하나로 혈액, 침 및 소변에서 측정될 수 있고, 최근에는 머리카락으로도 측정하는데, 몸에 부담을 주지 않는 비침습적 측정법으로 각광받고 있다. 코티닌은 머리카락이 자라는 동안 축적되므로 장기흡연자와 간접흡연 노출에 따른 축적된 양을 측정하는데 효과적이다. 소변 속 코티닌농도는 신뢰할 수 있는 생체지표로 의학적 연구용으로 많이 이용되지만, 48시간 이내의 노출량만 알 수 있는 자료이다. 그러나 피부, 머리카락 및 손발톱에서 측정되는 코티닌 농도는 3개월간의 노출농도를 알 수 있기 때문에 훨씬 더 신뢰할 수 있는 생체지표이다. 티오시안산염은 담배연기 속에 포함된 독성물질로 주의해야 할 유해물질이지만 아직 인체에 미치는 영향이 확실히 규명되지 않은 물질 중의 하나이다.

내쉬는 숨에서 측정되는 일산화탄소의 농도는 직접흡연이건 간접흡연이건 담배연기 노출의 정도를 알 수 있는 신뢰할 수 있는 생체지표이다. 일산화탄소 측정기의 높은 민감도와 특수성 때문에 정확한 측정이 필요할 때 이용되며, 이 측정법은 비침습적이고, 재생가능하며 경제적이다.

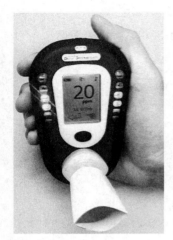

일산화농도 측정기

왼쪽의 사진에서 보여주는 일산화탄소측정기는 내쉬는 숨 속의 일산화탄소농도를 ppm으로 측정하여 바로 혈액 속의 일산화탄소 즉, 카르복시헤모글로빈(COHb/HbCO)의 농도로 전환하여 표시해주기 때문에 일산화탄소의 농도는 물론 혈액 속 일산화탄소 농도를 알려줌으로 의학적으로도 사용가능하다. 그리고 연탄가스나 작업적 실수와 같은 다른 원인으로 인한 일산화탄소 흡입량을 확인하는 측정기로도 사용된다.

부류연에는 4,000가지 이상의 화학물질이 포함되어 있는데, 이 중 69가지는 밝혀진 발암물질이다. 예를 들어보면, 듣기에도 생소하고 읽기도 쉽지 않은 화학물질이 많이 포함되어 있으니, 두 개 이상의 벤젠고리 화합물이 결합한 다핵방향족 탄화수소(PAH), 담배 특유 니트로사민, 4−아미노비페닐(Aminobiphenyl)과 같은 방향족 아민(Aromatic Amine) 등은 특히 발암성이 높은 물질이다. 주류연, 부류연 그리고 2차 흡연으로 흡입되는 연기는 대체로 비슷한 구성성분으로 이루어져 있지만, 그 농도는 연기의 종류에 따라 차이가 있게 마련이다. 상당수의 발암물질이 주류연보다 부류연에 더 높은 농도로 포함되어 있다는 사실이 담배회사 자체연구에 의해 밝혀졌다.

담배특유 니트로사민(TSNA: Tobacco−Specific Nitrosamine)은 담배의 양생과 제조과정에서 일어나는 니트로소화반응(Nitrosation)에 의해 니코틴이 아질산과 아민과 반응하여 형성하는 특이한 물질인데, 담배에만 존재하기 때문에 '담배특유'라는 말이 붙었다. 담배특유 니트로사민은 발암물질이며, 궐련보다 연기 없는 담배인 액상담배와 씹는 담배에 적게 들어 있다.

2차 흡연에 노출되면 혈관과 혈액에 즉각적이고 실질적인 영향을 미쳐 심장마비의 위험을 높인다. 30분 동안 담배연기에 노출되는 것만으로도 비흡연자의 관상혈류속도를 상당한 수준 감소시킨다. 2차 흡연은

386

또 성인 비흡연자의 혈관확장능력에 손상을 주고 혈소판기능, 혈관내피 그리고 심장근육(심근)의 운동부하에도 악영향을 미친다. 동물실험에서 45일 이상 하루에 30개비의 권련담배연기의 부류연에 쥐를 노출시켰더니 폐기종이 생겼고, 비만세포의 탈과립(과립감소)이 생겼다고 한다.

담배연기 속에 발암물질로 확인된 69가지 물질 중 보건복지부와 대한의학회에서는 간접흡연노출에 의한 발암성이 확인된 물질로는 옛날 임금의 사약으로 내리는 비상의 주원료인 비소, 방향족 탄화수소의 기준 물질인 벤젠, 맹독성 발암물질인 베릴륨, 고무산업에 없어서는 안 되는 독성발암물질인 1·3부타디엔, 도금이나 합금에 많이 사용되는 발암중금속인 카드뮴과 6가 크롬, 유기화학 연료인 산화에틸렌, 화합물이 더 위험한 니켈, 라돈의 붕괴자손인 폴로늄-210 그리고 PVC의 주원료인 염화비닐이 들어 있으며, 폼알데하이드, 벤조피렌 및 톨루엔 같은 발암물질도 포함되어 있다.

3차 흡연의 원인인 담배에서 배출되는 오염물질은 흡연자의 집을 방문할 때나 흡연자의 자동차에 탑승할 때 나는 냄새, 즉 실내가구, 마감재, 자동차 시트와 내장재, 사람의 피부와 의복에 스며 있는 역한 냄새를 말한다. 니코틴을 비롯한 담배연기 속 유해물질은 실내마감재의 표면에 아주 잘 달라붙는(흡착하는) 성질을 가진 물질이다. 니코틴은 일단 흡착되고 나면 21일(3주)이 지나도 처음의 40%까지 남기 때문에 담배 피우는 사람이 없어도 흡연에 노출된 실내에는 당장 한 개비의 담배를 피울 때 생기는 유해물질보다 더 많은 양의 유해물질이 오랫동안 잔류하므로, 3차 흡연의 위험성이 강조되는 것이다.

이사한 집의 전 거주자가 담배를 피워서 이사한 지 한 달이 지난 뒤에도 여전히 담배연기 속의 유해물질이 실내에 남아 있다면 참으로 난감할 수밖에 없다. 앞에서 설명했듯이 니코틴은 실내에 존재하는 아질산과 결합하여 1급 발암물질인 담배 특유 니트로사민을 만든다. 가족 중에 흡연자가 있으면, 가족들 특히 어린 자녀들의 건강을 위해서 집안은 담배청정구역이어야 한다. 흡연자들이 흔히 담배 냄새를 없애려 양치질이나 가글을 하지만 유해물질은 흡연자의 피부, 머리카락, 옷, 폐 속에 침착되어 있어 담배연기는 사라져도 흡연자의 폐 속에 남아있는 유해물질은 흡연자와 함께 이동하고 호흡 시 배출된다. 어디든 흡연자가 있는 실내공간에 같이 있으면, 환경흡연 상태가 되는 것이다.

흡연자의 폐로 빨려 들어간 담배연기는 호흡을 통해 배출되는데, 흡연 후 15분까지는 유해물질을 지속적으로 배출하게 되므로, 담배를 피운 뒤 바로 아기를 안게 되면 아기에게 담배연기를 뿜는 셈이 된다. 1차 흡연과 2차 흡연에 노출되지 않더라도, 옷이나 실내표면에 흡착된 담배연기 속의 유해물질에 노출되는 3차 흡연의 피해를 주는 결과를 초래한다. 또한 담배를 피웠던 공간에 들어가거나, 다른 곳에서 담배를 피운 사람과 함께 있는 것만으로도 유해물질에 노출된다는 연구결과가 속속 발표되고 있다. 흡연자와 사는 비흡연자의 폐암발병률이 24%에 이르는 것으로 추정된다. 한 번 더 강조컨대 금연은 본인은 물론 가족과 주변 사람을 위해서도 좋은 일이다.

금연법(주관자인 보건장관 Simone Veil의 이름을 따 베일 법이라고도 함)이 최초로 시작된 나라는 프랑스로 1976년 대중교통에서만의 흡연금지였지만, 세계에서 처음으로 시행된 법적 규제였다. 프랑스는 2007년에 강력한 금연법을 제정하여 사무실, 학교, 관공서 및 식당 등 공공장소에서의 흡연을 엄격히 금하고 있어 위반 시 벌금이 최소 500유로(한화 약 650,000원)나 된다.

작업장의 실내에서 전면적으로 금연법을 시행한 나라로는 아일랜드로 2004년부터 시행했다. 2003년 WHO는 담배규제기본협약(FCTC)을 채택하여, 이 협약에 비준한 국가는 실내작업장, 대중교통, 공공시설의 실내 그리고 기타 다중이용시설에서 담배연기에 노출을 막는 법률을 제정하여 시행할 의무가 있는 것으로 규정했다. 우리나라도 2006년부터 국민건강증진법으로 공공장소에서 금연을 의무화하고 있다.

담배회사에서는 표면적으로는 담배회사와 전혀 관계없는 전문가의 입을 빌려, 금연법의 대안으로 담배연기에 의한 위험을 줄이는 방법으로 환기를 제안하고 있지만, WHO를 비롯한 세계적인 유관기관에서는 흡연실을 완전히 격리시켜 담배연기를 별도의 환기장치를 이용해 배출시키면 인근 비흡연실의 위험은 없앨 수 있으나, 배출된 담배연기를 희석하거나 제거하는 과정에서 관련 업무 종사자가 위험으로부터 완전히 벗어날 방법은 없다고 결론지었다.

2차 흡연은 타는 담배 끝에서 나오는 연기와 흡연자가 숨으로 내뿜는 연기가 합쳐진 연기를 들이마시는 것이므로, 아무리 옅은 농도라도 해로워 2차 담배연기에는 허용수준이란 말이 성립되지 않는다. 어린이를 2차 흡연의 위험에서부터 지키려면 집 안은 물론 집 주변 어디에서도 누구든 담배를 피우지 못하게 하고, 아이가 타든 안 타든 창이 닫힌 차 안에서는 담배를 피워서는 절대 안 되며, 어린이집이나 학교에서 모든 사람이 금연해야 한다. 금연구역(No-smoking Section)만으로는 본인과 가족을 2차 흡연으로부터 지켜낼 수 없으므로, 공공장소에서는 어디서나 금연해야 한다.

18.5   전자담배가 더 위험

전자담배(Electronic Cigarette)를 짚고 넘어가지 않을 수 없다. 전자담배 또는 e-담배로 불리는 1세대 전자담배는 USB형 충전부위가 분리될 수 있는 궐련모양이었으나, 지금은 4세대 형까지 개발되었다. 니코틴이 들어있는 액체를 끓여 증기를 흡입하는 액상형과 담뱃잎을 찌거나 가

🔴 전자담배를 즐기는 여성

열해서 피우는 궐련형 그리고 이 두 가지의 특성을 합친 하이브리드형이 있다. 모양도 다양하여 1회용, 충전용 및 탱크부착형에다 여송연형 e-시가와 e-파이프도 있다.

영어로 전자담배를 피우는 것을 흡연이라 하지 않고 'Vaping'이라는

다른 단어로 사용하기 때문에 전자담배 이용자를 'Vaper'라 부른다. 전자담배는 보통 프로필렌글리콜, 글리세린, 니코틴, 향료제조업자 고유의 첨가물들 그리고 미공개 오염물질 등을 포함하고 있으나, 최근에는 프로필렌글리콜, 니코틴 및 향료를 제거한 것도 시판되고 있다.

전자담배의 건강상 위험에 대해서는 아직 명확하게 규명된 것이 없다. 전자담배가 흡연 관련 사망과 질병을 줄일 가능성은 있는 것 같지만 아직 확실하지는 않다. 지금까지는 전자담배의 위험정도가 씹는담배와 비슷할 것으로 추정하고 있으며, 장기적인 영향에 대해서는 밝혀진 것이 없다. 전자담배의 악영향으로는 복통, 두통, 흐린 시야, 구강자극, 구역질, 구토, 기침 등이 있다. 그러나 전자담배 메이커의 방해(?)나 기타 이유로 명확히 규명되지 않았을 뿐이지, 니코틴은 니코틴이므로 그 영향은 담배와 다를 것 없다.

전자담배에서 배출되는 증기는 함유물인 프로필렌 글리콜, 글리세린, 니코틴, 향료, 미량의 독성물질, 발암물질, 중금속, 나노입자 등으로 구성된 미세먼지(PM10) 또는 초미세먼지(PM2.5)로 형성되어 있으나, 구성물질은 제조업자, 액체의 성분, 전자담배의 설계, 이용자의 흡연방법 및 기타 요인에 의해 달라질 수 있다. 전자담배는 보통 담배보다 독성화학물질의 포함량과 농도가 낮아 사용자와 주변 사람들에게 보통 담배보다 덜 해롭겠지만, 전자담배 이용자가 내뿜는 연기는 비흡연자가 들이마시기 마련이므로 특히 실내에서는 금연해야 한다.

전자담배가 시판되기 시작한 2003년부터 저렴한 가격, 엄청난 광고 그리고 일반 담배보다는 안전할 것이라는 잘 못된 인식 때문에 이용자 수가 기하급수적으로 증가해 왔다. 전자담배를 이용하는 가장 흔한 이유로, 첫째 금연보조용, 둘째 일반 담배보다 냄새가 덜하고 더 안전하다는 생각, 마지막으로 금연법에 저촉되지 않을 것으로 판단해서 시작했다는 사람이 많다.

특히 청소년과 여성흡연자 사이에서 유행하기 시작하여, 후진국에서보다 미국과 유럽을 비롯한 선진국에서 더 많이 증가했으며, 특이하게도 액상전자담배가 처음으로 개발된 중국에서 다른 나라와 비교 되지 않을 정도로 아주 많은 증가가 있었다. 18세에서 24세 사이의 젊은 이용자가 특히 많으며, 일반담배는 피우지 않으나 전자담배는 피우는 사람도 많았다.

우리나라의 경우는 담배판매 중 전자담배가 차지하는 비율이 2017년 5월 0.1%(20만 갑)에서 2018년 4월 9.4%(2,810만 갑)로 100배가 훨씬 넘는 엄청난 증가세를 보여 담배관련 세금(담배소비세, 지방교육세, 건강증진부담금)을 90%까지 올렸으나 효과가 거의 없다. 전자담배 중 액상형을 이용하는 흡연자 80%가 금연을 목적으로, 덜 해롭고, 냄새가 덜 나서 전자담배를 시작했는데, 일반담배와 함께 피우는 중복흡연자가 85%나 된다는 연구보고가 있다.

카트리지에 이용자의 선호에 맞춰 액상과 니코틴용액을 주입하여 흡입량을 조절하는 이전방식에서 니코틴을 포함한 액상 카트리지를 교체하는 방식인 신형 액상전자담배 출시로 일반담배에 비해 안전하다고 강조하지만, 전자담배 액상에서는 아세트알데하이드와 폼알데하이드, 담배특이니트로사민 등과 같은 1급 발암물질이 검출될 뿐만 아니라 증기로 홍보되던 배출물 또한 발암물질을 포함한 에어로졸로 확인되었다. 일반담배(궐련)에 비해 액상 전자담배에 특정 유해물질이 상대적으로 적게 포함되어 있을 수 있으나, 절대 '안전한 담배'는 아니다.

전자담배와 일반 담배를 함께 피우는 중복흡연자는 니코틴의 과다 흡수로 니코틴중독을 악화시키고 건강위험도도 높아진다. 청소년을 중심으로 빠른 속도로 사용자가 증가하기도 하고, 담배에 접하지 않았던 청소년이나 여성 비흡연자마저 전자담배를 호기심에서 사용해본 후 일반담배(궐련)로 넘어갈 가능성을 높일 우려가 매우 크다. 청소년층은 호기심에서 전자담배를 시작하는 경우가 많고, 중년층은 중복흡연이 많으며, 노년층은 금연의 전 단계로 전자담배를 이용하는 경우가 많다. 남성 전자담배 이용자는 여성에 비해 니코틴 농도가 평균적으로 더 짙다고 한다.

약한 것에서 시작하여 차츰 강한 것으로 옮겨간다는 '입문이론(Gateway Theory)'에 따라 전자담배에서 시작하여 일반담배로 옮겨갈 가능성이 큰데, 충동적이고 감성추구형 개성을 가진 사람이나 흡연호기심이 큰 사람의 가능성이 더 크다고 한다. 비흡연자, 특히 어린이가 니코틴 없는 전자담배를 경험하거나 전자담배 액상향료에 노출되는 것만으로도 일반 담배의 흡연으로 이어질 가능성은 매우 크다. 담배연기에 직접 닿든지, 2~3차 흡연에 노출되든지 아니면 전자담배에 노출되는 것은 뇌에 영향을 미쳐 흡연으로 이어지는 입문이론에서 말하는 입문단계가 될 가능성이 있다.

전자담배가 일반 담배보다 안전하다는 인식 때문에 임산부 중에도 전자담배를 이용하는 사람이 있다고 한다. 공식적인 통계는 없지만 고등학생 흡연자 중 상당수가 전자담배 이용자이고, 대부분이 호기심에서 시작하였다고 하는데, 그중에는 일반 담배를 피워 본 적이 없는 때도 있다고 한다. 청소년기의 전자담배 이용 경험은 어른이 되어서 일반 담배 흡연자가 될 가능성을 아주 높인다.

일반적으로 전자담배가 일반 담배(궐련)보다 독성물질이 적게 포함된 것은 틀림없지만, 안전성에 대한 검증이 확인되지 않았기 때문에 금연용으로 전자담배를 권장하지 않고 있어, 일반 담배와 같이 규제하거나 의약품과 같이 엄하게 규제하는 나라도 있다. 영국에서는 2015년 전자담배가 금연에 효과적이라고 전자담배가 선풍적인 인기를 얻었지만, WHO에서는 2016년 전자담배의 금연효과에 대한 확실성이 거의 없다고 발표했다.

미국식약청(FDA)에서도 같은 해에 전자담배를 '전자식 니코틴전달시스템(ENDS: Electronic Nicotine Delivery System)'이라고 표현하면서 금연에 일시적인 도움이 되기는 하지만 최종적인 금연효과는 없다고 발표했다. 전자담배를 경험한 사람의 금연확률은 전자담배를 경험하지 않은 사람보다 낮다는 데서도 알 수 있다. 전자담배를 포함하여 시판 중인 금연약품 임상실험에서 사이티신이 효험이 있고 안전하며 경제적인 것으로 알려졌다.

사이티신(Cytisine)은 식물에서 얻을 수 있는 천연 알칼로이드로 분자구조가 니코틴과 비슷하고 약리적 효과도 비슷하여 니코틴 대용으로 동유럽에서는 1960년대부터 금연보조제로 사용됐다. 아직 정확한 의학적 자료는 부족하지만, 흡연자를 대상으로 한 실험에서 효과가 높다는 연구가 속속 발표되며, 2017년에 미 FDA에 금연치료제로 임상시험신청이 되어 있다고 하니 머지않아 임상시험 결과를 알 수 있을 것으로 본다.

니코틴 있는 전자담배보다 니코틴 없는 전자담배가 금연에 더 효과적이라고 하니 상식적인 판단이지만, 니코틴 없는 전자담배가 흡연과 관련되는 물리적 자극에 의한 흡연갈망을 감소시킬 수 있기 때문이라고 한다. 일반 담배에서 전자담배로 바꾸면 금연후유증으로 생기는 체중증가가 줄고, 운동내구력을 높이고, 독성화학물질 노출을 감소시키며, 죽음에 관한 위험이 낮아진다. 전자담배가 일반 담배보다 호흡장애, 기침, 구토 및 목 아픔이 줄여준다.

일반담배에는 밝혀진 것만으로도 수십 종이나 되는 발암물질과 900여 종의 발암위험물질이 포함되어 있으나, 초기(2011년 이전) 전자담배의 카트리지나 에어로졸 속에서는 그런 물질이 없었다. 그런데 2015년부터 출시된 3세대 전자담배에서는 최고출력일 때 일반담배보다 많은 폼알데하이드 농도를 보인다. 발암물질에는 안전한 농도가 있을 수 없기 때문에 이제 전자담배를 안전한 것이라고 할 수 없게 되었다.

일반담배와 비교해서 전자담배가 상대적으로 정도가 좀 덜 할 뿐이지 결코 안전하지 않기 때문에 이제는 공공장소에 단순한 금연표지만으로는 부족해서 옆 사진에서 보는 오스트레일리아 정부의 표지판과 같이 일반 담배의 금연은 물론 전자담배 베이핑도 금한다는 표지를 같이 붙여야 할 때가 되었다.

단순한 금연표지만으로는 부족해 전자담배 베이핑도 금한다- 오스트레일리아

전자담배 폭발로 인한 각막 찢김, 눈 화상 및 사고사도 심각한 걱정거리이고, 전자담배가 인체에 미치는 일반적인 영향으로 눈 자극, 시야 흐림, 어지러움, 두통, 목구멍 자극, 기침, 기도저항, 가슴통증, 혈압상승, 빈맥(심장박동수 증가), 구역질, 구토 및

복부통증 등이 나타난다. 그러나 전자담배가 인체에 미치는 위해는 전자담배마다 액상성분에 차이가 있어 사용 후 배출되는 에어로졸의 성분도 다르고, 구조도 달라 안전문제에 대한 일률적이거나 정확한 자료가 제시될 수는 없다.

일반담배에 비해서는 많이 낮긴 하지만, 니코틴을 함유한 전자담배도 폐 기능을 저하시키고, 심근(심장근육)기능을 떨어트리며, 염증을 증가시킨다. 니코틴이 인체에 미치는 부작용을 들어보면 혈액응고, 죽상동맥경화증, 대동맥확장, 기관지경련, 근육 떨림과 통증, 구역질, 구강 건조증, 소화불량, 설사, 속 쓰림, 소화성 궤양, 암, 현기증, 두통, 불면증, 악몽, 흥분, 어지러움, 혈류제한, 심박증가 또는 감소, 혈압증가, 빈맥, 부정맥 증가 또는 감소, 관상동맥위축, 관상동맥질병, 높은 인슐린, 인슐린내성, 임신 중 흡연으로 인한 제2형 당뇨병, 비만, 고혈압, 신경행동학적 장애, 호흡기능 장애, 불임 등 열거하기 힘들 정도로 많다. 그래서 한번 더 강조하건대, 니코틴은 심혈관질환, 선천성기형 및 자체 독성에 의한 근본적인 문제를 안고 있는 아주 위험한 물질이다.

전자담배 액상의 세포독성은 액상성분에 따라 차이가 크고, 전자담배의 금속부위는 사용시간이 지나면서 사용 시 발생하는 금속입자도 오염물질이 될 수 있다. 액상물질을 가열하여 화학반응을 일으키는 발열체인 니크롬선이 폼알데하이드 같은 많은 종류의 유독화학물질을 생성한다. 저전압(3V 이하) 장치로 된 정상 전자담배는 폼알데하이드를 적게 생성시키지만 최근 출시되는 전자담배나 고전압(5V 이상) 탱크부착형 전자담배는 일반담배와 같거나 더 많은 폼알데하이드를 만들어 낸다.

전자담배에서 배출되는 연기(에어로졸)에는 초미세먼지, 휘발성유기화합물(VOC), 중금속, 니코틴 및 기타 독성물질 등이 포함되어 있긴 하지만 일반담배보다는 양이 적어 간접흡연(2차 흡연)에 대한 위험도 그만큼 적지만 대부분 액상 전자담배의 주성분으로 니코틴이 포함되어 있어 뇌유연성에 장애를 가져올 수 있다. 니코틴은 헤로인이나 코카인에 못지않게 중독성이 아주 강한 물질이어서 니코틴을 함유한 전자담배의 연기는 신경 화학적, 생리적 그리고 행동학적 변화를 일으켜 신경, 신경근육,

심혈관, 호흡기, 면역 및 소화기 체계에 영향을 미친다.

참고로 우리나라 식품의약품안전처에서 발표(2017년)한 자료에 의하면, 시판 중인 전자담배(35개 제품)의 카트리지(액상)와 흡입연기의 유해성분으로 알려진 니코틴, 폼알데하이드, 아세트알데히드, 아세톤, 아크롤레인, 프로피온알데히드, 크로톤알데히드 등 7개의 함량을 측정한 결과, 니코틴함량은 궐련 담배 1개비 양으로 환산(전자담배 10회 흡입－약 0.04~0.05g 액상소모－을 일반 궐련담배 1개비로 환산) 시 0.33~0.67mg으로 일반 담배에 함유된 담배와 비슷한 정도였다고 한다.

그리고 아크롤레인과 크로톤알데히드는 검출되지 않았지만, 폼알데하이드, 아세트알데히드, 아세톤, 프로피온알데히드 함량은 일반 담배 1개비로 환산시 0~4.2μg, 0~2.4μg, 0~1.5μg, 0~7.1μg으로 각각 검출되어 궐련담배 보다는 낮은 수준이었다고 한다. 특기할 사실은 전자담배 액상용액과 흡입 에어로졸 유해성분을 비교해보면 가열과 산화작용으로 폼알데하이드, 아세트알데히드의 함량이 각각 19배, 11배 증가하였다. 앞으로 더 많은 연구와 조사가 이루어져야 정확한 결론을 내릴 수 있겠지만, 전자담배가 일반담배보다 덜 해로운 것은 맞지만 담배임은 틀림없으니 금연이 제일 안전하다.

미국에서는 전자담배 제조사를 상대로 한 소송이 잇따르고 있다. 최근(2019년) 뉴욕 브롱크스에서 17세 소년이 전자담배 흡연으로 사망한 사건을 계기로 뉴욕주 법무장관이 청소년고객을 끌어들이기 위해 기만적인 마케팅을 벌였다며 소장을 제출한 것이다. 니코틴을 함유한 전자담배가 기존 담배보다 안전하다고 소셜미디어를 통한 광고로 고객을 호도하는 판매전략을 사용하여 청소년의 전자담배 흡연율을 급속히 높였다는 게 소송 이유이다. 뉴욕뿐만 아니라 캘리포니아와 노스캐롤라이나도 소송을 걸었으며, 매사추세츠를 비롯한 다른 몇몇 주 역시 전자담배 제조사를 조사 중이다.

미국 전자담배 시장의 70%를 차지하는 줄랩스(Juul Labs)사는 가향 전자담배와 SNS 광고가 청소년들을 겨냥한다는 비판이 거세게 일자 광고를 중단하고 소송과 관련된 SNS 계정을 폐쇄했다. 가향 전자담배 제품도 대부분 판매를 중단했다. 미국 질병통제예방센터(CDC)의 최근(2019년)집계에 따르면 전자담배로 42명이 사망하고 2,172명의 환자가 발생했다고 한다.

청소년흡연과 유해성 논란으로 액상전자담배가 최근 미국유통채널에서 잇따라 퇴출당하고 있다. 미국 최대 유통업체인 월마트가 일반 궐련형 담배는 계속 판매를 이어가지만 2019년 9월 전자담배 판매중단을 선언했다. 이에 앞서 창고형 할인점으로 우리나라에도 진출한 코스트코(Costco)에서도 전자담배 퇴출을 결정했고 대형 약국 업체인 라이트에이드도 앞서 2019년 4월에 전자담배 판매를 중단했다.

우리 정부도 액상전자담배의 사용 자제를 권고하기 시작했다. 보건복지부는 2019년 9월 '액상형 전자담배와 중증 폐질환의 인과관계가 밝혀질 때까지 액상 전자담배의 사용을 자제할 것'을 당부하고 있다. 당장 판매중지 등 강제조치를 취하지 않았지만, 소비자가 스스로 사용을 자제하라는 뜻이다. 또 의사는 호흡기 이상 증상이 액상형 전자담배와 연관성이 있다고 판단되면 즉시 질병관리청에 보고하도록 당부하였다.

가향 전자담배(Flavored E-cigarette)란 액상형 전자담배에 과일 향이나 풍선껌 향 같은 향기를 첨가한 것으로 전자담배 중 제일 선호품목이다. 전자담배가 일반 담배보다 불쾌한 냄새가 덜한 데다 향기까지 더했으니 수요가 증가할 수밖에 없었다. 전자담배의 약 80% 정도를 차지하는 가향 액상담배의 경우, 다양한 맛과 향을 가진 제품이 많아 비흡연자와 청소년의 니코틴 접근성을 키우고 있다는 비판이 있어 FDA는 원인 규명을 위한 분석을 시작했으며 일부 주에서는 가향 액상형 전자담배 판매가 금지됐다.

19

황사는
불법입국
오염물질이다

황사는 단어 그대로 누런 모래로 **먼지바람**이라고도 하는데, 우리나라에 불어오는 먼지 바람을 **아시아먼지**(Asian Dust)라고도 한다. 아프리카의 사하라사막에서도 황사가 발생하는데, 이는 **아프리카먼지**(African Dust)라고 하며, 중동의 아라비아사막에서 발생하는 황사를 **아라비아먼지**(Arabic Dust)라고 함으로 발생지역에 따라 구분하기 위해 붙이는 명칭이다.

황사를 영어로는 Yellow Sand 또는 Yellow Storm(또는 Wind)라고도 하며, 중국 쪽에서 불어오므로 **중국먼지폭풍**(China Dust Storm)이라고도 한다. 중국에서도 황사라고 그대로 부르며, 일본도 역시 황사의 일본식 발음인 코사라 부른다. 황사라는 용어는 1954년부터 사용하기 시작했는데, 순우리말로는 흙비라 하고, 북한에서는 바람에 날리어 떨어지는 '모래흙'이라 한다.

황사의 발원지는 중국, 몽골사막 및 카자흐스탄으로, 황사는 고속의 지상풍과 강력한 먼지폭풍이 미세하고 건조한 토양입자를 불어 올려 강한 미세먼지구름을 일으키는 기상현상에 의해 발생한다. 이 먼지구름은 편서풍을 타고 중국을 넘어 한반도를 거쳐 일본과 러시아의 극동지역까지 흘러간다. 황사는 간혹 훨씬 더 멀리 날아 하와이와 미국의 동부까지 도달하는 경우도 있는데, 오염농도가 무시할 수 없을 정도로 높아 대기의 질에 상당한 영향을 미친다.

편서풍(Westerlies)이란 아열대의 고기압지대에서 일 년 내내 아한대 저기압지대로 서쪽에서 동쪽으로 부는 띠 모양의 바람을 말한다. 지구자전의 영향으로 북반구에서는 주로 남서풍이 불고, 남반구에서는 주로 북서풍으로 분다. 온도가 높은 고온의 저위도와 온도가 낮은 한랭한 고위도지방 사이에 남북의 기온경도가 커지기 때문에 발생한다. 편서풍의 풍속은 약 3~4m/sec 정도가 보통이다.

옆 그림은 우리나라 기상청에서 발표한 자료로 2002년부터 2016년에 걸쳐 발생한 황사 133건을 간추려 발생빈도를 백분율로 표시한 것이다. 황사의 발원지는 멀리 중국의 서북부 신장웨이우얼자치구의 **타클라마칸**(Takla Makan)

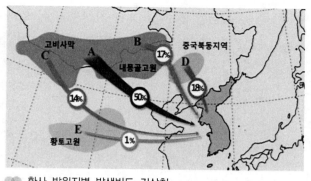

🟤 황사 발원지별 발생빈도-기상청

사막에서부터 몽골고원의 **고비**(Gobi)사막, 황하중류에 걸쳐 널리 분포된 황토지구인 고도 1,000m에서 2,000m 사이의 **황토고원**(Loess Plateau), 내몽골고원의 **텐켈**(Tenkel)사막, 중 국북동부 지린성의 **커얼친**(또는 호르친, Keerqin/Horqin, 科爾沁)사막 등으로 대륙풍이 부는 계절엔 중국과 가까운 우리나라가 가장 큰 피해를 입는 국가이다.

21세기에 들어서면서 중국의 급속한 산업화에 따라 중국 동쪽에 있는 공업벨트에 속하는 도시(베이징, 허베이, 산둥, 칭다오, 난징, 상하이, 항저우 등)의 공장굴뚝에서 배출되는 산업성 오염물질이 황사에 묻혀오면서 우리나라 사람들에게 미치는 건강상의 우려는 날이 갈수록 더 심각해지고 있다. 삼림의 벌채에 따라 가중되는 사막화현상은 황사가 더 자주 일어나게 하고, 더 오래 지속되고 있다.

주로 목화식재를 위해 중앙아시아 사막을 개간하는 러시아의 농업계획으로 인해 중앙아시아 생명줄인 아무다리아(Amu Darya) 강과 시르다리야(Syr Darya) 강의 물 흐름의 방향이 바뀌어 카자흐스탄과 우즈베키스탄 사이의 아랄(Aral) 해가 마르기 시작하면서 지난 수십 년에 걸쳐 사막화는 더 가속되고 있어 문제의 심각성은 시간이 가면서 더해가고 있다.

우리나라에서 가장 오래된 황사 기록은 삼국사기에 나오는데, 신라 아달라왕 21년(174년) 음력 1월의 **우토**(雨土)라는 표현이 있고, 백제의 근구수왕 5년(379년) 음력 4월의 雨土日(흙이 비처럼 하루 종일 내림)이란 기록이 있다. 고구려에서는 영류왕 22년(640년) 음력 9월의 日無光涇三日

明(빛 없는 날 3일이 지난 뒤 밝아짐)이 가장 오래된 공식기록이다.

고려사는 **사우**(砂雨) 또는 **황사우**(黃砂雨)라는 표현으로 총 50건의 황사 기록이 있다. '토우는 모시 모경에 사방이 어둡고 혼몽하게 티끌(입자)이 내리는 것'이라는 근대적인 황사의 정의가 서운관지에 등장하고, 조선왕조실록에도 황사 기록이 있다. 참고로 중국 최초의 황사 기록은 기원전 1150년의 역시 우토(雨土)라고 표현했으며, 일본에서는 서기 807년의 황우(黃雨)라는 기록이 최초다. 옛날 기상기록 중 유난히 황사에 관한 기록이 정확하고 자세하게 수록된 이유는, 황사를 잘못된 정사에 대한 하늘의 응징으로 생각해 임금을 궁지로 몰아넣을 기회로 여겼기 때문이다.

서운관지(書雲觀志)는 1818년(순조 18년)에 간행된 규장각 도서이다. 서운관은 고려 때부터 천문, 역수, 점주, 측후, 각루 등의 일을 맡아보던 관청으로, 조선시대에도 이 관청은 계승되었고, 세종 23년에 측우기가 발명되면서 서운관의 업무는 더욱 활성화 되었다. 이 책은 조선 영조 때의 천문학자였던 **성주덕**(成周悳)이 서운관의 연혁과 천체운행 관측의 유래 등을 엮은 책이다. 조선시대의 황사 기록은 16세기에 가장 많으며, 임진왜란 전후 43년간은 전무하다. 조선시대에는 총 105건 114일간의 황사 기록이 남아있다.

원체 자국에 불리한 자료는 과학적인 자료라도 공개하기 꺼리는 대국적 기질(?)을 가진 중국의 2001년 자체의 분석자료에 따르면, 황사에는 유해한 중금속인 실리콘(Si)이 24~32%, 알루미늄(Al)이 5.9~7.4%, 칼슘(Ca)이 6.2~12% 그리고 철 등이 함유되어 있으며, 석탄의 연소에서 나오는 독성물질인 수은과 카드뮴 같은 수많은 유해성분이 포함된 것으로 밝혀졌다.

황사발원지에 사는 사람들은 거친 먼지입자는 너무 무거워 숨으로 흡입하지 못하지만, 거의 눈에 보이지 않을 정도로 미세한 먼지입자는 본인도 모르는 사이에 숨으로 빨아들이게 마련이다. 일단 흡입되면 오랜 시간에 걸쳐 폐 조직에 손상을 입혀 폐 관련 질병과 암을 유발한다.

산성비의 구성성분인 황, 검댕, 재, 일산화탄소 및 중금속(수은, 카드뮴, 크롬, 비소, 납, 아연, 구리 등)을 포함한 기타 독성물질에다 바이러스, 박테리아, 곰팡이, 농약, 항생제, 석면, 제초제, 미세 플라스틱, 연소생성물, 환경호르몬인 프탈레이트나 다이옥신에다 심지어는 간혹 묻혀오는 발암물질까지 아주 다양한 오염물질이 황사에 섞여 있을 수 있다. 국가 간 나아가서 대륙 간으로 이동하는 이 먼지구름 속의 바이러스나 박테리아는 태양의 자외선에 의해 살균될 것이라는 주장이 있었지만, 미국 지질조사국(USGS)의 연구에 따르면 반드시 그렇지는 않다고 한다.

황사는 미세먼지(PM10)는 당연히 포함되어 있지만 초미세먼지(PM2.5)와 극미세먼지(PM0.1)도 포함하고 있는 것으로 밝혀졌다. 미세먼지는 아주 작고 가벼워 호흡으로 흡입되면 허파꽈리까지 쉽게 도달할 수 있고, 초미세먼지는 더 작고 더 가볍기 때문에 폐를 통해 피 속이나 림프조직에까지 들어갈 수 있다. 극미세먼지는 더 깊이 들어간다. 일단 혈액 속으로 흘러들어가게 된 초미세먼지와 극미세먼지는 혈관을 타고 두뇌와 태아장기(임산부의 경우)의 말초혈관까지도 도달할 수 있다는 것은 미세먼지 설명에서 이미 밝혔다.

우리나라에 불어오는 황사는 단순한 건강상의 위험뿐만 아니라 사회 전체에 부정적인 외적효과도 일으키는데, 황사의 발원지인 중국, 몽골 및 다른 중앙아시아 국가들의 발 빠른 산업성장과 삼림벌채 정책은 우리나라와 일본 및 러시아 동남부지역 같은 극동지역에 사회적인 비용을 부담시키는 결과를 초래하고 있다. 화목(장작)과 목재제품 생산을 위한 삼림벌채는 생태계 파괴 이외에도 황사를 일으키는 결과를 초래하지만, 황사 때문에 생기는 사회적 비용은 이 사업계획에 계상되어 있지 않다. 사회적 비용보다 개인적 한계비용을 근거로 결정되는 삼림벌채는 시장에서도 공급과잉으로 실패로 이어지게 마련이다.

우리나라에서 2007년에서 2016년 사이 지난 10년 사이 황사가 23회에 걸쳐 52일 동안 불려왔었는데, 주로 봄철인 3월에서 5월 사이에 17회에 걸쳐 42일 동안 밀려와 황사의 거의 80%가 봄에 불어왔다. 황사는 해마다 지속기간을 더 오래 증가시켜 왔는데, 1980년대는 2.9일, 1990년대는 5.3일 그리고 2000년대 들어와서는 9.8일로 증가하고 있다. 요즈음은 황사가 계절을 가리지도 않고 가을철에도 심지어 추운 겨울철에도 불려오는 형편이다. 그래서 우리나라 겨울을 예전에는 '삼한사온'이라 했는데, 요즘은 '삼한사미', 즉 사흘은 춥고 나흘은 미세먼지로 뒤덮이고 있다는 뜻이다.

그래서 황사는 우리나라와 중국 사이의 국제 분쟁거리가 되었다. 황사의 주요 구성성분은 모래와 지각에 분포된 물질이지만 중국의 급속한 산업화에 따른 중국 동해안에 집중된 공업지대가 아주 해로운 중금속인 수은과 카드뮴을 포함한 산업오염물질을 배출시켜 황사와 동행함으로써 그 심각성이 더해지고 있다. 적지 않은 양의 산업오염물질이 미치는 건강위험은 두 번 다시 지적하지 않아도 중요하게 다루어야 할 문제이다.

황사는 자연발생적 현상이지만 우리나라까지 날려 올 정도로 가벼운 미세먼지와 초미세먼지는 대부분이 사람이 만든 인위적인 것이다. 대기 중으로 배출된 1차 오염물질의 산화로 생성되는 2차 오염물질인 황산, 질산, 암모늄염, 휘발성유기화합물(VOC), 검댕(블랙카본) 등도 위험하기는 다른 오염물질에 뒤지지 않는다. 황사에 포함된 인위적 오염물질은 주 발생원인 중국 내에서의 화석연료의 연소로 생성된 물질과 공장의 배출가스가 대부분이다.

황사발원지인 나라들이 거의 전부 개발도상국이어서 높은 인구증가율이 삼림벌채와 토양침식을 가져오는 원인으로 본다. 높은 인구성장률은 취사와 난방을 위한 장작과 가구제작을 위한 목재에다 화목을 시장에 내다 팔아 얻을 수 있는 경제적 이익 때문에 수요를 부추겨 삼림을 벌채하고, 더 많은 경작지가 필요해 새로운 토지를 개간케 하고 있다.

예를 들어 산시성(山西省) 북부와 간쑤성(甘肅省)의 몽골족과 티베트족 자치주인 하이시(海西)지역은 원래 숲이 우거진 지역이었으나 지금은 나무가 한 그루도 없는 지역인데, 이 지역의 농부들은 역사적으로 낮은 기술농법, 즉 인력과 가축(소)을 이용하는 구식농법으로 경작하고, 인구가 증가하면서 지속적으로 처녀림을 개간(화전)해왔기 때문이다. 구식농법은 인력에 의존하기 때문에 더 많은 자식을 낳고, 이는 더 많은 경작지를 필요하게 되는 악순환을 이어오게 했다.

황사에 의한 가장 부정적인 피해는 뭐니 뭐니 해도 건강문제이다. 특히 호흡기능에 장애를 줘 호흡기관련 질환을 증가시킨다. 최대 호기유량(날숨, 즉 내쉬는 숨의 최대치) 실험에서 천식환자와 같은 호흡기질환을 앓는 사람이 가장 심각한 피해를 입는 것으로 나타났다. 황사가 스모그와 겹치면 호흡기질병과 심혈관계질병 환자의 사망률이 높아지는 것도 확인되었다. 최근에 밝혀진 연구에 의하면 초미세먼지(PM2.5)가 엉뚱하게도 파킨슨씨병과

⬤ 황사로 누렇게 뒤덮인 서울-기상청 기상사진전

기타 신경성 질환과도 깊은 연관이 있다고 한다. OECD의 예측에 따르면 2060년에 이르면 악화된 대기오염 때문에 우리나라의 조기 사망률이 인구 백만 명당 1,069명에 이를 것으로 추정한다.

황사는 시야를 흐리게 하고 인두통과 천식을 포함한 여러 가지 질병의 원인이 된다. 황사의 심각성 정도에 따라 야외활동을 최소화하거나 피하기도 한다. 천식환자와 같은 호흡기질병이 있는 사람들에게는 황사가 치명적일 수 있으니, 황사가 미치는 지역의 일일 사망률이 1.7%까지 증가하는 것으로 나타났다. 1.7%가 적은 수치인 것 같지만 1,000명당 17명, 1백만 명당 17,000명이 더 사망한다는 뜻이니 얼마나 엄청난 숫자인가?

사람들이 많이 모이는 곳인 공원, 강변, 야구장, 축구장 같은 야외시설같이 황사의 영향을 많이 받는 곳은 황사가 들이치면 사람이 뜸하다. 2019년에 이뤄진 한 조사에서 97%의 한국인이 황사 때문에 육체적으로 고통을 받지만 정신적으로도 어려움을 겪고 있는 것으로 밝혀졌다. 정신적인 어려움이 없다는 3%에 해당하는 사람들은 무엇 하는 사람인지 모르겠지만, 97%란 거의 전부에 해당되므로 황사가 끼치는 피해가 엄청난 것임에는 틀림이 없다.

황사에 가장 취약한 계층인 어린이들의 피해를 최소화하기 위해 교

육부에서는 초·중·고등학교에 실외 체육시설은 물론 실내체육관도 갖추게 하였고, 한국야구위원회(KBO)에서는 황사가 심한 날 프로야구경기를 취소하거나 연기하도록 규정을 바꿨다. 이외에도 황사는 여러 산업분야에서 상당한 경제적인 손해를 입히고 있다.

일례로 항공산업에서는 황사가 항공기 표면에 침착하면 날개의 양력이 떨어지고, 습기와 반응하면 금속표면을 녹슬게 하여 페인트에 손상을 입힌다. 그래서 황사가 잦은 봄철에는 항공기 세척에 많은 시간과 경비를 소비하는데, 보잉747 한 대 세척에 6,000ℓ(6톤)의 물이 필요하고 8시간이나 걸린다고 한다. 그런데다 황사가 심한 날은 시야가 흐려 비행이 취소되는 날이 허다하다. 반면에 황사 덕을 톡톡히 보는 산업도 있다. 2019년에 황사가 심한 날 황사마스크와 공기청정기 시장이 2018년 대비 각각 458%, 414% 성장했다고 하고, 빨래의 옥외건조가 불가능하여 건조기의 판매량도 67%나 증가했다.

건강에 미치는 악영향, 야외활동의 기회비용, 황사방어수단에 소요비용에다 심리적 스트레스까지 고려해야 하니 황사에 의한 사회·경제적 비용계산은 쉽지 않다. 그래도 가장 뛰어난 평가방법과 계산기술을 동원해 끌어낸 황사의 2002년 우리나라의 사회·경제비용은 39~73억 달러로 국민총생산의 0.6~1.0%에 해당하므로 국민 1인당 81.8~152.52달러나 부담해야 하는 것으로 계산되었다. 2000년 중국 베이징시가 입은 황사에 의한 경제적 피해는 베이징시 총생산의 2.9%에 이르는 것으로 나타났다.

지난 50년간 황사 발생일수는 5배로 증가하였다. 우리나라 기상청의 자료에 따르면, 1960년대에는 연 2회 불과했으나 2000년대 들어서는 11회로 증가했다. 1960년대와 1970년대 각 10년 동안에는 황사가 전혀 없었던 해가 3년이나 되었으나, 2000년대 들어서는 황사는 한 해도 빠짐없이 발생했다. 2018년 4개월(3~6월) 동안 경기도에서만 황사특보를 42회 발령하여 2017년 36회보다 6회(12.5%) 증가하였는데, 특보발령 일수만 늘어난 게 아니고, 미세먼지 평균농도도 2017년 132.88ppm에서 2018년 149ppm으로 12.1% 증가하였다. 여기에다 더 심각한 문제는 미세입자의 체류시간이 16.3시간에서 19.8시간으로 21.5%나 늘어난 것이다.

여기서 **대기질지수**(AQI: Air Quality Index)에 대한 설명을 하고 넘어가겠다. 대기질지수란 대기오염의 정도를 나타내는 지표를 수치로 나타낸 것으로 지수가 높을수록 대기의 질이 나쁘다는 뜻이다. 그러나 오염농도 집계방식에 따라 차이가 있고, 표시방법도 약간씩 다르다.

세계적으로 가장 많이 이용되는 미국, 중국 그리고 우리나라의 지수를 먼저 설명하면, 지수계산에 이용되는 대기오염물질은 초미세먼지(PM2.5), 미세먼지(PM10), 오존(O_3), 이산화질소(NO_2), 일산화탄소(CO), 아황산가스(SO_2)의 6가지 중요 오염물질이고, 먼저 각각의 오염물질농도를 측정하여 지수화한다.

미 환경보호청(EPA)의 대기질지수는 좋음(0~50), 보통(50~100), 민감한 사람에게 해로움(100~150), 해로움(150~200), 매우 해로움(200~300), 위험(300~500) 등 6단계로 나누어 구분한다. 지수가 300을 초과하면 대기의 질이 모든 사람에게 위험하다는 뜻이며, 50 미만이면 대기질이 양호하다는 뜻이다. 중국의 대기질지수도 표현에만 차이가 있어 최적(0~50), 양호(51~100), 약한 오염(100~150), 중간 오염(150~200), 매우 오염(200~300), 심각한 오염(300~500)의 6단계로 구분한다.

우리나라도 대기질지수를 0에서 500까지로 수치화하였으나, 단순히 대기질지수라 하지 않고 통합대기환경지수(CAI: Comprehensive Air-quality Index)라 칭하여, 좋음(0~50), 보통(51~100), 나쁨(101~250), 매우 나쁨(251~)의 4단계로만 구분하고 각각 파랑, 초록, 노랑 및 빨강으로 상징색을 붙이고, 미국의 보통단계와 중국의 양호단계만 넘으면 나쁘거나 매우 나쁜 단계로 위험경고 수준을 높이고 있다.

그런데 2007년 4월 3일 상하이의 대기질지수가 최고치인 500을 기록하여, 중국의 사막화는 실로 심각하다는 것을 입증하였다. 사막화된 면적이 1.74백만㎢로 풀 한 포기 없는 메마른 땅의 면적이 한반도의 8배에 이르고, 4억 명의 삶을 황폐화시켰고, 직접적인 경제적 손실만도 해마다 540억 위안(70억 달러)이나 된다. 이 손실계산은 의료비, 공해관련 비용, 2차 영향에 의한 손실비용, 인접국에 미치는 비용 등은 계산하지 않은 직접적인 손실을 비용으로 계산한 것이니, 간접손실과 인접국 영향비용 등을 합치면 상상을 초월할 엄청난 금액이 될 것은 두말할 나위도 없다.

우리나라 기상청은 **황사특보제**를 통해 황사에 포함된 미세먼지 농도, 기상여건, 위성사진 등을 활용해 황사의 위험수준을 예보해 준다. 이 정보에 따라 교육부, 행정안전부 및 환경부에서는 행동 대처요령과 대응방안을 강구하게 된다. **황사주의보**는 황사로 인해 1시간 미세먼지 평균농도가 $400\mu g/m^3$ 이상, **황사경보**는 1시간 미세먼지 평균농도가 $800\mu g/m^3$ 이상을 기준으로 하여 각각 2시간 이상 지속될 것으로 예상될 때 발령되고, **황사예보**는 황사로 인해 1시간 미세먼지 평균농도가 $400\mu g/m^3$ 미만인 경우 **옅은 황사**, $400\sim800\mu g/m^3$ 사이인 경우 **짙은 황사**, $800\mu g/m^3$ 이상인 경우 **매우 짙은 황사**로 구분하여 발령한다.

우리나라의 대기 중 황산의 30%와 질산의 40%는 중국으로부터 비자도 없이 밀입국(월경)한 것이다. 중국으로부터 국경을 넘어오는 오염물질의 경감을 위해 피해국인 한국과 일본 그리고 원인제공국인 중국 사이의 협력은 절실하다. 그래서 **3국 환경장관회의**(TEMM)는 1999년부터 시작되어 매년 3국 장관이 합의한 의제에 국장급회의와 실무자급 회의를 개최하고 있다.

대기질 관리, 미세먼지와 황사, 생물다양성, 화학물질 관리, 자원 순환관리, 녹색경제, 기후변화, 해양환경 등에 걸쳐 정보와 연구결과 교환뿐만 아니라 환경협력도 강화해오고 있다. 2018년 회의에서는 한·중 환경협력센터의 개소와 함께 대기오염 대응협력과 환경산업협력 등을 중점적으로 논의했고, 2019년 제21차 3국 환경장관회의(TEMM21)에서도 상기 항목을 포함한 우선협력분야를 담아 공동합의문을 채택했고 베이징, 톈진, 허베이 등 지역의 대기질 상황과 미세먼지 저감조치 정보를 받아 2019년 12월부터 미세먼지 계절관리에 활용하고 있다.

황사의 발원지인 중국과 몽골은 황사문제를 오염이라기보다는 사막화로 인한 천연재해라는 관점에서 접근하고 있다. 따라서 중국의 황사피해 방지대책은 사막화를 어떤 방법으로 막을 것인가에 초점이 맞춰져 있다. 따라서 중국은 생물학적 대책, 방지대책 프로젝트의 실현, 산업 구조조정 등을 실행하고 있다.

우리나라는 황사발원문제에 관한 한 발원국과 협조하는 한편, 황사 피해지역으로서 국민의 건강을 지키고 환경을 보호하기 위해 조기예보에 노력이 집중됐다. 황사는 어차피 편서풍을 타고 어쩔 수 없이 우리나라 국경을 넘어오게 마련이므로, 황사의 발생부터 이동까지의 경로와 영향을 미리 예보함으로써 피해를 최소화하려는 의도인 것으로 본다.

황사특보제는 황사피해를 막는 것이 아니고 황사의 농도를 알리는 제도이므로, 황사피해를 막는 방안을 마련하기 위하여 우리나라 정부는 동북아시아의 황사문제에 대응하기 위한 **지구환경기금**(GEF)사업에 참여하여 근본적인 해결책을 찾는데 노력을 기울이고 있다. GEF사업은 당사국인 한·중·일·몽골은 물론 유엔환경계획(UNEP), 아시아개발은행(ADB), 아시아태평양경제사회위원회(ESCAP) 등 관련 국제기구가 공동으로 황사 문제에 대응하기 위해 마련한 것인데, 지역협력체제 구축, 황사 모니터링, 조기경보 네트워크 구축 프로그램 준비 및 황사방지 시범사업지역을 선정하고 시범사업을 실시하고 있다.

태풍이나 집중호우는 집이 무너지고, 자동차가 떠내려가고, 도로가 망가지는 등 당장 눈에 보이는 피해가 많기 때문에 관심이 많으나, 황사는 태풍처럼 요란하지 않아도 '조용히 사람을 죽이는 말 없는 살인자'이고, 산업계에도 엄청난 피해를 당하지만, 그 피해가 즉각적이질 않고 눈에 잘 보이지 않기에 대수롭지 않게 생각한다. 이제 황사에 대한 인식을 바꾸어야 할 때이다.

우리나라의 황사피해에 관한 한 연구에 따르면, 산업피해 5조 원, 건강피해 10조 원으로 15조 원에 이르는 피해가 있다고 한다. 태풍으로 인한 가장 큰 피해는 태풍 루사 때(2002) 피해액이 5조6천억 원이었다고 하니, 거의 세 배에 가까운 피해를 주는 황사는 분명히 엄청난 자연재난이다. 황사에 대한 인식을 바꿔 이에 적극적으로 대처하지 않으면 피해는 해마다 증가할 것이 명약관화하다.

그러면 무엇이 적극적인 대처방법인가? 중국과 몽골의 사막화를 막는 일에 협조하는 것이 가장 우선이다. 황사 주요 발원지인 타클라마칸 사막과 고비사막은 건조지대여서 강우량이 연간 30㎜ 정도밖에 되지 않아 식목효과를 거두기 어렵지만, 몽골고원지대나 북중국지역의 초원지대는 연간 강우량이 훨씬 많은 400㎜ 정도 되기 때문에 나무나 풀을 심어도 생육에 어려움이 없으므로 효과가 있을 것으로 보인다.

지금까지의 사막화는 벌목과 지나친 가축방목으로 인하여 나무와 풀과 같은 식물자원이 부족해져서 이루어진 것이다. 따라서 토양의 질에 적합한 나무와 풀을 선정하여 심고 적절히 관리하고, 가축의 올바른 방목관리로 삼림과 초원을 되찾을 수 있도록 도와주면 시간은 걸리더라도 효과가 있을 것이다.

끝으로 환경성과지수를 설명하고 황사에 대한 설명을 마치겠다. 환경성과지수(EPI)란 세계경제포럼(WEF)이 각국의 환경과 관련된 경제, 사회 정책을 종합적으로 평가하는 지수로 환경보건, 대기오염, 수자원, 종다양성 및 서식지, 자연자원, 기후변화의 6개 분야의 목표치를 설정하고 국가마다 달성도를 측정 비교하여 지수로 표시하는 것이다. 2001년부터 세계경제포럼이 미국 예일대학과 콜럼비아대학 환경연구소가 공동으로 지수를 1~3년 간격으로 발표하고 있다. 2018년 1위는 스위스, 2위는 프랑스, 3위는 덴마크였으며 우리나라는 60위여서 선진국으로서 체면을 구긴 셈이 됐다.

20

중금속이야말로
진짜 위험한
물질이다

지구의 표면(지각)은 무게로 약 5%가 중금속(이 중 95%는 철), 20%가 경금속 그리고 나머지 75%가 비금속물질로 구성되어 있다. 그렇게 많지 않은 양임에도 불구하고 중금속은 채굴할 만큼 경제성이 높은 물질이지만, 환경 측면에서는 사람에게 해로운 오염물질이다. 중금속이란 용어는 과학계뿐만 아니라 환경 분야에서도 자주 사용되는 말이면서도 정의가 분명하지 않다.

의학 분야에서는 중금속 정의가 더 불명확하여, '중금속중독'이라고 하면 일반적으로 거론되는 중금속은 물론 백금, 베릴륨, 바륨 등에 대한 중독도 포함된다. 그러나 악티늄, 우라늄, 플루토늄, 라듐, 폴로늄 등도 분명히 중금속이지만 방사능을 방출하기 때문에 방사성금속으로 취급하여 중금속으로 분류하지 않고 방사성금속으로 따로 분류한다.

중금속에 대한 오해도 심각한데, 일반적으로 중금속은 무조건 나쁜 물질이라는 사람들의 인식이다. 그러나 중금속이라고 모두 문제가 되는 것은 아니다. 철, 구리, 아연처럼 우리의 생리작용에 필요한 필수영양소로 작용하는 경우도 있고, 그리고 비록 미량이기는 하지만 코발트, 망간, 몰리브덴, 셀레늄도 우리의 건강을 위해 꼭 필요한 중금속이다.

사람들이 많이들 영양보충제로 먹는 종합비타민(또는 멀티비타민)을 예로 들면, A부터 Z까지라 하여 비타민 A에서부터 아연(Zinc)까지 다 함유한 비타민이라고 광고하면서 유혹하고 있다. 여기에는 아연 이외에도 칼슘, 철, 마그네슘, 셀레늄, 구리, 망간, 크롬, 니켈, 실리콘, 바나듐 등도 아주 소량(몇 mg 단위로) 포함되어 있는데, 이들을 **미량필수영양소**(Trace Element)라고 한다. 물론 신체의 필요량 이상으로 과다하게 섭취할 경우는 독으로 작용하지만 그건 어느 원소나 마찬가지이다.

일반적으로 중금속이란 밀도가 $5g/cm^3$(비중 5) 이상 되는 금속을 일컫는데, 비중이 크거나, 원자질량이 크거나, 원자번호가 높은(주기율표의 아래쪽에 속하는) 금속 또는 화학적 반응특성에 따라 분류하기도 한다. 이 책에서는 환경문제에 국한시켜 인체에 유해한 중금속만을 다루기로 하겠다.

중금속은 일단 대기환경에 배출되면 식물이건 동물이건 흡수 또는 흡입하게 되어 생물권을 순환하면서 먹이사슬을 따라 결국에는 사람의 몸속으로 이동해 오기 때문에 중금속에 의한 환경오염을 막으려는 노력이 필요한 것이다. 중금속은 아주 적은 양이라도 사람의 몸속에 들어오게 되면 잘 배설되지 않고, 몸속의 단백질에 쌓여 장기간에 걸쳐 부작용을 일으키기 때문에 아주 위험한 물질이다.

다양하고 폭넓은 사용, 단독 물질로건 결합한 형태로건 지니는 독성과 환경 속에서 광범위하게 분포되어 있어 사람에게 위험성이 가장 높은 중금속으로 크롬, 비소, 카드뮴, 수은 및 납 5가지는 악성 높은 오염물질이다. 일례로 6가 크롬은 수은증기나 모든 종류의 수은화합물만큼 높은 독성을 지닌 물질이다.

이 다섯 가지 오염물질은 황과 친화력이 아주 강해, 사람의 몸속에서 대사반응속도를 조절하는 효소와 쉽게 결합하여 황과 중금속의 결합물을 형성하여 효소가 제대로 기능을 발휘하지 못하게 방해하므로 건강을 해치고 심하면 치명적일 수 있다. 더군다나 6가 크롬과 비소는 발암물질이고, 카드뮴은 퇴행성골질환을 일으키고, 수은과 납은 중추신경계를 손상시킨다.

납은 가장 널리 알려진 중금속 오염물질로, 산업화 이전과 이후를 비교하면, 수중 납의 농도가 보통은 2배, 심한 곳은 3배까지 높아졌다. 4에틸납을 함유한 유연휘발유를 본격적으로 자동차연료로 사용했던 1930년대부터 1970년대 사이에는 도로변의 흙 속에마저 납의 농도가 엄청나게 높아졌다. 폭력범죄와 유연휘발유 사용률과의 사이에 통계적으로 상당한 상관관계가 있다는 흥미를 끄는 연구결과도 있다.

이외에도 독성 환경오염물질로 망간(중추신경계 손상), 코발트와 니켈(발암물질), 구리, 아연, 셀레늄, 은(내분비교란, 선천성장애를 일으키고, 물고기, 식물, 새, 수중유기물에도 독성을 지님), 주석(유기주석화합물 중추신경계 손상), 안티몬(발암의심물질) 및 탈륨(중추신경계 손상) 등이 있다.

철, 구리, 아연 같은 중금속은 사람의 생리작용에 필요한 필수영양소이고, 비록 아주 미량이기는 하지만 코발트, 망간, 몰리브덴, 셀레늄도 건강을 위해 사람의 몸에 꼭 필요한 중금속이다. 앞에서도 언급했지만 필요량 이상으로 과다하게 섭취할 경우는 독성을 일으키는데, 이런 현상은 중금속만이 그런 것이 아니고 어느 원소나 마찬가지로 발생한다.

예를 들면, 5산화바나듐(V_2O_5)는 동물에 발암성이 확인된 물질로 숨 쉴 때 흡입하면 DNA를 손상시키고, 과망간산이온(MnO_4^-)은 간과 콩팥에 독성을 일으키며, 철을 0.5g 이상 섭취하면 심장마비를 일으켜 어린 이의 경우 24시간 안에 사망할 수도 있다. 30ppm의 니켈카르보닐 [$Ni(CO)_4$]은 호흡부전에서 뇌손상까지 일으켜 사망에 이르게 할 수도 있고, 황산구리($CuSO_4$)를 1g 이상 섭취하면 사망할 수도 있으며, 설사 살아난다하더라도 중요 장기에 손상이 생기고, 1일 권장섭취량이 0.45mg인 셀레늄(Selenium)을 5mg 이상 섭취하면 독성 오염물질이 되어 마비를 일으킨다.

산업활동의 결과로 대기 중의 중금속농도가 증가하면 공기, 물 및 토양의 질을 악화시켜 결과적으로는 동식물과 사람에게 피해를 준다. 광공업 폐기물, 자동차 배기가스, 산화납 배터리, 비료, 페인트, 방부목재, 낡은 상수도, 대양에 떠다니는 미세플라스틱 등이 중금속의 발생원이다. 그러면 중금속오염이 얼마나 위험한가를 알기 위해 세계적으로 악명 높은 공해병(환경위험) 사건들을 먼저 짚어보고 넘어가자. 유명한 예로 일본의 미나마타병과 이타이이타이병, 브라질의 벤토 로드리게스댐 참사, 미국 미시간의 프린트 상수도 사건, 우리나라의 온산병을 들 수 있으니 하나씩 설명하겠다.

20.1   중금속오염에 의한 세계적 공해병

미나마타병(Minamata Disease)은 일본의 구마모토 현에 위치한 신일본질소비료회사의 미나마타공장에서 1932~1968년 사이 아세트알데히드를 생산하는 과정에 사용된 메틸수은(Methylmercury)이 공장폐수에 섞여 방출되면서 일어난 병으로 1956년에 처음으로 발견되었다. 나중에는 폐수 속의 황산수은도 침전물 속의 박테리아의 작용으로 메틸수은으로 전환된 것으로 밝혀졌다. 이 강한 독성물질이 미나마타 해안에 서식하는 조개류와 어류에 체내 축적되고 농축되어 조개나 생선을 먹은 주민이 수은에 중독된 것이었다. 먹이사슬에 의한 중금속 오염물질이 사람 몸속으로의 이동을 실질적으로 보여주는 실례 중의 하나이다.

옆의 사진은 미나마타병에 걸린 환자가 '미나마타는 이제 더 이상 없어야 한다' 직접 절규하고 있다. 고양이, 개, 돼지 그리고 사람까지 36년 동안 계속 죽어 갔지만, 일본 정부와 회사는 이 환경오염을 방지하는 노력을 거의 하지 않았다. 특히 고양이는 '춤추는 고양이 열병'이라 불릴 정도로 열이 나는데도 춤을 추며 처참하게 죽어갔다. 수은 중독에 의한 신경계 증후군으로 손과 발의 운동실조와 무감각, 근력저하, 주변시력 상실, 청력과 언어능력 손상 등의 증상을 보인다. 심하면 증세가 나타나기 시작한 뒤 몇 주 되지 않아서 정신이상, 마비, 혼수상태 로 이어지다 사망에 이르게 된다. 심지어 태아의 선천성 질환도 일으키는 무서운 공해병이다.

미나마타 환자의 절규-'미나마타는 이제 그만'

이 병 환자가 처음에는 공장종업원 가정이 아닌 어부의 가정에서 나왔기 때문에, 일종의 풍토병으로 몰아갔다. 이로 인해 다른 지방에서는 미나마타 환자들을 차별했을 정도였다. 1959년 구마모토대학 의학부에서 병의 원인을 메틸수은 중독이라고 발표하였고, 수은을 방출한 곳이 신일본질소비료의 미나마타 공장이라는 것도 지적하였지만, 회사는 이를 부정함으로써 대책마련이 늦어졌다.

2001년 3월 2,265명(사망 1,784명)의 희생자가 확인되었고, 10,000명 이상이 신일본질소비료회사로부터 재정적인 보상을 받았다. 2004년까지 회사가 지급한 보상액은 86백만 달러에 이르렀으며, 모든 오염시설의 철거명령이 내려졌다. 2010년에는 미확인 희생자에도 보상하기에 이르렀다. 1964년에는 니가타에서도 같은 공해병이 발생한 적이 있고, 1970년대에는 중국의 송화강 유역의 화학공장에서 버린 수은 때문에 비슷한 사건이 일어나 제2의 미나마타병[일명 수오병(水俣病), 일본어로 みなまたびょう]이라고도 한다.

이타이이타이병(Itai Itai Disease)은 일본의 도야마 현 진즈강에서 발생한 집단 **카드뮴중독**(Cadmium Poisoning)에 의해 생긴 공해병으로 1912년경부터 시작되었다. 미츠이금속광업회사의 가미오카 광산에서 아연을 제련한 뒤 원광에 포함되었던 카드뮴을 제거하지 않고 강에 버린 것이 원인이었으나, 초기에는 광산폐수와 질병과의 인과관계가 명확하게 규명되지 않았고, 다른 아연광산에서도 유사한 사건이 없었기 때문에 풍토병으로 여겨졌다.

2차 세계대전 발발 이후 생산량이 늘어나서 오염물질의 양은 많이 증가하고, 전쟁으로 인한 식량부족이 증상을 더욱 악화시킨 것으로 보인다. 종전 후에는 발병원인이 세균이나 영양실조라는 가설이 나왔으나, 1957년에 중금속 중독이 원인이라는 가설이 처음 발표되었고, 1961년에는 카드뮴이 원인이라는 사실이 규명되었다. 카드뮴 방류와 이타이이타이병의 인과관계는 1971년의 이타이이타이병에 대한 1차 소송에서 처음으로 인정되었다.

다음 페이지의 사진은 이타이이타이병에 걸린 환자의 다리뼈 구조와 굽은 환자의 전형적인 모습을 보여주고 있다. 이타이이타이라는 병명은 척추와 관절에 생기는 극심한 통증으로 환자들이 '아프다 아프다'라는 뜻의 일본말 이타이 이타이(いたいいたい)라고 지르는 소리에서 비롯하였

다. 카드뮴중독이 일으키는 가장 큰 증상은 뼈를 약화시켜 잘 부서지게 하므로 척추와 다리에 통증이 생기고, 뼈의 기형으로 동요성보행(Wadding Gait, 오리걸음)으로 이어지는 경우가 흔하다. 통증은 환자를 쇠약하게 만들고, 뼈가 약해지면서 골절이 쉽게 생긴다. 이외에도 기침, 빈혈 그리고 콩팥기능장애(신부전증)를 일으켜 죽음으로 이어진다.

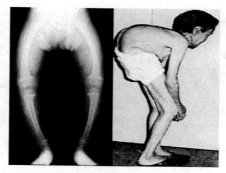

● 이타이이타이병 환자의 다리뼈와 굽은 등

이타이이타이병에 가장 취약한 계층은 폐경기가 지난 나이 많은 여성이었는데, 그 이유가 아직도 확실히 규명되지 않고 있으나, 여성이 나이가 들면서 생기는 칼슘대사 부족과 영양부족 때문이라고 설명하고 있다. 동물의 실험에서 카드뮴중독만으로는 이타이이타이병을 일으키지 않으나, 카드뮴이 콩팥세포의 미토콘드리아를 손상하는 것이 주원인이라고 한다. 미토콘드리아(Mitochondria)는 세포에 필요한 에너지를 생산하는 세포소기관을 말한다.

광산폐수에 섞인 카드뮴과 다른 중금속이 강물 속에 섞여들어 강바닥에 쌓이고, 이 강물로 벼를 경작하여 생산한 쌀은 중금속 특히 카드뮴에 오염된 쌀임에 틀림이 없었을 터이고, 이 오염된 쌀을 주식으로 먹은 주민들이 카드뮴에 중독되는 것은 너무나 당연한 결과였을 것이다. 이 병의 원인이 카드뮴오염인 것을 공식적으로 밝힌 것은 1968년에 이르러서야 일본 보건복지부의 발표로 이루어졌다. 발원지에서 30㎞까지 오염지역으로 밝혀져 도야마 현을 비롯한 다섯 개 인근 현에도 환자가 발생하였다. 일본 정부는 카드뮴으로 오염된 진즈강유역을 정화하고, 862ha에 이르는 토지의 겉흙을 걷어내고 교체하는 프로젝트(총 사업비 4,070억 엔)를 1979년 시작하였다.

벤토 로드리게스(Bento Rodrigues) 참사는 2015년 11월에 발생한 브라질 역사상 최악의 환경재해로, 마리아나(Mariana) 철광산의 선광 후 남은 독성철광 광미(광물찌꺼기) 60백만㎥를 모아두고 있던 푼다오(Fundao)댐이

영국 BBC뉴스에 나온 참사 직후의 벤토 로드리게스

터져 생긴 홍수가 민가를 덮친 사건인데, 사전에 예견되었던 인재로 밝혀져 안타까움을 더하는 사건이다. 2013년에 댐이 위험하다는 조사보고가 있었음에도 불구하고, 어느 누구도 이에 대비하지 않고, 오히려 다국적기업인 광산회사(Samarco)에서는 댐이 안전하다는 보고서를 조작하여 발표하기까지 했다.

이 발표 뒤 몇 달 지나지 않아 이런 엄청난 재앙이 발생한 것이다. 붕괴 직전 댐이 새기 시작한 것을 알고 회사가 보수팀을 보내 새는 부위를 막으려 했으나 이미 늦어, 한 시간도 지나지 않아 댐이 터지고 어마어마한 양의 유독성 철광석찌꺼기가 진흙탕과 함께 산타램(Santarém)계곡의 조그마한 마을 벤토 로드리게스를 미처 피할 틈도 없이 덮치고 말았다.

이 참사로 19명이 사망하고, 약 650여 명의 마을 사람들이 이웃 마을로 이주하였다. 참사 이후에도 회사는 책임을 회피하려는 데만 급급하여, 마을을 덮친 것은 진흙뿐이어서 독성이 없다고 주장하고, 철광석찌꺼기가 물의 화학적 성분에는 변화를 주지 않았다고 했으나, UN의 인권위원회에서 댐으로 둘러싸였던 저수지의 물에는 유독한 중금속과 화학물질이 섞였다고 밝히고, 회사와 브라질 정부의 조치가 미흡했다 '그것도 아주 미흡했다'고 밝히고 나서야 아무 말도 할 수 없다.

이 참사의 피해는 벤토 로드리게스에만 국한되지 않고, 중금속 오염물질이 주변의 강(Rio Doce)물로 흘러들어가 이 강물을 상수원으로 이용하는 수십만 명의 사람들은 이 물을 마실 수 없어 많은 어려움을 겪었다. 그뿐 아니라, 오염물질이 수백 킬로미터를 흘러내려가 강의 수중생태계를 교란시켜 수중식물과 물고기를 죽이고, 대서양까지 흘러가 해양생물마저 죽음의 파도에 직면하게 만들었다. 아직도 이 참사에 따른 피해에 대한 조사가 진행 중이며, 초기 조처에 필요한 자금으로 광산회사에 50억달러의 벌금이 부과되었다.

프린트 상수도사건은 미국 미시간주 프린트(Flint) 시에서 2014년에 생긴 환경사고로 상수원을 휴런 호(Lake Huron)와 디트로이트 강(Detroit River)으로부터 원가가 적게 드는 프린트강(Flint River)으로 바꿈으로써 발생하였는데, 충분하지 못한 상수처리 때문에 침출된 납(lead)이 마시는 물에 섞여 100,000여 명이 넘는 주민들이 고농도의 납에 노출된 사건으로 유명하다.

2016년부터 프린트시민은 병에 든 생수나 여과된 물만을 음료수와 요리용수로 사용토록 하였다. 공무원 중에는 수질이 정상으로 돌아왔다고 주장하는 사람도 있지만, 2019년 1월 현재로도 그렇지 않다고 주장하는 공무원과 시민이 많고, 2,500여 가닥의 상수도가 납 함유 파이프로 연결되어 있어, 이 파이프를 2019년까지 전면교체하였다.

문제의 발생원인은 프린트강으로 상수원을 바꾸면서 오래된 납 함유 상수도 파이프에서 납이 침출되어 마시는 물에 섞임으로써 고농도의 중금속 신경독성이 나타난 것이다. 프린트시 어린이 중 6,000명에서 12,000명이 이 수돗물에 함유된 고농도의 납에 노출되어 앞으로 심각한 건강상의 문제를 가져올 것으

🔵 프린트 시민의 생명은 중요하다고 데모하는 시민들

로 내다보고 있다. 상수원을 교체한 후 프린트시 어린이 중 핏속에 고농도의 납이 검출된 어린이가 2013년 2.5%에서 2015년 5%로 2배 상승한 것으로 나타났다.

또 이 상수원의 교체가 공해병으로 유명하고 사망자까지 발생했던 레지오넬라병의 발생원인이 될 수 있는 가능성도 있다. 당연히 여러 건이 소송이 제기되었고, 2016년 당시 오버마대통령은 프린트시에 비상사태를 선포하고 연방정부의 지원을 약속했고, 관계 공무원은 파면 당했으며, 그 이후로도 조사를 받는 공무원이 적지 않았다.

온산병(Onsan Illness)이란 울산광역시 울주군 온산읍이란 지명에서 따온 공해병으로 1980년 중반 환경운동을 일으킨 계기가 된 질환으로

세계적인 유명세를 타고 있다. 1970년대 중화학공업의 일환으로 부산과 울산 사이의 해안지역인 온산에 세워진 공단은 1974년 구리, 아연, 알루미늄 등 비철금속공업 기지로 지정된 후, 1980년대 들어 화학, 제지, 자동차부품 등 다양한 업종의 공장들이 입주해 종합공업단지로 탈바꿈하였으나, 공업단지개발을 위한 종합계획도 세우지 않은 채 공장을 세우는 바람에 전체 1만 4천여 명의 주민 중 1,800여 명만이 이주하고 나머지 1만 2천여 명은 공단에 포위되거나 고립된 채 살아갈 수밖에 없었다.

1983년부터 공단주민에게 허리와 팔다리 등 전신이 쑤시고 아픈 증세가 나타나기 시작하였고, 1985년부터는 지역주민 1천여 명이 전신마비 증상을 보이기 시작하자, 한국공해문제연구소가 일본 도야마의 광산에서 생겼던 '이타이이타이병의 초기 증세와 비슷한 병'이라고 발표하면서 여론의 집중적인 조명을 받았다.

그해 연말에 지역주민들은 11개 오염물질 배출업체를 대상으로 손해배상 청구소송을 제기해 인체피해 위자료와 농작물 피해보상금 지급 판결을 받았는데, 이는 우리나라에서는 처음으로 공해피해에 대한 법원의 구체적인 인정을 받은 사례이다. 이후 정부도 공해피해로 인정하고 주민들의 집단이주를 결정하게 되어 공단에 둘러싸여 있던 1만여 명의 주민을 공단에서 2㎞ 떨어진 산간분지로 이주시켰는데, 1983년 농작물과 양식어장 피해에서 시작해 사람까지 발병함으로써 '우리나라 공해병의 고향' 또는 '우리나라 공해문제의 대명사'로까지 불린 대표적인 공해병이다.

처음으로 환경문제를 일으킨 것은 1982년 한 공장에서 가스가 누출되어 시야를 흐리게 한 것에서부터 시작했는데, 1983년에는 어민들의 조업을 금지하기에 이르렀고 1984년부터는 100명 이상의 주민이 입원하였다. 1985년부터 입원환자가 500명 이상으로 늘어나자 공해병으로 의심하게 되었다. 초기증상은 신경통으로 나타났으나 호흡장애에다 눈과 피부의 자극을 호소하는 환자도 생겼다. 처음에는 발병원인이 규명되지 않았지만 나중에는 카드뮴중독으로 의심하였으며, 같은 증상을 호소하는 환자수가 500명이 넘었다.

온산병 사태는 정부가 공해병임을 인정하지 않은 채 이주보상정책으로 밀어붙임으로써 문제가 더 커졌다. 한국에서 발생한 공해병의 대명사이자 세계적 관심을 끈 복합공해병이라는 악명만 남긴 채 진실은 묻혀버렸다. 그러나 정부는 스스로 세운 이주계획조차 체계적으로 이행하지 못해 두고두고 원성을 쌓았다. 정부는 먼저 보상금을 지급한 후 나중에 택지를 조성하는 등 앞뒤가 맞지 않는 대책으로 혼선을 초래했다. 일부 주민들은 미리 받은 보상금으로 부채를 청산하고 생활비로 사용해버린 후 나중에 전세비용을 마련하느라 고생했다. 지금까지도 이주는 완전히 이루어지지 않았고 다시 고향으로 돌아간

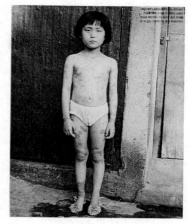

온산병에 걸린 여자아이-환경운동연합 20년 자료집

주민들도 있다. 온산병은 한 가지 특정 오염물질에 의한 중독이 아니라 여러 가지 오염물질에 의한 복합적 피해로 병증상도 다양하다.

이제 공해병 설명은 여기서 접고 중금속으로 돌아가자. 중금속 중에는 앞에서 말한 필수영양소로 사람에게 꼭 필요한 중금속으로는 코발트, 크롬, 구리, 철, 망간, 몰리브덴, 셀레늄, 아연 등이 있다. 그와 반대로 환경독성이 있는 중금속도 있어 비소, 카드뮴, 납, 수은 등이 여기에 속하고, 이들은 공기, 물 그리고 흙 속 어디에나 존재하기 때문에 자연상태의 농도 이하로 방지하는 것은 불가능하다. 이외에도 환경에 영향이 있는 중금속으로는 알루미늄, 안티몬, 바륨, 베릴륨, 은, 스트론튬 및 탈륨이 있는데, 공업적으로 용도가 다양하여 사람들이 노출될 가능성이 큰 물질이다.

또 중금속 중에는 고농도일 때는 독성이 있지만, 저농도일 때는 식물과 몇 가지 동물에게 생체기능을 높이는 유익한 중금속도 있는데, 실리콘, 니켈, 보론 및 바나듐이 여기에 속한다. 비소, 카드뮴, 6가 크롬, 베릴륨 및 니켈은 사람에게 암을 유발하는 발암성 중금속이다. 우리나라 대기환경보전법에 지정된 대기유해물질 중 중금속은 12가지로 납, 카드뮴, 크롬, 구리, 망간, 철, 니켈, 비소, 베릴륨, 알루미늄, 칼슘, 마그네슘이 여기에 속한다. 그러면 이들 중금속에 대하여 차례대로 하나씩 설명하겠다.

20.2 노트르담 대성당 화재로 유출된 납은 어린이에게 특히 위험

납의 원소기호는 Pb로 무른 금속이라는 뜻을 지닌 Plumbum이란 라틴어에서 따온 것으로 배관(Plumbing) 또는 배관공(Plumber)과 같은 영어단어도 여기서 유래한 것이다. 한자로는 납을 '연(鉛)'이라고 하는데, '무연(無鉛)휘발유'는 납 성분이 함유되지 않은 휘발유라는 뜻이다. 로마시대에는 수도관, 배관, 생활용기(냄비, 그릇 등), 안료 등에 납이 많이 사용되었으므로 납중독이 로마멸망의 중요한 요인이라 하는 학자도 있다. 요즘도 납은 축전지나 유리를 비롯해 여러 가지 용도로 많이 이용되고 있으나, 납의 환경오염 때문에 전통적으로 많이 사용되었던 수도관, 페인트 안료, 가솔린 첨가제 등으로의 사용은 금지되었다.

납의 성질은 무르고, 잘 펴지며, 녹는점이 낮고 연성과 전성이 좋아 가공하기 쉬우며, 부식이 잘 안 되는 금속이다. 막 자른 납의 표면은 청백색의 금속성 광택이 나지만, 습한 공기에 접하면 짙은 회색의 산화납(PbO)이 되어 표면을 보호한다. 가공성이 좋은데다 적은 양의 다른 금속과 합금(베어링합금, 활자합금, 안티몬납 등)을 만들어 단단해지고, 내식성이 생기고, 피복용으로도 사용할 수 있는 특성이 있어 예전부터 납의 용도는 아주 다양하다.

연성(Ductility)이란 당기는 힘(인장력)이 작용하면 늘어나는 성질로 탄성한계가 넘는 힘을 받아도 파괴되지(끊기지) 않고 가늘고 길게 늘어나는 성질을 말하고, **전성**(Malleability)이란 압력을 가하거나 망치로 두드리면 넓은 판으로 얇게 펴지는 성질로 연성이 좋은 금, 은, 주석, 알루미늄과 같은 부드러운 금속이 전성도 좋다.

납은 안정된 핵을 가진 원소 중 원자번호가 가장 작은 물질이기 때문에 천연 방사성 동위원소들의 붕괴과정 끝에 생기는 최종 생성물이 납이다. 예를 들어, 우라늄과 같은 방사성물질이 붕괴되어 가장 마지막에 납으로 변한다는 말이고, 납은 원자핵이 안정되어 있기 때문에 더 이상의 원자붕괴가 없어 다른 물질로 바뀌지 않는다는 뜻이다. 실내공기 오염물질 중 유일한 방사성 오염물질인 라돈을 설명할 때 이미 자세하 게 설명하였다.

예전에 납은 수도관, 산탄, 활자합금, 땜납, 식품 및 담배 포장재, 무게 추, 베어링 금속, 도자기 유약 착색제, 페인트 안료 등으로 널리 사용되었고, 특히 1920년부터는 휘발유의 폭연방지제(Anti-knocking Agent)로 널리 사용되었다. 요즘은 주로 자동차용 납축전지에 쓰이며, X-선 장치와 원자로 방사선 차단제, 전선 피복제, 납유리(인조크리스털) 제조 등에 사용된다. 또 땜납과 탄환에는 여전히 요긴하게 사용되고 있다. 더욱이, 여러 납 화합물들이 전자 재료로도 주목받고 있다.

납은 인류가 가장 먼저 제련하여 사용한 금속 중의 하나로, 터키에서 발견된 납 구슬은 BC 6400년경에 만들어진 것으로 추정되고 있다. 고대 이집트(BC 7000~5000년)에서는 도기 유약제로 납이 사용되었고, 바빌론의 공중정원(Hanging Garden)에도 납판을 깔았다는 기록이 있다. 기원전 900년경에 쓰인 구약성서 출애굽기(15장 10절)에도 납이 언급된 곳이 있는데 '바다(홍해)가 그들(이집트인들)을 덮으니, 그들이 거센 물에 납 같이 잠겼나이다.'라는 구절이 있어 그 때 이미 납의 존재가 알려졌음을 뜻하는 것으로 해석된다.

여러 가지 납 화합물은 고대부터 페인트 안료와 화장품에 사용되었다. 일례로, 백연(White Lead)은 흰색 페인트와 화장품에 널리 사용되었는데, 일본 게이사의 얼굴화장에도 사용되었다고 한다. 붉은색의 연단(Red Lead, 일명 광명단), 황색의 네이플즈 옐로(Naples Yellow), 노란색의 크롬산납, 주황색의 몰리브데넘산납 등도 널리 사용되었는데, 특히 광명단은 철골구조의 부식방지를 위한 바탕칠에 많이 사용되었으나, 지금은 납중독의 위험성 때문에 대부분 사용이 중단되었다.

납 화합물은 도자기 유약으로 특히 붉은색과 노란색을 내는데도 많이 사용되어 왔으며, 전선피복용과 PVC나 플라스틱의 안정제로도 사용된다. 납은 유리에도 사용되는데, 포타슘(칼리)유리에서 산화칼슘을 산화납으로 대체한 유리를 '납유리(Lead Glass)'라고 하는데 납유리의 납성분

(산화납) 함량은 제품의 종류에 따라 12~40%인데, 납 크리스털(Lead Crystal)로 불리는 유리에서는 납 성분 함량이 24% 이상이나 된다. 인조 크리스털로도 불리는 납 크리스털은 굴절률이 높고 가공온도가 낮으며, 일반 유리보다 밀도가 높아 컵, 글래스, 장식용 유리로 많이 사용되며, 전자파의 투과율이 낮아 전자제품에도 사용 폭이 넓다. 납의 생물학적 역할은 없고 독성만 있는 것으로 알려졌다.

납은 음식물과 공기 등을 통해 체내로 흡수되며 인체에는 평균 약 120mg의 납이 있는데, 혈액에 0.2ppm, 뼈에 3~30ppm, 장기조직에 0.2~3ppm 정도 들어있다. 납은 인체의 거의 모든 조직과 시스템에 영향을 미치고 인체에 축적되는 독성중금속이지만, 미생물 중에는 높은 농도의 납으로 오염된 환경에서도 살 수 있는 것도 있다고 한다.

납은 효소의 산소기와 결합하여 헴(Heme)합성과 포르피린대사의 거의 모든 과정에 악영향을 미쳐 여러 효소의 활동과 단백질 합성을 방해한다. 포르피린(Porphyrin)이란 생체 내에서의 산화환원반응에 중요한 구실을 하는 헤모글로빈(혈색소), 시토크롬(Cytochrome＝세포색소), 엽록소 등의 색소성분을 구성하는 화합물을 말한다.

납의 주요 발생원은 지역에 따라 다르다. 대기 중에 포함된 납은 납광산, 금속가공 공장 그리고 유연연료를 사용하는 비행기의 엔진에서 주로 발생하고, 쓰레기 소각장과 납축전지도 우려되는 발생원이다. 납 제련소 인근에서는 언제나 높고 위험한 농도의 납이 측정된다. 그래서 정부에서는 쓰레기 처리 시 납축전지를 별도로 취급하여 위험을 줄이려 노력하고 있다.

납의 유해성이 알려지면서 자동차에 유연휘발유의 사용을 금지하고 무연휘발유 사용으로 전환(1987년)하여 대기 중에 납의 농도가 최고 98%까지 감소하였다. 그러나 아직도 휘발유의 옥탄가를 높이고 엔진의 이상폭발을 막기 위해 무연휘발유에 납(4에틸납)을 소량 사용하고 있고, 납 이외에 자동차 배기가스에서 나오는 탄화수소는 광화학스모그의 원인물질이어서 무연휘발유가 대기오염방지의 완전한 해결책은 될 수 없다.

납은 일단 몸속으로 들어오면, 피를 타고 온몸에 퍼지고 뼈에 축적된다. 노출농도에 따라 차이는 있지만, 납은 신경계통, 콩팥기능, 면역체계, 임신과 발육체계 그리고 심장혈관계통에 상당한 영향을 미칠 수 있고, 혈액의 산소 운반능력에 미치는 영향도 적지 않다. 어린이에게는 신경계통 그리고 어른에게는 심장혈관계통(고혈압과 심장병)의 질병이 가장 많이 접하는 납의 악영향이다. 특히 6세 이하의 어린이는 납의 영향에 취약한 계층이다. 혈액 중에 낮은 농도라도 납이 있으면, 행동과 학습장애, 낮은 IQ와 과잉행동, 성장부진, 청각장애, 빈혈 등이 생기고, 드문 경우지만 발작, 혼수상태 심하면 사망에까지 이를 수도 있다.

납은 사람의 몸속에 축적되는데 칼슘과 함께 뼈에 저장된다. 임신 중인 경우, 어머니의 뼈에 저장되어 있던 납이 칼슘과 함께 빠져나와 태아의 몸으로 또 출산 후에는 젖을 먹이는 과정에 유아의 몸으로 옮겨가 태아와 유아의 발육에 심각한 영향을 미치는 결과를 초래하는데, 조기출산이나 미숙아출산, 두뇌·콩팥·신경계통의 장애아 출산, 유아의 학습과 행동장애, 임산부의 난산 등을 포함

● 납의 위험에 알리는 WHO 인포그래픽

하여 태아, 유아, 임산부 및 수유모(젖을 먹이는 어머니)에게 미치는 영향은 엄청나다.

어른들도 납에 노출되면 영향을 많이 받는데, 심장혈관계통 특히 고혈압, 콩팥기능장애, 임신장애(남녀 모두) 등이 대표적인 문제점이다. 당뇨와 심장혈관장애 같은 질병 그리고 최근에 밝혀진 연구에 따르면 지방조직의 대식세포가 갖는 감염과 면역기능 장애 등에 의한 비만의 발병도 납이 원인일 수 있다고 한다. 특히 성인남성의 경우 생식기능마

저 떨어트린다고 하니 납 유해성이 심각함은 아무리 강조해도 지나치지 않다. **대식세포**(Macrophage)란 동물 몸속에서 면역을 담당하는 세포로 침입한 세균 등을 잡아먹고, 그에 대항하는 면역정보를 림프구에 전달하는 세포로 일명 탐식세포라고도 한다.

세계인의 마음을 아프게 한 노트르담(Notre Dame) 대성당 화재(2019년 4월)로 프랑스 파리에 납주의보가 내렸다. 화재로 첨탑과 지붕이 무너졌는데, 골조에 들어 있던 납이 화재 당시의 고온으로 인해 녹아내렸다. 프랑스 환경단체인 로뱅 데 부아(Robin des Bois)는 노트르담 대성당화재로 최소 300톤의 납이 녹아내린 것으로 추정했고, 파리 경찰청도 화재 직후 인근 대기와 먼지를 분석한 결과 납 성분이 대거 검출됐다고 발표했다. 납이 중금속이긴 하지만 쉽게 확산할 수 있는 기체나 미세먼지 입자형태로도 이동할 수 있어 주변공기에서 검출되었고, 일부는 빗물을 통해 지하수로 스며들기도 했다.

대기 중에 퍼진 납은 장기간에 걸쳐 호흡기를 통해 인체에 흡수될 수 있고, 지하수로 흘러든 납은 강물을 오염시킬 가능성도 배제할 수 없어 참으로 안타까운 일이 아닐 수 없다. 경찰청은 성당 주변 공원이나 납 성분이 검출된 곳에는 일반인 접근을 차단하고, 성당 주변 공공장소도 납수치가 정상으로 회복할 때까지 폐쇄하기로 했다. 노트르담 성당이 있는 관광명소인 시테(Cite) 섬과 인근 센(Seine) 강 변에 거주하는 사람에게는 각별한 주의를 당부했다. 경찰청은 아직 납 중독 사례는 확인되지 않았다고 밝혔지만 급성 납중독 외에도 장기간 노출로 인한 피해(만성납중독)가 발생할 수도 있다.

그러면 이렇게 위험한 납에 노출되지 않으려면 어떻게 해야 하는지를 한 번 살펴보도록 하자. 가장 간단한 방법은 집안을 깨끗하게 유지관리하는 것이 오래오래 납에 대한 노출을 막는 길이므로, 깨끗한 유지관리법은 다음과 같다;

　　1) 납 성분 함유 페인트로 마감된 벽면에서 페인트가 떨어지거나 손상되는 것 방지,

　　2) 물에 젖거나 물이 새어 피해를 당하면 주변에 있을지 모르는 납

성분이 용해되어 나올 수 있으므로 신속하고 완벽한 처리,

3) 실내를 먼지(먼지의 표면에는 납을 포함한 중금속이 묻어 있을 가능성이 있으므로)가 없게 깨끗하게 관리,

4) 문, 창문, 서랍과 같이 페인트칠을 한 곳에서 마찰로 인한 먼지 발생 우려가 있으므로 젖은 스펀지나 걸레로 페인트 조각이나 가루 제거,

5) 뜨거운 물은 파이프 속에 혹시 있을지 모를 납 성분을 용해되어 나오게 하므로 요리용수와 식음용수는 찬물을 사용,

6) 같은 이유로 물 사용 후 일정량의 물을 좀 더 흘려보내 안전 확보,

7) 수도꼭지에 에어레이터(Aerator)는 정기적으로 청소,

8) 병, 젖꼭지, 장난감은 청결하게 유지하고, 아기들 손은 항상 깨끗이 씻어줄 것,

9) 밖에서 놀다 들어오는 아이들에게는 신발을 털고 손을 씻도록 가르칠 것,

10) 납 성분이 없는 식재료로 만든 균형 잡힌 식사

11) 집수리를 할 경우 모든 건축자재에 납 성분이 함유되지 않은 자재 사용

납은 대기 중에 남아 있는 물질로 침전되어 토양에 스며들고, 폐수나 광산용수에 함유된 것은 강과 바다에 흘러들어 생태계에도 영향을 미친다. 고농도의 납은 동식물의 성장에 장애를 일으키고 번식률을 떨어트리며, 척추동물의 신경계통에 악영향을 미친다. 납 성분을 함유한 재료로 만든 장난감이나 작은 물건들을 아기들이 입에 물거나 삼킬 경우 납중독에 걸릴 위험이 있다.

미국의 식약청(FDA)에서 2007년에 33가지 브랜드의 립스틱의 납 함량을 측정한 결과 61%에서 납이 검출되었고, 그중에는 이름만 들으면 알 수 있는 유명 브랜드도 포함되었다. 2009년에 다시 검사를 시행한 결과 조사샘플 모두에서 0.09~3.06ppm의 납이 검출되었는데, Cover Girl, L'Oreal 그리고 Revlon에서 가장 높은 농도의 납이 검출되었다고 발표했다. 캘리포니아대학 연구진에 따르면 24개의 립글로스와 8개의 립스

틱에서 크롬, 카드뮴, 알루미늄, 마그네슘, 납 등의 9가지 유해 중금속이 검출되었다고 한다.

이외에도 음식이나 음료수 보관용기로 사용되는 레드 크리스틸, 광택유약 바른 항아리나 도자기에서도 납 성분이 음식물이나 음료수로 스며들 수 있기 때문에 위험하다. 쇠파이프나 강관에도 납이 함유되어 있어, 설치한지 오래된 상수도관이나 파이프 제품에서 납이 유출될 수 있으므로 주의해야 한다.

납 크리스틸(Lead Crystal)이란 유리제조과정에 산화납을 넣어 굴절률, 반사율, 전기저항을 높이고 성형성과 가공성이 뛰어나게 한 납유리인데 질감이 뛰어나 일명 인조크리스틸이라고도 하며 컵, 글라스, 그릇 등의 공예유리, 절연유리, 광학렌즈 등 다용도로 이용된다. 광택유약 바른(Lead-glazed) 항아리란 항아리를 구울 때 산화납을 유약으로 발라 광택이 나게 만든 것을 말한다.

우리나라에서 2019년에 인천지역의 수돗물에서 붉은 물이 나와 가정, 학교, 병원 등에서 수돗물 대신 생수를 마실 수밖에 없었고, 시장이 사과하는 불상사가 있었는데, 조사결과 이 붉은 물은 녹슨 상수도관에서 나온 것이었으므로 납 성분이 함유되었을 것은 당연한 것으로 추정된다.

수돗물의 산성도가 높거나 무기질 함량이 낮으면 파이프가 녹슬기 쉬워 상수도 파이프의 구성성분인 납이 수돗물에 섞여든다. 1980년대에 지어진 건물은 대부분 내식성과 내산성이 높다고 납 파이프(Lead Pipe)로 연결된 상수도관이나 납땜으로 시공되었으므로, 수돗물이 납으로 오염되었을 가능성이 크다. 그러나 법적으로 '무연파이프(Lead-free Pipe)'라고 불리는 파이프에도 최고 8%까지 납이 함유되어 있다는 사실을 알아야 한다. 황동관 또는 크롬도금 황동관에도 뜨거운 물을 흘리면 납의 유출이 많다.

파이프에 녹이 슨다는 것은 파이프 속에서 일어나는 물과 금속 사이의 화학반응에 의하여 금속물질이 용해되거나 벗겨져 나가는 부식현상을 뜻한다. 물의 화학적 성질(산성 또는 알칼리성)과 물에 닿는 납의 양, 접촉시간 그리고 파이프 내부표면의 코팅상태나 끼인 스케일 등 여러 가지 요인에 따라 화학반응의 결과가 달라진다. 파이프의 부식을 막는다는 것은 수돗물에 녹물이 섞이지 않게 하여 수도꼭지에서 깨끗한 물을 받을 수 있게 한다는 뜻이다.

　손이나 옷에 납을 묻혀 집안에 들어오면 집안을 납으로 2차 오염(간접오염)시키는 결과를 가져온다. 페인트공사가 포함된 인테리어공사, 광산, 제련소, 건전지 재생, 오래된 가구의 재생, 자동차 도색, 사격장 등과 같이 납이나 납 함유 도장업에 종사하는 사람과 사냥, 낚시, 스테인드글라스, 경주용 자동차, 도자기 만들기 등 납을 사용하는 취미나 직업을 가진 사람이 2차 오염을 시킬 수 있다. 납은 탄약, 낚시 봉돌, 스테인드글라스에 사용되는 형틀, 땜납, 경주용 자동차의 무게 추, 도자기용 염색제와 광택제 등에도 포함되어 있다.

　납과 연관이 있는 취미나 직업을 가진 사람은 납 성분이 함유된 물질을 입으로 가져가지 않도록 유의해야 하고, 작업 중에 납을 만진 손이나 납이 묻은 얼굴로 또 납이 묻은 옷을 입은 채로 음식물을 먹거나 음료수를 마시면 안 된다. 그런 경우에는 자동차를 타기 전에 또는 집안으로 들어가기 전에 옷을 벗고 샤워를 해야 하며, 납이 묻은 옷은 일반 세탁물과 따로 분리하여 세탁해야 한다. 그리고 납이 함유된 취미용품은 가족들의 공유 생활공간에 두지 말고 따로, 특히 어린이들의 손이 닿지 않는 곳에 보관해야 한다. 미국에는 공인 **납안전시공업자**(LCC: Lead-safe Certified Contractor)

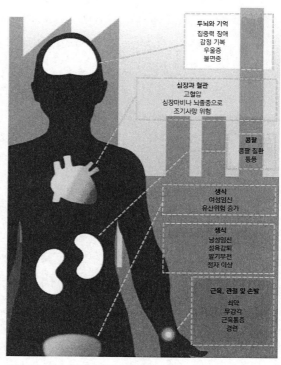

두뇌와 기억
집중력 장애
감정 기복
우울증
불면증

심장과 혈관
고혈압
심장마비나 뇌졸중으로
조기사망 위험

콩팥
콩팥 질환
통풍

생식
여성임신
유산위험 증가

생식
남성임신
성욕감퇴
발기부전
정자 이상

근육, 관절 및 손발
쇠약
무감각
근육통증
경련

● 납 중독-미국 국립보건원(NIH)

제도가 있어, 건물보수나 인테리어공사시 납으로부터 안전을 보장받을 수 있는 법적 제도가 마련되어 있다.

납 중독은 완전히 예방할 수 있다. 혈액 속에 납이 있어도 아무 증상이 없어 인식하지 못하고 지나칠 수가 있고, 단순한 피검사만으로도 확인할 수 있으므로, 어린이의 피 속에 납의 농도를 확인하는 검사가 필요할 때가 있다. 미국 질병통제예방센터(CDC)에서는 6살 이하의 어린이, 임산부 및 젖먹이를 키우는 어머니는 반드시 혈액 속 납 검사를 하라고 권하고 있다. 집안에서는 납이 유출될 염려가 없어도 어린이들이 많은 시간을 보내는 학교건물이 페인트 마감과 같은 납 유출 우려가 있으므로 유의할 필요가 있다.

미 환경보호청(EPA)이 1978년(납 함유 페인트의 사용을 금지한 해) 이전에 지은 주택과 모든 어린이 이용시설의 바닥에서는 $40\mu g/ft^2 (\fallingdotseq 400\mu g/m^2)$에서 $10\mu g/ft^2 (\fallingdotseq 100\mu g/m^2)$으로 창문턱 위에서는 $250\mu g/ft^2 (\fallingdotseq 2,500\mu g/m^2)$에서 $100\mu g/ft^2 (\fallingdotseq 1,000\mu g/m^2)$으로 납의 농도기준을 최근 (2019. 6. 21) 한층 더 강화한다고 발표했다. 이 강화된 납－먼지 위험기준은 1978년 이전 건축된 주택, 학교, 어린이보호시설 및 어린이병원의 검사, 위험평가 및 저감활동에 적용한다고 했다. 우리나라에는 이런 기준이 마련되어 있지 않다.

그러면서 납 함유 페인트에 발생하는 납 먼지는 어린이의 혈액 속에 납의 농도를 높이는 가장 큰 원인 중의 하나임을 강조했다. 몸이 자라고 있는 어린이는 어른보다 납을 더 많이 흡입하고, 두뇌와 신경조직은 납의 악영향에 더 민감하기 때문에 영유아와 어린이들은 납 페인트 노출에 특히 취약한 계층임을 지적했다. 어린이는 여러 가지 이유로 납에 노출되고 한 번 노출되면 평생을 두고 건강에 영향을 받는다. 납 먼지는 납 함유 페인트의 상태가 나빠지거나 떨어져 나올 때 발생한다.

20.3   카드뮴은 이타이이타이병의 원인물질

카드뮴(Cadmium)은 원소기호가 Cd이고, 원자번호는 48번으로 푸른 빛을 띠는 은백색 중금속으로, 칼로 자를 수 있을 정도로 무르며 연성과 전성이 좋다. 카드뮴은 지각에 약 0.1~0.5ppm밖에 존재하지 않는 비교적 희귀한 원소이다. 카드뮴의 가장 큰 용도는 니켈·카드뮴 2차 전지(재충전이 가능한 전지)의 음극으로 사용되고, 안료, 강철의 부식방지용 도금, 플라스틱 안정제, 비철금속 합금, 광전지 등에 쓰인다.

독성이 너무 강해서 니켈·카드뮴 전지 이외의 용도는 점차 줄고 있다. 니켈·카드뮴 전지도 휴대전화나 노트북컴퓨터에서는 축전량이 더욱 큰 리튬이온 전지로 이미 대부분 대체되었으나 산업용 전력저장용 수요는 앞으로도 늘어날 것으로 보인다. 카드뮴은 전기도금에도 폭 넓게 이용되며, 특정 산업용 페인트에도 포함되어 있어 분무도장을 할 경우 위험하다. 재충전 가능한 니켈·카드뮴전지 제조

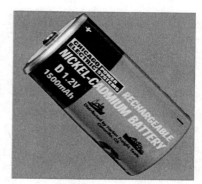

　　◐ 니켈카드뮴 건전지

에 카드뮴이 가장 많이 이용된다. 카드뮴은 아연금속의 정제 부산물로 가장 많이 생산된다.

카드뮴은 자연적으로 생기는 독성을 지닌 중금속으로 토양 속에도 존재하며 담배연기 속에도 섞여 있으며, 용도가 많아 공장에서 취급하기 때문에 노출되기 쉬운 물질이다. 허용농도가 매우 낮기 때문에 적은 양의 카드뮴이 있는 곳일지라도 과농도일 수 있으므로 주의해야 한다. 흙속의 카드뮴은 식물이 흡수하고 먹이사슬을 거쳐 동물로 이동되며, 종국에는 사람의 몸속으로 유입되게 마련이다. 카드뮴으로 오염된 농토에서 거둬들인 곡류와 채소에 카드뮴이 함유되어 있기 때문에 식품위생법에서는 쌀(현미)의 카드뮴함량을 1.0ppm 미만으로 규정하고 있다.

1950~60년대에는 공장에서 카드뮴에 쉽게 노출되었으나 유해성이

명백해지면서 공장에서 노출되지 않게 방지하고 제도적으로도 노출을 제한하게 되었다. 카드뮴을 취급하는 공장에서는 카드뮴연기에 노출되는 것은 아주 위험하고, 카드뮴 도금액에 장기간 노출도 심각한 독성문제를 일으키고, 납땜 재료에 함유된 카드뮴에도 땜질 과정에서 노출될 수 있으므로 철저한 주의가 필요하다. 카드뮴공장 주변의 물, 공기 및 토양 속에는 카드뮴이 축적되어 농도가 높다. 일본의 이타이이타이병은 카드뮴을 함유한 물로 키운 쌀을 먹은 사람들이 일으킨 질병으로 세계적으로 악명이 높다.

음식물도 카드뮴의 섭치원이다. 카드뮴공장 주변이 아니라도 토양 속에는 카드뮴이 적은 양이긴 하지만 함유되어 있어, 다 자란 동물의 간과 콩팥에서 고농도의 카드뮴이 검출되기도 한다. 카드뮴의 섭취량은 지역에 따라 차이가 있는데, 유럽과 미국에서는 약 $8\sim30\mu g$을 섭취하는 반면, 일본에서는 $59\sim113\mu g$으로 $4\sim5$배나 된다. 흡연으로도 카드뮴에 노출될 수 있다. 폐가 위보다 카드뮴을 훨씬 더 잘 흡입하기 때문에 담배연기에 포함된 양은 미량이라도 사람에게 아주 유독한 카드뮴 섭취원이다.

비흡연자라 할지라도 위험한 폐기물집하장이나 카드뮴을 취급하는 공장 주변에 사는 사람들은 대기 중에 방출되는 카드뮴에 노출될 가능성이 크다. 그러나 우리나라를 포함한 대부분의 선진국에서는 공장이나 쓰레기소각장에서 법으로 카드뮴 방출을 규제하고 있어 위험수준 이하로 통제되고 있다. 그러나 쓰레기집하장에서는 음식물, 폐기물, 유출수 등에서 카드뮴이 허용농도 이상으로 유출될 수 있으므로 상당한 주의가 필요하다.

보통 화가들이 사용하는 오렌지색, 붉은색 및 노란색 색소에는 카드뮴이 섞여 있어, 자칫 잘못 하면 위험수준까지 섭취할 위험이 아주 높으므로 주의가 필요하다. 특히 초크파스텔과 같이 건조한 상태의 색소로 사용하거나 유화물감에 섞어서 사용할 경우 위험성이 더 높다. 농부들에게도 카드뮴에 대한 주의가 필요한데, 인산염비료에는 비료 1kg에 카드뮴이 최고 100mg까지 섞여 있을 수가 있으므로, 농토의 카드뮴농도를 높일 수 있으므로 비료 선택에도 주의할 필요가 있다. 뉴질랜드에서 이런 경우가 실제로 있었다고 한다. 토양 속의 카드뮴 제거에는 미세한 중합체인 **나노폴리머**(Nanopolymer)가 유용하다.

가장 최근에 일어난 카드뮴사건 중 관심을 끄는 사건으로, 2010년 2월 월마트 진열장에 전시된 한 줄의 보석 전부에서 카드뮴이 검출된 일이 있었는데, AP통신사에서 테스트한 결과 상당히 높은 농도로 밝혀졌으나, 월마트에서는 치우지 않고 버티다 팔리지 않아 결국 모두 치워버린 적이 있었다. 그리고 같은 해 6월에는 맥도날드에서 슈렉포에버(Shrek Forever After)라는 영화 홍보용 음료수 잔에 사용한 페인트에서 카드뮴이 검출되어 12백만 개나 되는 음료수 잔을 모두 폐기한 적이 있다.

카드뮴은 아주 독성이 강한 오염물질로 국제암연구소(IARC)에서 1급 발암물질로 구분하고 있다. 카드뮴 노출에 의한 급성증상은 한기, 발열 그리고 '**카드뮴 블루**(Cadmium Blue)'라고도 불리는 근육통증 같은 독감증세로 나타나다, 호흡장애가 없으면 일주일 후에 사라진다. 노출이 더 심해지면 후두염, 폐렴, 폐부종이 생긴다. 감염되면 노출 후 몇 시간 지나지 않아 기침, 코와 목의 건조와 자극, 두통, 어지러움, 힘 빠짐, 발열, 한기, 가슴통증 등의 증상을 보인다.

카드뮴을 함유한 미세먼지를 흡입하면 기도와 콩팥에 장애를 초래하고 신부전으로 이어져 치명적일 수 있다. 많은 양의 카드뮴을 한꺼번에 섭취하면 즉시 중독증상을 일으키고 간과 콩팥을 손상시킨다. 카드뮴은 그 자체뿐만 아니라 화합물도 발암물질이다. 카드뮴중독은 뼈를 약하게 만들고(골연화증), 골밀도를 낮춰(골다공증) 뼈를 점점 더 약하게 만드는데, 극단적인 경우에는 환자 자신의 몸무게만으로도 골절이 생길 정도까지 약화할 수도 있다.

카드뮴중독은 콩팥의 산 제거기능을 떨어트려 콩팥세뇨관의 기능이상을 가져오는데, 이 기능이상은 피 속의 인산염농도를 저하시켜(저인산혈증) 근육이 약해지고 혼수상태에 이르게도 하며, 피 속에 산성농도를 높여(고뇨산혈증) 관절에 요산결정체를 축적시키기 때문에 관절염 형태의 통풍을 일으키기도 한다. 부작용으로는 피 속에 염화물 농도를 높이고(염소과다혈증), 신장결석의 원인이 되기도 하며, 후각소실을 일으키기도 하고, 콩팥의 크기를 30%까지 줄어들게 할 수도 있다. 카드뮴의 중독으로 콩팥이 한 번 손상되면 회복이 불가능하다.

피나 오줌의 카드뮴농도 측정으로 카드뮴 관련 업무 종사자와 급성환자의 중독을 쉽게 판별할 수 있다. 폐, 간, 콩팥과 같은 장기조직의 카드뮴농도는 치명적인지 아닌지를 판가름하는 기준이 된다. 건강한 사람의 몸속 카드뮴농도는 피건 오줌이건 $1\mu g/\ell$이다. 미국 산업위생전문가협의회(ACGIH)의 노출기준농도는 피 속 $5\mu g/\ell$이고, 오줌 속 $5\mu g/g$(크레아티닌)이다.

근육수축의 에너지인 **크레아티닌**(Creatinine)은 오줌으로 배출되는데, 그 양은 콩팥기능의 지표이기 때문에 오줌검사에서 크레아티닌 농도를 검사한다. 만성중독으로 콩팥에 손상을 입은 사람의 카드뮴농도는 피 속 $25\sim50\mu g/\ell$이고, 오줌 속 $25\sim75\mu g/g$이며, 급성중독임에도 살아남은 사람은 피 속 농도는 $1,000\sim3,000\mu g/\ell$이고, 오줌 속 농도는 $100\sim400\mu g/g$이어서 그 이상의 농도에서는 사망한다.

카드뮴을 섭취한 바로 직후 구토나 위세척으로 오염물질을 제거하면 효과적으로 중독을 피할 수 있다. 그러나 일반적으로 오염물질 제거 효과가 높은 것으로 알려진 활성탄(숯)은 카드뮴을 제거하는데 효과가 없으며, 중금속제거치료법이라고 주장하는 킬레이션(Chelation)요법도 효과가 없다고 하니, 카드뮴에 노출을 사전에 방지하는 것이 카드뮴중독의 유일한 예방법이다.

20.4   크로뮴은 발암물질

크로뮴(Chromium)은 크롬으로 불리다 국제순수·응용화학연합(IUPAC)의 명명법에 따라 원명대로 크로뮴으로 부르는데, 원소기호가 Cr이고, 원자번호는 24번인데, 지각에는 21번째로 또 그 아래 맨틀에는 17번째로 많은 원소이다. 크로뮴은 도금, 합금, 가죽 무두질, 수질 세정제, 섬유

염색 및 매염제, 색소, 도자기 유약, 내화벽돌 및 목재방부 등 다방면으로 용도가 상당히 넓은 물질이지만, 반대로 환경에는 영향력 큰 중금속으로 관심의 대상이다.

크로뮴은 산화상태에 따라 여러 가지 산화물을 만드는데, 산화상태가 +3과 +6인 화합물이 가장 흔하고 이를 각각 3가 크로뮴, 6가 크로뮴이라 칭하는데, 가장 안정적인 상태의 산화물이 0가 크로뮴, 3가 크로뮴, 그리고 6가 크로뮴의 세 가지이다. 표기방법은 크로뮴+3, 크로뮴+6 또는 크로뮴(III), 크로뮴(VI) 등으로도 나타낸다. 0가 크로뮴은 금속으로 녹는점이 높은 고체상태로 철이나 다른 금속과의 합금제조에 많이 이용된다.

3가 크로뮴(Trivalent Chromium)은 산화물상태로 독성이 거의 없고, 물에 녹지 않으며, 이동성이 낮고, 흙이나 물속에서는 유기물과 결합된 상태로 존재하기 때문에 오염물질로 분류되지 않는다. 3가 크로뮴은 물에서는 철과 결합하여 침전되지만, 고농도 산소와 망간산화물을 만나면 **6가 크로뮴**(Hexavalent Chromium)으로 산화한다. 6가 크로뮴도 산화물상태로 존재하는데, 가장 독성이 강한 물질로 산화성과 수용성이 높고, 유기체의 막을 통과하는 이동성 또한 높은 위험한 물질이다. 그래서 6가 크로뮴 관련 업무에 종사하는 사람은 크로뮴 노출에 상당한 주의가 필요하다.

강철에 크로뮴을 첨가하면 단단해지고, 내부식성이 좋아지므로, 전 세계의 철과 크로뮴의 합금인 **페로크로뮴**(Ferrochromium) 생산량의 80% 이상이 스테인리스강 생산에 사용되는데, 스테인리스강은 보통 11% 이상, 평균은 약 18%의 크로뮴을 함유하고 있어 단단하고 녹슬지 않으며 닦으면 광택이 나므로 자동차 차체, 식기와 주방기구, 전기케이블, 건물이나 교량의 건축자재, 화학 공업용 재료 등 용도가 엄청나게 광범위하다. 금속크로뮴은 주로 비철금속과의 합금에 사용되는데, **니크롬**(Nichrome)은 니켈과 크로뮴으로 만들어진 합금으로 전기저항이 크고 녹는점(약 1,400℃)이 아주 높아 헤어드라이어, 전기오븐, 토스터 등 각종 전열기구에 사용된다.

같은 크로뮴이지만 3가와 6가는 화학적, 독성학적 또 병리학적 특성이 서로 달라 별도로 취급한다. 6가 크로뮴은 식물, 수생동물 및 미생물에 독성이 있고, 사람에게는 강력한 상피자극제이며 발암물질이다. 이와 반대로 3가 크로뮴은 미량영양소로 혈장 단백질과 결합하여 이동하며 사람의 몸 전체에 분포되어 있다. 지방대사에 필수적이며, 인슐린의 보조인자로 작용하여 포도당 대사의 항상성 유지에도 필요하다. 즉 인슐린의 활성을 높여 혈당이 안정적으로 유지될 수 있게 하고 지질대사를 도와 혈중 콜레스테롤과 중성지방 농도를 저하시킨다. 식물, 특히 곡류에는 아주 낮은 농도(0.05mg/ℓ)로도 성장을 촉진시키고 수확량을 증가시킨다.

3가 크로뮴은 당뇨병과 고지혈증을 예방하고 정상혈압 유지로 심장질환 예방에 도움이 되므로, 크로뮴 보충으로 대사이상이 호전되면 이는 크로뮴 결핍상태에서 벗어난 것이다. 크로뮴결핍증은 섭취량이 부족하거나 소변으로 크로뮴 배설량이 많아서 생기는데, 공복 시 고혈당, 내당능(포도당 처리능력) 손상, 혈중 인슐린농도 상승, 당뇨, 혈중 콜레스테롤 및 중성지방 상승, 인슐린결합 감소, 인슐린 수용체 감소 등의 증상으로 나타날 수 있다. 건강한 성인의 혈청 중 크롬의 정상농도는 0.14~0.5µg/㎖, 혈장 중 정상농도는 0.26~0.28µg/㎖이다.

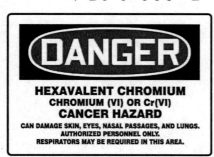

⬤ 6가 크로뮴의 위험 경고표지

옆의 사진은 6가 크로뮴의 경고표지로 가장 굵게 암 발생 위험을 경고하고, 다음으로(작은 글씨체로) 피부, 눈, 비강 및 폐에 손상을 일으킬 수 있다고 경고하고 있다. 6가 크로뮴은 산화력이 크기 때문에 독성이 강하며, 급성 경구독성은 0.05~0.15 mg/kg으로 3가 크로뮴에 비해 10배 이상 독성을 지니고 있다. 체내로 들어간 6가 크로뮴은 3가 크로뮴으로 바뀌지만, 바뀌기 전에 신장, 간, 혈액세포를 산화시켜 손상시킬 수 있다. 6가 크로뮴의 발암성은 아주 오래 전인 1890년에 이미 확인되었다.

434

식품에 함유된 크로뮴은 아무런 독성도 보이지 않는다. 자연에 존재하는 3가 크로뮴은 독성이 없기 때문에 1일 1㎎까지 섭취해도 문제가 없다. 그러나 6가 크로뮴에 장기적으로 노출되면 알레르기성 피부염, 피부궤양, 기관지암 등이 발생할 수 있다. 음식이나 영양보충제를 통한 크로뮴 섭취는 부작용이 없으므로 최대 허용량의 한계가 따로 없다. 그러나 3가 크로뮴, 특히 피콜린산 크로뮴이 DNA의 손상을 일으킬 수도 있다는 연구가 있어, 크로뮴의 장기복용에 관한 우려가 제기되고 있다. 콩팥질환이나 간질환이 있는 환자는 콩팥과 간 기능에 장애가 나타날 수도 있으므로 크로뮴 보충제 섭취는 의사와 상의가 필요하다.

균형 있는 식사에 함유된 크로뮴의 양을 근거로 계산한 충분한 1일 섭취량은 남성이 35㎍이고, 여성이 25㎍이라고 하는데, 우리나라 사람의 크로뮴 영양에 대한 별도의 연구가 없으나, 선진국의 자료에 따르면 성인의 적정섭취량은 50~200㎍/일이다. 크로뮴은 거의 모든 식품에는 아주 적은 양이지만 포함되어 있는데, 메밀, 현미, 보리와 같은 전곡류와 시리얼에는 과일이나 채소보다 더 많은 크로뮴이 함유되어 있고, 효모도 훌륭한 크로뮴 공급원이다. 식품은 정제하면 할수록 크로뮴의 함량이 떨어진다. 한마디로 줄여서 말하면, 크로뮴에 관한 한 6가 크로뮴만 주의하면 아무런 문제도 생기지 않는다.

20.5 구리는 윌슨병의 원인물질

구리(Copper)는 원소기호가 Cu로 원자번호는 29번인데, 부드럽고 가단성(펴지는 성질)과 연성(늘어나는 성질)이 좋고 열과 전기의 전도성이 높은 금속으로 막 자른 순수한 구리의 단면은 핑크빛 오렌지색이다. 구리의 용도도 상당히 다양한데, 구리의 전도체, 건축자재, 스털링 실버(표준 은)나 선박철물 또는 동전용 백동 같은 특수합금 재료, 변형계측기의 전기저항선용 콘스탄탄 그리고 온도계측용 열전대를 만드는데 사용된다.

스털링 실버(Sterling Silver)는 925 실버(925 silver) 또는 그냥 925S 라고도 불리는데, 이는 은이 92.5% 함유되어 있어 붙은 명칭이고, 이 합금의 나머지 구성성분이 구리로 7.5%가 함유된 은 합금인데, 순은에 비하여 강도가 높아 주로 귀금속이나 액세서리용으로 많이 사용된다. 시중에 판매되고 있는 은세공 제품의 대부분 스털링 실버이다. **콘스탄탄**(Constantan)은 구리(55%)와 니켈(45%)의 합금 상품명으로 전기저항이 높고, 온도계수가 작아 정밀 전기기구의 저항선으로 사용된다.

구리는 자연 상태에서 금속형태(천연금속)로 직접 사용할 수 있는 상태로 존재하는 몇 안 되는 금속 중의 하나로 아주 오래전 청동기시대(BC 8000년)부터 이미 인류가 사용해온 금속이다. 인류가 처음으로 광물에서 직접 축출한 금속이고, 처음으로 금형에 부어 모양을 만든 금속이며, 처음으로 합금(청동)을 만들기 위해 다른 금속과 결합시킨 금속이다. 구리가 지붕덮개로 사용된 것은 이미 오래되어 서양의 지붕에 청녹은 오히려 자랑거리이며 장식예술에도 금속상태로 사용하거나 화합물을 색소로 가끔 사용되었으며, 항박테리아제, 항곰팡이제와 목재 방부재로도 사용된다.

구리는 호흡효소(Respiratory Enzyme)의 주 구성성분이기 때문에 **미량원소**(미량미네랄)로 살아 있는 모든 생물에 없어서는 안 될 물질이다. 물고기나 척추동물의 혈색소는 철을 함유한 헤모글로빈이 주요 구성성분이지만, 연체동물과 갑각류에게는 구리가 혈색소인 **헤모시아닌**(Hemocyanin)의 구성성분 중의 하나이다. 사람의 몸속에는 간, 근육 및 뼈에 구리가 발견된다.

구리는 물과는 반응을 하지 않지만 공기 중의 산소와는 반응하여 표면부식(부동태화)을 방지하는 흑갈색의 산화구리층을 형성한다. 이 산화구리층은 습한 공기 속에서 철이 녹 쓰는 것과는 달리 보호층 역할을 한다. 초록색의 녹청(탄산구리)은 오래된 건물이나 자유의 여신상 같이 오래된 구리조각에서 쉽게 볼 수 있다. 구리는 황화합물에 노출되면 반응하여 황화구리가 되면서 변색한다.

구리합금은 용도가 엄청나게 많은데, 황동으로건 백동으로건 구리

합금은 여러 나라의 동전제조 원료로 이용된다. 놋쇠는 구리와 아연의 합금이고, 청동은 구리와 주석의 합금이며, 알루미늄합금도 많이 이용되는 구리합금의 한 종류이다. 보석산업에서 보석의 색깔을 좋게 하고 경도를 강화시키고 녹는점을 높이는 금랍(금제품을 땜질할 때 사용하는 합금)과 은랍의 주요 구성성분도 구리이다.

은 다음으로 좋은 전도성 때문에 대형건물의 전력분배용 **버스바**(Bussbar=모선)는 구리제품이고, 집적회로와 인쇄회로 기판에도 뛰어난 전기전도율 때문에 구리를 상당히 많이 사용하며, 방열판과 열교환기에도 열방산 특성 때문에 구리를 사용한다. 전자파용 도파관처럼 전자석, 진공관, 브라운관 그리고 전자레인지의 마그네트론에도 구리가 사용된다. 구리의 탁월한 전도성은 전기모터의 효율을 높이기 때문에 코일형태로 많이 사용한다. **마그네트론**(Magnetron)은 자기장을 이용해 극초단파(Micro wave)를 발생시키는 자전관을 이르는 말이다.

옆 사진은 유명한 영국의 그리니치(Greenwich) 천문대 동쪽 타워의 새로 단장된 구리 돔의 사진으로, 고색창연한 아름다운 미관을 자랑한다. 구리는 고대부터 내구성이 좋고 내부식성인데다 내후성이 뛰어나 건축자재로 많이 이용되어 왔으니, 수천 년 전부터 지붕, 빗물막이(플래싱), 홈통, 선홈통, 돔, 첨탑, 궁륭(볼트) 및 문짝으로 많이 사용되어 왔다. 현대건축

그리니치천문대 동쪽 타워의 구리돔

에도 실내외 벽체용 덮개, 신축줄눈, 무선주파 차폐막 그리고 손잡이, 욕실 붙박이 및 주방용 상판과 같은 항균용 및 장식용 실내용품으로까지 구리를 사용한다.

건축자재로 구리를 사용하는 것은 열팽창과 수축이 적고, 무게가 가볍고, 피뢰침으로 사용할 수 있으며 재생 가능한 특성 때문이다. 건축자재 이외에도, 구리는 생물부착방지용으로 선박이나 해양구조물에 사

용되고, 항균성이 높아 의료용 기구에도 사용되며, 견고성이 좋아 풍력 발전용 터빈, 태양광 전지판 그리고 재생 가능한 에너지기기에도 그 용도를 넓히고 있다.

구리는 미생물을 제외한 식물과 동물에 필수 **미량필수영양소**(미량원소)이고, 사람의 몸속에는 몸무게 1kg당 평균 약 1.4~2.1mg정도 존재한다. 구리는 소화기관에서 흡수되어 알부민과 결합하여 간으로 이동된 뒤 간에서 핏속의 구리성분의 대부분을 차지하는 단백질인 **셀룰로플라스민**(Ceruloplasmin)과 결합한 상태로 다른 장기로 분배된다.

미국 의학연구소(IOM)의 구리 권장섭취량으로 0~6개월 사이의 영아는 200μg, 7~12개월 사이의 유아는 220μg, 1~3세 사이의 아기는 340μg, 4~8세 사이의 아이는 440μg, 9~13세 사이 어린이는 700μg, 14~18세 사이의 청소년은 890μg 그리고 19세 이상 성인 900μg을 권하고 있다. 그리고 14~50세 임산부는 이보다 많아 1,000μg이고 젖을 먹이는 여성은 1,300μg을 권장하고 있다. 우리나라 성인의 1일 구리 권장섭취량은 0.8mg이다.

구리는 사람의 몸 안에서 철을 흡수할 수 있게 하는 역할을 하기 때문에 구리가 부족하면, 빈혈증, 백혈구 감소증, **뼈** 기형, 저색소 침착, 성장장애, 감염증가, 골다공증, 갑상선 기능 항진증, 포도당과 콜레스테롤 대사이상 등의 증상이 나타날 수 있다. 반대로 신체조직에 구리가 축적되면 대사성 간질환으로 희귀병인 윌슨병(Wilson's Disease)에 걸릴 수도 있다. **저색소 침착**(Hypopigmentation)이란 주위 피부에 비해 상대적으로 피부 멜라닌이 감소하여 피부색이 희게 보이는 상태를 말한다.

구리소금(Copper Salt)은 산화환원반응 사이클링을 통해 사람에게 급성구리중독을 일으킬 정도로 독성을 나타내고, DNA를 손상시키는 활성산소를 생성시키기 때문에 단지 몇 그램만으로도 자살시도에 이용될 수 있을 만큼 독성이 강한 물질이며, 동물에게도 몸무게 1kg당 30mg이면 심한 급성독성이 나타난다.

구리소금이란 **황산구리**($CuSO_4$)의 별칭으로 자극적인 물질이다. 황산구리가 피부에 닿으면 간지럽고 습진이 생길 수 있으며, 눈에 닿으면 눈꺼풀 염증, 결막염, 궤양, 각막혼탁 같은 증상이 생길 수 있다. 먼지나 가루형태로 흡입하면 인체에 독성을 나타내는 구리소금의 최소량은 11mg/kg으로, 소화기계통을 자극하여 구토가 나온다. 위에 구리소금이 남아 있으면 심각한 문제를 일으킨다. 1~12g의 구리소금을 삼키면 입안에서 금속성 맛을 내는 독성을 나타내어 입안이 타고, 가슴에 심한 통증이 오며, 설사, 구토, 두통, 배뇨중단으로 이어지다 피부색이 노랗게 변한다. 구리소금에 중독되면 뇌, 위, 간, 콩팥에도 손상이 생기는 아주 위험한 물질이므로 상당한 주의가 필요하다.

특이하게도 사람의 몸속에서 단백질이 구리를 운반하는 과정에서 흡수량과 배출량을 조절하기 때문에 정상적이면 구리의 만성중독은 발생하지 않는다. 그런데 구리운반 과정에 염색체 이상이 생겨 이 조절작용을 할 수 없게 되면, 구리가 축적되고 간경변증으로 이어져 윌슨병(Wilson's Disease)으로 발전된다. 몸속의 구리농도가 높아지면 알츠하이머병(Alzheimer's Disease)을 더 악화시킨다. 미국 국립직업안전위생연구소(NIOSH)의 구리먼지와 연기 속의 권장 노출농도는 1mg/㎥이고, 생명에 건강에 즉각적으로 영향을 미치는 위험농도는 100mg/㎥이다.

20.6   망간은 신경독성물질

망간(Manganese)의 원소기호는 Mn이고, 원자번호는 25번이며, 지각에 세 번째로 많이 포함된 금속이고 모든 원소 중에서는 열두 번째로 많지만 단독 원소로는 존재하지 않고 주로 철광과 혼합형태로 발견된다. 망간도 생명체에게 필수적인 **미량필수영양소** 중의 하나이다. 몸속의 효소가 기능을 제대로 발휘하기 위해서는 망간이 필요한데, 식물의 광합성작용에서 물을 분해하여 산소를 방출하는 것도 효소기능 중의 하나이다. 그리고 사람의 몸속에서는 활성산소의 해독작용에 없어서는 안 되는 물질이고, 연결조직 형성, 혈액응고인자 생성, 대사조절과 같은 다양한 과정에 관여한다. 그러나 양이 많으면 신경독성을 지니고, 호흡으로 흡입하면 망간중독증에 걸릴 수 있고, 포유동물에게는 회복할 수 없는 신경손상을 일으킬 수도 있다.

망간은 은회색으로 매우 단단하나 쉽게 부서지고, 융합하기는 어렵지만 산화되기는 쉬워 공기 중에서는 천천히 변색되고 물속에서는 용해산소에 의해 산화된다(녹 쓴다). 망간금속과 이온은 자기장과 같은 방향으로 자력을 띠는 성질인 상자성을 지니고 있다. 고대 이집트와 로마의 유리에 색깔을 넣거나 빼는 용도로 망간을 사용하여 중세기와 근대까지 그 기법이 이어졌다.

망간을 철과 합금하면 인장강도가 높아져 군용 헬멧에도 사용되었다. 알루미늄과의 합금은 음료수용 캔을 만드는데 사용된다. 망간은 합금 특히 스테인리스강 제조에 많이 사용되는 금속이다. 인산망간은 철의 부식방지용으로 이용되고, 이온화된 망간은 산화상태에 따라 색깔이 달라지기 때문에 여러 색상의 색소로 이용되고, 과망간산염은 아주 강력한 산화제이며, 이산화망간은 건전지에 이용된다.

망간은 사람에게 꼭 필요한 필수 영양소로, 다량영양소(생물의 생장에 많이 요구되는 탄소, 수소, 산소, 질소 등의 원소)의 대사, 골격형성 및 활성산소 방어시스템 같은 여러 생물학적 과정에 보조효소로서의 작용을 한다. 망간은 여러 종류의 단백질과 효소에 없어서는 안 되는 구성요소이다. 사람의 몸속에는 약 12㎎의 망간이 대부분 뼛속에 저장되어 있고, 나머지는 간이나 콩팥 같은 연조직에 저장되어 있고, 뇌에서는 글루타민 합성효소로서 역할을 한다.

◖ 망간 부족증에 걸린 담뱃잎

옆의 사진은 담뱃잎에 망간이 부족하여 가운데 잎줄에서부터 괴저현상이 생기는 것을 보여주는데, 식물의 성장에도 망간이 필요하다. 이 괴저현상은 담배가 식물일 때 망간을 포함한 흙속의 중금속을 담뱃잎이 쉽게 흡수하나 망간 흡수량이 부족하여 생긴 현상이다. 그러므로 망간은 담배연기 구성성분 중의 하나일 수밖에 없어 흡연자는 자연히 망간을 흡입하게 되므로 주의해야 한다. 담배 한 개비에 포함된 양은 건강에 영향을 미치지 못하는 적은 양이지만, 망간은 사람의 몸에 들어오면 잘 배출되지 않고 몸에 축적될 수 있으니 헤비스모커는 주의해야 한다.

그런데, 이렇게 필수적인 영양소인 망간에 과다 노출되거나 과다 섭취하면 망간중독증으로 신경세포가 죽거나 파킨슨병과 유사한 증상을 보이게 된다. 망간화합물은 니켈이나 구리 같이 널리 알려진 중금속보다는 독성이 약하지만, 5mg/㎥ 이상 짙은 농도의 망간 먼지나 연기에 단시간이라도 노출되는 것은 위험하다. 망간에 중독되면 운동기능에 이상이 생기고 인지기능장애가 생길 수 있다. 과망간산염은 망간화합물보다 독성이 더 강해, 10g 이상의 양이면 치명적인 중독을 일으키는데, 그 강한 산화효과는 점막을 괴사시킬 수도 있다. 과망간산염을 마시게 되면 식도가 손상되고, 아주 적은 양만 소화기계통에 흡수되어도 간과 콩팥에 극심한 영향을 끼친다.

미국 산업안전보건연구소(NIOSH)의 허용노출농도는 8시간 작업동안 1mg/㎥이고 단시간 허용농도는 3mg/㎥이다. 500mg/㎥ 이상의 농도는 생명이 위험할 수 있는 치명적인 수준이다. 망간은 음식물을 통해서 보다는 마시는 물을 통해서 섭취하는 경우가 더 많은데, 마시는 물을 통해 고농도의 망간을 섭취하면 학령아동의 지적능력에 손상이 생겨 지능지수(IQ)가 낮아진다. 그렇지만 무엇보다 다행인 것은 망간노출을 중단하면, 사람의 몸이 망간의 과다 노출에 의한 악영향을 어느 정도까지는 스스로 처리할 수 있다고 하니, 노출이 의심되거나 노출에 따른 문제가 확인되면, 즉시 노출을 중단하고 맑은 공기 속에서 지내는 것이 대처방법이다.

망간중독증은 두 가지 형태의 장애를 보이는데, 초기에는 우울증, 빠른 기분변환, 강박행동 및 정신이상을 보이다 파킨슨병과 비슷한 후기 증상으로 이어진다. 후기 신경증상은 힘이 빠지고, 단조롭고 어눌한 말투, 무표정 얼굴, 경련, 앞으로 기우는 걸음걸이, 불가능한 뒷걸음질, 경직, 손놀림 어려움, 불균형한 걸음걸이 등으로 나타난다.

파킨슨병과는 달리 망간중독증으로는 후각은 잃지 않는다. 망간중독증 후기 증상은 망간노출을 없애고 두뇌 속의 망간농도가 정상으로 회복되어도 시간이 지날수록 병세가 더 악화된다. 만성적인 망간중독증은 행동이상의 특성을 보이는 파킨슨병과 같은 증상을 보이지만 파킨슨병 치료법에는 전혀 치료효과를 보이지 않는 다른 병이다.

망간은 패류를 제외한 동물성 식품에는 거의 포함되어 있으며 달걀, 땅콩, 종실류(참깨나 들깨처럼 종자가 과실인 식물), 녹차 등에 특히 많이 함유되어 있다. 성인의 몸속에는 평균 약 12㎎의 망간이 있으며 매일 3~5 ㎎ 정도를 섭취해야 한다. 망간은 주로 세포 내 미토콘드리아에 존재하기 때문에 미토콘드리아가 많은 간, 신장, 췌장과 같은 조직에 상대적으로 많은 양의 망간이 들어 있다. 망간은 대부분이 담즙을 통해 대변으로 배설되고, 소변으로 배설되는 양은 매우 적다. 따라서 담즙 배설이 어른보다 상대적으로 적은 신생아나 간 질환자의 경우 간 독성의 위험이 있다.

20.7   철은 임산부에게 특히 중요

철(Iron)은 인류에게 새로운 문명의 장을 열어준 원소로, 원자번호는 26번이고 원소기호는 라틴어 표기인 Ferrum에서 비롯한 Fe이다. 그래서 철 이온이나 화합물 명칭 및 철의 성질 표기에는 Ferrum에서 파생된 단어들이 많이 사용되고 있다. 인류역사를 석기시대에서 청동기시대를 거쳐 철기시대로 구분하는 게 보통인데, 인류 문명생활의 시작은 철기시대 때부터 이루어졌다고 단정적으로 말할 수 있을 정도로 철이 인류에 미친 영향은 그야말로 지대하다. 철은 산업의 쌀인 동시에 생물체의 필수적 **미량원소**이다. 철은 지구 핵의 대부분을 이루고, 지각에서도 4번째로 많은 원소이다. 우리나라 산업화 초기에 현대적인 제철소의 건립은 주요산업의 국제경쟁력을 갖추는 밑바탕이 되었다.

원소상태의 철은 은회색 광택을 띠나 습한 공기를 만나면 쉽게 산화되어 적갈색의 녹이 슨다. 순수한 철은 알루미늄보다도 무르지만 탄소가 들어간 합금은 매우 단단하다. 철은 고대부터 사용되었으나, 워낙 부식이 잘되기 때문에 유물로 발굴되는 경우는 드물다. BC 1500년경에 터키의 고대 국가인 히타이트(Hittite)에서 처음으로 철 야금기술을 터득하여 철기시대가 도래한 것으로 알려지고 있다.

2010년 현재로 전 세계 조강(Crude Steel: 가공되기 전의 철강 원자재) 생산량은 14억만 톤에 이르며, 이 조강은 강철로 가공되어 철골구조물, 선박, 자동차, 비행기 및 기계제작에 사용된다. 철의 부식성을 해결한 스테인리스강은 1913년에 처음으로 만들어지고, 1930년대 이후에 본격적으로 사용되어, 철강 연관산업을 한 차원 업그레이드시켜 왔다.

철은 많은 종류의 음식물에 함유된 미네랄로 산소를 폐에서부터 장기로 운반하는 적혈구 단백질인 헤모글로빈의 필수 구성요소이고, 산소를 공급하는 또 하나의 단백질인 **미오글로빈**(Myoglobin: 헤모글로빈과 비슷한 근육의 색소 단백질)의 구성요소로서 철은 근육의 대사와 건강한 결합조직을 지원하며 몸 성장, 신경발달, 세포기능 및 호르몬합성에도 필요한 미네랄이다. 음식물로 섭취하는 철은 **헴**(Heme: 헤모글로빈의 색소부분 비단백질)과 **비헴**(Nonheme: 헴 이외의 상태로 결합하고 있는 비단백질)의 두 가지 형태가 있다. 식물과 발효식품에는 비헴철만 포함되어 있는 반면 고기, 생선, 가금류에는 헴과 비헴 두 가지 다 포함되어 있다.

성인의 몸속 헤모글로빈에는 3~4g 정도 원소상태의 철이 간, 비장(지라), 골수 또는 근육조직의 미오글로빈에 저장되어 있다. 대소변이나 소화기관 또는 땀으로 빠져나가는 철의 양은 그다지 많지 않으나, 피 속의 헤모글로빈에는 철이 많이 포함되어 있는데, 월경 중인 여성은 피를 많이 흘리게 되므로 철의 배출이 상당히 많다. 그래서 생기는 증상이 생리후유증 중의 하나이다. 혈액검사로 몸속 철의 양을 확인할 수 있다.

장기능이 정상적인 성인은 철의 과다섭취를 걱정할 필요가 없다. 그러나 몸무게 1kg당 20mg 이상으로 철을 과다섭취하면 소화불량, 변비, 메스꺼움, 복부통증, 구토 및 현기증 등의 증상을 느낀다. 원소상태의 철을 25mg 이상을 섭취하면 아연흡수와 혈장아연농도가 감소될 수 있다.

심한 경우(60mg/kg을 한꺼번에 섭취한 경우)는 장기부전으로 혼수상태나 경련이 일어나고 잘못하면 사망에 이를 수도 있다.

　미국에서는 1983년에서 2000년 사이 43명의 어린이가 몸무게 1kg당 36~443mg의 철을 함유한 보충제를 먹고 사망했다고 한다. 그래서 미 식품의약청에서 1회 철 함량 30mg 이상의 약제는 판매 금지했다. 혈색소증(혈색소침착증)은 몸 안에 철이 지나치게 많이 축적되어 생기는 혈색소 유전자의 돌연변이에 의해 생기는 병이다. 미국 식품영양위원회(FNB)의 철의 최대 섭취허용량을 영아에서부터 13세 이하의 어린이는 40mg으로, 임산부와 수유모를 포함한 14세 이상 사람들은 45mg으로 정하고 있다.

　철은 과다하게 섭취해도 문제이지만 결핍되어도 심각한 문제를 일으킨다. 철결핍증은 몸속에 철저장량의 부족(철 결핍)에서부터 시작하여 철결핍 적혈구생성(적혈구를 생성하기는 하는데 철이 결핍된 적혈구를 생성하는 증상)으로 이어지고, 결국에는 철분이 부족해 헤모글로빈이 합성되지 않아 발생하는 빈혈인 **철 결핍성 빈혈**(IDA)로 진전한다. 철 결핍성 빈혈이 발생하면 헤모글로빈의 농도가 낮아지고, 헤마토크릿(Hematocrit: 피 속의 적혈구 부피를 %로 표시하는 적혈구 용적률)과 평균 적혈구부피(적혈구 한 개의 평균 부피)가 감소하는 것이 특징이다.

　피 속에 철이 부족하면 첫 단계로 혈청 속의 철의 양이 감소하기 때문에 혈청 속 철의 농도 테스트는 몸속의 철저장량을 알 수 있는 철 결핍 진단에 필요한 가장 효율적이고 가성비 높은 방법이다. 혈청 속 철의 농도가 30μg/ℓ 이하이면 철 부족이고, 10μg/ℓ 이하이면 철 결핍성 빈혈이다. 또 하나의 테스트 방법은 헤모글로빈농도가 10세 이하 어린이에게서 11g/㎗ 이하로 나타나고, 10세 이상의 사람에게서 12g/㎗ 이하로 나타나면 철 결핍성 빈혈이다. 정상적인 헤마토크릿 수치는 남자인 경우 41~50%, 여자인 경우 36~44%이다.

　철 결핍증은 식사량이 빈약하거나 흡

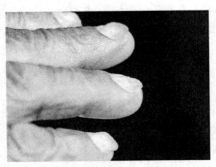
철 결핍성 빈혈증에 의한 숟가락 모양 손톱 변형(Koilonychia)

수장애가 있거나 출혈 등의 다른 이유로 피를 많이 잃어버리는 실혈이 발생원인이므로 보통 영양결핍에 걸린 사람에게 잘 발생한다. 따라서 식욕이 좋은 어린이, 가임여성 및 임산부에게는 철 결핍증이 거의 없다. 세계보건기구(WHO)의 발표에 따르면 세계 빈혈환자 16.2억 명의 절반이 철 결핍 때문에 발병한 것이라고 한다. 그런데 후진국에서의 철 결핍증은 장질환이나 기생충에 의한 실혈 때문에 발생하는 경우가 허다하다고 한다. 빈혈의 원인으로 철 결핍이 가장 큰 원인이지만, 엽산(비타민 B군에 속하는 수용성 비타민)이나 B_{12} 같은 미량영양소의 결핍이나 만성질환 같은 다른 원인에 의해 발생하는 경우도 적지 않다.

옆의 표는 미국 학술원 의학연구소(IOM)의 연령대별 철의 권장섭취량을 보여준다. 채식주의자는 육류를 먹지 않기 때문에 옆 표의 수치보다 1.8배 더 섭취해야 한다. 그 이유는 동물성 식품에 함유된 헴철(Heme Iron)이 식물성 음식에 함유된 비헴철(Nonheme Iron)보다 더 생체이용 가능성이 크기 때문이다. 그리고 육류, 가축 및 해산물이 비헴철의 흡수를 증가시킨다. 모유에 함유된 철은 생체이용 가능성이 상당히 크지만 4~6개월 이상의 유아에게는 양적으로 부족하기 때문에 이유식으로 보충하는 것이 좋다.

철의 권장 섭취량

나이	남(mg)	여(mg)	임산부	수유모
6개월 이하	0.27*	0.27*		
7~12개월	11	11		
1~3세	7	7		
4~8세	10	10		
9~13세	8	8		
14~18세	11	15	27	10
19~50세	8	18	27	9
51세 이상	8	8		

* 적정 섭취량

임산부는 태아와 태반의 필요 때문에 모체 적혈구생성이 엄청나게 증가하여 혈장량과 적혈구량이 증가하게 되므로 임신기간 중에는 당연히 철이 많이 필요하다. 임신 기간에 철이 부족하게 되면 모체와 아기의 사망위험, 미숙아와 저체중아 출산 가능성이 커진다. 미숙아 또는 저체중아로 태어난 아기나 철결핍증 어머니에게서 태어난 아기는 성장을 위해 철의 수요가 더 많아진다. 월경과다증이거나 생리 때 지나치게 많은 피를 흘리는 가임여성은 철결핍증에 걸릴 위험이 크다. 헌혈을 자주하는 사람도 철 결핍증에 걸릴 위험이 있어 영양제로 철을 보충할 필요가 있다.

20.8   니켈은 발암의심물질

니켈(Nickel)은 원소기호 Ni이고, 원자번호 28번으로 단단하고 금속광택이 나는 은백색에 약간의 금색 빛이 감도는 윤기 있는 중금속이다. 연성과 전성이 크며, 자성을 지니고 있지만 철이나 코발트보다는 약하며, 화학반응성이 비교적 낮고 철보다 안정적이고, 공기 중에서는 산화물 보호피막을 형성한다. 니켈은 상온에서 산소, 물, 묽은 산, 및 알칼리와 아주 느리게 반응하기 때문에 내부식성이 좋은 금속이지만, 가루 상태에서는 공기 중에서 가열하면 불이 붙을 수도 있으므로 주의해야 한다. 니켈은 지각에 약 100~200ppm(0.01~0.02%) 정도 존재하는 22번째로 많은 금속으로, 운석에서 니켈과 철의 합금형태로 자주 발견된다.

니켈의 대부분(2/3)은 자동차, 가전제품, 식기나 주방기구, 전력케이블, 건물이나 교량의 건축자재, 화학공업의 재료 등 다양한 용도로 사용되는 스테인리스강을 만드는데 사용된다.

철과 니켈의 합금인 **오스테나이트 스테인리스강**(Austenite Stainless Steel)은 자성을 띠지 않으며, 냉연가공과 용접이 쉬울 뿐만 아니라 고온에서도 사용가능하고, 내부식성이 상당히 뛰어나 스테인리스강의 약 70%가 니켈합금이다. 스테인리스강 이외에도 철합금이나 비

◉ 니켈합금인 스테인리스강으로 씌운 월터디즈니(Walt Disney)의 콘서트홀

철금속과의 합금에도 상당히 많이 이용된다. 양은이라 불리는 **니켈은**(Nickel Silver = German Silver)은 니켈에 구리와 아연을 합금한 것이고, **백동**(Cupronickel)은 니켈과 구리의 합금으로 우리나라 100원과 500원 동전은 25% 니켈과 75% 구리의 합금이다. 니크롬(Nichrome)은 크롬뮴과의 합금으로 전기저항의 변화가 아주 적고 내열성이 좋아 전열기에 사용된다. 니켈은 상온에서 강자성을 띠는 4가지(철, 코발트 및 가돌리늄) 금속 중의 하나이다. 전자석과 달리 전력을 공급하지 않아도, 자성을 띠는 알니코(Alnico)영구자

석의 강자성체 재료로 니켈이 사용된다.

가돌리늄(Gd: Gadolinium)은 희토류 원소 중 하나로 희토류 원소화학을 개척한 가돌린(J. Gadolin)의 이름을 딴 금속인데, 자기공명영상(MRI) 촬영에서의 조영제, 전자레인지(마이크로파 오븐)의 마이크로파 발생소자, 원자력발전과 사용 후 핵연료 저장에서의 중성자 제어 및 차단제, 컬러 TV의 녹색 형광체, 광자기 디스크의 기록 층, 자기 냉각소자 등 여러 첨단기술 분야에서 중요하게 사용되므로 요즘 한창 뜨고 있는 물질이다.

니켈은 생물학적으로 효소의 역할도 하는데 1975년에 원산지가 인도인 잭 콩(Jack Bean)의 **요소가수분해효소**(Urease)에서 처음 발견되었다. 요소가수분해효소는 요소의 가수분해반응에서 촉매 역할을 하는 효소로 박테리아와 식물에 포함되어 있으며, 한 쌍의 니켈원자가 효소활동 중심으로 작용한다. 이외에도 니켈을 함유하고 있는 효소가 여러 가지 박테리아에서 발견되었는데, 산소와 수소의 반응으로 물을 만드는 수소화효소(Hydrogenase), 일산화탄소를 이산화탄소로 만드는 산화반응에 관여하는 탈수소화효소(Dehydrogenase)에 니켈이 촉매역할을 한다.

니켈의 용도는 스테인리스강과 영구자석 이외에도 재충전용 배터리, 전기기타 줄, 마이크, 배관기구의 도금 그리고 전선의 심으로 사용되는 퍼멀로이(Permalloy) 합금, 탄성계수가 일정한 엘린바(Elinvar) 합금 및 팽창계수가 적은 인바(Invar)합금 같은 특수합금의 원료 등 다양한 용도로 사용되고, 유리에 초록색 색조를 내는 데도 사용된다.

인장강도, 비파괴성(인성) 및 탄성한계를 높일 수 있기 때문에 구리, 크로뮴, 알루미늄, 납, 코발트, 은 및 금과의 합금에도 사용된다. 특히 금과의 합금으로 인코넬(Inconel)합금은 고온산화에 저항성이 높고, 내식성이 뛰어나며 1,000℃까지의 고온에도 견디는 합금이고, 모넬(Monel)합금은 화학기계, 염색기, 터빈날개 등에 사용될 정도로 내식성이 강하며, 니모닉(Nimonic)합금은 제트엔진에 사용될 정도로 초내열합금이다.

니켈과 알루미늄의 합금에서 다시 알루미늄을 제거하여 만든 미세한 분말형태의 니켈인 **레이니니켈**(Raney Nickel)은 마가린 제조에 이용된다. 한 연구에 의하면 제2형 당뇨병환자의 혈중 니켈농도는 0.89ng/ml

로 정상인의 0.77ng/ml보다 높은 수치를 보인다고 한다. 니켈을 음식으로 섭취하는 과정에서 니켈에 의존적인 박테리아가 딸려 들어올 경우 건강에 위험한 영향을 미칠 수 있으나, 대장에 서식하는 박테리아에게 니켈은 필수영양소이다.

미국 의학연구소(IOM)에서는 니켈이 사람에게는 필수영양소가 아니므로 적정섭취량을 정하지 않고 있으나, 최대 허용섭취량은 가용성 니켈염 상태로 하루에 1,000㎍ 이하로 권장하고 있다. 하루 평균섭취량이 70~100㎍인데 이 중 10% 미만만 몸속에 흡수되고 나머지는 오줌으로 배출된다. 스테인리스로 만든 그릇으로 요리된 음식에서도 상당한 양의 니켈이 침출될 수 있다.

니켈이 식물에는 필수영양소이어서 사람이 니켈에 노출되는 것은 주로 식물성 음식의 섭취로 이루어진다. 니켈은 자연상태의 음식과 물에 포함되어 있는 데다 공해로 배출되는 니켈이 농도를 가중시키고 있다. 니켈로 도금된 수도꼭지는 물과 흙을 오염시키고, 광산과 제련소에서는 폐수에 니켈이 대량 포함되어 있고, 니켈과 철의 합금으로 만든 식기는 음식물에 니켈을 침출시키고, 화석연료의 연소도 니켈배출에 한 몫을 한다. 흡연자는 담배연기로 직접 니켈을 흡입하고, 보석, 샴푸, 세제 및 동전 등은 니켈의 피부접촉을 일으킨다.

섭취한 대부분 니켈은 콩팥에서 걸러져 소변으로 배출되거나 소화 과정에 제거되기 때문에 몸속에 축적되지 않아서 일상적인 양의 니켈에 노출은 사람의 건강에 위협이 되지 않는다. 그러나 대량섭취나 만성적인 흡입은 인체에 독성을 가져오고 심하면 호흡기계통에 암까지 발생시키므로, 직업재해의 대상이다.

그래서 니켈은 발암의심물질로 분류되어 있고, 니켈분말에 의한 쥐 실험에서 흡입에 의한 암 발생이 확인되고, 설치류 실험에서도 여러 가지 니켈화합물이 폐염증과 섬유증을 일으키는 것으로 검증되었다. 이런 위험이 사람에게도 같이 일어나는지는 확인되지 않았지만 위험성이 높다는 것이 확인된 만큼 주의가 필요하다.

직업적으로 니켈노출은 흡입, 섭취 또는 피부나 눈의 접촉으로 이루어질 수 있어 미국 직업안전보건청(OSHA)의 허용노출기준은 하루 작업 8시간 기준 1mg/㎥이고, 국립산업안전보건연구소(NIOSH)의 권장 노출 한계는 하루 작업 8시간 기준 0.015mg/㎥이다. 10mg/㎥ 이상의 니켈은 건강과 목숨에 즉각적으로 영향을 미치고, 니켈화합물 중 분자식이 $Ni(CO)_4$인 **니켈카르보닐**(Nickel Carbonyl)은 가장 독성이 강한 기체인 데다 공기 중에서 폭발할 수도 있다.

　민감한 사람은 니켈에 피부를 접촉하게 되면 접촉피부염으로 알려진 알레르기로 고생할 수도 있다. 더 민감한 사람은 음식물에 니켈함량이 조금만 높아도 알레르기반응을 일으킨다. 손발바닥에 물집이 생기는 한포증 환자도 니켈에 민감하다. 뚫린 귀걸이 보석에도 니켈이 포함된 경우가 많아 간지럽거나 피부가 붉게 변하는 알레르기의 원인이 된다. 이런 현상 때문에 니켈을 함유하지 않은 귀걸이가 많이 개발되어 있다. 유럽연합(EU)은 0.05% 이상의 니켈이 들어있는 귀걸이와 여러 니켈도금 장신구를 금지시키고 있다. 은백색 동전에도 니켈이 함유되어 있으므로, 원인이 불분명한 피부 알레르기는 동전이 원인일 수도 있다.

20.9　비소는 왕의 독약

　비소(Arsenic)는 원자번호가 33번이고 원소기호가 As인 회색의 준금속으로 공기 중에서 가열하면 청백색 불꽃을 내며 타 마늘 냄새가 나는 산화비소가 된다. 비소는 **삼산화비소**(As_2O_3) 즉 비상의 구성성분으로 옛날부터 사람을 독살하는데 사용된 독성이 아주 강한 물질로 임금이 내린 사약은 비상이 들어 있었으며, 어떤 때는 역으로 왕을 독살하는 데도 사용되어, 비소는 '독약의 왕' 또는 '왕의 독약'이라고도 불려왔을 정도로 위험한 물질이다. **준금속**(Metalloid)이란 금속과 비금속의 중간 성질 혹은 두 성질을 모두 갖는 화학 원소들을 통칭하는 말이다.

　자연적으로 그것도 고농도로 지하수에 비소가 포함된 곳(나라)이 많다. 무기비소는 아주 독성이 강한 물질이므로 비소로 오염된 지하수를 음용수, 취사용수 그리고 농사용수로 사용하는 것은 사람의 건강에 엄청난 위험이 될 수밖에 없다. 마시는 물이나 음식을 통해 장기적으로 비소에 노출되는 것은 발암, 피부질환, 심혈관계질환 및 당뇨병의 원인이 된다. 태아기나 유아기때 비소에 노출되면 인지능력 발달에 지장이 생기고, 청소년 시기에는 사망률을 높이기 때문에 비소노출 위험이 큰 곳은 하루라도 빨리 깨끗한 물을 공급하여 이런 위험을 방지하는 것이 무엇보다 중요하다.

비소는 지각의 구성성분이기 때문에 공기는 물론 물과 흙 속에도 섞여 있는 독성물질이다. 지하수에 포함된 비소가 흙 속으로, 다시 식물의 뿌리가 빨아 올려 잎이나 열매 속에 비소가 들어간다. 비소는 이를 취급하는 공장에서도 배출되고, 유해물질을 이야기할 때면 언제나 빠지지 않는 담배연기 속에도 포함된다. 무기질 상태의 비소에 장기간 노출되면 비소중독에 걸려 피부질환과 피부암이 특징적으로 가장 많이 또 가장 먼저 발생하는 증상이다.

물고기, 조개, 육류, 가금류, 낙농제품 및 곡류 등을 통해서도 지하수보다는 상대적으로 훨씬 적은 양이긴 하지만 비소가 섭취된다. 해산물에서 함유된 비소는 유기질 형태여서 독성이 무기질 형태일 때보다 덜하다. 뭐니 뭐니 해도 비소로 오염된 지하수가 이 심각한 문제의 가장 큰 발원지이다. 지하수에 천연 무기비소가 섞여 있는 나라로는 아르헨티나, 방글라데시, 칠레, 중국, 인도, 멕시코 그리고 미국(뉴잉글랜드, 미시간, 위스콘신, 미네소타, 다코타) 등이 있으므로 이런 나라를 여행할 때는 지하수(우물물)를 마시지 않아야 한다.

비소가 가장 많이 이용되는 것은 자동차용 배터리와 탄약에 납과의 합금이고, 반도체와 광전자 집적회로에 이용되는 것이 두 번째로 많은 용도이다. 박테리아 중에는 특이하게도 비소를 호흡용 대사물질로 이용하는 것도 있다. 공업용으로 비소는 유리, 색소, 섬유, 종이, 금속 접착제 및 목재 방부제로 이용된다. 이외에도 가죽 무두질에도 이용되며 적은 양이긴 하지만 살충제, 사료첨가제 및 의약품도 포함되어 있다.

식물상태의 담배는 다른 중금속과 마찬가지로 흙 속에 함유된 비소를 빨아올려 저장하기 때문에 흡연자가 담배를 피우면 무기질 상태의 비소를 흡입하는 결과가 초래된다. 다시 말해, 흡연은 비상을 마시는 결과가 되니 흡연이 해로운 이유로 한 가지 더 추가된다. 예전에는 담배(식물)잎 살충제에 지금은 사용 금지된 비산납이 함유되어 있었기 때문에 훨씬 더 고농도의 비소를 흡입하였다.

무기비소는 발암물질임이 확인된 독성물질이고, 전 세계적으로도 마시는 물의 비소오염은 아주 심각한 문제이다. 앞에서 설명했듯이 유기비소도 있는데, 해산물에 포함된 유기질 비소화합물은 독성이 훨씬 약하고 건강에도 덜 해롭지만, 물에 함유된 무기질 비소화합물은 아주 독성이 강하고 건강에 아주 해로운 영향을 미친다. 급성 비소중독에 걸리면 즉각적으로 나타나는 증상으로는 구토, 복부통증 및 설사에서 시작하여 무감각, 극단적 저림, 근육경련으로 이어지다 최악의 경우에는 사망에까지 이를 수도 있다.

고농도의 무기비소에 장기적으로 노출되면 피부에 제일 먼저 증상이 나타나는데, 보통 피부색소 변화, 피부질환, 손 발바닥에 딱딱한 반점(과다각화증)이 생긴다. 이런 피부병변은 최소 5년 정도 비소에 노출되면 나타나기 시작하는데, 이는 피부암의 전조이다. 무기비소에 장기적인 노출은 피부암 이외에 방광암과 폐암을 발생시킬 수 있다. 국제암연구소(IARC)는 비소와 비소화합물을 발암물질로 분류하고, 마시는 물속의 비소도 사람에게 발암물질임을 명시하고 있다.

무기비소의 장기적 섭취는 암 발생 이외에 성장장애, 당뇨, 폐질환 및 심혈관계질환도 일으킬 수 있다. 특히 비소 때문에 발생한 심근경색은 사망확률이 상당히 높다. 비소노출은 출산에 미치는 악영향도 심각한데, 아기의 건강을 악화시켜 유아사망률을 높이고, 태아나 유아가 비소에 노출되면 암, 폐질환, 심장마비 및 콩팥장애로 청소년의 사망률도 높아지며 인지능력, 지능개발 및 기억능력에도 부정적인 영향을 미치는 것으로 밝혀졌다.

비소로 오염된 음식과 물을 짧게는 5년 길게는 20년가량 장기적으

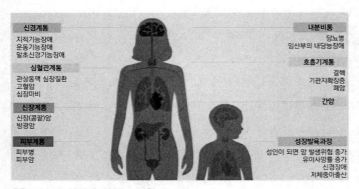

신경계통		내분비통
지적기능장애		당뇨병
운동기능장애		임산부의 내당능장애
말초신경기능장애		호흡기계통
심혈관계통		결핵
관상동맥 심장질환		기관지확장증
고혈압		폐암
심장마비		간암
신장계통		
신장(콩팥)암		성장발육과정
방광암		성인이 되면 암 발생위험 증가
피부계통		유아사망률 증가
피부병		신경장애
피부암		저체중아출산

비소가 인체에 미치는 영향

로 섭취하면, 비소가 신체조직에 축적되어 **비소중독**(Arsenicosis)에 걸려, 탈모에서 시작하여 피부에까지 여러 가지 심각한 증상이 생기게 된다. 위의 그림에서 보면, 신경계통에는 지적기능, 운동기능 및 말초신경기능에 장애가 생기고, 심장혈관계통에는 관상동맥 심장질환, 고혈압에다 심장마비까지 일으킬 수 있다. 배설을 담당하는 콩팥(신장)계통에는 신장암과 방광암의 위험이 있고, 피부에는 피부가 검게 변하는 과색소침착(피부흑화)이나 단단한 각질층으로 뒤덮인 연분홍색 발진이 생기는 보웬병(Bowen's Disease) 같은 피부질환이 생기고 이들 질환은 피부암의 원인이 되기도 한다.

내분비계통에는 당뇨병과 임산부의 내당능장애를 일으킬 수 있고, 호흡기계통에는 결핵, 기관지확장증에다 폐암 더 나아가서는 간암의 발병원인이 되기도 한다. 비소와 그 화합물은 어린이에게 미치는 영향도 엄청나 어른에 못지않게 소화암 발병률을 높이고, 유아사망률을 증가시키며, 신경장애에다 저체중아 출산까지 가져오는 무서운 독성물질이다.

세계보건기구(WHO)의 가이드라인인 $10\mu g/\ell$ 이상의 고농도 비소에 오염된 지하수를 마시는 나라가 약 50개국으로 최소 1억4천만 명이나 된다고 하니 참으로 심각한 문제가 아닐 수 없다. 우리나라같이 비소에 오염된 지하수가 아닌 정수된 수돗물을 마실 수 있는 것을 다행으로 생각해야 한다. 방글라데시에서는 1990년대에 우물물이 비소에 오염된 것을 알고 정부에서 문제해결을 위해 많은 노력을 기울여 현재에는 오염된 물을 마시는 사람의 수가 40%나 줄었다고 한다. 정부의 노력에도 불구하고 2012년 현재로 19~39백만 명의 사람이 $50\mu g/\ell$ 이상의 고농도 비소에 오염된 지하수를 마시고 있다고 한다. 오염된 지하수를 마시는

452

지역주민의 사망자 21.4%(연간 약 43,000명)가 비소 때문이라니 참으로 안타깝다.

고농도 무기비소에 노출되면 나타나는 증상과 징후는 일정하지 않고 개인적 특성, 인구집단 또는 지리적 입지에 따라 달리 나타나므로 비소에 의해 발생하는 질병에 대한 보편적 정의를 내릴 수 없어 나타나는 증상과 징후가 정확히 비소에 기인한 것인지 아닌지 단언하기는 어렵다. 그래서 비소가 발암물질임에는 틀림이 없지만 다른 이유에서도 같은 암이 발생할 수 있기 때문에 비소에 따른 문제의 중요성을 세계적으로 추정하기는 더 어렵다.

2010년 식량농업기구(FAO)와 세계보건기구(WHO)가 합동으로 만든 '식품첨가물에 대한 공동전문가위원회(JECFA: Joint FAO/WHO Expert Committee on Food Additives)'에서는 마시는 물속의 무기비소의 농도가 $50 \sim 100 \mu g/\ell$를 초과하는 고농도 지역에서는 무기비소가 주민의 건강에 악영향을 미친 것은 틀림없지만, 그 이하의 농도 즉, $10 \sim 50 \mu g/\ell$인 지역에서는 악영향을 미칠 가능성은 있지만 역학조사에서 확인하기는 어렵다고 결론내렸다.

문제가 되는 지역에서 비소노출을 방지하기 위해서 취해야 하는 가장 중요한 조치는 음용수, 취사용수 및 농업용수로 비소를 포함하지 않는 깨끗한 물을 공급하는 것이다. 음용수에 비소농도를 낮출 방법은 여러 가지가 있으니, 비소의 농도가 낮은 지하수, 빗물과 같이 미생물이 없는 안전한 물 및 정수된 지표수로 대체하여 공급하고, 비소의 농도가 높은 물은 화장실용이나 세탁용으로 전환하는 것이다.

지하수의 비소농도를 테스트하여 우물이나 펌프에 농도를 구분하여 마실 수 있는 물과 마실 수 없는 물을 페인트로 다른 색깔을 칠하는 것이 좋은 방법이다. 이렇게 한 후 주민들을 교육시키면 적은 비용으로 효과 있는 비소노출 감소를 이룰 수 있다. 또 하나의 방법은 비소의 농도가 높은 지하수와 농도가 낮은 지하수를 섞어 기준 이하로 만들어 물을 공급하는 것이다. 중앙 처리식이든 개별 우물식이든 비소제거시스템을 설치하는 것도 또 다른 방법인데, 이 시스템에는 산화식, 응고침전식, 흡수식, 이온교환식 및 여과막식 등이 있다. 비소를 취급하는 공장에서는 당연히 확실한 방법을 채택하여 비소 노출을 방지하여야 한다.

비소는 WHO가 지정한 사람의 건강에 문제가 있는 중요한 10가지 화학물질 중의 하나로, 앞으로 허용 가이드라인 재설정, 의학적 증거 검토 및 위험관리방법을 제안해야 할 대상이다. 마시는 물(음용수)에서 비소를 완전히 제거하기는 실제적인 어려움이 있기 때문에 $10\mu g/\ell$를 현재의 WHO 잠정적인 가이드라인으로 정하지만, 사람의 건강에 미치는 영향과 제거기술에 대한 자료가 더 정확하게 확인되면, 이 기준은 더 내려갈 수도 있다. 그러나 전 세계적으로 수백만 명의 사람이 이 가이드라인은 훨씬 초과하는 $100\mu g/\ell$ 이상의 비소에 노출되어 있어, 지금 당장은 비소노출 자체를 줄이는데 더 많은 노력을 기울일 수밖에 없다.

비소의 만성중독은 2차 세계대전 중에 독일이 만든 비소제 독가스인 루이사이트(Lewisite)의 해독제였고 영국제 루이사이트해독제(British Anti-lewisite)인 다이머카프롤(Dimercaprol)로 치료 가능하지만, 만성중독은 비소에 장기간 노출됨으로써 발생한 것이기 때문에 그 후유증은 예측불가능하다. 무엇보다 두려운 것은 비소의 장기간 노출에 의한 흡입과정과 소변으로의 배설과정에서 간, 피부, 폐 및 비강(코 안)은 물론 콩팥, 방광 그리고 전립선에 암을 유발시키는 것이다.

신기하게도 이렇게 심각한 독성을 지닌 비소화합물이 18세기에서부터 20세기까지는 의약품으로 사용되었는데, 이중 매독 특효약이었던 아르스페나민(Arsphenamine, 상표명 Salvarsan)과 파울러용액(Fowler's Solution)이 유명하였으나 지금은 모두 항생제로 대체되었다. 이 매독치료제는 비소화합물이 주원료였으니 그에 따른 부작용을 미루어 짐작할 수 있다.

그러나 멜라르소프롤(Melarsoprol) 같은 비소화합물은 박테리아나 바이러스가 아닌 원충감염인 아프리카수면병(Trypanosomiasis)의 치료에 아직도 사용되는데, 약의 독성이 강해 장기에 염증을 발생시키기는 하지만 이 약으로 치료하지 않으면 병증이 치명적이어서 사망하기 때문에 사용할 수밖에 없다. 우리에게는 비상, 서양에서는 흰색비소(White Arsenic)로 알려진 독성물질인 삼산화비소(As_2O_3)는 암치료제로 이용되어 왔으며, 미국 식약청(FDA)에서도 2000년에 이를 급성 전골수성백혈병 치료제로 허가하였다.

　　미국 환경보호청(EPA)의 마시는 물속의 비소농도 최대 허용치는 10ppb이고, 사람의 생명과 건강에 위험한 비소금속과 무기비소화합물의 농도는 $5mg/m^3$(5ppb)로 규정하고 있다. 그리고 미국 산업안전보건연구소(NIOSH)의 권장 노출농도는 일정한 농도 $0.002mg/m^3$(0.002ppb)에서 노출시간 15분을 넘지 않도록 권장하고 있고, 작업시간당 평균허용농도는 $0.5mg/m^3$(0.5ppb)이다.

　　미식약청(FDA)에서는 어린이들이 마시고 만성적인 노출위험이 있는 사과 주스와 마시는 물속의 무기비소농도를 10ppb로 설정하고 있는데, 이 농도를 발암위험이 없는 것으로 보고 있다. 우리나라 식약청의 무기비소 허용농도는 영유아용 식품은 1kg당 0.1mg이고, 영유아용 식품 이외의 모든 가공식품은 1kg당 1mg으로 정하고 있고, 산업안전보건법에서는 시간가중 평균농도를 $0.01mg/m^3$으로 정하고 있다.

20.10　베릴륨은 1급 발암물질

　　베릴륨(Beryllium)은 원자번호 4번, 원소기호 Be인 가볍고 단단한 은백색 경금속으로 녹는점이 1,287℃로 경금속 중 녹는점(융점)이 가장 높은 희귀한 원소이다. 베릴륨은 구리나 니켈과 고강도 합금을 만드는데, 특히 베릴륨구리(베릴륨청동)의 강도는 특수강과 거의 같고 내피로성, 내마모성, 내식성도 뛰어나고, 비자성인 데다 열과 전기전도성을 가지고 있어 인공위성, 미사일, 항공기엔진, 정밀기계, 전자제품의 릴레이, 강력용수철, 고성능스피커의 떨림판과 고강도공구의 재료로 사용된다. 또 베릴륨과 니켈 합금은 치과용 재료로도 이용되는데, 독성 때문에 Be 함량을 0.02% 이하로 제한하고 있다.

　　베릴륨은 밀도가 낮고 원자무게가 작아 X−선, 감마선 및 다른 고

에너지입자를 잘 투과시키므로 X-선관, 방사광 및 입자물리학 실험 장치의 필터나 창, 핵반응기의 중성자 감속제와 반사제로 사용된다. 고온에서도 안정적이고 열팽창계수가 적어 방위산업이나 항공우주산업용 재료로도 많이 사용된다. 베릴륨으로 만든 제품 중 베릴륨거울은 아주 관심을 끄는 것으로, 가볍고 장기적으로 치수안정성(온도의 변화에 따른 팽창수축이 없는 성질)이 높아야 하는 기상위성에 대형 거울로 사용되며, 소형 베릴륨 거울은 광학유도시스템에 이용되고, 베릴륨의 얇은 판이나 포일은 수소폭탄의 플루토늄 피트에서 핵분열물질을 둘러싸는 외장재로 이용된다.

그런데 이렇게 중요한 용도에 사용되는 베릴륨과 그 화합물이 독성이 매우 강해 문제가 되는 물질이다. 베릴륨중독증(Berylliosis)이 나타나는 시기는 노출 후 몇 주에서 몇십 년까지 사람에 따라 발병 시기가 다르다. 이 병은 주로 베릴륨광산 노동자나 베릴륨화합물에 노출된 사람에게서 나타나는 직업성 폐질환이다. 그래서 베릴륨은 다양한 용도로 사용되는 물질이지만 독성이 강해 가능한 한 사용을 피해야 하고, 불가피하게 사용해야 할 경우에는 엄격한 작업환경을 유지하고, 베릴륨과 그 화합물이 함유된 제품도 철저하게 관리되어야 한다.

사람의 몸속에는 평균적으로 유해한 양이 아닌 약 $35\mu g$의 베릴륨을 지니고 있다. 베릴륨에 노출되면 면역반응의 감작(외부자극에 대해 몸이 민감하게 반응하는 상태)으로 이어지고, 시간이 지나면 만성베릴륨중독(CBD: Chronic Beryllium Disease)으로 발전하게 된다. 베릴륨은 화학적으로 마그네슘과 상당히 유사하여 효소의 기능을 돕는 마그네슘을 밀어내고 들어앉아 효소의 기능부진을 초래한다. 베릴륨이온은 아주 활동적이고 크기가 작아서 장기조직과 세포, 특히 세포핵에 쉽게 들어갈 수 있기 때문에 DNA를 합성에 필요한 효소를 포함하여 여러 효소의 작용을 방해한다. 베릴륨은 일단 몸속에 들어오면 제거되지 않고 잔류하지만, 몸속에는 베릴륨농도를 조절할 수단이 없어 시간이 지날수록 독성이 더 악화된다.

베릴륨으로 오염된 먼지나 연기의 많은 양을 단시간 또는 적은 양

456

을 장시간 지속적으로 흡입하면 만성베릴륨중독증에 걸리는데, 이 중독증은 폐질환과 면역결핍증의 하나인 육아종성 질환을 일으킨다. 베릴륨 중독 환자의 약 1/3은 사망하고, 사망하지 않더라도 평생 장애인이 될 정도로 무서운 병이다. **육아종**(Granuloma)이란 육아조직을 형성하는 염증성 종양으로 결핵균, 나병균, 매독균, 바이러스 따위로 인하여 생긴 혹에서 볼 수 있다.

국제암연구소(IARC)에서는 베릴륨과 그 화합물을 1급 발암물질로 구분하고 있으며, 미국의 직업안전보건청(OSHA)의 허용노출한도는 시간가중평균값을 $2\mu g/m^3$, 30분 노출한도를 $5\mu g/m^3$, 최대한도를 $25\mu g/m^3$로 정하고 있다. 그리고 국립산업안전보건연구소(NIOSH)의 권장노출한도는 $500\mu g/m^3$이고, 즉각적으로 생명과 건강에 위험한 농도는 $4\mu g/m^3$이다.

금속베릴륨은 베릴륨을 함유한 먼지를 마시는 것만큼 해롭지 않지만, 그 독성은 여전해 베릴륨을 만지는 작업자가 장갑을 끼지 않으면 지문이 지워질 수 있을 정도로 독성이 강하다. 급성베릴륨중독은 1933년 유럽에서 처음 발견되었고, 1949년 미국에서 행해진 한 조사에서 형광등 제조공장 노동자의 약 5%가 베릴륨관련 폐병을 앓고 있는 것으로 나타났다.

옆의 인포그래픽은 미국 노동부에서 작성한 인포그래픽으로 1999년에 에너지부에서 핵무기제조에 종사한 작업자의 베릴륨노출농도를 $0.2\mu g/m^3$로 낮췄고, 현재까지 만성베릴륨중독(CBD) 피해를 입은 약 2,500여 명의 작업자에게 노동부에서 보상한 금액의 총액이 최소 5억달러가 넘는다는 것을 보

베릴륨만성중독의 중요성을 강조한 인포그래픽-미 노동부

여주고 있다. 그리고 베릴륨에 노출된 작업자의 1~3%가 CBD에 걸렸고, 발병확률은 고농도 베릴륨에 노출된 작업자의 10~14%에 이르고, 베릴륨에 처음 노출되어도 잠복기간이 길어 10~15년이 지난 후 CBD가 발병하는 것으로 설명하고 있다.

만성베릴륨중독은 많은 점에서 전신성 육아종성 질환인 사르코이드증(Sarcoidosis)과 비슷하여 감별진단이 어려울 정도다. 형광등에 베릴륨화합물 주입은 1949년에 중단되었지만 원자력, 항공기 베릴륨 정제, 베릴륨합금, 전자장비 및 베릴륨을 재료로 취급하는 산업에는 아직도 사용하고 있어 노출가능성이 있으니 주의해야 한다.

20.11   알루미늄은 땀샘으로도 흡수

알루미늄(Aluminium)의 원자번호는 13이고, 원소기호는 Al로 은빛 흰색의 무르고, 연성이 좋으며, 자성이 없는 금속이다. 지각의 8.3%를 차지할 정도로 흔한 알루미늄은 산소와 실리콘 다음으로 세 번째로 많은 원소로 금속으로는 가장 흔히 볼 수 있는 물질이다. 연성이 좋은데다 밀도가 낮아 가벼운 금속으로 가공이 쉽고, 여러 가지 금속과 합금을 만든다. 표면에 발생하는 산화알루미늄에 의한 부동태현상으로 부식하지 않는다. 일상생활에서 흔히 찾아볼 수 있는 일상용품에서부터 고부가가치의 제품에 이르기까지 다양한 분야에 사용되고 있다. 수산화알루미늄을 풍부하게 포함하고 있는 보크사이트(Bauxite: 철반석)에서 정제하여 얻는 것이 보통이다.

알루미늄은 철보다 강하지도 단단하지도 않지만, 합금으로 만들면 철보다 더 단단하게도 만들 수 있는 반면, 비중(밀도)이 철의 1/3밖에 되지 않아 항공기나 자동차같이 가벼운 무게의 재질을 필요로 하는 분야에서는 없어서는 안 될 소재이다. 알루미늄은 또 구리 무게의 30%로 가볍지만, 열과 전기의 전도율은 구리보다 59%나 뛰어난 전도체이어서 용도가 많을 수밖에 없다.

알루미늄의 가격이 내려가면서 20세기 초에는 보석, 일상용품, 안경테, 식기, 포일 등에도 사용되었으며, 20세기 중반에는 토목건축공사, 군용 비행기와 자동차에도 사용되기 시작했고, 1957년 10월에 소련이 쏘아올린 세계 최초의 인공위성 스푸트니크(Sputnik)호에도 알루미늄이 적용되었고, 알루미늄 음료수 캔은 1958년부터 사용되었다. 모든 알루미늄 제품은 알루미늄합금으로 만들어진 것인데 구리, 아연, 마그네슘, 망간, 실리콘 등이 합금대상 금속이다.

알루미늄의 용도를 살펴보면 철보다 훨씬 가벼워서 교통분야(자동차, 비행기, 기차, 선박, 자전거, 우주선 등), 연성이 좋아 포장용(캔, 포일, 포장지 등), 무독성과 비흡착성 및 방탄성을 이용해 건설자재(창호, 외벽, 빌딩와이어, 지붕널), 가벼움과 비부식성 및 가공 편이성을 이용해 전기용품(전도체, 모터, 제너레이터, 변압기, 축전기), 저렴한 가격에다 전도성과 적정한 기계적 강도와 저밀도 및 내부식성 때문에 조리기구에서부터 가구 그리고 가정용품에 이르기까지 일일이 나열하기 어려울 정도로 용도가 다양한 금속이다. 산화알루미늄의 대부분(90%)은 알루미늄금속(알루미나)으로 만들어지는데, 경도가 아주 좋아 연마재로 이용되며, 화학적으로 이상하리만큼 비활성이어서 고압 나트륨램프와 같이 강한 반응이 있는 환경에서도 사용할 수 있는 특징을 지닌 중금속이다.

알루미나(Alumina)란 알루미늄과 산소의 결합물, 즉 산화물(산화알루미늄)로 실리카(Silica)와 더불어 세라믹스의 가장 중요한 재료이다. 녹는점이 2,050℃나 되는 높은 온도로 다이아몬드 다음 가는 경도를 지닌 아주 단단한 물질이면서 절연체이다. 용도는 자동차의 스파크플러그, IC용 기판, 포장재, 연마연삭재, 그라인더 등이다. 알루미나에 산화크롬을 조금 첨가한 단결정체가 루비인데, 보석으로는 물론 레이저(Laser)의 주재료로도 쓰인다. 알루미나가 화학적으로는 산화알루미늄(Al_2O_3)이어서 루비, 사파이어, 커런덤(Corundum) 등도 산화알루미늄이기 때문에 같은 물질(보석)이다. 커런덤은 산화알루미늄의 결정체로 역시 보석의 일종이고 고강도 연마제로도 사용된다.

알루미늄은 다른 중금속만큼 독성이 없고, 발암물질이 아닌 것으로 분류되어 있다. 몸무게 1㎏당 40㎎ 이하의 알루미늄에는 독성이 나타나지 않으므로, 일상적인 정도의 알루미늄에 노출되어서는 건강에 영향이 없다. 몸속으로 섭취된 대부분 알루미늄은 배설물과 함께 배출되며, 혈액으로 들어간 잔류 알루미늄도 소변으로 배출된다. 그래도 남는 잔류 알루미늄은 뼈에 가장 많이 축적되며 뇌, 간 및 콩팥에도 일부 축적된다. 금속알루미늄은 뇌 직전에 있는 혈액뇌장벽을 통과하지 못한다.

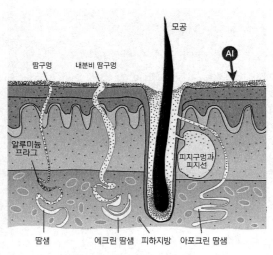

사람의 피부를 통한 알루미늄 흡수
-wikipedia

알루미늄은 피부접촉으로도 사람의 몸속으로 흡수되는데, 옆의 그림은 사람의 피부가 알루미늄과 접촉하면(그림에서는 점으로 표시) 어떤 경로를 통해 흡수되는지를 설명하고 있다. 피부에 닿은 알루미늄은 땀구멍(내분비 땀구멍 포함)과 모공(털구멍)을 통해 흡입되어 프라그로 축적되다 땀샘(에크린 땀샘과 아포크린 땀샘 포함)으로 들어간다. 여기서 **에크린땀샘**(Eccrine Sweat Gland)은 고온에 노출되거나 운동으로 체온이 상승하는 경우 체온을 조절하기 위해 땀을 분비하는 땀샘을 말하고, **아포크린 땀샘**(Apocrine Gland)은 겨드랑이에 가장 많은 땀샘으로 땀샘 세포체의 일부분이 떨어져 나가 땀에 섞이므로 분비물(땀)은 성분이 복잡하고 특유의 냄새를 가진다. 이 땀샘은 털구멍에서 파생한다.

알루미늄은 비타민 D 저항성 골연화증, 철 결핍성 빈혈 및 중추신경계 장애 등을 일으키는데, 콩팥기능부전이 있는 사람은 특히 주의해야 한다. 과도한 위산을 조절하기 위해 수화규산알루미늄을 장기적으로 섭취하면 장기에 알루미늄이 결합되고 철이나 아연 같은 필수영양소인 다른 금속을 제거하는 결과를 초래할 수 있어, 50g/일 이상 섭취하면 빈혈이 생긴다. 알루미늄 배설은 콩팥에서 이루어지므로 과다한 양의 알루미늄은 콩팥의 기능을 손상시킬 수 있다.

영국에서는 미량의 알루미늄이 포함된 마시는 물 때문에 인지기능 장애를 일으킨 사건이 있었다. 황산알루미늄(일명 알루미늄소금)을 입으로 섭취하면 뇌에 저장되는데, 이는 알츠하이머병과 같이 신경질환에 영향을 준다는 연구결과가 있지만 아직 확인된 것은 아니다. 특정 소수의 사람은 알루미늄에 알레르기증상을 보이는 경우도 있고, 알루미늄제품과 접촉하면 간지러운 붉은 발진, 두통, 근육통증, 관절통증, 기억력 쇠퇴, 불면증, 우울증, 천식, 과민성대장증후군을 일으키고, 알루미늄 분말이나 알루미늄 용접연기에 노출되면 폐섬유증을 일으킬 수도 있다. 특히 아주 미세한 알루미늄 분말은 불씨가 있으면 폭발하므로 주의가 필요하다.

알루미늄의 섭취는 주로 음식물을 통해서 이루어진다. 음식물보다 마시는 물에 더 많이 포함되어 있으나, 알루미늄은 음식물 첨가제와 의약품(제산제, 위궤양 치료제, 코팅 아스피린 등)으로도 사용되고, 포장재와 조리기구에 함유되어 있기 때문에 마시는 물을 통해서보다 음식물 속의 알루미늄이 더 많이 섭취된다. 제산제, 땀 억제제, 백신 및 화장품의 과도한 사용은 알루미늄 노출농도를 높인다. 알루미늄이 함유된 산성음식과 술은 알루미늄의 섭취량을 높이고, 달콤한 향미개량제인 말톨은 신경과 뼈 조직에 알루미늄을 축적시킨다.

말톨(Maltol)은 보향제 또는 향미개량제로 사용되는 천연 유기화합물로 낙엽송의 나무껍질, 솔잎 그리고 구운 맥아에서 얻을 수 있다. 말톨은 솜사탕과 캐러멜 향기를 지니고 있기 때문에 향수의 달콤한 향기를 내는 데 자주 사용되며, 말톨의 달콤한 맛은 갓 구운 빵에 향취를 더하므로 빵과 케이크의 향미개량제로 사용되는 물질이다. 이것이 신경과 뼈 조직에 알루미늄을 축적시키므로 빵과 케이크를 너무 많이 먹는 것도 좋지 않다.

물속에서 알루미늄은 물고기 같이 아가미로 숨 쉬는 동물에게는 독성물질로 작용하여 혈장과 혈액림프의 손실을 가져오는 삼투조절장애를 일으킨다. 알루미늄 유기화합물은 포유동물과 새들이 쉽게 섭취할 수 있어 드물기는 하지만 대사장애를 일으킨다. 중성토양에서는 문제가 없지만 산성토양에서는 알루미늄이 뿌리의 성장과 기능에 장애를 일으켜 식물의 성장을 더디게 한다. 밀과 수수가 비교적 알루미늄에 강한 식물로 알려졌다.

20.12 칼슘은 신장결석의 원인

칼슘(Calcium)은 원자번호가 20번이고, 원소기호가 Ca로 무르고, 은회색(때로는 옅은 노란색)을 띠며, 연성이 좋다. 화학적 반응성(활성)이 커서 자연에 원소로는 존재하지 않고 화합물로만 존재하는데, 지각의 약 3.6%를 차지하는 5번째로 풍부한 원소이다. 바닷물에 상당량 녹아 있어 해양 생물들의 껍질을 만드는데 사용된다. 사람의 몸속에 칼슘은 약 1.4%를 차지하는데, 99%는 뼈와 치아에 들어있으며, 나머지 1%는 혈액이나 체액 속에서 중요한 생물학적 기능을 한다. 근육수축, 호르몬분비, 수정, 세포사멸, 기억 등 세포기능이 칼슘에 의해 활성화되며, 칼슘과 결합하는 수백 가지의 단백질들은 세포의 신호전달, 물질이동 및 완충작용에 관여한다.

칼슘도 **미량원소** 중의 하나로 사람에게 꼭 필요한 물질이기 때문에 당연히 식품과 의약품으로 칼슘보충제를 만드는 재료로 이용되고, 제지 산업에서는 표백제로, 시멘트의 구성성분으로, 전기절연제로, 비누의 원료로도 사용되며, 칼슘과 납의 합금은 수분손실과 자체방전이 적어 자동차용 배터리 제조에 이용된다.

사람의 몸속에서 칼슘이온은 신호전달경로에서 2차 전달물질로, 신경세포의 신경전달물질로, 모든 근육세포의 수축작용에, 여러 효소의 보조인자로, 그리고 수정과 착상에 전해질로서 유기체와 세포의 생리적 및 생화학적 과정에 아주 중요한 역할을 담당한다. 세포 바깥의 칼슘이온은 세포막 안팎의 전위차를 유지시키고, 단백질을 합성하고 뼈를 형성하는데 없어서는 안 되는 물질이다.

금속칼슘은 산소와 황과는 강력한 화학적 친화력을 가지고 있어 주조성 개선, 청정도 및 기계적 특성을 높일 수 있어 강철제조에 가장 많이 사용되고, 베어링을 만드는 알루미늄합금에도 강도를 높이기 위해 첨가된다. 칼슘은 열과 수산화칼슘[$Ca(OH)_2$]을 발생시켜 배수로를 막고 있는 지방성분을 비누화시키고, 머리카락 같은 물질의 단백질을 액화시키는 기능을 하기 때문에 배수관 청소기 중에는 금속칼슘을 적용한 것도 있다. 칼슘화합물은 무엇보다도 식료품에 영양보충제로 또 의약품으로 많이 이용된다. 칼슘이 풍부한 음식물로는 요구르트와 치즈 같은 유제품, 정어리, 연어, 콩 제품, 케일, 브로콜리, 두부 및 시리얼 등이 있다.

이렇게 유용한 칼슘도 많이 섭취하거나 장기간 노출되면 동맥을 석회화시키거나 신장결석을 만드는 것과 같이 해로운 작용을 한다. 그래서 미국 의약연구소(IOM)는 하루 최대허용섭취량을 9~18세 사이는 3g, 19~50세 사이는 2.5g 그리고 51세 이상은 2g을 넘지 않도록 정하고 있고, 하루 적정섭취량으로 3세 이하의 영유아는 0.7g, 9~18세 사이의 청소년은 1.3g 그리고 나머지 나이의 모든 사람에게는 1g을 권장하고 있다. 유럽 식품안전청(EFSA)에서는 나이에 관계없이 모든 성인의 하루 최대허용섭취량을 2.5g으로 정하고 있다.

칼슘은 피 응고에 결정적인 역할을 하지만, 과도한 섭취는 고칼슘혈증을 일으킨다. 칼슘은 장기에서 비정상적으로 흡수될 수 있기 때문에 혈장의 칼슘농도가 높아지는 것은 칼슘의 흡수를 진작시키는 칼슘조절호르몬(부갑상선호르몬)의 과도한 분비나 비타민 D의 지나친 섭취에 의해 생기는 경우가 더 흔하다. 이런 일련의 현상은 과도한 칼슘염이 심장, 혈관 및 콩팥에 축적되기 때문에 생기는 것이다. 고칼슘증의 증상은 식욕부진, 메스꺼움, 구토, 기억상실, 혼돈, 근육약화, 잦은 배뇨, 탈수, 대사성 골질환 등으로 나타난다. 참고로 비타민 D는 몸속 칼슘의 흡수와 저장을 돕는다.

만성 고칼슘혈증은 연조직의 석회화로 이어지고, 석회화는 혈관벽의 탄력을 떨어트리고 혈류를 방해하여 동맥경화반을 파괴하고 혈전증

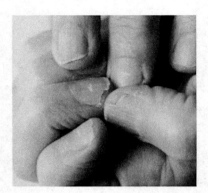
● 칼슘부족- 손톱이 갈라지고 부서지며
흰색 반점 발생

을 일으키게 된다. 반대로 칼슘이나 비타민 D 가 부족하면 저칼슘혈증을 일으키는데, 칼슘 조절 호르몬(부갑상선호르몬) 분비의 부족이나 세포의 결함 있는 수용체에 의해서도 발생할 수 있다. 저칼슘혈증으로 신경근육이 민감해져 근육의 강직성 경련과 심장조직에 전도성 파괴로 이어질 수도 있다. 칼슘을 과도하게 섭취하면 요도에 옥살산칼슘의 결정체가 형성되어 심한 통증을 가져오는 신장결석의 위험이 있다.

칼슘은 20~25세까지 뼈의 생성과 성장에 꼭 필요한 영양소이어서, 뼈 질환의 대부분은 뼈의 기본 미네랄 성분인 수산화인회석이나 뼈 조직에서 원인을 찾을 수 있다. 골다공증은 뼈 조직에 미네랄성분이 감소해서 생기는 병이므로 칼슘, 비타민 D 및 골다공증 치료제로 널리 알려진 비스포스포네이트(Bisphosphonate)제제를 보충하면 치료될 수 있다. 몸속에 칼슘, 비타민 D 또는 인산염이 부족하면 뼈를 연약하게 만들어 골연화증을 초래할 수 있다.

칼슘은 여러 종류의 효소에 보조인자의 역할을 하기 때문에 칼슘이 없으면 효소작용이 원활해질 수 없지만, 물이나 산을 만나면 발열반응을 할 수 있기 때문에, 금속칼슘이 몸속에서 수분을 만나면 심각한 부식성 염증을 일으킨다. 금속칼슘을 삼키면 입안에서, 식도에서 또 위 안에서 심한 염증을 일으키고, 심하면 치명적일 수도 있다. 그러나 장기적인 칼슘노출에 의한 악영향은 아직 확실히 밝혀진 것이 없다.

20.13　마그네슘은 대사기능장애의 원인

마그네슘(Magnesium)은 원소기호가 Mg이고 원자번호는 12번으로 반짝이는 회색빛의 다량무기질(Macro Mineral) 중의 하나인데, 자연에서는 단일원소로 존재하지 않고 규산, 황산, 탄산과 함께 결합된 염으로 존재하며, 지각을 구성하는 8대 원소 중의 하나이다. 마그네슘 이외의 7가지 원소인 산소, 규소, 알루미늄, 철, 칼슘, 나트륨, 칼륨 순으로 지각에 많이 존재한다. 그래서 금속마그네슘은 인위적으로 생산해야 얻을 수 있는 것으로 반응성이 아주 높지만 공기 속에서는 산화물로 단단하고 침투 불가능한 얇은 층을 형성해(부동태화 되어) 더 이상 산화되지 않게 한다.

자외선이 많은 휘황한 흰빛을 내면서 타는 특성을 보인 금속마그네슘은 마그날륨(Magnalium) 또는 마그넬륨(Magnelium)이라 불리는 알루미늄과의 합금을 만드는 데 가장 많이 사용된다. 이 합금은 가볍고 강도가 좋아 용도가 아주 다양하다. 마그네슘의 밀도는 알루미늄의 2/3밖에 되지 않아 더 가볍다. 마그네슘은 물을 만나면 칼슘보다는 훨씬 느리지만 반응을 하고, 분말이나 얇은 줄로 잘린 상태에서 마그네슘은 아주 불이 잘 붙는다. 불이 붙으면 공기 중의 질소, 이산화탄소 및 물과 반응을 하게 되어 끄기가 어렵기 때문에 2차 세계대전에서는 적진에 불을 지르는 소이탄의 재료로 이용되기도 했다.

마그네슘은 철과 알루미늄 다음으로 많이 이용되는 구조체용 금속이다. 마그네슘의 아주 튼튼한 극강성과 경하중을 이용하는 것이 알루미늄과의 합금이나 정밀주조용 아연과의 합금 그리고 탄화규소와 섞어 만드는 나노입자가 그 실례이다. 이 특성을 이용하여 독일에서는 일렉트론(Elektron)이라 불리는 마그네슘합금이 비행기체 제조에 이용되었고, 지금도 독일산 자동차는 개선된 마그네슘합금을 적용하며, 세계적으로 우주비행체 제조에도 이용되고 있다. 이뿐만 아니라 가볍고 좋은 물리적·전기적 특성 때문에 핸드폰, 컴퓨터, 태블릿 PC, 카메라 및 여타 전자제품의 소재로 이용되고 있다.

　마그네슘은 사람의 몸속에 7번째로 많은 원소로 모든 세포와 300가지 효소의 기능 발휘에 없어서는 안 될 중요한 미네랄이다. 인산염과 마그네슘이온 사이의 상호작용은 살아 있는 모든 생물 세포의 활동에 필수적이고, ATP의 합성과 사용 그리고 DNA와 RNA의 합성에 필요한 핵산 구성성분인 뉴클레오티드(Nucleotide)를 사용하는 모든 효소활동을 포함한 촉매작용에도 마그네슘이온은 필수불가결한 요소이다.

　여기서 말하는 ATP란 Adenosine Tri－Phosphate(아데노신 3인산)의 약자로 세포 안에서 에너지대사에 매우 중요한 역할을 하는 화학 에너지이다. DNA는 널리 알려진 것과 같이 Deoxyribonucleic Acid(디옥시리보핵산)의 약자로 유정정보가 저장되어 있는 유전자의 본체로 RNA의 작용을 조절하며, RNA는 Ribonucleic Acid(리보핵산)의 약자로 DNA의 조절에 따라 필요한 단백질을 합성하는 고분자화합물을 말한다.

　마그네슘화합물은 변비약이나 제산제(마그네슘유제＝수산화마그네슘)로서 이용되며, 임신중독증 상태에서 비정상적인 신경자극이나 혈관경련을 안정시키는데 약효가 있다. 마그네슘은 칼슘과 함께 천연진정제라 불리며 항스트레스성 무기질로 정신의 흥분을 가라앉히는 작용을 한다.

　성인의 몸속에는 보통 22~26g의 마그네슘이 있는데, 60%는 뼛속에, 39%는 세포 속에(20%는 골격근육 세포에) 그리고 나머지 1%는 세포 밖에 있다. 혈액 속의 마그네슘농도는 위장에서의 흡입량과 콩팥에서의 배설량에 따라 달라지기 때문에, 세포 속의 마그네슘이 부족할 때라도 혈액 속의 마그네슘농도는 정상적일 수 있다.

　몸속에 마그네슘량이 증가하면 칼슘량이 낮아지기 때문에 원래 몸속의 칼슘농도에 따라 고칼슘혈증이나 저칼슘혈증에 걸릴 수도 있고, 이를 방어할 수도 있으므로 마그네슘의 섭취량과 상관관계가 아주 깊다. 단백질을 지나치게 많이 섭취하거나 지나치게 적게 섭취하면 내장에서 마그네슘의 흡입을 방해한다. 흡수되지 않은 마그네슘은 분비물에 섞여 배출되며, 흡수된 여분의 마그네슘도 오줌이나 땀으로 배출되기는 마찬가지이다.

옆의 사진은 마그네슘이 풍부한 음식을 한 테이블에 놔두고 찍은 사진(Wikipedia)이다. 사진 왼쪽 위에서부터 브란 머핀(Bran Muffin), 호박씨, 보리, 메밀가루, 저지방 바닐라 요구르트, 견과류(트레일 믹스), 넙치스테이크, 병아리콩, 리마콩, 대두 그리고 시금치를 보기 좋게 나열한 것이다. 이외에도 향신료, 너트, 시리얼, 코코아 및 채소에도 마그네슘이 많이 들어 있는데, 상추나 배추 같은 녹색 채소에는 마그네슘이 특히 더 풍부하다. 영국에서는 하루 권장섭취량은 남자 300mg, 여자 270mg이고, 미국에서는 19~30세 사이의 남자 400mg, 여자 310mg이며, 31세 이상의 남자 420mg, 여자 320mg으로 추천하고 있다.

● 마그네슘이 풍부한 음식

통계에 따르면 2005~2006년 사이 미국인의 48%가 마그네슘 부족으로 보충제를 먹도록 권장 받았다고 하는데, 보통 인구의 2.5~15%는 혈액 속에 마그네슘이 부족한 저마그네슘혈증을 보인다. 마그네슘을 적게 먹어서 이 증상이 나타나지만 위장의 섭취능력이 떨어지거나 콩팥의 배출량이 많을 경우도 문제가 생기며, 세포 내 변환부족이나 위산분비 억제제 때문에 생기기도 한다.

대부분의 경우 특별한 증상을 보이지 않지만, 증상이 나타나면 신경근육, 심혈관 및 대사기능 장애를 보인다. 만성적인 저마그네슘혈증은 대사증후군, 후천성 당뇨, 섬유속연축 및 고혈압으로 이어질 수 있다. **섬유속연축**(Fasciculation)이란 신경근단위가 불규칙적으로 흥분하여 근섬유속이 수축하게 되는 현상을 말하는데, 척수에서 나오는 운동섬유 1개가 수십 개에서 많게는 수백 개로 분화하여 근섬유의 일정한 묶음(속)을 지배하게 되는데 이를 신경근단위라고 한다.

음식물을 통해 마그네슘을 많이 섭취하더라도 콩팥이 여과시키므로 크게 문제가 되지 않으나 여과시켜야 할 양이 너무 많으면 콩팥기능을 손상시킬 수 있으므로 주의해야 한다. 어린이가 마그네슘을 과도하게 섭취하면 최악의 경우 죽음에 이를 수도 있으며, 여자의 경우 어린이건 성인이건 콩팥이 건강하더라도 고마그네슘혈증은 심각한 증상을 보일 수 있으니, 메스꺼움, 구토 및 설사에 이어 저혈압, 혼돈, 느린 심장박동과 호흡, 다른 미네랄의 부족, 혼수상태, 부정맥으로 발전하다 심하면 심장마비로 죽을 수도 있다.

식물의 엽록소 기능 중의 하나인 세포호흡에 산소결합을 위한 중요한 구실을 하는 포르피린 고리의 한가운데 마그네슘이 자리 잡고 있기 때문에, 식물의 광합성을 담당하는 엽록소 생성에 마그네슘은 필요한 물질이다. 식물에 마그네슘이 부족하면 잎맥 사이가 누렇게 변하는 황변현상이 발생하고, 특히 오래된 잎사귀에는 더 심하게 발생하므로 침투가 빠른 황산마그네슘(엡솜솔트)이나 고토석회를 토양에 섞어줘야 한다. **포르피린 고리**(Porphyrin Ring)란 포르피린에 각종 작용기가 곁사슬로 도입되어 고리모양으로 결합된 화합물로 생체 내에서 중요한 구실을 하는 헤모글로빈, 사이토크롬, 엽록소 등의 색소 성분을 이루는 물질이다.

20.14   수은은 미나마타병의 원인물질

수은(Mercury)은 대기환경보전법에서 정한 대기유해물질 중 12가지 중금속에는 속하지 않지만 앞에서 설명한 세계적으로 유명한 공해병 중의 하나인 미나마타병의 원인물질인 데다 아주 위험한 독성물질이므로 중금속으로 추가하여 설명하겠다. 수은의 원소기호는 Hg이고 원자번호는 80으로 **퀵실버**(Quicksilver)라고도 부른다. 무겁고 은색을 띠는 금속으로 일반적인 상태에서 유일하게 액체상태인 금속이다.

수은은 대부분이 황화수은(HgS)으로 이루어진 광물인 **진사**(Cinnabar)에서 축출한다. 수은은 지각에 아주 보기 드문 원소여서 0.08ppm밖에 섞여 있지 않다. 수은은 높은 독성 때문에 진사채굴이나 수은정제공정 둘다 수은중독을 일으키는 위험한 작업이다. 중국에서는 1950년대까지만 해도 죄수를 진사채굴광부로 이용해 루오시광산(Luo Xi Mining)에서는 수천 명의 죄수가 건강에 문제를 일으키게 되었다.

수은은 그 특성을 이용해 온도계, 기압계, 압력계인 마노미터(manometer), 혈압계, 플로트 밸브, 수은스위치, 수은 릴레이, 형광등 및 기타 여러 가지 기기에 이용된다. 수은스위치(Mercury Switch)란 유리용기 속에서 전극 사이를 수은으로 단락 또는 차단하는 스위치로 이용하는 것이고, 수은릴레이(Mercury Relay)는 수은계전기라고도 하는데, 수은의 이동으로 접점이 개폐되는 계전기를 말한다. 수은은 치과용 아말감으로 많이 이용되었다.

수은은 금이나 은 같은 금속을 녹여 **아말감**(Amalgam)을 만든다. 아말감이란 반드시 수은을 포함시켜 만든 합금을 말한다. 철은 수은에 녹지 않기 때문에 수은 운반용기는 철제로 만든다. 알루미늄과는 쉽게 결합하여 수은-알루미늄 아말감을 만들지만, 아말감 중의 수은 성분은 알루미늄의 피막을 이루고 있는 산화알루미늄 층을 파괴한다. 아주 적은 양이라도 수은은 알루미늄을 부식시키기 때문에 알루미늄으로 된 부품이 많은 비행기에는 수은을 특별한 밀봉 포장용기에 담지 않으면 화물로 받지 못한다.

수은은 BC 1500년경의 이집트무덤에서도 발견되었고, 수은증기가 건강에 해로운 것으로 알려진 오늘날과는 달리, 중국과 티베트에서는 수명을 연장시키고, 골절을 고치며, 건강을 유지하는 물질로 여겨졌다. 진시황의 무덤에 통치했던 지역의 모형을 만들어 모형 주변에 수은이 흐르는 강을 만들었던 것으로도 이런 인식이 확인된다. 고대 그리스에서는 진사(황화수은)를 연고로 사용했으며, 고대 이집트와 로마에서는 화장품으로도 사용했다.

티오메르살(Thiomersal)이란 수은의 유기화합물은 백신의 방부제로 사용되었다. 티오메르살은 몸속에서 에틸수은으로 대사되는데, 수은화합물 방부제가 어린이 자폐증의 원인이 될 수 있다고 여겨져서 문제가 되곤 했다. 그러나 아직 수은방부제와 자폐증의 연관관계는 의심은 가지만 과학적으로 확실히 밝혀지지 않았다. 그런데도 티오메르살의 사용은 급격히 줄어들고 있다. 상품명 머큐로크롬(Mercurochrome)으로 더 잘 알려진 머브로민(Merbromin)이라는 수은화합물은 상처 소독제로 아직도 사용하는 나라가 있다.

생활주변에서 발견되는 수은-WHO 인포그래픽

옆의 인포그래픽은 세계보건기구(WHO)에서 수은 위험을 알리기 위해 작성한 것으로 '수은은 자연적으로 발생하는 금속으로 환경위험을 일으키는 독성물질'이라는 부제가 붙어 있다. 수은은 옆의 그림에서 보듯이 석탄화력발전소, 혈압계, 치과용 아말감, 소규모 금광, 미백화장품, 수은전지, 전구, 수은온도계 등 생활주변에서 아주 쉽게 찾아볼 수 있는 위험하고 독성이 아주 강한 물질이다.

수은의 의약용 사용은 모든 분야에서, 특히 선진국에서는 현저히 줄어들고 있다. 18세기에 발명된 수은온도계와 19세기에 발명된 혈압계를 21세기에 들어와서 사용 금지한 나라가 많다. 처방전 없이 살 수 있는 약품 중 소독제, 자극성 완화제, 기저귀 피부염용 연고, 점안액 및 코분무약 등에는 아직도 수은화합물이 들어 있는 것들이 있으니 주의해야 한다. 특히 이뇨제에는 아직 수은화합물을 함유한 것이 대부분이다. 여성의 눈화장용 마스카라도 수은으로 만든 것이 있었다.

2019년 우리나라의 한 회사(LS전선)가 영하 269도에서 수은의 전기저항이 사라진다는 이론을 적용해 전력손실을 제로(0)로 줄인 구리로 만든 초전도 전력케이블을 개발해 상용화했다. 경기도 용인 흥덕변전소와 신갈변전소 사이 1㎞ 구간에 이 초전도 케이블을 설치하여 이미 운용하고, 싱가포르 전역에 송전 및 배전 케이블 약 400km를 공급했다. 초전도 현상은 네덜란드의 물리학자 카메를링 오너스(Heike Kamerlingh Onnes)가

1911년에 발견했으나 여태까지 상용화되지 못하다 우리나라가 처음으로 상용화한 것이다. 참고로 전기저항이 없어지는 온도를 임계온도라고 한다.

실험실에서 사용하는 고온 측정용 온도계는 대부분이 수은온도계이다. 액상 거울로 된 천체망원경의 절대 수평면을 형성하기 위해 수은이 아주 요긴하게 이용된다. 20세기 중반까지만 해도 수은전지가 통용되었으나 폐기물의 토양오염 때문에 사용 중지되었다. 금광과 은광에서 수은을 수압식 채취과정에서 작은 금은 입자가 수은과 아말감을 아주 쉽게 형성하는 특성을 이용하여 채취하고 있다. 진공청소기와 빗자루는 수은을 분산시키므로 수은청소에 절대 사용금지이다. 그리고 황, 아연 및 기타 수은과의 합금(아말감)을 잘 만드는 금속의 미세한 가루는 같은 장소에 두면 상당히 위험하다.

수은은 피부와 점막을 통해 흡수될 수 있고, 수은증기는 호흡으로 흡입될 수 있으므로 수은용기는 완전히 밀봉시켜 새어나가거나 증발하지 않도록 주의해야 한다. 수은과 수은화합물은 가열하면 분해되어 증발하기 때문에 가열 시 수은증기에 노출을 최소화시키기 위해 적절한 환기가 필요하다. 가장 독성이 강한 수은의 형태는 메틸수은(CH_3Hg)과 디메틸수은$[(CH_3)_2Hg = C_2H_6Hg]$ 같은 유기화합물이다. 수은은 급성과 만성중독 두 가지를 다 일으킨다.

화산이 폭발하면 대기 중의 수은농도를 4~6배 높이므로, 화산폭발과 같은 자연 발생원에 의한 수은이 대기 중 농도의 반 정도 되고, 나머지 반은 인위적으로 배출된 것으로 본다. 인위적 발생량의 65% 정도는 연료에서 수은을 제거하지 않은 석탄 화력발전소에서 배출되는 것이다. 석탄연소에서 배출되는 수은이 원유의 성분에 따라 차이가 있지만 석유 연소에서의 배출량의 1~2배가량 된다. 앞에서 설명한 것처럼 금과 은 채굴과정에서도 수은은 대기 중으로 배출되고, 비철금속 용융과정, 시멘트공장, 쓰레기 집하장, 소각장, 화장장, 가성소다 제조공장 등에서도 수은이 배출된다. 일반적인 대기 중 농도는 $0.01 \sim 0.02 \mu g/m^3$이다.

수은에 노출이 미치는 건강위험 때문에 공업적으로 또 상업적으로나 규제하고 있는 나라가 많다. 세계보건기구(WHO)와 미국의 직업안전보건청(OSHA)와 산업안전보건연구소(NIOSH)에서는 위험물질로 분류하고 특정한 직업적 노출한계를 정하고 있다. '상온에서 물처럼 액체로 존재하는 은이라서 수은이라 불리는 금속'인 수은이 이제는 천덕꾸러기 신세가 되고 있다.

우리나라는 '수은에 관한 미나마타 협약(Minamata Convention of Mercury)'의 115번째 국가로 비준서를 유엔환경프로그램(UNEP)에 2019년 제출하여 이 협약의 규정이 2020년 2월 말부터 국내에서도 발효된다. 이 협약은 수은첨가제품으로부터 인간과 환경을 보호하기 위해 마련되었다. 수은함량이 높은 형광등과 전지는 제조와 수출입이 금지되고 수은이 들어간 혈압계 등 의료기기도 진료실에서 쓸 수 없게 된다. 유통 중인 형광등은 그대로 판매가 가능하다. 수은온도계와 수은혈압계 등은 2015년부터 제조, 수입 및 판매를 금지했으나 그 이전부터 사용 중인 것도 차차 금지할 계획이다. 치과용 아말감도 사용 저감조치를 시행하게 된다.

수은의 독성은 뇌, 콩팥 그리고 폐를 손상시킨다. 수은중독으로 생기는 병으로는 말단통증, 헌터－러셀증후군 및 미나마타병 등이 있다. **말단통증**(Acrodynia)은 손과 발에 탁한 핑크의 변색반점이 생기고 극심한 통증과 뺨과 코에 종창(피부 부어오름)이 특징적으로 나타나며, 무기력, 과민성, 눈부심 등을 수반하여 일명 핑크병(Pink Disease)이라고도 하는 수은중독증 중의 하나이다. 헌터－러셀증후군(Hunter－Russell Syndrome)은 알킬수은중독으로 발생하는 소뇌실조가 특징인 증후군으로 구심성 시야협착, 청력장해, 말초신경장애, 운동실조 등의 증상을 보이다, 심하면 정신증상을 보이는 경우도 있다.

수은 중독의 일반적 증상은 감각(시각, 청각, 언어)장애, 감각혼돈 및 협조능력 결핍 등으로 나타난다. $0.7 \sim 42 \mu g/m^3$의 낮은 농도에 노출되어도 떨림, 지각손상, 수면장애가 생기고, $1.1 \sim 44 mg/m^3$의 고농도에서 급성(4~8시간)으로 노출되면 가슴통증, 호흡곤란, 기침, 객혈, 폐기능 손상 및 간질성 폐렴 등의 극심한 중독증상이 발생한다는 연구도 있다.

수은증기에 급성노출은 중추신경계에 심각한 영향을 미쳐 섬망, 환각 및 자살성향 같은 증상을 보인다. **섬망**(Delirium)이란 인지기능이 떨어지는 의식장애로 기분의 변덕, 지각장애 및 행동장애도 흔히 같이 나타난다. 주의력 저하는 집중력에 장애가 생기고 주변 환경에 대한 적응능력도 떨어진다. 오래된 기억은 비교적 잘 유지되나 최근 기억이 특히 악화되고, 언어표현, 유창성, 실어증 등의 언어장애가 나타날 수도 있으며, 낮에 자고 밤에는 수면을 취하지 못하는 수면장애가 생기기도 한다.

직업적으로 수은에 노출되는 경우는 신경과민증, 짜증, 흥분, 과도한 부끄러움, 불면증 같은 광범위한 기능장애를 가져온다. 지속적으로 노출되면 미세한 떨림은 시간이 지나면서 점점 더 악화되고 근육경련이 심하게 나타난다. 경련은 손 떨림에서 시작하여 눈꺼풀, 입술 및 혀 떨림으로 이어진다. 낮은 농도에 장기노출은 피로, 짜증, 기억상실, 또렷한 악몽, 우울증 같은 신경과민증을 초래한다.

물고기와 어패류는 수은화합물 중 아주 독성이 높은 메틸수은을 몸속에 저장하는 경향이 있는 물질이다. 상어, 황새치, 동갈삼치, 다랑어 및 옥돔과 같이 먹이사슬의 상위에 있는 물고기종은 몸속의 수은농도가 다른 물고기보다 높다. 지방에 용해되는 수은과 메틸수은은 물고기의 내장에 많이 저장되었고, 근육조직에서도 발견된다. 수은의 몸속농도가 높은 물고기가 잡혀 먹히면, 포식자도 자연적으로 몸속에 수은이 축적되게 마련이어서 큰 물고기일수록 몸속 수은농도가 높다.

물고기는 메틸수은을 제거할 능력이 없으므로 시간이 지날수록 조직 속의 농도는 점점 증가한다. 그래서 먹이사슬에서 높은 위치일수록 낮은 위치의 먹잇감 고기보다 축적된 수은농도가 당연히 높게 마련이다. 이런 먹이사슬을 통한 물질농도의 증가를 **생물증폭**(Biomagnification) 또는 **생물농축확대**라고 한다. 이와 유사한 용어로 **생물농축**(Biological Concentration)은 특정 생물 종 자체에서 일어나는 물질 농도의 증가를 말한다.

21

환경호르몬은
내분비교란물질이다

일간지(조선일보) 삽화

코리언시리즈가 한창인 2019년 가을 프로야구장 각 구단 공식 쇼핑몰에서 판매하는 응원봉인 막대풍선의 대부분이 어린이에게 유해한 물질을 함유하고, 어린이용 글러브에서도 기준치를 초과하는 유해물질이 검출돼 문제가 되었다. 한국소비자원에 따르면, 각 구단 공식쇼핑몰과 구장 주변 노상에서 판매하는 응원용 막대풍선 15개 제품을 수거해 검사한 결과 12개 제품에서 환경호르몬인 프탈레이트계 가소제가 검출됐다고 한다.

특히 막대풍선은 공기 주입구에서 30.2%의 프탈레이트계 가소제가 검출돼 기준치(0.1% 이하)를 300배 초과한 것으로 나타났고, 15개 제품 중 11개 제품에서는 발암 물질인 카드뮴이 기준치 이상 나왔다. 구단 공식 쇼핑몰에서 판매하는 어린이용 글러브도 품질관리가 허술한 것으로 드러났다. 조사대상 9개 제품 중 2개에서 기준치를 넘는 프탈레이트계 가소제가 검출됐고, 4개 제품에서는 손바닥과 직접 접촉이 이뤄지는 내피부위에서 발암물질인 납이 검출됐다. 한국소비자원은 조사결과를 바탕으로 이런 용품의 판매중지 또는 품질개선을 권고했다. 그럼 환경호르몬이 뭔데 이렇게 요란하게 문제가 되는지 살펴보기로 하자.

환경호르몬(Environmental Hormone)은 생체 내에서 정상적으로 생성되는 내분비호르몬과 유사한 화합물로 산업시설에서 인위적으로 배출되는 것이 대부분이지만, 식물성에스트로겐 같이 자연적으로 생성되는 것도 있다. 환경호르몬은 외부에서 생체 내로 유입되어 정상 호르몬의 역할을 대신하는 물질이기 때문에 정상 호르몬의 활동을 방해하는 '외인성 내분비교란 화학물질(EDC: Endocrine Disrupting Chemical)'이라는 용어가 정확한 표현이다.

WHO에서는 '**내분비교란물질**(Endocrine Disruptor)이란 내분비기관의 기능을 변경시켜 생체나 자손 또는 집단의 건강에 악영향을 미치는 외부유입 물질이나 혼합물이다'라고 정의하고, '**내분비교란 우려물질**(PED: Potential Endocrine Disruptor)이란 생체나 자손 또는 집단에 내분비교란을 일으킬 것으로 우려가 있는 성질을 지닌 외부유입 물질이나 혼합물이다'라고 정의하고 있다.

환경호르몬은 내분비기관을 교란시켜 암 종양, 기형아출산, 성장장애 등 사람 몸에 심각하고도 엄청난 영향을 끼치는 화학물질이다. 좀 구체적으로 설명하면 학습장애, 주의력부족, 인지능력장애, 두뇌발달장애, 선천성 기형(외팔이 또는 외다리), 유방암, 전립선암, 갑상선암, 남성의 여성화와 여성에 나타나는 남성화 효과 같은 성적발달장애 등

⬤ 환경호르몬에 의한 기형개구리

정말 심각한 영향을 미치는 것이 환경호르몬, 즉 내분비교란물질이다. "내분비교란물질"이란 용어가 정확한 표현이긴 하지만, 이 책에서는 독자들의 귀에 익숙한 "환경호르몬"이란 용어를 먼저 사용하겠다.

내분비계(Endocrine System)란 혈액을 통해 호르몬을 표적기관으로 운반하여 호르몬의 기능을 수행케 하는 생체기능 조절계이다. 몸속의 신경계를 통해 뇌중추와 말초조직 사이에 정보망을 이루고 있어 신체 내외의 정보가 특정 세포에 보내지고 정보를 받은 세포, 즉 호르몬이 표적으로 삶는 세포(표적세포: Target Cell)에서는 그것에 대응한 생리활성의 변화를 일으킨다. 내분비계는 뇌중추의 정보에 따라 생체리듬이나 환경정보에 맞게 호르몬을 분비하거나 신경신호로 보내는 기능이 있다.

사람의 몸속에 가장 중요한 내분비선은 갑상선과 부신(콩팥에 붙은

내분비기관)이다. 호르몬분비 전담 내분비기관 이외에 뼈, 콩팥, 간, 심장 및 생식선 같은 신체기관은 2차 내분비기능을 가지고 있다. 생체기능의 효율적 유지에 필수적인 항상성을 지키기 위해 내분비계는 사람이 살아가는데 없어서는 안 되는 중요한 기능이 있다. 항상성의 파괴는 질병으로 이어지고 죽음으로 끝난다. 항상성(Homeostasis)은 외부환경에 의한 충격이나 자극과 생체 내의 변화에도 불구하고 체내의 환경을 일정하게 유지하려는 성질로 자율신경계와 내분비계(호르몬)의 상호협조로 이루어진다.

가정용품과 산업제품에서 발견되는 환경호르몬은 생체 내에서 정상세포의 신진대사 행위인 항상성의 발달, 행위, 생식 및 유지를 책임지는 자연생성 정상호르몬의 합성, 분비, 이송, 결합, 활성화 및 제거를 방해하는 물질이다. 환경호르몬은 정상호르몬이 아니면서 '호르몬과 같은 활동을 하는 물질', '내분비교란화합물', '내분비교란복합물' 등 여러 가지 용어로 불리는데, 이는 물질의 성질을 강조할 뿐만 아니라 해로운 영향, '사이비호르몬', '약학적 독성물질' 또는 '가짜 호르몬'이라는 함축성을 강조하기도 한다.

1991년부터 미국에서 내분비교란물질이란 용어를 처음 사용하였다. 내분비교란에 대한 논쟁이 약간 있긴 했지만, 1992~1999년 사이에 걸친 일련의 과학적 노력으로 내분비교란물질이 사람과 동물에 해롭다는 결론을 얻었다. 환경호르몬이란 말은 1997년 5월 NHK 방송에 출연한 일본 학자들이 '환경 중에 배출된 화학물질이 생물체 내로 유입되어 마치 호르몬인 것처럼 작용한다'고 함으로써 생겨난 용어이다.

2015년 국제내분비학회(Endocrine Society)의 발표에 따르면 비만, 당뇨, 여성임신, 남성생식능력, 여성의 유방발달과 유방암, 남성의 전립선암, 갑상선암 그리고 신경발달, 신경내분비 시스템, 신진대사, 심혈관 내분비 등이 환경호르몬에 노출되면 영향을 받는다고 했다. 대부분의 장기생성의 결정적인 기간은 난자가 수정되어 태아로 바뀌는 바로 그 기간이다. 이 기간에 세포가 자라고 분화하기 시작하므로 호르몬의 절대적 균형과 단백질변화가 이루어져야 한다. 그런데 이를 교란시키는 화학물질이 유입되면 모체에 미치는 영향은 크지 않아도 태아의 성장에는 실질적인 손상이 생기게 마련이다.

내분비를 교란시키는 화합물은 약품, 살충제, 플라스틱 재료, 소비용품, 산업부산물, 오염물질 심지어 자연 발생 식물성 화학물질에도 포함되어 있다. 내분비교란물질 중 어떤 것은 환경 속에 폭넓게 확산되어 구석구석에 스며드는 것도 있으며, 생체내에 축적되는 것도 있다. 또 그 중에는 잔류성 유기오염물질(POP: Persistent Organic Pollutant)도 있어, 상당히 장거리를 이동하기 때문에 세계의 방방곡곡 퍼지지 않는 곳이 없을 정도이며, 기후패턴과 추위 때문에 북극에서 발견되는 것도 있다.

종류에 따라서는 환경 속에서나 사람의 몸속에서 빠르게 분해되므로 잔류기간이 짧은 것도 있다. 건강에 미치는 영향으로는 생식문제(생식능력감소, 생식기관기형, 왜곡된 남녀 성균형, 태아사망, 생리이상), 호르몬수준의 변화, 성조숙증, 뇌와 행동장애, 면역기능손상 및 앞에서 거론한 여러 가지 암 등을 들 수 있다. 도시에서 나오는 배출물 속의 환경호르몬은 수중생물에 영향을 미쳐, 혈액응고 시 혈소판에서 혈청으로 방출되는 내분비물질인 세로토닌의 농도를 감소시키고, 암컷의 수를 증가시킨다는 연구보고가 있다.

세로토닌(Serotonin)은 혈액이 응고할 때 혈소판으로부터 혈청 속으로 방출되어 혈관을 수축시키는 물질이다. 혈소판에는 물론 뇌, 내장조직 및 비만세포에도 들어 있다. 세로토닌이 방출되면 행복한 감정을 느끼므로 호르몬이 아님에도 해피니스호르몬(Happiness Hormone)이라 불리기도 한다. 세로토닌은 기분을 조절할 뿐만 아니라 식욕, 수면, 근육수축 기능에도 관여하고, 사고기능에도 관여하여 기억력과 학습능력에도 영향을 미친다.

사람은 물론 동물이 내분비교란물질이지만 환경오염물질이 아닌 비스테로이드계 에스트로겐의 일종인 디에틸스틸베스트롤(Diethylstilbestrol)에 모르는 사이에 노출되는 경우가 있었다. 1947년 이전에는 비인가 의약품이었던 이 내분비교란물질이 사용금지가 되기 이전인 1970년대 초까지만 해도 의사들이 미국에서만 자연유산방지제로 처방한 건수가 5백만 건이 넘었다고 한다. 그런데 아이가 사춘기를 지나면 생식기관의 성장에 문제가 생기고 질암의 원인이 된다는 것이 발견되고 나서야 문제의 심각성이 확인되었다.

에스트로겐(Estrogen)은 여성의 난소 안에 있는 여포(주머니 모양의 내분비선 조직)와 황체에서 분비되어 생식주기에 영향을 주고, 태반에서도 분비된다. 유방의 발달과 생리주기 같은 여성의 2차 성징에 매우 중요한 역할을 하는 여성호르몬이다. 실제로는 남성의 고환에서도 약간 분비되어 정자형성과 관련되는 생식계통 발달에 중요한 역할을 하기 때문에 여성에게만 존재하는 호르몬은 아니다.

사람은 물론 대부분 동물은 호르몬을 분비하는 분비선(샘)과 호르몬을 감지하고 반응하는 수용체를 갖춘 내분비기관을 가지고 있다. 호르몬은 몸 전체를 이동하면서 화학적 메신저 역할을 한다. 열쇠가 자물쇠에 맞게 들어가듯이 호르몬은 내부나 표면에 수용체를 갖춘 세포와 결합한다. 호르몬을 메신저로 이용하여 내부과정을 통해 아주 느리게 조절하여 묶는다.

내분비기관은 외부자극에 반응하여 호르몬을 분비하고 성장과 생식 변화를 조절한다. 내분비기관에 의한 생화학적 조절은 세포 내외부의 화학적 성질을 바꿔 몸에 장기적 변화를 가져온다. 내분비기관들은 평생 신체의 적절한 기능을 유지하기 위해 함께 협업관계를 유지한다. 갑상선호르몬뿐만 아니라 에스트로겐과 안드로겐 같은 성호르몬은 피드백하면서 조절되기 때문에 그다지 민감하게 반응하지 않는다.

안드로겐(Androgen)은 주로 사춘기 이후에 나타나는 고환비대, 부고환기비대 등 남성 2차 성징발달을 촉진시키는 남성생식계의 성장과 발달에 영향을 미치는 호르몬의 총칭으로 남성호르몬이라고도 하지만 일부는 부신피질과 여성의 난소에서도 분비된다. 특히 뼈 조직에서 단백질의 증가, 콩팥의 무게와 크기 증가, 땀과 피지 샘의 활동 증가, 적혈구세포의 재생 등에 관여한다. 피부에 작용하면 표피의 각질층이 두꺼워져 피지가 증가하므로, 사춘기의 청소년들에게 발생하는 여드름의 원인이 되기도 한다. 안드로겐이 증가하면 수염이 많아지는데, 여성은 안드로겐의 양이 적어 수염이 나지 않거나 가늘어진다.

　　호르몬은 ppb단위 정도의 아주 적은 양으로 작용하기 때문에 매우 적은 양의 외인성 호르몬인 호르몬성 화학물질로도 내분비교란이 일어날 수도 있다. 이런 교란물질은 호르몬성 중재과정으로 수용체와 결합할 수 있다. 내인성 호르몬은 생체적 활성을 지닐 수 있을 만큼의 농도로 몸속에 미리 생성되어 있기 때문에 호르몬으로 역할을 할 수 있을 만한 양의 외인성 물질이 몸속으로 유입되면 내분비기관은 당연히 적절하고 제대로 기능을 발휘할 수 없도록 교란될 수밖에 없다. 그래서 환경호르몬에 노출되면 독성을 지닐 수 있는 농도보다 적은 양으로도 몸에 필요 없는 다른 기전을 일으킴으로써 내분비교란을 가져와 악영향을 초래할 수 있다.

　　환경호르몬에 노출되는 타이밍도 아주 중요하다. 자궁에서 태아가 생성되는 시점, 즉 수정된 난자가 세포 분열되어 두뇌의 구성을 포함하여 완성된 몸으로 모든 구조가 급속히 발달되는 과정에 태아가 환경호르몬에 노출되는 것은 최악의 시점이다. 자궁에서 호르몬 소통에 간섭을 받는 것은 신체구조와 두뇌발달에 심각한 영향을 미친다. 성인은 같은 기간에 걸쳐 같은 정도의 호르몬간섭을 받아도 영향이 덜하지만 생식적 발육단계에 호르몬신호에 간섭은 회복 불가능한 결과를 초래할 수도 있다.

　　동물실험에 따르면 자궁 내에서 생식적 발육단계 과정에 있거나 출생 직후 며칠 안에 화학물질이나 환경호르몬 노출로 나타나는 악영향은 다 자란 동물이 되어서도 이어지는 것으로 나타났다. 생식적 발육단계에서는 기형으로 태어날 수도 있고, 초기 발육단계에서 갑상선기능이 교란되면 성적발달에 이상이 생기며, 초기 행동발달손상과 학습장애가 나타날 수 있다.

　　세포배양, 실험동물, 야생동물과 우연히 환경호르몬에 노출된 사람들의 연구에서 환경호르몬이 생식능력, 신체발달, 성장 및 행동 등에 미치는 영향이 상당히 광범위한 것으로 나타나 환경호르몬에 의한 내분비교란에 따른 영향은 아직 확인되지 않은 것이 많다고 한다. 호르몬 간의 상호작용에 대해서도 아직 밝혀지지 않은 부작용이나 영향이 엄청나게 많다.

성인은 환경호르몬에 노출되어도 특별한 병 증세를 보이는 경우가 거의 없어 환경호르몬이 건강에 미치는 영향을 확인하기는 쉽지 않다. 그러나 배아와 태아의 성장과 발육은 내분비기관에 의한 조절을 상당히 많이 받기 때문에 환경호르몬 노출에 취약하여 출생이상을 가져올 수도 있고, 평생 건강에 영향을 받을 수도 있다. 출생 이전 노출은 잘못하면 영구기형이나 성인병으로 이어질 수도 있다. 태아 또는 출생 초기의 환경호르몬 노출은 IQ 저하, 주의력결핍과 과잉행동장애 및 자폐증 같은 신경발달장애를 가져올 수 있다는 연구결과도 있다.

주의력결핍과 과잉행동장애(ADHD: Attention Deficit Hyperactivity Disorder)를 가진 어린이는 주의력집중이 어려워 말을 듣다가도 다른 소리가 나면 금방 다른 곳으로 시선을 옮기고, 시험을 보더라도 문제를 끝까지 읽지 않는 등 한 곳에 집중하기 어려워한다. 주의 산만, 과다활동, 충동성과 학습장애를 보이는 소아기의 정신과적 장애로 남자아이에게서 많이 발생하며, 주로 어릴 때 발생하여 성장하면서 많이 줄어들지만 성인이 된 후에도 계속 장애를 보이는 사람도 있다.

사람들이 환경호르몬에 노출되는 것은 음식물을 통해서 이루어지는 것이 대부분이다. 대표적인 환경호르몬인 PCB(Polychlorinated Biphenyl)와 DDT는 음식물을 통해 사람 몸속에 90%까지 축적될 수 있는 것으로 추정되고 있다. 물고기와 육류도 환경호르몬인 PBDE(Polybromodiphenylether)에 오염되어 있는데, 이런 환경호르몬은 수용성 지방성분이어서 육류의 지방조직에 축적되어 있다. 연어는 자연산이건 양식이건 유기화학성분을 많이 함유하고 있다고 한다.

실내용품 중에도 환경호르몬을 함유한 것이 많은데, 환기가 부족한 실내의 거주자는 이런 오염물질에 노출될 가능성이 크다, PCB로 방부처리된 바닥재와 PBDE와 유사물질이 함유된 실내 먼지는 환경호르몬의 주요 발생원이다. 여성의 생식계통을 발달시키는 여성호르몬인 에스트로겐과 기능이 유사한 환경호르몬인 제노에스트로겐(Xenoestrogen)은 에스토로겐을 닮은 유사호르몬으로 생체에 여성호르몬 효과를 내는 PCB,

BPA 및 프탈레이트와 같은 화합물을 함유하고 있다.

그러면 여태까지 거론되었던 환경호르몬에 대해 한 가지씩 짚어보기로 하겠다. 읽으면서 유의해야 할 것은 환경호르몬의 화학명이 너무 길거나 발음하기 어려운 것이 많으나 약자로만 기억해도 유익한 자료이다. 여기에 굳이 화학명을 길어도 밝혀놓은 것은 공부하는 학생들이 더 깊이 공부하는데 기초자료로서 도움이 될 수 있도록 하기 위한 것이니 일반 독자의 양해가 필요하다.

비스페놀 A(BPA: Bisphenol A)는 에스트로겐과 비슷한 내분비교란물질로 아주 낮은 농도로도 합성에스트로겐으로 작용하는 것이 확인되었다. BPA는 플라스틱 병(패트 병), 플라스틱 음식용기, 치과용 재료 그리고 금속음식용기와 유아용 조제분유통의 라이닝에서 보통 사용된다. 영수증용지에도 BPA가 프린트가 잘 되게 할 목적으로 칠해져 있다. BPA는 잘 알려진 환경호르몬으로 실험동물을 저농도의 BPA에 노출시킨 결과 당뇨, 유방암과 전립선암, 정자수 감소, 임신장애, 성조숙증, 비만, 신경장애 발생빈도가 높게 나타났다.

초기 발달단계에 영향을 받으면 결과가 가장 민감하게 나타나므로 태아기 노출은 출생 후에 신체적이고 정신적인 장애로 이어진다. 정부에서 사람에게 적합한 안전기준을 정하고 있으나 그 안전기준이 과연 안전한 기준인지 재검토가 이루어지고 있다. 미국에서 2011년 임산부가 노출되기 쉬운 환경호르몬을 조사한 결과 96%의 임산부에서 BPA가 발견되었다고 한다. 비스페놀 S(BPS)는 BPA의 유사품으로 감열지 영수증, 플라스틱 및 실내 먼지에서 흔히 발견되며, 개인생활용품에서도 쉽게 발견된다. BPA가 사용 금지되었기 때문에 'BPA 불포함' 제품에서 더 쉽게 찾아볼 수 있다. 그러나 BPS도 BPA 못지않은 내분비교란물질이다.

DDT의 화학명은 지나치게 긴 디클로로디페닐트리클로로에탄(Dichloro Diphenyl Trichloroethane)이나 너무 길어 DDT로 더 잘 알려졌다. 1936년 처음 합성 당시에는 감자딱정벌레의 살충제로 사용되다 말라리아, 발진티푸스, 이질과 장티푸스 같은 전염병이 유행하면서 전염병 매개체인 모기, 이 또는 집파리 살충제로 전환되었다. 2차 세계대전 중에는 발진티푸스의 창궐을 막기 위해 영국군과 미군은 전쟁 내내 DDT를 정기적으로 침대, 텐트 및 병영에다 살포했다. 전쟁이 끝난 뒤에는 일반인이 사용하였는데, 해충박멸로 곡물생산량을 늘리고 사망률이 높은 말라리아의 확산을 방지하기 위해 전 세계적으로 사용되었다.

2차 세계대전 직후인 1946년 초 DDT가 새, 익충, 물고기 및 해양 무척추동물에 해롭다는 것이 밝혀졌다. 가장 악명 높은 해로운 영향으로 맹금류의 알껍데기 두께가 얇아져 어미 새가 밟고 올라설 수가 없게 된 것이었다. 먹이사슬을 통한 물질농도가 증가하는 생물증폭(Biomagnification)으로 인해 전 세계 육식동물의 체내 DDT농도가 높아졌다는 연구결과도 있다. DDT의 사용이 일반화된 후 20년이 지나서는 남극의 눈에서도 발견되었고, 최근 연구에 따르면 히말라야의 외딴 빙하에서도 DDT가 발견되었다고 한다.

DDT는 여성 생식기관의 정상적인 발달을 방해하고, 배아가 다 자라지 못하게 악영향을 미치며, 남성의 생식력을 저하시킨다는 연구결과도 있다. 임신 중 DDT에 노출되면 출생 후 어린이비만 위험이 높다. 그러나 말라리아모기가 창궐하는 아프리카와 남부 아시아의 일부에서는 한정된 수량이지만 DDT를 아직도 살충제로 사용하고 있다.

폴리염화비페닐(PCB: Polychlorinated Biphenyl)은 산업용 냉각제와 윤활제로 사용되는 염소함유 화합물이다. 1927년부터 만들어지기 시작하였으나 1933년에 이미 PCB 노출에 의한 건강상의 악영향이 밝혀졌다. PCB를 가장 많이 사용한 뉴욕의 GE(General Electric)사가 1952년에서 1977년 사이 허드슨 강에 50만 파운드 이상을 방출했다. 직접 피부에 PCB가 닿으면 염소여드름(Chloracne)이라는 심각한 피부질환이 발생하고 노출농도가 짙어지면 피부암, 간암 그리고 뇌종양의 발병위험이 커진다.

일본(Yushō Disease, 油症의 일본식 발음, 1968년)과 대만(Yóuzhèng Disease, 油症의 대만식 발음, 1979년)에서 있었던 수천 명(이 중 사망자도 수백 명)의 사람이 PCB로 오염된 요리용 기름에 의해 중독된 사건은 세계적으로 유명하다. 바로 이 두 사건으로 전 세계적으로 PCB의 사용이 금지되었다. PCB와 그 유사품은 간과 갑상선에 독성이 있고, 임신 중에 노출된 어린이의 비만과 당뇨병 발병위험을 높인다. PCB 노출은 야생동물의 생식과 임신에도 영향을 끼친다. 특히 사슴은 뿔이 기형적으로 생기기도 한다. 따라서 정상적인 모양이 아닌 녹용은 오히려 해로울 수밖에 없다.

폴리브롬화디페닐에테르(PBDE: Polybrominated Diphenyl Ether)는 텔레비전과 컴퓨터, 가전제품, 자동차부품, 조명기구 등의 플라스틱부품과 카펫, 침구류, 의류, 쿠션, 섬유 등의 플라스틱케이스 내화처리제에 들어 있다. PBDE가 건강에 미치는 영향은 PCB와 비슷하며 신경독성 영향도 거의 같다. PBDE는 화학구조가 PCB와 비슷하므로 영향을 미치는 기전도 비슷할 수밖에 없다.

PBDE를 원재료로 사용하는 플라스틱산업은 1930~40년부터 발달되어 2차 세계대전이 발발하면서 군사장비의 보호용으로 자동차나 비행기의 무거운 부품 대용으로 많이 사용되기 시작하여, 목재와 금속을 대체하였고, 오늘날에는 사용범위가 엄청나게 광범위하다. 플라스틱에 내화처리제로 첨가된 화학물질에는 거의 대부분 PBDE가 포함되어 있다.

PBDE는 갑상선호르몬의 균형을 교란시켜 지능저하와 학습장애 같은 신경장애와 발달장애를 일으킬 수 있다. 대부분의 PBDE는 이미 사용금지되어 있다. 설치류를 이용한 동물실험에서 순간적인 PBDE 노출로도 갑상선 호르몬의 비정상적인 조절로 어린설치류에 발달장애와 행동장애를 일으킬 수 있는 것이 확인되었다고 한다.

프탈레이트(Phthalate)는 부드러운 장난감, 바닥재, 의료용품, 화장품 및 방향제 등에 함유되어 있는 화합물이다. 내분비계통을 교란시켜 남성 생식기계통에 선천적 결함을 가져올 수 있는 환경호르몬으로 알려졌다. 유아의 생식기계통에 미치는 유해성 때문에 어린이 장난감에는 사용이 금지되었다. 의료용 튜브, 장기삽입용 카테터(Catheter) 및 혈액주머니에 사용되는 프탈레이트의 한 종류인 DEHP[Bis(2-Ethylhexyl) Phthalate]는 남자아이의 성적발달에 장애를 일으킬 수도 있고, 임신 중에 노출되면 남성 신경발달에 장애를 가져올 수도 있다. 동물실험에서 프탈산디부틸(DBP: Dibutyl Phthalate)은 인슐린과 혈당을 올려주는 호르몬인 글루카곤을 교란시키는 것으로 나타났다.

퍼플루오로옥탄산염(PFOA: Perfluorooctanoic Acid)은 갑상선호르몬의 농도변경 같은 호르몬영향을 초래하는 환경호르몬이다. 혈청 속 PFOA의 농도는 임신까지 소요기간 또는 불임기간에 영향을 미친다. PFOA에 노출되면 남성의 정자의 질이 떨어지고, 젊은 여성의 유방성장에 장애를 가져오는 내분비교란을 일으키고, 성적발달에 지장을 가져오기도 한다.

이외에 환경호르몬으로 추정되는 물질로, 다이옥신 중 가장 위험한 다염화디벤조다이옥신(PCDD: Polychlorinated Dibenzo–Dioxin)과 무색의 휘발성 액체인 퓨란(PCDF: Polychlorinated Dibenzofuran), 추가적인 설명이 필요 없는 다환방향족탄화수소(PAH), 페놀 파생물질 그리고 여러 종류의 살충제, 피임약제로 사용되는 17–알파 에치닐에스트라디올(17–Alpha Ethinylestradiol), 나무에서 생성되는 식물성 에스토로겐 그리고 곰팡이가 만드는 마이코에스토로겐(Mycoestrogen) 등이 있다.

구체적으로 살펴보면, 1970년대 합성 에스트로겐인 DES라는 유산방지제를 복용한 임산부가 출산한 아이 중에는 불임과 음경발달부진 사례가 나타났다. 이후 1980년대에는 살충제인 디코폴 오염사고로 미국의 플로리다 악어의 부화율이 감소하고, 수컷 악어의 생식기가 퇴화되어 성기가 왜소화되는 증상이 관찰되기도 하였다. 1990년대에는 남성의 정자 수 감소, 수컷 잉어의 정소 축소, 바다 고등어류의 자웅동체 등이 밝혀졌다.

환경호르몬으로 추정되는 물질로는 각종 산업용 물질, 살충제, 농약, 유기 중금속류, 다이옥신류, 의약품으로 사용되는 합성 에스트로겐류 등을 들 수 있다. 이 중 다이옥신은 소각장에서 피복전선이나 페인트성분이 들어 있는 화합물을 태울 때 발생하는 대표적인 환경 호르몬이다. 아울러 컵라면의 용기로 쓰이는 스티로폼의 주성분인 스티렌 이성체 등이 환경호르몬으로 의심받고 있다. 이러한 환경호르몬은 생태계 및 인간의 생식기능 저하, 기형, 성장장애, 암 등을 유발하는 물질로 추정되고 있다.

이에 따라 환경호르몬이 전 세계적으로 생물종에 위협이 될 수 있다는 경각심을 일으켜 오존층 파괴, 지구온난화 문제와 함께 세계 3대 환경문제로 등장하였다. 세계 야생동물 보호기금 목록에서 67종, 일본

후생성에서 143종, 미국에서 73종의 화학물질을 환경호르몬으로 규정하고 있지만 얼마나 더 늘어날지는 아직 예측할 수 없는 상태이다.

환경호르몬, 즉 내분비교란물질은 정상적인 호르몬이 우리 몸에서 만들어지거나 작용하는 것을 방해하여 사람과 동물의 건강과 생식작용에 영향을 주는 화학물질이다. 최근에 이러한 환경호르몬이 심각하게 다루어지고 있는데 그 이유는 정상적인 호르몬의 작용을 방해할 수 있는 화학물질의 생산이 급격하게 늘어나고 있기 때문이다. 특히 농약이나 살충제, 플라스틱, 통조림 캔 등에 많은 환경호르몬이 들어있기 때문에 환경호르몬은 이미 우리의 생활환경에 넓고 깊게 퍼져 있다고 볼 수 있다.

환경호르몬은 한번 생성되면 잘 분해되지 않고 환경 중에 오랜 기간 남아있거나 인체 내에 들어와서 지방세포 등에 오랫동안 저장되어 만성적인 영향을 미치는 잔류성 유기화합물도 있지만 쉽게 분해되거나 인체 내 잔류시간이 짧은 것도 있는데, 이런 환경호르몬에도 일상생활에서 지속해서 노출되면 심각한 문제가 생길 수 있다.

22

다이옥신은
무엇이든 타면
생기는
발암물질이다

다이옥신(Dioxin)은 산소원자 2개를 포함하고 있는 분자를 부르는 보통명사이므로 다이옥신이라고 부를 수 있는 물질은 수없이 많으나, 문제가 되는 다이옥신은 염소가 결합된 벤젠 2개가 2개의 산소원자로 연결된 구조를 이루고 있는 폴리클로로다이벤조-파라-다이옥신(PCDD, Polychlorinated Dibenzo-p-Dioxin)의 종류로, 기본골격은 벤젠(C_6H_6)을 구성하는 6개의 탄소 가운데 이웃에 있는 2개의 탄소에 각각 산소 원자가 1개씩 결합되어 있고, 동시에 그 산소의 다른 쪽 끝에 대칭으로 또 다른 벤젠이 연결된 구조이다.

다이옥신은 잔류성 유기오염물질(POP)이므로 일단 자연 속으로 배출되면 잘 없어지지 않고 오랫동안 머무른다. 다이옥신은 독성이 강하여 암을 유발하거나 임신문제, 발달장애, 면역체계 손상 및 호르몬 방해 등을 일으킬 수 있다. 다이옥신은 세계 어느 곳에서나 발견되는 물질로 먹이사슬, 특히 동물성 지방에 많이 축적되어 있다. 사람이 다이옥신에 노출되는 것은 거의 전부(90% 이상) 음식물 주로 고기, 유제품, 물고기 및 조개류를 통해서 이루어진다.

다이옥신은 특정 화학적 구조와 생물학적 특성이 있는 일련의 독성화합물들을 통틀어 일컫는 호칭이다. 이런 화합물들이 수백 가지나 되기 때문에, **염화디벤조-피-다이옥신**(CDD: Chlorinated Dibenzo-p-Dioxin), **염화디벤조퓨란**(CDF: Chlorinated Dibenzofuran) 그리고 **다염화비페닐**(PCB: Polychlorinated Biphenyl) 세 가지 유사형태로 분류한다. 이 세 가지 중 처음 두 가지 CDD와 CDF는 인위적으로 만들어진 것이 아니고, 적은 모닥불이든 산불이든 무엇이든 불에 타면 자연적으로 발생하는 화합물이고 마지막 PCB는 사람이 만든 다이옥신이다. 지금까지 419가지 다이옥신이 확인되었고, 이 중약 30가지는 아주 독성이 강한 물질로 분류되었다.

490

다이옥신은 지구상 어디에서나 존재하는 물질이어서 사람의 건강에 영향을 미치지 않을 정도의 일정농도 이하의 다이옥신은 몸속에도 존재한다. 그러나 다이옥신의 높은 잠재적 독성 때문에 가능한 한 농도를 저감시킬 수 있는 노력이 필요하다. 발생원중심의 수단, 즉 다이옥신이 생성되는 산업공정을 엄격히 통제하여 발생량을 줄이는 것이 다이옥신 노출을 예방하거나 저감시키는 지름길이다.

한 마디로 대부분 다이옥신은 환경오염물질로 잔류성 유기오염물질에 속하는 유해오염물질 더티다즌(Dirty Dozen) 중의 하나이다. 다이옥신이 일단 사람의 몸에 들어가면, 화학적 안정성과 지방조직에 흡수되는 능력이 있어 상당히 오랫동안 몸속에 잔류한다. 사람의 몸속에서 반감기는 7~11년으로 추정되고 있다. 다이옥신은 먹이사슬에 축적되어 있으므로 육류를 많이 섭취하면 섭취할수록 다이옥신의 농도는 높아진다. 다이옥신은 세계보건기구(WHO)에서 발암물질로 분류하고 있다.

옆의 그림에서도 보듯이, 다이옥신은 종이, 살충제 및 철강제품 부산물로도 생기고, 화석연료의 연소에 의한 배기가스(화력발전소와 자동

다이옥신의 발생원

차), 화산폭발을 비롯하여 산불, PVC나 플라스틱의 소각, 쓰레기 소각 등 무엇이든 불에 타면 다이옥신은 발생하기 마련이다. 그래서 불에 검게 탄 불고기는 떼어내고 먹어야 한다.

다이옥신은 화산폭발이나 산불과 같은 자연현상으로도 발생하지만 산업공정에서 주로 배출된다. 제련, 종이펄프의 표백 그리고 제초제와 살충제 생산과 같은 산업공정에서 불필요한 부산물로 배출되는 양이 많다. 완전연소가 잘 이루어지지 않는 불법 쓰레기소각(고형 쓰레기, 특히 의료용 쓰레기)이 다이옥신배출의 가장 악성 원인인 경우가 흔히 있다. 쓰레기소각 시 다이옥신배출량을 저감시키는 기술이 이미 상당한 수준으로 개발되어 있다. 그래서 불완전연소가 대부분인데다 저감기술도 적

용하지 않는 불법소각을 단속기관은 물론 일반인들도 본인의 건강을 생각하여 막아야 한다.

다이옥신은 국지적으로 발생하지만, 일단 자연 속으로 배출되면 쉽게 확산되기 때문에 전 세계적으로 퍼져있다. 흙 속, 퇴적물 및 음식물(특히 육류, 생선이나 조개류)에는 아주 높은 농도로 함유되어 있는 반면 식물, 물 및 대기 중에는 아주 낮은 농도로 함유되어 있다. 공업용 폐유에 고농도의 다이옥신이 함유되어 있어, 폐유의 장기보관과 불법폐기는 환경오염은 물론 사람과 동물의 먹잇감을 오염시킨다. 그래서 공업용 폐유는 유해쓰레기로 분류하여 특수시설에서 고온소각 처리해야 한다.

대부분의 선진국에서는 음식물에 다이옥신 함량을 검사하여 오염을 초기에 방지하려 노력하고 있다. 동물사료에서 다이옥신이 검출된 사례는 적지 않다. 1999년 벨기에에서 가금류(닭, 오리, 거위)로 만든 음식물과 달걀에서 고농도의 다이옥신이 검출되었다. 그 이후 주변국에서도 같은 사례가 있었는데, 원인이 사료에 있었던 것으로 밝혀졌다. 2008년 아일랜드에서는 돼지고기에서 다이옥신이 허용한도를 초과한 사례가 200건이나 있어 수십 톤을 리콜한 적이 있었는데, 그 원인도 역시 사료였음이 밝혀졌다. 베트남전쟁 시 사용되었던 제초제에 함유된 다이옥신에 의한 후유증은 문제가 적지 않아 지금도 조사연구 중이다.

다이옥신 중독 전과 후의 유시첸코

개인에 대한 다이옥신 테러사건도 여럿 있었는데, 그 중 가장 유명한 세계적인 사건은 우크라이나 대통령 빅토르 유시첸코(Viktor Yushchenko)에 가한 러시아의 다이옥신 테러사건이다. 옆의 사진은 그 진상을 보여주는 사진으로 유시첸코 대통령의 얼굴이 염소좌창으로 엉망이 되었다. 이 사건에 이용된 다이옥신은 TCDD(Tetrachlorodibenzoparadioxin)으로 베트남전쟁에 사용된 고엽제인 에이전트 오렌지(Agent Orange)의 주성분이었다.

염소좌창(일명 염소여드름)이란 염소화 다이옥신과 같은 유기화합물에 의해 생기는 농포나 낭포형으로 생기는 여드름 같은 피부질환으로

492

얼굴, 귀 뒤, 겨드랑이, 사타구니 등에 흔히 나타난다. 염소좌창(Chloracne)은 다이옥신에 노출되면 특히 잘 생기는 피부병변이어서 다이옥신노출의 의학적인 확인용 증상이기도 하다.

고농도의 다이옥신에 단기적으로 노출되면 유시첸코 대통령이 겪은 염소좌창이나 부분 검정얼룩 같은 피부병변 그리고 간 기능장애가 발생할 수 있다. 장기노출은 면역체계, 신경계 발달, 내분비계 및 생식기능에 손상을 가져올 수 있다. 동물실험에서 만성적 노출은 여러 가지 암을 유발하는 것으로 확인되었다. 특히 다이옥신 중 TCDD(Tetrachlorodibenzo−p−dioxin)는 IARC(국제암연구소)에서 사람에게 확인된 발암물질로 분류되어 있으나 유전물질에는 영향이 없는 것으로 알려졌다.

어머니 배 속에서 아직 성장 중인 태아가 다이옥신 노출에 가장 민감하고 위험하며, 장기가 발육단계인 신생아도 취약할 수밖에 없다. 일반인 중에는 물고기를 많이 먹는 식습관을 지닌 바닷가나 호숫가에 사는 사람과 직장(펄프와 제지공장, 소각시설, 유해쓰레기 집하장)에서 다이옥신에 노출되는 사람들이 노출량이 많은 그룹이므로 노출저감을 위한 특별한 대책이 필요하다.

산불, 들불, 모닥불 등은 다이옥신을 발생시키는 중요한 원인이다. 캠핑장이나 동아리모임에서의 캠프파이어도 다이옥신의 발생원인이 된다. 이제는 시골 길 논두렁 태우기, 보름날 불꽃놀이, 여름날 모기를 쫓기 위한 볏짚 태우기나 낙엽 태우기도 소설에서나 나올 이야기 소재가 되어버렸다. 아파트단지에서도 낙엽이나 쓰레기 태우기는 불법소각으로 미세먼지와 다이옥신이 발생 때문에 금하고 있다.

다이옥신에 노출을 방지하기 위한 가장 유효한 방법은 오염된 물질의 완전한 소각이다. PCB함유 폐유처리방법도 완전한 연소에 의한 소각으로 850℃ 이상의 고온에서 태워버려야 한다. 소각시켜야 할 오염물질의 양이 많을 경우에는 산소의 공급이 충분히 이루어지는 상황에서 1,000℃ 이상의 고온에 태우는 것이 불완전연소를 줄일 수 있어 안전하다.

사람이 다이옥신에 노출되는 것을 방지하거나 저감시키기 위한 최선책은 발생원 위주의 측정, 즉 다이옥신의 생성량을 엄격하게 통제되는 생산공정방식으로의 운영이 우선되어야 한다. 이런 통제는 정부의 책임으로 우리나라의 '잔류성유기오염물질 관리법'에 제철, 제강 및 알루미늄제조시설, 구리제조시설, 시멘트소성로, 염화에틸렌과 염화비닐시설, 일반소각시설, 의료폐기물소각시설 등으로 별도 허용기준을 정하고 있고, 2019년부터 더 강화되었다. 예를 들어 제철 및 제강시설과 알루미늄제조시설의 경우 $1.0ng/m^3$에서 $0.5ng/m^3$으로 두 배로 강화되었다.

앞에서 설명했듯이 다이옥신노출의 90% 이상이 주로 육류와 유제품 및 물고기와 조개류에 의해 이루어지므로 음식물이 시장에 공급되기 전 사전검사로 위험을 줄이고 먹이사슬을 통한 2차 오염을 줄여야 한다. 음식물과 동물사료의 시장출고 이전 공급과정이나 생산과정에서 허용농도 이하인지 사전확인이 필요하다.

그러면 소비자로서 다이옥신노출 위험을 줄이기 위해서는 고기에서 지방을 잘라내고, 저지방 유제품을 이용하는 것이 일차적인 노출을 줄이는 방법이다. 그리고 균형 잡힌 식탁(과일, 채소와 시리얼을 적당량 같이 섭취)이 과도한 노출을 완화시키는 2차적인 방법이다. 이런 식사법은 소녀와 젊은 여성들의 체내 다이옥신 축적량을 줄이는 장기적인 전략으로 임신 후 태아의 발육과 유아수유 시 연약한 아기를 보호하게 된다. 그러나 이런 방법은 한계가 있는 차선책일 따름이다. 근본적인 발생원인 음식물 지향적인 조사와 분석 그리고 그 결과에 따른 대책마련이 시급하다.

환경문제에는 앞에서 설명한 것들 이외에도 집안하수문제, 집밖하수문제(집안에서 발생하는 것이지만 사무실이나 공장에서 나오는 하수는 그 분야가 엄청나게 넓고, 따져봐야 할 것들이 너무 많다), 배수문제, 수질오염(여기에도 고여 있는 저수지나 호수 같은 곳의 오염문제와 흐르는 강물의 오염문제는 또 별개로 다루어야 할 문제), 해양오염(근해오염과 원해오염 그리고 심해오염은 또 다른 심각한 환경오염), 토양오염(농업용지, 산업단지, 용산미군기지 같은 군사용지 등의 환경문제), 쓰레기문제(수집, 보관, 처리, 냄새오염) 등 다루어야 할 문제들이 다양하고 어려울 뿐만 아니라 아주 다른 분야의 문제여서 이 책에서는 다루지 못했으니 누군가 일반인들이 이해할 수 있을 수준의 책으로 만들어 주길 기대하면서 여기서 마친다.

494

찾아보기

ACGIH(American Conference of Governmental Industrial Hygienist): 미국 산업위생 전문가협의회

AIHA(American Industrial Hygiene Association): 미국산업위생협회

AMA(American Medical Association): 미국 의사협회

AIHA(American Industrial Hygiene Association): 미국 산업위생협회

ALCA(Associated Landscape Contractors of America): 미국 조경사업자협회

ASHRAE(American Society of Heating, Refrigerating and Air−Conditioning Engineers): 미국 냉난방공조기술자협회

AQI(Air Quality Index): 대기질지수

BEIR(Biological Effects of Ionizing Radiation): 이온화 방사선의 생물학적 영향− 미 국립연구위원회(NRC: National Research Council) 산하 Committee on the BEIR 에서 발간한 보고서 중 BEIR VI(1999)에 라돈에 관한 연구결과 많이 수록

CAI(Comprehensive Air−quality Index): 통합대기환경지수

CDC(Centers for Disease Control and Prevention): 미국 질병통제예방센터

CEH(Chemical Economic Handbook): 화학경제핸드북

CFU(Colony Forming Unit): 집락형성단위

CEH(Chemical Economics Handbook): 영국 런던에 본사를 둔 미국의 기술정보회사 인 IHS Markit가 출간한 화학경제핸드북으로 화학제품의 시장자료집

CNPC(China National Petroleum Corporation): 중국석유천연가스공사(中国石油天然 气集团公司)

COPD(Chronic Obstructive Pulmonary Disease): 만성폐쇄성폐질환− 만성기관지염이 나 폐기종 때문에 기도가 닫혀 폐 기능이 서서히 저하되는 병

CSIRO(Commonwealth Scientific and Industrial Research Organization): 호주연방 과 학산업연구기구

DPM(Diesel Particulate Matter): 디젤미세먼지

EFSA(European Food Safety Authority): EU의 식품안전청

EPA(Environmental Protection Agency): 미국 환경보호청

EPI(Environmental Performance Index): 환경성과지수

ESCAP(Economic and Social Commission for Asia and the Pacific): 아시아−태평양 경제사회위원회

EU(European Union): 유럽공동체

EUROMAP(Europe's Association for Plastic and Rubber Machinery): 유럽 플라스틱 및 고무가공 기계제조자협회

FAI(Fédération Aéroautique Internationale= International Aeronautics Federation): 국제항공연맹

FCTC(Framework Convention on Tobacco Control): 담배규제기본협약

FDA(Food and Drug Administration): 미국 식품의약청

FNB(Food and Nutrition Board): 미국 식품영양위원회

FSA(Food Standards Agency): 영국의 식품표준청

GAC(Granular Activated Carbon): 입상 활성탄

GEF(Global Environment Facility): UN지구환경기금

GWP(Global Warming Potential): 지구온난화지수

IARC(International Agency for Research on Cancer): WHO 산하 국제암연구소

ICRP(International Commission on Radiation Protection): 국제방사선방호위원회

ICTV(International Committee on Taxonomy of Viruses): 국제바이러스분류위원회

IDA(International Dark−sky Association): 국제밤하늘협회

IDA(Iron Deficiency Anemia): 철 결핍성 빈혈

IFREMER(Institut Français de Recherche pour l'Exploitation de la mer): 프랑스 국립
해양연구소

IOM(Institute of Medicine): 미국 의학연구소

IPCC(Intergovernmental Panel on Climate Change): 기후변화에 관한 정부 간 패널

IR(Infra−red Ray): 적외선

ITCZ(Inter−Tropical Convergence Zone): 열대수렴대

IUPAC(International Union of Pure and Applied Chemistry): 국제 순수·응용화학연맹

MERS(Middle East Respiratory Syndrome): 중동호흡기증후군

MRTP(Modified Risk Tobacco Product): 위험저감담배제품

NASA(National Aeronautics & Space Administration): 미국 항공우주국

NCD(Non−Communicable Disease): 비전염성질환

NCI(National Cancer Institute): 미국 국립암연구소

NHLBI(National Heart, Lung and Blood Institute): 미국 NIH(국립보건원) 산하 심장·
폐·혈액연구소

NIH(National Institute of Health): 미국 국립보건원

NIOSH(National Institute of Occupational Safety & Health): 미국 국립산업안전보건
연구원

NOAA(National Oceanic and Atmospheric Administration): 미국 국립해양대기청

OAS(Ozone Alarm System): 오존경보제

OCHA(Office for the Coordination of Humanitarian Affairs): UN 산하 인도주의업무
조정국

ODS(Ozone Depleting Substances): 오존파괴물질

ODP(Ozone Depletion Potential): 오존파괴지수

OECD(Organization for Economic Cooperation and Development): 경제협력개발기구

OSHA(Occupational Safety and Health Administration): 미국 노동부 산하 직업안전
보건청

PA(Protection Grade of UVA): UVA 차단등급

PAN(Peroxyacetyl Nitrate): 질산과산화아세틸

PPD(Persistent Pigment Darkening): 지속적 색소침착지수

SARS(Severe Acute Respiratory Sycdrome): 중증급성호흡기증후군

SIDS(Sudden Infant Death Syndrome): 영아돌연사망증후군

SPF(Sun Protection Factor): 자외선 차단지수

TEMM(Tripatriate Environment Ministers Meeting): 3국환경장관회의

TVOC(Total Volatile Organic Compound): 총 휘발성유기화합물

UNEP(United Nations Environment Program): 유엔 환경프로그램

USGS(U.S. Geological Survey): 미국 지질조사국

UVI(Ultra−Violet Index): 자외선지수

UVR(Ultra−Violet Ray): 자외선

TGA(Therapeutic Goods Administration): 호주연방 의료제품청

TSNA(Tobacco−specific Nitrosamine): 담배특유니트로사민

TVOC(Total Volatile Organic Compound): 총 휘발성유기화합물

UNEP(United Nations Environment Program): 유엔환경계획

UNFCCC(United Nations Framework Convention on Climate Change): 유엔의 기후
　　변화기본협약= 리우협약

VOC(Volatile Organic Compound): 휘발성유기화합물

WEF(World Economic Forum): 세계경제포럼

WHO(World Health Organization): UN 산하 세계보건기구

WMO(World Meteorological Organization): UN 산하 세계기상기구

WWF(World Wide Fund for Nature): 세계자연기금

[저자 약력]

차동원
서울대학교 공과대학 건축공학과(학사)
서울대학교 환경대학원(석사)
인하대학교 대학원 건축공학과(공학박사)

건설회사(SK, 정우개발) 및 엔지니어링회사
대학교수(재능대, 인하대)
개발도상국(베트남, DR콩고, 스리랑카) 기술자문

〈저 서〉
ALC와 건축(백호문화사)
집안에서 만나는 환경이야기(지성사)
건축환경- 실내공기오염(기문당)

오염시키긴 쉬워도 원상회복은 불가능한
다양한 환경문제들

초판발행	2020년 8월 10일
지은이	차동원
펴낸이	안종만
편 집	최문용
기획/마케팅	손준호
표지디자인	BEN STORY
제 작	우인도·고철민
펴낸곳	도서출판 박영사
	경기도 파주시 회동길 37-9(문발동)
	등록 1952. 11. 18. 제406-3000000251001952000002호(倫)
전 화	02)733-6771
f a x	02)736-4818
e-mail	pys@pybook.co.kr
homepage	www.pybook.co.kr
I S B N	978-89-10-98018-6 03300

정 가   26,000원